V&R Academic

Grundrisse zum Alten Testament

Das Alte Testament Deutsch, Ergänzungsreihe

herausgegeben von
Hermann Spieckermann und Reinhard Gregor Kratz

Band 6

Vandenhoeck & Ruprecht

Theologie des Alten Testaments

von

Jörg Jeremias

Vandenhoeck & Ruprecht

Kartonierte Studienausgabe 2017

Bibliografische Information der Deutschen Nationalbibliothek
Die Deutsche Nationalbibliothek verzeichnet diese Publikation in der Deutschen Nationalbibliografie; detaillierte bibliografische Daten sind im Internet über http://dnb.d-nb.de abrufbar.

ISSN 2198-2910
ISBN 978-3-525-51697-3

Weitere Ausgaben und Online-Angebote sind erhältlich unter: www.v-r.de

Printed in Germany.
Satz: Dörlemann Satz GmbH & Co. KG, Lemförde
Druck und Bindung: Hubert & Co GmbH & Co. KG, Robert-Bosch-Breite 6, 37079 Göttingen

Gedruckt auf alterungsbeständigem Papier.

Vorwort

Zu meiner Studienzeit galt eine „Theologie des Alten Testaments“ als Königsdisziplin des Faches. Ob man das heute noch sagen kann, ist mir zweifelhaft. Zu stark ist der Umbruch auf allen Ebenen der Textinterpretation, zu weit differieren die geschichtlichen Einordnungen der Texte, die die notwendige Voraussetzung eines tiefer eindringenden Verständnisses bilden. So tritt in der gegenwärtigen Forschungssituation der subjektive Aspekt einer Zusammenfassung der Gottesaussagen des Alten Testaments notwendig noch stärker ins Blickfeld, so gewiss er grundsätzlich jeder „Theologie des Alten Testaments“ eignet, schon weil sie aus der Fülle von biblischen Texten auswählen muss. C. Westermann, der den Vorgängerband des hiesigen Entwurfs verfasst hat, konnte in seiner bewundernswert kurzen und dichten „Theologie des Alten Testaments in Grundzügen“ auf einem soliden Konsens in der Forschung aufbauen. Ein solcher Konsens ist gegenwärtig nicht in Sicht, und analoge „Grundzüge“ lassen sich daher auch kaum erneut schreiben.

Andererseits *muss* jede Generation und letztlich jeder einzelne Forscher Rechenschaft ablegen über die Gesamtsicht des Alten Testaments unter theologischem Gesichtspunkt. Eine solche Gesamtsicht im Groben wird schließlich auch – und m. E. zu Recht – von Studierenden im Examen verlangt, obwohl sie vielen unter ihnen im akademischen Unterricht nicht angeboten wird. Diese Studierenden habe ich deshalb beim Schreiben stets mit im Auge gehabt. Nicht zuletzt ihretwegen habe ich bei kontrovers diskutierten Problemfeldern durch Passagen im Engdruck kenntlich gemacht, wo die eigene Einschätzung von alternativen Sichten abweicht.

Immerhin zeichnen sich Übereinstimmungen ab. Die Mehrzahl der Forscher rechnet mit einer schriftlichen Überlieferungsbildung, die noch nicht unter Salomo, sondern erst am Ende des 9. Jh.s v. Chr. oder gar im 8. Jh. einsetzte, und zwar zunächst kleinräumig – also etwa separat für Jakob, Abraham und Mose. Erst Jahrhunderte später reichte sie nach dieser Auffassung von der Schöpfung bis zum Tod Moses bzw. bis zur Landnahme, umfasste sie also literarisch die Grenzen des Pentateuchs bzw. Hexateuchs.

Der Verfasser einer „Theologie des Alten Testaments“ sieht sich aber noch vor ganz andere, grundsätzliche Schwierigkeiten gestellt. Ich nenne nur die drei wichtigsten:

- Er hat zum einen mit Texten zu tun, die weit mehr als ein halbes Jahrtausend auseinander liegen. Es versteht sich von selbst, dass sie auf unterschiedliche Problemfelder eingehen, die spezifisch für ihre jeweilige Zeit waren. Dabei stand die Besonderheit der biblischen Gottesaussagen im Kontext altorientalischen Denkens nicht am Anfang der Überlieferung, sondern entwickelte sich über die Jahrhunderte im Gespräch mit anderen theologischen Intentionen. Die Geschichte einer wachsenden Gewissheit, wie recht von Gott zu reden ist, zeichnet sich in den Texten ab, aber eben im Verlauf einer langen Zeitstrecke.

- Zum zweiten hat der Verfasser es mit Zeugnissen zu tun, die ganz verschiedene Intentionen verfolgen. Lehrhaft weisheitliche stehen neben prophetischen Texten, geschichtliche neben hymnischen etc. Es zeigt sich bald, dass sich auch diese Texte nicht unter einem beliebigen Thema miteinander vermischen lassen, ohne ihre spezifische Aussage einzubüßen.
- Zum dritten aber kann eine „Theologie des Alten Testaments" auch nicht nur historisch oder formgeschichtlich zusammengehörige Texte je für sich behandeln. Je länger die Zeit fortschritt, desto mehr drängten die alttestamentlichen Texte selber zu übergreifenden und generellen Aussagen über Gott und desto mehr bezogen sie sich auf schon vorliegende ältere Texte zurück, zunächst im Bereich der eigenen Textsorte, bald danach aber auch weit über sie hinaus. Es gibt im späten Alten Testament selber eine Tendenz zur Systematik, an der ein nachgeborener Exeget nicht gut vorübergehen kann.

Aus solchen Erwägungen heraus habe ich den Entwurf meiner Theologie, wie in der Einleitung näher dargelegt, dreiteilig gegliedert und die ersten beiden Teile nach historischen und formgeschichtlichen Gesichtspunkten geordnet, den dritten dagegen nach systematisch-thematischen. Durch zahlreiche Querverweise habe ich versucht, die verschiedenen Argumentationsgänge aufeinander zu beziehen.

Insgesamt habe ich mich bemüht, sparsam mit Literaturangaben umzugehen; die Literatur sollte die Anliegen der Texte nicht verstellen. Im Zeitalter des Computers sind umfassende Angaben mit Knopfdruck erreichbar. Wenn ich meinem Entwurf den engeren Kanon der hebräischen Bibel zugrunde gelegt habe, obwohl für eine gesamtbiblische Theologie der Ausgangspunkt vom weiteren Kanon des hellenistischen Judentums weit sinnvoller wäre, dann nicht aus sachlichen, sondern allein aus arbeitsökonomischen Gründen. Aus entsprechenden Erwägungen habe ich ein vorgesehenes Kapitel über theologische Akzentverschiebungen in der Septuaginta wieder getilgt, um den Umfang des Buches nicht ausufern zu lassen.

Gedanklich bin ich mit dem Buch, an dem ich mit Unterbrechungen seit meiner Emeritierung gearbeitet habe, mehr als zwei Jahrzehnte beschäftigt, seit der damalige Herausgeber der Reihe „Grundrisse zum Alten Testament" (ATD. E), Walter Beyerlin, mir die Übernahme des Bandes zur „Theologie des Alten Testaments" anvertraute. Einzelthemen habe ich mehrfach während meiner aktiven Zeit im Kreis meiner Doktoranden diskutiert, und diese Gespräche sind ihrerseits in eine Reihe von Aufsätzen eingeflossen. Daher ist es mir eine besondere Freude und Anlass zu Dankbarkeit, dass Friedhelm

Hartenstein und Jutta Krispenz mich mit der Herausgabe der wichtigsten dieser Vorarbeiten als „Studien zur Theologie des Alten Testaments“ beschenkt haben, die als Band 99 der Reihe „Forschungen zum Alten Testament“ etwa gleichzeitig mit dem vorliegenden Buch im Verlag Mohr & Siebeck erscheinen sollen.

München, im Juni 2015 Jörg Jeremias

Inhalt

Abkürzungen

Die verwendeten Abkürzungen richten sich nach S. Schwertner, Internationales Abkürzungsverzeichnis für Theologie und Grenzgebiete (^{2}1992) bzw. Theologische Realenzyklopädie. Abkürzungsverzeichnis, zusammengestellt von S. Schwertner (^{2}1994).

Zusätzliche Abkürzungen

ChrG	Chronistisches Geschichtswerk (1–2 Chr).
HAL	Hebräisches und aramäisches Lexikon zum Alten Testament, neu bearbeitet von W. Baumgartner, ^{3}Leiden 1974 ff.
KTU	M. Dietrich/O. Loretz/J. Sanmartin, Die Keilalphabetischen Texte aus Ugarit, Bd. 1, Neukirchen-Vluyn 1976.
TGI^{2}	K. Galling (Hg.), Textbuch zur Geschichte Israels, ^{2}Tübingen 1968.

Abgekürzt zitierte Literatur

R. Albertz, *Religionsgeschichte Israels* in alttestamentlicher Zeit (ATD. E 8/1–2), Göttingen 1992.

–, *Die Exilszeit.* 6. Jahrhundert v. Chr. (BE 7), Stuttgart/Berlin/Köln 2001.

E. Aurelius, *Der Fürbitter Israels.* Eine Studie zum Mosebild im Alten Testament (CB.OTS 27), Lund 188.

J. Barr, The *Concept* of Biblical Theology. An Old Testament Perspective, London 1999.

E. Blum, Die Komposition der *Vätergeschichte* (WMANT 57), Neukirchen-Vluyn 1984.

–, Studien zur Komposition des *Pentateuch* (BZAW 189), Berlin/New York 1990.

W. Brueggemann, *Theology* of the Old Testament. Testimony, Dispute, Advocacy, Minneapolis 1997.

F. Crüsemann, Studien zur Formgeschichte von *Hymnus und Danklied* in Israel (WMANT 32), Neukirchen-Vluyn 1969.

–, *Die Tora.* Theologie und Sozialgeschichte des alttestamentlichen Gesetzes, München 1992.

W. Dietrich/H.-P. Mathys/T. Römer/R. Smend, Die *Entstehung* des Alten Testaments. Neuausgabe, Stuttgart 2014.

J.-D. Döhling, *Der bewegliche Gott.* Eine Untersuchung des Motivs der Reue Gottes in der Hebräischen Bibel (HBS 61), Freiburg u. a. 2009.

R. Feldmeier/H. Spieckermann, *Der Gott der Lebendigen.* Eine biblische Gotteslehre, Tübingen 2011.

M. Fishbane, *Sacred Attunement.* A Jewish Theology, Chicago 2007.

T.E. Fretheim, *God and World* in the Old Testament. A Relational Theology of Creation, Nashville 2005.

W. Groß, *Zukunft* für Israel. Alttestamentliche Bundeskonzepte und die aktuelle Debatte um den Neuen Bund (SBS 176), Stuttgart 1998.

F. Hartenstein, *Das Angesicht JHWHs.* Studien zu seinem höfischen und kultischen Bedeutungshintergrund in den Psalmen und in Exodus 32–34 (FAT 55), Tübingen 2008.

H.-J. Hermisson, *Studien* zu Prophetie und Weisheit. Ges. Aufsätze (FAT 23), Tübingen 1998.

–, *Alttestamentliche Theologie* und Religionsgeschichte Israels (ThLZ.F 3), Leipzig 2000.

B. Janowski/B. Ego (Hg.), *Das biblische Weltbild* und seine altorientalischen Kontexte (FAT 32), Tübingen 2001.

B. Janowski, *Ein Gott, der straft und tötet?* Zwölf Fragen zum Gottesbild des Alten Testaments, Neukirchen-Vluyn 2013.

–, *Konfliktgespräche* mit Gott. Eine Anthropologie der Psalmen, [4]Neukirchen-Vluyn 2013.

J. Jeremias, Das *Königtum Gottes* in den Psalmen. Israels Begegnung mit dem kanaanäischen Mythos in den Jahwe-König-Psalmen (FRLANT 141), Göttingen 1987.

–, *Hosea und Amos.* Studien zu den Anfängen des Dodekapropheton (FAT 13), Tübingen 1996.

–, *Die Reue Gottes* im Alten Testament. Aspekte alttestamentlicher Gottesvorstellung (BThSt 31), 3Neukirchen-Vluyn 2002.
–, *Der Zorn Gottes* im Alten Testament. Das biblische Israel zwischen Verwerfung und Erwählung (BThSt 104), 2Neukirchen-Vluyn 2011.
–, *Studien* zur Theologie des Alten Testaments (FAT 99), Tübingen 2015.
O. Kaiser, *Der Gott des Alten Testaments.* Theologie des AT, 3 Bände (UTB), Göttingen 1993 bis 2003.
–, *Der eine Gott Israels* und die Mächte der Welt. Der Weg Gottes im Alten Testament vom Herrn seines Volkes zum Herrn der ganzen Welt (FRLANT 249), Göttingen 2013.
O. Keel, Die *Geschichte Jerusalems* und die Entstehung des Monotheismus, 2 Bände (Orte und Landschaften der Bibel IV), Göttingen 2007.
M. Köckert, *Leben* in Gottes Gegenwart. Studien zum Verständnis des Gesetzes im Alten Testament (FAT 43), Tübingen 2004.
M. Konkel, *Sünde und Vergebung.* Eine Rekonstruktion der Redaktionsgeschichte der hinteren Sinaiperikope (Ex 32–34) vor dem Hintergrund aktueller Pentateuchmodelle (FAT 58), Tübingen 2008.
R.G. Kratz, Die *Komposition* der erzählenden Bücher des Alten Testaments. Grundwissen der Bibelkritik (UTB 2157), Göttingen 2000.
–, *Prophetenstudien.* Kl. Schriften II (FAT 74), Tübingen 2011.
C. Levin, *Der Jahwist* (FRLANT 157), Göttingen 1993.
T.N.D. Mettinger, The *Dethronement* of Sabaoth. Studies in the Shem and Kabod Theologies (CB.OTS 18), Lund 1982.
P.D. Miller, *They Cried to the Lord.* The Form and Theology of Biblical Prayer, Minneapolis 1994.
M. Noth, *ÜSt* = Überlieferungsgeschichtliche Studien. Die sammelnden und bearbeitenden Geschichtswerke, Halle 1943 (=4Darmstadt 1973).
–, *ÜP* = Überlieferungsgeschichte des Pentateuch, Stuttgart 1948.
E. Otto, *Theologische Ethik* des Alten Testaments (ThW 3,2), Stuttgart/Berlin/Köln 1994.
–, *Das Deuteronomium.* Politische Theologie und Rechtsformen in Juda (BZAW 284), Berlin/New York 1999.
L. Perlitt, *Bundestheologie* im Alten Testament (WMANT 36), Neukirchen-Vluyn 1969.
M. Pietsch, Die *Kultreform Josias.* Studien zur Religionsgeschichte Israels in der späten Königszeit (FAT 86), Tübingen 2013.
G. von Rad, *TheolAT*4 = Theologie des Alten Testaments, 2 Bände, München: I4 1962; II4 1965.
H.H. Schmid, *Gerechtigkeit als Weltordnung.* Hintergrund und Geschichte des alttestamentlichen Gerechtigkeitsbegriffs (BHTh40), Tübingen 1968.
K. Schmid, *Literaturgeschichte des Alten Testaments.* Eine Einführung, Darmstadt 2008.
–, *Gibt es Theologie im Alten Testament?* Zum Theologiebegriff der alttestamentlichen Wissenschaft (ThSt N.F. 7), Zürich 2013.
W.H. Schmidt, *Atl. Glaube*11 = Alttestamentlicher Glaube, 11Neukirchen-Vluyn 2011.
–, *Einführung in das Alte Testament,* 5Berlin/New York 1995.
–, *Zukunftsgewissheit* und Gegenwartskritik. Studien zur Eigenart der Prophetie (BThSt 51), 2Neukirchen-Vluyn 2002.
S. Sekine, *Philosophical Interpretations* of the Old Testament (BZAW 458), Berlin/Boston 2014.

R. Smend, *Die Entstehung des Alten Testaments* (ThW 1), [4]Stuttgart/Berlin/Köln 1989.
–, *Die Mitte des Alten Testaments.* Exegetische Aufsätze, Tübingen 2002.
H. Spieckermann, *Gottes Liebe* zu Israel. Studien zur Theologie des Alten Testaments (FAT 33), Tübingen 2001.
O.H. Steck, *Friedensvorstellungen* im alten Jerusalem. Psalmen, Jesaja, Deuterojesaja (ThSt 111), Zürich 1972.
T. Veijola, *Die ewige Dynastie.* David und die Entstehung seiner Dynastie nach der deuteronomistischen Darstellung (AASF B 193), Helsinki 1975.
–, *Das Königtum* in der Beurteilung der deuteronomistischen Historiographie (AASF B 198), Helsinki 1977.
C. Westermann, *Theologie des Alten Testaments* in Grundzügen (ATD.E 6), Göttingen 1978.
H.W. Wolff, *Anthropologie des Alten Testaments*, [3]München 1977.
E. Zenger u. a. (Hg.), *Einleitung*[5] = Einleitung in das Alte Testament (KStTh 1,1), Stuttgart 1995.
W. Zimmerli, *Grundriss* der alttestamentlichen Theologie (ThW 3), Stuttgart/Berlin/Köln 1972.

Einleitung

Eine „Theologie des Alten Testaments (AT)" zielt darauf ab, die Ergebnisse der wissenschaftlichen Bemühungen um das Verständnis der alttestamentlichen Texte sowohl für die Theologie als auch für die Kirche zu bündeln und insbesondere die zentralen Gottesaussagen des Alten Testaments zu erheben. Zu diesem Zweck muss sie notwendig innerhalb der Fülle ihres Stoffes gewichten und werten, und dies nicht nur, weil jede Auswahl aus einer Stofffülle eine Wertung bedeutet, sondern auch, weil sie als „Theologie des AT" die Bibel aus Altem und Neuem Testament im Blick hat, das Alte Testament also nicht ohne das Wissen vom Christuszeugnis des Neuen Testaments lesen und betrachten kann[1]. Das Alte Testament verdankt Wert und Würde für Christen ja der Tatsache, dass die Urchristenheit ihre Erfahrungen mit dem gekreuzigten und auferstandenen Christus in seinen Texten wiedergefunden hat, als es noch keine neutestamentlichen Schriften gab, und die folgenden Entscheidungen der Kirche bei der Abgrenzung des Kanons dem Alten Testament grundsätzlich die gleiche Verbindlichkeit als „heilige Schrift" zuerkannt haben wie dem Neuen Testament[2]. Faktisch erweist sich allerdings eine derartige notwendige Gewichtung und Wertung der überlieferten Texte und Stoffe als äußerst schwierig, wie sich schon daran zeigt, dass ganz unterschiedliche Weisen, eine „Theologie des AT" zu gliedern, vorgeschlagen worden sind: historisch oder systematisch, nach Textblöcken oder nach Themen geordnet[3]. Diese Differenzen hängen vornehmlich mit zwei Schwierigkeiten zusammen, vor die sich jeder Exeget gestellt sieht, der die Texte und Themen des Alten Testaments zusammenfassen möchte:

---

[1] Vgl. H.-J. Hermisson, Jesus Christus als externe Mitte des Alten Testaments, in: C. Landmesser u.a. (Hg.), Jesus Christus als Mitte der Schrift, Tübingen 1997, 199–233; M. Witte, Jesus Christus im AT, Münster-Hamburg-London 2013.

[2] „The task of Old Testament Theology is ... not to christianize the Old Testament by identifying it with the New Testament witness, but to hear its own theological testimony to the God of Israel whom the church confesses also to worship." (B.S. Childs, Old Testament Theology in a Canonical Context, Philadelphia 1985, 9). Den Unterschied in der Wertigkeit der beiden Testamente hat die altprotestantische Orthodoxie mit den Begriffen „norma normans" für das NT und „norma normata" für das AT zum Ausdruck zu bringen versucht.

[3] Vgl. J. Jeremias, Neuere Entwürfe zu einer „Theologie des Alten Testaments", VF 48 (2003), 29–58; auch in: B. Janowski (Hg.), Theologie und Exegese des AT/der Hebräischen Bibel (SBS 200), 2005, 125–158, sowie in: Jeremias, Studien, 15–46 und zuvor etwa H. Graf Reventlow, Hauptprobleme der alttestamentlichen Theologie im 20. Jh. (EdF 173), 1982; ders., Hauptprobleme der Biblischen Theologie im 20. Jh. (EdF 203), 1983; M. Oeming, Das AT als Teil des christlichen Kanons, Zürich 2001. (Das Buch trug vorher den Titel „Gesamtbiblische Theologien der Gegenwart", Stuttgart 1985; ²1987).

1. Das Alte Testament ist kein Buch, sondern eine kleine Bibliothek, in der Prosawerke neben Poesie stehen, historische Bücher neben Weisheitsschriften, Prophetenbücher neben Hymnen und Gebeten. Ihrer Gattung und Intention nach sind die Texte des Alten Testaments so unterschiedlich wie nur denkbar. Wie soll man sie sinnvoll miteinander vereinen und aufeinander beziehen? Muss nicht jede Zusammenfassung dieser gattungsgeschichtlichen Vielfalt der Texte Gewalt antun, indem unter einem vorgegebenen Thema (Schöpfung, Schuld, Erlösung etc.) Texte mit ganz verschiedenen Intentionen miteinander verbunden und so ihrer Eigenintention beraubt werden? Wird aus der Vielfalt des AT, die seinen Reichtum ausmacht, nicht notwendig eine künstliche Einheit? Anders gefragt: Wie viel Systematik verträgt eine „Theologie des AT", ohne dass sie ihre Texte durch Gesichtspunkte, die von außen an sie herangetragen werden, zum Schweigen bringt? Christliche Theologen muss es beunruhigen, dass sich manche jüdische Theologen der Disziplin einer „Theologie des AT" verweigern, weil sie einer solchen Einheitssicht misstrauen[4]. Hinzu kommt, dass Juden von dem andersartigen Vorverständnis ihrer Tradition her eine bemerkenswert andere Auswahl und Gewichtung bei ihrer Lektüre des gleichen Textkorpus treffen. Im Gespräch mit dieser andersartigen Tradition müssen unbegründete Einseitigkeiten der Lesegewohnheit in der eigenen Tradition erkannt und allzu schnelle Systematisierungen korrigiert werden.

2. Die Texte des AT stammen aus ganz unterschiedlichen Zeiten. Die ältesten sind von den jüngsten ca. 800 Jahre getrennt. Man muss nur in der Geschichte des eigenen Volkes 800 Jahre zurückgehen, um diesen enormen Zeitraum zu ermessen. Manche Erzählungen sind über einen Zeitraum von Jahrhunderten angewachsen, und das Buch Jesaja enthält aufeinander aufbauende Worte, die ein halbes Jahrtausend auseinanderliegen. Diese Besonderheit der alttestamentlichen Texte hat dazu geführt, dass neben der Disziplin einer „Theologie des AT" noch eine zweite zusammenfassende Disziplin des Faches Altes Testament entstand: die „Religionsgeschichte (RG) Israels". Wie ist das Verhältnis dieser beiden Disziplinen zu beschreiben, die beide grundsätzlich das gesamte Textmaterial des Alten Testaments berücksichtigen möchten: Ergänzen sie einander oder stehen sie in Konkurrenz zueinander? Können sie voneinander lernen? Wie kann eine „Theologie des AT" angemessen das Interesse an historischer und religiöser Differenzierung wahrnehmen, das im Mittelpunkt einer „RG Israels" steht? Diese Fragen sollen im Mittelpunkt des 2. Teiles der Einleitung stehen.

---

[4] Vgl. etwa J.D. Levenson, Warum Juden sich nicht für biblische Theologie interessieren, EvTh 51 (1991), 402–430 (engl. Original in: J. Neusner, Judaic Perspectives on Ancient Israel, Philadelphia 1987, 281–307 und in: J.D. Levenson, The Hebrew Bible, the Old Testament, and Historical Criticism, Louisville 1993, 33–61). – Gegensätzliche jüdische Stimmen nennen I. Kalimi, Religionsgeschichte Israels oder Theologie des AT? JBTh 10 (1995), 45–68 und vor allem J. Barr, The Concept of Biblical Theology, London 1999, 286ff. Ein erster Entwurf liegt mit M. Fishbane, Sacred Attunement. A Jewish Theology, Chicago 2007, vor.

1. Vielfalt und Einheit der Gottesaussagen

Die Vielfalt der Texte, sowohl im Blick auf ihre Entstehung und die von ihnen verwendeten Traditionen als auch im Blick auf ihre Intentionen, bildet das Hauptproblem jeder „Theologie des AT". Wenn das Alte Testament kein Buch, sondern eine kleine Bibliothek ist, wie kann eine „Theologie des AT" die Bücher dieser Bibliothek aufeinander beziehen, ohne sie ihrer jeweiligen Eigenart zu berauben?

Forschungsgeschichtlich ist die „Theologie des AT" eine junge Disziplin. J.P. Gablers epochale Forderung einer klaren Unterscheidung zwischen Exegese und Dogmatik vom Ende des 18. Jh.s hatte zunächst zu einer neuen Blüte historischer Untersuchungen und religionsgeschichtlicher Zusammenfassungen der alttestamentlichen Texte geführt, wie noch sogleich näher darzulegen sein wird[5]. Im Rückblick war dieser Trend nur allzu verständlich, wurde doch die Intention, die „Biblische Theologie" von der Dogmatik zu trennen und als Aufgabengebiet von Historikern zu verstehen, als Befreiungsschlag empfunden, der ganz neue Kräfte freisetzte. Dagegen erwachte nach dem 1. Weltkrieg ein neues Interesse an alttestamentlicher Theologie, das man als die eigentliche Geburtsstunde der Disziplin „Theologie des AT" werten kann. Allerdings musste sie nun erst die ihr angemessene Methodik finden. Dass man anfangs bei der seit Gabler von Exegeten eher gemiedenen Dogmatik in die Schule ging, ist nicht verwunderlich. Ludwig Köhlers „Theologie des Alten Testaments" (Tübingen 1936; ^{4}1966) ist mit ihrem Aufbau „Von Gott" (Theologie), „Vom Menschen" (Anthropologie), „Von Gericht und Heil" (Soteriologie) ein gutes Beispiel, das zeigt, wie auch ein ausgewiesener Philologe und Exeget sich seine Kategorien ganz selbstverständlich von der systematischen Theologie vorgeben ließ.

a. W. Eichrodt und G. von Rad

In dieser unbefriedigenden Situation haben zwei deutsche Forscher neue Anstöße für eine sachgemäße Zusammenfassung der Gottesaussagen des Alten Testaments gegeben, die bis heute intensiv diskutiert werden. Walter Eichrodt suchte nach einer „beharrenden Grundtendenz und (einem) gleichbleibenden Grundtypus"[6], die die alttestamentlichen Texte geprägt hätten. Er fand eine solche „Grundtendenz" für die Einheit der Texte in der Konzeption des „Bundes" zwischen Gott und Israel sowie zwischen Gott und Mensch. Hier war nun erstmals *ein Grundansatz für eine „Theologie des AT"* gefunden worden, *der dem Alten Testament selber entnommen war.* Allerdings zeigen schon die Untertitel seiner drei Bände: „Gott und Volk", „Gott und Welt" und „Gott

---

[5] Vgl. u. S. 11f.

[6] Vorwort zur 1. Auflage seiner „Theologie des AT", Stuttgat 1933.

und Mensch", dass Eichrodt weiterhin von einem systematischen Interesse geleitet und die Gliederung seines Buches der Dogmatik seiner Zeit entnommen war; auch haben Kritiker seines Werks mit Recht festgestellt, dass nur der 1. Band seiner Theologie faktisch von der Konzeption des „Bundes" bestimmt ist[7]. Hinzu kommt, dass sich der Begriff des „Bundes" bald als für diese Funktion wenig geeignet erwies, da er, wie folgende Forschungen erbrachten, erst im Zuge der deuteronomischen und deuteronomistischen theologischen Entwürfe seine beherrschende Funktion gewann[8] und zudem in den einzelnen literarischen Bereichen des Alten Testaments (P bzw. Dtr) eine höchst unterschiedliche inhaltliche Füllung erhielt. Aber die Frage, was die Einheit des Alten Testaments ausmacht, ist seit Eichrodts Entwurf nicht mehr verstummt. Sie wird gegenwärtig zumeist unter der Frage nach einer „Mitte" des Alten Testaments diskutiert.

Einen noch radikaleren Bruch mit der gängigen, von der Systematik bestimmten Anlage einer „Theologie des AT" vollzog Gerhard von Rad, indem er bestritt, dass das Alte Testament einen Einheitsgedanken bzw. eine „Mitte" besitze[9]. Er forderte stattdessen, dass eine „Theologie des AT" einzig „das, was Israel selbst von Jahwe direkt ausgesagt hat", auszuführen habe. Theologie bestehe „im rechten Nachsprechen dieser Geschichtszeugnisse Israels". „Die legitimste Form theologischen Redens vom Alten Testament ist deshalb immer noch die Nacherzählung"[10]. Im Zuge des Nacherzählens hat die „Theologie des AT" den kerygmatischen Charakter der Texte zu erfassen, die keine Weltanschauung bieten, sondern Gottes Taten bezeugen wollen, und zugleich die gedanklichen Differenzen der einzelnen Literaturwerke darzulegen.

Der große Vorteil einer solchen Bestimmung der Aufgabe einer „Theologie des AT" ist, dass die Disziplin, die zuvor ihre Texte aus der abgehobenen Perspektive übergeordneter Fragestellungen betrachtet hat, eine neue Nähe zu den biblischen Texten gewinnt. Immer wieder hat von Rad eingeschärft, dass es gelte, *das Alte Testament „sein eigenes Wort sagen zu lassen"*, ohne ihm von außerhalb „dreinzureden" mit modernen Sichten und Problemstellungen. Es bleibt freilich die Frage, wie sich ein solches „Nacherzählen" konkret zu vollziehen hat. Ein Schüler von Rads etwa, Rolf Rendtorff, hat das Programm einer „Nacherzählung" in letzter Konsequenz aufgegriffen und lässt seine „Theologie des AT" bei der Schöpfung beginnen, weil ja auch das Alte Testament selbst mit der Schöpfung einsetzt[11]. Eine derartige Nacherzählung ist

[7] Vgl. etwa J. Scharbert, MThZ 40 (1989), 8f.

[8] Vgl. bes. L. Perlitt, Bundestheologie.

[9] Vgl. etwa G. von Rad, Offene Fragen im Umkreis einer Theologie des AT (1963), in: ders., Ges. St. z. AT (TB 48), 1973, 289–312; 294, Anm. 3a.

[10] TheolAT I^4, 128 (1. Zitat); 134f.

[11] R. Rendtorff, Theologie des AT. Ein kanonischer Entwurf, Bd. II („Thematische Entfaltung"), Neukirchen 2001. Ähnliches gilt für B.S. Childs in seiner Darstellung des „Glaubenszeugnisses des für sich genommenen Alten Testaments" im 1. Band seiner „Theologie der einen Bibel" (Übersetzung von „Biblical Theology of the Old and New Testament"), Freiburg 2003, 124ff.

letztlich ungeschichtlich, weil die alttestamentlichen Texte erst in einem relativ späten Stadium ihrer Entstehung - zur Zeit des Exils - das Thema Schöpfung breit aufgegriffen haben. Dieser geschichtliche Sachverhalt hat in meinen Augen hohe theologische Relevanz. Wie im 2. Teil der Einleitung näher auszuführen ist, hat das alttestamentliche Gottesvolk anfangs als Glied des Alten Orients weithin Anteil an gemeinorientalischem Denken gehabt und ist sich erst allmählich der Eigenart seiner Gottesbeziehung bewusst geworden. Von Rad selber ist der Gefahr Rendtorffs entgangen, indem er einen „Abriss der Geschichte des Jahweglaubens", also eine „RG Israels" in Kurzform, seiner „Theologie des AT" vorausgeschickt hat.

Vom heutigen Standpunkt aus würde ich urteilen, dass die gegenwärtige Forschung in ihren Entwürfen einer „Theologie des AT" nicht hinter den imponierenden und die Diskussion bis heute bestimmenden Entwurf von Rads zurückgehen kann, aber auch nicht bei ihm stehenbleiben darf. Sie kann nicht hinter ihn zurück, weil von Rads Einsicht bleibend ist, dass eine systematische Gliederung einer „Theologie des AT" nur hilfreich ist, wenn die Systematik dem Alten Testament selbst entnommen ist, während eine systematische Ordnung, die aus der Dogmatik stammt, ihm Gewalt antut. Sie kann auch darum nicht hinter ihn zurück, weil von Rads Interesse, das Alte Testament in seinem eigenen Anliegen zur Sprache zu bringen, unaufgebbar ist. Sie kann aber auch nicht bei ihm stehenbleiben, weil von Rads Entwurf der „Nacherzählung" zu wenig Rücksicht auf den jeweiligen historischen Standort des „Erzählers" nimmt und letztlich zu ungeschichtlich verfährt. Zudem lässt sie die verschiedenen Überlieferungsblöcke, die sie darstellt, zu isoliert nebeneinander stehen, ohne sie aufeinander zu beziehen. Von beiden Aspekten soll im Folgenden die Rede sein.

b. Die „Denkformen des Glaubens" Israels

Das Konzept von Rads stößt außerdem auf eine weitere Schwierigkeit. Es stellt sich die Frage, wie denn die Literaturblöcke abzugrenzen sind, die eine „Theologie des AT" „nachzuerzählen" hat. Von Rad selber hatte primär die Erzählungen des Pentateuchs und die Prophetie unterschieden und die Psalmen sowie die Weisheit unter die Kategorie der „Antwort Israels" diesen beiden großen Blöcken eher notdürftig zugeordnet. Er hat sich freilich in dieser Hinsicht selbst korrigiert, indem er in seinem späten Weisheitsbuch[12] die Weisheit des Alten Testaments als eine eigene theologische Größe dargestellt und gewürdigt hat.

Die Frage nach den gesondert zu wertenden Literaturblöcken ist in jüngster Zeit von zwei Forschern gefördert worden, die beide keine „Theologie des

---

[12] G. von Rad, Weisheit in Israel, Neukirchen-Vluyn 1970.

AT" geschrieben haben, die aber zu bemerkenswert gleichen Ergebnissen gelangt sind, obwohl sie nichts voneinander wussten. Der eine war der französische Philosoph Paul Ricoeur. Ricoeur unterscheidet im Blick auf das AT fünf „Redeformen" bzw. Großgattungen (Erzählungen, prophetische Texte, Rechtstexte, Hymnen und weisheitliche Texte), die jeweils mit „einem bestimmten Modus des Glaubensbekenntnisses" verbunden sind[13]. Er konnte nicht wissen, dass wenige Jahre zuvor R. Smend, einen Begriff des jüdischen Forschers Isaak Leo Seeligmann aufgreifend, vier „Denkformen des Glaubens" (Geschichte, Kultus, Recht, Weisheit) unterschieden hatte[14], die – mit Ausnahme der seltsamerweise nicht berücksichtigten Prophetie – den Großgattungen Ricoeurs weitgehend entsprachen. Der Begriff „Denkform" erscheint mir dabei insofern geeignet und hilfreich, als es sich bei den genannten fünf Kategorien weniger um literarisch klar abgrenzbare Textformen handelt als vielmehr um Textblöcke, die eine gemeinsame Logik der Gedankenführung und Argumentation besitzen. Genau dies hatte Ricoeur mit dem Begriff „Modus des Glaubensbekenntnisses" bezeichnen wollen.

Als Konsequenz möchte ich für das eigene Vorgehen festhalten: Eine „Theologie des AT" muss den verschiedenen Denkformen des AT mit ihrer je eigenen Logik Rechnung tragen. Würden sie beliebig miteinander vermischt, wie es in den meisten Entwürfen einer Theologie vor von Rad der Fall war, wäre das Kriterium einer angemessenen Textnähe nicht erfüllt. Erst wenn die verschiedenen Denkformen je für sich analysiert worden sind, können ihre Gedanken miteinander verbunden werden. Dabei ist die Zahl fünf keineswegs festliegend. Die Apokalyptik etwa bietet eine weitere, zunächst für sich zu betrachtende Denkform der Spätzeit mit einer ganz eigenen Argumentationsweise und Intention, die freilich nur noch ansatzweise (mit Jes 24–27 und dem Danielbuch) in das kanonische Alte Testament Aufnahme gefunden hat, mehrheitlich dagegen in der Zeit zwischen den Testamenten belegt ist.

Das Einsetzen mit den Denkformen bringt noch einen weiteren Vorteil mit sich. Innerhalb der in der Grundintention zusammengehörigen Texte lässt sich weit leichter die generelle Frage beantworten, wo und ab wann man innerhalb des Alten Testaments von „Theologie" im engeren Sinne sprechen kann[15]. Jedem Leser des Alten Testaments wird sogleich einleuchten, dass das Alltagsrecht im sog. Bundesbuch oder die ältesten schwankhaften Jakoberzählungen oder die frühen Bemühungen der Weisen um den Zusammenhang von Ursache und Wirkung, isoliert für sich betrachtet, nicht einfach „Theolo-

---

[13] P. Ricoeur, Philosophische und theologische Hermeneutik, in: Metapher. Sonderheft der EvTh, 1974, 24–45; 37.

[14] R. Smend, Elemente alttestamentlichen Geschichtsdenkens (ThSt 95, 1968), in: ders., Die Mitte des AT, 89f.

[15] Dieser Frage ist in jüngster Zeit vor allem K. Schmid, Gibt es eine Theologie im AT? (ThSt N.F. 7), 2013, 53ff., nachgegangen. Er schlägt im Gefolge N. Lohfinks vor, im Fall des AT von „impliziter Theologie" zu sprechen. Vgl. zuvor die gewichtigen Erwägungen R. Smends, Theologie im AT (FS G. Ebeling, 1982), in: ders., Die Mitte des AT, 75–89.

gie“ bieten; dass sie aber durch ihren wachsenden Kontext auf „Theologie“ bezogen wurden, etwa durch die Zuordnung von Geboten zum Alltagsrecht oder durch die Zuordnung von Heiligtumsätiologien zu den Jakoberzählungen und durch die schrittweise Theologisierung des Rechts, der Weisheit und der Erzvätererzählungen. Beim Recht ist dieser Prozess besonders deutlich beobachtbar, insofern hier zuvor unpersönlich formulierte Rechtssätze bzw. Gebote mehr und mehr in die Gottesrede hineinwuchsen. Ein noch wichtigerer Einschnitt in dieser Entwicklung zur theologischen Aussage erfolgte im Bereich der Prophetie mit dem Untergang des Nordreichs, insofern zu dieser Zeit die ältesten Prophetenbücher entstanden, mit Hilfe derer die staatliche Katastrophe zu deuten versucht wurde.

c. Die Notwendigkeit einer systematischen Entfaltung

Jedoch kann eine „Theologie des AT“ kaum bei einem bloßen Nebeneinanderstellen der verschiedenen „Denkformen“ stehen bleiben und auf jegliche Systematik verzichten. Walter Zimmerli hat von Rad nicht ohne Grund vorgeworfen, dass seinem Programm einer „Nacherzählung“ das „Wagnis des Zusammen-Denkens“ fehle und er die „gebotene Nachfrage nach dem inneren Recht der Verbindung der Traditionsströme“ im Alten Testament vernachlässigt habe[16]. In der Tat steht eine „Theologie des AT“, die sich ganz auf das „Nacherzählen“ beschränkt, in der Gefahr, mehrere „Theologien“ im Plural zu beschreiben, deren Zuordnung zueinander aber zu vernachlässigen[17]. Zu einer solchen Zuordnung nötigt aber schon der alttestamentliche Kanon, durch dessen schrittweisen Abschluss ein lebendiger Überlieferungsstrom zum Stocken gebracht wurde und damit eine begrenzte Anzahl an Schriften als verbindlich bestimmt wurde. Dieser abgeschlossene Bestand an Schriften fordert natürlich nicht nur bei jeder Einzelschrift zur Frage heraus, was denn ihre Verbindlichkeit sachlich ausmacht, sondern auch bei der Sammlung als ganzer, so dass die einzelnen Schriften notwendig aufeinander bezogen betrachtet werden müssen. Aber nicht erst der Kanon legt ein „Zusammen-Denken“ nahe, sondern schon die alttestamentlichen Texte selbst. Gehäuft in der Zeit nach dem Exil, teilweise aber auch schon früher, verweisen jüngere Texte des Alten Testaments auf ihnen bereits vorliegende ältere Schriftstellen. Das beginnt bei Bezugnahmen der Propheten untereinander, etwa eines Jesaja auf

---

[16] In seiner Rez. der „Theologie des AT“ von Rads, VT 13 (1963), 100–111; 105 (1. Zitat) und in seinem Aufsatz „Atl. Traditionsgeschichte und Theologie“ (FS von Rad, 1971), in: Zimmerli, Studien zur atl. Theologie und Prophetie (TB 51), 1974, 9–26; 11 (2. Zitat).

[17] Deutlich wird diese Gefahr bei G. Fischer, Theologien des AT (NSK.AT 31), 2012, sichtbar, der jedes biblische Buch separat theologisch zu würdigen versucht. – Eine ganz andere Art von Theologien im Plural hat E. Gerstenberger, Theologien im AT, Stuttgart 2001, im Blick, wie schon der Untertitel „Pluralismus und Synkretismus des atl. Gottesglaubens“ zeigt. Ihm geht es vor allem um die je verschiedenen Gottesaussagen unterschiedlicher sozialer Trägergruppen.

Worte des Amos oder deutlicher eines Jeremia auf Worte Hoseas, und setzt sich fort in Referenzen der Priesterschrift auf vorgegebene ältere Erzählungen, in traditioneller Begrifflichkeit von J (und E). Gerade in den unmittelbar zurückliegenden Jahrzehnten sind Forscher darauf aufmerksam geworden, wie sich das anfängliche Nebeneinander etwa der Psalmen oder der kleinen prophetischen Schriften immer stärker durch gegenseitige Bezugnahmen zu übergreifenden neuen Textkomplexen verdichtete, die mehr waren als bloße Zusammenstellungen oder Sammlungen voneinander unabhängiger Einzeltexte[18]. Ja, die jüngsten prophetischen Schriften berufen sich für ihre Botschaft kaum je noch auf göttliche Offenbarung, sondern überwiegend auf schon schriftlich vorliegende Gottesworte, deren Erfüllung noch aussteht; sie zitieren Schrift, die für sie verbindlich ist[19].

Ein gutes Beispiel für diesen Prozess ist das Anwachsen der Vorstellungen vom schrecklichen „Tag JHWHs"; hier bauen prophetische Texte erkennbar auf jeweils vorausgehenden Prophezeiungen auf, so dass sie sinnvollerweise nicht einzeln, sondern thematisch mit ihren Vorgängertexten zusammen betrachtet werden sollten[20].

Wenngleich derartige Bezugnahmen vornehmlich innerhalb der jeweiligen Denkformen stattfanden, blieben sie doch keineswegs darauf beschränkt. Nicht erst der Abschluss des Zwölfprophetenbuchs blickt auf die ebenfalls abgeschlossene „Tora des Mose" und schärft sie den Lesern ein (Mal 3,22). Hosea und seine Tradenten greifen ganz selbstverständlich auf Erzählungen vom Erzvater Jakob zurück (Hos 12), andere Propheten zitieren Psalmen und Weisheitssprüche, und die Worte des Priesterpropheten Ezechiel werden von jüngeren Texten aus Priesterschulen im Pentateuch (P^s) aufgenommen, wie umgekehrt die Tradenten Ezechiels auf ebensolche Texte Bezug nehmen, um nur einige beliebige Beispiele zu nennen. Daneben hat es theologische Kontroversen gegeben, die den Rahmen der Denkformen sprengten; der Streit zwischen priesterlichen und dtr Theologen um das Verständnis des „Bundes" Gottes mit seinem Volk bietet hierfür gutes Anschauungsmaterial.

Diese Beispiele zeigen, wie im Alten Testament selbst eine deutlich wachsende Tendenz besteht, Texte und Textkomplexe miteinander ins Gespräch zu bringen, und zwar allmählich vermehrt über die Grenzen der Denkformen hinweg. Bestimmend wird diese Tendenz in der nachexilischen Zeit. Hier *ist das Alte Testament selbst auf dem Weg, eine Theologie in nuce auszubilden.* Neue Texte gleichen Spannungen älterer Texte aus oder beantworten Fragen, die bei den älteren Texten offen geblieben waren. Immer häufiger begegnen jetzt Texte, die Gottes Liebe ins Verhältnis zu seinem Strafen setzen, seine

---

[18] Vgl. zu den Kompositionen der Psalmen die zahlreichen Untersuchungen E. Zengers und zu den kleinen Propheten etwa A. Schart, Die Entstehung des Zwölfprophetenbuchs (BZAW 260), 1998 oder P.L. Redditt/A. Schart (Hg.), Thematic Threads in the Book of the Twelve (BZAW 325), 2003.

[19] J. Jeremias, Gelehrte Prophetie (FS R. Smend, 2002), in: ders., Studien 364–377.

[20] Vgl. u. S. 402ff.

Güte ins Verhältnis zu seinem Zorn und die das Problem erörtern, ob Gott sein Volk im Fall schwerster Schuld verwerfen kann. Zu dieser Zeit entsteht im Alten Testament etwas, das man im Ansatz eine Theologie des Pentateuchs oder eine Prophetentheologie nennen könnte. Ein moderner Verfasser einer „Theologie des AT" hat es jetzt viel leichter mit seiner Darstellung, weil er den Intentionen dieser jüngeren Texte folgen kann, die in sich schon eine systematische Kraft entwickeln.

d. Die großen theologischen Neuentwürfe im Exil

Jedoch hat auch ein systematisch orientierter Aufbau einer „Theologie des AT", der bemüht ist, sich seine Kategorien von den Texten vorgeben zu lassen, eine Reihe von Nachteilen[21]. Er kann die geschichtliche Dimension der behandelten Texte, die teilweise über Jahrhunderte hinweg gewachsen sind, nicht gebührend berücksichtigen[22], wovon im 2. Teil dieser Einleitung noch die Rede sein soll. Ein mindestens ebenso großer Nachteil besteht darin, dass wesentliche Einzelstimmen wie etwa die der bedeutendsten Schriftpropheten – Hosea, Jesaja, Jeremia oder Ezechiel – nicht genügend zu Gehör kommen. In noch gesteigerter Weise gilt dies von den theologischen Neuentwürfen während der Exilszeit, die die Basis aller theologischen Reflexion in der Spätzeit gelegt haben. Unbestreitbar war der Untergang der beiden Teilstaaten Israel und Juda und die Exilierung der geistigen und handwerklichen Oberschicht der großen Städte *der* entscheidende Einschnitt in der Geschichte Israels, der eine theologische Neubesinnung zwingend erforderte, weil die Institutionen weggefallen waren, die den Staat und die Religion trugen. Die zahlreichen literarischen Neuansätze in dieser Zeit des Umbruchs haben die Texte der Spätzeit mehr als alles andere beeinflusst. Ich nenne nur das Deuteronomistische Geschichtswerk (DtrG), die exilischen Jeremia- und Ezechiel-Traditionen, die Priesterschrift (P), Deuterojesaja (DJes) und Ex 32–34. Zusammen mit den

---

[21] O. Kaiser, der die bedeutendste systematisch aufgebaute Theologie des AT der Gegenwart vorgelegt hat („Der Gott des AT: Theologie des AT", Bd. 2 und 3, Göttingen 1998 und 2003), hat die auch von ihm bedachten Schwächen eines solchen Aufrisses dadurch zu vermeiden versucht, dass er einen Bd. 1 („Grundlegung", 1993) vorausgeschickt hat, der neben hermeneutischen auch die literarischen und die religionsgeschichtlichen Voraussetzungen behandelt, ohne schon Teil der Entfaltung der Theologie des AT zu sein.

[22] Ein höchst originelles Vorgehen wählt W. Brueggemann, Theology of the OT, Minneapolis 1997. Er lässt verschiedene Texte des AT wie in einem Gerichtsverfahren als Zeuge und Gegenzeuge gegeneinander antreten, um die vorhandenen Mehrdeutigkeiten und Spannungen offenzulegen. Auf diese Weise werden überraschende neue Perspektiven ermöglicht. Aber es versteht sich von selbst, dass bei einem solchen Verfahren die geschichtliche Dimension der Texte zu kurz kommen muss. – Noch stärker ist diese Grenze im materialreichen, beide Testamente umgreifenden Werk von R. Feldmeier – H. Spieckermann, Der Gott der Lebendigen. Eine biblische Gotteslehre, Tübingen 2011, spürbar, in dem die einzelnen, nach dogmatischen Gesichtspunkten geordneten Kapitel weithin exkursartig unverbunden nebeneinander stehen.

neu entstandenen Prophetenbüchern, die sie in Auswahl voraussetzen, sind diese theologischen Neuansätze geradezu zur Grundlage alttestamentlichen Denkens seit der Zerstörung Jerusalems geworden. Sie haben dazu geführt, dass Glauben und Denken des biblischen Israel innerhalb des Alten Orients immer stärkere Eigenarten angenommen haben; ohne sie wären die theologischen Diskussionen der Spätzeit des AT nicht denkbar. Würden diese großartigen theologischen Versuche, die Kontinuität Gottes in den Brüchen der Geschichte nachzuweisen, nicht mehr erkennbar bleiben, wäre das AT in meinen Augen ähnlich seines Reichtums an theologischen Konzeptionen beraubt wie eine „Theologie des NT", in der ein Leser die paulinische und die johanneische Theologie nicht mehr voneinander unterscheiden könnte. Beide bedürfen einer separaten theologischen Würdigung.

e. Der Aufbau des Buches

Damit legt sich *ein dreiteiliger Aufbau* der „Theologie des AT" nahe: Während sie in der Perser- und in der hellenistischen Zeit weitgehend thematisch verfahren und die wichtigsten Anliegen der „reifen" Gottesaussagen der Spätzeit systematisch erheben kann, werden im Zentrum der Darstellung die großen theologischen Einzelentwürfe stehen, die die Erfahrung des staatlichen Zusammenbruchs deuten und sie mit der Erwartung eines neuartigen Gotteshandelns in der Zukunft verbinden und auf diese Weise Gerichts- und Heilshandeln Gottes grundlegend aufeinander beziehen. Die vorexilische Frühzeit der alttestamentlichen Gottesvorstellungen soll demgegenüber gemäß den erkannten „Denkformen" dargestellt werden, wobei den prophetischen Texten insofern ein besonderes Gewicht zufällt, als sie bei weitem die bedeutendste Vorarbeit für die exilischen Neuentwürfe bieten, die sie ausnahmslos – in unterschiedlicher Auswahl – voraussetzen. Da diese prophetischen Texte jeweils Teil eines Prophetenbuches und somit einer umfassenden Konzeption sind, die wie die anderen Neuentwürfe auf das staatliche Ende des Nord- bzw. Südreichs reagiert, hätte man auch die Schriftprophetie dem Mittelteil des Buches zuordnen können, der dann allerdings im Vergleich mit den anderen Teilen allzu umfangreich ausgefallen wäre. Jedoch liegt mir daran zu betonen, dass die alttestamentlichen Gottesaussagen in einem viel stärkeren Maße prophetisch geprägt sind als gemeinhin bewusst.

2. „Theologie des Alten Testaments" und „Religionsgeschichte Israels"

Ebenso schwierig wie Texte sehr verschiedener Herkunft und verschiedener Intention zusammenfassend darzustellen, ist die Aufgabe einer „Theologie des AT", Texte aus sehr verschiedenen Zeiten einander zuzuordnen. Es liegen

Welten zwischen den Lebensumständen der Vorväter Israels als Hirten und Bauern in vorstaatlicher Zeit oder als Städter in der staatlichen Zeit mit ihrer Konzentration aller Aussagen auf das Königtum oder als Exilanten nach dem Zusammenbruch des Staates oder als Jerusalemer in der nachstaatlichen Zeit mit ihren neuen Entscheidungsstrukturen. Die jeweiligen Unterschiede im Denken und Glauben versucht eine „Religionsgeschichte (RG) Israels" zu beschreiben mit der Objektivität, wie sie einem geschulten Historiker möglich ist. Ist solch eine Darstellung dann nicht derjenigen des Theologen überlegen, da sie die Umbrüche innerhalb der Geschichte, auf die alle Texte bezogen sind, klarer zu reflektieren vermag als eine „Theologie des AT", deren Notwendigkeit einer Wertung der Texte die geschichtliche Vielfalt der Erscheinungen eher im Wege steht? Einer solchen Bevorzugung einer „RG Israels" hat in der Tat R. Albertz das Wort geredet, der das Anliegen der Theologen in einer objektiveren „RG Israels" besser aufgehoben sieht als in einer notwendig subjektiveren und stärker durch systematische und neutestamentliche Vorverständnisse bestimmten „Theologie des AT"[23]. Allerdings hat Albertz mit seinem Vorschlag keine direkte Nachfolge gefunden. Vielmehr hat die Diskussion seiner These (in JBTh 10) gezeigt, dass nach dem Urteil der Mehrheit die „RG Israels" und die „Theologie des AT" als zwei Weisen, die zentralen Gedanken des AT zusammenzufassen, eingeschätzt werden, die allerdings eine sehr unterschiedliche Intention haben. In ihrem Verhältnis zueinander hat es – zumindest im deutschsprachigen Raum – kaum je ein gleichberechtigtes Nebeneinander gegeben, sondern Wellenbewegungen, bei denen einmal das Interesse an der Geschichte, einmal das Gespür für die Notwendigkeit theologischer Fragestellung die Oberhand gewannen. Am Anfang stand die Begeisterung für historische Erkenntnisse deutlich im Vordergrund.

Als Geburtsstunde einer Disziplin „Theologie des AT" setzt man hier üblicherweise das Jahr 1787 an, in dem Johann Philipp Gabler seine berühmte „Rede über die rechte Unterscheidung biblischer und dogmatischer Theologie" („Oratio de iusto discrimine theologiae biblicae et dogmaticae …") hielt und mit ihr erstmals die Selbständigkeit einer „Biblischen Theologie" gegenüber der Dogmatik begründete. Damit war die Biblische Theologie als ein historisches Fach ins Leben gerufen worden. Es sollte schon bald danach in die Fächer Altes und Neues Testament aufgegliedert werden. War einmal die Bibel als eine historische Größe anerkannt worden, war die Unterscheidung zwischen alttestamentlicher und neutestamentlicher Theologie nur eine Frage der Zeit.

---

[23] Vgl. schon die „Einführung" seiner „Religionsgeschichte Israels in alttestamentlicher Zeit" (ATD.E 8/1), 1992, 18–38 und danach den bewusst provokanten Titel seines Aufsatzes „Religionsgeschichte Israels statt Theologie des AT!" (S. 3–24) und dessen intensive Diskussion in JBTh 10 (1995). Gleichzeitig mit JBTh 10 sind mehrere gewichtige Aufsätze zum Verhältnis der beiden Disziplinen in der FS S. Wagner (hg. von D. Vieweger und E.-J. Waschke) „Von Gott reden", Neukirchen 1995, erschienen.

Mit dem neuen Aufbruch und der neuen Intention, die BiblischeTheologie als eine historische Disziplin zu verstehen, zog bald ein immer stärkeres Selbstbewusstsein in die Exegese ein. Die Betonung der geschichtlichen Entwicklung des alttestamentlichen Glaubens gewann immer mehr an Gewicht. Die Unterscheidung zwischen historischer und dogmatischer Theologie wollte man jetzt konsequent vollziehen und sich endgültig von der Umklammerung durch die Dogmatik befreien, der man gern alle Fragen nach der Geltung der alttestamentlichen Texte für die Gegenwart überließ. Am Ende des 19. Jh.s, also am Höhepunkt der historisch-kritischen Forschung im klassischen Sinn, wie sie besonders mit dem Namen Julius Wellhausen verbunden war, nannte Rudolf Smend d.Ä. seine Zusammenfassung alttestamentlicher Forschung betont ein „Lehrbuch der alttestamentlichen Religionsgeschichte" (1893) und nicht mehr eine „Biblische Theologie". Er begründete diese Entscheidung so:

Der Name „Biblische Theologie" hat „einmal sein geschichtliches Recht" gehabt, aber inzwischen entspricht er nicht mehr „dem Wesen der heutigen Bibelforschung. Jedenfalls handelt es sich bei der Darstellung der alttestamentlichen Religion viel weniger um theologische Vorstellungen und Begriffe als vielmehr um die Geschichte der Religion ... Die Darstellung der alttestamentlichen Religion darf keine systematische sein" (S. 1 und 6).

Ein gutes Jahrzehnt danach konnte B. Stade definieren: „Unter Biblischer Theologie des Alten Testaments versteht man die Geschichte der Religion unter dem alten Bunde."[24] So gewiss die historische Forschung dieser Epoche wichtige Ergebnisse erbrachte, auf denen noch heute alle Exegese fußt, so sehr stand sie mit ihrer einseitigen Betonung des Historischen zugleich in der Gefahr, ihre Zugehörigkeit zur Theologie als ganzer zu verlieren. Es zeigte sich immer mehr, dass die historischen Ergebnisse der alttestamentlichen Forschung so gut wie keine Relevanz für die Systematik besaßen. Thematisiert wurde diese Gefahr vor allem nach dem 1. Weltkrieg. Typisch für diese Zeit kann ein Plädoyer für die Rückkehr zur Theologie des AT als zusammenfassender Disziplin von Carl Steuernagel gelten:

„Wenn es damals [gemeint ist die Zeit Gablers] notwendig war, die biblische Theologie aus den Fesseln der Dogmatik zu befreien, so gilt es heute, wie mir scheint, die alttestamentliche Theologie von den Fesseln der alttestamentlichen Religionsgeschichte zu befreien, in denen sie völlig zu verkümmern Gefahr läuft."[25]

Mit dieser Forderung setzte der eigentliche Siegeszug der Disziplin „Theologie des AT" in der deutschen Forschung ein. Anfangs gab es Forscher, die wie Eduard König oder Ernst Sellin sowohl eine „RG Israels" als auch eine „Theologie des AT" verfassten. Aber sie taten dies dann stets in dem Bewusstsein, dass die „RG Israels" das historische Material zusammenzustellen hatte, dessen Bedeutung und Wertung danach durch die „Theologie des AT" vorgenommen wurde, wobei letztere wieder mit dogmatischen Kategorien arbeitete[26].

---

[24] B. Stade, Biblische Theologie des AT I. Die Religion Israels und die Entstehung des Judentums, Tübingen 1905.

[25] C. Steuernagel, Alttestamentliche Theologie und alttestamentliche Religionsgeschichte, in: FS K. Marti (BZAW 41), Gießen 1925, 266–273; 266.

[26] Vgl. Genaueres zu diesem forschungsgeschichtlichen Rückblick in den vorzüglichen Zusammenfassungen von W. Zimmerli, Biblische Theologie, TRE VI (1980), 426–455; 426–445 und W.H. Schmidt, „Theologie des AT" vor und nach Gerhard von Rad, VF 17 (1972), 1–25; auch in: ders.,

Die Forschung nach dem 1. Weltkrieg hat also dem alttestamentlichen Wissenschaftler, der sein Fach zusammenfassen wollte, eine doppelte Aufgabe zugewiesen. Er hatte zunächst als Historiker zu arbeiten, insofern er es mit Texten zu tun hat, die mehr als zwei Jahrtausende zurückliegen, dann als Theologe, insofern seine Arbeit beansprucht, Relevanz für die Gegenwart zu haben. Eine „RG Israels“ beschreibt nach dieser Auffassung das Werden des biblischen Glaubens über die Jahrhunderte seit seiner Entstehung, eine „Theologie des AT“ konzentriert sich auf die Darstellung des bleibend Gültigen.

a. Die Einbeziehung der altorientalischen Religionsgeschichte

Heute würde kein Alttestamentler in Deutschland das Verhältnis der beiden zusammenfassenden Disziplinen auf diese Weise beschreiben. Der wesentliche Unterschied zur Situation des Faches vor knapp 100 Jahren liegt darin, dass die Archäologie uns zwischenzeitlich gewichtige Texte der großen Kulturlandnationen des Alten Orients kennen gelehrt hat, deren Entzifferung und korrekte Deutung Jahrzehnte in Anspruch genommen hat. Die Bedeutung dieser Kenntnis ist kaum zu überschätzen. Ich erinnere nur an das Erschrecken der kirchlichen Öffentlichkeit zur Zeit des sog. Babel-Bibel-Streits am Anfang des 20. Jh.s angesichts der Tatsache, dass so gut wie alle biblischen Textgattungen – angefangen bei der Weisheit über die Psalmen bis hin zu den Rechtstexten und Königsannalen – ihre Parallelen in Mesopotamien und Ägypten besitzen. Waren damit die biblischen Texte nicht in eine allgemeine Religionsgeschichte eingeebnet?

Seit der Kenntnis der Paralleltexte des Alten Orients *haben sich die Disziplinen der „RG Israels“ und der „Theologie des AT“ erheblich angenähert*[27]. Denn jetzt war die Aufgabe der „RG Israels“ nicht mehr nur diejenige, die historischen Stadien des biblischen Glaubens nachzuzeichnen, sondern sie musste im Vergleich der altorientalischen Religionen mit dem Alten Testament notwendig die Frage beantworten, *inwieweit der Glaube Israels im Kontext der anderen Religionen eine Besonderheit besitzt*, die mehr ist als die Besonderheit jeder geschichtlichen Erscheinung generell[28]. Sie musste die Frage beantworten, ab wann Aussagen des biblischen Glaubens den Horizont überschreiten, der für altorientalisches Denken generell typisch ist, und welche Aussagen das sind. Damit aber beginnt eine prinzipiell historisch arbeitende „RG Israels“ die Aufgabe des Wertens und Gewichtens zu übernehmen, die traditionell gerade Aufgabe einer „Theologie des AT“ ist.

Vielfalt und Einheit alttestamentlichen Glaubens, Bd. II, Neukirchen 1995, 155–179; zuletzt in: ders., Gottes Wirken und Handeln des Menschen (BThSt 147), 2014, 29–71.

[27] Vgl. dazu bes. W.H. Schmidt, Atl. Glaube[11], § 1 (S. 1–18).

[28] Analog hatte M. Noth zuvor die Aufgabe einer „Geschichte Israels“ beschrieben; vgl. seine „Geschichte Israels“, [3]Göttingen 1956, 11.

Umgekehrt kann aber auch eine „Theologie des AT" ihre Wertungen nicht unabhängig von dem genannten Religionsvergleich treffen, als gäbe es die anderen Religionen nicht. Vielmehr muss sie religionsgeschichtliche Urteile fällen, die sich mit der Aufgabe einer „RG Israels" überschneiden. Ich nenne zwei der wichtigsten:

1. Erstaunlicherweise hat der Glaube Israels nicht sein Ende gefunden, als der Staat unterging, auf den er bezogen war. Im Falle der großen Kulturlandreligionen der Ägypter und Babylonier galt genau dies (sieht man einmal vom partiellen Weiterleben der babylonischen Religion bei den Persern und der ägyptischen Religion im römischen Reich ab).

2. Offensichtlich hat das „reife" nach-staatliche Israel mit einem sehr andersartigen Welt- und Menschenbild gelebt als die Babylonier, unter die seine geistige Oberschicht deportiert worden war, wie sich insbesondere aus einem Vergleich seiner Schöpfungserzählungen mit den mesopotamischen Schöpfungsmythen ergibt.

Beide gewichtigen Differenzen sind für Israel grundlegend, waren ihm aber nicht in seine Wiege gelegt. Sie sollen daher im folgenden Kapitel – der Darstellung vorgreifend – kurz erläutert werden.

b. Die theologische Verarbeitung des staatlichen Untergangs

Die wichtigste Frage, die eine „Theologie des AT" beantworten muss, die bereit ist, von einer „RG Israels" zu lernen, lautet: Warum hat der Glaube des biblischen Israel nicht sein Ende gefunden, als mit der Zerstörung Samarias und Jerusalems die beiden Staaten zugrunde gegangen waren, auf deren Existenz dieser Glaube einst bezogen war? Man bedenke, dass den damaligen Menschen alle Grundlagen ihres Denkens und Vertrauens aus den Händen gerissen worden waren[29]: *Der Tempel*, in dem Gott inmitten seines Volkes gegenwärtig sein wollte, lag in Trümmern, obwohl er doch die großen Zusagen trug, die die Zionspsalmen rühmen, dass Gott selbst ihn beim Ansturm aller Völker dieser Erde wunderbar bewahren wolle (Ps 46*. 48*). *Der König* war seines Augenlichts beraubt und gefangen genommen worden, obwohl doch über ihm Gottes Zusage stand, dass er David für alle Zeiten einen Nachfolger auf seinem Thron schenken wolle (2 Sam 7). Vor allem aber: Die größte Gabe Gottes an sein Volk, *das Land*, war in den Händen der Feinde, das Gott schon den Erzvätern, danach auch Mose fest zugesagt hatte. Unter diesem Versprechen waren einst die Vorfahren aus Ägypten aufgebrochen. Alles also, worauf der frühe Glaube Israels sich verlassen hatte, alle großen Zusagen Gottes, alle Stützen des Gottvertrauens waren den Menschen der Generation nach der

---

[29] Vgl. noch immer L. Perlitt, Anklage und Freispruch Gottes. Theologische Motive in der Zeit des Exils, ZThK 69 (1972), 290–303, auch in: ders., Deuteronomium-Studien (FAT 8), 1994, 20–31.

Zerstörung Jerusalems aus den Händen gerissen worden. Was konnten sie anderes tun, als das Scheitern ihrer Hoffnungen einzugestehen und entweder die Schwäche und Unterlegenheit ihres Gottes zu beklagen oder aber anzunehmen, dass Gott sein Volk verworfen habe und ihr Glaube an sein Ende gekommen sei? In der Tat sind beide Reaktionen der ersten Exilsgenerationen bei Deuterojesaja direkt oder indirekt belegt. Ist es von hier aus nicht allzu verständlich, dass die großen Kulturlandreligionen in analogen Situationen ihrem Ende entgegen gingen?

Es waren primär zwei Faktoren, die den biblischen Glauben in der Stunde der staatlichen Katastrophe vor einem entsprechenden Geschick bewahrt haben. Der erste lag in der Frühgeschichte seiner Gottesbeziehung, der zweite in der Eigenart seiner Prophetie.

α. *Die Anfänge der Gottesbeziehung Israels*

Ich beginne mit den Besonderheiten der frühen Gottesbeziehung Israels, die für seinen späteren Glauben von ausschlaggebender Bedeutung waren. Man kann sich diese Bedeutung besonders gut an einem Vergleich mit babylonischen Gottesvorstellungen vor Augen führen. Für die Babylonier, unter denen die Mehrzahl der Gebildeten Israels im Exil lebte, hingen göttliche Weltordnung und die eigene Weltherrschaft untrennbar miteinander zusammen. Im berühmten Weltschöpfungsepos enūma eliš, dessen Verlesung und symbolische Vergegenwärtigung im Mittelpunkt des Hauptfestes der Babylonier stand, wird erzählt, wie der Götterkönig Marduk das Chaosungeheuer Tiamat besiegt und aus seinem Körper Himmel und Erde schafft, im gleichen Akt aber auch Babylon und dessen Tempel, in dem er Wohnung nehmen will, als Mittelpunkt der Welt. Nach dem legitimierenden Mythos ist die Herrschaft Babylons also Teil der kosmischen Ordnung. Als diese Herrschaft an ihr Ende geriet, hatte der Mythos seine Erklärungsfunktion verloren.

Demgegenüber wusste das biblische Israel von einer Zeit, in der es ohne Tempel, ohne König und ohne Landbesitz gelebt hatte. Ja, mehr noch: Sein Gott JHWH war gar kein Gott des Landes, in dem Israel lebte[30], und war daher auch nicht mit dem Geschick des Landes Palästina verbunden. Vielmehr wissen die alten Theophanieschilderungen in Ri 5,4f., Dtn 33,2 und Hab 3,3, dass JHWH aus dem Süden kommt – es werden geographische Größen wie Pharan, Seïr, Teman und Edom genannt –, wenn er seinem Volk zu Hilfe eilt[31].

---

[30] Ein untrügliches Indiz ist die Tatsache, dass es keine Ortsnamen mit dem theophoren Element JH bzw. JHWH gibt; vgl. C. Levin, Integrativer Monotheismus im AT, ZThK 109 (2012), 153–175; 155.

[31] Der Versuch, diese alte Tradition als literarische Konstruktion zu erweisen (H. Pfeiffer, Jahwes Kommen von Süden [FRLANT 211], 2005), ist mit Recht mehrfach zurückgewiesen worden, vor allem von O. Keel, Die Geschichte Jerusalems, Teil 1, 199–202, und am ausführlichsten von M. Leu-

Außerbiblisch ist der Gottesname „JHWH von Teman" im 9. Jh. v. Chr. im Negev in Kuntillet 'Ağrud belegt (KAgr 10,2 und wohl auch 9,5), und in ägyptischen Ortsnamenlisten aus Soleb vom 14. Jh. v. Chr. ist ein „Land der Schasu" (Nomaden aus dem Südosten Palästinas) bezeugt, die sich mit dem Gottes- und/oder Gebietsnamen „JHW" bzw. „JHW*3*" benennen. Auch die engen Verbindungen des ältesten Israel zu den im tiefen Süden Palästinas siedelnden Stämmen der Keniter und Midianiter (vgl. etwa Ri 5,24ff.; 1 Sam 15,6; 1 Chr 2,55) weisen in die gleiche Richtung. Sie haben zu der (nach wie vor plausiblen) sog. Keniter- bzw. Midianiterhypothese geführt, nach der Gruppen des späteren Israel den JHWH-Namen von den Kenitern bzw. Midianitern übernommen hätten[32]. So weiß die biblische Überlieferung noch von einem Anfang der Anrufung JHWHs bei den Kenitern (Gen 4,26). Zudem war Moses Schwiegervater Keniter (Ri 1,16; 4,11) bzw. Midianiter (Ex 2,16; 3,1 u. ö.), und Mose floh bei persönlichen Schwierigkeiten zu den Midianitern (Ex 2,15). Vor allem aber hat Mose im Gebiet der Midianiter seine Berufung erfahren (Ex 3,1), und nach Ex 18,12 hat er mit den Ältesten Israels „in der Wüste" des Gebiets der Midianiter, und zwar am (oder auf dem) „Gottesberg" einen Festgottesdienst „vor dem Angesicht Gottes" gefeiert, bei dem Moses Schwiegervater als Priester fungierte. – Allerdings sind alle diese Nachrichten theologisch wenig aussagekräftig, da sich über die Gestalt eines derartigen frühen JHWH-Glaubens keine Aussagen machen lassen.

Nach diesen Ausführungen ist es wenig überraschend, dass die spätere Tradition den Ort der grundlegenden Offenbarung JHWHs, den Berg Sinai bzw. Horeb, im tiefen Süden Palästinas sucht. Auch fällt auf, dass der Gottesname JHWH und der Name der Verehrergruppe, Isra-El, hinsichtlich der Gottesbezeichnung nicht miteinander harmonieren (im Unterschied zu der singulären Bezeichnung „El, Gott Isra-Els" in Gen 33,20). Nimmt man hinzu, dass die Erzvätererzählungen zwei Ahnmütter, Lea und Rahel, kennen (und dazu noch zwei Ahnmägde), von denen sich unterschiedliche Stämme der Größe Israel herleiten, beginnt sich eine Frühgeschichte des biblischen Glaubens abzuzeichnen, von der wir nur noch Spuren besitzen, die aber ausreichen, um zu zeigen, *dass die beiden Partner, JHWH und Israel, keineswegs von Anbeginn zueinander gehörten*, sondern erst in einem allmählichen Prozess zueinander gefunden haben. Sehr wahrscheinlich werden es die jüngeren Rahelstämme gewesen sein, die den JHWH-Glauben in Israel einführten. Die Verbindung Josephs mit Ägypten, die Zeichnung der Rahel als der geliebten, jüngeren Tochter Labans sprechen dafür, vor allem aber die Tatsache, dass die großen Helden und die wichtigsten Heiligtümer der Richterzeit ganz überwiegend aus dem Gebiet der Rahelstämme stammen, die frühe Überlieferung Israels also wesentlich aus den Erfahrungen der Rahelstämme schöpft[33]. Die Archäo-

---

enberger, Jhwhs Herkunft aus dem Süden, ZAW 122 (2010), 1–19; erweitert in: ders., Gott in Bewegung (FAT 76), 2011, 10–33, mit ausführlicher Auswertung der außerbiblischen Zeugnisse.

32 Näheres bei W.H. Schmidt, Atl. Glaube^{11}, 83–90 und A. Lemaire, The Birth of Monotheism, Washington 2007, 27–29.

33 Vgl. Näheres bei R. Smend, Jahwekrieg und Stämmebund. Erwägungen zur ältesten Geschichte Israels (FRLANT 84), ^{2}1966 = ders., Zur ältesten Geschichte Israels. Ges. St. 2, München 1987, 116–199.

logie hat diese Bevorzugung der Rahelstämme eindrucksvoll bekräftigt: Anders als in anderen Gebieten Palästinas hat sich die Bevölkerung auf dem mittelpalästinischen Gebirge in der frühen Eisenzeit explosionsartig vermehrt, weithin verfünffacht![34] Ein spätes Indiz für diesen allmählichen Prozess, in dem JHWH und Israel zusammenfanden, bildet der berühmte Satz aus der Abschiedsrede Josuas in Jos 24,15: „Wählt euch heute, wem ihr dienen wollt: den Göttern jenseits des Stroms oder den Göttern der Amoriter, in deren Land ihr wohnt. Ich aber und mein Haus wollen JHWH dienen!" Dieser junge Bekenntnissatz weiß mit seiner Nachzeichnung einer weit zurückliegenden Entscheidungssituation noch etwas davon, dass JHWH und Israel nicht von Urzeit her zusammengehörten, ein früher Israelit also nicht einfach in einen selbstverständlich ererbten Glauben hineingeboren wurde.

Wenn aber zahlreiche Texte des AT so nachdrücklich darauf hinweisen, dass die Grundlage aller alttestamentlichen Texte: „JHWH ist der Gott Israels" kein Urdatum ihres Glaubens war und JHWH außerdem kein Gott des Landes war; wenn also Israels Gott so souverän nicht nur gegenüber Land und Tempel, sondern sogar gegenüber seinem Volk selber stand, dann war die staatliche Katastrophe der beiden Teilstaaten Israel und Juda von vornherein vieldeutig und nicht zwingend Indiz einer Niederlage Gottes. Umgekehrt ist es nur allzu verständlich, dass die Gemeinde in der Exilszeit frühe Traditionen wie die genannten sorgfältig bewahrte und pflegte.

β. *Die sog. Schriftprophetie*

An dieser Stelle bedarf es notwendigerweise des Hinweises auf den 2. Faktor, der den biblischen Glauben über die Katastrophe des staatlichen Untergangs hinweggetragen hat: die sog. Schriftprophetie. Die Schriftpropheten nämlich waren es, die ihren Zeitgenossen, die unter der scheinbar selbstverständlichen Voraussetzung staatlicher Bedingungen in den Teilstaaten Israel und Juda lebten, das mögliche Ende der göttlichen Gaben in Gestalt von Land, König und Tempel vor Augen gemalt hatten und damit zugleich das mögliche Ende der Gottesbeziehung Israels angekündigt hatten, und zwar viele Jahre vor der Katastrophe[35]. Freilich hatten sie mit ihren hohen Maßstäben, die sie an eine glückende Gottesbeziehung anlegten, mit ihrer Botschaft zu Lebzeiten nur wenige Zeitgenossen erreicht, weil diese Maßstäbe der Mehrzahl der Bevölkerung utopisch erschienen. Für die Schriftpropheten aber hing an den Maßstäben das Glücken oder aber das Scheitern der Gottesbeziehung. Ein Hosea riss einen Graben zwischen JHWH und Baal auf, wo die üblichen Zeitgenossen

---

[34] Vgl. I. Finkelstein, The Archaeology of the Israelite Settlement, Jerusalem 1988.

[35] Die These, dass diese Anklagen ganz überwiegend erst ex eventu niedergeschrieben worden seien (R.G. Kratz, Prophetenstudien, passim), ist historisch höchst unwahrscheinlich; vgl. J. Jeremias, Das Rätsel der Schriftprophetie, ZAW 125 (2013), 93–117, auch in: ders., Studien, 288–310.

sich in einem baalisierten JHWH-Glauben häuslich niedergelassen hatten. Ein Amos malte das Bild einer von Gottes Gerechtigkeit geprägten Gesellschaft, wo seine Zeitgenossen das Recht des Stärkeren als eine Art Naturrecht anzuerkennen gewohnt waren. Ein Jesaja machte Ernst mit Gottes Bindung an David und Jerusalem und erwartete ein Gottvertrauen, das seinen Mitbürgern als Illusion erschien. In all dem vermochten die Zeitgenossen den Erwartungen der Propheten nicht zu folgen und verwarfen damit die Unheilsansage, die die Propheten im Namen Gottes aussprachen. Aber ihre Schüler und Tradenten schrieben die Ankündigungen der Propheten zum Zeugnis gegen die Zeitgenossen auf, und in Gestalt dieser schriftlichen Botschaft hing das Schwert der drohenden Gottesankündigung über ihnen: Wegnahme des Landes, Gefangennahme des Königs, Zerstörung des Tempels.

Als nun die Katastrophe eingetreten war, galten die Propheten, die zu ihren Lebzeiten Außenseiter der Gesellschaft gewesen waren, als von Gott selbst bestätigte wahre Boten. Die Katastrophe des staatlichen Zusammenbruchs wurde im Gefolge der Propheten als Gottes Gericht über schwere Schuld gedeutet, und die schriftlich niedergelegten Gottesworte der Propheten wurden für breite Kreise zum entscheidenden Orientierungspunkt, wenn sie nach dem Willen Gottes für ihre eigene Zeit fragten. So waren es letztlich die anfangs von der Menge verachteten Gottesworte der Propheten, die Israels Glauben über den Graben der staatlichen Katastrophe hinübergetragen haben. Die das spätere AT so stark prägende deuteronomistische Theologie ist letztlich nichts anderes als eine popularisierte Prophetentheologie.

c. *Biblische und die altorientalische Schöpfungsberichte*

Will eine „Theologie des AT" aus ihrem Gespräch mit der „RG Israels" lernen, stößt sie unweigerlich auf die Erkenntnis, dass ein großer Teil der Texte, die sie zusammenzufassen versucht, aus dem Gespräch mit der Weltdeutung anderer, älterer Religionen entstanden ist. Bei keinem anderen Thema sah das biblische Israel eine größere Notwendigkeit, sich von den Religionen seiner Umwelt abzugrenzen, als bei seinen Schöpfungstexten, weil in ihnen eine grundsätzliche Deutung der Welt als ganzer und des Wesens des Menschen stattfindet. In der Tat haben Untersuchungen zur Urgeschichte in den letzten Jahrzehnten in aller Deutlichkeit gezeigt, dass die biblischen Berichte von der Schöpfung und von der Sintflut weitgehend Auseinandersetzungsliteratur bieten. Es handelt sich um *polemische* Texte, die vorgegebenes Verständnis von Welt und Mensch bestreiten und korrigieren wollen.

Dieser Einsicht entspricht die auf den ersten Blick erstaunliche Beobachtung, dass das biblische Israel Jahrhunderte zugewartet hat, bis es sich an die Deutung von Welt und Mensch herangewagt hat. Natürlich gibt es Erwähnungen Gottes als Schöpfer auch in frühen Texten, etwa in Psalmen und Weisheitssprüchen, aber ausgeführte Erzählungen von der Erschaffung der Welt gibt es erst aus nachprophetischer Zeit. Im Gegensatz zum Alten Testament aber sind die ältesten Mythen, die wir aus Mesopotamien besitzen, Schöpfungsmythen. Hier hat man von allem Anfang an die Alltagserfahrung des Menschen religiös gedeutet. Für die Schafe war ein Hirtengott zuständig, für das Vieh eine Viehgottheit, für die Pflanzen eine Pflanzengöttin, und die frühesten Schöpfungsmythen, die wir besitzen, erörtern den Rang dieser Gottheiten und entscheiden damit, ob die Ackerwirtschaft als wichtiger erachtet wurde als die Viehwirtschaft etc.[36]

Es gehört zu den Rätseln des biblischen Israel, dass es keinerlei Zeugnisse einer solchen unmittelbaren religiösen Weltdeutung überliefert hat. Es scheint so, als habe die Glaubensgemeinschaft ausführliche Schöpfungserzählungen erst in dem Augenblick gebildet, als sie sich mit den Mythen der Assyrer, die im 8. und 7. Jh. v. Chr. ihr Land beherrschten, und danach im Exil mit denen der Babylonier auseinandersetzen musste. Weil Israel so lange zugewartet hat, bis es sich an die Deutung der Welt gewagt hat, hatte es freilich durch die Verkündigung seiner Propheten und durch die theologische Deutung des Exils als Gericht Gottes auch ganz andere Maßstäbe gewonnen, um vorgegebene Weltsichten zu beurteilen und zu bestreiten. Für das 1. Kapitel der Bibel ist das seit langem gesehen worden und muss hier nicht ausgeführt zu werden. Ich erinnere nur an die Beschreibung des Chaos in Gen 1,2, das keinerlei schöpferische Potenz besitzt wie etwa der Urhügel in ägyptischer Mythologie, der die ältesten Götter gebiert. Schöpfung beginnt in Gen 1, als Gott zu reden beginnt: „Es werde Licht!" Ich erinnere zum zweiten an die geradezu handwerkliche Befestigung der großen Leuchte und der kleinen Leuchte am Himmel, die zudem vom ersterschaffenen Licht so weit wie möglich entfernt stehen. Wer so von Sonne, Mond und Gestirnen spricht, redet nach altorientalischen Maßstäben gotteslästerlich!

Ebenso bedeutsam war die Auseinandersetzung des (vermutlich) älteren Schöpfungsberichts in Gen 2–3 mit dem häufig kopierten und weit verbreiteten Atraḫasis-Epos, das in Mesopotamien quasi-kanonische Bedeutung besaß[37]. Seine Besonderheit besteht darin, dass er wie die biblische Urgeschichte die Schöpfung der Menschen mit deren Vernichtung in der Sintflut erzählerisch verbindet. Erinnert sei zunächst nur an die je verschiedene *Sicht des Menschen*. Im Atraḫasis-Epos sind es die Muttergöttin und der Gott der Weisheit, die den Menschen schaffen, und dementsprechend besitzt der Mensch eine Doppelnatur: Er ist aus Ton geformt, aber durch seine Adern fließt Götterblut – um dieses hehren Zieles willen musste zuvor ein Gott getötet werden. Der Sinn der Darstellung ist im Groben klar: Der Mensch ist sterblich, aber er weiß sich zugleich mit den Göttern verbunden und hat Anteil an ihrem Wesen. Hier wird sozusagen eine in der Schöpfung begründete Zweinaturenlehre

---

36 Vgl. etwa S.N. Kramer, Sumerian Mythology, New York-Evanston ^{2}1961.

37 Vgl. W.G. Lambert/A.R. Millard, Atra-Ḫasīs. The Babylonian Story of the Flood, Oxford 1969; W. von Soden, Der altbabylonische Atramchasis-Mythos, TUAT III/4, 1994, 612–645.

des Menschen vorgetragen, an die später Platon mit seiner Lehre von den Ideen anknüpfen konnte. – Wie anders die Nüchternheit von Gen 2! Nach Gen 2,7 ist der Mensch aus jenem Staub geformt, zu dem er einst zurückkehren wird; Leben besitzt er nur, weil Gott es ihm – für begrenzte Zeit – eingehaucht hat. Die unterschiedlichen Konsequenzen dieser beiden Anthropologien liegen auf der Hand!

Eher noch gewichtiger sind die Unterschiede bei der *Darstellung der Sintflut.* Beide Berichte, das ältere Atraḫasis-Epos und Gen 6–9, erzählen von der Sintflut, um ihre Einmaligkeit und Unwiederholbarkeit darzulegen, also die Gehaltenheit der Welt auszusagen. Aber wie verschieden wird sie begründet! Das Atraḫasis-Epos teilt die konträren Welterfahrungen auf zwei verschiedene Götter auf und leitet die Sintflut vom unberechenbar launischen Sturmgott Enlil ab, weiß aber im Hintergrund den Gott der Weisheit, Enki (bzw. Ea) stehen, der den Sintfluthelden Atraḫasis rettet und so die Menschheit bewahrt. Hier bereut die Muttergöttin im Nachhinein, dem Entschluss des Götterrats zur Sintflut zugestimmt zu haben, und sie schwört, eine Wiederholung der Sintflut zu verhindern. Der Gott der Weisheit aber weiß am Ende des Epos für die Zukunft bessere Mittel als die Sintflut, um die Menschheit an übermäßiger Ausbreitung zu hindern: Priesterinnen, die ledig bleiben, unfruchtbare Frauen, Kindersterblichkeit, Krankheitsdämonen.

In der Urgeschichte des Alten Testaments muss der eine Gott die Notwendigkeit, aufgrund der Schuld der Menschen die Sintflut zu bringen, und seinen Willen, die schuldige Menschheit zu bewahren, in sich selbst austragen. Hier sagt der Sintflutbericht, dass Gott, wenn er konsequent wäre, eigentlich täglich die Sintflut bringen müsste – angesichts der unverändert bleibenden Schuld der Menschen. Aber er tut es nicht. Am Ende des Berichts steht ein Gott voller Inkonsequenz: Statt die schuldigen Menschen zu vernichten, schwört er, sie auf Dauer zu ertragen. Gewandelt hat sich nicht der Mensch, der aus der Sintfluterfahrung nichts gelernt hat, sondern „böse von Jugend an“ ist (Gen 8,22), sondern gewandelt hat sich Gott. Er begrenzt seine Allmacht und schließt mit der Sintflut eine Möglichkeit des eigenen Handelns – so gut sie auch begründet ist – für alle Zeiten aus: um des Menschen willen, an den er sich gebunden hat. Welch eine verschiedene Intention zweier Erzählungen mit dem gleichen Erzählstoff!

Mit diesen Überlegungen zur Annäherung der beiden Disziplinen „RG Israels“ und „Theologie des AT“ aufgrund der Notwendigkeit des religionsgeschichtlichen Vergleichs sollen die großen Differenzen, die zwischen ihnen weiterhin bestehen, nicht geleugnet werden. Sie bleiben zwei grundlegend verschiedene Weisen einer Zusammenfassung der alttestamentlichen Texte: die eine auf die Entstehung und geschichtliche Entwicklung des alttestamentlichen Glaubens gerichtet, die andere auf die zentralen Inhalte der alttestamentlichen Zeugnisse von Gott. Eine „RG Israels“ muss insbesondere den wichtigen außerbiblischen religiösen Texten und Bildern aus Palästina und aus Israels unmittelbarer Nachbarschaft erhöhte Aufmerksamkeit schenken – ich nenne aus Palästina nur die Kultständer aus Taanach, die Texte und Bilder aus Kuntillet ʻAǧrud und ch. el-Qom, die Texte vom Tell Deir ʿAllā und die Bilder von Ḥorvat Qiṭmit. Sie kann und muss auf diese Weise verdeutlichen, dass die biblischen Texte keineswegs repräsentativ für den frühen Volksglauben in Israel stehen. Sie ist von ihrem Ansatz her weit stärker als eine „Theologie des AT“ auf Rekonstruktionen angewiesen, insbesondere für die Darstellung der Anfänge der biblischen Gottesvorstellungen, die in den Texten nur aus dem Rückblick aus erheblich späterer Zeit greifbar sind. – Eine „Theologie des AT“ wird demgegenüber ihren Schwerpunkt auf die reifen und tiefen Gottesaussagen der Spätzeit des biblischen Israel legen und kann deren Vorstufen – etwa die allmähliche Entwicklung von der Monolatrie zum Monotheismus – nur streifen. Vielleicht ist dies der wichtigste Unterschied zwischen beiden Disziplinen: Die der geschichtlichen Entwicklung zugewandte Disziplin der „RG Israels“ wird sich vornehmlich der Frühzeit des Glaubens Israels und seinen Entstehungsprozessen zuwenden, die den Texten und der Literatur zugewandte Disziplin der „Theologie des AT“ schwerpunktmäßig den fertigen Ergebnissen der Gottesaussagen in der Spätzeit.

Um es an einem Beispiel zu zeigen: Im Fall des Bilderverbots muss eine „RG Israels“ vor allem dessen Entstehung nachgehen, d. h. – um mit T.N.D. Mettinger zu reden[38] – den Weg von der faktischen Bildlosigkeit, die mancherlei Analogien in Israels Umwelt besaß, zum expliziten und nun analogielosen Bilderverbot beschreiben. Eine „Theologie des AT“ hat demgegenüber die Bedeutung des Bilderverbots für Israels Glauben zu erheben, der insbesondere das späte Israel im Zeitalter des Hellenismus zu einem Außenseiter machte.

Allerdings möchte ich im I. Teil des folgenden Entwurfs, der den unterschiedlichen „Denkformen“ des Alten Testaments gewidmet ist, zu zeigen versuchen, dass auch die älteren vorexilischen Texte, etwa die Erzählungen von den Erzvätern und von Mose, eine weit größere theologische Substanz besitzen als ihnen in den Auslegungen der jüngeren Zeit gemeinhin zugeschrieben wird.

[38] T.N.D. Mettinger, No Graven Image? Israelite Aniconism in its Ancient Near Eastern Context (CB.OT 42), 1995.

Teil I:

Die zentralen „Denkformen“ des Glaubens im Alten Testament

A. Psalmen

1. Die Hymnen

Aus mehreren Gründen legt es sich nahe, die Darstellung der Großgattungen des Alten Testaments mit den Psalmen, näherhin mit den Hymnen einsetzen zu lassen. Denn bevor das biblische Israel über Gottes Wesen nachgedacht hat, hat es Erfahrungen der Güte Gottes im Gottesdienst besungen, und während die ältesten Rechtstexte und Weisheitssprüche, aber auch die ältesten Erzählungen des Jakobzyklus nur einen angedeuteten Gottesbezug enthalten und die frühesten Belege für Prophetie in Israel ein eher umstrittenes Phänomen bezeugen (1 Sam 10,11 f.; 19,20–24), reden die Hymnen direkt von Gott und preisen seine Taten.

In der Tat steht in beiden Teilen der Bibel am Anfang allen Redens von Gott der Lobpreis; das Loben Gottes geht der Theologie voraus. Paulus bezieht sich in seinen Briefen mehrfach auf Christushymnen, die ihm schon vorlagen (Röm 1,3 f.; Phil 2,6–11 u. ö.). Für das Alte Testament gilt Entsprechendes, auch wenn die mehrfach geäußerte Vermutung, das Mirjamlied Ex 15,21 sei sein ältester Text (s. u.), nicht beweisbar ist und umstritten bleibt. Aber allein schon die oft in den Psalmen belegte Aussage, dass das Loben Gottes zur Erkenntnis Gottes führt[1], bezeugt deutlich, dass der Lobpreis Gottes der Reflexion über seine Taten und sein Wesen vorausgeht. *In der Bibel ist das Loben Gottes die primäre Quelle aller Theologie.* Theologie ist im Kern ein Nach-Denken des Lobes Gottes und damit ein tieferes Eindringen in dessen Aussagen.

Mit dieser *zentralen Bedeutung der Hymnen* hängt zusammen, dass die Sammlung der 150 Psalmen, die Aufnahme in den Kanon fand, die Überschrift תהלים „Loblieder“[2] trägt, obwohl die Hymnen im Psalter eine Minderheit bilden und die Gebete aus der Not – seit H. Gunkel „Klagelieder des Einzelnen“ (KE) bzw. „Klagelieder des Volkes“ (KV) genannt – numerisch weit überwiegen, von anderen Gattungen wie den Dankliedern, Liturgien, Wallfahrts- und Weisheitspsalmen ganz zu schweigen. Die Septuaginta (LXX) hat mit der Überschrift ψαλμοί („von Saiteninstrumenten begleitete Lieder“) bzw. (Codex A) ψαλτήριον („Saiteninstrument“ > „Sammlung instrumental begleiteter Lieder“) diese Hervorhebung nachvollzogen. Auch wenn diese Über-

[1] Vg. J. Jeremias, Lob Gottes und Erkenntnis des Menschen in den Psalmen (2004), in: ders., Studien, 215–228.

[2] Mit einer künstlichen maskulinen Pluralbildung, um die Besonderheit dieser Sammlung hervorzuheben.

schriften jung sind, spiegeln sie mit ihrer Bevorzugung der Hymnen ein viel älteres und grundlegendes Verständnis der Psalmen wider.

Auch sachlich sind die Klagelieder des Psalters, ob Gebete Einzelner oder der Gemeinde, den Hymnen insofern nachgeordnet, als sie sich auf die Hymnen zurückbeziehen, genauer: in Situationen der Not einklagen, was die Hymnen loben. Formal kann dieser Rückbezug auf vielfältige Weise geschehen: mit Hilfe des sog. „Kontrastmotivs", durch das die erfahrene Not aufgrund der Konfrontation mit den Inhalten der Hymnen noch verschärft wird (z.B.: „Wo ist denn nun dein Eifer und deine Macht ...?" Jes 63,15); oder mit Hilfe einer Bitte, die um Rückkehr zu den heilvollen Inhalten des Hymnus bittet („Gedenke doch deiner Gemeinde, die du vorzeiten erworben!" Ps 74,2); oder in Gestalt einer vorausblickenden sog. „Gewissheit der Erhörung" („Ich will JHWH singen, weil/wenn er [es] getan hat" Ps 13,6).

Mit dem bisher Gesagten ist das wichtigste Merkmal der Hymnen aber noch nicht berührt: Das Loben Gottes galt im biblischen Israel als primäres Kennzeichen menschlichen Lebens. Der Satz: „Die Toten loben Gott nicht"[3] ist etwa zehnmal im Alten Testament belegt, z.B. im Gebet des Hiskia Jes 38,18f.:

Denn nicht lobt dich die Unterwelt,
der Tod preist dich nicht,
die zur Grube herabfahren, harren nicht auf deine Treue.
Der Lebende, nur der Lebende lobt dich,
wie ich es heute tue.

Bei näherem Zusehen bietet dieser Satz nur scheinbar eine Aussage über die Toten. Sein Anliegen ist eine Aussage über das Wesen der Lebenden, wie Parallelbelege zeigen, etwa Ps 119,175: „Lass mich leben, dass ich dich lobe!" oder Ps 118,17: „Ich werde nicht sterben, sondern leben und die Taten JHWHs verkünden." Der Mensch zur Zeit des Alten Testaments zog die Grenze zwischen Leben und Tod anders als ein Europäer nach der Aufklärung mit seiner naturwissenschaftlich geprägten Rationalität. Für den biblischen Menschen ist Leben, wo Loben herrscht; *das Loben Gottes ist das elementarste Merkmal des Lebens.* Wo kein Lob mehr erklingt – sei es, weil Lebensminderung in Gestalt von Einsamkeit, Krankheit, Ehrverlust etc. das Leben einschränkt, sei es, weil der Mensch schuldhaft das Loben unterlässt („Vergiss nicht all das, was er dir [Gutes] getan hat!" Ps 103,2) –, bricht die Macht des Todes in ein Leben ein. Für spätere Psalmen (wie Ps 73) ist Loben auch noch in Erfahrungen des Leides möglich[4], für keinen Psalm aber ist vollgültiges Leben ohne Loben Gottes denkbar.

---

[3] Vgl. bes. C. Westermann, Lob und Klage in den Psalmen, Göttingen 1977, 120–123; H.W. Wolff, Anthropologie des AT, München 1973, 328–330; B. Janowski, Konfliktgespräche, 243–250.

[4] Vgl. u. S. 456f.

a. Eigenarten der israelitischen Hymnen

Das biblische Israel entstand in einer Welt, in der das Loben von Gottheiten einen festen Bestandteil jeden Gottesdienstes bildete. Insofern kann es nicht überraschen, dass die Hymnen des Alten Testaments viel mit den Hymnen der älteren Kulturnationen des Alten Orients gemeinsam haben. Vergleicht man deren Hymnen genauer mit den biblischen Psalmen, fällt aber eine große Zurückhaltung letzterer gegenüber einem adjektivischem Reden von Gott auf, ohne dass Charakterisierungen Gottes wie „groß", „gut", „mächtig" etc. völlig fehlen würden. Wohl aber tritt solches adjektivische Reden von Gott auffällig zurück zugunsten verbaler Aussagen. Gott wird primär nicht in seinem Wesen, sondern in seinen Taten dargestellt; reflektierte Erfahrungen Gottes bestimmen das Lob[5].

Das Nennen göttlicher Taten geschieht besonders in der geläufigen Form der sog. „imperativischen Hymnen", bei der eine Vorbeterin oder ein Vorbeter die versammelte Gemeinde im pluralischen Imperativ zum Lob auffordert, den Adressaten des Lobs, JHWH, nennt und die Aufforderung mit erzählenden Sätzen begründet[6]. Das bekannteste Beispiel dieser Form des Lobes ist *das Mirjamlied Ex 15,21*, das zahlreichen Exegeten als ein sehr altes, manchen sogar als der älteste Text des Alten Testamentes gilt[7]. Im Kontext ergreift Mirjam, als „Prophetin" bezeichnet, die Handpauke und ruft die ihr mit Handpauken und Tanz folgenden Frauen auf:

Singt JHWH,
denn hoch erhaben hat er sich erwiesen:
Ross und seinen Streitwagenkämpfer
hat er ins Meer geworfen!

Für das Alter dieses kurzen Hymnus, der vermutlich Ausgangspunkt des jüngeren Moseliedes Ex 15 ist, könnten folgende Aspekte sprechen: 1. formal das Fehlen des Kennzeichens kanaanäischer und biblischer Poesie schlechthin, des Parallelismus membrorum – statt seiner ist das Lied in einem strengen Zweierrhythmus gestaltet –, 2. inhaltlich die Unanschaulichkeit des Vorgangs, die eine Kenntnis des Ereignisses vorauszusetzen scheint (nicht einmal die Ägypter sind genannt), und vor allem 3. die Hervorhebung der Streitwagentruppe als modernstes Instrument der Kriegsführung, das den Wanderhirten, als die die Israeliten in den frühen Texten erscheinen, unbekannt oder doch zumindest unheimlich war, weil sie sich gegen es nicht wehren konnten. Andererseits wäre ein so alter Geschichtspsalm ohne Analogie. Die weit überwiegende Zahl der überkommenen Hymnen ist nachexilisch – von den wenigen Ausnahmen wird sogleich die Rede sein –, und die älteste datierbare Erwähnung des Exodus findet sich zur Zeit des Endes des Nordreichs im Hoseabuch. So spricht doch wohl die größere

---

[5] W. Brueggemann, Theology, 117 ff. erhebt diese Erkenntnis zum zentralen Orientierungspunkt der Ausgestaltung seiner Theologie. Sie ist für ihn die wichtigste Beobachtung an „Israels jahwistischer Grammatik".

[6] Vgl. dazu bes. F. Crüsemann, Hymnus und Danklied, 19 ff.

[7] Vgl. die von Crüsemann, ebd. 19 f., genannten Autoren.

Wahrscheinlichkeit dafür, dass Israel die Eigenart seiner Hymnen erst allmählich ausgebildet hat, zumal die wenigen Hymnen, die mit guten Gründen aus vorexilischer Zeit hergeleitet werden können (s. u.), weit stärkere formale Berührungen mit den Hymnen der Umwelt aufweisen.

Wie immer es um das Alter des Textes bestellt sein mag, entscheidend für die Eigenart dieses Lobes ist, dass es zweigeteilt ist: Es nennt erzählend den Vorgang der Rettung und zieht aus ihm Folgerungen für die Wesensart des Retters. Da Letzteres wichtiger als Ersteres ist, steht es voran: Gottes Erhabenheit über alle Mächte, in vielen Hymnen als Qualität des Weltenkönigs gepriesen, hat sich in seiner Überlegenheit über die scheinbar unbesiegbaren Streitwagentruppen der Ägypter erwiesen. Wie Gott ist, was an ihm zu rühmen ist, belegt das lobende Israel mit seiner Rettungstat. Es spricht nicht von Gott an sich, sondern von seinem Handeln an den Menschen.

Nun ist die hier gerühmte Rettungserfahrung für das spätere Israel und sein Loben freilich nicht eine beliebige Tat Gottes unter anderen gewesen, sondern der Gegenstand seines Ur- und Grundbekenntnisses (vgl. Hos 12,10; 13,4: „Ich bin JHWH, dein Gott, vom Land Ägypten her“: eine denkbar kurze Selbstvorstellung Gottes). In den späteren Hymnen Israels zeigt sich dies daran, dass diejenigen Psalmen, die im Lob Taten Gottes nennen, die Rettung am Schilfmeer stets an prominenter Stelle verorten. Sie dient als eine Art Modell, an der sich alle folgenden Gotteserfahrungen orientierten, als Urwunder, für das alle späteren Wunder der göttlichen Hilfe und Rettung als Bestätigung und Bekräftigung galten. In der oben zitierten Prophetie Hoseas (und ihm folgend im jüngeren Dekalog) ist mit dem Hinweis auf die Rettung am Schilfmeer alles Nötige über Gott gesagt, ja geradezu eine Definition Gottes gegeben, aus der für den Propheten die Alleinverehrung Gottes zwingend folgt („einen Gott außer mir kennst du nicht, einen Retter außer mir gibt es nicht“, Hos 13,4b), weil die Rettung am Schilfmeer eine exklusive Bindung Gottes an Israel impliziert. Schließlich hat auch die spätere Ethik Israels aus dieser Erfahrung entscheidende Impulse bezogen („ihr wart [selbst] Fremdlinge in Ägypten“, Ex 23,9 u.o.).

Die Form des imperativischen Hymnus erwies sich als sehr variantenreich; allerdings stammt die Mehrzahl der Belege aus nachexilischer Zeit. Dem späten *Ps 136* liegt die Form der Litanei (singulär im Psalter) zugrunde, bei der der ständige Refrain der Gemeinde „denn seine Güte währt für alle Zeiten“ die immer gleiche Folgerung aus den verschiedensten Geschichtstaten Gottes zieht; eine einzelne Erfahrung könnte eine Erkenntnis, die „für alle Zeiten“ Gültigkeit beansprucht, ja auch gar nicht abdecken. Ungewöhnlich ist hier, dass die Schöpfung den Geschichtstaten Gottes – Exodus, Schilfmeer, Wüste, Landgabe, gegenwärtige Rettung aus Not – vorgeschaltet ist und als erste Heilstat Gottes gepriesen wird, als erste Erfahrung „großer Wunder“, wie sie – in polemischer Zuspitzung – nur „dem Gott der Götter“ bzw. „dem Herrn der Herren“, und zwar „ihm allein“ möglich sind (V.2–4) und in der die Erfahrung der Versorgung „allen Fleisches“ (V.25) täglich neu erfahren wird[8].

---

[8] Vgl. zuletzt J. Gärtner, Die Geschichtspsalmen (FAT 84), 2012, 291–317.

Im kürzesten Psalm des Psalters, Ps 117, werden die Völker zum Lob Gottes aufgefordert, und zwar bemerkenswerterweise aufgrund der Erfahrungen Israels.

In Ps 105 wird der Aufruf zum Lob in 6 Versen entfaltet und zur Mahnung, Gott ständig zu suchen, ausgeweitet, während die traditionelle Reihe der Geschichtserfahrungen (Ägypten, Exodus, Wüste, Landnahme) um das Thema der Väter (einschließlich Josephs) erweitert ist und in einer lehrhaften Quintessenz (V.45) endet.

Demgegenüber legt ein Psalm wie Ps 148 allen Ton auf die Adressaten des Aufrufs zum Lob: zunächst im Himmel, dann auf Erden. Der Psalm belegt den Aufruf aber wiederum mit Erfahrungen Israels, während in Ps 103,1 (vgl. 104,1) sich ein Einzelner selbst zum Lob auffordert aufgrund der vielfältigen Erfahrungen der Güte Gottes im eigenen Leben (V.1–5) und im Leben der Gemeinde (V.6 ff.).

b. Die Hymnen Jerusalems

Die weit überwiegende Anzahl an Hymnen (und an Psalmen generell) im Psalter wurde in nachexilischer Zeit gedichtet. Auch die Teilsammlungen, aus denen der Psalter entstand und an denen sein Wachstum erkennbar wird, stammen wahrscheinlich alle aus nachexilischer Zeit[9]. Ob man den Psalter nun als „Gesangbuch", „Gebetsbuch" oder „Meditationsbuch" bestimmt – er ist letztlich alles in einem und keines in exklusivem Sinn: Es lag für die Spätzeit nahe, vor allem „moderne" Hymnen, Gebete und Gedichte zu sammeln, weil sie aktueller waren.

Umso kostbarer ist die relativ kleine Zahl an tradierten vorexilischen Hymnen. Sie haben so gut wie alle in spezifischer Weise mit Jerusalem zu tun, obwohl einige unter ihnen, z.B. Ps 29 oder Ps 68, in ihren Kernteilen im Nordreich entstanden sein werden. Sie führen einen Leser, der von den zuvor besprochenen Hymnen herkommt, in eine andere Welt ein, die voller mythologischer Motive ist; dass Jerusalem von Haus aus eine nicht-israelitische Stadt war, hat auch die spätere Überlieferung, namentlich die prophetische, stets festgehalten (Ez 16,3). Näherhin handelt es sich um *drei Gruppen von Hymnen:* solche, die das Königtum JHWHs, solche, die den Zion als seinen Wohnort, oder aber solche, die den König als Gottes Repräsentanten besingen. Sachlich gehören die drei Gruppen eng zusammen, weil sie sich gegenseitig bedingen und miteinander einen Vorstellungskomplex bilden[10]: Das König-

---

[9] Sie beginnen bei Teilsammlungen individueller Klage- und Dankgebete wie Ps 3–14* und bei Gebeten mit gleicher Überschrift wie Ps 52–55 und 56–60 und führen über größere Zusammenstellungen wie die „Davidpsalmen", die JHWH-König-Psalmen (93–100) oder die Wallfahrtspsalmen (120–134) zu einem „messianischen Psalter" (Ps 2–89*) und zuletzt zu einer Einteilung des fertigen Psalters in fünf Bücher analog zum Pentateuch; vgl. E. Zenger, Einleitung in das AT[5], 348 ff. Jedoch galt die Sammlung der Psalmen nie in gleicher Weise als abgeschlossen wie der Pentateuch. Das AT kennt zahlreiche Psalmen außerhalb des Psalters, die LXX bietet noch einen 151. Psalm, und die Psalmenrolle 11QPs[a] aus Qumran führt die Psalmen des Schlussteils des Psalters in anderer Reihenfolge als der biblische Psalter an.

[10] Das hat vor allem O.H. Steck, Friedensvorstellungen im alten Jerusalem (ThSt 111), Zürich

tum JHWHs wird so intensiv gerühmt, weil der König der Welt auf dem Zion Wohnung genommen hat; der äußerlich kleine Zion verdankt seine Würde allein der göttlichen Wahl, und der irdische König wäre nicht Gegenstand von Hymnen, wenn nur sein kleiner irdischer Herrschaftsbereich betrachtet würde und nicht seine Verwaltung der göttlichen Weltherrschaft. Alle drei Teilthemen oder Teilaspekte der Jerusalemer Tempeltheologie sind in späteren Psalmen und im Kontext des Psalters generell Gegenstand der eschatologischen Erwartung geworden und werden daher in Teil III noch einmal unter anderem Gesichtspunkt behandelt.

α. *Die JHWH-König-Hymnen*

Der zentrale Aspekt der Jerusalemer Hymnen ist *das Königtum Gottes.* Es bestimmt von Anfang an die Jerusalemer Theologie, wie sie in den Hymnen zum Ausdruck kommt, allem voran in der gewichtigen Gruppe der JHWH-König-Psalmen (Ps 47; 93–100). JHWH ist König der Welt und hält die Welt in seinen Händen: das ist die Basis aller Gottesaussagen der Jerusalemer Hymnen. Trotz aller immer wieder erlebter Kontrasterfahrungen ist die Stabilität der Welt und ihre durch Gott gesicherte Ordnung das älteste Thema des Gotteslobs, das wir den biblischen Hymnen entnehmen können[11].

Im vergangenen Jahrhundert ist diese Psalmengruppe höchst kontrovers diskutiert worden. Zwei Heroen der Psalmenforschung, der eine (H. Gunkel) der Lehrer des anderen (S. Mowinckel), hatten sie am Anfang des 20. Jh.s denkbar unterschiedlich interpretiert: Letzterer als die zentralen Psalmen eines für Jerusalem (in Analogie zum babylonischen Neujahrsfest) erschlossenen Hauptfestes, Ersterer als „eschatologische" Psalmen, d.h. als Hoffnungsaussagen für die Zeit, in der Gott seinem Volk sein volles Heil offenbaren werde. Mowinckel hatte mit seiner Deutung vor allem die skandinavische und angelsächsische Forschung inspiriert, Gunkel die deutschsprachige. Durch den 2. Weltkrieg war das Gespräch zwischen beiden Lagern lange Zeit unterbrochen. Im Licht der kanaanäischen Poesie Ugarits[12], die Gunkel noch gar nicht, Mowinckel noch nicht zur Zeit seiner sechsbändigen „Psalmenstudien" kannte, und verschiedener sorgfältiger form-, traditions- und religionsgeschichtlicher Arbeiten seit den 60er Jahren des vorigen Jh.s[13] kann man heute sagen, dass die Alternative „kultisch" oder „eschatologisch" in der Deutung dieser Psalmen zu einfach ist, dass vielmehr beide Deutungen ihr partielles Recht hatten: Die ältesten Psalmen (Ps 29*; 68*; 93*) sind vermutlich Festpalmen gewesen (nachweislich gilt dies für Ps 24* und 47*), in starkem

---

1972, nachgewiesen; vgl. auch H. Spieckermann, Heilsgegenwart. Eine Theologie der Psalmen (FRLANT 148), 1989, bes. Teil III.

[11] Dem Versuch R. Müllers, Jahwe als Wettergott (BZAW 387), 2008, noch ältere Psalmen zu rekonstruieren, in denen JHWH als Wettergott und noch nicht als König der Welt gepriesen worden wäre, stehe ich äußerst skeptisch gegenüber. Er beruht auf kühnen literarkritischen Eingriffen in die Texte.

[12] Vgl. W.H. Schmidt, Königtum Gottes in Ugarit und Israel (BZAW 80), ^{2}1966.

[13] Vgl. die Lit. bei J. Jeremias, Königtum Gottes, NBL II (1995), 520–522.

Maße von kanaanäischer Poesie und Mythologie beeinflusst; die jüngeren (besonders Ps 96–98. 100) waren von vornherein eschatologische Psalmen[14]. In der Spätzeit wurden auch die älteren Psalmen eschatologisch gedeutet.

Die Vorstellung eines göttlichen Königtums über die Welt ist altorientalisches Erbe, wie mesopotamische und ugaritische Texte belegen. Daher ist es nicht zufällig, dass sich in den älteren JHWH-König-Psalmen zahlreiche polytheistische Anspielungen finden. Zum Verständnis dieser älteren Psalmen ist bedeutsam, dass JHWH zuerst als König der Welt besungen wurde und erst später als König Israels. Darin trat er das Erbe der ugaritischen Hochgötter El und Baal an bzw. später des babylonischen Gottes Marduk, die ebenfalls als Könige der Welt prädiziert wurden. *Der universale Horizont des Königtums Gottes,* der im Zentrum der alttestamentlichen JHWH-König- und aller Jerusalemer Hymnen steht, *ist* also *kanaanäisches Erbe*[15], allerdings mit einer höchst gewichtigen Modifikation: In Ugarit, also in Israels unmittelbarer Nachbarschaft, wurde das Königtum Baals mit einem Gründungsmythos legitimiert, in dem Baal das Chaos besiegte, das die Welt in Gestalt des Meeresgottes Jammu in ihrem Bestand bedrohte; Baal verhalf damit der Ordnung der Welt zum Durchbruch[16]. El galt dagegen als Schöpfer und „Vater" der Götter als König der Welt. Beide Weisen der Legitimation des göttlichen Königtums konnte das biblische Israel nicht einfach nachsprechen, weil sie zutiefst in polytheistischem Denken verankert waren. Andererseits verfügte das frühe Israel noch nicht wie das spätere über die theologischen Kategorien, um das Königtum Gottes kühn geschichtlich statt mythisch (etwa Ps 47) oder gar als zukünftig bzw. „eschatologisch" (etwa Ps 96; 98) zu interpretieren. Jedoch wollte und konnte es das Thema der Weltherrschaft auch nicht einfach El und Baal überlassen.

So war Israel in seinen frühen Hymnen bemüht, den Mythos ohne seine zentralen polytheistischen Konnotationen und Implikationen auf JHWH zu übertragen. Dazu bedurfte es einer zweifachen Uminterpretation. Zum einen verlor der Widersacher JHWHs im Chaoskampf seine göttliche Qualität und wurde zu einer unpersönlichen Macht degradiert, die nur noch im Symbol der aggressiven Wasser alle Gefahren verkörpert, die die Welt bedrohen. Zum an-

[14] Vgl. zur geschichtlichen Differenzierung der JHWH-König-Psalmen J. Jeremias, Das Königtum Gottes in den Psalmen (FRLANT 141), 1987; M. Leuenberger, Konzeptionen des Königtums Gottes im Psalter (AThANT 83), 2004.

[15] Untrügliches äußeres Kennzeichen ist die Tatsache, dass die Form der Tricola im sog. klimaktischen, d.h. steigerndem Parallelismus membrorum, die sich überaus häufig in ugaritischer Poesie findet, in den Psalmen vornehmlich dort begegnet, wo auch inhaltlich Gegenstände des ugaritischen Mythos verhandelt werden; vgl. 29,1 f.; 77,17–20; 93,3 f.; (24,7–10) und dazu Jeremias, ebd. 21.

[16] In Babylon wurde der vergleichbare Gründungmythos am Hauptfest, dem Neujahrsfest, nicht nur feierlich rezitiert, sondern auch kultdramatisch inszeniert, um die feiernde Gemeinde die göttlichen Ursprungskräfte unmittelbar erleben zu lassen. Für Ugarit und andere kanaanäische Kleinstaaten kann man Entsprechendes vermuten.

deren wird in den Jerusalemer Hymnen kein Kampfesgeschehen mehr ausgemalt[17], sondern nur noch die permanente und grenzenlose Überlegenheit Gottes über alle potentiellen Gefährdungen seiner Welt besungen, ob diese nun die Gestalt von angreifenden Völkern, Frevlern im Innern oder Naturkatastrophen annehmen.

Diese doppelte Modifikation des altorientalischen Mythos sei beispielhaft an *Ps 93* dargelegt. Dieser Psalm ist ein kurzer Hymnus in zwei Strophen, in denen jeweils ein einleitend schildernder Teil zur anbetenden Anrede Gottes übergeht. Die beiden Anredeteile bieten Folgerungen aus den vorangehenden Schilderungen und preisen Gottes Königtum und die von ihm ausgehende Stabilität der Welt „von uran" (V.2) „bis in alle Zeiten" (V.5). Beides ist ohne Anfang und ohne Ende. Das sachliche Gewicht der Aussagen aber liegt auf den einleitenden Schilderungen. Die erste stellt Gott in königlicher Pracht und mit angelegter Rüstung vor (V.1), während die zweite den Anlass für seine Kampfbereitschaft nennt. Sie lautet (V.3f.):

Es erhoben Fluten, JHWH,
es erhoben Fluten ihr Brausen,
(ja ständig) erheben Fluten ihr Tosen!
Mehr als das Brausen mächtiger Wasser,
gewaltiger als die Brecher des Meeres
ist gewaltig in der Höhe JHWH.

Die „Fluten", die hier tosen, sind weder reißende Flüsse, die es in Palästina nicht gibt, noch starke Meereswellen, sondern mythische Urmeer-Fluten, deren Name vom Gegner Baals im Kampf um die Weltherrschaft „Fürst Meer, Herrscher Flut" (zbl.jm.ṭpṭ.nhr) abgeleitet ist. Aber es ist in Ps 93 bemerkenswerter Weise kein Einzelgegner JHWHs, der die Welt gefährdet und vor dessen Herrschaftsanspruch „die Götter ihre Häupter auf ihre Knie senken" wie im ugaritischen Mythos (KTU 1.2 [= UT 137]: 23). Vielmehr behält Ps 93 zwar die mythologische Sprache bei, nimmt der mythischen Größe aber durch ihre Versetzung in den Plural „Fluten" ihren göttlichen Charakter[18]. Sachlich noch gewichtiger ist eine zweite Veränderung. Obwohl JHWH eingangs des Psalms in seiner Rüstung vorgestellt wird (V.1) und obwohl die Gefährdung der Welt in V.3 dadurch hervorgehoben wird, dass die singende Gemeinde für kurze Zeit in die erschrockene Gebetsanrede übergeht, wird kein Kampf und kein Sieg geschildert, sondern nur die unendliche Überlegenheit Gottes über alle Gefährdungen in zeitlosen Nominalsätzen und in Komparativen herausgestellt. *Das Chaos bedroht die Welt und Israel, aber es kann unmöglich Gottes Weltherrschaft bedrohen.* Der Gott „in der Höhe" ist allen chaotischen Mächten unendlich überlegen; er thront „über" den Wassern (Ps 24,2; 29,10; 104,3), in ständiger Kontrolle ihres Treibens. Die Gemeinde, die Ps 93 singt, weiß sich trotz aller negativer Welterfahrungen in Gottes Händen sicher geborgen[19].

---

[17] Im Unterschied zu späteren exilischen Klageliedern des Volkes Ps 74,12–17; 89,6–15 (vgl. Jes 51,9–11).

[18] Entsprechend werden aus den „Söhnen der Aschera" mit den Namen „die Mächtigen" (rbm) und „die Zerschmetterer" (dkjm, KTU 1.6 [UT 49]:V:1–3) in Ps 93,3f. „mächtige Wasser" und „das Tosen" der Fluten.

[19] Der sehr viel jüngere V.5a überträgt die Aussage über die Festigkeit der Welt auf die Zuverlässigkeit der göttlichen Zusagen.

Jedoch blieb Israels Hymnologie nicht bei Modifikationen des altorientalischen Mythos vom Chaoskampf als Legitimation des göttlichen Königtums stehen. Vielmehr traten gegen Ende der vorexilischen Zeit in einer kühnen Neuinterpretation die großen Taten Gottes zugunsten Israels – nach Ausweis von *Ps 47** und 68* in erster Linie Gottes Siege über seine und Israels Feinde und seine Landgabe an sein Volk – an die Stelle des Mythos und erhielten jetzt ihrerseits die Funktion, Gottes Königtum zu begründen. Ab dieser Zeit *wurde Gott neu als König Israels gepriesen.*

Freilich blieb Gott weiterhin wie in den älteren Psalmen König der Welt. Diese inhaltliche Spannung brachte weitreichende Folgen mit sich. Beide Aspekte des Königtums Gottes wurden aufeinander bezogen und durchdrangen sich gegenseitig. Jetzt wurden einerseits Gottes Großtaten zugunsten Israels mythisch überhöht, d.h. sie verloren ihren Charakter der Kontingenz und Partikularität; sie wurden als urzeitliche und damit universal gültige Gegebenheiten verstanden, die allen geschichtlichen Einzelerfahrungen vorgegeben und für alle Menschen verbindlich waren. Andererseits wurde Gottes Weltherrschaft nun geschichtlich gedeutet und auf alle Völker bezogen. Zwar kommen die Völker in den vorexilischen Psalmen primär als Gefährdungen und Feinde Israels in den Blick (Ps 47,4 f.; 68,2 f.) – sie nehmen dann sozusagen die Rolle des Chaos im Mythos ein –, aber mit der neuen Hervorhebung der Völker war der Keim dafür gelegt, dass in der Folgezeit auch über ihre Einbeziehung in das Heil Israels nachgedacht wurde, zunächst nur bezogen auf das Festgeschehen (Ps 47,10), später auch grundsätzlich (Ps 96 und 98; vgl. u. Teil III, S. 437–439).

β. *Die Zionspsalmen*

In den meisten JHWH-König-Hymnen ist der Zion als Ort der Königsherrschaft Gottes explizit genannt. In den sog. Zionspsalmen[20] tritt er ins Zentrum des Lobens Gottes.

Die Zionspsalmen setzen das Königtum Gottes voraus, legen nun aber allen Ton auf den Ort, an dem es sich zeigt und erweist. Weil der Weltenkönig JHWH auf dem Zion Wohnung genommen hat, kann der Zion mit einer Fülle an Qualifikationen bedacht werden, die mythischen Ursprungs sind. Die wichtigste identifiziert den geographisch kleinen Zion mit dem himmelhoch ragenden Götterberg im Norden, dem Zaphon, auf dem in den ugaritischen

---

[20] Die gewichtigsten, formal eng miteinander verwandten Psalmen dieser Gruppe sind Ps 46; 48 und 76 (vgl. zu ihren sowohl formalen als auch konzeptionellen Gemeinsamkeiten J. Jeremias, Lade und Zion, in: ders., Das Königtum Gottes, 173–180; Steck, Friedensvorstellungen, 9, Anm.5). Diese Gemeinsamkeiten sind umso auffälliger, als Ps 76 anerkanntermaßen erheblich jünger als Ps 46,1–8 und Ps 48* ist. Daneben sind bes. Ps 84 und 87 zu nennen. Vgl. zum ganzen Themenkreis C. Körting, Zion in den Psalmen (FAT 48), 2006 und u. Teil III, Kap. B 2 („Der Zion").

Mythen Baal residiert und von dem aus er die Geschicke der Welt lenkt[21]. Mit dieser Identifikation ist die Weltherrschaft Gottes aufs kürzeste, geradezu formelhaft ausgesagt. Zugleich ist der Zion „Freude der ganzen Erde", d.h. Nabel der Erde und Zentrum der Welt. Jedoch ist charakteristisch, dass Ps 48,3, dem beide Qualifikationen des Zion entstammen, gerahmt ist von Prädikationen Gottes selber (V.2 und 4). *Der äußerlich unscheinbare Zion verdankt seine herausragenden Eigenschaften allein seinem göttlichen Bewohner*, der ihn als seinen Thronsitz erwählt hat; keine besitzt er aus sich selber. Jerusalem aber ist zur „Gottesstadt" geworden, weil Gott in ihr „auf seinem heiligen Berg" residiert (48,2f.), und hat Anteil an der Heiligkeit des Zion gewonnen. Zugleich ist Jerusalem damit zum politischen Zentrum der Welt geworden; denn in ihr thront der wahre „Großkönig" (Ps 48,3: eine polemische Übertragung des Titels des assyrischen Königs), der als solcher die Geschicke der Welt lenkt[22]. Und weil Gott auf dem Zion Wohnung genommen hat, kann der Zion schließlich als Gottesgarten gepriesen werden, der von einem wasserreichen Fluss mit zahlreichen Kanälen durchflossen wird (Ps 46,5; vgl. 87,7; 65,10) und damit Ort äußerster Wonne und Lebensfreude ist[23], obwohl das geographische Jerusalem keine Flüsse kennt und nur an seinem Fuße Wasser von der kleinen Gihonquelle erhält.

Der auffälligste Unterschied zu den JHWH-König-Psalmen ist damit aber noch nicht genannt. In den Zionspsalmen wird *die potentielle Gefährdung der Welt* und der Herrschaft Gottes über sie durchweg *in Gestalt eines Ansturms der Völker gegen den Gottesberg* beschrieben, der allerdings schon im Ansatz zum Scheitern verurteilt ist und zu einer kopflosen Flucht bzw. zu einem panischen Schrecken der Angreifer führt, ohne dass eine Schlacht stattfinden würde (Ps 46,6f.; 48,5–8; 76,4–8)[24]. Die Mächte des Chaos werden also in ihrer politischen Verkörperung beschrieben (in Ps 46,3f. zusätzlich in traditioneller Wassersymbolik). Beteiligt sind alle Völker am Ansturm gegen den Zion, damit deutlich wird, dass keine Macht der Welt Gottes Herrschaft über die Welt vom Zion aus zu gefährden vermag und die von Gott gehaltene Welt

---

[21] Vgl. R.J. Clifford, The Cosmic Mountain in Canaan and in the OT, Cambridge/Mass. 1972, bes. 131ff.

[22] Vgl. die berühmte Grabinschrift aus Ḫirbet Bet Layy (8 km östlich von Lachisch) 1,2: „JHWH (ist) der Gott der ganzen Erde; die Berge Judas (gehören) dem Gott Jerusalems" und zu ihr zuletzt M. Leuenberger, Jhwh, „der Gott Jerusalems", EvTh 74 (2014), 245–260. Hier ist der Weltenkönig zugleich „Gott Jerusalems".

[23] Die Wasser des Zion symbolisieren gleichzeitig das gebändigte Chaos; vgl. B. Ego, Die Wasser der Gottesstadt. Zu einem Motiv der Zionstradition und seinen kosmologischen Implikationen, in: dies./B. Janowski (Hg.), Das biblische Weltbild, 361–389.

[24] Die Herkunft dieser Vorstellung aus der Zeit der assyrischen Krise hat F. Hartenstein, „Wehe, ein Tosen vieler Völker …" (Jes 17,12), in: ders., Das Archiv des verborgenen Gottes (BThSt 74), 2011, 127–176, wahrscheinlich gemacht. – Weil die Völker auch im JHWH-König-Psalm 47 eine zentrale Rolle spielen – als Besiegte werden sie zur Akklamation des Weltenkönigs aufgefordert –, ist dieser Psalm nicht zur Gruppe der Psalmen 93–100 gestellt worden, sondern zwischen zwei Zionspsalmen.

niemals „ins Wanken geraten“ kann (Ps 46,6). Als Konsequenz wird der Zion als uneinnehmbares „Bollwerk“ gepriesen (Ps 46,8.12), das „für alle Zeiten fest gegründet“ ist (Ps 48,9; 87,1.5). Im wahrscheinlich ältesten Psalm dieser Gruppe, Ps 48, werden Pilger aufgefordert, sich an den sichtbaren Befestigungsanlagen und Palastburgen des Zion die Macht und Zuverlässigkeit seines göttlichen Bewohners symbolisch zu vergegenwärtigen (Ps 48,13–15)[25].

Die Theologie dieser Zionspsalmen hat *eine ungewöhnlich vielfältige Wirkungsgeschichte* innerhalb der biblischen Prophetie hervorgerufen. Bevor Propheten in nachexilischer Zeit wieder an sie angeknüpft und mit ihrer Hilfe von Gottes Schutz und Nähe gesprochen haben (vgl. u. Teil III, S. 320ff.), haben sich zuvor 1. kritische Propheten wie Micha und Jeremia scharf gegen die Verabsolutierung der Zionstheologie zu ihrer Zeit gewandt, weil sie zu einer ethischen Indifferenz geführt hatte, indem Menschen trotz allen Unrechts, das sie taten, sich darauf berufen hatten, dass ja „JHWH in unserer Mitte“ sei und daher „kein Unheil uns treffen könne“ (Mi 3,11). Für Jeremia war der Tempel zur „Räuberhöhle“ geworden (Jer 7,11; vgl. Mt 21,13), d.h. zum Ort, an dem sich Schuldige sicher und geborgen fühlen konnten. – 2. Demgegenüber haben Jesaja und seine Tradenten sich um eine Dynamisierung der Zionstheologie gemüht, wenn sie inmitten eines Gemeinwesens, das sie unter dem Ansturm der Assyrer zusammenbrechen sahen, eine neue Aktualisierung der Zionsgründung erwarteten: exklusiv für Glieder des Gottesvolks, die auf Gott vertrauen und sich um Gerechtigkeit im Volk mühen (Jes 28,16f.). – 3. Schließlich hat die späte Prophetie in einem berühmten, doppelt überlieferten Wort (Jes 2,2–4; Mi 4,1–3; vgl. u. Teil III, S. 435f.) für „das Ende der Tage“ in betonter Überbietung der Zionstheologie der Psalmen eine Völkerwallfahrt verheißen, in der die Völker sich von Gott belehren lassen und danach ihre Schwerter zu Pflugscharen umschmieden werden.

γ. *Die Königshymnen*

Die größte formale Variationsbreite unter den älteren Jerusalemer Hymnen zeigen die Königspsalmen, d.h. die Psalmen, die den König als Repräsentanten der Weltherrschaft JHWHs besingen. Unter ihnen gibt es neben Hymnen auch königliche Klage- und Danklieder, Gebete für den König und Siegeslieder.[26]

Die theologisch gewichtigsten Aussagen finden sich in den Psalmen, die in ihrer Erstgestalt anlässlich der Thronbesteigung eines Königs gedichtet sein werden. Ich wähle *Ps 72* (vgl. Ps 2; 110), in dem Gott anfangs (V.1–4) um die Vollmacht für den König gebeten wird, im Zuge seiner Regierung Gottes Ge-

---

[25] Sehr wahrscheinlich wurde Gottes Wahl des Zion als Wohnsitz auch in einem Festgeschehen kultdramatisch begangen und von der feiernden Gemeinde in jedem Jahr als gegenwärtiges Ereignis neu erlebt: Ps 24,7–10; 47,6; 68,18f. etc. deuten am ehesten auf eine Ladeprozession mit dem Höhepunkt des Einzugs der Lade in den Tempel hin. So die Mehrheit der Ausleger; vgl. zur Begründung Jeremias, Königtum Gottes, 59–63; skeptisch B. Janowski, Das Königtum Gottes in den Psalmen, in: ders., Gottes Gegenwart in Israel, Neukirchen 1993, 187ff.

[26] Vgl. H. Gunkel – J. Begrich, Einleitung in die Psalmen, Göttingen 1933 (= ^{2}1966), § 5 (140ff.).

rechtigkeit zu verwirklichen. Ohne die Realisierung von Gerechtigkeit könnte der König nicht Repräsentant Gottes sein. In anderen Psalmen werden „Recht und Gerechtigkeit" als „Fundament" des Thrones Gottes bezeichnet (Ps 89,15; 97,2); sie sind die primären Merkmale der göttlichen Weltherrschaft. Wenn die anfängliche Bitte aber von Gott erhört werden wird, woran der Psalm keinen Moment zweifelt, wird eine Heilszeit anbrechen, die universale Dimensionen besitzt und die Natur einbezieht: Nicht nur werden die Elendsten, die Armen und Hilflosen, zu ihrem Recht kommen (V.4.12–14), nicht nur werden die fernsten Völker dem König mit Gaben des Tributs huldigen und so seine ihm von Gott übertragene Weltherrschaft anerkennen (V.8–11.15)[27], sondern auch die Fruchtbarkeit der Erde (V.6f.16) wird Zeichen jenes Heils sein, das die königliche Gerechtigkeit in Vertretung Gottes herbeiführt. Hier ist *der König* im vollen Sinne *Heilbringer;* indem er Gerechtigkeit praktiziert, wirkt er wie Tau und Regen, die dürres Land befruchten (V.6f.). Aber er ist Heilbringer nur *als Stellvertreter Gottes*: unter der Bedingung der von Gott erbetenen Vollmacht, im Volk Gerechtigkeit zu verwirklichen.

G. von Rad hat diese Prädikationen des Königs, die tief in altorientalischem Denken verwurzelt sind, „Vollkommenheitsaussagen" genannt[28]. Diese Bezeichnung trifft schon darum zu, weil die im Zentrum stehenden Verse, die von den Erfahrungen von Gerechtigkeit und Heil der Armen handeln (V.12–14), zwar den König zum Subjekt haben, aber Aussagen auf ihn übertragen, die üblicherweise nur von Gott gemacht werden („er rettet den Armen, der um Hilfe schreit", „er erbarmt sich des Elenden" und „erlöst ihr Leben aus der Gewalttat"). Die kritischen Propheten haben die realen Könige an diesem hohen Maßstab gemessen und an ihm scheitern gesehen. So ist es bei näherem Zusehen nicht überraschend, dass die älteren Königspsalmen in ihrer gegenwärtigen (nachexilischen) Gestalt ausnahmslos „eschatologisch" und „messianisch" zu verstehen sind, d.h. zu Hoffnungsaussagen geworden sind, die dem erwarteten kommenden König gelten, der nach dem Herzen Gottes sein wird und in seinem Handeln Gottes Gerechtigkeit und Heil widerspiegelt (vgl. u. Teil III, S. 417ff.).

2. Die Gebete Israels

Während Israels Hymnen die Welt sub specie Dei betrachten, halten die Gebete Israels, aus akuter Not heraus formuliert, dieser Sicht die leidvolle Erfahrung der Menschen in der Gegenwart entgegen. *In den kollektiven Klageliedern* (KV) gipfelt das Leid in dem anklagenden Verweis auf die Zerstörung Jerusalems und seines Tempels durch die Babylonier (Ps 74; 79; 89). Immer wieder werden Gott – wie auch in den Klagegebeten Einzelner (KE) – „Wa-

---

[27] Diese Verse sind möglicherweise dem älteren Psalm erst zugewachsen.

[28] G. von Rad, TheolAT^4 I, 335.

rum?"- und „Wie lange?"- Fragen vorgehalten, Fragen, die keinen intellektuellen Zweifel widerspiegeln (wie die moderne populäre Frage: „Wie kann Gott so etwas zulassen?"), sondern einen Zweifel *aus* dem Glauben, der Gott zur Wende der Not veranlassen möchte („Du kannst doch nicht ..." bzw. „Du kannst doch nicht auf Dauer ...!"). Dass die Not wesenhaft Gottes Tat ist, wird in allen Gebeten vorausgesetzt. Häufig werden die genannten Fragen durch das schon genannte „Kontrastmotiv" (H. Gunkel) verschärft, mit dem die Gemeinde der erfahrenen Not das Wissen des Glaubens entgegenhält (z.B.: „Gedenke doch deiner Gemeinde, die du seit alters erworben, die du zum Stamm deines Eigentums erlöst hast ...", Ps 74,2). Der Inhalt der Hymnen ist in den Klageliedern vorausgesetzt und wird von der Gemeinde sozusagen bei Gott eingeklagt. Mit solchen Verweisen auf frühere Erfahrungen des göttlichen Heils wird die Not der Gegenwart zwar noch verschärft, aber ihr wird auch schon die erhoffte Alternativ-Wirklichkeit entgegen gehalten, die nur des „Gedenkens" Gottes[29] bedarf, um erneut Realität zu werden. Die Gebete sind von der Gewissheit durchdrungen, dass Gott die Not bald wenden wird. Die betende Gemeinde weigert sich, mit der Möglichkeit zu rechnen, Gott könnte sein Volk verstoßen. Letztlich zeigen alle Gebete, dass für die betende Gemeinde das Wissen des Glaubens wichtiger und realitätsnäher ist als die erfahrene Not.

Im schon kurz zitierten *Ps 74* führt diese Gewissheit dazu, dass der voll Verzweiflung Gott vorgetragenen Erfahrung der blindwütigen Feinde, die den Tempel mit Beilen und Hacken zertrümmern und Gott lästern (V.3–11), ein ausführlicher Hymnus (überwiegend in Gestalt der Anrede an Gott) entgegengestellt wird. In ihm wird die Macht des Weltenkönigs gepriesen, der schon in der Urzeit alle Mächte des Chaos besiegt hat, der aber auch gegenwärtig die kosmische Ordnung kontrolliert und daher die Welt fest in seinen Händen hält (V.12–17). Diese Macht weiß Israel unendlich stärker als die der siegreich lärmenden Babylonier. So bittet die Gemeinde Gott fünfmal um sein „Gedenken": Wenn Gott seines mühsam erworbenen Volkes und der zerstörenden Wut des Feindes „gedenkt", kann er gar nicht anders als der bedrückten Gemeinde mit seiner unüberwindlichen Macht zu Hilfe zu kommen, auch wenn er gegenwärtig schweigt. *Gottes unwandelbarer Heilswille aus der Zeit des „Ursprungs"* (קדם)[30] hat sich sowohl in seiner Erwählung Israels (V.2; s.o.) als auch in seinem universalen Königtum gezeigt (V.12); an ihn klammert sich die Gemeinde in ihrer Not, aus ihm gewinnt sie ihre Zuversicht.

Wurden die kollektiven Klagen überwiegend an Fastentagen gesprochen, die bei akuter Not (Dürre, Hunger, Krieg) ausgerufen wurden, so kennen wir für die ungleich zahlreicheren *individuellen Gebete* (bzw. „Klagelieder des

---

[29] Zu den Implikationen dieses für die Psalmen so wichtigen Verbs vgl. u. S. 93f.

[30] Vgl. zu ihm K. Koch, Qädäm, in: ders., Spuren hebräischen Denkens, Ges. Aufsätze Bd. 1, Neukirchen 1991, 248–280; F. Hartenstein, Die Unzugänglichkeit Gottes im Heiligtum (WMANT 75), 1997, 229ff. (zu Ps 74), bes. 241–248.

Einzelnen") keinen gemeinsamen (gottesdienstlichen) Anlass. Sie beschreiben typische, generalisierbare Nöte und waren zum Nachbeten gedacht, hatten vorbildhaften, teilweise modellartigen Charakter. Daher sind sie so schwer zu datieren und haben sie sich den Forschern beharrlich verschlossen, die die Gebete mit der Frage nach einer unverwechselbar biographischen Not des jeweiligen Beters untersuchen wollten.

Die *wesentlichen Elemente der typischen Nöte* lassen sich am relativ einfachen, kurzen *Ps 13* erkennen, der als ein Modellpsalm für ältere, d.h. vorexilische Gebete gelten kann[31]. Er beginnt in V.2f. mit einer Kette der schon genannten charakteristischen „Wie lange?"-Fragen, die aber jeweils ein verschiedenes Subjekt haben: „Wie lange du (JHWH) ...?"; „wie lange ich ...?" und „wie lange der Feind ...?" Die Not wird also unter drei verschiedenen Aspekten betrachtet: Die in der Mitte stehende Notschilderung („ich") ist gerahmt von Anklagen gegen Gott und von Klagen über das Wirken eines Feindes[32]. Es gibt demnach *zwei verschiedene Ursachen für die erlittene Not: Gott und die Feinde.* Aber sie sind keineswegs gleichgewichtig, und ihre Reihenfolge könnte nicht verändert werden. Die Feinde, die im individuellen Leben die gleiche Funktion ausüben wie die Mächte des Chaos in den JHWH-König-Hymnen, können nur wirken, weil Gott vor dem Beter „sein Angesicht verbirgt", d.h. für ihn unzugänglich ist und trotz seines Rufens schweigt[33].

Wie die Darstellung der Not ist auch die Bitte um Wendung der Not (V.4f.) dreiteilig: Sie ist an Gott gerichtet („du"), dessen Gebetserhörung und neue Zuwendung verhindern würden, dass der Betende „zum Tode entschläft" („ich") und auf diese Weise die Feinde endgültig triumphieren. Damit ist *das entscheidende Merkmal der Not* genannt: Sie ist *Not zum Tode.* Die Menschen des biblischen Israel hatten einen sehr andersartigen Todes- (und Lebens-) Begriff als Menschen heute. Für sie trat der Tod nicht erst mit dem Erlöschen des physischen Lebens auf den Plan, sondern sie erfuhren seine Macht mit jeder Lebensminderung, die sie schrittweise aus der Gemeinschaft mit Gott und aus der menschlichen Gesellschaft herausstieß. Der Tod wurde mitten im Leben erfahren, weil nur Leben im Vollsinn als „Leben" galt, d.h. als Leben in der Geborgenheit der Gemeinschaft mit Gott und den Menschen. Schwachheit,

---

[31] So schon H. Gunkel, Die Psalmen (HKAT II,2), ^{4}1929 = ^{5}1968, 46; vgl. in neuerer Zeit etwa O.H. Steck, BN 13 (1980), 57–62; B. Janowski, JBTh 16 (2001), 25–53; ders., Konfliktgespräche, 53–86. – Zu den wesentlichen Unterscheidungsmerkmalen gegenüber den späteren Gebeten vgl. u. Teil III, S. 389ff.

[32] Vgl. grundlegend zu dieser Dreiteilung C. Westermann, Struktur und Geschichte der Klage im AT, in: ders., Forschung am AT (TB 24), 1964, 266–305. – In V.3 und 5a steht der Feind im Singular, in V.5b ist von Feinden im Plural die Rede. Schon dadurch wird deutlich, dass nicht Einzelgestalten im Blick sind, sondern Feindmächte (später gern als „Frevler" bezeichnet), die in bestimmten Menschen Gestalt annehmen und die Rolle der Dämonen in der babylonischen Religion einnehmen. Wesentlich ist, dass sie Menschen in Angst und Schrecken versetzen; vgl. bes. O. Keel, Feinde und Gottesleugner (SBM 7), 1969.

[33] Genaueres bei Janowski, Konfliktgespräche, 53ff. und bes. bei F. Hartenstein, Das Angesicht JHWHs (FAT 55), 2008, passim.

Krankheit, Ehrverlust oder Einsamkeit waren Todeserfahrungen; Spott und Angriffe gegen die Ehre waren Mordwaffen der Feinde[34].

Genauso charakteristisch wie die bedrängende Not mit ihrer Erfahrung des einbrechenden Todes aber ist für alle Klagegebete, dass sie nicht nur grundsätzlich überzeugt sind von der Macht Gottes über die Not, sondern auch vom baldigen Ende seines gegenwärtigen Schweigens und der damit eintretenden *Wende der Not*. Die Not ist keine gleichwertige Gegenwirklichkeit zur Erfahrung der Güte Gottes. Vielmehr wirkt Gottes Güte „für alle Zeiten", wie die Hymnen wiederholt betonen (vgl. nur den Kehrvers der Litanei Ps 136); die erfahrene Not ist nur eine zeitlich begrenzte, vorübergehende Unterbrechung dieser Grundwirklichkeit[35]. Deswegen betonen die Gebete ihr Vertrauen auf Gottes Hilfe (Ps 13,6: „Ich aber vertraue auf deine Güte") und steigern dieses Vertrauensbekenntnis am Ende des Gebets häufig durch eine „Gewissheit der Erhörung" (Gunkel; in Ps 13,6 in der Selbstaufforderung: „Es frohlocke mein Herz über deine Hilfe") bzw. – noch weiter gehend – zu einem Lobgelübde, das den erwarteten Dankgottesdienst nach dem Ende der Not gedanklich schon vorwegnimmt (Ps 13,6: „Ich will JHWH singen, weil/wenn er es getan hat")[36].

Da die sprachliche Fassung des letzten Satzes von Ps 13 dem Beginn eines Dankliedes gleicht, haben manche Autoren – für Ps 13 kaum zu Recht – das Gebet aus der Retrospektive als Danklied gedeutet. Damit ist ein gewichtiges, aber sehr komplexes Problem berührt, das H. Gunkel wenig glücklich den *„Stimmungsumschwung"* in den Klagepsalmen genannt hatte[37]. Manche Klagepsalmen enden in Aussagen, die für sich genommen zu Hymnen oder Dankliedern gehören können. Gunkels Schüler Begrich hatte den Wandel der Sprache in den Gebeten (im Gefolge von F. Küchler) liturgisch erklären wollen, d.h. aufgrund eines zwischenzeitlich ergangenen priesterlichen Erhörungsorakels[38]. Heute würden die meisten Exegeten eher mit breit ausgeführten Lobgelübden rechnen. Es gibt freilich auch Psalmen, in denen die Klage durch ein Danklied (z.B. Ps 22,23–27) abgeschlossen wird[39]. In solchen Fällen liegt es näher, an einen Dankgottesdienst zu denken, in dem rückblickend die Klage zitiert wird, um die Schwere der inzwischen gewendeten Not zu vergegenwärtigen[40], wenn sie in der Spätzeit des Alten Testaments nicht gedichtet wurden, um die Leser in ihrer Ambivalenz von Erfahrungen der Gottesferne und -nähe zu begleiten und zu stärken[41].

---

[34] Vgl. bes. Ch. Barth, Die Errettung vom Tode in den Klage- und Dankliedern des AT (1947), neu herausgegeben von B. Janowski, Stuttgart-Berlin-Köln 1997 (mit Lit.).

[35] Vgl. Genaueres zu diesem Gegensatz u. Teil III, Kap. A.

[36] Den Vertrauensaussagen in den individuellen Gebeten kommt eine „Schlüsselrolle" zu, und sie bilden deren „Grundmotiv"; so C. Markschies, „Ich aber vertraue auf dich, Herr!" ZAW 103 (1991), 386–398 (Zitate 398).

[37] Vgl. zuletzt U. Rechberger, Von der Klage zum Lob. Studien zum „Stimmungsumschwung" in den Psalmen (WMANT 133), 2012.

[38] Vgl. (H. Gunkel -) J. Begrich, Einleitung in die Psalmen, Göttingen 1933 (= ^{2}1966), 245ff.

[39] Vgl. zu Jesu Kreuzespsalm (Ps 22) ausführlich u. Teil III, S. 396–398.

[40] Vgl. etwa H. Gese, Ps 22 und das Neue Testament, ZThK 65 (1968), 1–22, auch in: ders., Vom Sinai zum Zion, München 1974, 180–201, bes. 190–192.

[41] So etwa F. Stolz, Ps 22: Alttestamentliches Reden vom Menschen und neutestamentliches Reden von Jesus, ZThK 77 (1980), 129–148.

Wie immer im Einzelfall zu entscheiden ist, so zeigen doch schon die Lobgelübde, *wie eng* sachlich und terminologisch *Klage und Dank in den Psalmen zusammengehören.* Die Danklieder des Psalters bezeugen die Erfahrungen, um die die Klagelieder Gott bitten. Sie wurden von Haus aus in Gottesdiensten vorgetragen, zu denen ein Mensch, der die Erhörung seines Gebets und Rettung in Not erfahren hatte, seine Verwandten und Nachbarn („meine Brüder", Ps 22,23) einlud und die in einem Dankopfermahl gipfelten (Ps 22,27 u. ö.). Danklied und Dankopfer gehören eng zusammen; sie werden im Hebräischen mit einem Begriff bezeichnet (תודה). Charakteristisch sind für die Danklieder ihre beiden Sprechrichtungen: Sie enthalten jeweils Dank an Gott in der Anrede und daneben eine objektive „Erzählung" über die Wende der Not, die die Teilnehmer des Gottesdienstes darin bestärken soll, in einer analogen Notsituation das Vertrauen auf Gott zu setzen[42]. Mit der letztgenannten Funktion hängt zusammen, dass die Danklieder eine Tendenz zum Didaktischen besitzen, die im Einzelfall (z.B. in Ps 34,10ff.) zu einem reinen Weisheitspsalm überleiten kann.

Eine gewichtige Sondergruppe unter den individuellen Klagegebeten bilden diejenigen, die von Haus aus mit dem *Tempel als Stätte des Asyls bzw. des Gottesgerichts* zusammenhängen und in denen *Audienzvorstellungen eine zentrale Rolle* spielen. H. Schmidt hatte sie 1928 „Gebet(e) des Angeklagten" genannt[43]. Sie zeichnen sich besonders dadurch aus, dass die sonst typischen Anklagen Gottes fehlen; an ihre Stelle treten Unschuldsbeteuerungen, und Vertrauensaussagen nehmen einen ungewöhnlich breiten Raum ein. Immer wieder rückt der Tempel als Stätte der (rechtlichen) Entscheidung über das Leben des Betenden in den Mittelpunkt. Dass noch einer der überlieferten Psalmen unmittelbar mit der Asyl- bzw. Gerichtsfunktion des Tempels in Zusammenhang steht, die vermutlich zur Entstehung dieser Sonderform an Gebeten geführt hat, ist eher unwahrscheinlich. Wohl aber haben diese Psalmen besonders intime und persönliche Vertrauensaussagen aufbewahrt, die die Frömmigkeit der alttestamentlichen Spätzeit stark geprägt haben. Man denke nur an Sätze, die die Sehnsucht nach einer Gottesschau (Ps 17,15; 27,4.13; 63,3) oder nach der Nähe Gottes (Ps 7,11; 57,11; 63,9 u. ö.) ausdrücken, an Wendungen der Geborgenheit wie „unter dem Schatten deiner Flügel" (Ps 17,8; 36,8; 57,2) oder an einen zugespitzten Satz wie „deine Güte ist besser als Leben" (Ps 63,4), der die Erfahrung der Nähe Gottes über ein Leben in gesellschaftlicher Anerkennung bzw. über ein Leben ohne äußeres Leid stellt[44].

---

42 Vgl. F. Crüsemann, Hymnus und Danklied, 210ff.

43 H. Schmidt, Das Gebet des Angeklagten im AT (BZAW 49), 1928. Es handelt sich bes. um Ps 7; 17; 26; 27; 57; 63; vgl. W. Beyerlin, Die Rettung der Bedrängten in den Feindpsalmen der Einzelnen auf institutionelle Zusammenhänge untersucht (FRLANT 99), 1970 und zu den prägenden Audienzvorstellungen F. Hartenstein, Das Angesicht JHWHs. Zur Gerichtsfunktion des Tempels vgl. neben Dtn 17,8ff. (der Tempel als Appellationsinstanz für schwierige Rechtfälle) etwa Ex 22,7f.; 1 Kön 8,31f. und Num 5.

44 Vgl. zu diesen intimen Vertrauensaussagen G. von Rad, „Gerechtigkeit" und „Leben" in der Kultsprache der Psalmen (1950), in: ders., Ges. St. (TB 8), 1958, 225–247; 235ff.

Freilich ist die zuletzt zitierte Wendung unzweifelhaft Ausdruck der reifen Theologie der alttestamentlichen Spätzeit. In ihr rücken *Weisheitspsalmen* immer mehr in den Vordergrund (vgl. Ps 1 als hermeneutische Einführung in den Psalter). Die Hymnen gewinnen mit Schöpfung[45] und Geschichte[46] neue Themen und mit der Verlegung des Königtums Gottes und dem Preis des irdischen Königs als seines Stellvertreters in die Zukunft ganz neue Dimensionen (vgl. u. Teil III, S. 412ff. und S. 417ff.), während sich die individuellen Gebete immer stärker an einer „Armen"-Frömmigkeit orientieren, die in der vollständigen Angewiesenheit des Menschen auf Gott gründet (u. Teil III, S. 424). Zudem verbinden viele spätere Gebete Leiden ganz unterschiedlicher Art miteinander; andere stellen (wie die traditionellen Bußpsalmen) den Gedanken menschlicher Schuld ins Zentrum. Insgesamt nehmen die kultfreien bzw. „nachkultischen" Psalmen (F. Stolz) immer breiteren Raum ein. Sie werden oft (zusammen mit älteren Psalmen) zu Psalmengruppen verbunden, in denen sich – wie auch im Psalter als Gesamtdichtung – die gedankliche Bewegung von der Klage zum Lob widerspiegelt[47].

[45] L. Vosberg, Studien zum Reden vom Schöpfer in den Psalmen (BEvTh 69), 1975; H. Spieckermann, Heilsgegenwart. Eine Theologie der Psalmen (FRLANT 148), 1989, 21–86.

[46] J. Gärtner, Die Geschichtspsalmen (FAT 84), 2012.

[47] Auf diese Perspektive der – unter theologischen Gesichtspunkten vollzogenen – immer umfassenderen Sammlungen von Psalmen ist erst die neuere Forschung aufmerksam geworden; vgl. E. Zenger, Das Buch der Psalmen, in: ders. (Hg.), Einleitung^5, 248–370; F. Hartenstein – B. Janowski, Psalmen/Psalter, RGG^4 Bd. 6, 1769ff. (je mit Lit.).

B. Weisheit

Noch stärker als bei den Hymnen zeigt sich in der frühen Spruchweisheit Israels, wie sehr das biblische Israel Bestandteil des Alten Orients war, wie sehr es an gemeinorientalischem Denken Anteil hatte[48]. Spätestens ab der Zeit, in der Israel staatliche Institutionen ausbildete, bedurfte es jener Weisheit, auf der in der altorientalischen Antike schon viele Jahrhunderte zuvor die Bildung beruhte und die die Grundlage allen Wissens darstellte[49]. Vermittelt wurde die frühe Weisheit in schulisch zu nennendem Unterricht; in ihm waren die angesprochenen „Söhne" freilich keine Kinder, sondern Erwachsene, die einen höheren Beruf anstrebten, häufig den eines königlichen Beamten, wobei zu „Beamten" dieser Zeit auch etwa spezialisierte Handwerker, Künstler und gehobene Ränge des Militärs gehörten. Wenn sie in ihrer Ausbildung neben notwendigen beruflichen Kenntnissen und Fähigkeiten[50] mit der Weisheit konfrontiert wurden, so ist ein umfassendes Wissen gemeint, das in gleicher Weise Gebiete betraf, die wir der Naturwissenschaft zuordnen würden, wie der praktischen Lebenskunde bzw. der Ethik.

Es ist daher durchaus sachgemäß, wenn die alttestamentliche Tradition die Entstehung und Pflege der biblischen Weisheit *mit Salomo verbindet*; denn ihm werden im Alten Testament die Errichtung der wesentlichen staatlichen Institutionen zugeschrieben. Über Salomo konnte man nichts Größeres sagen als dass „die Weisheit Salomos die Weisheit aller Ostleute und alle Weisheit Ägyptens überragte ... Er redete von den Bäumen: von der Zeder auf dem Libanon bis zum Ysop, der aus der Wand wächst. Auch sprach er vom Vieh, von den Vögeln, vom Gewürm und von den Fischen" (1 Kön 5,10.12f.). Mit der Weisheit der „Ostleute", zu denen unter anderem die sprichwörtlich weisen Edomiter gehörten (Jer 49,7; Ob 8), und der Weisheit Ägyptens sind die beiden Zentren der damaligen Weisheitspflege genannt; wer sie überragte, verfügte wahrhaft über „göttliche" Weisheit (1 Kön 5,9). Die inhaltlichen Beispiele, die Salomos Weisheit belegen, erweisen, dass für den Erzähler von 1 Kön 5 primär Themen gemeint sind, die für uns unter die Naturwissenschaft fallen. Freilich war auch im Fall Salomos die Weisheit keineswegs auf sie beschränkt. Das zeigt sich nicht zuletzt daran, dass die spätere alttestamentliche und auch die nach-alttestamentliche Tradition nahezu alle überlieferte Weisheit – sowohl die kanonischen Bücher der Sprüche bzw. Proverbien und des Predigers

---

[48] Vgl. etwa B.U. Schipper, Israels Weisheit im Kontext des Alten Orients, BiKi 59 (2004), 188–194.

[49] Schwerer greifbar ist die wesenhaft mündliche „Sippenweisheit", mit deren Einfluss vor allem H.W. Wolff und E. Gerstenberger gerechnet haben.

[50] Diese Vermittlung ist uns freilich nicht überliefert. Im Vergleich mit der ägyptischen Weisheit fällt aber auf, dass das Verhalten am Hof und insbesondere gegenüber dem König in den alttestamentlichen Sprüchen eine sehr geringe Rolle spielt. Offensichtlich waren die Kriterien für die Auswahl von Sprüchen für die schriftliche Überlieferung hier und dort verschiedene.

bzw. Kohelets als auch das apokryphe Buch der Weisheit – von Salomo als dem weisen König par excellence herleiten.

Was die Weisen lehren wollten, war nicht abstraktes intellektuelles Wissen, sondern ihnen ging es entscheidend um die Vermittlung des „Weges zum Leben", d. h. des Weges zum *Gewinn eines glückenden, sinnvollen Lebens,* für das Wissen und Erkenntnis die unabdingbare Voraussetzung bildeten. Wenn in jüngeren Texten die personifizierte Frau Weisheit sagt: „Wer mich findet, findet das Leben und erlangt Annahme durch JHWH" (Spr 8,35), so drückt sie etwas aus, was implizite Voraussetzung auch der älteren Sprüche ist. Bildung ist für sie kein Selbstzweck, sondern die Sprüche des Proverbien- bzw. Sprüchebuches erfüllen darin ihren Sinn, dass sie tiefer in jene Ordnungen und Gesetzmäßigkeiten einführen wollen, die dem menschlichen Leben zugrunde liegen und deren Kenntnis der Bewältigung dieses Lebens dient. Das gilt ganz besonders von Erfahrungen von Unglück und Leid: Die Freunde Hiobs etwa als Vertreter der traditionellen Weisheit sind prinzipiell gute Freunde, weil sie Hiob im Leid Hoffnung vermitteln wollen (Hi 4,6 u. ö.).

Im 20. Jh. hat es *zwei Phasen* gegeben, in denen *die frühe Weisheitstheologie des Alten Testaments sehr kritisch, ja abwertend betrachtet wurde.* Die erste betraf die 20er Jahre, in denen man sich nicht nur allgemein der Tatsache bewusst wurde, dass eine Vielzahl der biblischen Sprüche enge Parallelen in der Weisheit des Alten Orients und besonders Ägyptens besaß, sondern in denen auch dem Alttestamentler Hugo Greßmann und dem Ägyptologen Adolf Erman der Nachweis gelang, dass mit Spr 22,17–23,12 ein ganzer Abschnitt der Weisheitslehre des Amen-em-ope Aufnahme in das Alte Testament gefunden hatte. Der schon überwunden geglaubte sog. Babel-Bibel-Streit brach neu auf, bis man auch der polemischen Töne bei der Übernahme (z. B. Spr 22,19) gewahr wurde. Grundsätzlich liegt kein anderer Sachverhalt vor als etwa bei den im vorigen Kapitel betrachteten Psalmen 29 oder 93. Die Eigenart der biblischen Gottesvorstellung steht nicht am Anfang der alttestamentlichen Texte, sondern wuchs über die Jahrhunderte, besonders durch die Erfahrung des Exils.

Wesentlichere Ansätze der Weisheit betraf der Streit um sie in den Jahrzehnten im und nach dem 2. Weltkrieg. Im Gefolge der dialektischen Theologie wurden die Bemühungen der frühen Weisheitslehrer jetzt prinzipiell hinterfragt. Unter einer Hochschätzung des Begriffs der „Heilsgeschichte" wurden der fehlende Bezug der Weisheit zur Geschichte Israels und Hand in Hand damit ihr Interesse am Menschen schlechthin, abgesehen von jeder spezifischen religiösen Prägung, als Mangel empfunden. Mehrfach wurden ihr „Eudämonismus" und „Utilitarismus" vorgeworfen, weil angeblich die Suche nach dem persönlichen Erfolg jedes Einzelnen, nach seinem Wohlstand und Wohlbefinden das Denken bestimmt habe[51]. Gelegentlich wurde der biblischen Weisheit sogar jegliches spezifisches Eigengewicht im Kontext des Alten Orients abgesprochen und als Konsequenz bestritten, dass man als christlicher Theologe über weisheitliche

[51] So z. B. J. Fichtner, Die altorientalische Weisheit in ihrer israelitisch-jüdischen Ausprägung (BZAW 62), 1933; W. Zimmerli, Zur Struktur der atl. Weisheit, ZAW 51 (1933), 177–204.

Texte predigen könne[52]. Heute werden solche Ansichten aus guten Gründen nicht mehr vertreten[53].

Die überlieferten Sprüche der vorexilischen Zeit halten in kurzen, einprägsamen Sätzen Erfahrungen fest, die sich bewährt haben und die daher verallgemeinert werden können. Indem sie den Ordnungen nachspüren, die allem menschlichen Zusammenleben zugrunde liegen, bieten sie *sprachlich verdichtete Lebenskunde.* Man spürt vielen Formulierungen im noch jungen Staat eine gewisse Entdeckerfreude ab. Sie wollen keine absoluten Wahrheiten zur Sprache bringen, sondern Erkenntnisse, die prinzipiell korrigierbar sind und durch tiefere Einsicht überholt werden können. Besondere Freude haben die Weisen an Paradoxien gehabt, wie etwa Spr 11,24 belegt:

> Mancher gibt viel und wird doch reicher,
> mancher kargt über Gebühr und wird doch ärmer.

Hier sagen die Weisen: „mancher"; sie behaupten nicht, eine generell gültige Lebensregel gefunden zu haben. Wohl aber legen sie mit derartigen Sätzen Erfahrungen nieder, die unerwartet und überraschend sind und die einen Impuls geben können, ein allzu behutsames und ängstliches Verhalten im Alltag zu vermeiden und sich eher einer Großzügigkeit und Großherzigkeit zuzuwenden, die nicht von vornherein das größtmögliche Risiko des Handelns ins Kalkül zieht.

1. Die Erkenntnis der Lebensordnungen

Wie sind die Weisen zu ihrer Erkenntnis gelangt, wie haben sie die vielfältigen Erfahrungen des Alltags in Aussagen gefasst, die Allgemeingültigkeit suchen oder gar gefunden haben? Im Folgenden soll der Versuch unternommen werden, sich diesen *Erkenntnisvorgang* – stark schematisiert – *in vier Stufen* vor Augen zu führen. Da ein solcher Versuch möglichen Missverständnissen offen steht, ist es wichtig zu betonen, dass diese Stufen Gültigkeit nur für den Exegeten beanspruchen können in seinem Bemühen um Verstehen aus zeitlichem Abstand heraus, nicht aber für den Erkenntnisvorgang der Weisen selber, der keineswegs in dieser Stufenabfolge verlief, wie am Schluss zu zeigen sein wird.

---

52 So der Schüler Zimmerlis H.-D. Preuss, Erwägungen zum theologischen Ort der atl. Weisheitsliteratur, EvTh 30 (1970), 393–417.

53 Zur gegenwärtigen theologischen Wertung der Weisheit nach G. von Rad, Weisheit in Israel, Neukirchen 1970, vgl. etwa das Kapitel „Wisdom Literature and Theology" in R.E. Murphy, The Tree of Life, ²Grand Rapids – Cambridge 1996, 111–132; M. Saur (Hg.), Die theologische Bedeutung der alttestamentlichen Weisheitsliteratur (BThSt 125), 2012; L. Schwienhorst-Schönberger, Alttestamentliche Weisheit im Diskurs, ZAW 125 (2013), 118–142.

a. Phänomene in der Natur und der Erfahrung

Der Anfang aller Erkenntnis bestand in der Ordnung von Phänomenen des Alltags, genauer: in der *Zuordnung von Gleichartigem.* In Ägypten entstand auf diese Weise die sog. „Listenwissenschaft“, in der z.B. Pflanzen, Vögel, Fische, Vierfüßler, aber auch Mineralien, meteorologische Phänomene oder geographische Besonderheiten listenmäßig erfasst wurden[54]. Die zuvor genannte Beschreibung der Weisheit Salomos in 1 Kön 5,9ff., in der diese über alle Weisheit der traditionellen Weisheitszentren gestellt wird, scheint sich primär auf diese Form des Wissens zu beziehen.

Auf dem Feld der Ethik entsprachen ihr die sog. gestaffelten Zahlensprüche in der Gestalt von x/x+1, d.h. die Zahlensprüche, die im zweiten Glied des parallelismus membrorum eine um eine Ziffer höhere Zahl nennen als im ersten Glied, wie sie die Völkersprüche des Amos in Am 1–2 bestimmen. In solchen Sprüchen wurden Gemeinschaft fördernde wie ihr schadende Verhaltensweisen festgehalten, aber auch etwa verwunderliche bzw. geheimnisvolle Erlebnisse, unscheinbare, aber wirkungsvolle Kräfte, gefährliche Bedrohungen etc. (Spr 6,16–19; 30,15f. 18f. 21ff. 29ff.). Die Zahlen dienten dabei als mnemotechnische Hilfen beim Auswendiglernen. Wesentlich für diese wie auch für die folgende Stufe ist, dass „naturwissenschaftliches“ und „ethisches“ Erkennen auf einer gemeinsamen Ebene liegen und sachlich unlöslich zusammengehören, weil sie sich der gleichen methodischen Mittel bedienen.

b. Der Kausalzusammenhang

Wie erkennt der Mensch dann aber, was im Staat, in der Familie und im Einzelleben förderlich, was schädlich ist? Bei der Beantwortung dieser Frage stießen die Weisen auf den Zusammenhang von Ursache und Wirkung. Im Bereich der „Naturwissenschaft“ lag die Antwort auf der Hand:

> Wächst das Schilfrohr, wo kein Sumpf ist?
> Wird Riedgras hoch ohne Wasser? (Hi 8,11)

Die Frage nach den Bedingungen, unter denen Pflanzen gedeihen, haben die biblischen Weisen offensichtlich aus der ägyptischen Weisheit übernommen. Sie mussten sie nicht nur auf die eigene Flora übertragen, sondern mussten auch eigene Analogien im Leben der Menschen finden. Die Beobachtung des Verdorrens der genannten ägyptischen Pflanzen im Falle von Wassermangel (V.12) führt die Freunde Hiobs zu der Folgerung: „So geht es jedem, der Gott vergisst“ (V.13). Im Gottesverhältnis der Menschen herrschen die gleichen Gesetzmäßigkeiten wie bei Flora und Fauna.

---

[54] Vgl. dazu noch immer G. von Rad, Hiob 38 und die altägyptische Weisheit (1955), in: ders., Ges. St. z. AT (TB 8), ^{3}1965, 262–271.

Wenn die Frage explizit auf die Bedingungen glückenden oder missglückenden Zusammenlebens der Menschen gerichtet ist, stehen am Anfang scheinbar vordergründige Sätze wie:

> Von Bösen kommt (nur) Böses. (1 Sam 24,14)

oder:

> Kommt Übermut, kommt Schande. (Spr 11,2)

Daneben begegnen aber tiefgründigere Beobachtungen wie etwa:

> Eine sanfte Zunge zerbricht Knochen. (Spr 25,15)

Nicht das laute Brüllen des autoritären Lehrers, sondern das einfühlsame Wort des verständnisvollen Erziehers erreicht die Überwindung von Widerständen des Schülers: eine Erkenntnis, die ein erstaunliches Phänomen in Worte fasst, das sich die moderne Pädagogik erst mühsam hat neu aneignen müssen.

Wichtig ist bei allen Sätzen dieser Art, dass sie keine Handlungsanweisungen geben wollen. Vielmehr sind sie auf der Suche nach Gesetzmäßigkeiten, die das Alltagsleben prägen. Die Aussagen dieser Sätze wollen überprüft und gegebenenfalls durch genauere Beobachtungen überholt werden.

Allerdings wäre es ein Irrtum, wollte man die Suche nach derartigen Ursache-Wirkung-Zusammenhängen, soweit sie letzte Fragen des Zusammenlebens von Menschen oder gar deren Gottesverhältnis betreffen, im Sinne der Weisen für einfach und selbstevident halten. Wo es um die entscheidenden Fragen gelingenden Lebens geht, wird die Analogie zwischen „naturwissenschaftlichen" und „ethischen" Beobachtungen der Weisen eingeschränkt. Die Freunde Hiobs als Vertreter der traditionellen Weisheit sind der Auffassung, dass ein Einzelleben nie ausreicht, um die zentralen Erkenntnisse glückenden Lebens zu formulieren. Vielmehr bedarf es dazu der Erfahrung vieler Menschen, ja ganzer Generationen:

> Weißt du das nicht von Urzeit an,
> seit Menschen auf der Erde sind,
> dass der Jubel der Gottlosen kurz ist …? (Hi 20,4; vgl. 8,8–10; 15,17–19)

Beobachtungen zu Ordnungen, die das Leben bestimmen, sind so alt wie die Menschheit. In Sätzen wie dem zitierten berufen sich Hiobs Freunde auf eine Kette von individuellen Erfahrungen, die bis zu den Anfängen der Menschheit führt und somit durch die denkbar älteste Tradition gestützt sind; sie beanspruchen damit für ihre Erkenntnisse ein Höchstmaß an Evidenz. Um dieses Höchstmaß zu erreichen, nimmt Eliphas, der älteste und weiseste der Freunde, für sich in Anspruch, dass sein eigenes Beobachten und das Wissen der Väter aus einer Zeit noch ohne jede Überfremdung durch andere Kulturen übereinstimmen. Ihm geht es also um eine unverfälschte, reine und daher verbindliche Weisheitstradition. Mit solchen Sätzen, die der Streitkultur entstammen, verdeutlichen die Weisen auch, dass sie unterschiedliche Sicherheiten für das in Spruchform festgehaltene Wissen von Ursache-Wirkungs-Zusammenhängen kennen.

c. *Der Tun-Ergehen-Zusammenhang*

Der entscheidende Durchbruch im Erkenntnisvollzug der Weisen geschah dort, wo sie die vielfältigen Einzelbeobachtungen von Ursache und Wirkung hinter sich ließen, um die Ordnung in den Blick zu nehmen, auf der sie beruhen. Diese Ordnung ist der viel diskutierte und oft missverstandene sog. Tun-Ergehen-Zusammenhang, früher irrtümlich als Vergeltungsdenken bezeichnet[55], danach gelegentlich besser, aber immer noch wenig angemessen „schicksalwirkende Tatsphäre" (Koch) bzw. „synthetische Lebensauffassung" (Fahlgren) genannt. Es geht den Weisen hier darum, die Begrenzung zu durchstoßen, die jeder Einzelerfahrung eignet; sie suchen die Gesetzmäßigkeit hinter allen Ursache-Wirkungs-Zusammenhängen zu benennen. Mit diesem Schritt wird die auf den ersten Blick rein zufällige Einzelbeobachtung und -erfahrung so verarbeitet, dass sie mit anderen analogen Beobachtungen verbunden und verallgemeinert werden kann, um die hinter ihr liegende Ordnung offenzulegen. Getragen ist dieser Versuch einer umfassenden Erkundung von Lebenssinn von der Überzeugung, dass Gottes Schöpfung gut ist, und zwar erkennbar gut, so dass der menschliche Geist in ihre Ordnung eindringen kann, auch wenn sie ihm in einem letzten Sinn unverfügbar bleibt und nicht jede Einzelerfahrung von ihr gedeckt ist[56].

Der Tun-Ergehen Zusammenhang prägt das alttestamentliche Denken in vielen Bereichen und ist keineswegs auf die Weisheit beschränkt, in der er freilich eine besonders gewichtige Rolle spielt. Er besagt, dass jede Tat, ob gut oder böse, eine nicht nur subjektiv empfundene, sondern objektiv zu benennende Wirkung hinterlässt, ja mehr: in eine von ihr hervorgerufene Machtsphäre hineinführt. Die Tat löst einen Prozess aus, der sich, ob förderlich oder schädlich, in aller Zwangsläufigkeit vollzieht und unaufhaltsam ist. Man kann sich diesen Prozess am hebräischen Begriff עון verdeutlichen. Im Deutschen

---

[55] Vgl. die bekannte Widerlegung von K. Koch, Gibt es ein Vergeltungsdogma im Alten Testament? ZThK 52 (1955), 1–42 (auch in: ders. [Hg.], Um das Prinzip der Vergeltung in Religion und Recht im AT [WdF 135], 1972, 130–180).

[56] Nur um der hier versuchten Schematisierung in verschiedene Stufen willen werden die spezifisch „religiösen" Sprüche noch ausgespart. – Die ägyptische Religion kennt die genannte Ordnung in Gestalt der Göttin Maat. Sie steht zur Orientierung über allem menschlichen Tun. Wer sich korrekt verhält und entsprechend der Maat handelt, ist in Harmonie mit der von ihr verkörperten Welt- und Lebensordnung. Das biblische Israel hat demgegenüber aus guten Gründen nicht die Ordnung selber vergöttert, sondern von einem Gott gesprochen, der über der Ordnung steht und jederzeit in sie eingreifen kann. Er wird durch die von ihm gegebene Ordnung erkannt, ohne doch in ihr aufzugehen (s. u. Abschn. 2).

wird er üblicherweise je nach seinem Kontext entweder mit „Schuld“ oder mit „Strafe“ übersetzt. Jedoch sind im Hebräischen die schuldhafte Tat und die von ihr in Gang gesetzte unheilvolle Wirkung gemeint; eine richterlich urteilende Instanz wie bei der „Strafe“ ist nicht im Blick. Dementsprechend bedeutet נשא עון „den עון tragen“ entweder „die Folgen einer Schuld tragen“, d.h. im Extremfall: „unter der Last der Schuld zugrunde gehen“, wenn etwa wie im Fall Kains ein Mörder gemeint ist (Gen 4,13 wörtlich: „Meine Schuld ist zu schwer, als dass ich [ihre Folgen] tragen könnte“), oder – wenn wie im Fall des Gottesknechts ein fremder „Träger“ gemeint ist – „die Schuld eines anderen tragen“ (Jes 53,12) oder gar „vergeben“, wenn Gott selber das Subjekt des „Tragens“ ist. Deutlich ist, dass der עון eine objektive Größe ist, die – von wem auch immer – „getragen“ werden muss. Sie wirkt sich im Normalfall auf den Täter selber aus: subjektiv im schlechten Gewissen, objektiv in Vereinsamung o.ä., aber auch auf seine Umgebung, die sich deshalb vor der bösen Wirkung in irgendeiner Weise schützen muss, will sie nicht selber Schaden erleiden.

Die Überzeugung von der Wirkkraft der guten wie der bösen Tat ist zur Grundlage weisheitlichen Denkens geworden[57]. Diese Überzeugung kann grundsätzlich formuliert werden (Spr 11,19):

> Das ist gewiss: Gerechtigkeit führt zum Leben,
> aber wer dem Bösen nachjagt, den erreicht sein Tod.

Sie kann aber auch durch Betonung der Folgen für die Gemeinschaft so gestaltet sein, dass zum Tun des Guten gelockt wird (Spr 11,11):

> Durch den Segen der Redlichen kann sich eine Stadt erheben,
> aber durch den Mund der Frevler wird sie niedergerissen.

Hier wird für die destruktive Tat das scheinbar harmlose böse Wort gewählt, das in der Gestalt des schlechten Gerüchts in der Wirkung aber tödlich sein kann, um zu zeigen, welch eine große negative Wirkung eine kleine Tat hervorzurufen vermag. In analoger Weise aber wirkt das gute und wahre Wort der Aufrichtigen aufbauend, weit über dessen mögliche Absicht hinaus, ja es bringt für die Gemeinschaft einen „Segen“ mit sich, der dem Menschen grundsätzlich unverfügbar ist.

Wenn die frühe alttestamentliche Weisheit in der Vergangenheit häufig utilitaristisch missverstanden wurde – nach dem Motto: jeder ist seines Glückes Schmied –, so lag das zumeist daran, dass man den *praktischen Umgang der Weisen mit der erkannten Ordnung* nicht beachtet hat. Sie haben nämlich diese Ordnung nicht wie ein Dogma und schon gar nicht schematisch behandelt. Das beweist ein Spruch wie Spr 24,16:

---

[57] H. Gese, Lehre und Wirklichkeit in der alten Weisheit, Tübingen 1958, 43f. 65ff., hat eindrucksvoll gezeigt, wie sich an diesem Punkt die sumerische Weisheit von der frühen sumerischen Religion, die von der Uneinsichtigkeit göttlichen Handelns ausging, gelöst hat.

Fürwahr: sieben Mal fällt der Gerechte und steht wieder auf,
aber die Frevler sinken im Unglück dahin.

Würden die Weisen den Tun-Ergehen-Zusammenhang dogmatisch handhaben, müssten sie das Leid des Gerechten auf dessen schuldhafte Tat zurückführen. Jedoch nehmen sie nicht für sich in Anspruch, jedes Erleben der Menschen deuten zu können. Wohl aber sind sie der festen Überzeugung, dass leidvolle Erfahrungen für einen Menschen, der sich um ein rechtes Gottesverhältnis und ein glückendes Zusammenleben der Menschen gemüht hat, etwas Anderes bedeutet als für Menschen, die nur egoistisch ihr eigenes Wohl verfolgten. Für Letztere besagt ein schweres Unglück ein definitives Urteil Gottes, für Erstere bildet es eine vorübergehende Not, die bald wieder einem normalen Alltag Platz macht. Deutlich kommt hier zum Ausdruck, dass die Weisen auch Seelsorger sind, die – wie explizit später die Freunde Hiobs – Menschen, die sich um Aufrichtigkeit in ihrem Leben gemüht haben, im Leid Hoffnung vermitteln wollen, weil sie in Gott einen Helfer haben, den die Frevler nicht kennen.

Vor allem *eine* Grenze haben die Weisen gemeinhin bewusst nicht überschritten: Sie haben nicht vom Ergehen auf das Tun zurückgefragt (wie die Jünger Jesu es nach Joh 9,2 tun)[58]. Als Beleg mag neben dem zuvor zitierten Spruch hier Spr 14,31 dienen:

Wer den Geringen bedrückt, schmäht dessen Schöpfer,
aber Gott ehrt, wer sich des Armen erbarmt.

Gott hat den Armen arm und den Geringen gering geschaffen; warum er das tat, versuchen die Weisen nicht zu ergründen. Wohl aber verstehen sie die Existenz der Armen als Appell an alle Anderen, sich ihrer barmherzig anzunehmen. Sie sind eine Aufgabe Gottes für die Menschen, Aufrichtigkeit und Gerechtigkeit zu praktizieren, deren Maßstab – in der Weisheit wie in der prophetischen Verkündigung – der Umgang mit den Ärmsten in der Gesellschaft ist.

2. Gott als Herr der Lebensordnungen

Dass die Weisen gemeinhin nicht vom Leid der Menschen auf ihre Taten zurückschließen, hängt vor allem anderen damit zusammen, dass sie – und zwar von Anbeginn der Spruchsammlungen an – noch eine *verborgene Ordnung* hinter *den erkannten Lebensordnungen* kennen. Gott ist es, der jederzeit in den Tun-Ergehen-Zusammenhang eingreifen kann, der ihn aber gleichzeitig den Menschen als Orientierung zur Gestaltung des Lebens aufgerichtet hat. Auf

[58] Die Freunde Hiobs überschreiten diese Grenze erst in ihren letzten Reden, in denen ihre Argumente immer starrer werden und in denen sich der Dichter des Hiobdialogs, der sich anfangs mit seiner eigenen Meinung ganz zurückhält, deutlich von ihnen distanziert.

diese Weise kann göttliche „Strafe“ beim weisheitlich geprägten Propheten Hosea so aussehen, dass der Tun-Ergehen-Zusammenhang nicht unterbrochen wird: „Jetzt umzingeln sie ihre Taten, vor mein Angesicht sind sie gekommen“; (Hos 7,2) oder: „Efraim hat JHWH bitter gekränkt; deshalb überlässt er sie ihrer Blutschuld.“ (Hos 12,15) Die „Strafe“ besteht nach diesen Texten darin, dass Gott die gleichsam automatisch sich vollziehende Wirkung der Schuld unbeeinflusst lässt.

Deutlicher könnte nicht gesagt werden, dass der Tun-Ergehen-Zusammenhang letztlich nur von Gott her verstanden werden kann. G. von Rad hat daher die von der Weisheit entdeckte Lebensordnung des Tun-Ergehen-Zusammenhangs mit Recht eine „geglaubte Ordnung“ genannt[59]. Die biblischen Weisen sind nie der Auffassung gewesen, dass sie alle Alltagserfahrungen mit der Gesetzmäßigkeit des Tun-Ergehen-Zusammenhangs erschließen könnten. Sie haben diese Lebensordnung nicht als Deutungshilfe für jedes einzelne Erleben aufgefasst. Dennoch sind ihnen an ihr (zumindest anfangs) keine Zweifel aufgekommen. Sie haben sie dankbar als Gabe Gottes, die Hilfe zur Bewältigung des Lebens gab, entgegengenommen, aber sie haben immer gewusst, dass Gott selber größer ist als die von ihm geschenkte Ordnung. So wichtig die erkannte Ordnung für sie war, sie blieb letztlich eine unverfügbare Ordnung. Auch wenn es rein zahlenmäßig nicht allzu viele Sprüche in der älteren Weisheit gibt, die JHWH explizit bei Namen nennen, so können doch diese Sprüche zusammen mit denen, die Gott durch Bilder und Symbole umschreiben, mit guten Gründen als gedanklicher Hintergrund aller anderen Sprüche gelten. Ich nenne einige wichtige Beispiele:

Rühme dich nicht des morgigen Tages,
denn du weißt nicht, was der Tag gebiert. (Spr 21,1)

In diesem Spruch zeigt sich, dass die Weisen die Gefahren ihres eigenen Bemühens um Weltbewältigung kannten: Eine schematische Handhabung der erkannten Lebensordnung kann zu einer Selbstsicherheit führen, die den Gegensatz zu wahrer Weisheit bildet. Der Verfasser des zitierten Spruches weiß, dass der Mensch bei allen Versuchen, die Rätsel seines Lebens zu lösen, nie zum Herrn seines Lebens wird. Daher rät er zu Zurückhaltung und Bescheidenheit. Auch wenn Gott nicht namentlich genannt ist, ist er doch in Gestalt der Metapher vom „gebärenden neuen Tag“ deutlich im Blick. Er und nicht der Mensch selber lenkt die Geschicke des Menschen.

Auch verfügt der Mensch nicht in allen Lagen über die Kenntnis der wirklichen Maßstäbe seines Handelns:

Alle Wege eines Menschen sind rein in seinen Augen,
aber der die Geister prüft, ist JHWH.
Wälze auf JHWH deine Taten,
so werden deine Pläne gelingen. (Spr 16,2f.)

---

[59] G. von Rad, TheolAT[4] I, 440 u. ö.

Nur wenn der Mensch ein absolutes Wissen über das Gute und das Böse besitzen würde – und das heißt für die Weisen primär: über das für die Gemeinschaft der Menschen Förderliche und Schädliche – und nur wenn er stets aus lauterster Gesinnung heraus handeln würde, könnte er sein Leben auf den Tun-Ergehen-Zusammenhang als solchen stützen. In der Realität aber hat er es mit Gott als der Ordnung hinter und über dieser Ordnung zu tun, und nur wenn er sich an ihm orientiert, der allein die Maßstäbe und Gesinnungen menschlichen Handelns kennt, und sein Vertrauen auf ihn setzt, kann sein Leben gelingen.

Der Mensch kann und muss sein Leben und einzelne Stadien in ihm planen; aber er muss zugleich seine begrenzten Möglichkeiten kennen, diese Pläne einem glücklichen Ende zuzuführen:

> Das Ross ist gerüstet für den Tag der Schlacht,
> aber der Sieg kommt von JHWH. (Spr 21,31)

Hier befindet sich der planende Mensch, der sich auf ein großes Ereignis so gut wie möglich vorbereitet, auf der einen Seite, während sich die Macht, die über den Ausgang des Ereignisses entscheidet, auf der anderen Seite steht. Alles hängt nun daran, in welchem Verhältnis die beiden Akteure zueinander stehen. Wenn der Mensch ohne Orientierung an dem plant, der den Ausgang allen Geschehens bestimmt, ist sein Planen vergeblich.

Noch einen Schritt weiter in der angegebenen Richtung geht Spr 16,9:

> Des Menschen Herz erdenkt seinen Weg,
> aber JHWH lenkt seinen Schritt.

Wahre Erfahrung stößt überall auf das Wirken Gottes! Und wehe wenn die Pläne der Menschen ohne jegliche Berücksichtigung dessen erfolgen, der sie im Endeffekt auf ihr Ziel zu lenkt! Wie ein Planen der Menschen, das ohne Beachtung Gottes, geschweige denn Orientierung an ihm erfolgt, ins Unheil führt, lässt sich beim Propheten Jesaja (28,14 ff.; 30,1–5; 31,1–3) lernen, der aufdeckt, dass ein Planen *ohne* Gott unausweichlich zu einem Planen *gegen* Gott führt.

Zugleich aber stellt der zitierte Spruch positiv heraus, dass Gottes Fügungen letztlich unabhängig von allen menschlichen – im Extremfall bösen – Absichten erfolgen und damit auch durch die übelsten Intentionen der Menschen nicht verhindert werden können. Einen eindrucksvollen Beleg für diese Erkenntnis bietet die Josephserzählung, deren Intention in der Aussage gipfelt, dass Gott auch die bösen Pläne der Brüder Josephs zu einem heilvollen Ziel geführt hat (Gen 50,20). Ja, selbst im Alltag macht der Mensch häufig die Erfahrung, dass ihm etwas weit besser gelingt, als er es vorausgesehen hat:

> Beim Menschen sind die Vorsätze des Herzens,
> aber von JHWH kommt die Antwort der Zunge. (Spr 16,1)

Der Mensch entwirft Pläne und erwägt verschiedene Möglichkeiten in seinem Herzen, wie er in kritischen Lagen reagieren kann. Dann aber erfährt er überraschend, wie ihm das hilfreiche und zum Guten führende Wort von außen zukommt, ein Geschenk der Güte Gottes, das dem Menschen unverfügbar bleibt.

Schließlich gibt es *Sprüche, die eine tiefe Frömmigkeit der Weisen belegen* und die, isoliert gelesen, geradezu wie eine Aufhebung der weisheitlichen Bemühungen um ein gelingendes Leben klingen. In Spr 21,30 heißt es:

Keine Weisheit, keine Einsicht und kein Planen
können vor JHWH bestehen.

Natürlich will dieser Spruch das Bemühen um Erkenntnis und das sorgfältige Vorbereiten auf Vorhaben der Menschen nicht behindern oder gar untersagen. Wohl aber will er ein derartiges Mühen und Planen in rechte Bahnen lenken und den Menschen zeigen, wie wenig sie erreichen, wenn sie ihr Vertrauen auf sich selber setzen. Eine von Gott gelöste Weisheit ist für sie letztlich Torheit[60]. – Eher noch radikaler klingt Spr 10,22:

JHWHs Segen, der macht reich,
und nichts fügt Mühe neben ihm hinzu!

An Gottes Segen allein ist alles gelegen! Dennoch wollen die Weisen auch mit diesem Spruch den Menschen nicht zur Trägheit verleiten, sondern ihn auf das wirklich Wesentliche in seinem Leben verweisen. Nicht ausgedrückt, wohl aber vorausgesetzt ist die Überzeugung, dass Gott seinen Segen nicht willkürlich erteilt, sondern primär denen zugutekommen lässt, die sich in ihrem Tun und Planen vom Vertrauen auf ihn leiten lassen und durch dieses Vertrauen zu verantwortungsvoll handelnden Menschen werden.

Daher ist es nicht nur ein wohlklingendes, frommes Motto, sondern Ausdruck tiefster Erkenntnis, wenn die frühe Weisheit *das Vertrauen auf JHWH als das Ziel allen weisheitlichen Bemühens* (Spr 22,19) und die späte Weisheit „die Furcht JHWHs" als „das Kopfstück (d.h. Anfang und wichtigste Voraussetzung) der Erkenntnis" (Spr 1,7) bezeichnen. Dieser Intention der Weisen wird jeweils ein hermeneutisch zentraler Ort eingeräumt: zu Beginn des übernommenen Abschnitts aus der Lehre des Amen-em-ope als dessen Verständnishilfe (22,17–23,11) und am Anfang des Sprüchebuchs in seiner Endgestalt. Sehr instruktiv ist auch ein weiterer Beleg aus der älteren Weisheit (Spr 14,26f.):

In der Furcht JHWHs liegt starker Verlass,
noch den Kindern ist sie Zuflucht.
Die Furcht JHWHs ist die Quelle des Lebens,
so dass man den Schlingen des Todes entgeht.

---

[60] Mit Recht formuliert G. von Rad: „Man kann also nur davor warnen, das Spezifische der Weisheit einfach nur in der Betätigung einer dem Glauben gegenüber selbständigen Vernunft sehen zu wollen." (Weisheit in Israel, 86).

„Verlass“ und „Quelle des Lebens“ ist andernorts Gott selber. Die „Furcht JHWHs“ ist für die Weisen der Weg zum Kontakt mit dieser „Quelle des Lebens“, die zuverlässiger ist als die Lebensordnung des Tun-Ergehen-Zusammenhangs, weil sie diese Ordnung jederzeit durchbrechen kann. Fundament des Lebens ist daher nicht diese Ordnung selber, sondern „die Furcht“ dessen, der sie gegeben hat; sie wird als tragender Grund auch von folgenden Generationen erfahren und muss zugleich als Grenze aller Erkenntnis stets gewusst werden.

Der für die Weisen so gewichtige Begriff der „Furcht JHWHs“ meint dabei beides: zum einen das Wissen um den Abstand zwischen Gott und Mensch, d.h. das Wissen von den überlegenen Möglichkeiten Gottes, das Planen der Menschen zu einem ganz anderen Ziel zu führen als die Menschen es intendieren; zum anderen aber das rückhaltlose Vertrauen in diesen Gott, der ein den Menschen zugewandter Gott ist, auch wenn nicht jede Einzelerfahrung der Menschen diese Zugewandtheit zu belegen vermag[61]. Eine Weisheit, die ohne eine Gründung in der „Furcht JHWHs“ auskommen wollte, ist im Urteil des Propheten Jesaja, der wie kein anderer Prophet in der Weisheit geschult war, nur Torheit, und zwar eine Torheit, der schon jetzt das Leichenlied („Wehe!“) gesungen wird, weil sie notwendig in den Tod führt (Jes 5,21).

In einem letzten Sinn ging es den frühen Weisen also um *die Erfahrbarkeit Gottes*, um die Erkennbarkeit der Güte Gottes im Alltag. Sie wollten Gottes ordnende Hand in der Vielfalt scheinbar widersprüchlicher Einzelerfahrungen in ihrem Leben entdecken. Nur weil sie Gott als tragenden Grund ihres Lebens wussten, haben sie die Ordnung des Tun-Ergehen-Zusammenhangs als eine gültige Lebensordnung beschrieben, die ihnen Orientierung schenkte. Sie wurden dadurch davor bewahrt, diese Ordnung zu verabsolutieren. Gott war und blieb für sie deren Herr und Meister, der sie jederzeit außer Kraft setzen konnte. Die „Furcht JHWHs“ wurde ihnen zum Schutzwall gegen einen möglichen dogmatischen Missbrauch des Tun-Ergehen-Zusammenhangs, zugleich bewahrte sie die frühen Weisen vor letzten Fragen und Zweifeln. Den Grund für die Überzeugung, dass die Lebensordnung verlässlich war, lieferte den Weisen letztlich nicht ihre Erkenntnis, sondern paradoxerweise das Vertrauen in die Zuverlässigkeit Gottes, der diese Ordnung seinem Willen unterordnen konnte.

So zeigt sich, dass die vier Erkenntnisstufen, die in der hiesigen Darstellung zum besseren Verstehen des Anliegens der frühen Weisen in Israel voneinander unterschieden wurden, im Selbstverständnis der Weisen eher umgekehrt werden müssten: Die „Furcht JHWHs“ zu vermitteln, ist ihr primäres Anliegen; ihrer wird der Mensch ansichtig, wenn er in die Lebensordnung des Tun-Ergehen-Zusammenhangs als wichtigste Orientierungshilfe Gottes eindringt

[61] Für diese Seite der „Furcht JHWHs“ ist das Vertrauen Abrahams in der dunklen Erzählung von der sog. Opferung Isaaks in Gen 22,12 der wichtigste Beleg.

und gleichzeitig immer neu erkennen muss, dass Gott größer ist als diese Ordnung und sie jederzeit durchbrechen kann[62]. Die Einsicht in Kausalzusammenhänge und die Einordnung von Einzelerfahrungen sind nur Mittel, um diese Primärziele zu erreichen.

[62] Um noch einmal G. von Rad zu zitieren: „Konnte diese Erfahrungswirklichkeit erkenntnismäßig nur von dem Wissen von Gott her angegangen werden, so konnte Erkenntnis der Welt auch ihrerseits wieder das Wissen um Gott befestigen." (Weisheit in Israel, 250).

C. Recht und Ethos

Keine Gesellschaft, kein Volk und keine religiöse Gemeinschaft kann ohne Regelungen des Rechts bestehen. Als das biblische Israel in die Geschichte eintrat, konnte der Alte Orient schon auf eine über tausendjährige Geschichte des kodifizierten Rechts zurückblicken. Der berühmte Kodex Hammurapi aus dem 18. Jh. v. Chr. bildete in dieser Geschichte einen Höhepunkt, keineswegs aber den Anfang; die sumerischen Gesetze des Urnammu von Ur, der Kodex von Ešnunna und der Kodex Lipit-Ištar gingen ihm um Jahrhunderte voraus.

Das junge Israel hat sich – wie zu erwarten – in vielen Einzelfragen an diese lange Rechtsgeschichte angeschlossen[1]. Umso mehr erstaunt, dass sich sein generelles Rechtsverständnis – zumindest in fortgeschrittener Zeit – von der altorientalischen Rechtstradition erheblich unterschied. Die wichtigste Differenz ist seit langem aufgefallen; sie ist sachlich von großem Gewicht: Während die Rechtssammlungen des Alten Orients vom König proklamiert wurden und Recht grundsätzlich unter königlicher Autorität praktiziert wurde, *gibt es im Alten Testament keine einzige Rechtssammlung, die sich auf die Autorität des Königs beruft* oder gar einen König als ihren Urheber benennen würde[2]. Ganz im Gegenteil: Indem die alttestamentlichen Rechtssammlungen im Lauf der Überlieferung mehr und mehr in die heilsgeschichtliche Epoche der Mosezeit verlegt wurden, wurde ihr dezidiert vorstaatlicher, um nicht zu sagen: anti-königlicher Charakter hervorgehoben. Für das „reife“ Alte Testament gehören alle Rechtssammlungen prinzipiell an den Sinai[3]. Sie sind Gottesrecht, nicht Königsrecht. Mit dieser Differenz hängt die oft beobachtete Tatsache zusammen, dass sich die Eigenart des biblischen Israel weit stärker auf dem Gebiet des Rechts als auf dem Gebiet des Kults ausgedrückt hat.

---

[1] Allerdings gilt dies mit der Einschränkung, dass es sich bei den genannten Codices um Stadtrecht handelte, während das ältere Israel ein Recht für einen bäuerlichen Kontext entwarf; vgl. dazu E. Otto, Die biblische Rechtsgeschichte im Horizont des Alten Orients, in: ders., Altorientalische und biblische Rechtsgeschichte. Ges. St. (BZAR 8), Wiesbaden 2008, 56–82.

[2] Diese Differenz hat bes. M. Noth, Die Gesetze im Pentateuch (1940), Ges. St. (TB 6), 1957, 9–141; 23 ff. hervorgehoben.

[3] Auch wenn Mose die Gesetze von Dtn 12 ff. nach dem Dtn erst im Land Moab verkündet, so hat er sie doch wie den Dekalog (Dtn 5) am Horeb empfangen. – Die Tempelrolle in Qumran (11Q19) hebt die Autorität von Dtn 12 ff. an, indem sie auch diese Gesetze am Sinai verortet und sie als Gottesrede gestaltet.

1. „Kasuistisches" und „apodiktisches" Recht

Worin bestand dann die Eigenart des israelitischen Rechts? Diese Frage ist in neuerer Zeit von keinem anderen Forscher so stark befördert worden wie von A. Alt mit seiner Unterscheidung von „kasuistischem" und „apodiktischem" Recht[4]. Unter „kasuistischem Recht" verstand er das üblicherweise im Stadttor der Ortsgemeinden praktizierte Alltagsrecht, das auf eine Fülle von Einzelfällen (casūs) Bezug nahm, um ihnen juristisch gerecht zu werden. Im Hebräischen wurden Oberfälle bzw. Paragraphen, die das jeweilige Thema nannten, mit כי „wenn" eingeleitet, während Unterfälle mit אם „falls" eingeführt wurden (vgl. etwa das Sklavenrecht Ex 21,2 mit seinen Unterfällen V.3–6). Materialiter handelte es sich bei diesem Recht um Fälle von Körperverletzung, Schuldrecht, Haftpflicht, Schadenersatz, Veruntreuung etc.

Ganz anders das sog. „apodiktische Recht". Es bedient sich nicht wie das kasuistische Recht der Konditionalsätze, um einen schuldhaften Tatbestand möglichst präzise zu umschreiben, sondern eines Partizipialstils, mit dem ein Täter aufs kürzeste charakterisiert wird. Tatbestandsformulierung und Rechtsfolgebestimmung bilden auf diese Weise einen denkbar knappen Satz, der mit großer Wucht ergeht. Weit wesentlicher ist, dass dieses Recht zwar unterschiedliche Tatbestände nennt, aber die immer gleiche Rechtsfolge (מות יומת „ … der muss zwingend mit dem Tod bestraft werden" Ex 21,12.15–17; vgl. Lev 20,9; 24,17 u. ö.), weshalb man es auch „Todesrecht" genannt hat[5]. A. Alt hatte dieses Recht für genuin israelitisch gehalten und es mit einer berühmt gewordenen Charakterisierung als „volksgebunden israelitisch und gottgebunden jahwistisch"[6] bezeichnet.

An dieser Einschätzung ist in der Folgezeit mit Recht viel Kritik geübt worden[7]. Das sog. „apodiktische Recht" als solches ist keineswegs analogielos israelitisch. Vielmehr beruht seine Eigenart auf einem doppelten Sachverhalt, der es vom geläufigen kasuistischen Recht unterscheidet:

1. Es ist weit weniger differenziert als letzteres, was sich formal an der immer gleichen Rechtsfolge zeigt und inhaltlich etwa daran, dass zwischen Mord und Totschlag (in Ex 21,12) nicht unterschieden wird. Es handelt sich sehr wahrscheinlich von Haus aus um mündliches Recht, das auswendig gelernt wurde, während die komplexeren Konditionalsätze des kasuistischen Rechts zwingend eine schriftliche Rechtstradierung voraussetzen.

---

[4] A. Alt, Die Ursprünge des israelitischen Rechts, Leipzig 1934, zitiert nach: ders., Kl. Schriften zur Geschichte des Volkes Israel I, München 1953, 278–332.

[5] H. Schulz, Das Todesrecht im AT (BZAW 114), 1969.

[6] A.a.O. 323.

[7] Die gewichtigste Kritik stammt von E. Gerstenberger, Wesen und Herkunft des „apodiktischen Rechts" (WMANT 20), 1965, der eine Reihe von altorientalischen Parallelen zum „apodiktischen Recht" anführt, besonders aus dem Bereich der Weisheit.

2. Die geringere Differenzierung ist beabsichtigt; sie ist Ausdruck eines *völlig andersartigen Rechtsideals.* Während das kasuistische Recht auf die adäquate Wiedergutmachung eines angerichteten Schadens ausgerichtet ist, *will das apodiktische Recht Grenzen markieren, deren Überschreitung die Existenz einer bestehenden Gemeinschaft bedroht.* Um des Bestandes der Gemeinschaft willen müssen die Grenzlinien unter allen Umständen eingehalten werden.

Für dieses ganz und gar andersartige Rechtsideal gibt es eine Fülle von Indizien. Da sind zunächst die aufgeführten Delikte. Unter ihnen begegnen etwa Zauberei (Ex 22,17), Sodomie (22,18), Opfer für fremde Götter (22,19), Totenbeschwörung (Lev 20,27) und Gotteslästerung (Lev 24,16): in der Terminologie Alts „heilige Zonen“ im menschlichen Zusammenleben[8]. Benannt sind mit ihnen Handlungsweisen, durch die Gott unmittelbar oder doch mittelbar selbst betroffen ist. Es handelt sich um Sachverhalte, die man gemeinhin dem Sakralrecht zuordnet. Betrachtet man die Rechtsfolge, so kann an die Stelle der Todesstrafe der Bann treten (Ex 22,19), also der Ausschluss aus der Gemeinde. Ebenfalls auffällig ist die in Dtn 27,15 ff. belegte Fluchreihe, deren Sätze formal dem apodiktischen Recht analog verlaufen, die aber an die Stelle der Todesstrafe den Fluch treten lassen. Angesprochen sind wahrscheinlich Vergehen, deren Täter im Verborgenen gehandelt haben und die daher nicht von einer menschlichen Gerichtsbarkeit zur Verantwortung gezogen werden können. Bemerkenswert ist hier, dass die versammelte Gemeinde auf jeden Fluchspruch über einen derartigen Täter ihr „Amen“ folgen lässt. Spräche sie das Amen nicht, wäre sie dem Unheil preisgegeben, das von der ungesühnten Schuld ausgeht. Die Volksgemeinschaft muss sich um ihrer selbst willen vor solchem Unheil schützen.

Sieht man von dem Sonderfall der zuletzt genannten Fluchreihe ab, so geht es in den zuvor genannten Fällen also überwiegend nicht um Rechtsprobleme, durch die Menschen geschädigt werden, sondern um solche, die Gott direkt betreffen oder aber seine wichtigste Gabe an die Menschen, das Leben (Mord/Totschlag, Menschendiebstahl, Schmähung der Eltern etc. Ex 21,12 ff.).

Am evidentesten ist Gottes Betroffenheit bei jeder Bluttat zu erkennen. Weil das Leben nach alttestamentlicher Vorstellung seinen Sitz im Blut hat (Lev 17,11), vergossenes Blut aber in Vertretung des Getöteten zu Gott als dem Geber des Lebens „schreit“ (d. h. den Notruf des von Gewalt Erniedrigten um Rechtshilfe erhebt; vgl. Gen 4,10; Hi 16,18 u. ö.), kann Gott als Geber des Lebens gar nicht anders als hören und eingreifen. Würde eine Gemeinschaft eine ungesühnte Bluttat dulden, würde sie sich unmittelbar diesem strafenden Eingreifen Gottes aussetzen (vgl. etwa Dtn 21,1–9).

Recht dient hier nicht dazu, angerichteten Schaden wiedergutzumachen, sondern dazu, eine intakte Gemeinschaft am Leben zu erhalten, indem Täter, die sie akut gefährden, aus ihr ausgeschieden werden. Die Sätze apodiktischen

---

[8] A.a.O. 313.

Rechts nennen Tatbestände, die für Israel als Volksgemeinschaft und für seine Gottesbeziehung unerträglich sind.

Das gleiche Rechtsideal steht aber auch im Hintergrund der Mehrheit der *zahllosen Gebote* im Alten Testament, für die charakteristisch ist, dass sie ganz überwiegend negativ formuliert sind und daher *eigentlich Verbote genannt werden müssten.* Wegen ihres sachlichen Gewichts und wegen der Autorität Gottes, mit der sie ausgesprochen werden, sind diese Verbote in den Rechtssammlungen mit einer Sonderform versehen worden, die sie von den Alltagsverboten etwa der Pädagogik (אל mit Jussiv) unterscheidet; sie werden als individuelle Anrede mit לא und Indikativ gestaltet und üblicherweise „Prohibitiv" genannt. Weil sie dem gleichen Rechtsideal wie das zuvor genannte apodiktische Recht verpflichtet sind, hat Alt sie diesem Recht zugeordnet. An dieser Zuordnung ist wiederum vielfach Kritik geübt worden, auch hier zu Recht. Die Verbote bieten ja keine praktikablen Rechtssätze, sondern sie wollen das Eintreten eines Rechtsfalles im Voraus verhindern[9]. Damit gehören sie in das Vorfeld des Rechts, in den Bereich von Erziehung und Lehre, sollten also eher der Ethik als dem Recht im strengen Sinne zugerechnet werden[10]. Immerhin kann man aber zugunsten Alts ins Feld führen, dass die permanente und fast penetrante *negative Formulierung* der Gebote deutlich *zeigt, dass diese Gebote keine neue Ordnung schaffen, sondern eine vorgegebene Ordnung schützen wollen,* darin durchaus dem apodiktischen Recht vergleichbar.

Es handelt sich also nicht um ein Ethos, das ein ideales Handeln als vorbildhaft vor Augen stellen möchte, sondern um ein Ethos, das Dammbauten gegen das Niederbrechen einer Ordnung errichten will. „Innerhalb des von den Geboten ... umsteckten Lebensraumes liegt ein weites Gebiet sittlichen Handelns, das durchaus unnormiert bleibt."[11] Dabei zeigt ein Kapitel wie Lev 18* mit seiner Verbotsreihe, die sexuelle Übergriffe in der Großfamilie betrifft, dass die vorgegebene Ordnung zunächst in der Primärgruppe der Sippe bestand, erst in einem zweiten Schritt im Gott-Volk-Verhältnis Israels. Die Schutzfunktion der Verbote aber blieb grundsätzlich in beiden Fällen die gleiche.

Formgeschichtlich muss also im israelitischen Recht eine dreifache Unterscheidung getroffen werden. Es muss unterschieden werden 1. zwischen kasuistischem und apodiktischem Recht, 2. zwischen apodiktischem Recht und apodiktischen Verboten und 3. zwischen apodiktischen Verboten in Gestalt eines Prohibitivs und (zumeist kultischen) Geboten und Verboten in der All-

---

[9] Allenfalls kann man mit H. Gese formulieren, dass diese Verbotsreihen „allgemein Recht setzen, indem sie festlegen, was Unrecht ist" (ThLZ 85,1960,148). F. Crüsemann, Die Tora, München 1992, 228 nennt sie eine „Meta-Norm und kritische Instanz".

[10] Vgl. neben Gerstenberger, a.a.O., besonders E. Otto, Theologische Ethik des Alten Testaments, Stuttgart 1994, 18ff.

[11] G. von Rad, TheolAT[4] I, 208.

tagssprache[12]. Diese Unterscheidungen sind deshalb so wichtig, weil es keine einzige Rechtssammlung im Alten Testament gibt, in der nicht alle genannten Formen gleichzeitig präsent wären. Die Rechtssammlungen sind ausnahmslos Mischgebilde. Allerdings ist eine sogleich näher darzustellende Entwicklung zu konstatieren: Im Lauf der Rechtsgeschichte ist ein immer stärkeres Zurücktreten des kasuistischen Rechts und ein immer stärkeres Hervortreten der zumeist als Gottesrede gestalteten apodiktischen Verbote und der priesterlichen Rechtssätze zu beobachten. Das alttestamentliche Recht wurde immer stärker wesensmäßig als Gottesrecht verstanden.

Hand in Hand mit dieser Entwicklung ging eine immer stärkere Theologisierung der Verbote einher[13]. Viele von ihnen wurden heilsgeschichtlich (besonders mit der Erfahrung der Befreiung aus Ägypten) motiviert, viele wuchsen in den Gottesdienst hinein, manche in die sog. Toreinlassliturgien (Ps 15; 24,3–6; Jes 33,14–16), andere in Reinigungseide (Hi 31), die gewichtigsten in die Ich-Sätze der Gottesrede des Priesters (Ps 50,7 ff.).

2. Das Bundesbuch (Ex 20,22–23,19)

Schon die älteste Rechtssammlung im Alten Testament, das (wegen der Formulierung in Ex 24,7) sog. „Bundesbuch" (Bb), ist formgeschichtlich ein mixtum compositum, das sämtliche zuvor genannte Formen des Rechts enthält. Dies gilt, obwohl sein relativ hohes Alter – es stammt vermutlich aus der mittleren Königszeit[14] – unbestritten ist, weil das deuteronomische Gesetz in mehreren Passagen Regelungen des vorgegebenen Bundesbuchs aktualisiert und verschärft (s. u.). Immerhin aber unterscheidet es sich darin von den jüngeren Rechtssammlungen, dass die verschiedenen Formen der Rechtsauslegung noch weithin unverbunden nebeneinander stehen, während sie im Deuteronomium (Dtn) und im Heiligkeitsgesetz (H) weit stärker miteinander vermischt sind.

Den ältesten Kern des Bb bildet mit hoher Wahrscheinlichkeit die Sammlung von kasuistischen Rechtssätzen in Ex 21,18–22,16, deren Intention in der Rechtsvereinheitlichung des lokalen Gewohnheitsrechts durch die Regelung repräsentativer Fälle gelegen haben wird[15]. Diese Alltagsregelungen wurden in Ex 21,12.15–17 durch eine (in V.13 f. erweiterte) Reihe mit Sätzen des apodiktischen Todesrechts und in Ex 22,17–19 durch ähnliche Formulierungen des

[12] Unter letzterem spielt das sog. „Privilegrecht JHWHs" eine Sonderrolle; s. u.

[13] Vgl. dazu E. Otto, Wandel der Rechtsbegründungen in der Gesellschaftsgeschichte des antiken Israel. Eine Rechtsgeschichte des „Bundesbuches" Ex 20,22–23,13 (StB 3), Leiden u. a. 1988.

[14] Sieht man von seinem redaktionellen Rahmen (Ex 20,22 f. und 23,13 sowie 23,20 ff.; s. u.) und einigen späten Zusätzen ab.

[15] Vgl. bes. L. Schwienhorst-Schönberger, Das Bundesbuch (Ex 20,22–23,33), BZAW 188, 1990; auch Crüsemann, Tora, 172 ff.

apodiktischen Rechts gerahmt und dadurch inhaltlich erheblich verschärft. Während es in den beherrschenden Teilen des kasuistischen Stils um Tötungsdelikte, Ersatz für Schäden aus Gewalt und Streit sowie auf andere Weise erlittene Verluste geht, stehen zwar auch im apodiktischen Teil (generellere) Tötungsdelikte am Anfang, jetzt aber gefolgt von Delikten wie Menschendiebstahl, Verwundung und Schmähung der Eltern[16].

Der entscheidende Wandel im Rechtsverständnis des Bb aber erfolgte durch die Anfügung des zweiten und vermutlich etwas jüngeren Teils, der sich der Gottesrede bedient und das gesamte Bb in den Stand des Gottesrechts hebt. Während der vom kasuistischen Stil geprägte erste Teil seine Herkunft aus der alltäglichen Rechtsprechung in den meisten Passagen deutlich zu erkennen gibt, liegt Ex 22,20–23,9 eine lange Reihe von nur selten unterbrochenen apodiktischen Verboten bzw. Prohibitiven zugrunde. Diese Verbotssätze haben vornehmlich eine doppelte Intention: Ihnen liegt zum einen die *Fürsorge für sozial Schwache* (Fremdlinge, Witwen und Waisen, Verarmte) am Herzen, die über die Regelung der Rechtssätze im engeren Sinn hinaus des besonderen Schutzes bedürfen (22,20–26). In diesem Anliegen treffen sie sich mit den anfänglichen Bestimmungen zur Freilassung von Verarmten, die sich in der Not in Schuldsklaverei verkaufen mussten, im 7. Jahr; diese Bestimmungen sind zwar im kasuistischen Stil gehalten, verwenden aber wie die Verbotsreihe zu Beginn die Anrede (21,1–11). Der zweite Teil der Verbote ist um *die ungehinderte Ausübung des Rechts* in seiner Funktion der Schlichtung von Streit im Gemeinwesen besorgt (23,1–3.6–9). Wie eine Gesellschaft aussieht, in der das Recht in seinem Vollzug korrumpiert wird und alle Rücksichtnahme auf die Schwachen zurückgestellt wird, hatten zuvor die Propheten Amos (Am 2–6) und Micha (Mi 2–3) in ihren harten Anklagen offengelegt. Demgegenüber gehen die apodiktischen Verbote des Bb so weit, auch zur Hilfe gegenüber dem persönlichen Feind und Widersacher aufzurufen (23,4 f.).

Aber mit der bisher genannten Vielfalt an kasuistischen und apodiktischen Rechtssätzen sowie apodiktischen Verboten ist noch nicht alles genannt. Da das Bb eine umfassende Sammlung rechtlicher Bestimmungen bieten möchte und die Intention verfolgt, sie zu vereinheitlichen, schließt sich noch eine Reihe von Geboten an, die überwiegend positiv formuliert und noch betonter als die vorangehenden Verbote als Gottesrede gestaltet sind (23,10–19). Sie sind großenteils kultrechtlicher Art und bieten u. a. den ältesten Festkalender des Alten Testaments. Zusammen mit dem Altargesetz am Anfang des Bb (Ex 20,24–26) bilden sie in der abgeschlossenen Rechtssammlung des Bb einen kultrechtlichen Rahmen um die Fülle von profanrechtlichen Anordnungen. Es handelt sich überwiegend um *Bestimmungen des sog. „Privilegrechts JHWHs“*,

---

[16] Die Sätze Ex 22,17–19 im gemischt-apodiktischen Stil mit den Themen Zauberei, Sodomie und Opfer für fremde Götter haben Brückenfunktion und leiten programmatisch den zweiten Teil ein.

d.h. seines „göttlichen Eigentumsrecht(s) an dem erwählten Volk“[17]. Zu ihnen gehören etwa Sätze, die die Übereignung der tierischen Erstgeburt und der Erstlingsfrüchte des Ackers an Gott regeln, um den Anspruch Gottes auf Leben und Land symbolisch anzuerkennen (22,28-30; 23,19), aber auch solche, die die Einhaltung des wöchentlichen Ruhetages für die Menschen und die Einhaltung eines Ruhejahres für das Land im entsprechenden Siebener-Rhythmus einschärfen. Beide Bestimmungen werden mit sozialen Belangen begründet, jedoch liegt der Ursprung der Brache, wie nicht zuletzt die theologischen Reflexionen in Lev 25 zeigen[18], auch hier in der Anerkenntnis der Oberhoheit Gottes über das Land, das er den Menschen zur verantwortungsvollen Verwaltung überlässt, dessen Eigentümer er aber selber bleibt. Gemeint ist von Haus aus eine sakrale Brache.

Literarisch fällt auf, dass sich Ex 23,14-19 so eng mit den kultrechtlichen Bestimmungen der Bundeserneuerung in Ex 34,18-26 berühren, dass sich die Annahme literarischer Abhängigkeit kaum umgehen lässt (vgl. besonders Ex 23,17-19 mit 34,23-26). Lange Zeit war es üblich, Ex 34,14ff. (oft irreführend im Anschluss an Goethe und Wellhausen „kultischer Dekalog“ genannt) die Priorität zuzuerkennen[19]. Jedoch sind in letzter Zeit die Gegenstimmen häufiger geworden[20], und vor allem die sorgfältige Analyse von M. Konkel[21] hat m.E. den Nachweis erbracht, dass Ex 23,14-19 die Priorität zuerkannt werden muss.

So *lässt sich am Bb ein Stück früher Rechtsgeschichte in Israel verfolgen*, wie es von Rechtsgelehrten im Kontext von Schreiberschulen ausgebildet wurde. Am Anfang stand die Kodifizierung ausgewählter Beispiele des Gewohnheitsrechts, vermutlich mit der Absicht der Rechtsvereinheitlichung. Dazu wurden Sätze des kasuistischen und des apodiktischen Rechts miteinander verbunden. Einen zweiten Schritt bedeutete die Vertiefung dieses Rechts durch das Ethos der apodiktischen Verbote, die vor allem anderen den Schutz der Schwachen und den Schutz der Institution des Rechts zum Anliegen hatten und thematisch mancherlei Berührungen mit Sätzen der klassischen Propheten des 8. Jh.s v. Chr. aufweisen. Ein dritter Schritt förderte die weitere Theologisierung des Rechtskorpus durch seine Verbindung mit Sätzen des göttlichen Privilegrechts. Mit beiden weiterführenden Entwicklungen war das Bb zu einer Sammlung von Sätzen des göttlichen Rechts geworden, das paradigmatische Regelungen für alle Bereiche des Lebens enthielt.

---

[17] F. Horst, Das Privilegrecht Jahwes (1930), in: ders., Gottes Recht. Studien zum Recht im AT (TB 12), 1961, (17-154) 63; vgl. J. Halbe, Das Privilegrecht Jahwes Ex 34,10-26 (FRLANT 114), 1975 (zum Bb: 391ff.). Derartige privilegrechtliche Sätze finden sich zuvor schon in Ex 22,28b-29.

[18] Vgl. zu ihnen u. S. 386ff.

[19] Vor allem im Gefolge der Monographie von J. Halbe, bes. 449f. 502f.; vgl. etwa Crüsemann, Tora, 137f.

[20] Vgl. u. S. 222.

[21] M. Konkel, Sünde und Vergebung, 181-232.

Ein besonders sprechendes Beispiel für *die Theologisierung des Rechts* bietet Ex 22, 20–23. Hier wird nicht nur das überkommene apodiktische Verbot, einen Fremden zu bedrängen, wie so oft im späteren Alten Testament mit Israels eigener Erfahrung der Fremdlingschaft in Ägypten eingeschärft, sondern auch das folgende Verbot, Witwen und Waisen nicht zu demütigen, mit der besonderen Fürsorge Gottes für diese beispielhaft Schwachen, deren Notschrei Gott sogleich erhört und die Verursacher der Not hart bestrafen wird.

Was sich am Bb beobachten lässt, gilt verstärkt für die jüngeren Rechtssammlungen: Das kasuistische Alltagsrecht tritt immer mehr zurück zugunsten des Gottesrechts der Prohibitive und des Privilegrechts JHWHs. Mit der Übernahme des Rechts unterstellt sich Israel der Herrschaft Gottes.

Datiert werden muss das Bb (in dem soeben beschriebenen Umfang)[22] nachweislich in die vor-deuteronomische und vor-josianische Zeit, da das dtn Gesetz (Dtn 12–26) zahlreiche Bestimmungen des Bb aufgreift, verändert und verschärft, insbesondere die des Anfangs (Schutz der Schuldsklaven) und des Endes (sakrale Brache) in Dtn 15[23]. Dagegen sind die Aufnahmen von Themen des Dekalogs im äußeren Rahmen des Bb (Ex 20,23 und 23,13) frühestens exilisch, eher nachexilisch anzusetzen. Wann das Bb seine gegenwärtige Position in der Sinai-Darstellung erhielt, lässt sich nicht genau sagen[24]. Sicher erscheint nur, dass das Bb früher als der Dekalog die Schilderung der grundlegenden Offenbarung bestimmte, da es durch Ex 24,3–8 stärker im Kontext verankert ist als der viel lockerer eingefügte Dekalog.

3. Das Deuteronomium (Dtn) und das Heiligkeitsgesetz (H)

Nur in groben Strichen sei die jüngere Entwicklung des Rechts berührt, da vom Dtn in seiner literarischen Gestalt und Intention (u. S. 195ff.) und vom Heiligkeitsgesetz (u. S. 384ff.) noch andernorts die Rede sein wird. Im Zentrum des Dtn.s stehen mit Kap. 12–25 rechtliche Verordnungen, die sich in vielerlei Hinsicht mit dem Bb berühren und weithin die Verordnungen des Bb aktualisieren, präzisieren und ergänzen, kaum aber je ersetzen möchten[25]. Dabei treten die kasuistischen Sätze, die in den Schlussteil (ab 21,15) verbannt werden, erkennbar zurück zugunsten der überwiegend privilegrechtlichen Gebote und Verbote, die Mose im Namen Gottes mitteilt. Hier soll nur in aller Kürze *am Beispiel von Dtn 15* darauf verwiesen werden, wie stark – noch in

---

[22] 23,13 klingt wie ein Abschluss. Folgt daraus, dass die Bestimmungen des Festkalendars (23,14–19) erst nach 23,13 zugefügt wurden (Baentsch; Otto)?

[23] Präzisere Aspekte für eine Datierung in die mittlere Königszeit bietet F. Crüsemann, Das Bundesbuch – historischer Ort und institutioneller Hintergrund, Congress Vol. Jerusalem (VT.S 40), 1988, 27–41. Er rechnet mit einer Entstehung des Bb am Jerusalemer Obergericht.

[24] Vgl. zu dieser Frage u. S. 107ff.

[25] Am evidentesten ist eine Tendenz zur Korrektur im Fall des Altargesetzes (Ex 20,24: „An jeder Stätte, an der ich meinen Namen ausrufen lassen werde, will ich zu dir kommen und dich segnen“) durch das Zentralisationsgebot in Dtn 12 erkennbar.

vorexilischer Zeit – *das dtn Bruder-Ethos*[26] *die sich wandelnde Gesetzgebung im Staat Juda geprägt hat.* Neben der in Dtn 19,2–13 belegten Differenzierung zwischen Mord und Totschlag in Fortschreibung des Todesrechts in Ex 21, 12–14 ist die Fortentwicklung des Rechts nirgends deutlicher als in Dtn 15,1–18 zu greifen. Hier werden das Sklavengesetz aus Ex 21,2–11 und das Gesetz der (sakralen) Brache aus Ex 23,10f. in umgekehrter Reihenfolge und mit stark verändertem Inhalt dargeboten.

Dabei wird in Dtn 15,1f.7–9 in fortgeschrittener Zeit *die ältere Bestimmung einer* im Rhythmus von sieben Jahren zu haltenden *Brache des Landes* (Ex 23, 10f.) *in die Finanzwirtschaft übertragen*, indem im gleichen zeitlichen Rhythmus (zusätzlich?)[27] ein „Erlassjahr für JHWH" (Dtn 15,2) ausgerufen wird. In diesem Jahr soll von den „Brüdern", d.h. von den Gliedern des eigenen Volkes keinerlei Schuld eingetrieben werden, vielmehr ihnen jegliche Schuld erlassen werden. Ob diese weitreichende Verfügung je praktiziert wurde, wissen wir nicht. Eine gewisse Skepsis lässt sich Dtn 15,9f. entnehmen, wo damit gerechnet wird, dass potentielle Gläubiger sich im Zeitraum unmittelbar vor dem Erlassjahr weigern könnten, irgendwelche Darlehen (gegen Mobiliarpfand) zu gewähren. Wichtiger als Erwägungen zur Praktikabilität des Gesetzes ist aber die Beobachtung, wie kühn hier eine Bestimmung, die ursprünglich einer rein agrarisch ausgerichteten Gesellschaft galt, unter komplexeren gesellschaftlichen Bedingungen in den Bereich des Sozialen hinein übersetzt wird, ohne damit ihren grundlegenden privilegrechtlichen Charakter einzubüßen.

Ähnlich weitreichend ist die Veränderung in der Verfügung, wie mit Schuldsklaven umzugehen sei, die „Brüder" sind, d.h. mit verarmten oder verschuldeten Bauern, die sich oder ein Glied ihrer Familie in die Abhängigkeit verkaufen mussten. Hatte Ex 21,2ff. bestimmt, dass ein solcher Sklave im 7. Jahr ohne Entgelt freizulassen sei, so wird diese Bestimmung in Dtn 15,12ff. dahingehend verschärft, dass er nicht mit leeren Händen gehen soll, sondern reich beschenkt mit Schafen, Erträgen von Tenne und Kelter oder anderem Besitz. Nicht die Freilassung als solche steht jetzt im Zentrum des Interesses, sondern die Ermöglichung des Neuaufbaus einer eigenen Existenz des Schuldsklaven.

Eine einschneidende Veränderung in der Wertung beider älteren Rechtssammlungen trat ein, als beiden der Dekalog als Grundsatzerklärung Gottes vorgeschaltet wurde (vgl. u. S. 363ff.). Jetzt wurden sie jeweils als Auslegung und Präzisierung des Dekalogs verstanden und damit unmittelbar auf das Gottesverhältnis Israels bezogen.

---

[26] Gemeint ist die Vorstellung, dass jedes Glied des Volkes als „Bruder" gleichberechtigter Teil der Gesamtheit ist; vgl. u. S. 198.

[27] Da eine Aufhebung der Brache nicht verfügt wird, hat sie vermutlich weiterbestanden. Sie wurde in nachexilischer Zeit (Neh 10,32) und noch in den späten Makkabäerkriegen wie zuvor praktiziert (1 Makk 6,49.53).

Die jüngste Rechtssammlung im Alten Testament, das nach dem Exil wohl als Ergänzung der Priesterschrift entstandene *Heiligkeitsgesetz (Lev 17–26)*, drängt die kasuistische Form der Rechtsbestimmungen nun vollends in den Hintergrund und bevorzugt stattdessen apodiktische Verbotssätze (Prohibitive) mit ethischer Thematik und darüber hinaus positiv formulierte privilegrechtliche und vor allem kultrechtliche Bestimmungen. Es ist stark von priesterlichem Denken durchdrungen, was sich vor allem daran zeigt, dass Kultverordnungen den gleichen Raum einnehmen wie ethische und soziale Vorschriften. Seinen (modernen) Namen hat es von dem leitenden Ideal her erhalten, dass Israel als Gottes Volk und besonders seine Priester in ihrer Heiligkeit Gottes Heiligkeit widerspiegeln sollen.

Die Veränderungen gegenüber den älteren Rechtssammlungen lassen sich gut an den beiden soeben behandelten Themen von Dtn 15 ablesen. Hatte schon Dtn 15 die Regelungen des älteren Bb erheblich (zugunsten Verarmter) modifiziert und verschärft, so geht *Lev 25* diesen Weg konsequent weiter. Erst- und einmalig wird ein *sog. „Jobeljahr"* bzw. „Jahr der Freilassung" (V.10) eingeführt (V.8–55), ein Sabbatjahr in der Potenz, das alle 50 Jahre, sozusagen nach Ablauf einer Jahr-Woche, gefeiert werden soll. In ihm soll neben den Praktiken des üblichen Sabbatjahres eine Wiederherstellung aller „ursprünglichen" Besitzverhältnisse herbeigeführt werden, und zwar sowohl was den Besitz an Sklaven betrifft – in Aufnahme der Regelungen aus Ex 21,2 ff. und Dtn 15,12 ff. – als auch den Besitz an Grund und Boden. In der Not entstandene personale Abhängigkeitsverhältnisse und in der Not veräußerter Grundbesitz sollen zu diesem Zeitpunkt rückgängig gemacht werden.

Auch die Fürsorge für die Schuldsklaven wird erheblich verstärkt: Jeder „Bruder", d. h. jedes Glied des Volkes, das sich in der Not vorüberghend zum Eigentum eines Käufers veräußern musste, soll nicht als Sklave behandelt werden, also nicht als eine Arbeitskraft, über die der Käufer verfügen kann – Verfügungsgewalt hat nur Gott (V.42) –, sondern wie ein Lohnarbeiter (V.39 f.).

D. Ursprungstraditionen

Mit Israels Erzählungen von zurückliegenden geschichtlichen Erfahrungen, besonders aber mit seinen Erzählungen von den Ursprüngen der eigenen Existenz, berühren wir eine für das Alte Testament zentrale, wenn nicht *die* zentrale und charakteristische Denkform. Der bedeutende jüdische Exeget Isaak L. Seeligmann, der den Begriff „Denkform" geschaffen hat, hatte ihn selber nur für die Geschichtserzählungen verwendet; für ihn war „die Geschichte die Denkform des [alttestamentlichen] Glaubens"[1]. In dieser Wertung traf er sich mit G. von Rad, dessen berühmtes Diktum: „Das Alte Testament ist ein Geschichtsbuch"[2] mit einer vergleichbaren Intention geschrieben wurde. In der Tat zeigen sich die Besonderheiten des alttestamentlichen Denkens im Vergleich mit den Texten des Alten Orients in den Geschichtserzählungen weit stärker als in den zuvor behandelten Formen des Hymnus, der Weisheit oder des Rechts. Gottes Handeln an unverwechselbaren Einzelnen oder an Gruppen zu einer bestimmten historischen Stunde kommt in ihnen schärfer als in anderen Denkformen zum Ausdruck und charakterisiert die biblische Gottesvorstellung mehr als alles andere. Für das „reife" Alte Testament zielt Gottes Handeln an bestimmten Menschen in der Geschichte auf die Menschheit als Ganzheit. Darum ist die Urgeschichte den Geschichtserzählungen vorangestellt.

1. Die Erzvätererzählungen

Am Anfang des Erzählens des biblischen Israel stehen Geschichten von seinen Ahnvätern. Sie unterscheiden sich darin von den Geschichten, die von Mose handeln, dass Moses ständiges Gegenüber einerseits das Volk Israel, andererseits der Gott Israels ist, dessen Eigenname nach Ex 3 und 6 JHWH lautet. Demgegenüber erzählt Israel von sich selbst und seinen Ursprüngen, wenn es von den Ahnvätern erzählt, und verwendet andere geschichtliche Kategorien und ursprünglich andere Gottesnamen (s.u.)[3]. Anfangs hat der Ahnvater im

---

[1] S.o. S. 6.

[2] G. von Rad, Typologische Auslegung des AT (1952), Ges. St. II (TB 48), 1973, 278.

[3] Manche gegenwärtige Exegeten – namentlich K. Schmid, Erzväter und Exodus (WMANT 81), 1999, und J.C. Gertz, Tradition und Redaktion in der Exoduserzählung (FRLANT 186), 2000 – sind der Auffassung, dass die Väter- und die Moseerzählungen vor dem Exil unverbunden nebeneinander herliefen und erstmalig im Exil durch die Priesterschrift miteinander verknüpft wurden. Freilich gibt es auch deutliche Gegenstimmen, unter ihnen M. Gerhards, Die Aussetzungsgeschichte des Mose (WMANT 109), 2006, 62ff.; H.-C. Schmitt, Erzväter- und Exodusgeschichte

mündlichen Erzählen wahrscheinlich eine begrenztere Gruppe – eine große Sippe, einen Sippenverband oder werdende Völker – verkörpert, in den schriftlichen Texten jedoch prinzipiell das Volk Israel. Auch die Gestalten, mit denen die Väter in Kontakt treten, repräsentieren von Haus aus analoge Gruppen; den deutlichsten Beleg bietet Gen 31, wo Jakob und Laban einen Grenzvertrag schließen. Die geschilderten Ereignisse vollziehen sich dabei im Horizont der Familie; gemäß dem „Denken in genealogischen Kategorien“[4] werden die Beziehungen zu ähnlich lebenden Gruppen als verwandtschaftliche Verhältnisse beschrieben.

Es gibt zwei Grundtypen von Erzvätererzählungen. Die einen handeln von Spannungen und Streitigkeiten zwischen verschiedenen Gruppen mit dem Ziel dauerhafter Konfliktlösungen. Die Gruppen sind überwiegend miteinander „verwandt“ (Abraham – Lot bzw. Jakob – Laban, besonders eng die Zwillingsbrüder Jakob und Esau), gelegentlich aber auch einander fremd (Isaak und die Bewohner von Gerar in Gen 26; Lot und die Einwohner von Sodom in Gen 19). Die Konflikte zwischen den „verwandten“ Gruppen spielen überwiegend im Milieu von Kleinviehhirten; sie betreffen vornehmlich entweder Rivalitäten über Weidegebiete, die durch verbindliche Abmachungen (Gen 13) oder feierliche Verträge (Gen 31) gelöst werden, oder aber Fragen der Vorherrschaft, d.h. auf der Ebene der Erzählung: des Erbrechts und des väterlichen Segens (Gen 25,29–34; 27; 31,19.30ff.). Bei den Konflikten der Vätergruppen mit fremden Gruppen geht es dagegen wesentlich um die unterschiedlichen Lebensgewohnheiten zwischen Städtern und Kleinviehhirten und ein daraus erwachsendes gegenseitiges Misstrauen (vgl. die zugeschütteten Brunnen in Gen 26,12ff.), das zuletzt aber in rechtlich verbindlichen Regelungen mündet (Gen 26,11.28–31), durch die die Einheimischen Menschen mit anderer Lebensweise als Schutzbürger neben sich zu dulden bereit sind.

Der andere Grundtypus von Erzvätererzählungen handelt von prägenden Gottesbegegnungen der Erzväter. Zugrunde liegen diesen Erzählungen überwiegend Heiligtumsätiologien, d.h. Erzählungen, die die Heiligkeit einer Kultstätte – und der hier geübten Bräuche – legitimieren wollen. Jedoch gilt sowohl von diesen Heiligtumsätiologien als auch von den zuvor genannten Konflikterzählungen zwischen rivalisierenden Gruppen, dass sie zwar hinter den überlieferten Texten stehen, für uns aber nur noch umrisshaft, nicht mehr präzise zu rekonstruieren sind[5].

---

als konkurrierende Ursprungslegenden Israels – ein Irrweg der Pentateuchforschung, in: A.C. Hagedorn – H. Pfeiffer (Hg.), Die Erzväter in der biblischen Tradition, FS M. Köckert (BZAW 400), 2009, 241–266; G.I. Davies, The Transition from Genesis to Exodus, in: ders. – K.J. Dell – Y. Von Koh (Hg.), Genesis, Isaiah, and Psalms (VT.S 135), 2010, 59–78.

[4] E. Blum, Vätergeschichte, 490.

[5] Erstaunen muss, dass das spätere Israel auch ihm sachlich befremdliche Stoffe solcher alten Heiligtumsätiologien wie den Besuch dreier göttlicher Gäste in Gen 18 oder die dämonischen Züge des kämpfenden Unbekannten aus Gen 32,25ff. übernommen und auf seine eigene Geschichte mit Gott bezogen hat.

Als *Gottesnamen* begegnen in den Erzvätererzählungen wiederholt verschiedene Ausprägungen des gemeinsemitischen Hochgottes El, wie er auch im Namen Isra-El enthalten ist, häufig mit lokalen Konnotationen (El Bet-El, El Olam von Beerscheba etc.). Erst die Priesterschrift (P) hat diese verschiedenen Gottesbezeichnungen systematisiert, indem sie für die Urgeschichte die generelle Gottesbezeichnung Elohim, für die Väterzeit El Schaddaj und für die Mosezeit JHWH verwendete. Wie für P ist aber auch für die älteren überlieferten Vätererzählungen evident, dass die verschiedenen Namen für ein und denselben Gott standen. Ein Religionsgeschichtler wird in ihnen freilich einen Hinweis auf eine ältere, vormosaische Stufe der Gottesverehrung finden. – Eine solche Stufe hat man im Gefolge A. Alts[6] auch in den Bezeichnungen „Gott meines/deines Vaters" bzw. „Gott Abrahams/Nahors" gesucht. Auch wenn diese These berechtigte Kritik erfahren hat[7] und R. Albertz lieber von einem „Substratum der Jahwereligion" in Gestalt familiärer Gottesvorstellung als von einer „Vorstufe" sprechen möchte[8], gibt es nach wie vor eine Reihe von Beobachtungen (die Gottesbezeichnungen in Gen 31,53; der Name „Schrecken Isaaks" in Gen 31,42 etc.), die Alts These stützen[9]. Auffällig bleibt, dass die Bezeichnung „Gott meines Vater" zwar nicht exklusiv, aber ganz überwiegend in den Vätererzählungen begegnet. Auffällig bleibt weiter, dass charakteristisch andersartige religiöse Merkmale die Vätererzählungen bestimmen als die Moseerzählungen: So fehlen etwa jegliche religiöse Abgrenzungen oder Polemiken; es begegnet nie der andernorts so geläufige Gottesname Baal und nie der Name Aschera.

Auf der ältesten schriftlichen Stufe der Texte, auf der allein sie für uns genauer deutbar sind, sind beide Grundtypen des Erzählens längst zu umfassenderen Erzähleinheiten miteinander verbunden worden, wobei die Gottesbegegnungen der Väter die erzählerischen Höhepunkte bilden und den Ablauf der Erzählungen strukturieren. Das gilt besonders für die älteste Jakoberzählung (Gen 25.27–33*), in der die „helle" Gottesbegegnung Jakobs in Bet-El am Anfang (Gen 28) und die „dunkle" in Pnuel am Ende (Gen 32) unbestreitbar die Gipfel des erzählerischen Spannungsbogens bilden. Jakobs Gelübde, das auf Gottes Erscheinen im Traum in Bet-El antwortet (28,20–22), schreitet den Weg Jakobs bis zu seiner endlichen Rückkehr nach Bet-El im Voraus gedanklich ab. Ganz entsprechend prägen zentrale Gottesbegegnungen auch die älteste Abraham-Überlieferung, die Abraham-Lot-Erzählung in Gen 13.18f.*, in der Abraham und Lot als Typen glückenden und missglückenden Gottesverhältnisses miteinander konfrontiert werden und Abrahams vorbildliches Verhalten bei seiner Trennung von Lot sowie bei seiner Bewirtung der unerkannten göttlichen Gäste in Mamre von Gott mit der Verheißung der Geburt eines Sohnes beantwortet wird.

---

6 A. Alt, Der Gott der Väter (BWANT III,12), 1929 = ders., Kl. Schriften zur Geschichte des Volkes Israel I, München 1959, 1–78.

7 Besonders von Blum, Vätergeschichte, 492ff., und von M. Köckert, Vätergott und Väterverheißungen (FRLANT 142), 1988.

8 R. Albertz, Religionsgeschichte Israels in alttestamentlicher Zeit 1 (ATD.E 8,1), 1992, 53 (ff.).

9 Vgl. die behutsam zusammenfassende Darstellung bei W.H. Schmidt, Atl. Glaube[11], 26–45; auch H. Utzschneider, BN 56 (1991), 74ff.

Wie sehr das frühe mündliche Erzählen über die Erzväter in den Texten unterschiedlichen Intentionen nutzbar gemacht wurde, zeigt sich daran, *wie verschieden sich die Abraham- und die Jakob-Tradition entwickelt haben.* Abraham wird außerhalb der Genesis nie in vorexilischen Texten erwähnt, Jakob dagegen häufig, wobei gemeinhin mit dem Namen Jakob das Thema der Erwählung assoziiert wird, mit dem Namen Abraham dagegen die theologisch gewichtigen Themen Verheißung und Glaube. Dem entspricht, dass in den Jakob-Erzählungen (besonders in Gen 29–31) auch schwankhafte Züge begegnen, die in den überwiegend theologisch reflektierteren Abraham-Erzählungen undenkbar wären. Umgekehrt fehlen Verheißungen – geschweige denn Verheißungen mit Verzögerung in ihrer Erfüllung – in den älteren Jakob-Erzählungen und begegnen erst in der Aufnahme der Verheißung an Abraham von Gen 13,14–17 in Gen 28,13–15. Auch das Thema der Unfruchtbarkeit der Ahnfrau spielt in den Jakob-Erzählungen nur eine Nebenrolle, insofern es zeitweise das Verhältnis der Mütter der nachmaligen Stämme-Repräsentanten, Lea und Rahel, bestimmt. Diesen bemerkenswerten Differenzen entspricht geographisch, dass Jakob einerseits mit den großen Heiligtümern Mittelpalästinas, Bet-El und Sichem, verbunden wird, andererseits in kleinräumigen Kontexten des mittleren Ostjordanlandes verortet ist, die biblisch „Gilead" heißen, mit Pnuel und Mahanajim als Zentrum (Gen 32), also im Kernbereich des nachmaligen Nordreichs. Demgegenüber ist Abraham von aus Haus mit dem südlich gelegenen Heiligtum Mamre vor den Toren Hebrons verbunden (Gen 13,18; 18,1 ff.), dem Zentrum des nachmaligen Juda[10]. Die Isaak-Tradition haftet an den noch südlicheren Orten Gerar und Beerscheba (Gen 26)[11].

Später werden sowohl Abraham als auch Jakob mit dem Zentrum der Aramäerwanderung im mesopotamischen Harran, ja Abraham noch später sogar mit „Ur in Chaldäa" (Gen 11,31) und noch einmal später mit weltgeschichtlichen Ereignissen (Gen 14) in Verbindung gebracht.

Demgegenüber zeigen *die Erzählungen von Abraham und Isaak* eine weit größere Nähe zueinander; sie bieten mancherlei *thematische Überschneidungen.* Wie Isaak gibt Abraham seine Frau als Schwester aus, und zwar jeweils in Gerar (vgl. Gen 20 mit 26,1–11; zusätzlich tut Abraham das Gleiche zuvor in Ägypten: Gen 12,10–20); wie Isaak schließt Abraham in Gerar einen Vertrag mit Abimelech (vgl. Gen 21,22–32 mit Gen 26,26–31). Diese Berührungen sind umso auffälliger, als die Isaak-Tradition – abgesehen von der jungen No-

---

[10] Auffallen muss, dass einige dieser Heiligtümer – nachweislich Mamre und Bet-El – vor den Toren der Stadt liegen, also keine Stadtheiligtümer waren.

[11] Die letztgenannten Beobachtungen sprechen gegen die Annahme Blums (Vätergeschichte, 480), dem wir die sorgfältigste und in vielerlei Hinsicht grundlegende Analyse der Erzvätererzählungen verdanken, die Vätererzählungen setzten „schon in ihrer Erzählsubstanz (!) die Bedeutung der einzelnen Patriarchen als *Stammväter Israels* voraus" (Hervorhebung Blum), d. h. eine mündliche Vorgeschichte, die die Väter als Repräsentanten begrenzterer Größen verstand, sei nicht erkennbar.

velle in Gen 24 – auf das Kapitel Gen 26 beschränkt bleibt, das wie ein erratischer Block den Beginn der Jakob-Erzählungen in Gen 25,21 ff. und in Gen 27 unterbricht. Mit M. Noth[12] hat man sich diesen Sachverhalt zumeist so erklärt, dass die – nur in einem rudimentären Stadium überkommenen – Erzählungen über Isaak von der immer gewichtiger werdenden Gestalt Abrahams übernommen worden sind; dann ließe sich an Gen 26 ein Vorstadium der mehrheitlich jüngeren Abraham-Erzählungen erkennen[13]. Für den Vorgang der Themenübertragung ist daran zu erinnern, dass zwischen den ältesten und jüngsten Texten, die von Abraham handeln, etwa ein halbes Jahrtausend liegt. Aber es gibt (im Gefolge von J. Van Seters[14]) auch die m.E. weniger wahrscheinliche gegenteilige Auffassung, dass die Isaak-Erzählungen eine jüngere Zusammenfassung der Abraham-Überlieferung bilden würden.

Die Verwandtschaftskategorien in den älteren Erzählungen sind in der jüngeren Überlieferung dazu genutzt worden, die drei Erzväter künstlich in ein genealogisches Verhältnis zueinander zu bringen. Als *der eigentliche Erzvater Israels* hat *Jakob* zu gelten. Er ist es, der den Namen „Israel" erhält (Gen 32,29; 35,10) und der zum Vater der Repräsentanten der 12 Stämme wird; er gründet die für das frühe Israel bedeutsamen Heiligtümer in Bet-El (28,11 ff.) und in Sichem (33,18–20)[15], und er ist im Bekenntnis von Dtn 26,5 gemeint, wenn von einem Erzvater im Singular die Rede ist („ein dem Untergang naher Aramäer war mein Vater ..."). Die genannten Belege sprechen dafür, dass die Verbindung Jakobs mit der Israelgeschichte erzählerisch älter ist als diejenige mit den anderen Erzvätern, deren Traditionen den Jakoberzählungen vorgeordnet wurden. Die Überlieferung ist also von hinten nach vorn verlaufen.

a. Die Jakob-Erzählungen

In den Jakob-Erzählungen werden die Konflikte zwischen Jakob und Laban (Gen 29–31) von denen zwischen Jakob und Esau gerahmt. In beiden Szenarien tritt das Thema „Betrug" in den Vordergrund, teilweise unter Rückgriff auf die volkstümliche Herleitung des Namens Jakob vom Verb עקב „betrügen" (Gen 27,36; Hos 12,4). Wie Jakob Esau um sein Erstgeburtsrecht „betrügt" (Gen 25 und 27), so ist er in den Jakob-Laban-Erzählungen mehrfach der Betrogene, der sich seinerseits aber als der listigere und klügere Betrüger erweist. Das Erstaunliche an diesen Aussagen kommt erst in den Blick, wenn man sich verdeutlicht, dass Israel in der Gestalt des Ahnvaters Jakob sich selber charakterisiert. Es stammt nicht (wie andere Völker gemäß ihrer Tradition) von einem Heros ab, sondern von einer zwielichtigen Gestalt, die sich mit fragwürdigen Hirtenkniffen Vorteile und Reichtum verschafft hat. Der

[12] M. Noth, ÜP, 112 ff.
[13] Wobei man freilich fragen müsste, ob Abimelech im entlegenen Gerar von Anbeginn des Erzählens schon als „König der Philister" (so nur V.1) gegolten hat.
[14] J. Van Seters, Abraham in History and Tradition, London-New Haven 1975, 125 ff.
[15] Später geht ihm freilich Abraham in dieser Funktion voran (Gen 12,6–8).

Prophet Hosea verschärft diese Selbstcharakterisierung Israels bis ins Extrem, wenn er mit den Jakob-Erzählungen belegt, dass Israel schon bei seiner Geburt den Bruder betrogen und sich in Steigerung dieses Charakterzuges auch mit Gott angelegt hat und daher zu jeglichem Guten wesenhaft unfähig ist (Hos 12,4 f.).

Jedoch erhielten diese ältesten Jakoberzählungen einen ganz neuen Klang, als sie von seinen beiden großen Gottesbegegnungen gerahmt wurden, die in sich konträrer nicht sein könnten, obwohl sie beide in der Nacht stattfinden. Die erste in *Gen 28,10–20* folgt auf den grundlegenden Betrug Jakobs an Esau um das Erstgeburtsrecht. In ihr liegt das Hauptinteresse des Erzählers darauf zu zeigen, wie der flüchtige Jakob in der Nacht von Bet-El erstmalig Gott in seiner ganzen Größe kennenlernt. Um dieser Intention willen wird im Traum Jakobs die schon vorgegebene Heiligtumsätiologie von Bet-El aufgegriffen, die diesen Ort mit Kategorien Mesopotamiens als „Himmelstor" (V.17) bezeichnet. Wenn Jakob eine Verbindung zwischen Himmel und Erde schaut, auf deren Spitze Gott erscheint, der seine Boten zu den Menschen sendet, so wird Bet-El mit dieser Symbolik zu dem (bzw. zu einem) Zentrum der Welt erklärt, an dem die Trennung von Himmel und Erde aufgehoben ist[16]. Die aufgenommene Tradition ist wesenhaft ortsgebunden und auf die besondere Qualität des Heiligtums in Bet-El ausgerichtet. Für die biblische Erzählung ist freilich wesentlich, dass Jakob auf den Traum von Bet-El mit dem Gelübde reagiert, dass er den in Bet-El geschauten Gott an diesem Heiligtum dauerhaft verehren wolle, wenn ihn sein Lebensweg unter Gottes Führung wohlbehalten nach Bet-El zurückbringen werde (V.20–22). Da der Erzähler (wie auch seine Leser) die Erfüllung dieser scheinbaren Bedingung längst kennt, will er mit Jakobs Gelübde ausdrücken, dass der Erzvater erst aufgrund der Erfahrungen göttlicher Güte und vielfältiger Bewahrungen vor Unheil in seinem gesamten Leben den Gott, der ihm in Bet-El erschienen war, im vollen Sinne verehren konnte. Mit Gen 28,10–20 sind aus den Erzählungen über Jakob, den „Betrüger", Erzählungen über die geheime Führung Gottes im Leben Jakobs geworden.

Der Glaube des Erzvaters, wie ihn die nachmaligen Glieder des Gottesvolkes verstanden und auf sich bezogen, beruhte also nach dem Zeugnis von Gen 28 nicht auf dem Erlebnis nur einer Nacht, sondern auf der Verarbeitung mannigfacher Erfahrungen Gottes, insbesondere des Beistands und der Hilfe

---

[16] Vgl. zur Himmels-„Rampe" (*sullâm*, vermutlich vom Verb *sll* „aufschütten" abzuleiten) in Gen 18,12 die Architektur der mesopotamischen Stufentempel (Zikkurat), die mit Tief- und Hochtempel die Symbolik des Götterberges aufnehmen. Die Zikkurat Marduks in Babylon heisst etwa *e-temen-an-ki* „Haus, das das Fundament von Himmel und Erde ist". Auf ihrer obersten Stufe befand sich die Cella Marduks. Die Zikkurat in Larsa hieß „Haus des Bandes zwischen Himmel und Erde". Vgl. zum konzeptionellen Hintergrund Blum, Vätergeschichte, 11 f. Anm. 13 und bes. F. Hartenstein, Wolkendunkel und Himmelsfeste. Zur Genese und Kosmologie der Vorstellung des himmlischen Heiligtums JHWHs, in: B. Janowski – B. Ego (Hg.), Das biblische Weltbild, 125–179; 156–160 (mit Lit.).

Gottes, in seinem retrospektiv abgeschlossenen Lebensweg. Kurzum: Es war ein geschichtlicher Glaube (und deshalb steht - wahrscheinlich in einem Nachtrag - in V.21b der feierliche Gottesname JHWH).

In nachexilischer Zeit ist dieser Lebensweg Jakobs unter Gottes Führung in größere Erfahrungsbögen eingeordnet worden. In 28,13–15 (und 32,13) ist die Verheißung Abrahams aus Gen 13,14–17 mit leichten Modifikationen auf Jakob übertragen worden, um zu verdeutlichen, dass Gott von vornherein die Erzväter als Einheit meinte und mit den Erfahrungen aller Erzväter und den an sie ergangenen Verheißungen auf sein Gottesvolk Israel zielte (vgl. entsprechend für Isaak Gen 26,3b–5). In Gen 35,1–7 ist Jakobs abschließende Rückkehr nach Bet-El so erzählt worden, dass sie in der feierlichen rituellen Trennung Jakobs und seiner Familie „von allen fremden Göttern" gipfelte (V.2–4). Damit greift dieser jüngere Erzähler - auch sprachlich - eines der zentralen Themen der dtr Theologie auf und lässt Jakob das vorbildliche Handeln Josuas nach Jos 24,23, aber auch Samuels (1Sam 7,3f.) und der Israeliten zur Zeit Gideons (Ri 10,10–16) antizipieren.

Eine völlig andersartige, geradezu gegensätzliche Atmosphäre beherrscht die Erzählung von Jakobs zweiter großen Gottesbegegnung *Gen 32,23–32*. In ihr tritt der Gedanke der Wandlung des Erzvaters in den Mittelpunkt. Im Kontext wird erzählt, wie Jakob auf dem Weg zurück zu seinem betrogenen Zwillingsbruder Esau ist, bestens vorbereitet auf eine befürchtete Auseinandersetzung mit ihm und voller Hoffnung auf eine glückende Versöhnung, gar nicht vorbereitet dagegen auf den nächtlichen Kampf mit Gott, der sein Leben einschneidend verändern wird. In dieser weithin bewusst dunkel konzipierten Nachterzählung hat das biblische Israel Züge seines Gottes in einer alten Lokaltradition vom nächtlichen Kampf eines Menschen mit einer dämonischen Macht wiedererkannt und sie modifiziert von JHWH weitererzählt[17].

Das erzählte Ereignis spielt in einer Nacht, in der Jakob programmatisch allein ist; alle potentiellen Zeugen sind aus der folgenden Kampfesszenerie entfernt worden, indem alle Familienmitglieder (und aller Besitz) zuvor von Jakob über die gefährliche Furt des Jabbok hinübergebracht worden sind. Im eigentlichen Nachtereignis ist Jakob allein mit einem unbekannten Angreifer. In Jakobs Traum in Bet-El war alles hell und klar; in der Nacht von Pnuel ist vieles undurchsichtig, bleiben viele Einzelheiten ungeklärt. Deutlich ist allerdings, dass für Jakob in dieser Nacht ein Kampf auf Leben und Tod stattfand, aus dem er zwar wie durch ein Wunder lebend, aber hinkend hervorging. Als Hinkender wird er künftig unfähig sein, die vertrauten Hirtenkniffe anzuwenden, um die Probleme seines Lebens auf diese Weise zu seinen Gunsten zu lösen. Aber er geht zugleich als ein Gesegneter aus dieser Nacht hervor; diesen Segen hat er seinem nächtlichen Kontrahenten abgetrotzt, an den er sich in seiner Todesangst geklammert hat.

[17] Die engste Sachparallele bietet die Szene vom sog. „Blutbräutigam", in der JHWH Moses Leben bedroht (Ex 4,24–26).

Erst im Nachhinein, erst in der Retrospektive des helllichten Tages erkennt Jakob, dass sein gefährlicher Gegner in der Nacht kein Anderer als sein Gott war. Erst mit dieser Erkenntnis wird für die Leser verständlich, dass mit dem errungenen Segen Jakobs neuer Name zusammenhängt: Seit der Nacht von Pnuel am Jabbok heißt Jakob nun „Israel", und die volksetymologische Deutung dieses Namens lautet dementsprechend „Gottesstreiter". Ohne diese Nacht, will der Erzähler verdeutlichen, hätte Jakob nicht Ahnvater des Gottesvolkes werden können. *Der nächtliche Kampf Jakobs mit Gott war die geheime Geburtsstunde Israels.*

b. Die Abraham-Erzählungen

Völlig andersartige theologische Assoziationen verbinden sich für die biblischen Erzähler mit der Gestalt Abrahams. Das Wachstum der Erzvätertradition nach vorn, d.h. von Jakob über Isaak zu Abraham, erweist sich darin, dass in den Abrahamtexten eine über mehrere Jahrhunderte sich erstreckende Erzähltradition belegt ist, die diesem prominenten Erzvater immer neue Züge zugeschrieben hat, sei es, indem er als Vorbild diente, sei es, indem er zum Spiegel der Schwächen der eigenen Generation wurde. Es sind vor allem *vier verschiedene Gruppen von Erzählungen,* die theologisch zu unterscheiden sind und die mit der Gestalt Abrahams sehr verschiedenartige Intentionen verbinden. Sie sind in weit auseinander liegenden Perioden der Geschichte Israels entstanden, wobei die ersten beiden Gruppen sicher, die dritte wahrscheinlich in die Zeit vor dem babylonischen Exil anzusetzen sind. Literarisch stellen die zweite und dritte Gruppe mit hoher Wahrscheinlichkeit Fortschreibungen der jeweils vorangehenden dar; erst die Priesterschrift (P) bietet im Exil einen betonten Neuansatz und eine bewusste Neuformulierung der Abrahamtradition.

1. In den anerkanntermaßen ältesten Texten der sog. *Abraham-Lot-Erzählung*[18], deren Beginn möglicherweise in einer Vorform von Gen 12,1–4 (am ehesten in 12,1.2aα.4a) zu suchen ist und die die Mehrzahl der Verse in Gen 13 und 18–19 (sowie als Abschluss den Kern von Gen 21,1–6) umfasste, *ist Abraham Vorbild,* und zwar ein Vorbild, das *mit Zügen der älteren Weisheit* gezeichnet wird[19]. Sowohl in Gen 13 als auch in Gen 18–19 wird das Verhalten Abrahams und Lots im Kontrast einander gegenübergestellt. In Gen 13 wählt Lot

---

[18] H. Gunkel, Genesis (HK 1,1), ³1910, 159ff. sprach von einem „Abraham-Lot-Sagenkranz". Die heute übliche Begrifflichkeit (Blum, Specht; s. die folgende Anm.) will auf den literarischen Charakter der Texte und ihre Zusammengehörigkeit verweisen.

[19] Leider ist die hilfreiche Dissertation von H. Specht, Die Abraham-Lot-Erzählung. Der Beginn der literarischen Abrahamsüberlieferung ..., Diss. München 1983, die die weisheitlichen Züge der Abraham-Lot Erzählung klar herausstellt und die älteren Ergebnisse von R. Kilian, Die vorpriesterlichen Abrahamsüberlieferungen (BBB 24), 1966, an wesentlichen Stellen korrigiert, nicht veröffentlicht worden. Die kurz danach publizierte Dissertation von E. Blum (Vätergeschichte) kannte sie noch nicht.

in der Situation einer notwendigen Trennung zweier reich gewordener Hirtenverbände das, was seine eigenen Augen, als er „sie erhebt", als scheinbar schönstes Gebiet begehrlich „sehen". Ihm geht schneller Reichtum über tiefere Einsicht (13,10f.), und er gerät als Ergebnis seiner Wahl in eine Kette lebensbedrohlicher Gefahren (Kap. 19). Abraham dagegen rechnet mit Gottes Handeln und kann warten, bis er ihn anspricht und ihn das ihm zugedachte Land schauen lässt („Erhebe deine Augen und sieh …!" 13,14f.*).

Schärfer noch ist der Kontrast in den anfangs bewusst parallel gestalteten Kapiteln Gen 18–19 herausgestellt, in denen sowohl Abraham als auch Lot an ihren neuen Orten – Mamre bzw. Sodom – unerkannte göttliche Gäste bewirten und in denen berichtet wird, wie beide Patriarchen ihre Nachkommenschaft gewannen. Lot zeigt sich vielfältig als unbedacht, insbesondere darin, dass er, soeben in Sodom mit Hilfe der Gottesboten vor dem Schlimmsten bewahrt, auch dann noch zu handeln zögert, als er von der bevorstehenden Vernichtung von Sodom schon weiß und ihn die göttlichen Boten längst zur Eile treiben; sie müssen ihn zu seiner eigenen Rettung geradezu zwingen. Auch danach folgt er ihrem Rat zur Flucht aufs Gebirge nicht und droht auf diese Weise seine Rettung wiederum zu verspielen, indem er erneut in eine Stadt, dieses Mal nach Zoar, flieht (19,15ff.). Er glaubt, sein Heil besser zu kennen als die Gottesboten; so folgt er seinem eigenen Gespür statt ihrem Rat. Obwohl Zoar jetzt um seinetwillen göttlich beschützt ist, verlässt Lot Zoar bald schon wieder und zieht in die Einsamkeit des Gebirges. Hier nun erweisen sich seine Töchter als noch törichter als ihr Vater. Auch sie können nicht auf Gottes Handeln warten und schrecken daher selbst vor Inzest nicht zurück, um Nachkommenschaft – die Ahnherren der Moabiter und Ammoniter – zu gewinnen, also in äußerster Schande.

Ganz anders Abraham (Gen 18,1–10*). Seine Gastfreundschaft gegenüber den unbekannten göttlichen Gästen ist in jeder Hinsicht vorbildlich: Seine Höflichkeit ihnen gegenüber, mit der er sie zum Bleiben nötigt, indem er alle eigene Mühe als äußerst gering darstellt; die vom Erzähler mehrfach hervorgehobene Eile, mit der der Erzvater handelt und das Festmahl von Sara und den Knechten zubereiten lässt; die Bewirtung selber, bei der er den Gästen aufwartet und die an einigen Stellen die übliche Bewirtung menschlicher Gäste sowohl an Qualität als auch an Quantität übersteigt, sind unüberbietbar. Derartig bewährt, empfängt er von den ungewöhnlichen Gästen (die an dieser Stelle für den biblischen Erzähler notwendig vom Plural in den Singular überwechseln)[20] als Gastgeschenk die Sohnesverheißung, die sich im Bericht von der Geburt Isaaks (21,1–6*) erfüllt.

---

[20] Schon in V.3 hatte der Erzähler Abraham in der Anrede an seine ungewöhnlichen Gäste vorübergehend den Singular benutzen lassen („Wenn ich Gunst in deinen Augen gefunden habe …"), um anzudeuten, dass Abraham ahnte, wer sein Gegenüber war. Der vorgegebene Stoff der Erzählung vom Besuch göttlicher Gäste im Plural entstammt offensichtlich der vorisraelitischen Heiligtumsätiologie von Mamre.

So ist die Abraham-Lot-Erzählung beides: eine weisheitliche Lehrerzählung im Zwei-Wege-Schema mit pädagogischer Intention und eine polemische Beschreibung des politischen Verhältnisses zwischen einem Israel unter der Verheißung Gottes und seinen östlichen Nachbarn, die zugleich Israels Land- und Herrschaftsansprüche ihnen gegenüber zu legitimieren trachtet.

2. Neben der Abraham-Lot-Erzählung und offensichtlich an sie anschließend und sie neu deutend stehen jüngere und reflektiertere vorexilische Texte, die überraschend *einen versagenden Abraham* schildern, in dem sich das zeitgenössische Israel wiedererkennen soll. Sie werden traditionell J zugeschrieben, sind aber offensichtlich schon unter dem Einfluss des Denkens und Urteilens der „klassischen" Prophetie und insbesondere Jesajas entstanden. Bereits die allererste Erzählung von Abraham nach seinem Aufbruch auf Gottes Befehl hin zeigt einen Erzvater, dessen Sorge einzig und allein um sein eigenes Wohl kreist (*Gen 12,10–20*). Angesichts der von ihm erkannten Gefahr, dass die Ägypter ihn um der Schönheit seiner Frau Sara willen töten könnten, nötigt er ihr die Erklärung ab, sie sei seine Schwester, „damit es mir um deinetwillen gut gehe" (V.13). Scheinbar geht sein Plan auch auf, denn in Ägypten „ging es Abraham um ihretwillen gut", so dass er ein überaus reicher Hirte und Bauer wurde (V.16) – nur dass er billigend in Kauf nehmen musste, dass die schöne Sara in den Harem des Pharao geriet und Abraham auf diese Weise Gottes großen Plan mit ihr, sie zur Ahnmutter werden zu lassen, zu verhindern drohte. Hier ist es also Abraham selber und nicht mehr Lot, der nicht mit Gottes Handeln rechnet, sondern die Probleme seines Lebens lieber selber regeln möchte. Damit aber zwingt er Gott, „wegen Sara, der Frau Abrahams" den Pharao und seine Familie „mit großen Schlägen" heimzusuchen (V.17) – in Vorwegnahme der Ereignisse des Exodusgeschehens. Zwischen den Ereignissen der Mosezeit und den Folgen, die Abrahams Sorge um sich selbst heraufführt, besteht aber der große Unterschied, dass der „Schlag" der letzten und grausamsten Plage in Ex 11,1 einen verbohrten und ungehorsamen Pharao trifft, der Israel nicht freigeben will, in Gen 12,17 dagegen einen ahnungslosen und unschuldigen Pharao, dessen Unheil leicht hätte vermieden werden können, wenn Abraham Saras und nicht nur sein eigenes Geschick in das Zentrum seines Denkens und Planens gerückt hätte[21]. Von der – jüngeren! – Verheißung Gottes an Abraham in Gen 12,2f. her gelesen, bringt der Erzvater den Ägyptern nicht Segen, sondern Unheil und Gefahr. Ahnvater Israels kann Abraham nach Gen 12,10–20 nur werden, weil Gottes plötzlicher Eingriff in die Geschichte (zu Lasten des Pharao) Abrahams eigenmächtiges und selbstsüchtiges Handeln korrigiert, das ohne Gottes Eingreifen in die Katastrophe geführt hätte.

[21] Die beabsichtigte Anspielung auf die letzte Plage des Exodusbuches kommt auch in der Parallelität zum Ausdruck, dass der Pharao Abraham bzw. Israel jeweils nach JHWHs „Schlag"/„Schlägen", die sein Unheil verursachen, „entlässt" (*šlḥ* pi.); vgl. Gen 12,20 mit Ex 11,1.

In Gen 12,10–20 wird vermutlich eine ältere Isaaktradition von der sog. „Gefährdung der Ahnfrau“ (Gen 26,1–11*) kühn kritisch gegen Abraham gewendet. Eine deutlich jüngere (traditionell E zugeschriebene) Version der Erzählung in Gen 20, die 12,10–20 nachweislich schon kennt, versucht demgegenüber, Abraham in Schutz zu nehmen, indem sie Abrahams Notlüge, Sara sei seine Schwester, als wahren Sachverhalt erklärt und sein Gegenüber (wie in Gen 26 der König von Gerar) zwar als subjektiv lauter darstellt – er hat Sara noch nicht berührt –, aber als objektiv schuldig, da er ohne Not in Gottes Heilsplan mit der Ahnfrau eingegriffen hat, so dass er nun der Fürbitte des „Propheten“ Abraham bedarf, um am Leben zu bleiben.

Noch ein zweites Mal muss Gott wie ein deus ex machina in die Geschichte eingreifen, weil Abraham – jetzt auf Initiative Saras hin – wiederum in Sorge um seine Zukunft das Handeln an Gott vorbei in die eigene Hand nimmt. In *Gen 16* greift der gleiche Erzähler wie in 12,10–20 eine ältere Ismael-Tradition auf, die von der Verheißung der Geburt und der Namengebung Ismaels erzählt hatte, wendet sie aber erneut kritisch gegen Abraham und zeichnet einen Erzvater, der die sich verzögernde göttliche Sohnesverheißung nicht abwarten kann, sondern stattdessen eine eigene Lösung sucht, um Nachkommen zu erhalten. Wie in Gen 12 scheint Abrahams Plan auch jetzt wieder anfangs mit der Schwangerschaft der ägyptischen Magd Hagar zu glücken, faktisch aber schafft er mit der Herabsetzung Saras sowie durch die damit eingeleitete Demütigung und Vertreibung Hagars vielfältiges Unrecht, das durch den Gebrauch des gleichen Verbs wie in Ex 1,11 f. (ענה pi. „unterdrücken“, V.6) der Not der Israeliten in Ägypten gleichgesetzt wird, ohne doch Abrahams Sorge um seine Zukunft zu beseitigen. Wie in 12,10–20 wird die Exodustradition auch in 16 gegen Abraham-Israel gewendet[22]: Israel hat nichts aus Gottes grundlegender Heilstat gelernt. Wieder muss Gott rettend eingreifen, um Leben zu bewahren, das durch Abrahams Planen ohne Gott akut gefährdet war.

Und wieder ist die jüngere (traditionell E zugeschriebene) Version der Vertreibung Hagars (und Ismaels) in Gen 21 darum bemüht, Abraham (in Kenntnis der Erzählung von Gen 16) zu entlasten, indem sie hervorhebt, dass Abraham sich Saras Plan zur Vertreibung der Hagar (und Ismaels) widersetzt und ihm erst widerwillig zugestimmt habe, als Gottes Aufforderung zur Vertreibung an ihn erging.

Nicht zwingend der gleiche Erzähler, wohl aber das gleiche Israel-kritische Denken zeigt sich in *Gen 18,10b–15*, d.h. in der Fortschreibung der Abraham-Lot-Erzählung in 18,1–10a, die mit komplizierten Umstandssätzen (V.10b–11) die Leser in eine Ausgangslage einführt, die gegenüber der älteren Erzählung charakteristisch verändert ist: Sara und Abraham sind hoch betagt und können daher nach menschlichen Erfahrungsmaßstäben nicht mehr mit Nachwuchs rechnen. Diese Fortschreibung hat keinerlei erzählenden Charakter, sondern sie bietet stattdessen eine Problemerörterung in Form eines Gesprächs

---

[22] Man beachte, dass die Magd Hagar in Kap. 16 wie 21 betont als Ägypterin bezeichnet ist und JHWH nach 16,11 „hörend“ auf das „Elend“ (עני) der Hagar reagiert wie in Ex 3,7 „sehend“ und „hörend“ auf das „Elend“ Israels.

Gottes mit Abraham und Sara. Von göttlichen Gästen im Plural ist keine Rede mehr; Gott wird durchgehend mit seinem Eigennamen JHWH benannt.

In diesem Gespräch kommt nun der Ahnmutter Sara die Funktion zu, mit ihrem Zweifel an Gottes Zusage den Zeitgenossen des Erzählers den Spiegel vorzuhalten, weil die ältere Erzählung von der vorbildlichen Gastfreundschaft Abrahams berichtet hatte[23]. Der Verfasser nutzt für seine Problemerörterung ein Wortspiel mit dem Namen Isaak – von Haus aus wahrscheinlich die Kurzform des Wunschnamens *Yiṣḥaq-El* „Gott möge lachen", d.h. er möge dem Neugeborenen gnädig sein –, das in seiner volksetymologischen Deutung Hinweis auf Saras glückliches Lachen über den von Gott geschenkten Sohn ist (21,6). In 18,12–15 ist dagegen das „Lachen" der Sara, das unüberhörbar vierfach wiederholt wird und das Leitwort des Gesprächs bildet, rein negativ konnotiert. Sara „lacht", weil sie die Sohnesverheißung im Greisinnenalter erhält und die göttliche Verheißung am Maßstab üblicher menschlicher Erfahrungen misst, statt mit JHWH, dem Gott der Bibel zu rechnen, dem nichts unmöglich ist (V.14), weil er ein Gott ist, „der Wunder tut" (Ex 15,11; Ps 77,15 etc.). Von Gott wegen ihres „Lachens" zur Rede gestellt, wagt Sara nicht einmal, sich zu ihrem „Lachen", d.h. zu ihrem Zweifel, zu bekennen (vergleichbar dem Urelternpaar in Gen 3,9ff., das auch seine Schuld nicht auf sich zu nehmen vermag, sondern sie auf andere Akteure abschiebt). So wenig also weiß das von Sara repräsentierte Israel von den Handlungsmöglichkeiten Gottes, so wenig traut es seinen Zusagen, wenn sie den eigenen Erfahrungshorizont überschreiten, und so wenig wagt es vor Gott, zu seinem Kleinmut zu stehen! *Der Zweifel an Gottes Verheißung ist nach Gen 18,10–15 ein hervorstechendes Wesensmerkmal des Gottesvolks!*

3. Noch eindeutiger als die Abraham-kritischen Texte bilden die sprachlich eng aufeinander bezogenen Kapitel *Gen 20–22* (genauer: 20; 21,8–21; 22,1–14.19) eine konzeptionelle Einheit (die traditionell E zugeschrieben wird). Insbesondere Gen 21,8–21 und Gen 22 sind im Ablauf des jeweiligen Geschehens so weitgehend parallel gestaltet, dass sie im Sinne des Erzählers nur gemeinsam und aufeinander bezogen ausgelegt werden sollen[24]. Andererseits sind Gen 20 und 21,8–21, wie soeben gesehen, schon darin miteinander verbunden, dass sie die Abraham-kritischen Erzählungen Gen 12,10–20 und 16 kommentieren und modifizieren wollen, indem sie Abraham von allen Vorwürfen entlasten.

Der Textkomplex als ganzer läuft zielstrebig auf Gen 22 als Höhepunkt und Abschluss zu, ein Kapitel, das keinerlei erzählerische Parallele in den älteren

---

[23] Jedoch ist es bemerkenswert, dass die jüngere Darstellung der Priesterschrift das ungläubige „Lachen" der Sara aus Gen 18,12–15 wieder von Abraham erzählt (Gen 17,17f.).

[24] Vgl. E. Blum, Vätergeschichte, 314.330; I. Fischer, Die Erzeltern Israels (BZAW 222), 1994, 333–337 und ihre Analyse verfeinernd J. Jeremias, Gen 20–22 als theologisches Programm, in: M. Beck – U. Schorn (Hg.), Auf dem Weg zur Endgestalt von Genesis bis II Regum, FS H.-C. Schmitt (BZAW 370), 2006, 59–74; 61–64; auch in: ders., Studien, 197–212; 199–203.

Abraham-Erzählungen findet. Der Verfasser von Gen 20–22 hat die ihm überkommenen Erzählstoffe in Gen 12,10–20 und 16 dazu genutzt, die unmittelbare Lebenswelt Israels in drei Gruppen einzuteilen und das Verhältnis Gottes und Abrahams im Gegenüber zu Fremden (Gen 20), zu den Nachkommen Abrahams generell (Gen 21) und zu seinem geliebten Sohn Isaak speziell (Gen 22) zu schildern. In allen drei Erzählungen geht es um Leben oder Tod der Hauptperson, und zwar in einem Spannungsbogen, in dem Gott beides ist: derjenige, der das Leben bedroht (am Anfang), und derjenige, der die Lebensbedrohung selber auflöst und einen Weg zum Leben weist (am Ende). Innerhalb dieses erzählerischen Spannungsbogens findet im Verlauf der Kapitelabfolge eine ständige Steigerung statt.

Gen 20 setzt den Stoff beider anderen Erzählungen von der „Gefährdung der Ahnfrau“ (Gen 12,10–20; 26,1–11) schon voraus und besteht vornehmlich aus reflektierenden Reden. Erzählt wird, wie Abimelech, der König von Gerar, durch schuldhaftes Verhalten in Lebensgefahr gerät. Zwar hat er subjektiv lauter gehandelt, wie er vor Gott darlegt und wie Gott selber ihm bestätigt (V.5f.), zwar ist er durch Abrahams und Saras Halbwahrheit irregeleitet worden (V.9) und hat er zudem größeren Schaden vermieden, da die Ahnmutter unberührt blieb, aber Abimelech hat sich dennoch dem Heilsplan Gottes in den Weg gestellt, indem er Sara in seinen Harem nahm, und hat dadurch todeswürdige Schuld auf sich geladen (V.3). Allerdings gilt zugleich, dass im fremden Gerar viel mehr Gottesfurcht herrscht als Abraham-Israel ahnt (V.8–11) und dass Abimelechs Geschenke zur Wiedergutmachung an Abraham und Sara weit höher ausfallen als vom Recht verlangt. Insofern teilt der Leser die bange Frage Abimelechs an Gott: „Herr, willst du ein Volk (!) töten, auch wenn es unschuldig (צדיק) ist?“ (V.4). Aber Gott will Abimelech und seine Untertanen trotz seiner Todesandrohung nicht töten. Vielmehr weist er selber einen Weg zum Überleben: die „prophetische“ Vollmacht der Fürbitte Abraham-Israels zu seinen Gunsten (V.7). Auf sie ist Abimelech offensichtlich in allen Belangen seines Lebens angewiesen; ohne sie wären er und die Seinen nicht zukunftsfähig (V.17). Für Israel heißt diese Vollmacht, dass es hohe Verantwortung für das Geschick der nicht-abrahamitischen Welt trägt[25].

Ungleich zugespitzter ist die Lage in *Gen 21,8–21.* Hier ist von Schuld keine Rede, wohl aber von einer extremen Lebensgefahr Ismaels, der als Sohn Abrahams die gleiche Verheißung wie Isaak trägt, Ahnvater eines großen Volkes zu werden (V.13). Wie in Gen 22 ist es Gott, der die Lebensgefahr des Verheißungsträgers selbst verursacht. Er unterstützt Sara, als diese auf der Trennung Ismaels von Isaak besteht, und nicht Abraham, der sich Saras Plan widersetzt;

---

[25] Abraham-Israel übernimmt jene lebensrettende Funktion für die Völker, die die Abrahamskinder in Gestalt des unmittelbaren Gotteskontaktes durch den Engel (21,17; 22,11) besitzen. – Der erheblich jüngere Text Gen 18,16ff. zeigt allerdings an Hand der Fürbitte Abrahams für Sodom, dass es eine Grenze dieser Vollmacht Israels für das Leben der Heiden gibt, wenn deren Schuld zu groß wird.

er setzt damit selber die Verteibung Hagars und Ismaels durch, die die beiden Vertriebenen in die Todesnähe des Verdurstens in der Wüste führt, sie also nicht nur wie im Fall Abimelechs einer Todesandrohung aussetzt. Erst in letzter Minute wird ihre Rettung eingeleitet, indem sie der Engel anspricht und darauf hinweist, dass Gott das Klagen Ismaels erhört hat. Ismael wird vergewissert, dass Gott treu zu seinem Verheißungswort steht, selbst wenn die äußere Not dem zu widersprechen scheint.

Mit Gen 21 ist den Lesern ein hermeneutischer Schlüssel an die Hand gegeben, um die mehrdeutige Erzählung in *Gen 22* zu verstehen, die Höhe- und Zielpunkt des Textkomplexes Gen 20–22 ist; denn Gen 22 ist bis in Einzelformulierungen hinein parallel zu Gen 21 gestaltet. Wieder ist es Gott selber, der die Lebensgefahr des Abraham-Sohnes Isaak herbeiführt, jetzt freilich nicht in Form der Unterstützung einer menschlichen Absicht wie im Falle Saras, sondern in fast unerträglicher Steigerung in Gestalt der unmittelbaren Aufforderung Abrahams, ihm den eigenen Sohn zu opfern. Wie in 21,14 folgt Abraham der göttlichen Aufforderung gehorsam sogleich „am frühen Morgen" (Gottes Rede ist wie in 20,3 nachts im Traum ergangen), und die Lebensgefahr des Abraham-Sohnes wird erzählerisch erneut bis ins äußerste Extrem verfolgt: in 21,16 bis in den kläglichen Schrei des Kindes angesichts des Verdurstens, in 22,9f. in einem grauenhaften Ritardando bis zum erhobenen Messer des Vaters über seinem Sohn. Und wieder erfolgt in buchstäblich letzter Minute der Ruf des göttlichen Engels „vom Himmel" – mit dem bemerkenswerten Unterschied, dass der Engel in 22,11 „Engel JHWHs" heißt. Der „Ruf" des Engels macht hier wie dort einem Reden Gottes Platz, das jeweils zu einem „Erheben der Augen" und einem „Sehen" der Rettung durch Hagar bzw. Abraham führt. Zuletzt kommen beide Erzählungen mit der Nennung des Wohnorts Ismaels (21,20) bzw. Abrahams (22,19) zur Ruhe und zum Abschluss.

Gen 21 und 22 sollen sich also in ihren Gemeinsamkeiten und Unterschieden gegenseitig deuten. Die entscheidende Gemeinsamkeit liegt im Gottesbild: Es ist der gleiche Gott, der Abraham zumutet, seinen Sohn preiszugeben, und der doch in letzter Minute, wenn schon scheinbar keine Hoffnung auf das Überleben des Sohnes mehr besteht, selber für die Rettung des Lebens des Gefährdeten sorgt. Äußerste Lebensgefahr und unerwartete Rettung sind hier wie dort Erfahrungen desselben Gottes, aber ihre Reihenfolge ist unumkehrbar. Gen 21 und 22 (und letztlich auch Gen 20) sind Rettungserzählungen, die von der Treue Gottes trotz scheinbar gegenteiligen Erlebens handeln[26]. Wäh-

---

[26] Vgl. H.-C. Schmitt, Die Erzählung von der Versuchung Abrahams Gen 22,1–19* (BN 34, 1986), in: ders., Theologie in Prophetie und Pentateuch (BZAW 310), 2001, 108–130; 119–122. Darauf verweist – recht verstanden – auch die Überschrift in Gen 22,1. Mit ihr weiß der Leser im Unterschied zum Abraham der Erzählung schon im Voraus, dass Isaaks Leben nicht tangiert werden wird. Das Verb נסה pi. „versuchen" mit Gott als Subjekt meint in Gen 22,1 nicht eine Gehorsams-„Probe" (im Sinn eines Ausprobierens, ob …), sondern bezeichnet ein Geschehen, das auf die

rend aber die Erzählung von der Rettung Ismaels in Gen 21 auf die Verwirklichung einer einzelnen Verheißung Gottes an Abraham abzielt, die gefährdet ist und daher im Kontext der Rettung nochmals wiederholt wird (21,13.18), geht es in Gen 22 um ein weit abgründigeres Gottesbild. Mit der – aus der Sicht der Leser unzumutbaren und sinnlosen – Aufforderung zur Tötung Isaaks wird Gott scheinbar zum Widersacher seiner gesamten Geschichte mit den Vätern und mit Israel, das aus ihnen hervorgehen soll, und scheinbar zum Gegner seiner selbst[27]. Wird ein solcher zweigesichtiger Gott nicht zur Verkörperung eines undurchsichtigen Schicksals, das man ertragen muss, dem man aber nie trauen kann?

Wie weit das Gottesbild des Textes in ein undurchdringbares Dunkel gezogen wird, zeigt vornehmlich die einzige Szene, die ohne jede Analogie in Gen 21 ist: V.4–8. Das Gespräch Abrahams mit Isaak auf dem Weg zum Opferplatz dreht sich um das Opfer, das sich Gott laut Abraham „ersehen" wird: ein Begriff, der einerseits die Verzweiflung des Vaters, der keinen Sinn in der Erfüllung von Gottes Auftrag erkennen kann, andererseits aber auch das Vertrauen Abrahams in Gottes grenzenlose Möglichkeiten ausdrücken will[28]. In V.12 nennt Gott diese Haltung Abrahams „Gottesfurcht" und bezeichnet sie als Ziel seiner Zumutung an Abraham. „Gottesfurcht" ist nach Gen 22 ein Vertrauen auf Gott, das auch dort noch mit seinem heilvollen Willen rechnet, wo sein Handeln scheinbar sinnlos, ja gottwidrig geworden ist. *Das „Vorrecht" des Gottesvolks nach Gen 22 ist, dass es noch ungleich unverständlichere Seiten Gottes kennen lernt als die anderen Abraham-Kinder* –, allerdings auch weit größere Dimensionen eines rettenden Gotteshandelns. Der Abraham nach der Erfahrung von Gen 22 weiß, dass Gott sein erwähltes Volk nicht preisgeben kann, selbst wenn er es scheinbar zu verwerfen droht (vgl. Hos 11,8f.).

Erst Jahrhunderte später im Buch Hiob hat das biblische Israel noch einmal mit ähnlicher Intensität Gott gleichzeitig als den unbegreiflich Leben Gefährdenden und doch als einzige Hoffnung der derartig Gefährdeten geschildert, jetzt allerdings im Blick auf den Erfahrungshorizont des Individuums. Sachlich zu vergleichen sind auch komplexe, zum Teil schrittweise gewachsene Texte des Jesajabuchs wie Jes 29,1–7 oder 31,1–8, in

---

„Gottesfurcht" Abrahams abzielt. Gottes „Nun weiß ich, dass du gottesfürchtig bist ..." (V.12) beendet die „Versuchung". – Die engste Parallele zu Gen 22,1 in Ex 20,20 bestimmt den Zweck der Sinaitheophanie ebenfalls als eine „Versuchung" Israels durch Gott mit dem Ziel der „Gottesfurcht" (vgl. u. S. 108f.). Sie deutet darauf hin, dass Gen 22 als eine vorweggenommene Interpretation der Sinaitheophanie verstanden werden soll.

[27] Vgl. die tiefsinnigen Auslegungen des Textes durch E. Auerbach, Mimesis. Dargestellte Wirklichkeit in der abendländischen Literatur, [3]Bern 1964, 5–24 und G. von Rad, Das Opfer des Abraham, [2]München 1976 (unter Rückgriff auf die Deutungen Luthers, Rembrandts, Kierkegaards und Kolakowskis).

[28] Nicht zufällig wird das Verb „sehen", das schon V.4 und nach dem Gespräch zwischen Abraham und Isaak auch die Darstellung der Rettung in V.13 bestimmt, durch die doppelte Verwendung in der abschließenden Deutung des Namens des Altars in V.14 zum Leitwort der Erzählung erklärt.

denen das göttliche Gericht am schuldigen Israel und die göttliche Rettung ebendieses Israels unlöslich ineinander liegen. Strittig ist heute, ob Gen 22 auf die Erfahrungen des Untergangs des Nordreichs reagiert oder schon den Fall Jerusalems 1½ Jahrhunderte später im Rücken hat. Den Ausschlag gibt m.E. die relativ sichere Datierung von Gen 21 ins 7. Jh. v. Chr.[29].

4. Aus den jüngsten, nachweislich (exilisch-) nachexilischen Texten innerhalb von Gen 12–25 ragen (neben dem Einsatz Gen 12,1–3)[30] die beiden Texte heraus, die mit ihren zentralen Themen *„Bund“ (Gen 17 P)* und *„Glaube“ (Gen 15)* die theologische Reflexion der alttestamentlichen Spätzeit stark beeinflusst haben. Beide Texte sind ortlos und bieten nur Zwiesprache zwischen Gott und Abraham; beide kreisen um die Gewissheitsproblematik, d. h. um *die Unverbrüchlichkeit der göttlichen Verheißungen an Abraham-Israel* in einer Situation, in der von einer Erfüllung dieser Verheißungen nichts wahrnehmbar ist. Sie werden im III. Teil dieses Buches (u. S. 311 ff.) näher behandelt werden. Hier soll nur kurz angedeutet werden, inwiefern sie an die zuvor dargestellte, über Jahrhunderte gewachsene Abraham-Tradition anknüpfen und sie zur Vollendung führen.

In *Gen 17* prägt P der schon in der Verbannung geborenen Exilsgeneration die Verlässlichkeit der göttlichen Zusagen an Abraham ein, die Israels Gegenwart und Zukunft bestimmen. Sie betreffen drei Ebenen: 1. die Selbstbindung Gottes an sein Volk („ich werde dein und deiner Nachkommen Gott sein“, V.7) – trotz dessen scheinbarer Verstoßung im Exil; 2. die neuerliche Vermehrung des Volkes – trotz dessen Dezimierung durch Krieg und Zerstreuung – und schließlich 3. den neuerlichen Landbesitz. Hand in Hand mit dieser Tonverlagerung auf die verbindlichen Zusagen Gottes an Abraham geht aber auch die Aufnahme des zweifelnden Lachens der Sara bei der Verheißung der Geburt Isaaks angesichts ihres Alters aus Gen 18, das nun auf Abraham selbst übertragen wird (V.17), sowie der Mehrungsverheißung an Ismael aus Gen 16 und 21, aber auch ihrer Gefährdung durch Gott selber um der notwendigen Trennung Isaaks von Ismael willen (V.18–21). So will die Gottesrede in Gen 17 P die ihr vorgegebenen älteren Abrahamtraditionen zusammenfassen, vielleicht auch ersetzen. Für die späteren Leser steht sie aus gutem Grund vor Gen 20–22.

Der jüngere Text *Gen 15* will Gen 17 noch überbieten. Ihm geht es um Gottes Zuverlässigkeit bei seiner Mehrungs- und Landverheißung, die zur Zeit des Textes höchst fragwürdig erscheinen. Zu diesem Zweck greift er bei der Landverheißung (V.7–12.17–21) auf ein Vertragsritual zurück, bei dem sich ein Vertragspartner unter eine Selbstverfluchung für den Fall des Vertragsbruchs stellt, und überträgt es kühn auf Gott, um die absolute Gewissheit der göttlichen Zusage einzuprägen. Demgegenüber lässt er bei der vorangestellten Mehrungsverheißung Abraham zum Vorbild aller künftigen Generationen und

---

[29] Vgl. zur näheren Begründung Jeremias, Gen 20–22, 69–73 (bzw. Studien, 207–210).
[30] Vgl. u. S. 439 ff.

damit zum Gegenpol des „lachenden“ Abraham in Gen 17,17 und der „lachenden“ Sara in Gen 18,12–15 werden. Abraham nimmt Gott beim Wort und „glaubt JHWH“, wie der Erzähler unter Aufnahme der Begrifflichkeit des Jesajabuches (Jes 7,9) sagt, obwohl er vor der göttlichen Verheißung der Nachkommen wie Sterne am Himmel mit leeren Händen steht, besitzt er doch nicht einmal einen leiblichen Erben. Aber er birgt sich in dem Gott, der Wunder tut (Gen 18,14) und Wege weiß, wo menschliches Vorstellungsvermögen am Ende ist (Gen 22). In Röm 4 ist diese Zuversicht des Erzvaters zu einem Zentrum der Argumentation des Paulus geworden.

Anhang: Die Josephsgeschichte

Die Entstehung der Josephsgeschichte ist nach wie vor strittig. Einerseits lässt sich mit großer Wahrscheinlichkeit sagen, dass die stammesgeschichtlichen Hintergründe der Erzählung in frühe, vorexilische Zeit führen, spätestens in die 1. Hälfte des 8. Jh.s v. Chr., wie insbesondere E. Blum eindrücklich gezeigt hat[31]. Andererseits aber sind die Erzählkunst und die verborgenen literarischen Anspielungen so weit entwickelt, dass man lieber eine erheblich jüngere Datierung in Erwägung ziehen möchte, wie in neuerer Zeit vor allem P. Weimar in feinfühligen Analysen aufgewiesen hat[32]. Sicher ist, dass die Endgestalt der Josephsgeschichte, also einschließlich der Ergänzungen durch Gen 38; 46,1–5a.8–27; 48–49 und 50,12f. 22–26, in die nachexilische Zeit gehört. Erwägenswert erscheint mir die erstmals von W. Dietrich[33] zur Diskussion gestellte Möglichkeit, dass die Zweigipfligkeit der Josephsgeschichte (mit den beiden Deuteabschnitten Gen 45,5–8 und 50,15–21) darauf verweist, dass eine ältere Josephserzählung schon in Kap. 45 endete.

Wer von der Lektüre der Jakobserzählungen her zur Josephsgeschichte gelangt, befindet sich in einer anderen Welt. Zwar ist Joseph als Heranwachsender auch Hirte wie sein Vater gewesen, aber seit seine besonderen Gaben dem Pharao bekannt gemacht worden sind, lebt er am ägyptischen Hof und gehört zu den Wenigen, die die Weltpolitik bestimmen. Hier kleidet man sich anders als in Israel: Josephs Stellung ist durch Amtskleidung, Amtskette und Siegelring deutlich gemacht (Gen 41,42). Hier begräbt man anders: Jakobs und Josephs 40-tägige Einbalsamierung werden präzise beschrieben (50,2f.26). Hier verhält man sich anders: Man lernt früh, wann es Zeit zum Reden, wann Zeit zum Schweigen ist, man zeigt seine Gefühle nicht in der Öffentlichkeit, sondern spart sie für die privaten Gemächer auf (43,30). Im Unterschied zu Ja-

---

[31] Blum, Vätergeschichte, 229–263.

[32] Vgl. bes. seine zahlreichen „Studien zur Josefsgeschichte“ (SBA 44), 2008. (Für breitere Leserkreise sind seine Analysen der Josephserzählung in BiLi 82 [2009], 66–73. 153–162. 217–226. 274–283 bestimmt.)

[33] Dietrich, Die Josephserzählung als Novelle und Geschichtsschreibung (BThSt 14), 1989. Kritisch dazu: K. Schmid, Die Josephsgeschichte im Pentateuch, in: J.C. Gertz – K. Schmid (Hg.), Abschied vom Jahwisten (BZAW 315), 2002, (83–118) 95–106.

kobs Lebenswelt spielt hier eine große Rolle, dass Joseph „von schöner Gestalt und schöner Erscheinung“ war (39,6). Kurzum: *Der Leser betritt mit der Josephsgeschichte den Boden höfischer Weisheit.*

Joseph ist dementsprechend in ganz anderer Weise als sein Vater Jakob *eine geradlinige Gestalt.* Jakobs Zwielichtigkeit ist ihm fremd, und nie wird von Joseph erzählt, er habe sich fragwürdiger Mittel zur Erreichung seiner Ziele bedient. Undenkbar, dass ihn ein Prophet als „Betrüger von Mutterleib an“ (Hos 12,4) hätte beschimpfen können. Zwar ist auch Joseph nicht fehlerlos – sein Prahlen mit seinen Träumen ist unreif und nährt den Hass seiner Brüder –, aber solche Schwächen bleiben auf seine Jugend beschränkt. Seit er nach Ägypten gekommen ist, ist sein Verhalten untadelig: Er widersteht schwersten Versuchungen im Umgang mit Frauen; er weiß die Zeichen der Zeit zu deuten und plant in kluger Voraussicht nicht nur für die nahe problemlose, sondern auch für eine ferne problembelastete Zukunft; er begegnet seinen Brüdern, die ihn hatten beseitigen wollen, ohne Hass- und Rachegefühle. In Jakobs Gestalt hat das nachmalige Gottesvolk seine eigenen widersprüchlichen Züge eingezeichnet, die es vom Erzvater ererbt hat; Joseph dagegen wird zum Modell, an dem es sich orientieren will.

Im Unterschied zu den Jakobsüberlieferungen, die vielstufig aus den Jakob-Laban - bzw. den Jakob-Esau - Erzählungskreisen sowie zusätzlichen Einzelerzählungen gewachsen waren, *bildet die Josephsgeschichte von allem Anfang an einen durchlaufenden Erzählzusammenhang.* Josephs Auseinandersetzungen mit seinen Brüdern liefern den Auslöser des Erzählens, und der Leser spürt, dass er seine Lektüre nicht eher beenden darf, als bis er am Ende von der Versöhnung zwischen Joseph und den Brüdern erfahren hat. Freilich muss er Geduld mitbringen und sich durch eine Fülle an retardierenden Szenen durchlesen, die jedoch nie als Einzelerzählungen existiert haben, sondern auf die zentrale Thematik der Spannung zwischen Joseph und seinen Brüdern hin gestaltet worden sind[34]. Um des Nebeneinanders von einem zentralen Spannungsbogen und von zahlreichen erzählerischen Nebenakzenten in Einzelszenen willen hat man die Josephsgeschichte gern eine „Novelle“ genannt.

In *einer* Hinsicht ist die Josephsgeschichte aber mit den Erzvätererzählungen grundsätzlich auf eine Stufe zu stellen und bildet deren sachgemäße Fortsetzung: Auch in der Josephsgeschichte *zeigt der Stoff des Berichteten seine Herkunft aus kollektiven Erzähltraditionen.* Es ist, wie besonders M. Noth betont hat[35], von seiner Genese her eine Geschichte von Joseph und seinen 11 Brüdern, also von den Stammvätern des nachmaligen Israel, und wenn unter ihnen Joseph eine so prominente Rolle spielt, dann als Repräsentant des „Hauses Joseph“, d. h. der geschichtsmächtigen Kernstämme des Nordreichs Israel. Dazu passt, dass in einer Fassung der Geschichte (der traditionelle Elo-

[34] Eine Ausnahme bilden die zugewachsenen Sondertraditionen von Gen 38 sowie Gen 48 und 49.

[35] Noth, ÜP 226ff.

hist) Ruben, der „Erstgeborene", d.h. der einst führende Stamm, als Sprecher der Brüder auftritt, in der anderen Fassung (der traditionelle Jahwist) dagegen Juda, der wichtigste Repräsentant des Südreichs. Die besondere Verbindung der Josephsgruppen mit Ägypten ist für die Rekonstruktion der Exodustradition von Gewicht, und wenn in Gen 45,10; 46,28f.34 u.ö. das „Land Gosen", d.h. das Gebiet östlich des Nildeltas, als Wohnort Jakobs und der Brüder Josephs angegeben wird, so steht im Hintergrund dieses Erzählzuges das geschichtliche Faktum, dass die Ägypter hier in Hungerzeiten Hirtengruppen der Umgebung für begrenzte Zeit Aufenthaltsrecht gewährten, allerdings nachdem sie sie zuvor sorgsam registriert hatten[36], um sicher zu sein, sie auch möglichst schnell wieder loszuwerden.

Bei näherem Zusehen muss freilich auffallen, dass diese kollektiven Erzählzüge anderer Art sind als diejenigen in den Erzväter-Erzählungen: Statt der hier vorherrschenden Überlieferungen von Großfamilien und Sippen, aus denen sich die nachmaligen Volksgruppen erst entwickeln sollten, stehen die kollektiven Züge der Josephsgeschichte von Anbeginn im Horizont Gesamt-Israels. Auch die in Gen 37 vorausgesetzten Bezüge zu den Midianitern sind in diesem Sinn zu verstehen (Ex 3,1; 18,12 etc.) und insbesondere das spezielle Verhältnis Josephs zu Benjamin.

Jedoch stehen die genannten kollektiven Züge in der Josephserzählung nur im Hintergrund. Für einen Leser, der von den Jakobserzählungen herkommt, ist es höchst überraschend, *wie frei die Erzähler* der Josephsgeschichte *mit den Traditionen ihres Stoffes umgehen*. Diese Traditionen sind nur noch für die Leser auszumachen, die sich der Josephsgeschichte mit einem bestimmten Vorwissen nähern. Es tritt eine Fülle von Akteuren auf, die nur noch literarische Funktionen erfüllen und stärker als in den Erzvätererzählungen als Individuen mit komplexen Charakterzügen gezeichnet sind. So spielen beispielsweise *die Gefühle der Handelnden* eine wichtige Rolle. Die Brüder „hassen" den vom Vater bevorzugten Joseph und „ereifern sich" über seine Träume (37,4.8.11); sie planen seine Tötung „heimtückisch" (37,18). Als Jakob hört, Joseph sei noch am Leben, „blieb sein Herz kalt", weil er der Nachricht misstraute (45,26). Umgekehrt wird ausführlich beschrieben, wie Joseph beim Wiedersehen mit seinem geliebten Bruder Benjamin diesem um den Hals fällt und in Tränen der Rührung ausbricht (45,14). Allerdings handelt es sich bei diesem öffentlichen Gefühlsausbruchs Josephs um eine Ausnahme; andernorts übt er Selbstbeherrschung und weint nicht vor anderen, sondern im Privatbereich (42,24; 43,30).

Trotz der stärkeren Betonung individueller Emotionen konzentriert sich die Darstellung jedoch im Kern auf *die verborgene Führung Einzelner durch Gott*, und zwar mit einer dezidiert didaktischen Funktion. Zwei höchst unterschiedliche, ja gegensätzliche Kräfte bestimmen die berichteten Ereignisse:

---

[36] Vgl. TGI^2, 35

Auf der einen Seite stehen die Brüder mit ihrer Absicht, Joseph in seinem unerträglichen Hochmut zu beseitigen, auf der anderen steht Gott, der auch noch böse Pläne von Menschen zu einem guten Ziel führen kann, ja der verborgen durch diese bösen Pläne hindurch handelt und sie sich zunutze macht:

> Ihr zwar habt gegen mich Übles geplant, Gott (aber) hat es zum Guten umgeplant (50,20),

sagt Joseph im zentralen Deutevers der Erzählung, als seine Brüder am Ende der Ereignisse nach Jakobs Tod Josephs Vergeltung fürchten. Um dieses „Guten" willen war Gott „mit Joseph", so dass Joseph alles glückte, was er begann (39,2f.). Worin „das Gute" im Fall Josephs bestand, hatte Joseph den Brüdern schon zuvor eröffnet:

> Bekümmert euch nun nicht und zürnt nicht über euch selbst, dass ihr mich hierher verkauft habt; denn als Lebensretter hat mich Gott vor euch her gesandt (45,5).

Im Blick auf dieses Ziel Gottes gilt:

> Nicht *ihr* habt mich hierher gesandt, sondern *Gott* (45,8).

Nicht die Pläne der Menschen in ihrer Widersprüchlichkeit und mit ihren fragwürdigen Absichten sind der Motor der Geschichte, sondern Gottes Plan, und diesen Plan gibt er Auserwählten wie Joseph kund, um seine heilvollen Ziele zu verwirklichen. Josephs besondere Gabe besteht nicht so sehr darin, dass er Träume empfängt – das trifft auch für Pharao und seine Beamten zu –, sondern dass er die für andere unklaren und mehrdeutigen Träume präzise zu deuten vermag. Darin wird er zum Werkzeug Gottes, denn Subjekt der Traumdeutung ist nicht Joseph selber, sondern Gott (41,16.28.39) bzw. der in Joseph wirkende „Geist Gottes" (41,38). Freilich sind dabei nicht Träume generell im Blick, sondern solche, in denen Gott mitteilt, was bei ihm „fest beschlossen ist" (41,32). So kann Joseph nicht nur für die nahe, sondern auch für die ferne Zukunft planen.

Was für Menschen, die diese besondere Gabe Josephs nicht besitzen, aus dieser Einsicht in Gottes verborgene Pläne folgt, hatte längst zuvor die ältere Weisheit in Worte zu fassen versucht, auf die sich die Autoren der Josephsgeschichte vielfältig stützen. Ich erinnere nur an zwei ihrer Sprüche, die schon oben in Kap. B zitiert wurden:

> Das Ross ist gerüstet für den Tag der Schlacht –
> aber der Sieg kommt von JHWH (Spr 21,31).

Das Wissen um Gottes Lenkung der Geschichte soll den Menschen nicht in die Untätigkeit führen. Vielmehr soll und muss er planen und all sein Tun sorgfältig vorbereiten. Aber er muss wissen, dass der Erfolg seines Planens nicht in seinen, sondern in Gottes Händen steht. Darum gilt:

Des Menschen Herz erdenkt seinen Weg –
aber JHWH lenkt seinen Schritt (Spr 16,9).

Es ist ein unerschütterliches Vertrauen in Gottes Weltordnung, das die frühen Weisen in derartige Sprüche fassen, ein Vertrauen, das freilich zugleich eine Warnung vor jeglicher Selbstsicherheit und Überheblichkeit des menschlichen Handelns einschließt.

Für die Josephsgeschichte gilt das nicht anders. Freilich fügt sie diesem Vertrauen noch eine weitere Bedingung für glückendes Lebens hinzu. Es fällt auf, wie ausführlich die Proben erzählt werden, denen Joseph seine Brüder unterzieht (ab 42,6ff.). Diese Proben, die ausgerechnet Benjamin, Josephs Lieblingsbruder, betreffen, haben nur einen Zweck: Joseph führt die Brüder zur Erkenntnis ihrer Schuld, zur Einsicht in ihre Herzlosigkeit. Nachdem er dieses Ziel erreicht hat, kann er die Bitte der Brüder um Vergebung (50,17f.) erfüllen und auf alle Vergeltung verzichten:

Fürchtet euch nicht! Stehe ich etwa an Gottes Statt? (50,19)

Zwar kann Gott auch schuldhaftes Handeln zum guten Ziel führen, aber ohne Einsicht der Täter in ihre Schuld bleibt ihnen die Versöhnung mit den Menschen, denen sie Unrecht getan haben, versagt.

2. Mose

Die Bücher Exodus (Ex) bis Deuteronomium (Dtn) scheinen auf den ersten Blick so etwas wie das Leben des Mose abbilden zu wollen: Sie beginnen mit der Geburt des Mose und enden mit seinem Tod. Dabei sind die überkommenen Texte viele Jahrhunderte, die spätesten fast ein Jahrtausend jünger als die Ereignisse, von denen sie berichten.

Dem scheinbaren Materialreichtum kontrastiert das höchst magere Ergebnis, das die kritische Wissenschaft vom *historischen Mose* zu gewinnen vermag[37]. Da Mose in der Überlieferung zum Erz-Richter wurde, von dem alle künftigen Richter ihre Autorität herleiteten (Ex 18), aber auch zum Erz-Priester, auf den Aaron und seine Nachkommen angewiesen waren (Ex 4), weiter zum Erz-Propheten, auf den sich alle Prophetie bezog (Num11; Dtn 18), ist die Frage, welche Funktion der historische Mose ausübte, kaum mit Sicherheit zu beantworten. Mose wuchs in der Traditionsbildung ins Unermessliche; ein Kern dieser permanenten Amtsausweitung ist nur schwer auszumachen. Auf sicherem Boden steht die historische Forschung nur bei zwei Aussagen der Tradition,

[37] Vgl. neben den klassischen Darstellungen von E. Osswald, Das Bild des Mose in der kritischen atl. Wissenschaft seit Julius Wellhausen (Habil. Jena 1956), Berlin 1962 und R. Smend, Das Mosebild von Heinrich Ewald bis Martin Noth, Tübingen 1959, in neuerer Zeit bes. W.H. Schmidt, Mose, in: P. Antes (Hg.), Große Religionsstifter, München 1992, 32–48; R. Smend, Mose als geschichtliche Gestalt, HZ 260 (1995), 1–19, zuletzt in: ders., Zwischen Mose und Karl Barth, Tübingen 2009, 1–25; E. Blum, Der historische Mose und die Frühgeschichte Israels, Hebrew Bible and Ancient Israel 1 (2012), 37–63.

die der späteren Überlieferung Mühe bereiteten und daher aus junger Traditionsentwicklung nicht ableitbar sind: Mose trug keinen israelitischen, sondern einen ägyptischen Namen, und er war mit keiner Israelitin, sondern mit einer Midianiterin (bzw. Keniterin) verheiratet. Von diesem Ausgangspunkt hat sich die historische Forschung teils zaghaft, teils kühner vorwärts zu tasten versucht.

Aber eine etwas genauere Betrachtung zeigt schnell, dass die Charakterisierung der Bücher Ex bis Dtn als Leben des Mose problematisch ist. Mehr als die Hälfte der Texte beinhaltet *rechtliche, ethische und insbesondere gottesdienstliche Ordnungen*, die JHWH durch Mose dem Volk mitteilt. Sie umfassen weite Teile der Bücher Ex und Numeri (Num), das gesamte Buch Leviticus (Lev) und das Buch Dtn mit Ausnahme seiner Rahmentexte und haben dazu geführt, dass der Pentateuch in jüdischer Tradition als Tora bezeichnet wird. Auch wenn, wie seit langem gesehen, das Buch Dtn im Pentateuch als eine Art Programmschrift eine Sonderrolle spielt, ist der Sachverhalt in den verbleibenden drei Büchern Ex, Lev und Num ein nur unwesentlich andersartiger. Eine zureichende Erklärung findet er erst mit der Beobachtung, dass die überkommenen gottesdienstlichen und rechtlichen Ordnungen für das biblische Israel in ihrer Gesamtheit theologisch an den Sinai gehören, d.h. in die Stunde der grundlegenden Offenbarung JHWHs, weil sie nach der Intention der Texte 1. ihrem Wesen nach nicht von Menschen erdachte, sondern von Gott gegebene Regelungen des Lebens enthalten, und weil 2. ein Gottesverhältnis, wie es am Sinai feierlich mit Gottes Offenbarung eröffnet wird, zumindest für das Israel seit dem Exil ohne solche grundlegenden Ordnungen des Gottesdienstes und des Lebens in der Gemeinschaft undenkbar war.

Im Rahmen dieser Prämissen kann und muss dann allerdings historisch zwischen älteren und jüngeren Ordnungen unterschieden werden (s. o. S. 55ff. und S. 363ff.). Freilich sind für die jüngere Tradition alle Ordnungen wesenhaft durch Mose übermittelt und göttlichen Ursprungs, weil sie aus den älteren Ordnungen erwachsen sind. Die Traditionsentfaltungen sind im anfänglichen Gotteswort an Mose schon angelegt; sie sind daher in gleicher Weise Gotteswort an und durch Mose. Eine unterschiedliche Wertigkeit von Ordnungen ist nie im Blick – mit Ausnahme des Dekalogs, der dadurch hervorgehoben ist, dass Gott ihn dem Volk unmittelbar zuspricht, noch ohne Vermittlung des Mose.

Das Leben des Mose und die grundlegenden Ordnungen Israels gehören für den Pentateuch also in der Weise theologisch zusammen, dass im Kontext der Führerschaft Moses die entscheidenden Gotteserfahrungen Israels stattfanden und durch Vermittlung des Mose die entscheidenden Verordnungen des Lebens von Gott mitgeteilt wurden. Mosezeit und Heilsgeschichte fallen in dieser Sicht zusammen. Äußeres Kennzeichen dieses Ineinanders ist die Tatsache, dass die Bücher Ex bis Dtn sowohl von den Erzvätererzählungen in der Genesis als auch von den folgenden Büchern Josua und Richter in einer Hinsicht grundlegend unterschieden sind: (Mit geringen, in der Tradition angelegten Ausnahmen) nennen sie nicht Sippen oder Stämme als das Gegenüber des Gotteshandelns, also nicht Teilgruppen Israels, sondern *Gottes Partner ist prinzipiell Israel als die Gesamtheit des Gottesvolks* oder aber dessen Repräsentanten, etwa die Ältesten.

Diese literarische Besonderheit der Darstellungen der Mosezeit hatte G. von Rad in seiner wirkungsgeschichtlich bedeutsamen Analyse der Entstehung des Pentateuchs von 1938[38] so erklärt, dass das Gerüst der Darstellungen eine erzählerische Entfaltung alter Bekenntnisse sei, deren Prototyp er in dem sog. heilsgeschichtlichen Credo von Dtn 26,5ff. fand (mit der Abfolge Hungersnot Jakobs – Aufenthalt und Unterdrückung in Ägypten – Exodus – Landnahme)[39], die er aber mit Varianten und Erweiterungen auch in zahlreichen Psalmen nachzuweisen glaubte. Einzig die „Sinaiperikope", der Bericht von der Offenbarung Gottes am Sinai, die in diesen Bekenntnissen nicht begegnet, besaß für von Rad eine eigene, freilich ebenfalls kultische Genese; sie war für ihn die erzählerische Entfaltung der Festlegende von Sichem, mit der das biblische Israel seine Entstehung als Glaubensgemeinschaft durch Bezug auf die grundlegende Offenbarung Gottes am Sinai gefeiert habe; die Form des Deuteronomiums spiegele dieses „Bundesfest" noch wider.

Allerdings ist von Rads eindrückliche und vergleichsweise einfache These zur Erklärung der Entstehung des Pentateuchs in den Jahrzehnten nach dem 2. Weltkrieg von zahlreichen Arbeiten mit zwingenden Argumenten widerlegt worden. Sie vermochten nachzuweisen, dass die Bekenntnisformulierungen, auf die sich von Rad stützte, nicht älter, sondern jünger als der Pentateuch in seinem Grundgerüst waren, also nicht dessen Modell, sondern dessen summarische Zusammenfassungen bildeten. Ebenso hielt von Rads Rekonstruktion eines sichemitischen „Bundesfestes" näherer Nachprüfung nicht stand. Wohl aber hat sich die Grundannahme von Rads bewährt, dass die penetrante Rede von Israel als dem Gottesvolk ab dem Buch Exodus sich letztlich Bekenntnissen bzw. gottesdienstlichen Kontexten verdankt. Nur sind hier keine großräumigen Kontexte mit dem Horizont des gesamten Pentateuchs vorauszusetzen, sondern kleinräumige. Schon M. Noth hat wenige Jahre nach von Rads Entwurf primär nur das Thema des Auszugs Israels aus Ägypten bzw. seiner Rettung am Schilfmeer auf Bekenntnisformulierungen zurückgeführt und gleichzeitig als „Keimzelle der ganzen großen späteren Pentateuchüberlieferung" erklärt[40]. Kleinräumige Kontexte, die von Haus aus gottesdienstlicher Natur sind, lassen sich zudem sowohl für die Darstellung des Passa (mit

[38] G. von Rad, Das formgeschichtliche Problem des Hexateuch (1938), Ges. St. I (TB 8), 1958, 9–86.

[39] Da die Bekenntnisse bis zur Landnahme Israels führten, bezog von Rad konsequent das Josuabuch in seine Erwägungen zur Entstehung des Pentateuchs mit ein und sprach von einem „Hexateuch".

[40] M. Noth, ÜP 50ff.; Zitat: 52.

den vorausgehenden Plagen, Ex 7–13) als auch für die Darstellung der Sinaioffenbarung in Ex 19,10 ff. aufzeigen[41].

Freilich gelangt man mit solchen Erwägungen nur bis zu den Anfängen des Erzählens, wie es im Hintergrund der Texte des Pentateuchs anzunehmen ist. Es gelingt dagegen nur noch selten, einzelne Stadien der Vorgeschichte der überlieferten Texte präzise zu rekonstruieren, am relativ sichersten im Fall der Priesterschrift (P). Bei den Nachbartexten erhebt sich gegenwärtig häufig Streit, ob sie älter oder jünger als P sind. Ein literarischer Kern lässt sich nicht in allen Fällen mit Sicherheit von seinem jüngeren Kontext isolieren. Allerdings ebnen die Texte der Exodustradition in Ex 1–15 leichter als die folgenden Texte der Wüsten-, Sinai- und Landnahmetradition den Weg zu einem solchen Erzählungskern[42]; sie bilden in einem weit stärkeren Maße als die folgenden Texte einen geschlossenen Erzählungszusammenhang, der sachgemäß im Lob des rettenden Gottes gipfelt (Ex 15). Sehr wahrscheinlich hat auch das Erzählen von Mose mit den Stoffen der Exodustradition eingesetzt.

a. Die Exodustradition

Der Erzählungszusammenhang von Ex 1–15 besteht im Wesentlichen aus vier Themen: Moses Kindheit (Kap. 1–2), seiner Berufung (Kap. 3–4.6), seiner Verhandlung mit dem Pharao (Kap. 5), fortgeführt von Darstellungen der Plagen und des Passa (Kap. 7–13), und Israels Rettung am Schilfmeer (Kap. 14–15). Ohne dass wir die Einzelheiten auszumachen vermögen, ist *die Erzähltradition* vermutlich im Wesentlichen *von hinten nach vorn gewachsen*: Das Lob des rettenden Gottes stand am Anfang, die Kindheitserzählungen bilden das jüngste Glied der Traditionsbildung ab. Mit der Reflexion über die

[41] Man denke hier nur an die Abgrenzung des heiligen Raumes, die Vorbereitungsriten, den 3. Tag und das Ertönen des Widderhorns in Ex 19,10 ff.; vgl. u. S 107 ff..

[42] Die große Tradition historisch-kritischer Exegese nach J. Wellhausen fand gemäß der „Neueren Urkundenhypothese“ diesen Kern in der Darstellung des sog. Jahwisten (J). Sie ist in den vergangenen Jahrzehnten am stärksten aufgenommen und weitergeführt worden von W.H. Schmidt, Exodus (BK II), 1974–1999; vgl. auch jüngst L. Schmidt, Die Berufung des Mose in Ex 3 als Beispiel für Jahwist (J) und Elohist (E), ZAW 126 (2014), 339–357. Demgegenüber spricht J.C. Gertz, Tradition und Redaktion in der Exoduserzählung (FRLANT 186), 2000, lieber neutral von einem nicht näher qualifizierten erzählerischen „nichtpriesterlichen Kernbestand“. Für C. Levin, Der Jahwist (FRLANT 157), 1993, ist J dagegen kein Erzähler, sondern ein exilischer Redaktor, der vorgegebene Einzelerzählungen zusammenfasst. Auch R. Albertz, Exodus 1–18 (ZBK.AT 2.1), 2012, rechnet mit – teilweise alten, bis ins 10. und 9. Jh. zurückgehenden – Einzelerzählungen, die erst in der Exilszeit zu einem durchgehenden Erzählfaden zusammengestellt worden seien. Er führt Beobachtungen E. Blums, Studien zur Komposition des Pentateuch (BZAW 189), 1990, weiter, der nicht hinter die von ihm als liteerarische Grundlage angesehene Komposition eines theologischen Kreises, der dem Dtr nahesteht („KD“), zurückzugehen wagt, obwohl er mit älterem Erzählgut rechnet. Umstritten ist also nicht, ob es vorexilische erzählerische Texte über den Exodus und Mose gab, sondern wie genau sie abzugrenzen sind und ob sie einen größeren Erzählbogen ausmachten oder wesentlich Einzeltexte waren.

Erfahrung der Rettung am Schilfmeer begann in Israel offensichtlich die Bekenntnisbildung; die Erzählung vom Entstehen des Passafestes spiegelt in ihrem Kern wahrscheinlich die älteste gottesdienstliche Tradition Israels wider; die Berichte von der Berufung des Mose sind wichtige Belege einer programmatischen Würdigung des Amtes und der Funktionen des Mose, und die Kindheitserzählungen stellen Auseinandersetzungen mit altorientalischer Königsideologie dar.

α. *Die Rettung am Schilfmeer*

Die Rettung Ur-Israels am Schilfmeer (Ex 14–15) ist für das nachmalige biblische Gottesvolk nicht eine beliebige Heilserfahrung unter anderen gewesen, sondern *die Grunderfahrung der Fürsorge Gottes für sein Volk* schlechthin; spätere Rettungserfahrungen aus schweren Nöten wurden als Bestätigung dieser Grunderfahrung verstanden. Für die herausgehobene Bedeutung dieser einen Rettung, die im Zug der Traditionsentwicklung immer stärker herausgestellt wurde, gibt es eine Fülle von Indizien. Ich nenne die vier wichtigsten:

1. Im Buch Hosea stellt sich Gott zweimal so vor (12,10; 13,4):

> Ich bin JHWH, dein Gott, vom Land Ägypten her.

Mit diesem kurzen geographischen Hinweis, der primär die Rettung am Schilfmeer assoziiert, gibt der Gott des Alten Testaments *eine Art Selbstdefinition.* Wer weiß, was „in Ägypten" geschah, weiß alles Notwendige über diesen Gott. Daher kann Hos 13,4 auch folgern:

> Einen Gott außer mir kennst du nicht,
> und einen Retter außer mir gibt es nicht.

Mit seinem Intellekt kennt Israel eine Fülle von Göttern, aber das hier verwendete hebräische Verb ידע meint mehr und anderes. Wie es im zwischenmenschlichen Bereich für intimste Verbindungen bis hin zum Sexuellen verwendet wird („Adam erkannte Eva, und sie gebar …", Gen 4,1), so drückt es auch in der Gottesbeziehung ein unüberbietbar enges Verhältnis aus. Israel hat demnach in der Rettung am Schilfmeer eine analogielose Nähe Gottes zu sich erfahren. Dtr Theologen haben später am Anfang des Dekalogs die theologische Folgerung Hoseas zur Forderung erhoben: Wer von der Befreiung Israels aus der Knechtschaft Ägyptens weiß, würde JHWH als den handelnden Gott verraten, wenn er je „andere Götter neben mir" (Ex 20,3; Dtn 5,7) dulden würde. Die Erfahrung des überraschenden Überlebens am Schilfmeer vermittelt Israel das Wissen, dass es Hilfe und Rettung sinnvoll nur von diesem Gott erwarten kann, der es aus scheinbar aussichtsloser Lage errettete.

2. Weil es sich bei der Rettung der Vorfahren am Schilfmeer um die Grunderfahrung seines Glaubens handelte, kann für Israel diese Tat Gottes nicht beliebig durch Kontrasterfahrungen relativierbar sein; vielmehr stellt sie ein

Zeichen der gültigen Bindung JHWHs an sein Volk für alle Zeiten dar. Was soeben am Beispiel von Texten aus dem Hoseabuch und aus dem Dekalog ausgeführt wurde, lässt sich verallgemeinern: Wo immer das Alte Testament *die Erwählung Israels durch JHWH* nicht nur generell feststellt, sondern mit einem konkreten Ereignis belegt, nennt es die Exoduserfahrung. Neben Ps 114,1 f. ist Am 3,1 f. das bekannteste Beispiel, wo wieder das Verb ידע begegnet, dieses Mal im Mund JHWHs:

> Hört dieses Wort, das JHWH gegen euch geredet hat, ihr Israeliten,
> gegen die gesamte Sippe, die ich aus dem Land Ägypten heraufgeführt habe:
> Euch allein habe ich erkannt unter allen Sippen der Erde,
> darum such ich an euch heim alle eure Verschuldungen.

Keine andere Heilstat Gottes gilt im Alten Testament in gleichem Maße als prinzipiell unüberbietbar und gleichzeitig als irrevozierbar. Sie erweist die exklusive („euch allein") Bindung JHWHs an dieses Volk und impliziert damit schon die später so stark betonte exklusive Verehrung dieses Gottes seitens Israels und die Konsequenzen aus ihr für den Alltag.

3. Häufig, besonders in den Psalmen, wird die Schilfmeer-Erfahrung als *„Wunder"* bezeichnet (Ex 15,11; Ps 77,15 ff.; 78,11 f.; 106,7.22 u. ö.). Wo dies der Fall ist, steht sie mehrfach am Anfang von aufgezählten Wundertaten Gottes, gilt also als das Ur-Wunder, das durch nachfolgende Wunder immer neue Bestätigung fand. Dabei meint der Begriff „Wunder" (Wurzel: פלא) von Haus aus nicht wie in der Aufklärung eine Tat, die die Naturgesetze durchbricht, sondern er setzt eine extreme Notlage voraus, die nach menschlichen Maßstäben in den Untergang führt, zielt also auf Rettung in einer Situation, in der von Seiten der Menschen nichts mehr zu erwarten ist[43].

4. Gewichtiger noch als die bisher genannten Gesichtspunkte ist die Tatsache, dass in zahlreichen Psalmen Schilfmeerwunder und göttlicher Kampf gegen das Meer ineinander verwoben sind[44]. Das geschieht nicht primär aus dem Interesse, den mythischen Chaoskampf zu „historisieren", wie man früher gern gemeint hat, sondern weit eher aus der genau gegenteiligen Absicht: *das Schilfmeerwunder zu „mythisieren"*, d. h. ihm den Charakter einer einmaligen Geschichtstat zu nehmen und es zu einer grundlegenden Gotteserfahrung zu überhöhen, die jeglicher geschichtlicher Einzelerfahrung vorausliegt. Eine derart häufige und prinzipielle Mythisierung (und damit Verallgemeinerung) einer Geschichtserfahrung ist im Alten Testament analogielos[45]. Damit wird das Schilfmeerwunder in exzeptioneller Weise über alle anderen heilvollen Gotteserfahrungen herausgehoben und erhält einen singulären Charakter, der im Grundsatz dem ἐφάπαξ („ein für alle Mal") des Kreu-

---

[43] In später Zeit wird dieser Wunderbegriff ausgeweitet, so dass etwa in Ps 136 auch die Schöpfung Gottes unter die „großen Wunder" gerechnet wird.

[44] Berühmte Beispiele sind: Ps 77,15 ff.; 89,6 ff.; 106 und 114. Vgl. im Folgenden die Auslegung von Ex 15.

[45] Am ehesten vergleichbar ist die mythische Überhöhung der Landgabe in Ps 47,4 f.

zesgeschehens in der Deutung des Paulus (Röm 6,10; vgl. Hebr 7,27; 9,12) vergleichbar ist.

Möglicherweise ist *das sog. Mirjamlied Ex 15,21* der älteste Beleg für die Exodustradition[46].

Singt JHWH,
denn hoch erhaben hat er sich erwiesen:
Ross und seinen Streitwagenkämpfer
hat er ins Meer geworfen.

Wichtiger als die Datierung ist freilich die Aussage des Textes. Er spiegelt im Vollzug des Lobens einen Erkenntnisvorgang wider. Während der 2. Satz die Tat Gottes, aufs dichteste zusammengefasst, nacherzählt, bietet der 1. Satz deren Deutung. Wie Gott *ist*, folgert der Hymnus aus dem, was er im Horizont menschlicher Erfahrung *tut*. Im Erleben der Menschen steht die Tat voran, und ihre Deutung folgt; in der Logik des Hymnus steht die Deutung, d. h. die Erkenntnis Gottes, voran und wird durch die Nennung der göttlichen Tat nachträglich belegt. Spätere hymnische Aussagen folgern die Unvergleichlichkeit Gottes („wer ist wie du, JHWH, unter den Göttern?" Ex 15,11) aus der Erfahrung des Exodus, während prophetische Stimmen warnen, sich auf Menschen, und seien es die Truppen einer Weltmacht, statt auf Gott zu verlassen (Jes 31,3 u. ö.).

Die Schilfmeer-Erfahrung hat eine Fülle an Deutungen aus sich entlassen, deren gewichtigste in dem Bericht Ex 14 und in dem Moselied Ex 15 in Prosa und Poesie vorliegen[47]. Allein *der Prosabericht Ex 14* lässt nach üblicher Analyse mindestens zwei, vielleicht sogar drei verschiedene Hände unterscheiden. Bemerkenswert ist, dass die älteste Prosatradition – der traditionelle Jahwist (J) – mit der Tradition des Hymnus darin übereinstimmt, dass beide *das Schilfmeerereignis als einen JHWH-Krieg* (oder „heiligen Krieg") schildern, bei dem JHWH zugunsten Israels und an seiner Stelle den Feind besiegt[48], nur dass dieser Feind in Ex 14 die Ägypter generell sind, in Ex 15,4 dagegen der Pharao als ihr Repräsentant. Die Deutung des Rettungsgeschehens als JHWH-Krieg beruht wiederum auf der Auffassung, dass Israel am Schilfmeer JHWHs Hilfe grundlegend erfuhr, bedroht vom Heer einer Weltmacht, so dass die mit analogen Kategorien dargestellten Rettungserfahrungen in den Erzählungen des Richterbuches als Bestätigungen der unüberbietbaren ersten Rettung galten. Am Schilfmeer fand sozusagen der Ur-JHWH-Krieg statt.

---

[46] Vgl. zur Diskussion o. S. 27 f.

[47] Die einzige Analogie zum Nebeneinander von Prosabericht und Poesie in der Darstellung eines bedeutenden Ereignisses bieten Ri 4 und 5.

[48] Vgl. G. von Rad, Der Heilige Krieg im alten Israel, [3]Göttingen 1958 und zu Ex 14 C. Levin, Der Jahwist, 343 f.

In der ältesten Prosafassung ist es näherhin (wie in vielen Kriegsschilderungen des Richterbuches) ein Gottesschrecken, der die Ägypter verwirrt, so dass sie gedankenlos ins zurückströmende Meer und damit in ihren Untergang stürzen (V.24.27); ein Ostwind hatte kurzfristig das Meer zur Seite getrieben.

Ungleich theologischer stellt die jüngere Fassung der *Priesterschrift (P)* das Geschehen dar. Bei ihr ist von Anbeginn ausschließlich JHWH handelnd am Werk. Schon das feindliche Verhalten des Pharao in seinem Plan, die Israeliten zu verfolgen, ist - ebenso wie seine Weigerung, sie ziehen zu lassen, in den Plagenerzählungen - durch *Gott* gewirkt, *der Pharaos Herz „verhärtet" und „verstockt"*. Mit dieser abgründigen Interpretation, die auch noch die menschliche Schuld, die das göttliche Handeln hervorruft, auf Gottes Tat zurückführt, wird eine Vorstellung der jesajanischen Tradition aufgegriffen, die in Jes 6 freilich JHWHs Unheilshandeln an Israel begründet. In Ex 14P dient alles Geschehen nur dem einen Ziel: der Verherrlichung JHWHs. Die Rettung ist daher als absolutes Wunder beschrieben, das jegliche menschliche Erfahrung transzendiert: Das Wasser steht in Mauern, um eine Passage zu bilden, durch die die Israeliten trockenen Fußes hindurchgehen, während die Wassermauern über den sie verfolgenden Ägyptern zusammenbrechen, hervorgerufen durch Moses Stab auf Geheiß JHWHs.

Die vermutlich jüngste Deutung des Schilfmeerereignisses im *sog. Moselied Ex 15*[49] ist zugleich die kühnste. Ex 15,1b-18 bietet eine singuläre Neudeutung des Königtums Baals, wie es im ugaritischen Mythos dargestellt ist[50]. Hier gewinnt Baal seine Weltherrschaft in zwei Akten: 1. indem er im Kampf um sie den Meeresgott Jammu, die Verkörperung des Chaos, besiegt und 2. als Folge dieses Sieges seinen himmlischen Palast errichten darf, von dem aus er die Welt regiert. Ebenfalls in zwei Akten, nun aber sehr anderer Art, wird JHWHs Königtum über die Welt beschrieben: Am Anfang steht sein Sieg über einen Feind, der nicht ihn, sondern Israel gefährdet, am Ende sein Geleit des geretteten Volks - vor den Augen der erschreckten und damit befriedeten Nachbarvölker - zu dem von ihm selbst gegründeten (und folglich längst bestehenden) Heiligtum. Wie im Baalmythos ist das Weltgeschehen auf zwei wesentliche Akte zusammengedrängt, die weltgründende, universale Bedeutung haben: Bei Baal sind es sein Sieg im Kampf und die folgende Ausübung der Weltherrschaft. Auch JHWH siegt in Ex 15, aber über einen Gegner, der sein Volk mit dem Untergang bedroht; entsprechend ist die Folge des göttlichen Sieges nicht seine Weltherrschaft, die längst bestand, sondern die Heimholung Israels zu sich, in die Nähe seines göttlichen Schutzes. Als von ihm mit dem Sieg erworbenes Eigentum wohnt das Gottesvolk künftig dort, wo Gott schon vorher wohnte: rings um sein Heiligtum herum.

In Ex 15 wird *die Rettung am Schilfmeer zur Geburtsstunde Israels* erklärt. Das Gottesvolk, das in der Nähe des Zentrums der Welt, des Zions, und damit bei JHWH wohnt, ist der Siegespreis, den Gott im Kampf gegen den Pharao errungen hat.

---

[49] Vgl. zur Datierung und Analyse J. Jeremias, Das Königtum Gottes, 93-106.
[50] Vgl. o. S. 31.

β. *Das Passa*

Vorgeschaltet vor das zentrale Rettungsereignis am Schilfmeer steht sachgemäß mit Kap. 7–13 die Erzählung von der Entstehung des Passafestes; sie ist verbunden mit den vorangehenden Schilderungen volkstümlicher Plagen, durch die der Pharao mühsam lernen muss, dass nicht Mose, sondern der Gott, der souverän über die Mächte der Natur gebietet, sein Gegenüber ist und dass seine Weigerung, Gott zu gehorchen, tödliche Gefahren über Ägypten bringt. Das Passafest ist das einzige Fest, das im Alten Testament von allem Anfang an mit der Vergegenwärtigung einer geschichtlichen Erfahrung, eben des Exodus aus Ägypten, verbunden war[51]. Demgegenüber waren die drei Haupt- und Wallfahrtsfeste in Israel (Mazzen-, Ernte- und Lesefest) von Haus aus agrarische Feste (vgl. Ex 23,14–17), die die gesamte Erntezeit vom Frühjahr bis zum Herbst umspannten; sie wurden erst relativ spät „historisiert". Im Unterschied zu ihnen fand das Passa – nachts – in den Häusern statt; nachdem die Schafe geschlachtet worden waren, bestrich man die Türpfosten und die Oberschwelle des Hauses mit Blut und verzehrte die gebratenen Tiere im Kreis der Großfamilie[52].

In nicht weniger als drei Kapiteln (Ex 11–13) werden die Voraussetzungen und der Verlauf des Passa von vermutlich drei Verfassern beschrieben. Die gottesdienstliche Vergegenwärtigung der Ereignisse ist ihnen so wichtig, dass deren erzählerische Ausgestaltung vorangestellt wird. Es ist von daher nicht zufällig, dass die beiden jüngeren Hände – P und Dtr – stark betonen, dass der wichtigste *Sinn und Zweck des Passaritus ist, zum „Gedenken"* (זכרון 12,14; זכור 13,3; vgl. zuvor Dtn 16,3), und zwar *für alle Zeiten* (12,14), *anzuleiten*. Die gegenwärtig (vor allem im Anschluss an Jan Assmanns Buch „Das kulturelle Gedächtnis") so geläufige Rede von einer Gedächtniskultur hat hier ihre älteste biblische Wurzel. Allerdings gilt es zu beachten, dass זכר im Hebräischen anderes meint als „gedenken" im Deutschen[53]. Zielt letzteres auf einen intellektuellen Vorgang, so ist ersteres weit umfassender konnotiert. Wenn etwa Ps 25,6 Gott bittet: „Gedenke, JHWH, an deine Barmherzigkeit und Güte!", so verdeutlicht der folgende Relativsatz „die von Ewigkeit her gewesen sind",

---

[51] Das gilt unabhängig von der Tatsache, dass ihm – nach religionsgeschichtlicher Rekonstruktion – wahrscheinlich ein älter Hirtenritus in der Situation des Aufbruchs der Herde beim jährlichen Weidewechsel zugrunde liegt, bei dem das Blut eine apotropäische Funktion erhielt. Vgl. die viel diskutierte Rekonstruktion von L. Rost, Weidewechsel und altisraelitischer Festkalendar, in: Das kleine Credo und andere Studien zum AT, Heidelberg 1965, 101–112; weiter R. Schmitt, Exodus und Passah (OBO 7), 1975, 27 ff.

[52] Deswegen kann das Passa für P (zur Exilszeit) auch vor der Offenbarung am Sinai, bei der die Ordnungen des Gottesdienstes von Gott gestiftet wurden, dargestellt werden. (Zuvor war das Passa aufgrund der deuteronomischen Reform [Dtn 16] und der Verbindung mit dem Mazzenfest seinerseits Wallfahrtsfest geworden und wurde es auch nach dem Exil wieder [2 Chr 30,1.5], nur dass jetzt wegen der Menge der Teilnehmer die Schafe in den Häusern verzehrt wurden.)

[53] Vgl. dazu grundlegend W. Schottroff, „Gedenken" im Alten Orient und im Alten Testament (WMANT 15), [2]1967.

dass das Problem des Gebets nicht ist, dass Gott seine Barmherzigkeit vergessen haben könnte. Noch deutlicher wird der andersartige Sinn durch den folgenden Vers: „Gedenke nicht der Sünden meiner Jugend!“ Würde Gott ihrer „gedenken“, müsste er strafen. Das Objekt des „Gedenkens“ liefert die Motivation zum jeweiligen Handeln. Ein Gott, der „seiner Barmherzigkeit und Güte gedenkt“, kann die Sünden der Jugend nicht strafen. Ein Israel, dem Deuterojesaja im Namen Gottes zuruft: „Gedenket nicht des Früheren! Seht, ich bin dabei, Neues zu schaffen!“ (Jes 43,18f.), braucht nicht mehr gebannt rückwärts gewandt auf seine Schuldgeschichte zu starren, die ins Exil führte; es darf im „Gedenken“ des neuen Gotteshandelns und damit aus der Erwartung und Hoffnung leben. Auf das Passa angewendet heißt das: Das „Gedenken“ der grundlegenden Heilstat Gottes, des Exodus aus Ägypten, liefert die entscheidende Orientierung für das Handeln Israels. Es soll ihm, wie der Dekalog es ausdrückt, unmöglich machen, von anderen Mächten als von JHWH Hilfe zu erwarten; außerdem soll es, wie es das Bundesbuch einprägt, verhindern, dass die Not des Fremdlings übersehen wird, denn „ihr seid selber Fremdlinge im Land Ägypten gewesen“ (Ex 22,20)[54]. Im „Gedenken“ des Passa wird die nachgeborene Generation gleichzeitig mit derjenigen der Vorväter. Deren Erleben soll folglich das Alltagsleben des Gottesvolks zu allen Zeiten prägen. Darum gilt: „Er hat ein Gedächtnis gestiftet seinen Wundern“ (Ps 111,4).

Fragt man nach der besonderen inhaltlichen Füllung des Rettungsgeschehens in den Passaberichten, so tritt schon in der ältesten Fassung, dem traditionellen J, *das Thema der Verschonung* ins Zentrum. Es verbindet das Passa mit den ältesten Assoziationen der Erzählungen von der Sinaitheophanie (s.u.). Erinnert wird an ein Geschehen, bei dem es um Leben oder Tod geht. Wenn JHWH selber „durch Ägypten hindurch schreitet“ (עבר ב 12,12 P; 12,23 J), um die Erstgeburt der Ägypter „zu schlagen“ (bzw. durch seinen „Verderber“ schlagen zu lassen), bleibt keine (ägyptische) Familie ausgenommen, auch nicht die des Pharao – es sei denn, der Ritus des Blutbestreichens an den Pfosten der Eingangstür signalisiere ihre Zugehörigkeit zu den Bewahrten, weil JHWH – wie es die volksetymologische Deutung des Passa sagt – dieses Haus „überspringt“ (Ex 12,13 P; 12,23 J). Im Passa-„Gedenken“ bekennt Israel, dass es nur aufgrund dieser Verschonung am Leben und in der Freiheit ist. Um seine ehemalige Lebensgefahr zu vergegenwärtigen, feiert die Gemeinde das Fest symbolisch in der Aufbruchssituation, d.h. in großer Eile (12,11 P). Auf diese Weise bleiben die Feiernden mit der Generation des Exodus verbunden.

---

[54] Vgl. die Antwort des Vaters an seinen Sohn, der nach dem Sinn des Passaritus fragt: „*Wir* waren Sklaven des Pharao in Ägypten …“ (Dtn 6,20ff.).

Allerdings muss der Prophet Amos in seinen Visionen erfahren, dass es eine Grenze der göttlichen Verschonungsbereitschaft gibt, wenn Israels Schuld zu groß geworden ist; dann ist Gott ein „Vorübergehen“ (עבר על) nicht mehr möglich (Am 7,8; 8,2), so dass er – wie seinerzeit durch Ägypten – auch durch Israel todbringend „hindurchschreitet“ (עבר ב Am 5,17).

γ. *Die Berufung des Mose*

Vor die Darstellung des gottesdienstlichen Geschehens, das die Befreiung aus Ägypten feiert (Ex 7–13), und vor die erzählerische Entfaltung des grundlegenden Bekenntnisses zu JHWH (Ex 14–15) ist mit der Erzählung von Moses Berufung (Ex 3–4.6) einer der großen programmatischen Texte des Alten Testaments gestellt worden, der die wesentlichen Verständniskategorien für das Folgende bereitstellen will. Auch wenn es sich bei Ex 3–4 um eine ursprüngliche Einzelerzählung gehandelt haben sollte[55], ist es kein Zufall, dass an der Darstellung dieser zentralen Weichenstellung, die die Mosezeit theologisch einleiten und ihre Unterschiede zur Väterzeit einprägen möchte, mehrere Hände deutender Theologen beteiligt sind. Mindestens drei, eher sogar vier verschiedene Fassungen lassen sich unterscheiden. Vermutlich ist eine ältere Grunderzählung (traditionell „J“) doppelt erweitert worden: zum einen durch das Berufungsschema und die göttliche Namenkundgabe in Kap. 3 (V.9–14*, traditionell „E“)[56] und danach durch die Darstellung in Kap. 4 (V.1–17), die P nahesteht und wahrscheinlich als Vorläuferin von P zu klassifizieren ist[57]. Als letztes tritt die völlig neue Fassung der Berufung durch P selber in Ex 6 hinzu.

Die beiden bedeutendsten Fassungen der Moseberufung – die erweiterte Grunderzählung („E“) und P – kulminieren darin, dass Mose (und mit ihm Israel) in der Stunde seiner Berufung *den Eigennamen JHWH* erfuhr. Natürlich sind beide Erzähler der Überzeugung, dass schon die Väter den gleichen Gott wie Mose verehrten. Zum Ausdruck dieser Kontinuität führt Gen 4,26 den

---

[55] Dies hat man in jüngerer Zeit mehrfach aus der bekannten Beobachtung geschlossen, dass sich Ex 4,19 erzählerisch gut an 2,23aα anschließen lässt. Zwingend ist die Folgerung nicht.

[56] Mehr als andere Texte des Exodusbuches ist Ex 3 in jüngster Zeit zu einer Spielwiese der Exegeten geworden. Die These einer nachpriesterschriftlichen Abfassung des Kapitels (E. Otto in: M. Vervenne [Hg.], Studies in the Book of Exodus [BEThL 126], 1996, 61–111; 101ff., sowie K. Schmid und J.C. Gertz [o. Anm. 3]) hat E. Blum in: J.C. Gertz u.a. (Hg.), Abschied vom Jahwisten (BZAW 315), 2002, 119–156; 124ff. zwingend widerlegt. Aber auch die pauschale Klassifikation von Ex 3 als „dtr“ in einer Einleitung (!) (T. Römer in: W. Dietrich u.a. [Hg.], Die Entstehung des AT, Stuttgart 2014, 113–115) entbehrt jeder Grundlage. Die wichtigsten Argumente der gut begründeten traditionellen Analyse, der auch ein kritischer Exeget wie O. Kaiser (Der Gott des AT 2, 87ff.) folgt, haben zuletzt L. Schmidt (o. Anm. 42) und M. Pietsch (Abschied vom Jahwisten? ThLZ 139 [2014], 151–166) zusammengetragen und noch erheblich vermehrt.

[57] Vgl. die sorgfältige Begründung bei W.H. Schmidt, Exodus, 192–197, sowie Pietsch, a.a.O. 162f. Andere Ausleger (etwa K. Schmid, J.C. Gertz, E. Blum) erklären Ex 4,1–17 demgegenüber als Zuwachs zu P.

JHWH-Namen schon in die Urgeschichte ein. In Ex 3,6 stellt sich Gott Mose zunächst als der „Gott deines Vaters" vor, und Mose spricht entsprechend gegenüber den Israeliten vom „Gott eurer Väter" (V.13.15.16), um die Identität Gottes aufzuweisen. Mit der Differenz der Gottesbezeichnungen wollen die beiden großen Erzähler zum Ausdruck bringen, dass erst Mose das volle Wesen Gottes kennengelernt hat, d.h. sachlich, dass man vom Gott des Alten Testaments nicht vollgültig reden kann, ohne von der Herausführung Israels aus Ägypten (und von Gottes Offenbarung am Sinai) zu wissen. Die Priesterschrift systematisiert die Stadien der Gotteserkenntnis noch stärker, wenn sie der Menschheit in der Urgeschichte den allgemeinen Gottesbegriff Elohîm, den Vätern dagegen den Gottesnamen El Schaddai (Gen 17) und schließlich Mose in einem 3. Stadium den JHWH-Namen zuordnet.

Exkurs: Der Name JHWH

Schon von der letztgenannten Beobachtung her ist deutlich, dass für das Alte Testament (wie für den Alten Orient generell) ein Name und allemal ein Gottesname mehr war als Schall und Rauch; vielmehr gab die Gottheit im Namen ihr Wesen preis. Wenn die Göttin Ischtar sich in Heilsorakeln der neuassyrischen Zeit dem König Asarhaddon vorstellt: „Ich bin Ischtar von Arbela; Asarhaddon, fürchte dich nicht!", so gibt sie dem König zu erkennen, welche Gottheit unter den zahlreichen göttlichen Mächten ihn ermutigend anspricht. Wenn der Gott des Alten Testaments sich dem Volk Israel im Dekalog vorstellt: „Ich bin JHWH, dein Gott …", dann tritt er dagegen nicht aus einer Reihe möglicher Gottheiten hervor, sondern *er bietet* mit seinem Namen – und dem zugehörigen folgenden Hinweis auf die Befreiung Israels aus Ägypten – *eine Art Selbstdefinition*, aus der der Text die Exklusivität der Gottesverehrung folgert. Diese Exklusivität (mit der Zusage „dein Gott" als ihre Bedingung) ist für das Alte Testament letztlich im Namen JHWH selbst impliziert; man denke nur an die häufigen Zielangaben des göttlichen Handelns bei P und bei Ezechiel: „ … damit sie erkennen, dass ich JHWH bin". Diese Formulierungen setzen voraus, dass Gott das in seinem Namen enthaltene Wesen immer wieder in neuen Taten bezeugt. Daher ist die Differenz keineswegs belanglos, dass die kanaanäischen Hochgötter El („Gott") und Baal („Herr") generische Gottesnamen trugen, der Gott Israels dagegen einen Eigennamen.

Erst wer den Namen einer Gottheit kennt, kann sie in der gebührenden Weise anrufen, um sie im Gebet zu erreichen. Wenn das Deuteronomium häufig vom Tempel als dem Ort, „den JHWH erwählt, seinen Namen dort wohnen zu lassen", spricht (Dtn 12,11; 14,23; 16,2.6.11 u.ö.), so werden damit zwar auch, wie oft betont, allzu massive Wohnvorstellungen von Gott im Tempel abgewiesen; viel wichtiger aber ist die positive Aussage: Israel kennt den Namen seines Gottes und kann ihn anrufen. Hier *tritt der Name Gottes an die Stelle des Kultbildes* in den großen Religionen des Alten Orients. Er verbürgt die Nähe und Zugewandtheit Gottes. Für die Zeit, in der der Tempel in Trümmern lag, war diese Deutung der Gegenwart Gottes lebenswichtig für Israel.

In Vertretung Gottes kann sein Name auch *den Charakter einer eigenen Wesensart* annehmen, besonders in den Psalmen. Menschen können nicht nur Gottes Namen rühmen, und ihn verherrlichen, sondern ihn auch „lieben" (Ps 5,12) und ihm „vertrauen" (Ps 33,21). Sie „erzählen von ihm", d.h. von seinen Taten (Ps 22,23), und Gott kann „um seines Namens willen" gütig handeln (Ps 25,11).

Angesichts dieser hohen Bedeutung des Gottesnamens spiegeln manche Texte das Staunen und Erschrecken vor der Tatsache wider, dass sich *Gott mit der Preisgabe seines Namens in die Hände der Menschen gibt.* Das Staunen bezieht sich auf die Ermächtigung der Menschen: Propheten etwa können „im Namen JHWHs" reden und handeln, Gemeinden „im Namen JHWHs" Gottesdienst feiern. Demgegenüber war der Gedanke für alle Generationen unerträglich, dass Menschen unter Berufung auf den Namen JHWH zum Schaden anderer Menschen einen Meineid schwören konnten (Lev 19,12; Jer 5,2 u.ö.). Der Dekalog hat in fortgeschrittener Zeit mit seinem generellen Verbot, „den Namen Gottes zu Nichtigem zu gebrauchen" (Ex 20,7; Dtn 5,11), noch ungleich mehr Weisen der Entweihung des Namens im Blick, etwa Spott und Lästerung (Lev 24,10 u.ö.). Aus dem Erschrecken vor solchen – und vielen verborgenen – Weisen des Namensmissbrauchs ist die Tendenz später Hände im Alten Testament und insbesondere des Judentums generell zu verstehen, den Eigennamen JHWH ganz zu vermeiden und stattdessen von Adonaj („Herr") oder von „dem Heiligen", „dem Namen" etc. zu sprechen. Die Septuaginta mit ihrer Verwendung des Kyrios-Titels für den Gottesnamen ist ein Zeuge dieser Scheu.

Was aber *besagt der Name JHWH inhaltlich*? Die zahlreichen Versuche einer philologischen Ableitung haben noch zu keinem sicheren Ergebnis geführt[58]. Sie sind aber theologisch ohnehin von untergeordneter Bedeutung, weil Israels eigenes Verständnis des Namens kaum mit einer korrekten philologischen Deutung übereingestimmt haben wird, zumal der JHWH-Name ihm aller Wahrscheinlichkeit nach aus fremdem Kontext überkommen war (vgl. o.S. 15f.). Für Israels Verständnis bietet *Ex 3,14* den bei weitem wichtigsten Beleg – eine Auslegung des Gottesnamens, bevor er feierlich genannt wird, mit der berühmten Ableitung von היה „sein, werden" durch Gottes Selbstaussage: „Ich bin, der ich bin" bzw. korrekter: *„Ich werde sein, der ich sein werde"*. Angesichts der Vieldeutigkeit auch dieser Aussage erscheinen mir drei Beobachtungen von zentraler Bedeutung:

---

[58] Die wichtigsten vergleichbaren bzw. ähnlichen Namensformen in Ebla, Mari und Ugarit sowie die bedeutendsten Versuche zur Herleitung des Namens (neben „werden, sein" u.a. „fallen" und „wehen") nennt W.H. Schmidt, Exodus, 173f.

1. Es handelt sich bei der göttlichen Selbstaussage nicht um eine Tautologie und damit nicht um das Ausweichen vor einer Sachaussage, wie man früher oft vermutet hat. Deutliches Indiz ist die einzige Auslegung, die Ex 3,14 im Alten Testament selbst gefunden hat: „Ich werde gnädig sein, wem ich gnädig sein werde, und mich dessen erbarmen, dessen ich mich erbarmen werde" (Ex 33,19). Die Intention dieser Paronomasie ist es, *die Unvergleichlichkeit des göttlichen Handelns* zum Ausdruck zu bringen; Gottes Erbarmen ist mit keiner Erfahrung menschlichen Erbarmens auf eine Stufe zu stellen, sondern nur sich selbst vergleichbar. Ihre Erfüllung erfährt diese Ankündigung Gottes in seiner Wesenspreisgabe Ex 34,6f.[59].

2. Weit in die christliche Auslegung von Ex 3,14 hinein hat die Übersetzung der Septuaginta gewirkt: ἐγώ εἰμι ὁ ὤν: „Ich bin der Seiende", d.h. der, dem wahres Sein zukommt. So tief und sinnreich diese Übersetzung ist, so überträgt sie doch griechische Kategorien auf einen hebräischen Text. In Ex 3,14 selber geht es nicht um Ontologie. Vielmehr wird mit dem Verb „Ich werde sein" die gleiche, aber präzisere Aussage des Kontextes aufgegriffen, die ihr vorausgeht: „Ich werde *mit dir* sein" (V.12). Es geht in Ex 3,14 also entscheidend um *die Zusage des Beistands Gottes* gegenüber Israel. Entsprechend wird die erschreckende Revozierung dieser Zusage gegenüber der Generation des Propheten Hosea so ausgedrückt: „Ich werde nicht (mehr) für euch da sein", genauer: „Ich werde nicht (mehr) der ‚Ich bin mit euch' sein" (Hos 1,9).

3. In seiner sorgfältigen Studie zum Verb היה „sein, werden" hat R. Bartelmus gewichtige Gründe dafür angeführt, dass die beiden „Ich werde sein"-Aussagen in Ex 3,14 syntaktisch unterschiedliche Funktionen ausüben („Klassifikation" bzw. „Existenzaussage"), und zwar in der Zukunft[60]. Er selber schlägt die Übersetzung: „Ich werde sein, wer immer ich sein werde" vor und vermutet, dass Ex 3,14 ausdrücken will, dass der Mensch auch mit der Kenntnis des Namens JHWHs keine Verfügungsgewalt über den Träger des Namens gewinnen wird. Das ist eine sehr erwägenswerte Interpretation. Wahrscheinlicher erscheint mir selber aufgrund des zuvor Gesagten, dass die paronomastische Umschreibung des JHWH-Namens nicht „zum Ausdruck des Indefinitums" (Bartelmus nach Brockelmann) dient, sondern zur Vergewisserung[61]: „Ich werde sein, der ich sein werde" würde dann die bleibende Identität Gottes für Israel vermitteln wollen, mithin *Gottes Treue und Zuverlässigkeit.*

a. Die älteste (traditionell jahwistische) Erzählung von der Berufung des Mose unterscheidet sich von den späteren darin, dass sie Vorstellungskate-

---

[59] Vgl. u. S. 291ff.

[60] R. Bartelmus, HYH. Bedeutung und Funktion eines hebräischen „Allerweltworts" (ATSAT 17), 1982, 226ff. Präzisierungen bietet der spätere Aufsatz „Ex 3,14 und die Bedeutung von HYH" in: ders., Auf der Suche nach dem archimedischen Punkt der Textinterpretation, Zürich 2002, 383–402.

[61] So mit vielen anderen zuletzt O. Kaiser, Der Gott des AT, Teil 2, 87.

gorien der Darstellung der Väterzeit verwendet: Gott zeigt sich Mose wie in Gen 18 oder 28 am neu entdeckten heiligen Ort und schenkt ihm - und mit ihm Israel - hier die Verheißung. Allerdings bleibt der Ort der Gottesbegegnung ohne Namen und ohne präzise Lokalisierung. Wenn der Erzählung eine Kultätiologie zugrunde gelegen hat, was keineswegs sicher ist, hat der Erzähler sie um seiner übergreifenden Intention willen getilgt. Im gegenwärtigen Kontext hat der brennende Dornbusch nur die Funktion, Mose Gott zuzuführen. Dem Text geht es wesentlich um Gottes Verheißung an Mose, und deren Inhalt ist neu: die Rettung Israels. Neu ist weiterhin, dass die Verheißung erfolgt, weil Gott die Bedrängnis der hilfsbedürftigen Israeliten gesehen und ihren Notschrei gehört hat (Ex 3, 1–8*.16f.*).

b. Diese Voraussetzung nennt ein zweites Mal die theologisch bedeutsamere erweiterte J- (bzw. „E"-) Fassung der Mose-Berufung in Ex 3, die ihr Zentrum in V.9–14 besitzt und die die zuvor behandelte Interpretation des Namens JHWH überliefert; sie deutet programmatisch *die Berufung des Mose wie die eines Propheten*, indem sie das vermutlich in prophetischen Kreisen entstandene Berufungsschema[62] auf ihn überträgt. Ähnlich wie die Berichte von der Berufung der Propheten Jeremia und Ezechiel (aber auch Gideons als des bedeutendsten „Richters" und Sauls als des ersten Königs) enthält es die Glieder: göttlicher Auftrag – Einwand des Angesprochenen – Vergewisserung, und zwar letztere vermittelt sowohl durch die Zusage des göttlichen Beistands als auch durch ein bekräftigendes Zeichen. Mit dieser schematisierten Darstellung wollen die alttestamentlichen Erzähler hervorheben, dass alle großen Gestalten der Tradition – selbst ein Mose – mit einem legitimen Zweifel die ihnen von Gott zugedachte Aufgabe übernahmen[63], weil sie nach menschlichen Maßstäben ungeeignet für ihre große Aufgabe waren. Ihre Wahl und ihre folgende Tatkraft waren folglich nicht auf ihre besonderen Qualitäten zurückzuführen, sondern allein auf die Auswahl Gottes und auf seinen Beistand bei der Ausführung ihres Auftrags. Es ist nach Ex 3,9–14 also weiterhin Gott, der beim folgenden Auszug Israels aus Ägypten handelt wie in der älteren Fassung (V.7–8a), nur dass er jetzt durch einen Menschen handelt, dessen Schwachheit betont hervorgehoben wird. Durch diese Vermittlung wird das göttliche Handeln verborgener und kann mit menschlichem Handeln verwechselt werden. Im Fortgang der Traditionsbildung haben Erzähler gegen die Möglichkeit der Verwechslung göttlichen Handelns mit menschlichem – gerade im Fall der grundlegenden Rettungserfahrung Israels – vehement angekämpft. Ex 3,9–14

---

[62] Die prophetischen Elemente des Schemas haben besonders W. Richter, Die sog. vorprophetischen Berufungsberichte (FRLANT 101), 1970; W.H.Schmidt, Exodus, 123–129 und H.-C. Schmitt, Das sog. vorprophetische Berufungsschema, ZAW 104 (1992), 202–216 (= BZAW 310, 2001, 59–73) herausgearbeitet.

[63] Das von Gott gegebene Zeichen begegnet dem Zweifel der Angesprochenen und verdeutlicht ihnen damit, dass ihre Berufung kein kühnes Glaubenswagnis ist, wie insbesondere Jes 7,10ff. darlegt (vgl. u. S. 163).

selber tut dies, indem der Text zum einen die besondere Legitimationsbedürftigkeit Moses hervorhebt, der sich vor dem Volk mit dem vollgültigen Gottesnamen JHWH ausweisen muss, und indem er zum anderen aus dem Vergewisserungszeichen des Berufungsschemas ein Zeichen der Verheißung macht, das auf die Sinai-Offenbarung vorverweist (V.12).

c. In der Fortschreibung der älteren Fassungen der Mose-Berufung in Ex 4 wird sowohl der Zweifel Israels, das nun als wundersüchtig erscheint, an der göttlichen Sendung des Mose als auch *die mangelnde Eignung des Mose* für die Aufgabe der Herausführung Israels aus Ägypten *erheblich gesteigert.* Hatte Mose in 3,11 nur generell eingewandt: „Wer bin ich, dass ich zu Pharao gehen und die Israeliten aus Ägypten führen sollte?", so wird jetzt auf Moses Ungeschicklichkeit im Reden abgehoben, womit dem Leser verdeutlicht werden soll, dass Moses künftige Worte nur von Gottes Reden her zu verstehen sind (4,11 f.; vgl. 6,12). Ja, mehr noch: Israels Unglaube, in der Gestalt des Mose Gott als den Handelnden zu erkennen, wird auf Moses eigenen Unglauben und auf seine Weigerung, Gottes Sendung Folge zu leisten, übertragen: „Ach Herr, sende doch, wen immer du senden willst!" (V.13). Auf diese Weise wird endgültig verhindert, dass Mose als Heros vom zweifelnden Gottesvolk abgehoben und Gottes Tat als Moses Tat missverstanden werden könnte, obwohl Mose von Gott die Vollmacht verliehen wird, Wunder zu wirken. Zudem dient Moses Weigerung dazu, den Erzpriester Aaron in die Szene einzuführen, der keineswegs Mose ersetzen, wohl aber ihn unterstützen soll, und zwar so, dass Aarons Priesterwort in der gleichen Weise autorisiertes Mosewort ist, wie das Mosewort autorisiertes Gotteswort ist (V.14–16).

d. Noch programmatischer als in Ex 3 wird schließlich die Berufung des Mose von P in Ex 6,1–12 eingeführt. Wie noch genauer zu zeigen sein wird (u. S. 250f.), bildet sie hier in der Gottesrede den Dreh- und Angelpunkt des heilsgeschichtlichen Aufrisses, der von Gottes „Bund" mit Abraham über die „Erlösung" aus dem Frondienst in Ägypten zur Verheißung des Landes führt. Er gipfelt in Gottes Zusage: „Ich werde euch mir zum Volk annehmen, und ich werde euch Gott sein". *Die Erwählung des Gottesvolks und sein bleibendes Gottesverhältnis,* die die Grundlage für den Bau des Heiligtums darstellen, bilden das Proprium der Mosezeit. Sie sind die Voraussetzung für das höchste Ziel des Gotteshandelns: *„Ihr werdet erkennen, dass ich, JHWH, euer Gott bin"*, das unlöslich mit der Preisgabe des Eigennamens Gottes an Mose verbunden ist.

Allerdings ist P auch schon mit den Erfahrungen der Propheten und des Exils vertraut; darum endet Gottes große Verheißung an Israel durch Mose mit der nüchternen Feststellung, dass das „kleinmütige" Gottesvolk die Gottesrede „nicht hören wollte". Gott hat es für P von Anbeginn mit Menschen zu tun, die unfähig sind, ihm zu vertrauen, wenn er ihren eigenen Erfahrungshorizont überschreitet (vgl. den zweifelnden Abraham in Gen 17,17).

δ. *Moses Kindheit (Ex 1–2)*

Die Kindheitsgeschichte des Mose gehört – darin den Kindheitsgeschichten Jesu vergleichbar – traditionsgeschichtlich zum jüngsten Erzählstoff in Ex 1–15; sie setzt die abgeschlossene Erzählfolge Ex 3–15 (im Grundstock) schon voraus. Und doch ist für uns kein literarisches Stadium der Mose-Überlieferung greifbar, in dem sie noch gefehlt hätte. Offensichtlich gehört die Kindheitsgeschichte des Mose von Anbeginn zur literarischen Ausgestaltung der Mose-Überlieferung hinzu, und zwar um eines dreifachen Zweckes willen: 1. als Brücke zu den Vätererzählungen[64], 2. als Einleitung in die Mose-Thematik, vor allem aber 3. um ihres sachlichen Interesses willen: der Abgrenzung des Mose vom altorientalischen Königtum.

1. Wie schon zuvor bei der Behandlung der Vätererzählungen und des Schilfmeerwunders betont, erfolgt die Darstellung des Buches Exodus (und der Bücher Lev bis Dtn) mit charakteristisch *anderen Vorstellungskategorien vom Gegenüber Gottes* als sowohl das Buch Genesis als auch die Bücher Josua und Richter sie verwenden. Weder werden Erfahrungen von Gruppen und Völkern, in den Erlebnissen von Ahnvätern verdichtet, noch Erfahrungen einzelner Stämme aufgegriffen, sondern Gottes Gegenüber sind grundsätzlich Mose und „das gesamte Volk Israel", weil in Ex bis Dtn diejenigen Ereignisse und Gottesworte mitgeteilt werden, die für die Glaubensgemeinschaft konstitutiv sind, deren Gott JHWH ist. Dieser grundlegende Wechsel der Kategorien gegenüber den Erzählungen der Genesis wird in Ex 1 anfangs aufs kürzeste und sehr abrupt begründet: Nach Josephs Tod „waren die Israeliten fruchtbar, breiteten sich aus, wurden zahlreich und stark, (und das alles) im Übermaß …" (V.7). Nach dieser künstlichen Einführung von P, die in V.9 eine ältere Vorlage besaß, kann die Handlung der Mose-Erzählung beginnen.

2. Auf die Vermehrung und das Anwachsen Israels zum großen Volk, Zeichen des göttlichen Segens, reagieren die Ägypter auffällig widersprüchlich: zum einen mit der Ausnutzung der arbeitsfähigen Männer für große Baumaßnahmen des Staates, zum anderen mit der Tötung aller neugeborenen männlichen Nachkommen. Hier wird ein altes Traditionselement, das frühe historische Erinnerungen festhält – die Verpflichtung von Gruppen, die im späteren Israel aufgingen, zur Beteiligung an königlichen Bauten als Ursache des Exodus –, mit der Überlieferung von der Aussetzung des Mose verbunden, deren erzählerische Voraussetzung die Tötung aller männlichen Geburten bildet[65].

3. Die eigentliche Aussetzungsgeschichte des Mose in Kap. 2 hat ein doppeltes Anliegen. Zum einen will sie begründen, warum der große Mose einen

---

[64] Vgl. aber o. S. 65, Anm. 3.

[65] Die Versuche von C. Levin, E. Otto und K. Schmid, eine Aussetzungsgeschichte des Mose ohne diese Voraussetzung zu rekonstruieren, d. h. Kap. 2 literarisch von Kap. 1 zu isolieren, hat M. Gerhards, Die Aussetzungsgeschichte des Mose (WMANT 109), 2006, 27–34 mit gewichtigen Gründen als unhaltbar erwiesen.

ausländischen Namen trug, was vor allem den Lesern in der Spätzeit des Alten Testaments überaus anstößig war, als im Gefolge der Reformen Nehemias und Esras die unvermischte Reinheit der Gemeinde zum Ideal wurde. Weit wichtiger aber ist *die polemische Auseinandersetzung mit der Akkadischen Sargonlegende,* die - mit frappanten Ähnlichkeiten zu Ex 2 - von der Kindheit des ersten semitischen Großkönigs, Sargon von Akkad (um 2350 v. Chr.), handelt. Von diesem frühen Herrscher, um den sich bald Legenden rankten, haben sich seit altbabylonischer Zeit immer wieder Könige zur eigenen Legitimation hergeleitet, verstärkt in der neuassyrischen Periode und hier besonders Sargon II. (722–705 v. Chr.), der sich mit einem extrem großen Legitimationsbedürfnis als neuer Sargon von Akkad präsentierte und auf den die Akkadische Sargonlegende faktisch abzielt. Deren Übereinstimmungen mit Ex 2 sind bemerkenswert: die Aussetzung eines Neugeborenen durch die Mutter, und zwar auf einem Fluss, näherhin in einem Rohrkästchen, dessen Öffnung mit Erdpech abgedichtet ist, die endliche Rettung des Kindes und die Adoption durch den Finder bzw. die Finderin. Hier ist Zufall ausgeschlossen[66]; Ex 2 muss als bewusste Auseinandersetzung mit der Sargonlegende gedeutet werden.

Dann aber sind die Differenzen der Darstellung wesentlich: Mose ist keineswegs wie Sargon der Sohn eines Niemand, sondern er ist levitischer Abstammung. Er wächst zwar am königlichen Hof auf - ein Zug der Erzählung, der nirgends im Alten Testament aufgegriffen wird -, ist aber eine Art Anti-König. Er verlässt den Hof und geht zu seinen Brüdern (2,11). Er herrscht über kein Reich, schon gar nicht wie Sargon über ein Weltreich, sondern ist Beauftragter JHWHs an sein Volk. Er ist nicht Subjekt einer Geschichte, die unerwartete Heldentaten eines Königs überliefert, sondern - wie Ex 3,7ff. ausführen wird - lediglich Werkzeug und Mittler JHWHs in dessen Geschichte mit seinem Volk. Das verborgene Handeln Gottes in der Bewahrung des Kleinkinds dient nicht zum Erweis überragender Taten des Geretteten, sondern ist Ausdruck der Sorge JHWHs um sein Volk, dessen Führer Mose werden soll. Von Mose selbst wird einzig sein Einsatz gegen die quälerische Ausnutzung eines Volksgenossen als Arbeitskraft berichtet (2,11ff.). Auf der Ebene der Erzählung stellt Mose das Gegenmodell zum Pharao dar. An die Stelle von dessen unvermittelter Repräsentanz Gottes tritt die durch Mose vermittelte Gottesbeziehung Israels. Künftig wird daher JHWH selbst im Konflikt mit Pharao stehen - um Israels willen, das der Pharao unterdrückt. Das in Ex 14–15 kulminierende Ergebnis kann nicht zweifelhaft sein. Es hat sich schon in Kap.1 angedeutet, wo Pharaos Befehle von mutigen, aber machtlosen Frauen vereitelt werden.

[66] M. Gerhards hat diesen Nachweis dadurch erbracht, dass er verschiedenste ähnliche Aussetzungslegenden der Antike überprüft und mit Ex 2 verglichen hat (ebd. 149–247).

b. Die Sinaitradition

Die sog. Sinaiperikope, der große Textblock Ex 19 – Num 10,10, der die Ereignisse und Gottesworte im Kontext der Offenbarung Gottes am Sinai berichtet, ist überlieferungsgeschichtlich eine Größe sui generis, wie man seit langem weiß. Da Israel in der Erzählung des Pentateuchs nach den Ereignissen am Sinai wieder an der gleichen Stelle steht wie vor diesen Ereignissen hatte J. Wellhausen von einer „Digression zum Sinai“ gesprochen und eine ältere Überlieferung erschlossen, „in welcher die Israeliten sofort nach dem Durchgange durchs Schilfmeer auf Kades zogen und nicht erst den Abstecher zum Sinai machten“[67]. G. von Rad hat diese Vermutung durch die Beobachtung gestützt, dass in den zahlreichen Bekenntnisformulierungen, die die heilsgeschichtlichen Höhepunkte des Pentateuchs (bzw. Hexateuchs) zusammenfassen, die Ereignisse von Sinai durchweg fehlen[68]. Offensichtlich hatten die Gründungserfahrungen am Sinai für das biblische Israel einen anderen Charakter als die Geschichtserinnerungen der Exodus- oder Wüstenerzählungen. Die zentrale Funktion der gottesdienstlichen und rechtlichen Themen, die am Sinai so beherrschend in den Vordergrund treten, ist ein Indiz für die genannte Sonderrolle: *die theologische Fundierung des besonderen Gottesverhältnisses Israels.* Erzählt wird seine Ätiologie, beschrieben wird seine Eigenart.

Diese Sonderrolle kommt auch in den literarischen Eigenarten des Blocks der Sinaitexte zum Ausdruck. Sie kulminieren darin, dass sich um einen nur kleinen erzählerischen Kern (Ex 19f. 24. [32–34]), auf dessen Betrachtung sich das vorliegende Kapitel beschränkt, eine Fülle teilweise älterer, vor allem aber jüngerer Rechts- und Gottesdienstordnungen angegliedert hat, weil alle diese Ordnungen – per definitionem – in die Stunde der grundlegenden Offenbarung gehören und aus ihr die Legitimation als göttliche Satzung beziehen[69]. Ein Israel ohne die Orientierung an den von Gott verfügten rechtlichen Leitlinien und gottesdienstlichen Ordnungen hat es für das spätere Alte Testament nie gegeben. Umstritten ist dagegen, ob dieses theologische Urteil auch für das ältere Israel gilt oder ob Wellhausen mit seiner Annahme im Recht ist: „Die wahre und alte Bedeutung des Sinai ist ganz unabhängig von der Gesetzgebung“[70].

Die Unsicherheit in dieser wichtigen Frage hängt einerseits damit zusammen, dass sich nicht sicher sagen lässt, wann das älteste Rechtskorpus, das Bundesbuch (Ex 21–23,19*), Teil der Sinaiperikope geworden ist, andererseits mit der Erkenntnis, dass sich die ältesten Darstellungen der Sinaioffenbarung nur noch fragmentarisch greifen lassen; sie sind in kompliziert gewachsene jüngere Kompositionen aufgenommen worden, auf die an anderem Ort ein-

---

[67] J. Wellhausen, Prolegomena zur Geschichte Israels, [6]Berlin und Leipzig 1927, 341.
[68] G. von Rad, Das formgeschichtliche Problem des Hexateuch, Ges. St. (TB 8), 1958, 20ff.
[69] Vgl. o. S. 86. Eine Ausnahme bildet die Abschiedsrede des Mose im Dtn.
[70] A.a.O. 342.

gegangen werden soll (u. Teil III, S. 304 ff.), und bilden in ihnen vielfach nicht mehr ablösbare, integrale Bestandteile. Darum haben einige Exegeten in jüngster Zeit geurteilt, dass ein Rückgang hinter die jüngeren Kompositionen nicht mehr möglich sei. Sie halten die Suche nach älteren, vorexilischen Textteilen in Ex 19 ff. für aussichtslos und sehen dementsprechend in den literarischen Zeugnissen von der Offenbarung Gottes am Sinai späte künstliche Konstrukte[71].

Aber es gibt sowohl literarische als auch traditionsgeschichtliche Gründe, die gegen diese Ansicht sprechen. Ich nenne die drei wichtigsten:

1. Die im Kern spät-vorexilische Erzählung vom „Goldenen Kalb" in Ex 32 gestaltet die Darstellung des fehlgeleiteten Kultes vor dem Jungstier in Ex 32,5 f. unter bewusster Bezugnahme auf den legitimen Kult in Ex 24,4 f.*. Sie setzt also Ex 24,4 f.* voraus (vgl. u. S. 214). Ebenso setzt Ex 34,1–5* literarisch Ex 19,10 ff. voraus[72].

2. Die Schilderung der Riten, mit denen sich das Volk nach Moses Geheiß auf die erwartete Offenbarung Gottes in Ex 19,10 ff. vorbereitet, sind gottesdienstlicher Art: Abgrenzung des heiligen Ortes, Reinheit der kultischen Gewänder, Enthaltsamkeitsriten. Die Offenbarung am Sinai wird in Ex 19,10 ff. also offenbar in der Gestalt dargestellt, in der sie zur Zeit des Erzählers gottesdienstlich vergegenwärtigt wurde. Wäre Ex 19,10 ff. eine späte Konstruktion, müsste der Text entweder Züge der Zionstradition oder der jüngeren priesterschriftlichen Ordnungen enthalten. Das ist aber weder bei der so streng eingeschärften Abgrenzung des heiligen Ortes noch bei den Enthaltsamkeitsriten der Fall.

3. Vor allem aber begegnen die Leser in Ex 19–24 Gottesvorstellungen, die man wiederum weder in geläufigen Texten der Zionstradition noch in priesterschriftlichen Texten noch auch in Texten der Exodustradition findet: Am Sinai naht Gott in loderndem Feuer und hinterlässt mit seinem Kommen ein Volk in Todesangst. Er erschüttert die Erde, bringt Berge zum Rauchen und Beben, Donner, Blitz und schwere Wolke begleiten seine Präsenz. Er kommt als der unnahbar Heilige, nicht als der besorgte und schützende Gott wie in den Vätererzählungen, auch nicht als der helfende und rettende Gott der Erzählungen vom Auszug Israels aus Ägypten. Mehrfach wird gezielt das Erschrecken des Volkes berichtet, das um sein Leben bangt. Und das mit Grund: Wer Gottes heiligen Berg auch nur berührt, stirbt auf der Stelle.

---

[71] Vgl. stellvertretend für andere C. Levin, Der Dekalog am Sinai (1985), in: ders., Fortschreibungen (BZAW 316), 2003, 60–79; W. Oswald, Israel am Gottesberg (OBO 159), 1998; K. Schmid, Literaturgeschichte des AT, Darmstadt 2008, 127 ff.

[72] Es gibt eine Reihe evidenter sprachlicher Bezüge: Gottes Aufforderung an Israel bzw. Mose, zur angegebenen Zeit „bereit zu sein" (19,11.15; 34,2), was zum „Sich Hinstellen" der/des Angeredeten führt (19,16; 34,2.5), woraufhin Gott auf den Sinai „herabfährt" (19,11.18; 34,5).

α. Verschonung in der Stunde der Gefahr

Bleiben wir zunächst bei der letztgenannten Beobachtung. In den Erzählungen von Gottes Offenbarung am Sinai lernt Israel neue Züge seines Gottes kennen, erschreckende, bedrohliche, ja lebensgefährliche Züge. Sollte sich die Darstellung dieser so fremdartigen Erscheinungs- und Handlungsweisen Gottes erst der Erfahrung des Exils verdanken? Eine solche Annahme ist höchst unwahrscheinlich, weil viele herbe Züge im Gottesbild des reifen biblischen Glaubens ohne die Erzählungen von der Sinaitheophanie schwer verständlich blieben: die Intoleranz des 1. Gebotes, die Unverfügbarkeit Gottes, wie sie das Bilderverbot einschärft, die Härte der prophetischen Gerichtsverkündigung etc. Vor allem aber gibt es eine Fülle von Sachparallelen in Texten, deren Herkunft aus vorexilischer Zeit als gesichert gelten kann: der göttliche Überfall auf Mose als „Blutbräutigam" (Ex 4,24ff.), der nächtliche Angriff Gottes auf Jakob im Ringen auf Leben und Tod (Gen 32), der Tod Ussas, weil er die Lade Gottes berührt hatte (2 Sam 6,6f.), das Erstarren der ungehorsamen Frau Lots zur Salzsäure (Gen 19), das tödliche Zuschlagen Gottes in der Passanacht etc. Das Verständnis aller dieser erschreckenden Elemente im Gottesbild des Alten Testaments wäre erschwert, wenn wir keine vorexilischen Zeugnisse einer Sinaitradition besäßen, die Sinaitradition als ganze also erst das Ergebnis der Reflexion über die harten Erfahrungen des Exils wäre.

Das älteste für uns greifbare Zeugnis der Sinaitradition ist also, dass Gott in der Stunde seiner grundlegenden Offenbarung trotz der Gefährlichkeit seiner Nähe bereit war, Menschen – primär Mose, aber auch Israel bzw. seine Repräsentanten – sich nahen zu lassen. Thema der ältesten Sinaierzählungen war demnach *die unerwartete Verschonung von Menschen im Zuge einer lebensgefährlichen Gottesbegegnung mit dem Ziel einer bleibenden Gottesbeziehung.*

Dieses Thema ist in zahlreichen Einzeltexten belegbar, allerdings nur traditionsgeschichtlich, d.h. als überkommener Hintergrund jüngerer schriftlicher Belege. Ich beschränke mich auf zwei wichtige Beispiele:

1. Ex 34 erzählt die notwendig gewordene Erneuerung der Gottesbeziehung Israels nach der Errichtung des „Goldenen Kalbes". Die einleitende Schilderung der Erscheinung Gottes vor Mose (Ex 34,1–5*), die Ex 19,10ff. nachgebildet ist, verwendet zwei ältere Motive: die überwiegend in der Genesis belegte „Anrufung des Namens JHWHs" durch Mose und die kurze Beschreibung des Kommens Gottes zur Begegnung mit Mose:

> JHWH zog an seinem Angesicht vorüber …

Das hier verwendete *Verb „vorüberziehen an"* (עבר), das uns schon bei der Behandlung des Passa beschäftigt hat, besitzt in seiner Anwendung auf Gott zwei ganz verschiedene Bedeutungen, je nachdem, welche Präposition ihm folgt. Geht Gott „durch" (ב) sein Volk hindurch (Am 5,17) oder „durch" Ägypten wie in der Passanacht (Ex 12,12.23), so wirkt seine Gegenwart tödlich. Geht er dagegen wie hier „vorüber an" (על) Mose bzw. an Israel (Hos 10,11) oder aber an Elia (1 Kön 19,11), dann bleibt diese gefährliche Seite an ihm verborgen. Am deutlichsten drückt der Prophet Amos den Unterschied aus: Wenn Gottes Geduld mit dem schuldigen Israel erschöpft ist und er aufgrund der großen Schuld des Gottesvolks „nicht mehr an ihm (schonend) vorübergehen kann" (3. und 4. Vision, Am 7,8; 8,2), „ist das Ende meines Volks gekommen" (8,2), so dass Gott „durch es (todbringend) hindurchschreitet" (5,17). Gottes „Vorübergehen am Angesicht" des Mose gewährt diesem eine Nähe Gottes, wie sie Menschen gemeinhin verschlossen bleibt. Sie ist ein Akt der Annahme, ist Erwählung in nuce.

Welche Assoziationen sich mit Gottes „Vorübergehen am Angesicht" des Mose für Spätere verbinden, zeigt der jüngere, vorangestellte Kommentar in Ex 33,18–23[73]. Hier wird einem Mose, der mit seinem Wunsch, den כבוד, die „Herrlichkeit" Gottes schauen zu dürfen, ein Äußerstes von Gott erbittet, in V.21 f. beschieden, dass er Gottes „Vorübergehen an" ihm erleben darf – das er freilich nur überleben wird, wenn er doppelt von Gott geschützt wird: in eine Felsspalte versteckt und zugleich von Gottes Hand vor dem Hinblicken bewahrt. Mose darf – das ist sein Privileg – Gott „hinterdrein schauen" (V.23): ein singulärer, für den Kontext geprägter Begriff, der Gottes Transzendenz gegenüber Moses kühnem Wunsch wahren will. Einem noch einmal jüngeren Theologen geht auch diese Beschreibung noch zu weit. Er deutet das Gemeinte mit Psalmensprache: Was an Mose „vorübergeht", ist Gottes „Gutes", d. h. jene Erfahrung von Güte und Nähe Gottes, wie sie die Psalmen mit dem Besuch des Heiligtums verbinden (V.19).

2. Die Sinai-Erzählungen in Ex 19–24 enden mit dem Bericht von der *Gottesschau der 70 Ältesten.* Trotz der eindringlichen Verbotssätze in Ex 19,12 ff., die schon das Berühren des Berges durch alle Menschen außer Mose mit dem sofortigen Tod bedrohen, dürfen nach *Ex 24,9–11* mit Mose auch Aaron und zwei seiner Söhne sowie 70 Älteste den Sinai besteigen und die unmittelbare Gegenwart Gottes erfahren – auch wenn die „Schau Gottes" in großer Zurückhaltung auf den himmlischen Bereich „unter seinen Füßen" begrenzt wird. In jüngerer Zeit ist nun mehrfach dargelegt worden, dass diese außergewöhnliche Begebenheit von Haus aus nichts mit der Sinaitradition zu tun hatte, sondern der Legitimation der 70 Ältesten am Heiligtum dienen sollte[74]. Jedoch hat der Text mit der Verlegung des Ereignisses an den Sinai einen Zug erhalten, der typisch für alle älteren Sinaiberichte ist (V.11a):

> Aber gegen die edlen Israeliten streckte er seine Hand nicht aus …

Der tödliche Griff Gottes, der beim Nahen der Menschen in den Bereich seiner Heiligkeit zu erwarten gewesen wäre, blieb in der Stunde der Gottesschau

---

[73] Vgl. dazu bes. F. Hartenstein, Das Angesicht JHWHs (FAT 55), 2008, 277–283.

[74] Vgl. vornehmlich E. Ruprecht, Exodus 24,9–11 …, in: W. Zimmerli u. a. (Hg.), Werden und Wirken des AT, FS C. Westermann, Göttingen 1980, 138–173 und F.-L. Hossfeld, Der Dekalog (OBO 45), 1982, 194–204. Beachtenswerte Gegengründe nennt A. Graupner, Der Elohist (WMANT 97), 2002, 133–137.

der von ihm Erwählten und während ihres Mahles vor ihm aus. Eben damit wird diese Stunde als exzeptionell und unwiederholbar gekennzeichnet; sie hebt die Einschränkungen von Ex 19 nicht auf.

β. *Theophanie, „Gottesfurcht“ und Dankopfer*

Die älteste literarische Fassung der Sinaitheophanie hat man in der jüngeren Vergangenheit gemeinhin hinter Ex 19,10–19*; 20,18–21* und 24,3–5* gesucht, wobei umstritten ist, ob schon in diesem Stadium zwischen den beiden letztgenannten Textabschnitten das sog. Bundesbuch (Bb: Ex 20,24–23,19*) stand[75]. Der Text hätte demnach 4 oder 5 Teilszenen enthalten: 1. die Vorbereitung des Volkes auf die Theophanie (19,10–15*); 2. die Theophanie selber (19,16–19); 3. die Reaktion des Volkes auf die Theophanie und deren Deutung durch Mose; 4. eventuell die Verkündigung des Bb.s an Mose und 5. das Dankopfer Israels (24,4–5*) sowie gegebenenfalls davor die Bereitschaftserklärung zum Gehorsam (24,3).

1. Die einleitende Vorbereitung des Volkes auf die Theophanie spiegelt erneut die Gefährlichkeit der Gotteserscheinung wider. Es bedarf der Abgrenzung des heiligen Raumes, der nicht betreten werden darf, des Waschens der Gewänder und der Enthaltsamkeit zum Schutz der Menschen. Die Hervorhebung des Zeitpunktes der Theophanie – der 3. Tag – findet ihre engsten Parallelen in der Prophetie des Nordreichs (Hos 6,2; Am 4,4). Ob dieser Befund rein zufällig ist?[76]

2. Die Theophanie vor dem Volk findet am Fuß des Berges statt; Mose führt das Volk aus dem Lager „Gott entgegen“. Sie ist begleitet von auffälligen Naturphänomenen, die nicht recht zueinander zu passen scheinen und lange Zeit Anlass zur Quellenscheidung gaben. „Sie verhüllen die Gegenwart Gottes und ermöglichen sie damit zugleich.“[77] Vermutlich hat man sich deren Sinn so vorzustellen, dass die geläufigen Gewitterphänomene Blitz, Donner und schwere Wolke (19,16) für den Erzähler religionspolemischen Sinn haben –

---

[75] Vgl. mit Differenzen im Einzelnen C. Dohmen, Der Sinaibund als Neuer Bund nach Ex 19–34, in: E. Zenger (Hg.), Der Neue Bund im Alten (QD 146), 1993, 51–84; E. Zenger, Wie und wozu die Tora zum Sinai kam, in: M. Vervenne (Hg.), Studies in the Book of Exodus (BEThL 126), 1996, 265–288 (mit der Annahme einer Fortsetzung der Erzählung in Ex 32* und 34*); W. Oswald, Israel am Gottesberg, 110–113; M. Köckert, Wie kam das Gesetz an den Sinai? (2002), in: ders., Leben in Gottes Gegenwart (FAT 43), 2004, 167–181; 173–175; A. Graupner, Elohist, 113 ff. (Ende des Textes in 24,9–11 statt 24,3–8*); M. Konkel, Sünde und Vergebung (FAT 58), 2008, 260–264. 301; E. Blum, Der historische Mose (o. Anm. 37), 61 mit Anm. 94; H.-C. Schmitt, „Versuchung durch Gott“ und „Gottesfurcht“ in Gen 22,1.12 und Ex 20,20, ZAW 126 (2014), 15–30. Zenger, Graupner, Konkel und Schmitt rekonstruieren einen ältesten Erzähltext, der noch kein Bb enthielt.

[76] Man beachte, dass Am 4,12 betont Terminologie der Sinaitheophanie aus Ex 19 aufgreift. Auch in Gen 22,4, der engsten Parallele zu Ex 20,20 (s. u.), spielt der 3. Tag eine wichtige Rolle.

[77] Oswald, Israel am Gottesberg, 119.

JHWH und nicht Baal beherrscht die Kräfte der Natur! – und bewusst von Begleitumständen vulkanischer Art (Feuer und Rauch „wie bei einem Schmelzofen", V.18) überlagert werden, die in Israel weit stärker als Phänomene ureigenster Gotteserfahrung empfunden wurden[78]. Mit den Naturphänomenen vermischt sich ein kultisches Element, der intensiver werdende Klang des Hornes, wie er am Beginn eines Festes zu erschallen pflegte. Höchst auffällig ist die kurze Darstellung des (ersten) Zwecks der Gotteserscheinung: Gottes Gespräch mit Mose. Es findet in einer Gestalt statt, bei der Mose redet und Gott antwortet (19,19). Offensichtlich bringt Mose – in der Funktion eines Propheten – zentrale Anliegen des Volkes vor Gott. Eine folgende Gebotsmitteilung lässt diese Formulierung in sich nicht erwarten.

3. Vom wachsenden Schrecken des Volkes im Gefühl unerträglicher Lebensgefahr war schon während der Theophanieschilderung die Rede (19,16.18 LXX). Dieser Schrecken bestimmt auch die Reaktion des Volkes im Rückblick auf das Geschehen in 20,18–21*. Demgegenüber ist Mose darum bemüht, die lähmende Angst des Volkes in eine Kraft umzuwandeln, die nach alttestamentlicher Auffassung die Grundlage sinnvollen menschlichen Lebens bietet: in Gottesfurcht (20,20):

> Da sprach Mose zum Volk: Fürchtet euch nicht, denn um euch zu erproben, ist Gott gekommen, und damit die Furcht vor ihm über euch komme, auf dass ihr nicht sündigt.

Moses Deutung der Sinaitheophanie führt die Erzählung zu ihrem theologischen Höhepunkt[79]. Mit dem Begriff der Furcht des Volkes wird in ihr bewusst gespielt. Die Angst, die das Volk befallen hat, ist unbegründet, weil Gott die Nähe Israels sucht. Aber sie ist keineswegs sinnlos. Vielmehr soll sie gemäß der göttlichen Pädagogik überführt werden in jene *„Gottesfurcht", die Gott mit seinem Kommen hervorrufen wollte.* Diese Gottesfurcht setzt ein Wissen um die Andersartigkeit und die Macht Gottes voraus und schafft insofern Distanz; sie schließt aber gleichzeitig ein tiefes Vertrauen in seine Fürsorge für seine Menschen ein. In dieser doppelten Charakteristik ist die Gottesfurcht

---

[78] Vgl. nur die Israel auf seinem Weg geleitende Wolken- und Feuersäule (Ex 13,21 f.; 14,19.24) sowie spätere Beschreibungen der Sinaitheophanie, etwa in Dtn 4,11 f., wonach „der Berg bis in den Himmel hinein im Feuer brannte, bei finsterem Gewölk und Wolkendunkel" (ähnlich Dtn 5,23 f.; 9,15). Für P war Gottes Herrlichkeit am Sinai sichtbar „wie verzehrendes Feuer auf der Bergesspitze" (Ex 24,17).

[79] Vgl. die gründliche Analyse von B. Renaud, La théophanie du Sinaï (CRB 30), Paris 1990, 105–124, und ebenso den jüngsten Beitrag zum Thema von H.-C. Schmitt, „Versuchung durch Gott" (o. Anm. 75) sowie A. Graupner, Elohist, 152 f. – Allerdings sind die Verse 20,18–21 literarisch nicht aus einem Guss. Wahrscheinlich ist V.19 mit seinem Versprechen des Gehorsams dtr Zusatz, der schon den Dekalog voraussetzt; vgl. die enge Parallele Dtn 5,25, die aber eher Ex 20,19 voraussetzt. – Dagegen ist die Wiederaufnahme von V.18b in V.21a, die Köckert und Blum literarkritisch auswerten, stilistisch notwendig, wie H.-C. Schmitt, FS E. Otto, Wiesbaden 2009, 166 f. gezeigt hat.

nach Spr 1,7 der Anfang, d.h. der Grund und die Bedingung aller wahren Weisheit und nach Ex 20,20 die Quelle, aus der rechtschaffenes Handeln entspringt. Gottes Kommen zielte also nicht auf eine punktuelle Reaktion Israels, sondern auf eine bleibende neue Einstellung zum Leben. Das folgende Bb sollte sie näher explizieren, ob von Anbeginn an oder erst in einem 2. Stadium. Die abschließende Zielangabe („auf dass ihr nicht sündigt") spricht in sich eher für die erste Möglichkeit. In der Endgestalt des Textes wird der Weg zur Gottesfurcht vor allem durch den Dekalog gewiesen.

Wie umfassend die in Ex 20,20 als Ziel der Theophanie genannte „Gottesfurcht" gemeint war, geht vor allem aus der engsten sprachlichen Parallele in Gen 22 hervor. Nur hier ist im Alten Testament wie in Ex 20,20 die „Gottesfurcht" das Ziel eines göttlichen „Erprobens" (נסה pi.)[80], und zwar jeweils in einem Geschehen, das am 3. Tag seinen Höhepunkt erreicht (Ex 19,11; Gen 22,4). Gen 22 soll damit als vorweggenommener Deutehorizont der Sinaitheophanie verstanden werden. Von Gen 22 her gelesen besagt die Deutung der Sinaitheophanie in Ex 20,20, dass dem Gott, der sein Volk am Sinai sich nahen ließ, auch dann noch zu trauen ist („Gottesfurcht"), wenn von seiner Güte und Nähe nichts mehr zu spüren ist und er scheinbar sein eigener Gegner geworden ist, der seine eigenen Zusagen widerruft (vgl. o. S. 78f.).

4. Die Ordnungen des Bundesbuches werden von Gott nur Mose direkt mitgeteilt. Dazu begibt sich Mose in Gottes unmittelbare Nähe. Aber er steigt nicht auf den Berg, wie in vielen jüngeren Versen in Ex 19, sondern er begibt sich in der Funktion eines Erzpriesters unter Lebensgefahr in den gemeinhin unzugänglichen Bereich der Heiligkeit Gottes; nur hier in der Sinaiperikope wird dieser Bereich mit der Terminologie des Allerheiligsten im Tempel als „Wolkendunkel" (V.21b; vgl. 1 Kön 8,12) bezeichnet.

5. Die Reaktion des Volkes auf die Mitteilung des Bb.s besteht in seiner Erklärung der Bereitschaft zum Gehorsam und in der Feier eines Dankopfers, das dem Altargesetz des Bb.s (20,24) entspricht und Modellcharakter für künftige Gottesdienste besitzt. Bemerkenswert ist, dass nicht Aaron, sondern „junge Männer aus Israel" im Auftrag Moses die Opfer darbringen, vermutlich ein Zeichen des Alters der Tradition.

Fassen wir zusammen: Es sind die erschreckenden, lebensbedrohlichen Züge der Gottesbegegnung, die die älteren Berichte von der Sinaitheophanie prägen. Ein rauchender Berg, aus dem Feuer ausbricht, begleitet Gottes Kommen. Das Betreten des Bergabhangs, ja das bloße Berühren des Berges führt den sofortigen Tod herauf, wenn Gott naht. Bei jedem Versuch einer nicht

---

[80] Wie anders dieses göttliche „Erproben" zu verstehen ist als in den späteren dtr Belegen haben vor allem M. Greenberg, נסה in Exodus 20,20 and the Purpose of the Sinai Theophany, JBL 81 (1960), 273–276; Blum, Pentateuch, 94; ders., Die Komposition der Vätergeschichte (WMANT 57), 1984, 329 und Renaud, La théophanie, 105f. gezeigt. Zuletzt hat H.-C. Schmitt die philologischen Beobachtungen theologisch ausgewertet und dabei insbesondere auf sachliche Bezüge zur Prophetie des Nordreichs hingewiesen (a.a.O. [Anm. 75], 26–29).

ausdrücklich gestatteten Annäherung „streckt Gott seine Hand aus". Das Volk zittert bei Gottes Kommen und meidet Gottes Nähe. Es sind die herben Züge der „reifen" Gottesvorstellungen des Alten Testaments, die in den älteren Berichten von der Sinaitheophanie ihre Wurzel haben.

Andererseits sind die erschreckenden Züge der Theophanie nicht selber der Gegenstand des Erzählens, sondern sie dienen dazu, die ungewöhnlichen Umstände der Gottesbegegnung Moses und Israels darzustellen, von denen das spätere Israel sein Gottesverhältnis und seinen Gottesdienst herleitete. Dass der unnahbare Gott am Sinai Mose und Israel sich nahen ließ, ist das Evangelium der älteren Sinaitexte in nuce. Die Gottesbegegnung implizierte die bleibende Annahme Israels durch Gott und legitimierte seinen künftigen Gottesdienst. Sie implizierte zugleich den künftigen Schutz Israels; die Israel geleitende Wolken- und Feuersäule repräsentierte die Gegenwart des Gottes vom Sinai. Daneben hat die Gottesbegegnung aber auch eine Israel prägende und es wandelnde Kraft besessen, insofern sie ihm die „Gottesfurcht" als die rechte Einstellung zu Gott vermittelt hat. Die Ordnungen des Bb.s sind für diese Einstellung die nötigen Stützen im Alltag.

Die theologisch bedeutenden Interpretationen der Offenbarung Gottes am Sinai aber gehören der Priesterschrift und vor allem den Texten der dtr Bundestheologie an (vgl. u. S. 252ff. und S. 304ff.), in die die älteren Darstellungen verwoben sind.

c. *Die Wüstenerzählungen*

Der ausladende Bericht von der grundlegenden Offenbarung Gottes am Sinai, mit der für Israel sein geordnetes Gottesverhältnis beginnt, ist eingebettet in Wüstenerzählungen. Diese Umrahmung besagt zunächst, dass der Berg der Theophanie wesensmäßig in die Wüste gehört.

Sie besagt aber ungleich mehr. Seit langem ist beobachtet worden, dass manche Erzählstoffe der Wüstentexte sowohl *vor* den Berichten von der Sinaitheophanie im Buch Exodus als auch *nach* diesen im Buch Numeri begegnen: Mose schlägt hier wie dort Wasser aus dem Felsen, um die durstige Volksgemeinschaft zu tränken (Ex 17; Num 20); er speist ihren Hunger mit Gottes wunderhaften Gaben, Manna (Ex 16) und Wachteln (Num 11); er erhält Entlastung bei seinen vielfältigen Funktionen, in der Rechtsprechung (Ex 18) bzw. durch 70 inspirierte Älteste (Num 11,16ff.). In den vergangenen Jahren hat man immer deutlicher erkannt, dass diese ähnlichen Erzählstoffe im Pentateuch nicht als Parallelen gelesen werden wollen, sondern dass sie je nach Stellung vor oder nach den Berichten von der Sinaitheophanie ein auffällig unterschiedliches Verständnis nahelegen[81]. Näherhin sind es besonders drei

[81] Nach Vorarbeiten im Exodus-Kommentar von B.S. Childs (OTL, 1974, 254–264) und E. Zenger, Israel am Sinai, Altenberge 1982, 69–71, gebührt das Hauptverdienst A. Schart, Mose und

(sachlich miteinander zusammenhängende) Veränderungen, die die Wüstenerzählungen einschneidend modifizieren, wenn sie nach den Berichten von der Sinaitheophanie stehen:

1. Sowohl die Exodus- als auch die Numeritexte schildern im Grundton die Jahre Israels in der Wüste, also die Periode zwischen dem Auszug aus Ägypten und dem Einzug ins verheißene Land, als eine Zeit des „Murrens" Israels, d. h. des mangelnden Vertrauens auf Gott und des Aufbegehrens gegen ihn. Jedoch ruft dieses „Murren" hier und dort unterschiedliche Reaktionen JHWHs hervor. Vor der Sinaitheophanie bleibt es ohne Strafe, wird vielmehr mit neuen Erfahrungen der wunderhaften Hilfe JHWHs beantwortet, nach der Sinaitheophanie wird es von JHWH dagegen hart bestraft. Vor der Offenbarung am Sinai ist Israel sozusagen noch im Stadium der Unschuld, nach der Offenbarung dagegen in neuer Weise für seine Schuld vor JHWH verantwortlich.

2. Vor den Sinaiereignissen ist das Murren Israels in physischer Noterfahrung begründet, bei der es um Leben und Tod geht und die von Gott beseitigt wird; nach Gottes Offenbarung am Sinai zeigt sich das Murren vor allem in Gestalt von direktem Misstrauen gegenüber Gott und in Bestreitungen der Autorität seines Sprechers Mose.

3. Dementsprechend ist erst nach den Ereignissen am Sinai vom Zorn JHWHs die Rede, der das ungehorsame Gottesvolk zu vernichten droht. Allein durch die immer wieder nötige Fürbitte des Mose bleibt Israel in der Wüste vor dem Ärgsten, d. h. vor seiner Vernichtung bewahrt (vgl. besonders Num 11 und 14). Hier werden theologische Gedanken entfaltet, die programmatisch in Ex 32,7–14 eingeführt werden (vgl. u. S. 216f.).

Diese unterschiedliche theologische Bewertung des Aufbegehrens Israels gegen Gott und Mose vor und nach der Offenbarung am Sinai setzt deutlich den Bericht von der Sinaitheophanie in seiner „reifen" theologischen Gestalt in nachexilischer Zeit voraus. Bei näherem Zusehen zeigt sich jedoch, dass diese Bewertung den Texten keineswegs erst nachträglich zugewachsen ist, sondern integrierender Bestandteil zumindest mancher Wüstenerzählungen ist. Obwohl zahlreiche Wüstenerzählungen ätiologische Elemente enthalten, die die Vermutung nahelegen, dass sie als ortsgebundene Einzelerzählungen entstanden sind, lassen sich solche Einzelerzählungen kaum je rekonstruieren[82]; der sie überlagernde literarische Wille, die Wüstenerzählungen der genannten übergreifenden theologischen Konzeption zuzuordnen, war offensichtlich stärker. Wie dominant dieser prägende theologische Wille war, lässt sich insbesondere daran erkennen, dass Israels Aufenthalt in der Wüste in keiner einzigen Erzählung des Pentateuchs als die Zeit unbelastet-idealer Gottes-

---

Israel im Konflikt. Eine redaktionsgeschichtliche Studie zu den Wüstenerzählungen (OBO 98), 1990. Vgl. auch Blum, Pentateuch, 205f.

[82] Hinter Ex 17,1–7, genauer 17,3–6*, hat E. Zenger, ebd. 56ff. eine ältere Einzelerzählung von Mose als Wundertäter rekonstruieren wollen. Selbst wenn er Recht hätte, würde sie schon das Motiv des Murrens enthalten.

beziehung gilt, als die sie in den Texten des Hosea- und Jeremiabuches erscheint (Hos 2,16f. 9,10 u.ö.; Jer 2,2f.; 31,1ff. u.ö.). Es ist schwer vorstellbar, dass die beiden so gegensätzlichen Deutungen der Jahre, in denen Israel in der Wüste wanderte, zu gleicher Zeit nebeneinander bestanden haben sollten. Näher liegt die Annahme, dass die vorexilische Wertung der Wüstenwanderung Israels auf der Linie der genannten Prophetentexte verlief.

Es gibt in der Tat nur sehr wenige überkommene Erzählungen bzw. zusammenhängende Textpassagen über die Wüstenzeit, die mit einiger Wahrscheinlichkeit in die vorexilische Zeit zurückreichen. Die theologisch gewichtigste ist die sog. Kundschaftergeschichte, eine Erzählung von einem gescheiterten Versuch der Landnahme, in deren Text P und eine ältere Darstellung (traditionell: J) ineinander gearbeitet vorliegen. Nach letzterer führt der Bericht der von Mose ausgesandten Kundschafter zur Weigerung des Volks, der Zusage Gottes zu trauen und in das verheißene Land zu ziehen, obwohl das Land voll herrlicher Früchte ist. Zu groß ist die Angst vor den Ureinwohnern. Darauf kündigt Gott an, dass die gesamte widerspenstige Generation nicht ins Land kommen werde, mit Ausnahme der beiden mutigen Kundschafter Kaleb und Josua, die zur Landnahme raten. Sollte diese ältere Basis-Erzählung mit ihrer Betonung der Furcht und des Kleinglaubens Israels der späteren Wüstentradition die theologischen Kategorien bereitgestellt haben, aus denen sich das immer stärker anwachsende Motiv des Murrens des Gottesvolks entwickelte? Freilich war das Motiv des Murrens auch schon in mehreren volkstümlichen Ätiologien der zugrunde liegenden lokalen Traditionen angelegt.

Wie immer es sich damit verhält, deutlich ist, dass in den breiter ausgeführten Erzählungen vom Murren Israels die Infragestellung des Sinnes der Herausführung Israels aus Ägypten im Zentrum steht; Israel erträgt seine ungesicherte Existenz nicht und ist unfähig, mit Gottes Hilfe zu rechnen. Damit wird ein grundlegender Zweifel am Heilshandeln Gottes überhaupt laut. Für die späteren Theologen bestimmt dieser Zweifel schon die Haltung des Gottesvolks während seiner Rettung am Schilfmeer (Ex 14,10–12). Auch der Tod Moses (und Aarons) wird mit dieser Einstellung Israels begründet (Dtn 1,37; 3,26), die andernorts (Num 20,12; 27,14; Dtn 32,50f.) zu ihrer eigenen Einstellung gesteigert wird. Auf diese Weise sind die Erzählungen von der Wüstenwanderung zu Zeugnissen des Klein- und Unglaubens Israels geworden, der einen wirkungsvollen Kontrast zu den Erfahrungen der Hilfe und der Rettung Gottes bildet. Für die Erzähler ist er nach der Kenntnis des Willens Gottes, die die Sinaioffenbarung vermittelte, letztlich unverständlich und muss daher im höchsten Grade schuldhaft genannt werden.

d. Die Erzählungen von der Landnahme

Der Pentateuch endet mit dem Tod Moses. Er folgt hierin dem Aufriss der Priesterschrift[83]. Da Exodus und Eisodus, Auszug aus Ägypten und Einzug ins verheißene Land, aber eine sachliche Einheit bilden – die Erzählungen des Josuabuches stellen die Erfüllung der Verheißung von Ex 3,7 dar! – und da sie in zahlreichen Bekenntnistexten auch zusammen belegt sind, nimmt eine Vielzahl gegenwärtiger Ausleger an, dass die ältere vor-priesterschriftliche Mose-Erzählung mit der göttlichen Gabe des zugesagten Landes geendet habe[84]. Sicher ist diese Annahme allerdings nicht. Im Buch Josua begegnet eine andersartige Gestalt der Darstellung von Ereignissen, die die ältere Forschung mehrheitlich davon abhielt, die Quellenschriften des Pentateuchs im Buch Josua wiederzufinden und die etwa M. Noth dazu führte, das Buch Josua mit den folgenden Büchern zu einem „Deuteronomistischen Geschichtswerk" (DtrG) zusammenzufassen[85].

Für die biblischen Erzähler bot sich eine andere Hürde. Historisch gesehen hatten die Stämme Israels und deren Untergruppen eine sehr unterschiedliche Vorgeschichte, bevor sie sich zur Größe Israel zusammenschlossen. Großenteils waren sie von Anbeginn in Palästina sesshaft, teilweise sind sie erst in einem späteren Stadium ihrer Geschichte ins Land eingewandert, und zwar aus verschiedenen geographischen Richtungen. Das Alte Testament selbst hat Spuren dieser komplexen Vorgeschichte aufbewahrt, besonders in den Stammessprüchen Gen 49 und Dtn 33 und in den Erzählungen von verschiedenen Ahnmüttern und Ahnmägden.

Dennoch stellt das Buch Josua die Landnahme Israels als einen gemeinsamen Vorgang aller Stämme Israels dar. Nicht erst den kritisch geschulten Auslegern des Alten Testaments nach der Aufklärung, sondern schon jedem sorgfältigen Leser zu biblischen Zeiten musste deutlich sein, dass mit dieser Darstellung nicht einfach die vielfältige Vorgeschichte der Stämme ersetzt oder negiert werden sollte, sondern dass sie einen andersartigen Zweck verfolgte. Es ist das besondere Verdienst G. von Rads, in verschiedenen Arbeiten immer wieder darauf verwiesen zu haben, dass *die Darstellung des Josuabuches* von allem Anfang an *einen bekenntnisartigen Charakter hatte*[86]. Sie war die erzählerische Entfaltung des Bekenntnisses, dass Gott Israel sein Land geschenkt hatte. Darum konnte die Landnahme als eine gemeinsame Aktion ganz Israels geschil-

---

[83] Bzw. – falls die ältere Priesterschrift (P^g) schon früher geendet haben sollte – der späteren priesterschriftlichen Theologie (P^s); vgl. zur Diskussion u. S. 246f.

[84] Vgl. etwa R.G. Kratz, Die Komposition der erzählenden Bücher, 215. 292. 308ff.; E. Zenger, Einleitung in das AT^5, 101ff. 179ff.; J.C. Gertz in: ders. (Hg.), Grundinformation AT (UTB 2745), Göttingen 2006, 282f.

[85] M. Noth, ÜSt, 3ff.

[86] Vgl. u.a. G. von Rad, Das formgeschichtliche Problem des Hexateuch (1938), in: ders., Ges. St. (TB 8), 1958, 9ff. 48ff.; Verheißenes Land und Jahwes Land im Hexateuch, ebd. 87ff.; TheolAT^4 I, 309ff.

dert werden, die als Ergebnis zu einer feierlichen Verteilung der ausgelosten Landanteile durch Josua an die einzelnen Stämme führen sollte. Faktisch wurde dabei die Route der Landnahme eines einzelnen Stammes zugrunde gelegt, dessen Erfahrungen als paradigmatisch für alle anderen Gruppen angesehen wurde, und zwar nicht zufällig des jüngsten (!) Stammes Benjamin, der zur Gruppe der Rahelstämme gehörte, die mit hoher Wahrscheinlichkeit den JHWH-Glauben nach Palästina gebracht haben[87].

Einigkeit besteht in der Auffassung, dass Jos 6* und Jos 8* die ältesten Texte innerhalb des Josuabuches bilden. Es handelt sich ursprünglich um Einzelerzählungen über wunderhafte Hilfe Gottes im Krieg mit den Landesbewohnern, deren Lokalkolorit noch eine bedeutende Rolle spielt. Spätestens nach dem Untergang des Nordreichs 722 v. Chr. haben diese Erzählungen zusammen mit (mindestens) der Rahaberzählung (Jos 2*), der Erzählung von der Schlacht im Tal Ajjalon und vom Ende der Könige in der Höhle von Makkeda (Jos 10*) sowie der Liste besiegter Könige (Jos 12,7.9–24*) einen gesamt-israelitischen Horizont erhalten. Dabei könnten im letztgenannten Text die stilistischen Anklänge an neuassyrische Königsinschriften polemisch gemeint sein, um hervorzuheben, dass weder Israel selber noch die militärische Macht der Assyrer, sondern allein Gott über das Land verfügt.

Wie in den Erzählungen des Josuabuches ist das biblische Israel stets der Auffassung gewesen, das *das Land die größte Gabe Gottes an sein Volk* sei. In keiner anderen Institution kommt dieses Wissen stärker zum Ausdruck als in der *Praxis der sog. sakralen Brache,* d.h. des Brauches, alle sieben Jahre das gesamte Ackerland brach liegen zu lassen. Auch wenn dieser Brauch in seinem ältesten Beleg im Bundesbuch (Ex 23,10f.) im Nachhinein sozial motiviert ist (und auf den Verzicht des Erntens von Oliven und anderen Baumfrüchten ausgeweitet wird)[88], so spricht doch schon seine Übertragung auf die Geldwirtschaft in Dtn 15 und allemal seine Bezeichnung als „Erlass(jahr) für JHWH“ bzw. „Verzicht zugunsten JHWHs“ (Dtn 15,2b) dafür, dass die Brache im strengen Sinn religiös motiviert war. Sie war ein Akt, mit dem die Oberhoheit Gottes über das Land anerkannt wurde, wie seine spätere theologische Begründung in Lev 25,23 („mir gehört das Land ...“) feierlich ausführt. Die Brache hat die gesamte Geschichte Israels bis in die Makkabäerzeit hinein stark geprägt (vgl. u. S. 386ff.).

Wie stark Gott und das Land im vorexilischen Israel zusammengesehen wurden, zeigt auch die mehrfach belegte Furcht von Menschen, „fern vom Angesicht JHWHs“, d.h. außerhalb des Machtbereiches Gottes, zu sterben (1 Sam 16,19) bzw. im „unreinen“ Land, in dem kein Gottesdienst mehr stattfinden kann und jede Speise „unrein“ macht (Hos 9,3f.; Ez 4,13).

Das Land, in dem Israel lebt, ist zwar Gottes größte Gabe an sein Volk, aber eine Gabe, die Gott im Fall großer Schuld seinem Volk auch wieder nehmen

---

[87] Vgl. die Einleitung.

[88] Vgl. L. Schwienhorst-Schönberger, Das Bundesbuch (Ex 20,22–23), BZAW 188, 1990, 391–393.

kann. Dieser Gedanke, der in Jos 6,18; 8,28 nur eben angedeutet ist, wird von Israels Propheten offen ausgesprochen (vgl. etwa Hoseas Ankündigung, Israel müsse „zurück nach Ägypten", Hos 8,13; 9,3; 11,5 bzw. Am 4,3; 5,27; 6,14). Anders als im berühmten babylonischen Schöpfungsepos enūma eliš gehört für das biblische Israel sein Landbesitz nicht zur von Gott garantierten Schöpfungs- und Weltordnung. Dieses Wissen ist ihm eine große Hilfe gewesen, um die Katastrophe des staatlichen Zusammenbruchs und das Exil sowohl 722 als auch 587 v. Chr. mit Hilfe seiner Propheten, die ihm sein Geschick deuteten, zu verkraften, ohne von seinem überlieferten Glauben zu lassen. Zugleich sind ihm die alten Verheißungstexte, die das Land betrafen, zu einer Stütze seiner Hoffnungen geworden, nicht nur in der Zeit des Exils, als das Land von den Babyloniern besetzt war, sondern auch im Blick auf die Rückkehr der zerstreuten Diaspora und eine Wiedervereinigung mit den Bewohnern des ehemaligen Nordreichs.

3. David

Die wichtigste Gestalt des Alten Testaments neben Mose, an der sich vor allem die Hoffnungstexte orientieren, ist David. Eine ausgeführte theologische Wertung Davids kennt freilich erst die nachexilische Zeit. Hier entwickeln das ChrG und die Psalmen (in ihren Überschriften) Kategorien für eine umfassende Deutung der Davidgestalt im Licht des göttlichen Handelns mit Israel[89]. Aber diese Kategorien wurden nicht am Schreibtisch entworfen. Das DtrG mit seiner hohen Wertschätzung Davids ist diesen Weg vorausgegangen, und auch in den vorexilischen Texten, von denen hier kurz die Rede sein soll, ist der Prozess einer beginnenden theologischen Deutung der Davidgestalt beobachtbar.

Neuere Untersuchungen zu den David-Erzählungen haben gezeigt, dass die Überlieferungen von David im Wesentlichen von hinten nach vorn gewachsen sind, d.h. von der sog. Thronfolgegeschichte Davids (ThFG: 2 Sam 9–20; 1 Kön 1–2)[90] über die Saul-David-Texte, üblicherweise als Aufstiegserzählung Davids bezeichnet (1 Sam 16–2 Sam 5), zu den Saul- und den Samuel-Erzählungen[91]. In der Tat wandelt sich das Davidbild bei Beachtung dieses Wachstumsverlaufes der Überlieferung nicht unwesentlich.

---

[89] Vgl. u. S. 428ff.

[90] Als eigenes Erzählwerk erstmalig von L. Rost, Die Überlieferung von der Thronnachfolge Davids (BWANT 42), 1926 (auch in: ders., Das kleine Credo und andere Studien zum AT, Heidelberg 1965, 119–253) in die Diskussion eingeführt, freilich in einer größeren textlichen Ausdehnung (einschließlich 1 Sam 4–6 + 2 Sam 6–7).

[91] Vgl. etwa W. Dietrich, Die frühe Königszeit in Israel (BE 3), 1997, 202ff. und K.-P. Adam, Saul und David in der judäischen Geschichtsschreibung (FAT 51), 2007.

a. Die Thronfolgegeschichte Davids (ThFG)

Am Anfang der Überlieferung steht die gattungsgeschichtlich immer noch rätselhafte sog. Thronfolgegeschichte Davids (ThFG), eine Hofgeschichte, die das Ringen um die Macht am königlichen Hof in Gestalt der wichtigsten Akteure und ihrer Intentionen schildert. Sie stellt eine so große Zahl an verschiedenartigen Wirren dar, dass dem Leser das Ergebnis, ein gefestigtes Königtum (1 Kön 2,46b), wie ein Wunder erscheinen muss. Die Fülle von mitgeteilten Einzelereignissen zeigt, dass die ThFG – oder zumindest ihr literarischer Kern – in nur kurzem Abstand vom Berichteten abgefasst worden sein muss. Wie insbesondere G. von Rad beobachtet hat, kommt ihre Darstellung weitgehend ohne explizite Erwähnung Gottes aus, der nur an wenigen, genauer: an drei Weichenstellungen als verborgener Lenker der Geschicke erscheint – hier freilich den Erzählkontext unterbrechend und für jeden Leser unübersehbar (2 Sam11,27b; 12,24f.; 17,14b)[92]. Dass die von so unterschiedlichen Interessen geleiteten Ereignisse letztlich dennoch auf die Fügung Gottes zurückgehen, ist eine Grundüberzeugung der Erzählung, die sie mit der älteren Weisheit verbindet[93]. Im übrigen aber werden die Geschehen am Hof in aller Nüchternheit und ohne jede Beschönigung dargestellt als Wirkung von Selbstsucht, Machtstreben, kalter Berechnung und Intrigen der beteiligten Menschen, Leidenschaften, die bis zu Vergewaltigung und Mord reichen.

David ist als Mittelpunkt dieser hochdramatischen Ereignisse überwiegend sympathisch gezeichnet, etwa wenn er sich – nicht ohne Kalkül – um Sauls behinderten Sohn kümmert (2 Sam 9) oder wenn er bei der Nachricht vom Tod seines gegen ihn rebellierenden Sohnes Absalom fassungslos vor Schmerz aufschreit (2 Sam 19,1). Allerdings wird er als ein König geschildert, der gegenüber seinen Söhnen äußerst schwach ist und insbesondere im hohen Alter den Intrigen und Machenschaften, die zu Salomos endlicher Thronfolge führen (1 Kön 1f.), schlechterdings nicht gewachsen ist. Auch verdeutlichen die Aufstände Absaloms und Schebas, wie wenig gefestigt und umstritten die Herrschaft Davids – besonders über die Nordstämme – war. Der Erzähler war deutlich der Meinung, dass letztlich allein Gott in all den Wirren der Hofintrigen David die Herrschaft bewahrt habe. Zu Bluttaten gegenüber seinen Gegnern und Rivalen hat sich David anders als Salomo nicht hinreißen lassen; wohl aber lastete auf ihm schwere Schuld durch den Ehebruch mit Bathseba und den klug eingefädelten Mord an ihrem Ehemann Uria.

---

[92] G. von Rad, Der Anfang der Geschichtsschreibung im alten Israel (1944), in: ders., Ges. St. z. AT (TB 8), ^{3}1965, 148–188; 181ff.

[93] Vgl. dazu im Einzelnen H.-J. Hermisson, Weisheit und Geschichte, in: H.W. Wolff (Hg.), Probleme biblischer Theologie, FS G. von Rad, München 1971, 136–154; 137–148. Er zeigt u.a., wie David in weisheitlichen Kategorien im Unterschied zu seinen Söhnen Absalom und Adonia als paradigmatisch Demütiger dargestellt wird.

So liegt ein überaus spannnungsvolles, um nicht zu sagen: zwiespältiges Davidbild vor. Wann immer versucht wurde, die ThFG als Propagandaliteratur zu deuten, ließen sich derartige Versuche leicht widerlegen[94]. Die Schwierigkeiten der Interpretation dieses Textkomplexes liegen ja gerade darin, dass er sich in keine der gängigen Gattungsbestimmungen einordnen lässt. Schon im Blick auf die Menge an Stoff, an Personen und an Orten lässt er sich nicht als Sage auffassen, ist aber auch nicht einfach als „Geschichtsschreibung" zu deuten – trotz der eindrucksvollen Versuche von E. Meyer und G. von Rad –, wie E. Blum schlüssig aufgewiesen hat[95].

Das spannungsvolle Davidbild bleibt selbst dann bestehen, wenn man mit einem redaktionellen Entstehungsprozess der ThFG rechnet, wie es vor allem E. Würthwein, T. Veijola und W. Dietrich vorgeschlagen haben[96]. Letzterer hält eine ursprünglich selbständige Bathseba-Salomo-Novelle (2 Sam 11 f.; 1 Kön 1 f.), die jetzt als Rahmen um eine Hofgeschichte (2 Sam 13–20) gelegt sei, für den Kern der Überlieferung. Diese Annahme ist primär dazu geeignet, die fast unerträglichen Gegensätze im Bild Salomos zu erklären. Denn der nüchtern darstellende, fast nie lobende oder tadelnde Verfasser der ThFG lässt in 1 Kön 1 f. implizit deutlich erkennen, dass er den Sieg Salomos im Streit der Söhne Davids um den Thron durch fragwürdige Intrigen und besonders die Festigung seiner Herrschaft durch eine Reihe politischer Morde missbilligt. Gleichzeitig aber notiert er als eine der drei genannten Weichenstellungen, an denen das Handeln Gottes im Hintergrund der menschlichen Leidenschaften betrachtet wird: „JHWH aber liebte ihn (d.h. Salomo)" (2 Sam 12,24). Eine redaktionskritische Lösung dieser Spannung erscheint zumindest als eine Möglichkeit. Sie würde aber an dem facettenreichen und komplexen Davidbild wenig ändern, auch wenn die Vorwürfe des Ehebruchs und des in Auftrag gegebenen Mordes, für sich stehend, noch größeres Gewicht gewinnen und dann erst im neuen Kontext der ThFG etwas abgemildert worden wären.

b. Die Saul-David-Erzählungen (1 Sam 16–2 Sam 5)

Eine eindeutig positive Wertung der Gestalt Davids bieten dagegen die Erzählungen, die der ThFG vorangehen und teilweise literarisch mit ihr verknüpft sind; besonders trifft das für die Kapitel 2 Sam 2–4 zu, die eine Art Verlängerung der ThFG nach vorn bilden. Jedoch gilt es hier zu differenzieren. Während die Forschung nach dem 2. Weltkrieg die Kapitel 1 Sam 16–2 Sam 5 gemeinhin einer eigenständigen sog. Aufstiegsgeschichte Davids zuschrieb (auch

94 Vgl. W. Dietrich – T. Naumann, Die Samuelbücher (EdF 287), 1995, 191 ff.

95 E. Blum, Ein Anfang der Geschichtsschreibung? In: A. de Pury – Th. Römer (Hg.), Die sog. Thronfolgegeschichte Davids. Neue Einsichten und Anfragen (OBO 176), 2000, 4–37; zuletzt in: ders., Textgestalt und Komposition (FAT 69), 2010, 281–318.

96 Vgl. T. Veijola, David. Ges.St. zu den Davidüberlieferungen des AT, Helsinki – Göttingen 1990, 43–57; W. Dietrich, Die frühe Königszeit, 253–263, und zu Würthwein: W. Dietrich – T. Naumann, a.a.O. 194. Gewichtige Einwände nennt F. Crüsemann, Der Widerstand gegen das Königtum (WMANT 49), 1978, 183 f.

wenn man erkannte, dass sie weniger einheitlich als die ThFG gewesen sei, vielmehr außer den Kernkapiteln 2 Sam 2–5 zumeist aus Einzelerzählungen zusammengewachsen sei), wird heute stärker der lockere thematische Zusammenhalt der Texte und ihr unterschiedliches Alter betont. Der beste gegenwärtige Kenner der Texte, W. Dietrich, rechnet mit einem frühen „Erzählkranz vom Freibeuter David" (1 Sam 19–2 Sam 2*), der noch in vorexilischer und vor-dtr Zeit in ein umfassendes „Erzählwerk über die frühe Königszeit" (1 Sam 9–1 Kön 2 oder gar 1 Sam 1–1 Kön 12) Eingang gefunden habe[97]. Wie immer es sich damit verhält, sicher ist, dass nicht nur zeitlich, sondern auch theologisch zwischen den älteren Erzählungen von Davids Freibeutertum und den programmatischen Einführungen Davids in 1 Sam 16–17 (f.) zu unterscheiden ist.

In *den älteren Freibeuter-Erzählungen,* in denen sich David ständig auf der Flucht vor Saul befindet, wird in großer Nüchternheit über Davids Alltag berichtet. Um voranzukommen, geht er in aller Brutalität und Rücksichtslosigkeit mit seinen Banden gegen bäuerliche Familien (primär nicht-judäischer Volksgruppen) vor (1 Sam 27,8 ff.). Aber diese Aspekte seines Machtstrebens spielen nur eine Nebenrolle. Viel wesentlicher ist den Texten, David von jeglicher Blutschuld an Saul und seinen Söhnen freizusprechen. Wie oft hätte er sich an Saul, der ihm nach dem Leben trachtete, vergreifen können! Ebenso bemühen sich die Texte erkennbar, Davids mehrdeutige Rolle im Dienst der Philister von allen fragwürdigen Motiven zu befreien: David hatte keine andere Wahl, als sich bei ihnen zu verdingen und so „anderen Göttern zu dienen" (1 Sam 26,19; vgl. 27,1 u. ö.). Seine Raubzüge galten nur vorgeblich judäischen Bauern, in Wirklichkeit aber deren Feinden (1 Sam 27,10), und bei der entscheidenden Schlacht der Philister gegen Israel, die zu Sauls und Jonathans Tod führte, war er nicht beteiligt; vielmehr kämpfte er zu dieser Zeit gegen die Erzfeinde Israels, die Amalekiter (1 Sam 30).

Zwar wollen die Texte David keineswegs idealisieren, aber ihnen ist wesentlich daran gelegen zu betonen, was sie wiederholt tun: dass „JHWH mit David" war, dass er ihn deshalb vor allen Angriffen Sauls schützte und ihn für sein kommendes Königtum vorbereitete. David wiederum erweist sich darin als fromm, dass er vor seinen Entscheidungen immer wieder den Kontakt mit Gott sucht, und zwar auf vielfältigen Wegen, sowohl über priesterliche wie prophetische Orakel. Im Unterschied zu Saul, der ohne göttliche Antwort bleibt (1 Sam 28,6), erfährt David ständig neu göttliche Führung und Bewahrung in Not. Diesem König ist seine Herrschaft wahrlich nicht in den Schoß gefallen; er war immer wieder in Lebensgefahr. Ohne seinen permanenten Gotteskontakt aber wäre für die Erzähler schlechterdings nicht zu verstehen, wie David nicht nur die ständigen Attacken Sauls überleben, sondern darüber hinaus die hoch überlegenen Philister schlagen konnte, bei denen er zunächst in die Schule gehen musste, um ihre Kriegskunst zu erlernen.

---

[97] Dietrich, Die frühe Königszeit, 248 ff.

Ein deutlich positiveres Davidbild liefern die drei jüngeren *Erzählungen, die David in den Erzählungskontext einführen*: 1Sam 16,1–13; 16,14–23 und 17. Die älteste unter ihnen, *1 Sam 16,14–23*, stellt David dem Leser als Musikanten vor, der den psychisch kranken und „von einem bösen Geist JHWHs" geplagten König Saul mit seinem Saitenspiel zu beruhigen vermag. Als Voraussetzung für diese Funktion, mit der David Sauls Vertrauen gewinnt, entspricht David exakt dem höfischen Ideal: Er ist nicht nur „kundig im Saitenspiel", sondern auch „aus guter Familie, kampfestüchtig, redegewandt, eine gute Erscheinung, und JHWH ist mit ihm" (1 Sam 16,18). Gleichgewichtig stehen hier die Außenwirkung des Höflings, seine Herkunft aus angesehener Familie, seine musische und rhetorische Bildung und seine militärische Tüchtigkeit nebeneinander. Nur der göttliche Schutz ist durch seine betonte Stellung am Abschluss hervorgehoben, und dass auf ihm der Hauptton liegt, ahnt der Leser seit dem programmatischen Erzählungsanfang: „Der Geist JHWHs aber war von Saul gewichen" (V.14a). Wie in dem vorangehenden, deutlich jüngeren Kap. 15 die Verwerfung Sauls als König durch Samuel im Namen JHWHs erfolgt, weil „dein Gefährte, der besser ist als du" (1 Sam 15,28) vorhanden ist, so bilden schon im älteren Text 1 Sam 16,14 ff. die göttliche Verwerfung Sauls und der göttliche Schutz Davids als verborgenen Nachfolgers Sauls eine sachliche Einheit.

Ein theologischeres Bild der Davidgestalt vermittelt die in mehreren Stufen gewachsene *Erzählung von David und Goliath (1 Sam 17)*, die wesentlich aus längeren und kürzeren Reden besteht und ihre didaktische Intention deutlich zu erkennen gibt. Zwar ist Goliath mit schwerster und modernster Rüstung bekleidet (V.5 ff.), trägt mit Schwert, Speer und Sichelschwert die gefährlichsten Waffen seiner Zeit und ist ein Berufskrieger von Jugend an, während David nur ein Hirtenjunge ist (V.33), aber David siegt, weil er „im Namen des JHWH Zebaoth, des Gottes der Schlachtreihen Israels" kämpft (V.45), der ihn auch zuvor aus den Klauen von Löwen und Bären errettet hat (V.34–36). Damit ist hier der Gegensatz zwischen größter menschlicher Macht und Vertrauen auf Gott thematisiert, wie er die Überlieferungen von der Errettung am Schilfmeer (Ex 14–15), die Prophetie Jesajas (Jes 31,3 u.o.) und die Theologie zahlreicher später Psalmen (Ps 33,17 f.; 118,5–9 u. ö.) prägt. 1 Sam 17 war eine Einzelerzählung, wie sich daran zeigt, dass Saul David noch nicht kennt (V.55 ff.).

In der jüngsten und hervorgehoben theozentrischen Einführung Davids, *1 Sam 16,1–13*, schließlich ist David von Jugend an der von Gott noch während der Regierung Sauls durch seinen prophetischen Boten Erwählte. Davids heimliche Salbung durch Samuel tritt in Konkurrenz zur heimlichen Salbung Sauls durch Samuel (1 Sam 9–10); sie impliziert damit Sauls Verwerfung (vgl. 1 Sam 15). Vor allem aber ist David Gottes Erwählter wider den Augenschein: Nicht die stattlichen älteren Söhne Isais, die nach menschlichen Maßstäben Imponierendes darstellen, werden von Samuel zum König gesalbt, sondern der unscheinbare Kleinste, den Isai gar nicht zum Opfermahl mitgenommen hat, der vielmehr erst von der Herde geholt werden muss. Diese Erzählung setzt die prophetischen Berufungsberichte schon voraus, in denen sich die Berufenen als vor Gott ungeeignet, weil zu gering bezeichnen; sie findet ihre sachliche - freilich nicht sprachliche - Parallele in Dtn 7,7 f., wo das erwählte Volk als das kleinste unter allen Völkern bezeichnet wird, um ihm jegliche Möglichkeit des Selbstruhms zu nehmen.

c. *Die Dynastie-Verheißung (2 Sam 7,1-16)*

Die Saul-David-Erzählungen waren entscheidend an dem Gegensatz zwischen dem Erfolg Davids und dem Scheitern Sauls orientiert. Sie wurden in dieser Tendenz in Juda durch das frühzeitige Ende des Nordreichs aktualisiert und ausgeweitet. Demgegenüber hatte die ThFG unüberhörbar die Frage nach der Stabilität und Dauer der Herrschaft Davids gestellt und vorläufig mit der Nachfolge Salomos beantwortet. Nicht beantwortet war dagegen die Frage, ob auch das Königtum Davids und Salomos wie das Königtums Sauls nur als eine kurze Episode der Geschichte Israels zu verstehen sein sollte, zumal Jerobeam I. der Herrschaft des Salomo-Sohnes Rehabeam über die Nordstämme ein jähes und definitives Ende bereitete, bevor diese überhaupt begonnen hatte.

So ist es keineswegs zufällig, dass an die Nahtstelle zwischen den Saul-David-Erzählungen und der ThFG die programmatische Dynastie-Verheißung Gottes an David durch den Propheten Nathan gestellt worden ist. Ihre Logik folgt einem häufig in Mesopotamien und Kleinasien belegten literarischen Muster, das jedoch an entscheidender Stelle abgewandelt worden ist. Das Muster verband göttliche Zusagen an die Könige mit der Frömmigkeit der Könige, die sich in der Fürsorge für die Götter manifestierte, und zwar insbesondere in Gestalt der Errichtung von Tempeln für die Götter. Für die Könige des Alten Orients gab es keine wichtigere religiöse Pflicht, als ihrer Reichsgottheit einen Tempel zu bauen oder deren vorgefundenen Tempel auszubauen; viele Könige Mesopotamiens rühmen sich des Tempelbaus für mehrere Götter. Gleichsam als Dank für die Erstellung eines angemessenen irdischen Wohnraums zeigten sich die Gottheiten den jeweiligen Königen zugewandt und schenkten ihnen Verheißungen von Wohlergehen, reicher Nachkommenschaft bzw. einer dauerhaften Herrschaft[98].

In der göttlichen Verheißung an David in 2 Sam 7 ist dieses Muster an entscheidender Stelle überraschend durchbrochen. Zwar erhält David die göttliche Dynastie-Verheißung, aber er erhält sie, ohne seine Fürsorge für Gott im Bau eines Tempels nachweisen zu können. Zwar hat er den Plan, Gott eine angemessene Wohnung für die Lade zu bauen, und da er weiß, dass Gott dem

---

[98] Vgl. bes. E. Kutsch, Die Dynastie von Gottes Gnaden, ZThK 58 (1961), 137-153; 147 f.; auch in: ders., Kl. Schriften z. AT (BZAW 168), 1986, 129-145. Kutsch nennt zugleich die wesentlichen Argumente gegen die ältere These von S. Herrmann, der 2 Sam 7 aus der ägyptischen „Königsnovelle" abzuleiten versuchte und darin zahlreiche Nachfolger fand.

Plan zustimmen muss, sucht er den Gotteskontakt durch den Propheten Nathan, dessen spontane Zustimmung belegt, wie gut und naheliegend das königliche Vorhaben ist. Aber Davids Plan wird ihm auf Gottes Geheiß durch ebendiesen Propheten letztlich untersagt, und zwar mit Argumenten, die grundsätzlich klingen: Bislang hat Gott in Gestalt der Lade sein Volk im Zelt auf seinem Weg begleitet; ein Tempel könnte nur auf einen ausdrücklichen Wunsch Gottes hin errichtet werden (V.6f.). Durch Gottes Zurückweisung der frommen Absicht Davids erhält das Wortspiel, das das literarische Muster des Alten Orients widerspiegelt, eine merkwürdige Gebrochenheit: Zwar darf David kein „Haus", d.h. Tempel, für Gott bauen (V.5b), aber Gott wird David dennoch ein „Haus", d.h. eine Dynastie, errichten (V.11b). Die Entsprechung zwischen königlicher Tat und göttlichem Wohlwollen wird aufgehoben bzw. auf Davids fromme Absicht beschränkt; Davids Dynastie ist göttlich legitimiert, aber als freie Tat Gottes, nicht als Dank für Davids Fürsorge für Gott[99].

Spätere, denen dieser Zusammenhang fremd geworden war, haben stattdessen hervorgehoben, dass zwar nicht David, wohl aber Salomo den Tempel für Gott gebaut habe (V.13). Sie haben dann etwa wie das ChrG das Bauverbot Gottes gegenüber David damit begründet, dass Blut an seinen Händen geklebt habe (1 Chr 22,8; vgl. 28,3), so dass erst Salomo jene „Ruhe" vor den Feinden erfahren habe, die die Verse 1b und 11a im Zusammenhang mit dem Tempelbau erwähnen[100].

Erst mit dieser weitreichenden und alles Vorherige überragenden Verheißung hat die (spät-) vorexilische Davidtradition ihren Höhepunkt erreicht. Sie wertet das Faktum, dass David keinen Tempel gebaut hat[101], zu seinen Gunsten und ist von der Überzeugung beseelt, dass Gottes „Mitsein mit David", von dem schon die älteren Daviderzählungen berichtet hatten, alle Nachkommen Davids auf dem judäischen Königsthron einbeziehen würde. Die Festigung des Königtums Davids, auf die die ThFG abzielte, wird jetzt „für alle Zeiten" (V.16) als Gottes Werk erwartet. Aber sie wird nicht mit Davids Taten begründet, sondern als freie Zusage Gottes verstanden. Wahrscheinlich baut die Nathan-Verheißung auf einem alten Traditionskern auf[102]; der literarische Grundbestand von 2 Sam 7 gehört vermutlich schon in die späte Königszeit Judas[103].

---

99 Zugleich führt die Aufhebung der Entsprechung die Konsequenz mit sich, dass Davids Nachfolger auf seinem Thron nicht als sakrosankt gelten (vgl. V.14f. und dazu sogleich). Auf diese Konsequenz des Tempelbauverbots hat E. von Nordheim, König und Tempel. Der Hintergrund des Tempelbauverbots in 2 Samuel VII, VT 27 (1977), 434–453, auch in: ders., Die Selbstbehauptung Israels in der Welt des Alten Orients (OBO 115), 1992, 103–128, aufmerksam gemacht.

100 Vgl. zu diesen Erwägungen W. Dietrich, Saul und die Propheten (BWANT 122), ^{2}1992, 133ff.

101 Im jüngeren Ps 132 wird die Überführung der Lade nach Jerusalem als entscheidende Fürsorge Davids für Gott gewertet und tritt an die Stelle des Tempelbaus.

102 Im Gefolge L. Rosts (o. Anm. 90) haben zahlreiche Exegeten diesen Kern in den Versen 11b.16 gesucht. (Das Wortspiel in Jes 7,9b scheint 2 Sam 7,16 vorauszusetzen [E. Würthwein]). V.11b.16 sind von T. Veijola, Die ewige Dynastie, Helsinki 1975, 72–77, aber als dtr eingestuft wor-

Noch an einer zweiten Stelle zeigt sich, wie bewusst in 2 Sam 7 mesopotamische Denkmuster abgewandelt werden. In *2 Sam 7,14f.* wird die adoptianische Vorstellung aufgegriffen, dass der König mit der Thronbesteigung zum „Sohn“ der Gottheit erhoben worden ist. Jedoch wird sie in 2 Sam 7 nicht wie üblich als Vollmachtsaussage ausgelegt. Repräsentativ dafür ist Ps 2, wo der König mit der Zusage in V.7: „Mein Sohn bist du“ in den Herrschaftsbereich Gottes eingewiesen wird, als dessen Stellvertreter er von seinen Untertanen und von der gesamten Völkerwelt anerkannt werden soll. Demgegenüber wird in 2 Sam 7,14 allein die Verantwortung des Königs vor seinem göttlichen Vater betont und zugleich nüchtern und illusionslos die Möglichkeit seiner Verschuldung in den Blick genommen. Mit der singulären reziproken Formulierung „Ich will ihm Vater sein, und er soll mir Sohn sein“ wird die sog. Bundesformel („Ich will ihnen Gott sein, sie sollen mir Volk sein“), die die Schutzzusage Gottes und die Verpflichtung des Volkes miteinander verbindet, auf das Gottesverhältnis des Königs übertragen. Damit fällt der Hauptton auf die Pflichten des Königs, zumal allein sein mögliches Versagen gegenüber seiner Verantwortung näher ausgeführt wird. Gott wird „mit menschlichen Schlägen“ strafen, aber er wird den schuldigen König nicht wie Saul von sich stoßen, weil er mit David seine Dynastie an sich gebunden hat. Wieder taucht der Schatten des unglücklichen Saul hinter David auf; aber Sauls Geschick soll einmalig bleiben. Gott wird die Nachfolger Davids strafen, aber er hat seiner Strafe eine definitive Grenze gesetzt: Wie auch immer er die schuldigen Davididen zur Rechenschaft ziehen wird, verwerfen wie Saul wird er sie nicht. Darin wird die „Festigkeit“ bzw. „Zuverlässigkeit“ (V.16) der Dynastie Davids bestehen.

Deutlich wird an diesen Aussagen, dass der Verfasser von 2 Sam 7,14f. nicht nur zahlreiche Erfahrungen mit schuldigen Davididen gemacht hat, sondern dass sein Seitenblick auf Saul schon den Untergang des Nordreichs im Blick hat. Zugleich spiegelt die Betonung der Rechenschaftspflicht des Königs sehr wahrscheinlich die Wirkung der Verkündigung der kritischen Prophetie wider. Auf die Schwierigkeiten, die das spätere DtrG mit dieser Verheißung hatte, ist noch zurückzukommen (u. S. 232f.).

---

den, freilich ohne zwingende Gründe. Gewichtige Gegenargumente nennt M. Pietsch, „Dieser ist der Sproß Davids …“ (WMANT 100), 2003, 26f., der auch plausible Möglichkeiten für einen „Sitz im Leben“ eines frühen Königsorakels aufzeigt (27.31f.).

[103] Das hat M. Pietsch, ebd. 42f., in einer sorfältigen Analyse der literarischen Querverbindungen der Nathanverheißung aufgewiesen. Diesen Grundbestand haben vermutlich die früh-dtr Theologen, von denen noch die Rede sein soll (vgl. u. S. 225ff.), aufgegriffen. Mit dieser Modifikation haben m.E. die zuvor genannten Beobachtungen Veijolas Bestand.

E. Prophetie

Für das biblische Israel war die Prophetie beides: Sie war einerseits wirkungsgeschichtlich die wichtigste Quelle für die Besonderheit seines Glaubens, ohne die eine Kontinuität seiner Gottesvorstellung über den Graben des staatlichen Untergangs hinweg kaum vorstellbar wäre. Sie war andererseits in der Anfangszeit ein Phänomen mit einer erstaunlichen Vielfalt an Erscheinungen, die für einen Nachgeborenen überraschend mit dem gleichen Begriff „Prophet" (נביא) bezeichnet wurden[1]. Es versteht sich von selbst, dass eine lange Wegstrecke lag zwischen der phänomenologischen Vielfalt der Prophetie und ihrer wirkungsgeschichtlichen Bedeutung.

a. Die Vielfalt prophetischer Erscheinungsweisen

Im vorexilischen Israel gab es berufliche Propheten, aber auch Männer sowie Frauen, die nur vorübergehend prophetisch tätig wurden. Vor allem aber gab es sowohl Gruppenpropheten als auch einzelne prophetische Gestalten, ohne dass wir in der Lage wären, eine Geschichte dieser unterschiedlichen Erscheinungsweisen zu schreiben. Vier Arten *Gruppenpropheten* sind uns bezeugt:

a. Zur Zeit des ersten Königs Saul begegnen prophetische Gruppen, deren Hauptkennzeichen ekstatische Verzückung ist, in die sie sich mit Musik zu versetzen scheinen. Worte sind von ihnen nicht überliefert. Traditionsbewusste Bauern haben diese ungeordneten Haufen (1 Sam 10,12: „Wer ist denn deren Vater [d.h. Leiter]?") verachtet (1 Sam 10,5–12; 19,20–24).

b. Gut zwei Jahrhunderte später begegnen in Samaria Hofpropheten unter einem namentlich genannten Leiter (1 Kön 22). Ihre Funktion war es, den König vor wichtigen politischen Entscheidungen zu vergewissern, dass sein Vorhaben im Einklang mit dem Willen Gottes stand. Sie nahmen die Funktion wahr, die in Mesopotamien eine Fülle von Vorzeichenspezialisten (unter ihnen auch hier Propheten) ausübten.

c. Etwa zur gleichen Zeit hat der Prophet Elisa mit Schülern und deren Familien in einer Art klösterlicher Gemeinschaft gelebt und ihnen Unterricht erteilt (2 Kön 2ff.). Sie nennen ihn „Vater"; sie selbst werden vom Erzähler als בני הנביאים „Prophetenjünger", d.h. Mitglieder einer Pro-

---

[1] Ursprünglich eigenständige Begriffe wie „Gottesmann" (vor allem in den Elia- und Elisaerzählungen), „Seher" (ראה) bzw. „Visionär" (חזה) und „Traumspezialist" (חלם) sind in ihm aufgegangen; vgl. 1 Sam 9,9.

phetenzunft, bezeichnet. Amos hat später eine solche Ausbildung für sich bestritten (Am 7,14), hat damit aber indirekt gezeigt, dass sie kaum auf Elisa beschränkt geblieben ist.

d. Prophetische Stimmen in den Psalmen hat man gern auf sog. „Kultpropheten", also am Tempel angestellte Propheten zurückgeführt, die auch sonst mehrfach indirekt belegt sind[2].

Eine ähnliche Vielfalt wie bei den Gruppenpropheten ist bei den *prophetischen Einzelgestalten* belegt. Sie sind teilweise am Hof tätig wie Gad und Nathan bei David und nehmen hier besonders beratende Funktionen für den König wahr (aber auch etwa pädagogische für den Thronfolger). Häufig aber muss der König (bzw. die Königin) zum Propheten reisen (z.B. zu Ahia von Silo 1 Kön 14). Sie werden teilweise wegen ihrer besonderen Fähigkeiten aufgesucht (etwa die „Seher") und können wie Samuel einem anderen Beruf nachgegangen sein, teilweise aber werden sie wie etwa Nathan „der Prophet" (mit Artikel) genannt, was im strengen Sinn als Berufsbezeichnung zu gelten hat. Ganz selbstverständlich sind auch Frauen unter den Propheten zu finden, im Unterschied etwa zu den Priestern.

Bei dieser hier nur angedeuteten Vielfalt bleibt vor allem ein doppeltes Element für die meisten Propheten charakteristisch, das Religionswissenschaftler als das Nebeneinander von „induktiver" und „intuitiver" Prophetie zu umschreiben pflegen: Propheten wurden zum einen von Einzelnen (bei individueller Not) oder vom Volk bzw. dessen Repräsentanten (in kollektiven Notfällen) um ihres besonderen Gotteskontaktes willen aufgesucht; sie sollten Gott in vollmächtiger Fürbitte zur Beendigung der Not bewegen und den jeweiligen Bittstellern seine Antworten mitteilen (vgl. 1 Kön 14; 2 Kön 8,7–15 bzw. Jer 21,1–10; 37,3–21)[3]; von den mitgebrachten Geschenken bestritten sie ihren Lebensunterhalt. Zum anderen aber wurden Propheten unerwartet und ungefragt von Gesichten und Worten Gottes heimgesucht, die sie den betroffenen individuellen oder kollektiven Adressaten mitzuteilen hatten. Um dieser Doppelfunktion willen hat man sie daher häufig mit Recht als „Mittler zwischen Gott und Mensch" bezeichnet[4].

---

[2] Vgl. A.R. Johnson, The Cultic Prophet in Ancient Israel, ^{2}Cardiff 1962; ders., The Cultic Prophet and Israel's Psalmody, Cardiff 1979; J. Jeremias, Kultprophetie und Gerichtsverkündigung in der späten Königszeit Israels (WMANT 35), 1970.

[3] Der term. techn. dieser beruflichen Seite prophetischer Tätigkeit heißt דרש את יהוה „JHWH befragen"; vgl. C. Westermann, Die Begriffe für Fragen und Suchen im AT (1959), in: ders., Forschung am AT, Ges.St. II (TB 55), 1974,162–190; Jeremias, a.a.O. 140–147; G. Gerlemann – E. Ruprecht, THAT I, 460–467.

[4] So etwa H.W. Wolff, Die Begründungen der prophetischen Heils- und Unheilssprüche (1934), Ges. St. z. AT (TB 22), 1964, 32f.; C. Westermann, Theologie des AT, 67–69.

b. Prophet und König

Verglichen mit der Vielfalt prophetischer Phänomene wirken die uns überkommenen Worte der Propheten aufgrund der Auswahl, die die Überlieferung getroffen hat, erheblich homogener. In den Erzählungen der Samuel- und Königsbücher stehen die Propheten gemeinhin Königen gegenüber. Das darf nicht so verstanden werden, als seien Könige die üblichen Gesprächspartner der Propheten gewesen, wohl aber so, dass ihre Worte an Könige, die biographisch weithin Ausnahmesituationen betrafen, als besonders überlieferungswürdig empfunden wurden. Überwiegend spiegeln die Prophetenerzählungen Konflikte zwischen König und Prophet wider, die anfangs wesentlich damit zusammenhingen, dass das Königtum in Israels Geschichte und Überlieferung eine neue Institution darstellte, die die präzise Ausgestaltung ihrer Machtmittel erst noch finden musste, während sich die Propheten mehr und mehr genötigt sahen, sich kritisch mit den Neuerungen des Königtums auseinanderzusetzen und sie am Maßstab der religiösen Traditionen zu messen, als deren Vertreter sie sich empfanden. Diese Prophetenerzählungen wurden im Lauf ihrer Weitergabe immer wieder auf die je neuen Konfliktpunkte zwischen Königtum und Prophetie hin aktualisiert, so dass sie im Lauf der Überlieferung einen immer grundsätzlicheren Charakter annahmen.

Es waren vor allem drei Felder, auf denen der Konflikt einsetzte und immer mehr vertieft wurde. Das eine war *das Gebiet des Krieges.* Auf ihm waren die Könige gewissermaßen auf die Propheten angewiesen, weil diese, wie wir oben sahen, die Funktion der Vorzeichenspezialisten in Mesopotamien wahrnahmen und den jeweiligen König zu vergewissern hatten, ob der Zeitpunkt für eine militärische Auseinandersetzung richtig gewählt war und sein Vorhaben im Einklang mit dem Willen Gottes stand. Aus diesem Grund sorgten manche Könige auch in den Schlachten dafür, dass Propheten in ihrer Nähe waren, um sie gegebenenfalls zu befragen (vgl. 1 Kön 20). Andererseits aber waren die Könige üblicherweise keineswegs gewillt, sich das Heft des Handelns von Propheten aus der Hand nehmen zu lassen (vgl. etwa 1 Kön 22).

Einen daraus entstandenen Konflikt schildert *1 Sam 15.* Während der ältere Text (V.13b–16aα. 26b–31)[5] Samuel als prophetischen Wächter über der von Gott angeordneten Vollstreckung des Bannes durch Saul an Israels Erbfeind Amalek darstellt – der hohe Anspruch der Prophetie kommt schon hier zum Ausdruck! –, schildert der jüngere, der dtr Theologie nahe stehende Text (V.16aβ–26a) aus der Sicht der Propheten einen Grundsatzkonflikt: den Konflikt zwischen dem Gehorsam eines Königs gegenüber Gottes Wort, wie es durch den Propheten vermittelt wird, und seiner eigenen – noch so frommen (es geht um Opfer!) – Gesinnung. Samuel ist hier zum Erzpropheten und Saul zum Prototyp eines Königs geworden.

---

[5] Vgl. zur literarkritischen Scheidung W. Dietrich, Samuel (BK VIII/2), 2011, 145–151 (mit Lit.).

Eine vergleichbare Tendenz verfolgt *2 Sam 24,* ein Kapitel, in dem die Wahl des Ortes für den Tempelbau im Mittelpunkt steht. Am Anfang des Textes steht mit Davids Absicht zu einem Zensus, genauer: zu einer Heereskonskription, und deren Verurteilung durch das Gotteswort des Propheten Gad wiederum ein grundsätzlicher Gegensatz zur Diskussion: Es ist die Diskrepanz zwischen dem königlichen Willen zur Machtausübung und dem prophetischen Anspruch, diesen Willen am Maßstab der religiösen Tradition zu überprüfen, konkret: der Unterscheidung zwischen einem Berufsheer aus Söldnern und dem Heerbann aus Bauern, den nach der Tradition Gott selbst in besonderen Notlagen durch einen Geistträger zu den Waffen rief.

Ein zweites Feld ständigen Konflikts zwischen König und Prophet bildete *das Recht.* Institutionell war ein König nicht belangbar; er konnte vor keine lokale Torgerichtsbarkeit zitiert werden. Sollte er deshalb aber außerhalb des Rechts oder über dem Recht stehen? In diese Lücke traten die Propheten ein. Wiederum mögen zwei Beispiele zur Illustration genügen. Der David sehr nahe stehende Prophet Nathan klagt seinen König *in 2 Sam 12* mit aller Härte des Mordes an, als dieser, um die schöne Bathseba zu gewinnen, ihren Ehemann in den Tod schickt. Mit der bekannten Nathanparabel nötigt er David, sich das eigene Urteil zu sprechen. Nur Davids Buße bewahrt ihn vor dem eigenen Tod; statt seiner muss das Kind aus der verurteilten Verbindung sterben.

Ein anderes, nicht weniger berühmtes Beispiel bietet *1 Kön 21* mit dem von Ahab bzw. Isebel initiierten Justizmord an Nabot, der seinen von den Vätern ererbten Weinberg dem König trotz großzügigen Tausch- oder Bezahlungsangebotes nicht verkaufen möchte[6]. Auch im Fall dieses Mordes unter Vorspiegelung des Rechts hat ein Prophet, in diesem Fall Elia, den König mit einem harten Urteil Gottes zur Rechenschaft gezogen.

Ein drittes Konfliktfeld blieb auf das Nordreich beschränkt. Hier belegen zahlreiche Erzählungen, wie Könige von Propheten gesalbt oder berufen werden: Saul durch Samuel (1 Sam 10,1), Jerobeam I. durch Ahia von Silo (1 Kön 11,29ff.), Jehu durch einen Schüler Elisas (2 Kön 9). Nur der letztgenannte Fall ist dem Historiker greifbar. Die anderen Erzählungen belegen vor allem einen *prophetischen Anspruch, Könige im Namen Gottes einzusetzen und im Fall des Ungehorsams auch wieder abzusetzen* (1 Sam 15; 1 Kön 14), wie er noch beim letzten Propheten des Nordreichs, Hosea, belegt ist (Hos 8,4: „Sie küren Könige, doch ohne mich [Gott]", d.h. der Sache nach: ohne prophetische Beteiligung). Dass die Könige diesem prophetischen Anspruch nicht bereitwillig zugestimmt haben, bedarf auch ohne Hos 8,4 keiner allzu großen Vorstellungskraft.

[6] Nicht mitgeteilt wird, ob Nabots Weigerung nur auf privater Familientradition beruht oder auf dem später belegten religiösen Recht, das den Verkauf von Erbbesitz generell verbietet, weil Gott Eigentümer des Landes ist (Lev 25,23).

c. *Die sog. Schriftpropheten*

Eine ganz neue Art von Prophetie tritt uns in den Prophetenbüchern entgegen, d.h. in den Schriften, die von späteren Tradenten unter dem Namen eines Propheten ediert worden sind[7]. Die jüdische Tradition hat diesen Einschnitt in der Geschichte der Prophetie mit Recht als den gewichtigsten empfunden und unterscheidet die „früheren Propheten" in den Erzählungen von den „späteren Propheten" in den Prophetenbüchern.

Die neue Form der Überlieferung hängt mit einem tiefgreifenden Wandel im Selbstverständnis der Propheten zusammen, wie es in den Visionsberichten des Amos (Am 7–9*) und in 1 Kön 19 seinen programmatischen Ausdruck gefunden hat. Weil Gottes Wille zur Verschonung seines Volks aufgrund der übergroßen Schuld Israels an seine Grenze gestoßen ist, können diese Propheten nicht mehr wie ihre Vorgänger Mittler zwischen Gott und Volk sein, sondern sie fühlen sich von Gott gezwungen (Am 3,8; 7,8f.14), ganz auf seine Seite zu treten und Werkzeuge einer Botschaft zu sein, die sie nicht verkündigen wollen, weil sie für ihr eigenes Volk bitterstes Unheil enthält. Aufgrund ihrer harten Gottesworte werden sie von der breiten Menge des Volkes abgelehnt, und mit dieser Ablehnung hängen die Anfänge der Schriftlichkeit der Worte der sog. Schriftpropheten zusammen.

Prophetie ist von Haus aus ein mündliches Phänomen. Propheten werden von einer Gottheit mit einer Botschaft beauftragt, die sie deren Adressaten auszurichten haben; mit der Ausrichtung der Gottesbotschaft haben sie ihre Pflicht erfüllt, unabhängig davon, ob es sich um induktive oder intuitive Prophetie handelt, und unabhängig davon, ob die Adressaten die Gottesbotschaft akzeptieren oder nicht. Aufgrund des wesenhaft mündlichen Charakters von Prophetie ist es nicht erstaunlich, dass in Israels Umwelt schriftliche Prophetentexte überaus selten begegnen, obwohl die Prophetie als vielgestaltiges Phänomen weit verbreitet war. Die Schriftlichkeit war hier nur ein Notbehelf, wenn etwa ein Prophet wegen weiter Entfernung oder wegen der höfischen Etikette nicht vor den König treten konnte und des vermittelnden schriftkundigen Beamten bedurfte wie im Fall der Prophetenworte, die in den Briefen aus Mari entdeckt worden sind. Eine bewusste Überlieferung von Prophetenworten ist uns zu biblischen Zeiten außerhalb Israels nur bei den letzten neuassyrischen Königen Asarhaddon und Assurbanipal bezeugt, die auf (Einzel- und) Sammeltafeln ihnen zugesprochene heilvolle Prophetenworte niederschreiben ließen, um ihrem Anspruch auf Herrschaft gegenüber Anderen Legitimität zu verschaffen[8].

---

[7] Die Propheten selber haben in den seltensten Fällen, wenn überhaupt, geschrieben. Insofern ist die geläufige Bezeichnung „Schriftpropheten" zumindest ungenau. Manche Autoren ziehen die Benennung „klassische Propheten" (zumeist für die Propheten des 8. Jh.s) vor.

[8] Belege und weiterführende Literatur bei J. Jeremias, Das Rätsel der Schriftprophetie, ZAW 125 (2013), 93–117; 94–100 (auch in: Studien, 288–310; 289–295). Zur Prophetie in Mari vgl. auch u. S. 351f.

Die Zusammenstellung unheilvoller Prophetenworte in den ältesten Prophetenbüchern des Alten Testament ist weder mit der Schriftlichkeit der Prophetenworte in den Maribriefen noch mit dem Legitimationsbedürfnis der neuassyrischen Könige ernsthaft vergleichbar. Die wenigen Belege, in denen die Propheten bzw. ihre Tradenten die Schriftlichkeit der Prophetenworte begründen (Jes 8,16–18; 30,8; Jer 36), zeigen, dass *die Ablehnung des mündlichen Wortes der Propheten* durch die zeitgenössischen Hörer den primären Grund zu ihrer Niederschrift lieferte. Die Schriftlichkeit sollte die Wahrheit der Gottesworte (genauer: der Gottesworte einer bestimmten Verkündigungsepoche) des Propheten gegenüber den hörunwilligen und ungehorsamen Adressaten bezeugen. Zugleich sollte das schriftliche Gotteswort neue Hörer (genauer: Leser bzw. Hörer des Vorgelesenen) suchen, die seiner Wahrheit vertrauten. Die Erzählung Jer 36 möchte zeigen, wie Gott über der Wirkung seines Wortes wacht: Nicht der ungehorsame König Jojakim, der die Worte des Propheten Jeremia – niedergeschrieben, weil der Prophet am mündlichen Vortrag gehindert war – Kolumne für Kolumne im Feuer verbrennt, wird über die Existenz und Wirkung der harten Worte des Propheten bestimmen, sondern allein Gott, der diese Worte beauftragt hat und der nun Jeremia erneut auffordert, die vernichteten Gottesworte (und weitere dazu) auf einer neuen Schriftrolle niederlegen zu lassen.

Die Ablehnung der Worte der Schriftpropheten erfolgte für eine heutige Betrachtung allerdings nicht überraschend. Sie hing mit zwei inhaltlichen Eigenarten der prophetischen Gottesworte zusammen:

1. Anders als die Mehrzahl der Worte der Propheten in den Erzählungen der Samuel- und Königsbücher *richten sich die Worte der Schriftpropheten an das Volk als Ganzheit.* Nur noch selten wendet sich ein Prophetenwort an den König (etwa Am 7,10–17 oder Jes 7,1–17); in diesen Fällen ist der König als Repräsentant des Volkes im Blick. Wenig häufiger werden einzelne Berufsgruppen angesprochen, die dann ebenfalls repräsentativ für die Gesamtheit stehen. Überwiegend aber sind Worte tradiert worden, die von vornherein das Kollektiv des Staats- oder Gottesvolks „Israel" (bzw. Juda) betreffen.

2. Die Ablehnung der Prophetenworte durch die ersten Hörer hängt vor allem mit *den hohen Maßstäben* zusammen, die die Schriftpropheten im Namen Gottes zuerst an die politische und geistige Oberschicht im Volk, dann aber auch an das Volk insgesamt anlegten. Die überlieferten Worte aller vorexilischen Schriftpropheten sind überwiegend Unheils- oder Gerichtsworte; sie sehen sowohl die staatliche als auch die kultische Gemeinschaft ihrer Tage an Gott scheitern, d.h. am Maßstab der Taten und des Willens Gottes. Dabei sieht dieser Maßstab bei den einzelnen Propheten verschieden aus und bemisst sich etwa bei Amos primär an der Behandlung Armer und Abhängiger, bei Hosea an der Unterscheidung zwischen JHWH und Baal und deren kultischen und politischen Konsequenzen, bei Jesaja an den impliziten Folgerungen aus den Jerusalemer Heilstraditionen. Zwar entwerfen die Propheten kein Bild eines „idealen" Gottesvolks, aber ihnen allen ist es nicht mehr möglich,

die rechtlichen und priesterlichen Kategorien von „schuldig“ (רשע) und „unschuldig“ (צדיק) an ihre Gesellschaft und an deren einzelne Glieder anzulegen. Sie sehen die Gemeinschaft insgesamt an Gott scheitern und von Gott verurteilt werden und deuten so die geschichtliche Umbruchsituation des Anbruchs des assyrischen Weltreichs, in der sie leben. Ihre Worte hatten anfangs das Volk und seine Repräsentanten aufrütteln wollen; aber in der schriftlichen Überlieferung sind diese Worte schon als vom Volk abgelehnte Worte im Blick. Damit hat das Volk nach Meinung der Propheten seine letzte Chance für einen Wandel vertan. „Das Ende ist gekommen für mein Volk Israel“ lautet das berühmte Urteil Gottes in der 4. Vision des Amos (Am 8,2), und Hosea muss seinen jüngsten Sohn „Nicht (mehr) mein Volk“ nennen (Hos 1,9). Eine heilvolle Zukunft erhoffen diese Propheten für ihre Generation allenfalls durch das Gericht Gottes hindurch, keinesfalls an ihm vorbei als eine mögliche Alternative zu ihm.

d. Die Prophetenbücher

Die Anfänge schriftlicher Prophetie liegen, wie wir sahen, in der Dokumentation einzelner Verkündigungsepochen der vom Volk abgelehnten Propheten. Der Höhepunkt in der Geschichte der Prophetie ist aber erst mit der Entstehung ganzer Prophetenbücher erreicht. Zu ihnen gibt es im Alten Orient keinerlei Analogien, und sie haben Israels Eigenart im Kontext der altorientalischen Religionen mehr als alles andere geprägt[9].

Die ersten Prophetenbücher entstanden als Reaktion auf einen der schmerzlichsten Einschnitte in der Geschichte Israels, den staatlichen Zusammenbruch des Nordreichs Israel, den die beiden ältesten Schriftpropheten, Amos und Hosea, im Namen Gottes mit unterschiedlicher Terminologie kurz zuvor angekündigt hatten. Ab jetzt galten diese anfangs wegen der Härte ihrer Botschaft weithin abgelehnten Propheten als „wahre“ Propheten, die von Gott bestätigt worden waren. (Gut ein Jahrhundert später galt Entsprechendes für die großen Propheten Judas, Jeremia und Ezechiel.) Sie bewahrten als nunmehr anerkannte Boten Gottes ihre Zeitgenossen davor, den staatlichen Zusammenbruch als Sieg des Gottes Assur und Niederlage ihres eigenen Gottes deuten zu müssen; stattdessen lernten die Menschen durch das Hören auf die Lektüre der zuvor ungeliebten Prophetenworte, das Unglück als Reaktion Gottes auf die allgemeine und die je eigene Schuld zu verstehen. Man begann, die Worte der Propheten systematisch – in kondensierter Form – zusammenzutragen, um sich für den notwendigen Neubeginn an ihnen zu orientieren. Die poetische Gestalt, in der man die Prophetenworte mehrheitlich tradierte, diente dem besseren Memorieren. Dabei zeigt die Struktur des ältesten Teils des Hoseabuches

[9] Vgl. J. Jeremias, Das Proprium der atl. Prophetie (ThLZ 119, 1994, 483–494), in: ders., Hosea und Amos (FAT 13), 1995, 20–33; ders., Das Wesen der atl. Prophetie, ThLZ 131 (2006), 3–14.

(Hos 4–11*) mit ihrer im Fortgang der Texte immer komplexer gestalteten Themenmischung und ihrer Diskussionskultur[10], dass zunächst mit einer Tradierung der Prophetenworte in einem engen Kreis von Vertrauten und in das Denken des jeweiligen Propheten Eingeweihten zu rechnen ist, erst allmählich mit einer Ausweitung auf andere Gebildete und Lesekundige. Sowohl die ältesten Teile des Amosbuches (vgl. etwa „Zion“ in Am 6,1) als auch des Hoseabuches (vgl. Hos 4,15; 6,10f.; 8,14) scheinen schon früh von Nordreichsflüchtlingen ins Südreich Juda gebracht und dort weiter tradiert worden zu sein. Allerdings zeigt ihre stark differierende Buchgestalt, dass beide Prophetenbücher in unterschiedlichen Prophetenkreisen entstanden sein müssen.

Die Zusammenstellung der Prophetenworte in den ältesten Prophetenbüchern stellt schon *ein erstes Stadium der Auslegung* dieser Worte dar. Die Tradenten wählten ja nicht nur bestimmte Worte der Propheten aus, verkürzten nicht nur längere Reden der Propheten auf das Wesentliche, fassten sie nicht nur (teilweise neu) in poetische Form und bezogen ursprünglich separate Worte aufeinander, um ein Ganzes der Botschaft der Propheten darzustellen, sondern sie kannten auch schon die Wirkung der Worte, ihre anfängliche Ablehnung durch die ersten Hörer und die konkrete Gestalt ihres (partiellen) Eintreffens und ließen beides häufig in die Gestalt der Worte einfließen. Sie wollten ja keine Tonbandprotokolle der prophetischen Reden liefern, sondern Orientierung für die neue Situation nach dem Zusammenbruch anbieten.

Mit der Schriftlichkeit gewannen die Worte der Propheten zugleich *eine neue Autorität.* Worte, die ursprünglich an eine bestimmte Berufsgruppe, etwa Priester oder Politiker, gerichtet waren, wurden jetzt von Menschen mit anderen Berufen gelesen und auf sich bezogen; Worte, die von Haus aus auf eine ganz bestimmte Situation bezogen waren, wurden jetzt auf andere Lebensumstände übertragen. Kurz: Die Prophetenworte wurden für neue geschichtliche Kontexte aktualisiert und richteten sich in ihrem Anspruch, Gottes Willen auszusprechen, an neue Generationen von Hörern bzw. Lesern. Bei diesem Übertragungsprozess mussten sie notwendig verallgemeinert, d.h. der besonderen Umstände der mündlichen Ursprungssituation beraubt werden.

Die Tendenz der Übertragung der Prophetenworte auf neue Situationen um ihrer jeweiligen Aktualität willen haben spätere Propheten(-gruppen) fortgesetzt. Sie haben die älteren Worte für ihre Hörer bzw. Leser, wenn nötig, kommentiert, sie für neue geschichtliche Lagen aktualisiert und modifiziert, aber sie auch durch neue Prophetentexte ergänzt, letzteres mit der Zeit immer mehr mit der Absicht, verschiedene vorgegebene Prophetentexte aufeinander zu beziehen, zunächst Texte eines einzelnen Prophetenbuches, dann aber auch immer häufiger Texte verschiedener Prophetenbücher. Besonders in der spätnachexilischen Zeit (also in der spätpersischen und frühhellenistischen

[10] Vgl. zur Themenmischung J. Jeremias, Hosea 4–7. Beobachtungen zur Komposition des Buches Hosea, in: ders., Hosea und Amos, 55–66; zur Diskussionskultur W. Schütte, „Säet euch Gerechtigkeit!“ Adressaten und Anliegen der Hoseaschrift (BWANT 179), 2008, 18–22. 192–200.

Periode) ist eine immer stärkere *theologische Tendenz* bei den prophetischen Tradenten spürbar, durch derartige Bezüge *hinter den vielen überlieferten Prophetentexten den einen gemeinsamen Gotteswillen zu erfassen.* Manche Prophetenbücher – etwa das Buch Obadja oder Deuterosacharja (Sach 9–14), vielleicht auch Joel – sind von Anbeginn schriftlicher Art gewesen; sie berufen sich kaum noch auf göttliche Offenbarung, sondern entnehmen ihre Legitimation und Autorität schon vorliegenden älteren Prophetentexten, die noch unerfüllt geblieben sind. Propheten, die Neues und Anderes verkünden wollen als die schriftlich niedergelegten Gottesworte, werden im letzten Stadium der prophetischen Textproduktion abgewiesen und hart bedroht (Sach 13,2–6). Der Abschluss des Prophetenkanons zeichnet sich hier ab.

Auf diese Weise sind höchst komplexe Prophetenbücher entstanden, deren prophetische Stimmen im Fall des Jesajabuches über ein halbes Jahrtausend auseinanderliegen[11]. Für den Ausleger bedeutet dies, dass er, beginnend bei der Endgestalt eines Prophetenbuches, wie ein Archäologe Schicht für Schicht abtragen muss, um zur ältesten literarischen Gestalt des Prophetenbuches vorzudringen, wobei bei komplexen Texten mit jeder neu angenommenen Schicht die Ergebnisse hypothetischer werden. Aber wir haben die ältesten Prophetentexte nur in vielfach ausgelegter und aktualisierter Gestalt vor uns; je mehr sie ausgelegt wurden, desto mehr wurden sie gelesen und gebraucht. Das dahinter liegende mündliche Prophetenwort kann nur mit einem noch höheren Grad an Unsicherheit rekonstruiert werden.

Dennoch aber *bleibt die Frage nach dem zugrunde liegenden mündlichen Prophetenwort von großem theologischem Gewicht.* Es war ja dieses mündliche Wort, das als (zumindest teilweise) von Gott bestätigtes „wahres" Wort den Anfang der schriftlichen Überlieferung bildete; als solches blieb es der Maßstab für die Traditionsentwicklung. Aus diesem Grund wurden viele Prophetenworte exakt datiert, ob sie nun etwa „zwei Jahre vor dem Erdbeben", das jeder kannte (Am 1,1), oder „im Todesjahr des Königs Usija" (Jes 6,1) von Gott an den Propheten ergingen. Ja, Ezechiel und Sacharja notieren zuweilen Monat und Tag des an sie ergangenen Gottesworts. Diese geschichtliche Zeitgebundenheit unterscheidet prophetische Worte grundsätzlich von allen Worten der Weisheit.

Damit ist *das eigentliche Geheimnis der biblischen Prophetenworte* genannt: Sie sind von Haus aus Wort Gottes für eine unverwechselbare geschichtliche Stunde und ebenso unverwechselbare konkrete Adressaten und bleiben an Stunde und Adressaten gebunden. Und doch sind sie als schriftliche Prophetentexte zugleich auf neue Situationen übertragbar, ja müssen auf sie – damals wie heute – übertragen werden, weil sie nur so aktuelle und nicht nur historische Botschaft Gottes bleiben und weiterhin wirksames Gotteswort sein können.

---

[11] Vgl. bes. O.H. Steck, Der Abschluss der Prophetie im AT (BThSt 17), 1991; ders., Die Prophetenbücher und ihr theologisches Zeugnis, Tübingen 1996.

1. JHWH oder Baal (Elia und Hosea)

In der gegenwärtigen Forschung in Deutschland wird vermehrt die Ansicht vertreten, das ältere biblische Israel habe sich religiös in nichts von seinen kanaanäischen Mitbewohnern unterschieden. Ich selber halte diese Ansicht für unzutreffend, wie in der Einleitung dargelegt. Allerdings lässt sich der Gegenbeweis nicht stringent führen, da alle Texte, die von Israels Frühzeit berichten, um Jahrhunderte von den dargestellten Ereignissen getrennt sind. Geht man einmal vom genannten skeptischen Ausgangspunkt aus, so muss man spätestens bei den Kreisen um Elia im 9. Jh. und weit evidenter noch bei denen um Hosea im 8. Jh. v. Chr. von einem entschiedenen Willen sprechen, den biblischen Gott JHWH von Baal abzuheben, genauer gesagt: kategorial zu trennen.

In diesem Zusammenhang wird man es schwerlich zufällig nennen können, dass *sowohl Elia als auch Hosea im Nordreich auftraten*, war doch im Nordreich der kanaanäische Bevölkerungsanteil ungleich stärker repräsentiert als im Südreich und insofern die Gefahr einer Vermischung oder gar Identifizierung von JHWH und Baal weit stärker gegeben. Zugleich aber hatte das Nordreich ein unmittelbareres Verhältnis zu den ältesten Traditionen des JHWH-Glaubens als das Südreich Juda.

Theologisch bedeutsam ist der Vergleich zwischen dem Ringen Elias und Hoseas um die rechte Gottesverehrung Israels vor allem deshalb, weil er zeigt, wie sich innerhalb eines Jahrhunderts die Probleme des Synkretismus zugespitzt hatten.

a. Elia

Im Falle Elias[12] denkt jeder versierte Bibelleser zunächst an die Auseinandersetzung zwischen Elia und den Baalspropheten auf dem Karmel 1 Kön 18,21 ff. Aber mit dieser berühmten Erzählung sollte man die Darstellung nicht einsetzen lassen, weil seit langem erkannt ist, dass gerade an ihr und besonders an der Formulierung ihres Höhepunkts spätere Hände beteiligt waren. Dieser Sachverhalt überrascht nicht, sondern er ist ein Indiz dafür, dass Elia, gerade weil er nach unserer Kenntnis der erste entschiedene Kämpfer für die Reinheit des JHWH-Glaubens war, zum Modell und zur Orientierungsgestalt für Spätere wurde, die bei ihm Antworten auf die Fragen ihrer eigenen Zeit suchten. Schon für die älteste Gestalt der Karmelerzählung ist in Rechnung zu stellen, dass der historische Elia vor der Revolution Jehus (wahrscheinlich 841/40

[12] Die neuere Literatur zu den Eliaerzählungen ist leicht zugänglich bei W. Thiel, Könige, BK IX/2,1 (2000), 1–13 sowie in den nachfolgenden Lieferungen seines Kommentars. Ich verweise nur auf die Monographien von G. Hentschel (1977), F. Crüsemann (1997), M. Beck (1999) und R. Albertz (2006).

v. Chr.) auftrat, alle Erzählungen über ihn, auch die ältesten, aber nach dieser Revolution und in Kenntnis von ihr niedergeschrieben wurden (s. u.).

α. *Der Heilgott Baal Zebul*

Ein sicherer Einstieg in das Thema der Eliaerzählungen ist die kurze Episode vom unglücklichen Sturz des Sohnes und Nachfolgers Ahabs, Ahasja, in *2 Kön 1,2–8.17**. Hier wird berichtet, wie der König aufgrund einer schweren Verletzung Boten zum bekannten Heilgott Baal-Zebul („Fürst Baal", im MT zu Baal-Zebub „Fliegen-Baal" verballhornt) nach Ekron sendet. Diese Boten sollen den Heilgott „befragen" (דרש), d. h. durch das Kultpersonal in Ekron auf ihn einwirken, dass der König wieder gesund wird. Den Boten tritt Elia mit der anklagenden Frage entgegen: „Gibt es denn keinen Gott in Israel, dass ihr geht, den Baal-Zebub, den Gott von Ekron, zu befragen?" Die Konsequenz solchen Verhaltens nennt Elia im Namen JHWHs in unerbittlicher Härte: „Vom Lager, auf das du dich gelegt hast, wirst du nicht mehr aufstehen: Du wirst gewisslich sterben!" (V.4).

In dieser indirekten Auseinandersetzung zwischen König und Prophet *treffen zwei grundsätzlich verschiedene Denkansätze aufeinander.* Während für Ahasja die religiöse Wirklichkeit in verschiedene Bereiche zerfällt mit unterschiedlichen Kompetenzen – die Erzählung deutet auch nicht ansatzweise an, dass der König seinen ererbten JHWH-Glauben aufzugeben vorhatte, als er sich an den berühmten Heilgott der Philister wandte –, gibt es für Elia in seinem kompromisslosen Denken nur *eine* Wirklichkeit, die entweder ganz oder gar nicht vom Gott der Bibel bestimmt ist. Bereiche mit profaner oder gar religiöser Eigengesetzlichkeit kennt er nicht.

Das göttliche Urteil über den König, der Vorbild seines Volkes hätte sein sollen, ist unüberbietbar hart. Im Blick ist weit mehr als nur eine Krankheit bzw. Verletzung mit tödlichem Ausgang. Vielmehr fällt JHWH durch Elia ein Todesurteil über Ahasja. Die Ankündigung: „Du wirst gewisslich sterben!" (מות תמות) greift Rechtssprache auf, wie sie in der Reihe des sog. Todesrechts vorgeprägt war, bei dem die Rechtsfolge stets: „(Wer ... tut,) muss gewisslich sterben" (מות יומת) lautet (Ex 21,12.15–17; vgl. o. S. 56). Weil für die Erzählung hier das Hauptinteresse liegt, ist sie so gestaltet, dass sie „geradezu in der Bahn abläuft, die ein zweiteiliger Rechtssatz vorzeichnet"[13], für den „Tatbestandsdefinition" und „Rechtsfolgebestimmung" konstitutiv sind. Wesentlich ist in diesem Zusammenhang, dass Elia Ahasja im Namen Gottes in einem Bereich belangt, in dem rechtlich kein König zu belangen war.

---

[13] O.H. Steck, Die Erzählung von Jahwes Einschreiten gegen die Orakelbefragung Ahasjas (2Kön 1,2–8.17*), EvTh 27 (1967), 546–556; 554.

β. *Das Gottesurteil auf dem Karmel*

Wer rückwärtsgehend von 2 Kön 1 zur *Karmel-Erzählung von 1 Kön 18* gelangt, wird schnell gewahr, dass die Vorstellungskategorien in der älteren Gestalt der Erzählung denjenigen in 2 Kön 1 genau entsprechen. Dieses Mal sieht sich Elia allerdings nicht einem König, sondern einem Volk gegenüber, dem die religiöse Wirklichkeit in unterschiedliche Bereiche zerfällt. Es kennt mit Baal und JHWH zwei Mächte, die für Verschiedenes zuständig sind, und fühlt sich als Zuschauer, wenn diese beiden Mächte jetzt auf dem Karmel und wegen des Karmels in Konkurrenz zueinander treten. Für Elia dagegen geht es in einer scharf formulierten Alternative darum, ob JHWH oder aber Baal derjenige Gott Israels ist, dem es „nachfolgen", d.h. dem es zugehören will (V.21). Indem das Volk sich zum unbeteiligten Zuschauer erklärt, ist es für ihn längst auf die Seite Baals getreten; daher bittet Elia JHWH darum, dass „du ihr Herz wieder zurück wendest" (V.37b). Und wieder ist für Elia die Alternativfrage: JHWH oder Baal eine Frage auf Leben und Tod. Das verdeutlicht das Ende der Erzählung, die in der Hinrichtung der Baalspropheten gipfelt (V.40). Mit diesem Erzählzug sollen die wenig späteren grausamen Ereignisse der Jehu-Revolution (2 Kön 10, 18–27) von Elias Einsatz am Karmel her legitimiert werden[14].

Auf dem Karmel steht für die ältere Erzählung noch nicht die Erkenntnis der alleinigen Gottheit JHWHs auf dem Spiel wie seit dem Exil (vgl. etwa den jüngeren V.36), wohl aber die Frage, ob Phänomene der Natur wie der das Opfer verzehrende Blitz, der machtvolle Donner oder der Fruchtbarkeit fördernde Regen in den Machtbereich Baals oder aber JHWHs fallen. Mag die Entscheidung auf dem Karmel historisch eine Entscheidung mit nur lokaler Tragweite – wer wird auf dem Karmel verehrt? – gewesen sein, wie man oft im Gefolge A. Alts[15] vermutet hat, für die Erzählung in ihrer schriftlichen Gestalt geht es um eine Entscheidung grundsätzlichen Charakters, wenn sie als Ergebnis der Auseinandersetzung zwischen Elia und den vielen Baalspropheten konstatiert, dass auch die in der Tradition unlöslich mit Baal als Wettergott zusammenhängenden Elemente Blitz, Donner, Sturm und Regen Erfahrungsweisen JHWHs und nicht Baals sind. Hier wird noch nicht die Existenz Baals in Frage gestellt, wohl aber wird er aller seiner Machtsymbole entkleidet und muss sie einem Stärkeren übereignen.

Wahrscheinlich ist 1 Kön 18 zugleich der älteste Beleg für die in der Folgezeit häufig bezeugte Konstellation *des Gegenübers des einen „wahren" und der vielen „falschen" Propheten.* Dabei sind diese „falschen" Propheten nur in 1 Kön 18 Baalspropheten, in allen anderen Texten dagegen JHWH-Propheten: entweder Hofpropheten, die in königlichem Dienst stehen und daher dem König im Namen Gottes möglichst Angenehmes

---

[14] Vgl. O.H. Steck, Überlieferung und Zeitgeschichte in den Elia-Erzählungen (WMANT 26), 1968, 86–90; W. Thiel, a.a.O. (BK IX,2,2), 111.

[15] A. Alt, Das Gottesurteil auf dem Karmel (1935), Kl. Schr. II, 135–149.

zu sagen pflegen (1 Kön 22), oder aber Propheten, die sich in ihrem Gotteswort von der Sympathie bzw. Antipathie gegenüber ihren Adressaten leiten lassen (Mi 3,5–7), oder aber Propheten, die nicht mehr zwischen eigenem Wunschdenken und Gottes Willen zu unterscheiden wissen (Jer 23,9ff.). In allen Jahrhunderten zwischen den Eliaerzählungen und der Zerstörung Jerusalems sind die prophetischen Traditionen von einem abgrundtiefen Misstrauen gegenüber einer größeren Anzahl von Propheten geprägt, weil sich Gruppen von Propheten zu sehr gegenseitig beeinflussen (Jer 23,27.30), statt sich auf die eine und einzige Quelle ihres vollmächtigen Redens zu konzentrieren. Nach Dtn 18,15.18 wird das Wort des Mose durch (je) *einen* Propheten fortgeführt, der Züge des Propheten Jeremia an sich trägt.

γ. *Die Not der Dürre*

Die grundsätzlichste Auseinandersetzung zwischen JHWH und Baal, die Elia herbeiführt, verbirgt sich hinter der *Dürreerzählung 1 Kön 17,1–18,18. 41–46* am Beginn der Elia-Überlieferung. Sie liegt teilweise in einem schon fortgeschrittenen Stadium der Überlieferungsbildung vor. Wenn Elia hier das Ende der Dürre, die über lange Zeit das Leben der Einwohner des Landes akut bedrohte[16], programmatisch an seine Person, sein Wort (17,1) und anfangs besonders an seine göttlichen Kräfte (18,41–46) bindet, so trifft er mit dieser Kampfansage die religiösen Vorstellungen der Baal-Verehrer ins Mark[17]. Ihr Denken beruht auf dem unlöslichen Zusammenhang eines durch Baal gewirkten Naturgeschehens mit dem heiligen Festritus. Wenn am Ende der Regenzeit im Frühjahr der kultische Klageruf erklingt: „Tot ist der mächtige Baal, gestorben der Fürst, der Herr der Erde!“ (KTU 1.5 [=CTA 5] VI 8–10), so ist diese Klage schon im Voraus bezogen auf den Jubelruf, der am Ende des regenlosen Sommers im Himmel unter den Göttern und auf der Erde in der feiernden Gemeinde laut wird: „Es lebt der mächtige Baal! Er ist da, der Fürst, der Herr der Erde!“ (KTU 1.6 [=CTA 6] III 2f. 8f. 20f.). Die Klage im Frühjahr wird in der Gewissheit des kommenden Jubels im Herbst gesprochen, weil Baal den Zusammenhang zwischen Jahreszeit und Regen nicht nur garantiert, sondern in seinem eigenen Geschick durchlebt. Bleibt der erwartete Regen aus, so ist dieses Denken zutiefst erschüttert; die Gläubigen müssen entweder mit Baals Unmut oder aber mit seiner (vorübergehenden) Machtlosigkeit rechnen, ohne doch auf diese Ausnahmeerfahrung in irgendeiner Weise Einfluss nehmen zu können. Indem 1 Kön 18,1ff. erzählt, wie der König mit seinen Beamten das ganze Land und alle Nachbarländer durchstreift, um Elia zu finden, ist jedem Leser schon vor der Lösung durch den fallenden Regen in 18,41–46 deutlich

[16] Nach Josephus, Ant. VIII 13,2, der sich auf Menander von Ephesus beruft (vgl. W. Thiel, BK IX/2,1, 41), hätte sie ein volles Jahr gedauert; das ist auch die Mindestdauer, die 1 Kön 18,1 voraussetzt (Lk 4,25: 3½ Jahre).

[17] Vgl. dazu bes. C. Gottfriedsen, Die Fruchtbarkeit von Israels Land (EHS XXIII, 267), 1985, 13–23.

vor Augen geführt, dass Elias Anspruch zu Recht besteht: Nur durch ihn, genauer: nur durch den Gott, dem er dient, ist die lebensbedrohende Hungersnot der Dürre zu beenden. Die Erfahrung der Dürre wird damit zum Erweis der evidenten Machtlosigkeit Baals und der Souveränität, mit der JHWH über die Naturelemente gebietet, ohne an sie gebunden zu sein.

Bemerkenswert für den Einsatz Elias ist, mit welchem Selbstbewusstsein er seine Sache vertrat, die zugleich die Sache JHWHs war, wie schon der Schwursatz belegt, mit dem die Elia-Überlieferung einsetzt (1 Kön 17,1). Dieses Selbstbewusstsein kommt in einer eher noch gesteigerten Gestalt bei seinem Nachfolger Elisa zum Ausdruck, nicht zuletzt in dessen Ehrennamen: „Mein Vater, mein Vater, Wagen Israels und seine Gespanne" (2 Kön 13,14). „Vater" heißt Elisa als Leiter einer Prophetenzunft, „Wagen Israels und seine Gespanne", weil er in seiner Person aufgrund der Gottesnähe, die er vermittelt, ganze Heere ersetzt bzw. menschlichen Heeren weit überlegen ist[18]. In der Traditionsbildung ist es aber keineswegs zufällig, dass dieser Ehrenname auch auf Elia übertragen wurde (2 Kön 2,12), obwohl von Elia nie wie von Elisa überliefert wurde, dass er im Namen JHWHs Kriege entschied.

b. Hosea

Ein gutes Jahrhundert nach Elia kämpft Hosea an einer ähnlichen Front wie dieser. Das ist umso erstaunlicher, weil sich nicht nur die vorausgesetzte religiöse Situation stark verändert hat, sondern es so gut wie keine sprachlichen Verbindungen zwischen Eliaerzählungen und Hoseabuch gibt. Dabei sieht sich Hosea – anders als alle anderen klassischen Propheten, die ausnahmslos im Südreich aufgewachsen sind – in einer Traditionskette von Propheten stehen (Hos 6,5f.; vgl. 9,7f.; 12,14), zu der natürlich zuvorderst auch Elia gehört haben wird.

Die sprachliche und traditionsgeschichtliche Diskontinuität zwischen der Elia- und der Hosea-Überlieferung lässt sich kaum ohne das einschneidende Ereignis der Revolution Jehus (wahrscheinlich 841/40 v. Chr.) erklären und die mit ihr einhergehende radikale Religionspolitik des neuen Herrschers. Die entschlossene Ausrottung weiter Kreise der kanaanäisch geprägten geistigen Oberschicht, deren Ziel war, dem JHWH-Glauben zum Sieg zu verhelfen, hat nach allem, was wir aus dem Hoseabuch erschließen können, verheerend, ja verhängnisvoll gewirkt. Im Effekt hat sie JHWH und Baal für die einfache Bevölkerung ununterscheidbar werden lassen und damit einem Synkretismus Vorschub geleistet, der das genaue Gegenteil dessen ausmachte, was Elia intendiert hatte. Das gilt, obwohl die Schüler seines Nachfolgers Elisa, die die Revolution und die radikale Religionspolitik Jehus beförderten, sich nicht nur

[18] Von Pferden gezogene Kriegswagen waren die modernsten, aufwendigsten und wirksamsten Kriegswaffen jener Zeit.

auf Elisa, sondern auch auf Elia berufen haben werden, wie 1 Kön 18,40 (s.o.) nahelegt. Hosea hat sich im Namen Gottes von den blutigen Ereignissen der Jehu-Revolution entschieden distanziert (Hos 1,4).

Schon aus diesen Gründen kann Hosea keinesfalls in direkter Kontinuität mit Elia verstanden werden. Hinzu kommt, dass Hosea in einem ganz anderen geschichtlichen Kontext auftrat, der durch das Auftreten des neuassyrischen Weltreichs bestimmt war und unaufhaltsam und reltiv bald zum Ende des Nordreichs führen sollte. Hosea hat es mit seiner Generation noch schwerer gehabt als Elia mit der seinen. Ein wenn auch nur kurzer Triumph, wie ihn Elia auf dem Karmel erlebte, war Hosea nie vergönnt.

Andererseits ist Hosea für die spätere Theologiegeschichte des Alten Testaments ungleich gewichtiger geworden als Elia. Er hat mit seinem Denken die Botschaft des Propheten Jeremia stark beeinflusst, ebenso diejenige des Deuteronomiums und über sie hinweg die des DtrG. Darüber hinaus war er es, der die entscheidenden Impulse für die Rigorosität des späteren Ausschließlichkeitsanspruchs Gottes im 1. Gebot gegeben hat.

Literarisch ist das Hoseabuch sehr ungewöhnlich gestaltet. Während an seinem Anfang eine lockere Sammlung formal disparater und in sich gewachsener Texte steht, die um das gemeinsame Thema der Ehe Hoseas mit einer Ehebrecherin und der (von Israel gebrochenen) Ehe JHWHs mit seinem Volk kreist (Hos 1–3), ist die ältere und erheblich umfangreichere Komposition von Hoseaworten in Kap. 4–11 (mit Ergänzung in Kap. 12–14) literarisch als Einheit gestaltet. In ihr gehen Gottes- und Prophetenreden nahtlos ineinander über. Nur am Anfang (4,1) und Ende (11,11) stehen geläufige Legitimationsformeln, dazwischen bieten einzig Imperative eine gewisse Gliederung, so dass die Leser zu ständigem Weiterlesen genötigt werden. Mit dieser durchgehenden Komposition wollen die Tradenten Hoseas eine Summe seiner Botschaft darstellen. Sie ist durch ständige Stilwechsel gekennzeichnet: Plötzliche Anreden (an die Leser) unterbrechen Schilderungen, Fragen und Aufrufe werden häufig eingestreut[19]. Inhaltlich sind die Kapitel so gegliedert, dass anfangs kultkritische Worte aus der Blütezeit vor dem syrisch-efraimitischen Krieg (733 v. Chr.) stehen (4,4–5,7), dann Worte aus der Zeit dieses Krieges (5,8–14) und schließlich Worte aus dem letzten Jahrzehnt des selbständigen Nordreichs, wobei die verschiedenen Themen der prophetischen Kritik (Kult, Königtum, Außenpolitik, Stierbild, Soziales) immer stärker miteinander verquickt und aufeinander bezogen werden. Diese in der biblischen Prophetie analogielose Komposition ist von Haus aus kaum für Außenstehende gedacht gewesen, sondern in ihren schnellen Stilwechseln und in ihrer dichten Themenabfolge vermutlich Zeichen einer Diskussion unter den Tradenten, die im Rückblick den Untergang des Nordreichs verstehen und Orientierungen für einen Neuanfang gewinnen wollten. Kap. 9,10–11,11 (und Kap. 12)

---

[19] Diese stilistische Eigenart des Hoseabuches ist in jüngerer Zeit mehrfach exzessiv literarkritisch ausgewertet worden, etwa von G.A. Yee (1987), M. Nissinen (1991), H. Pfeiffer (1999) und bes. von S. Rudnig-Zelt (2006); vgl. die gängigen Einleitungen. Weit eher denkbar erscheint mir mit R.G. Kratz (ZThK 97, 1994 = Prophetenstudien, 287–309), R. Vielhauer (2007) und W. Schütte (2008), dass mit mehreren Stadien der theologischen Entfaltung der Botschaft Hoseas in relativ kurzer Zeit im Kreis der Tradenten zu rechnen ist. Jedenfalls lassen sich die Aktualisierungen für judäische Leser literarisch recht leicht abheben.

bieten eine in der Prophetie ungewöhnliche Fülle an Geschichtsrückblicken, eine bemerkenswerte Besonderheit des Nordreichspropheten Hosea, der immer neu betont, dass Israel aus den Taten Gottes in der Geschichte lernen müsste, wie Gott ist und was er von Israel erwartet, es aber nicht tut.

α. *Israels „Ehebruch"*

Die wirtschaftliche Lage zur Zeit Hoseas war allerdings, zumindest anfangs, derjenigen zur Zeit Elias vergleichbar. Wie die Politik der Omriden und speziell Ahabs Israel in eine Periode wirtschaftlicher und kultureller Blüte versetzt hatte, sieht man von der kurzen Dauer der Dürre ab, so gilt Entsprechendes für die lange Friedenszeit Jerobeams II., an deren Ende Hosea erstmals auftrat. Für beide Epochen gibt es eindrucksvolle archäologische Zeugnisse. Erstaunlicherweise setzt Hoseas Kritik eben an diesem Wohlstand an. Die wirtschaftliche Blüte hatte zu einem *neuen Aufschwung der Frömmigkeit* geführt. Allerorten entstanden neue Heiligtümer, Priester wurden in großen Zahlen neu geweiht, die Bevölkerung war bereit, immer üppigere Opferfeste auszustatten. Statt sich über die vielen religiösen Aktivitäten zu freuen, erblickt Hosea in ihnen Anzeichen einer Baalisierung des Gottesverhältnisses Israels, die zu dessen Ende führen wird bzw. schon geführt hat. Die Kinder des Propheten mussten auf Befehl Gottes die grauenhaften Namen „Ohne (Gottes) Erbarmen" (1,6) bzw. „Nicht (mehr) mein Volk" (1,9) tragen, letzteres mit der Begründung: „denn ihr seid nicht (mehr) mein Volk, und ich bin nicht ‚Ich bin' für euch", die die Zusage von Ex 3,14 revoziert. Gott kündet mit diesen Namen die Heilsgeschichte und seine Beziehung zu Israel auf. Warum?

Die Gestalt des religiösen Aktivismus Israels ist für Hosea Indiz dafür, dass das Gottesvolk seine Eigenart verspielt hat, und zwar definitiv (2,4–15; 4,4–5,7). Sein Gott JHWH ist für es zu einer beliebigen Spielart Baals geworden. Man verehrt ihn, wie man Baal verehrt. Man feiert ihm Feste, wie man es von Baal gewohnt ist: mit feinstem Schmuck und üppigen Opfern. Je häufigere und aufwendigere Gottesdienste gefeiert werden, desto sicherer lässt sich mit Gottes Güte und guter Ernte rechnen. Auf diese Weise wird für den Propheten gerade der Gottesdienst, an dem Menschen doch den Kontakt zu Gott suchen, zum Ort, an dem sie Gott verfehlen, ja mehr noch: zum Ort, an dem sie ihn „vergessen"[20] (2,15). Von diesen Gottesdiensten geht keinerlei Orientierung aus, deren Israel doch so dringend bedürfte.

Was für eine abgründige Gottessdienstkritik! Der Ort, der zur Begegnung mit Gott führen sollte, ist zum Ort geworden, an dem man sich von Gott entfernt, und zwar so weit, dass Gott unkenntlich geworden ist, ja zum Gegenteil seiner selbst, zum Baal. Zwei austauschbare Begriffe dienen den Tradenten

---

[20] Das „Vergessen" ist der Oppositionsbegriff zum „Gedenken"; vgl. zum rechten Gottesdienst als „Gedenken" Gottes die Auslegung von Ex 13 o. S. 93f.

der Hoseaworte dazu, diesen in die Irre führenden Gottesdienst zu charakterisieren: „Hurerei“ und „Opfer“. Hinter dem *Begriff „Hurerei“* verbirgt sich die Vorstellung, dass JHWH und Israel durch ihre gemeinsame Geschichte miteinander in einer Ehe verbunden sind, eine Vorläuferin der Konzeption des „Bundes“ Jahwes mit Israel, wie sie die gesamte Spätzeit des Alten Testaments prägt[21]. Für Hosea bricht die Frau Israel permanent die Ehe in ihrer Sehnsucht nach „Liebhabern“; sie verdankt die Gaben des Landes und ihren Wohlstand nicht JHWH als dem Herrn ihrer Geschichte, sondern diesen „Liebhabern“, und das heißt sachlich: ihrem eigenen frommen Mühen um die Gottheit in immer neuen Gottesdiensten (2,4–15). Dieses fromme Mühen ist der Frau Israel so sehr zur zweiten Natur geworden, dass sie für den Propheten gar nicht mehr ansprechbar ist. In der Wortwahl Hoseas ist an dieser Stelle von einem „Geist der Hurerei“ (4,12; 5,4) die Rede, der Israel wie eine fremde Macht in seinen Herrschaftsbereich gezogen hat und dem Volk die Besinnung raubt.

Einen etwas anderen Akzent setzt *die Chiffre „Opfer“* als Kennzeichnung des verfehlten Gottesdienstes (4,8.11–14; 6,6; 8,11–13). Mit ihr verbindet sich bei Hosea nicht wie von Haus aus der Charakter der Gabe, sondern der Feier von ausgelassenen Festen. Im Zentrum dieser Feste steht je länger desto mehr der Wunsch nach Fleisch (4,8; 8,11 f.). Dabei muss man sich als heutiger Leser vor Augen halten, dass der Genuss von Fleisch vor der Kultzentralisation an die Opferhandlung von Priestern gebunden und auf Feiertage bzw. den Besuch hoher Gäste beschränkt war. Jes 22,13 und Jer 7,21 belegen, wie sich wenig später das Bedürfnis nach Fleischgenuss in der Opferfeier immer mehr gegenüber dem Opfergedanken verselbständigt hat.

Der Gottesdienst als „Hurerei“ und „Opfer“ erweist sich aus der Sicht Hoseas als ein Ort, an dem eine mechanische und zweckbestimmte Frömmigkeit zur Geltung kommt, die sich mit Genuss paart. In solchen Gottesdiensten sucht man den lebendigen Gott vergeblich. In ihnen ist man im Machtbereich Baals, und wer im Machtbereich Baals ist, ist in der Macht des Todes (13,1).

Jedoch belässt Hosea es nun nicht bei dieser Fundamentalkritik des Gottesdienstes seiner Zeit, sondern er hält ihr Merkmale des wahren Gottesdienstes entgegen. Diese Merkmale sind für ihn in einem Begriff zusammengefasst, mit dem er die zentrale Aufgabe und Verantwortung der Priester charakterisiert. Ihnen obliegt die Vermittlung von דעת אלהים, einer „Kenntnis“, besser: *„Erkenntnis Gottes“*, die H.W. Wolff mit Recht eine „Urform von Theologie“ genannt hat[22]. Weil diese fundamental bedeutsame Vermittlung im Gottesdienst

---

[21] Man hat das Bild der Ehe früher gern auf eine Umprägung der mythologischen Konzeption zurückgeführt, nach der Baals Regen als Sperma den Mutterschoß der Erde feuchtet. Aber da sich diese Konzeption weder in den ugaritischen Texten noch andernorts sicher belegen lässt, ist diese Ableitung fraglich. Vielleicht ist der Begriff der „Hurerei“ von jenen Sexualriten abzuleiten, von denen wir eher zufällig in 4,11–14 erfahren, die wir nicht mehr genau verstehen (am ehesten handelt es sich um Initiationsriten) und die Hosea „Hurerei“ und „Ehebruch“ nennt.

[22] Vgl. seinen vorzüglichen Aufsatz „‚Wissen um Gott‘ bei Hosea als Urform von Theologie“, EvTh 12 (1952/53), 533–554 = Ges. St. z. AT (TB 22), ^{2}München 1973, 182–205.

der eigenen Zeit nicht stattfand, weiß Hosea die Priesterschaft von Gott verworfen (4,6); denn mit der „Erkenntnis Gottes" wird dem Volk die notwendige Lebensorientierung vorenthalten. Ohne „Erkenntnis Gottes" ist ein das Leben fundierender Gotteskontakt unmöglich. Näherhin impliziert die „Erkenntnis Gottes" ein Doppeltes:

1. Sie ist unlöslich an *die zahlreichen „Weisungen"* (תורות) gebunden, die schon zur Zeit Hoseas zum Teil in schriftlicher Form vorlagen (8,12) und mit deren Hilfe die Priester den ihnen anvertrauten Menschen in ihren individuellen Lebenslagen mündlich konkrete Lebenshilfe erteilen sollten. Aber diese von Gott gegebenen „Weisungen" wurden von den Priestern „vergessen" (4,6) bzw. „als etwas Fremdes betrachtet", weil „die Menge der Altäre" an die Stelle „der Fülle meiner (d.h. Gottes) Weisungen" getreten war (8,12f.). Ohne Gottes Wegweisung aber bleiben Menschen sich selbst überlassen, ihren eigenen Sehnsüchten und Leidenschaften ausgeliefert.

2. Auch das zweite Merkmal der „Erkenntnis Gottes" ist mit der Wirkung heilvoller Lebensorientierung verbunden: „Erkenntnis Gottes" ist für Hosea nicht möglich ohne *Erinnerung an die Geschichte Gottes mit seinem Volk*. Darum werden den Lesern des Hoseabuches ab Kap. 9 in immer neuen Anläufen Erfahrungen Israels mit Gott in seiner Geschichte entgegengehalten, und zwar in gleicher Weise glückhaft-heilsame Erfahrungen wie auch solche des Scheiterns und des Unglücks. Diese Erfahrungen aus der Geschichte spiegeln sozusagen bildhaft-konkret die Wahrheit der „Weisungen" wider, die ihrerseits aus ihnen hervorgegangen sind. Daher wird man es schwerlich zufällig nennen können, dass Hosea der erste Zeuge für die Zusammengehörigkeit der Befreiung Israels aus der Fron Ägyptens mit dem 1. Gebot ist, wenngleich das 1. Gebot bei ihm nicht wie im Dekalog in Gestalt einer Forderung, sondern einer Aussage begegnet (13,4; vgl. 12,10):

> Ich bin JHWH, dein Gott, vom Land Ägypten her:
> Einen Gott neben mir kennst du nicht,
> einen Retter außer mir gibt es nicht.

Was Hosea und seine Tradenten hier formulieren, ist nicht weniger als eine Selbstdefinition Gottes. Sie besagt zunächst, dass man ohne das Wissen von der grundlegenden Erfahrung der Befreiung Israels aus der Fronarbeit in Ägypten nicht sinnvoll vom lebendigen Gott reden kann. Sie besagt aber vor allem, dass dieses Wissen Konsequenzen hat. Um mit der letzten Aussage zu beginnen: Wer die Erfahrung der Befreiung recht verstanden hat, d.h. wer von der erwiesenen Überlegenheit Gottes über die stärkste Militärmacht der Erde weiß, kann Rettung aus Not von keiner anderen Macht erwarten als von dem in Ägypten bewährten Gott. Götter mag es zahlreiche geben; gäbe es sie – zumindest in der Überzeugung Israels – nicht, müsste die Unvergleichlichkeit des wahren Gottes von Hosea nicht so stark betont werden. Aber die Macht, aus tiefster Not zu retten, hat nur der Eine. „Kenntnis" im Sinne von gefüllter geschichtlicher Erfahrung, die reichliche Bewährung in nachfolgenden Erlebnissen fand (V.5), hat es nur von dem Einen[23].

Allerdings betrifft die Orientierung an der Geschichte als Aspekt der Gotteserkenntnis keineswegs nur die großen Rettungserfahrungen Israels, sondern ebenso, ja eher noch mehr, die eigene Schuld des Gottesvolks, ob diese nun in der ständigen Versuchung bestand, den scheinbar greifbareren Baal dem wahren Gott vorzuziehen (9,10; 11,2 u. ö.), die Staatsmacht im Symbol des Stieres zu vergöttern (8,5f.; 10,5f.) oder aber die eigenen ethischen Maßstäbe preiszugeben (6,7–9; 10,13). Alle diese Gestalten der Schuld gipfeln in der Undankbarkeit, im Vergessen der Liebestaten des göttlichen Vaters, der ebenso als gütiger Erzieher Israels wie als Arzt seiner Krankheiten erfahrbar war (11,1–4). Wo im Gottesdienst die Vermittlung der Gotteserkenntnis unterbleibt, unterbleibt ebenso die Reflexion über die Schuld der Menschen vor Gott.

β. *Der Bruderkrieg*

Das Überraschende und Ungewöhnliche an Hoseas Botschaft ist nun, dass er die gleichen Kriterien seiner Kritik am Gottesdienst auch auf das andere große Gebiet seiner Verkündigung überträgt, auf die *Kritik an der (Außen-) Politik seiner Zeit.* Das wird vordergründig daran deutlich, dass er das Bild Israels als Hure auf dessen Verhältnis zur Weltmacht Assyrien anwenden kann und es dabei bis ins Absurde hinein steigert, insofern die Hure jetzt nicht mehr wie von ihren gottesdienstlichen „Liebhabern" Wohlstandsgaben erwartet, sondern selber „Hurengaben" in Gestalt von Tribut als Zeichen ihrer Anbiederung, d.h. ihrer Unterwerfung, zahlen muss (8,9f.).

Erheblich tiefer greift die Kritik an der Politik Israels im Kontext des sog. „syrisch-efraimitischen Krieges" (733/32 v.Chr.) in *Hos 5,8–6,6.* Hier vergegenwärtigen die Tradenten anfangs schlaglichtartig und aufs Notwendigste verdichtet einzelne Worte des Propheten während des Bruderkriegs gegen beide kriegführende Parteien (5,8–11), um sodann eine verheerende Bilanz für das Nordreich Israel und das Südreich Juda zu ziehen (5,12–14). Beide Teilreiche haben verkannt, dass sie es im Krieg mit Gott zu tun hatten, der ihnen als lebensbedrohende Krankheit begegnete, um in ihnen das Verlangen nach dem heilenden Arzt zu wecken. Israel und Juda haben dagegen den Krieg rein innerweltlich gedeutet und auf je verschiedene Weise den „Arzt" für ihre „Krankheit" in Gestalt des assyrischen Großkönigs gesucht. Für Hosea aber

---

[23] Das hebräische Verb ידע meint ungleich mehr als das deutsche „Kennen", das auf intellektuelle Vorgänge beschränkt bleibt: Es umfasst engste persönliche Verbindungen, die im zwischenmenschlichen Bereich bis zum Sexuellen reichen (Gen 4,1 u. ö.). Daher wird die „Erkenntnis" Gottes im berühmten Leitsatz der Hoseatradition Hos 6,6 (s. u.) in Parallele zur „Hingabe" (חסד) an Gott gestellt, und darum führt die Verwechslung Gottes mit Baal für Hosea zum Verlust der Identität des Gottesvolks.

ist dieser „Arzt“ zur „Heilung“ gänzlich unfähig. Das Erschreckende an dieser prophetischen Kriegsanalyse ist aber nun, dass die Fehldeutung beider Bruderreiche nicht ein achselzuckendes Bedauern des Propheten angesichts einer verpassten Chance hervorruft, sondern dass Hosea eine tödliche Gottesperspektive vor den beiden Bruderreichen aufdeckt: Wo der lebendige Gott als Arzt verworfen worden ist, tritt er als grausamer Löwe auf den Plan. Ein Vorbei an diesem Gott gibt es für diesen Propheten nicht, ein rein innerweltliches Verständnis der Not des Krieges ist ihm unmöglich. *Das Gottesvolk erlebt Gott entweder als rettenden Arzt oder als vernichtenden Löwen.* Tertium non datur. Sind beide Teilreiche damit dem Untergang geweiht?

An dieser Stelle wird den Lesern des Propheten, der ihre Geschichte deutet, jedoch noch eine weitere Überraschung zugemutet. Statt nun sein tötendes Werk in Gang zu setzen, zieht sich Gott in einem Akt scheinbarer Inkonsequenz noch einmal zurück, in der Hoffnung, dass die Not der Nachkriegszeit und der Gottesferne (unter fremder Oberherrschaft oder schon im Exil) sein Volk zur Besinnung bringen, d.h. in ihm das Verlangen nach neuem Gotteskontakt wecken werde (5,15). Und in der Tat sehen der Prophet bzw. seine Tradenten in der Folgezeit einen Aufbruch im Land stattfinden mit dem engagierten Bemühen um eine neue „Erkenntnis Gottes“, einen Aufbruch freilich, der in der Sicht des Propheten zum Scheitern verurteilt ist, weil sowohl Israel als auch Juda so stark in ihrem kanaanäischen Denken verhaftet sind, dass sie zu wahrer Gotteserkenntnis unfähig sind (6,1–3). Wie wird Gott darauf reagieren? Am Anfang steht seine schmerzliche Verzweiflung über die Gefangenschaft seines Volkes in kanaanäischen Gottesvorstellungen (6,4) – man denke an die Macht des „Geistes der Hurerei“ (4,12; 5,4), von dem oben die Rede war. Dann aber greift Gott zu seiner letzten Waffe: der Sendung von Propheten, die mit ihrem tötenden und richtenden Wort allein noch ihren Hörern oder Lesern die rechte Lebensorientierung zu schaffen vermögen (6,5). Noch einmal, noch ein letztes Mal erhält Gottes Volk die Chance, dem tödlichen Löwen zu entgehen. Impliziert ist die Konsequenz: Wenn auch die Worte der Propheten abgewiesen werden, sind beide Bruderreiche rettungslos verloren.

Zum Abschluss wird dieser Gedankengang in einer Grundsatzerklärung Gottes zusammengefasst (6,6):

> Hingabe gefällt mir, nicht Schlachtopfer,
> Erkenntnis Gottes statt Brandopfer.

Auf den ersten Blick ein merkwürdiger Satz: Von Opfern war im gesamten Kontext bisher nie die Rede, sondern durchweg von Erfahrungen des Bruderkrieges und von dessen Folgen. Für den Propheten freilich liegt die Verirrung des Gottesvolkes in seiner Einstellung zur Politik auf der gleichen Ebene wie dessen Verirrung in seiner Einstellung zum Gottesdienst. Darum muten die Tradenten der Hoseaworte ihren Lesern zu, den Grundsatz der prophetischen Gottesdienstkritik auf das Feld der Politik zu übertragen. Wie Israels mechanisches, auf Quantität der Opferhandlungen zielendes Missverständnis des

Gottesdienstes, das die Opferbegriffe von 6,6 repräsentieren und das einen lebendigen Kontakt mit seinem Gott unmöglich macht, so verhindern seine naturhaften Baalvorstellungen vom schnellen Wechsel von Zorn und Güte Gottes (6,1f.), dass Israel zu einer wahren Gotteserkenntnis fähig würde. Ohne tiefere Einsicht in das eigene Versagen und in die eigene Schuld ist eine solche Gotteserkenntnis nicht zu erlangen.

Somit kann der *programmatische Grundsatz von Hos 6,6 als eine Zusammenfassung der Botschaft Hoseas* begriffen werden. Obwohl er explizit nur Hoseas Gottesdienstkritik zum Ausdruck bringt, repräsentiert er auch Hoseas Einstellung zur Politik seiner Zeit. Es ist eine legitime Fortsetzung dieser Übertragung, wenn Matthäus seinerseits Hos 6,6 auf die Annahme der Sünder durch Jesus und auf Jesu Durchbrechung der Sabbatgesetze überträgt (Mt 9,13; 12,7). Zu Jesu Zeit haben starre Regeln und Gesetze die Stelle der Opfer aus der Zeit Hoseas übernommen und stehen nun wie die Opfer für eine mechanische Gottesvorstellung, die einen lebendigen Gotteskontakt verhindert.

γ. *Gottes Unfähigkeit zur Vernichtung Israels*

Hos 5,8–6,6 bieten aus der Retrospektive Deutungen des Bruderkrieges und seiner Folgen in mehreren zeitversetzten Akten. Sie zeigen scheinbar einen zögerlichen und unentschlossenen Gott. Sein Zorn über gesetzloses Handeln im Krieg (5,10) und sein vergebliches Warten auf die Suche des Gottesvolkes nach Kontakt mit ihm (5,12–14) müssten eigentlich je für sich schon zur Vernichtung der Bruderreiche geführt haben. Stattdessen machen sie einer überraschenden Hoffnung Gottes Platz, dass das Gottesvolk in der Not des beginnenden staatlichen Zusammenbruchs ein neues Verlangen nach ihm zeigen werde (5,15). Diese Erwartung wird auch nicht rundum enttäuscht, bleibt aber doch ohne jedes greifbare Ergebnis, weil sich Israel und Juda in ihren Baalvorstellungen gefangen erweisen (6,1–3). Folglich müsste Gott nun endlich, wie in 5,14 angekündigt, für beide Teilreiche zum tötenden Löwen werden. Aber er schiebt die Vernichtung der Schuldigen noch einmal hinaus und sendet die Propheten als seine letzte „Waffe" – immer noch in der Hoffnung, die „Opfer-Mentalität" seines Volks in dessen Gottesdienst und Politik durchbrechen zu können (6,5f.).

Mit der Schilderung dieser immer neu enttäuschten Hoffnung Gottes verdeutlichen die Tradenten Hoseas, die schon den Untergang des Staates erlebt haben, dass für sie das Überleben Israels in der kriegerischen Katastrophe ein Wunder ist, das nur der Inkonsequenz Gottes zu verdanken ist. Gott hätte eigentlich längst als tötender Löwe handeln und sein Volk vernichten müssen, aber zu dieser logischen Folge seiner eigenen Ankündigungen war er nicht willens und nicht fähig. Die Tradenten selber wissen sich in der Aktualisierung der Hoseaworte für die Generation des staatlichen Zusammenbruchs als letzte „Waffe" Gottes, um im Gottesvolk endlich der Hoffnung auf wahre „Erkenntnis Gottes" Raum zu schaffen, auf die alle Botschaft Hoseas abzielte. Aber es ist ihre Pflicht, wie der Prophet hart „dreinzuschlagen" (6,5), um mit Härte anzuzeigen, dass das Volk vor seiner letzten Gelegenheit steht, das volle Leben zu gewinnen, auf das Gott nach wie vor aus ist.

Die Fortsetzung des Hoseabuches (6,7ff.) mit ihrer Fülle an Schuldaufweisen und Anklagen demonstriert, dass auch diese Hoffnung Gottes getrogen hat. Nun scheint das Gottesvolk endgültig verloren zu sein – aber Gott vermag sein eigenes Volk nicht zu vernichten. Im abschließenden Kapitel der zentralen Komposition Hos 4–11 lässt der Prophet seine Hörer bzw. Leser in einer höchst ungewöhnlichen Weise *einen Einblick in Gottes „Herz"* tun. Sie sehen mit dem Propheten, wie das göttliche Herz – wie stets im Alten Testament nicht Sitz des Gefühls, sondern des Planens und Entscheidens – zum Ort eines erbitterten Kampfes zwischen zwei unterschiedlichen Willensbildungen in Gott wird.

Dieses ungewöhnliche Bild, das sich am ehesten der Jüngerbelehrung des Propheten verdankt, stellt ein erstes Mal in der Geschichte der Prophetie Gottes Gerichts- und seinen Heilswillen einander unmittelbar gegenüber. Weil es von grundlegender Bedeutung für die Gottesaussagen des Alten Testaments ist, wird es am Beginn des systematischen Teiles III noch einmal intensiver behandelt werden[24]. Hier sollen zunächst nur seine Entstehung und sein ältester Sinn unter Beachtung des Kontextes erörtert werden.

Hos 11 verschärft die Deutung der Geschichte in den vorausgegangenen Kapiteln, indem Gott in einer langen Anklagerede die gesamte Geschichte Israels als eine permanente Abfolge seiner Heilstaten an Israel und unverständlich undankbarer Zurückweisung dieser Taten durch Israel darstellt (11,1–4). Kaum aus Ägypten befreit, sehnt sich Israel nur nach den Baalen; von vielen Krankheiten genesen, will es von seinem Arzt nichts mehr wissen[25]. Als notwendige Folge solcher Undankbarkeit lässt Gott Israel grausame Unterdrückung durch die Assyrer oder den Tod durch das Schwert und zugleich damit die Revozierung der gesamten Heilsgeschichte durch Hosea ankündigen (11,5–6). Wie die Fortsetzung zeigt, hofft er – ähnlich wie zuvor in 5,15 –, dass sein Volk in einer extremen Notlage und im Angesicht des Todes zur Einsicht geführt wird. Doch selbst jetzt wird seine Hoffnung wieder enttäuscht: Sogar in dieser Leben und Existenz bedrohenden Situation hält Israel an seinem baalistischen Denken fest (11,7). Nun steht Gott in seinem permanenten Mühen um sein uneinsichtiges Volk vor dem Scheitern. Es bleibt ihm eigentlich nur die Auslöschung Israels.

Aber in einer feierlichen Grundsatzerklärung bekennt Gott, dass er zu dieser scheinbar unvermeidlichen Konsequenz unfähig ist (11,8f.). Das ständige

[24] Vgl. u. S. 296f.

[25] Im Unterschied etwa zu Hos 9,10 kennt Hos 11 keine (Wüsten-) Zeit eines intakten Gottesverhältnis Israels; das Kapitel spitzt also Israels Schuld gegenüber den vorausgehenden Worten des Propheten noch einmal zu.

Zögern Gottes in Situationen, in denen ihm eigentlich nur die Vernichtung Israels als logische Konsequenz zu bleiben schien, wie wir es in 5,8–6,6 kennen lernten, wird in Hos 11,8f. auf die Ebene einer grundsätzlichen Erklärung erhoben:

> Wie könnte ich dich preisgeben, Efraim,
> dich ausliefern, Israel?
> Wie könnte ich dich preisgeben wie Adma,
> dich zurichten wie Zeboim[26]?
> Mein Herz ist in mir umgestürzt,
> mit Macht ist meine Reue entbrannt.
> (9) Ich kann meinen glühenden Zorn nicht vollstrecken,
> kann Efraim nicht wieder verderben:
> denn Gott bin ich, nicht Mensch,
> in deiner Mitte der Heilige:
> Ich lasse Zornesglut nicht aufkommen.

Zwei Kräfte ringen in Gott um Leben und Tod Israels, die beide als feurig brennend dargestellt werden: Zunächst flammt Gottes todbringender Zorn in seinem Innern auf, eine geradezu automatische Folge der Undankbarkeit Israels und dessen beständiger Uneinsichtigkeit. Dann aber entbrennt unerwartet eine zweite Kraft, die sich als eine reine Gegenkraft gegen Gottes Zorn erweist, aber mächtiger als dieser ist: Gottes „Reue", der Wandel seines Willens, d.h. sachlich: der Verzicht auf die Durchsetzung seiner Strafgerechtigkeit, die Israel wegen der Größe seiner Schuld vernichtet hätte[27]. Gott kann sein Volk strafen, aber er ist nicht fähig, es auszulöschen. Und diese Unfähigkeit wird ausgerechnet mit seiner Heiligkeit begründet, die ihn andernorts Schuld und Unrecht nicht ertragen lässt. Darauf ist später zurückzukommen.

Wie ungewöhnlich Hoseas Aussage ist, erhellt vor allem aus dem Vergleich mit dem Gottesbild seines Vorgängers im Nordreich, Amos, der wahrscheinlich als erster Prophet von Gottes „Reue" zugunsten Israels gesprochen hat. Für Amos findet die Möglichkeit Gottes zur „Reue", d.h. zu einem Willenswandel, durch den Israel gerettet werden soll (Am 7,1–6), aber ihre Grenze an einer übermächtigen Schuld des Gottesvolks (Am 7,7f.; 8,1f.). Für Hosea und sein Gottesbild gibt es diese Grenze nicht; der Sieg der „Reue" über den Zorn entspringt Gottes Wesen (11,9). Er schafft Israel eine neue Zukunft, indem er

---

[26] Adma und Zeboim sind zwei Städte, die das gleiche Geschick wie Sodom und Gomorra erlitten.

[27] Der hebräische Begriff (נחם nif.; in Hos 11,8 steht der substantivische Abstraktplural נחומים), der im zwischenmenschlichen Bereich „Reue" bedeutet, bezeichnet in seiner Übertragung auf Gott einen emotionalen Willenswandel ohne die Implikation einer Einsicht in einen Fehler. Vielmehr ist Gottes Willenswandel in diesem genuin prophetischen Kunstbegriff stets durch die Möglichkeit hervorgerufen, dass Israel aufgrund übermächtiger Schuld von Gott selber vernichtet werden könnte. (Dagegen bleibt die angesagte harte Strafe Israels [V.5f.] vom göttlichen Willenswandel unberührt; vgl. V.11). Vgl. zum Ganzen J. Jeremias, Die Reue Gottes (BThSt 31), 3Neukirchen-Vluyn 2002; J.-D. Döhling, Der bewegliche Gott (HBS 61), 2009.

es aus „Ägypten" wieder zurückkehren lässt (11,11). 2,16f. weiß darüber hinaus von einem neuen Liebeswerben Gottes um sein Volk in der Wüste, also von einem Neuanfang der revozierten Heilsgeschichte.

2. Recht und Gerechtigkeit (Amos [Jesaja und Micha])

a. Amos

Ein bis zwei Jahrzehnte vor Hosea war der älteste der sog. Schriftpropheten aufgetreten: Amos. Obwohl auch er im Nordreich Israel wirkte, sind die zentralen Themen seiner Botschaft erstaunlich weit von denjenigen Hoseas entfernt. Amos stammt aus dem Südreich, aus Thekoa am Rand der judäischen Wüste; damit hängt zusammen, dass er mehr Interessen mit seinen Nachfolgern im Südreich, Jesaja (Kap. 1–5) und Micha, teilt als mit dem einzigen genuinen Nordreichspropheten unter den Schriftpropheten, Hosea. Hinzu kommt, dass Amos nur in einem sehr kurzen Zeitraum aufgetreten ist und nicht wie Hosea ca. zwei Jahrzehnte lang; die älteste Zeitangabe in der Überschrift des Amosbuches „zwei Jahre vor dem Erdbeben" impliziert, dass Amos weniger als zwei Jahre prophetisch tätig war und das Erdbeben, das seinem Auftritt folgte, als eine erste Bestätigung seiner Gottesworte galt.

Amos war – vielleicht auch hierin von Hosea unterschieden – kein Berufsprophet. Während sich Hosea in der Kontinuität der vorangegangenen Propheten sah (Hos 6,5 u. ö.), *betont Amos den auf ihm lastenden Zwang*, mit dem Gott ihn zum Verkündigen generell und besonders zum Aussprechen seiner harten Gerichtsbotschaft gegen das eigene Volk genötigt hat (Am 3,8; 7,14f.), wie nach ihm besonders Jeremia in seinen sog. Konfessionen (vgl. vor allem Jer 20,7–9)[28]. Amos hatte einen „bürgerlichen" Beruf, der ihn gut ernährte (7,14). Er wollte nicht Prophet werden, und er wollte schon gar nicht verkündigen, was ihm von Gott als Botschaft aufgelastet wurde[29].

α. *Die Visionen*

Für die Theologie des Amos ist dieser Aspekt wesentlich. Er ist der härteste und unerbittlichste Gerichtsprophet unter allen Propheten Israels gewesen, der als einziger keinerlei Heilsperspektive für sein Volk mehr gekannt zu haben scheint, sieht man von Am 5,14f. (s. u.) einmal ab. Sein Selbstverständnis geht vor allem aus *der Niederschrift seiner Visionen (7,1–8; 8,1f.; 9,1–4)* hervor. In ihnen beschreibt er einen Erkenntnisweg, den er von Gott geführt wurde:

[28] Auch der Apostel Paulus steht in der Traditionslinie dieser Propheten (1 Kor 9,16).

[29] Eine lesenswerte Zusammenfassung seiner Botschaft bietet jüngst J. Barton, The Theology of the Book of Amos, Cambridge 2012.

nicht im Sinn einer allmählich dämmernden Einsicht, sondern im Sinn eines abrupten Wandels der Grundlagen seines Redens. Er hat (bzw. seine Tradenten haben) die ersten vier Visionen paarweise gegliedert, und zwar so, dass die beiden Visionenpaare in scharfer Opposition zueinander stehen. Innerhalb der beiden Paare findet jeweils eine Steigerung statt. In der ersten Vision (7,1–3) sieht Amos, wie Gott einen jener furchtbaren Heuschreckenschwärme entstehen lässt, wie sie bis in das beginnende 20. Jh. immer wieder Palästina heimgesucht haben, in der zweiten (7,4–6) schaut er, wie Gott einen kosmischen Feuerregen schafft, der den gesamten Grundwasserhaushalt der Erde verzehrt. Beide Male ist der über die Vision erschrockene Prophet in eine spontane Fürbitte ausgebrochen – nicht weil er das über Israel hereinbrechende Unheil für unangemessen erachtet hätte, wohl aber weil er weiß, dass Israel das geschaute Unheil nicht überleben würde. In der ersten Vision bittet Amos um Vergebung für sein Volk, in der zweiten, gesteigerten bittet er behutsamer nur noch um Abbruch der Unheilsgestaltung, weil Israel vor Gott auch als schuldiges Volk doch weiterhin der von ihm erwählte „Jakob“ bleibt. Beide Male hat Gott den Propheten erhört: zwar nicht die Bitte um Vergebung, die Gott aufgrund der übermächtigen Schuld Israels nicht mehr möglich war, wie die Steigerung der 2. Vision zeigt, wohl aber die Bitte um Gottes Mitleid mit „Jakob“, der „klein“ ist, d.h. dem furchtbaren Unheil, das Gott plant, nicht gewachsen wäre und untergehen müsste.

> Da reute es [d.h. sein Unheilsplan] JHWH:
> Es (auch dies [V.6]) soll nicht geschehen! hat (der Herr) JHWH gesagt. (7,3.6)

Die prophetische Fürbitte hat Gott zu jener „Reue“, d.h. zu jenem Willenswandel geführt, den wir zuvor als tiefsten Hoffnungsgrund Hoseas kennen lernten. So belegen die ersten beiden Visionen des Amos, wie der Prophet sich für sein Volk eingesetzt und sich dem strafenden Gott in den Arm geworfen hat. Als schriftliche Texte zeigen sie ihren Lesern, dass Israel ohne die prophetische Fürbitte längst verloren gewesen wäre.

Aber der Prophet hat lernen müssen, dass auch Gottes Geduld und seine Möglichkeit zur „Reue“ an der maßlosen Schuld Israels an ihre Grenze gelangen. Wie groß der sachliche Einschnitt zwischen der 2. und der 3. Vision ist, zeigt sich schon daran, dass Amos bzw. seine Tradenten für die Darstellung des zweiten Visionenpaares eine völlig neue Form der Darstellung wählen. Amos muss sich von Gott belehren lassen. In der 3. (Am 7,8f.) und in der 4. Vision (Am 8,1f.) schaut er jeweils ein Symbol – Zinn als Symbol für Waffen, Sommerobst als Symbol für das Ende –, das er auf Gottes Aufforderung hin benennen und damit in seiner Realität befördern muss. Erst in folgenden Deutungen Gottes wird ihm der tiefere Sinn der Symbole aufgedeckt: Ein Verschonen ist Gott nicht mehr möglich:

> Das Ende ist gekommen für mein Volk Israel!
> Ich kann nicht länger (schonend) an ihm vorübergehen! (8,2)

Jetzt ist für die Fürbitte des Propheten kein Platz mehr, zumal der Prophet in der 5. und letzten Vision (9,1–4) erfährt, dass „das Ende Israels" dadurch kommt, dass Gott eigenhändig seinen Tempel in Bet-El zerstört, wodurch die kosmische Ordnung in Mitleidenschaft gezogen und jeglicher Gotteskontakt für Israel unmöglich gemacht wird[30].

In ihrer schriftlichen Gestalt wollen die Visionsberichte belegen, dass Amos nicht freiwillig zu dem Unheilsboten geworden ist, als den ihn seine Worte im Namen Gottes ausweisen, sondern dass ihn Gott dazu gegen seinen eigenen Willen nötigen musste. Unter diesem Zwang – mit dem der Prophet Jeremia später die Wahrheit seiner Botschaft gegenüber seinen Gegnern bekräftigt, die dergleichen nicht kennen – kann der Prophet nicht länger Mittler zwischen Gott und Volk bleiben, als der er sich in den ersten Visionen erfolgreich zugunsten seines Volks gegen Gottes Unheil gesträubt hat. Er muss vielmehr ganz auf die Seite Gottes treten und muss seinem Volk eine Zukunft Gottes ansagen, die seinem eigenen Willen ganz und gar zuwider läuft.

Diesen einschneidenden Wandel im Verständnis der Funktion eines Propheten würde man auf den ersten Blick am Anfang des Amosbuches erwarten, vergleichbar etwa dem Berufungsbericht in Jer 1. Aber die Aufzeichnungen der Visionen wollen keinen Berufungsbericht bieten. Wenn sie am Ende des Amosbuches stehen, so am ehesten deshalb, weil ein Leser des Buches nach Meinung der Tradenten zuerst das unerhörte Maß an Schuld Israels zur Kenntnis nehmen muss, bevor er in der Lage ist, den Wandel in der Einstellung Gottes zwischen der 2. und der 3. Vision zu begreifen[31]. Dieser Wandel, der zum Wandel der Funktion des Propheten führt und Israels „Ende" unausweichlich erscheinen lässt, ist kein Wandel im Wesen Gottes, auch kein grundsätzlicher Wandel in seiner Einstellung zu seinem Volk, sondern belegt nur, dass die Schuld Israels ein Maß erreicht hat, bei dem nicht nur die Möglichkeit Gottes zur Vergebung, sondern auch seine Möglichkeit zu seiner „Reue", mit der er auch noch dann Unheil widerrufen kann, wenn er nicht mehr vergeben kann, an eine unüberwindbare Grenze gestoßen sind.

β. *Die Völkersprüche*

Von dieser Intention der Visionsberichte her versteht sich nun auch, dass das Amosbuch mit *Worten gegen Israels Nachbarvölker (Am 1–2)* einsetzt. Auf den ersten Blick überrascht dieser Anfang, weil Gerichtsworte gegen Fremdvölker

---

[30] Vgl. die gründliche Analyse von P. Riede, Vom Erbarmen zum Gericht. Die Visionen des Amosbuches (Am 7–9*) und ihr literatur- und traditionsgeschichtlicher Zusammenhang (WMANT 120), Neukirchen-Vluyn 2008.

[31] Dem gleichen Ziel dienen auch die jüngeren Textblöcke 7,9–16 und 8,3–14, die im gegenwärtigen Amosbuch den ursprünglichen Zusammenhang zwischen der 3. und 4. bzw. zwischen der 4. und 5. Vision unterbrechen.

in anderen Prophetenbüchern (Jesaja, Jeremia, Ezechiel) erst auf die Unheilsworte gegen Israel folgen, um die Völker als gleich schuldig mit dem Gottesvolk hinzustellen. Die Logik des Amosbuches aber ist eine andere, härtere. Zwar ist für Amos genauso selbstverständlich wie für seine Nachfolger, dass Israels Gott JHWH auch für die Schuld der Nachbarvölker zuständig ist und sie hart bestrafen wird, aber Amos geht es um den Nachweis, dass *das Gottesvolk eine ungleich größere Schuld auf sich geladen hat als die Nachbarvölker.* Nur deshalb haben die Tradenten der Amosworte die Sprüche gegen die Nachbarvölker an den Beginn des Prophetenbuches gestellt; sie haben sie zugleich durch vielfältige sprachliche Signale mit den Visionsberichten verzahnt, die das ältere Amosbuch abschließen[32]. Rein formal ist dieses Mehr an Schuld schon daran erkennbar, dass von den Nachbarvölkern nur je ein Verbrechen genannt wird, von Israel aber vier Verbrechen, wie nach dem stereotypen Zahlenspruch, der jeden Völkerspruch wie auch die abschließende Israel-Strophe einleitet („wegen der drei Verbrechen von ... und wegen der vier"), eigentlich bei allen Völkern zu erwarten wäre.

Worin liegt das höhere Maß an Schuld Israels im Vergleich mit der Schuld der Völker? Amos nennt drei Gründe:

1. Der erste Grund ist ein formaler: So abscheulich die begangenen Frevel der Nachbarvölker in ihrer brutalen und erbarmungslosen Kriegsführung auch waren, die Israel oder aber auch andere Völker (Edom: Am 2,1) von ihnen erlitten, so waren es doch Taten nach außen, an Fremden, während in Israel die eigenen Volksglieder grausam unterdrückt und ihres freien Lebens beraubt werden (2,6–8).

2. Der zweite Grund ist ein explizit theologischer: Israel besitzt von seinen großen Gotteserfahrungen her ein ganz anderes Wissen von den Maßstäben des Rechten und des Falschen, insbesondere im Umgang mit den Schwachen (2,9). Darum gilt für Israel, was die Tradenten in einer Art Summe der Amosbotschaft im Folgenden (3,2) so formulieren:

> Euch allein habe ich erkannt[33] unter allen Sippen der Erde,
> daher ahnde ich an euch alle eure Verschuldungen.

Israels Besonderheit liegt in seinen analogielosen Erfahrungen im Umgang mit Gott, in denen ihm Gottes Heil zuteil wurde. Nur hat es seine Besonderheit bisher als eine Bevorzugung missverstanden, die ihm scheinbar jegliche Art von Verhalten eröffnete, obwohl sie dem Gottesvolk doch eine erhöhte Verantwortung hatte vermitteln wollen: zur Gestaltung einer vorbildlichen Ge-

[32] Vgl. dazu J. Jeremias, Völkersprüche und Visionsberichte im Amosbuch (1989), in: ders., Hosea und Amos, 157–171. Zu den Völkersprüchen des Amos vgl. auch J. Barton, Amos' Oracles against the Nations (SOTS.MS 6), Cambridge 1980.

[33] Der Begriff des „Erkennens" ist hier im Sinne umfassender personaler Beziehung gebraucht; vgl. o. S. 139–141.

sellschaft, die ein Modell für die Völker sein sollte, insbesondere im Umgang mit den Schwachen in seiner Mitte.

3. Der dritte Grund ist ein impliziter, und erst er trifft die Empörung des Propheten im Kern. Die herrschenden Kreise in Israel fühlen sich in ihrer Unterdrückung Abhängiger formal im Recht, weil sie *Institutionen, die zum Schutz der Schwachen gedacht waren, zu ihrem eigenen Wohlstand missbrauchen, ja pervertieren*[34]. Das gilt vor allem für die Institution der Schuldsklaverei. In ihrer Begrenzung auf sieben Jahre hatte sie von Haus aus dazu dienen sollen, dass durch Unglück in Armut geratene Menschen und Familien in Israel sich in einer vorübergehenden Abhängigkeit eine neue Existenz aufbauen konnten. Amos dagegen sieht, wie „Schuldlose" (צדקים) von Mächtigen in die Schuldsklaverei verkauft werden, also nach dem Grund der Verarmung nicht mehr gefragt wird, sondern nur auf den Profit geblickt wird, den ein solcher Verkauf erbringt, oder aber Abhängige aufgrund einer Bagatellschuld („eines Paares Sandalen") in die Schuldsklaverei geraten, damit ihre Herren billige Arbeitskräfte gewinnen (2,6).

Nicht anders steht es mit dem Pfandrecht. Grundsätzlich war das Pfänden von Kleidern im Recht vorgesehen, allerdings mit erheblichen Einschränkungen: Der Mantel des Armen darf nicht über Nacht behalten werden, weil er diesem als Zudecke dient (Ex 22,25; Dtn 24,12f.); nach Dtn 24,17 darf das Kleid einer Witwe gar nicht gepfändet werden. Amos aber sieht, wie man die gepfändeten Kleider zum Feiern üppiger Feste missbraucht. Entsprechendes gilt für die Bußgelder, mit denen nach dem Recht ein angerichteter Schaden wiedergutgemacht werden sollte (Ex 21,22; Dtn 22,19), deren Erhebung aber zur Zeit des Amos dazu genutzt wurde, den Weingenuss bei Festen zu erhöhen (2,8). Schließlich wurde auch das öffentliche Abgabenwesen lebensbedrohlich missbraucht, indem den Abhängigen überhöhte Naturalienforderungen auferlegt wurden, die ihre Existenz gefährdeten (5,11).

In allen diesen Fällen sind es niemals die Institutionen als solche, die Amos kritisiert, sondern stets ihre Pervertierung durch einflussreiche Menschen, von denen Andere abhängig sind. Das gilt analog auch für die Kritik des Propheten am Luxus der Hauptstadt Samaria (3,9–4,3; 6,1–7): Sosehr der Prophet ihn auch geißelt, so zielen seine Vorwürfe doch nicht auf den Luxus als solchen, sondern auf die Gewalt und Unterdrückung, durch die er gewonnen worden ist.

---

[34] Vgl. zu diesem üblicherweise mit dem Begriff Sozialkritik bezeichneten Gebiet besonders G. Fleischer, Von Menschenverkäufern, Baschankühen und Rechtsverkehrern (BBB 74), Frankfurt 1989.

γ. *Recht und Gerechtigkeit*

Schon aus den bisherigen Darstellungen wird deutlich, dass die Tradenten der Amosworte ein weit kunstvolleres und systematischeres Prophetenbuch geschaffen haben als die Schülerkreise um Hosea. Sie haben die strophisch aufgebauten und vielfach miteinander verknüpften Dichtungen der Völkerworte (Am 1–2*) und der Visionsberichte (Am 7–9*) als eine rahmende Klammer um die Worte des Amos in Kap. 3–6 gelegt. Sie haben zudem diese Wortsammlung durch zwei genau parallel konstruierte Überschriften in zwei Teile geteilt, deren erster (nach der Überschrift 3,1a) JHWH-Worte, deren zweiter (nach der Überschrift 5,1) Prophetenworte enthält.

Zum Verständnis dieser Unterteilung ist wesentlich, dass der erste dieser beiden Teile (Kap. 3–4) von der (schon behandelten) Nötigung des Propheten zur Unheilsverkündigung eingeleitet (3,3–8) und geprägt ist, während das für Amos und die folgende Prophetie so *zentrale Thema „Recht und Gerechtigkeit"* auf den zweiten Teil (Kap. 5–6) beschränkt bleibt. Nur wo dieses Thema berührt wird, wird in den prophetischen Texten der Gedanke an eine mögliche Rettung einzelner Glieder des Gottesvolks aus der kommenden Katastrophe geäußert – allerdings nur andeutungsweise und mit größter Behutsamkeit.

Der gedanklich komplexeste und theologisch gewichtigste Text ist sogleich der erste (*5,1–17*), der formal überaus kunstvoll als konzentrische Figur bzw. Ringkomposition gestaltet ist und schon damit zeigt, dass er Umfassendes zum Ausdruck bringen möchte. In einer solchen Komposition bilden die ersten und die letzten formal und sachlich aufeinander bezogenen Verse einen Außenring (A-A'), die dann folgenden Verse (B-B') einen Innenring, während der Hauptakzent des Textes auf seinem Zentrum liegt. Im Falle von 5,1–17 bilden die Verse 1–3 und 16–17 den Außenring: Sie stimmen im Voraus die Totenklage an über ein Israel, das wie ein eben aufgeblühtes Mädchen viel zu früh dahingerafft wird und sein eigentliches Leben noch vor sich gehabt hätte. In scharfem Kontrast tritt neben diese Totenklage im Innenring (V.4–6 und 14–15) die Aufforderung Gottes an ebendieses Israel, ihn zu suchen, um – einzig auf diese Weise – Leben zu gewinnen bzw. sein Leben zu erhalten. Den Kern der Komposition (vor dem Zuwachs der Verse 8f.) bilden die Verse 7. 10–12 mit der Anklage, dass Recht und Gerechtigkeit außer Kraft gesetzt worden seien. Wie ist der Zusammenhang dieser drei so verschiedenen Themen gemeint?

Sicher ist zunächst, dass Tod und Leben nicht einfach als Alternativen verstanden werden wollen. Die Überschrift der Perikope und der Kapitel 5–6 im Ganzen heißt „Leichenlied" (5,1). Evident ist für Am 5 nur der böse und frühe Tod, um dessentwillen in den Städten und in den Weinbergen auf dem Land, die gemeinhin Orte heiterer Erntefreuden sind, die Leichenklage erklingt (V.16f.). Allerdings gibt es noch die Möglichkeit zum Leben, nur ist sie 1. nicht ohne die Suche nach Gott (Innenring) und 2. nicht ohne das Praktizieren von „Recht und Gerechtigkeit" (Zentrum) zu haben. Beide Bedingungen vermisst der Prophet in seiner Gegenwart schmerzlich. Der erste Text im Innenring (5,4–6*) weist negativ die vielfältigen Wallfahrten als verfehltes Gottsuchen ab: Auf solchen beliebten Festen ist Gott (wie für Hosea so auch für Amos) nicht zu finden[35]. Dagegen identifiziert der andere Text im Innenring (5,14 f.) die Suche nach Gott mit der Suche nach „dem Guten" (und der Vermeidung „des Bösen"), wobei die Begriffe „gut" und „böse" nicht expliziert werden, weil sie sich offensichtlich von selbst verstehen. Nur an einer einzigen Stelle wird der Text konkret: „Richtet das Recht im Tor auf!" Ohne funktionierendes Recht wäre alles Praktizieren „des Guten" wertlos. Für das Verständnis des Kernelementes der Komposition V.7.10–12 schließlich ist die Beobachtung entscheidend, dass im gegenwärtigen Gottesvolk, das auf seinen Tod zugeht, Recht und Gerechtigkeit „umgestürzt" bzw. „zu Boden gestoßen" werden. Dieser Vorwurf impliziert, dass *Recht und Gerechtigkeit* nicht Ideale sind, die von den Menschen durch ihre Taten geschaffen werden, sondern ihnen *als Gaben Gottes vorgegeben* sind, als solche freilich von den Menschen korrumpiert und damit ihrer ihnen innewohnenden Kraft beraubt werden können[36].

Tod und Leben des Gottesvolks hängen also wesentlich von seiner Gottesbeziehung ab, wobei eine glückende Gottesbeziehung für Amos entscheidend im Umgang mit Gottes wichtigsten Gaben, Recht und Gerechtigkeit, besteht. Dabei besagen beide Begriffe, die Amos in den Kapiteln 5–6 bewusst weitere zwei Male als Zusammenfassung einer gelingenden Gemeinschaft unter Gottes Willen verwendet (5,24; 6,12), je für sich Verschiedenes. „Gerechtigkeit" (צדקה) ist ein Relationsbegriff; ob ein Mensch „gerecht" ist, bemisst sich nicht daran, dass er einer vorgegebenen Norm genügt, sondern daran, dass er sich in einem vorgegebenen Gemeinschaftsverhältnis – etwa der Familie oder Sippe – den anderen Gliedern gegenüber korrekt verhält und ihnen das ihnen Zustehende nicht vorenthält. So ist etwa in einem Streit vor Gericht die Partei, die in ihrem Anspruch gegenüber dem Streitgegner Recht behält, in diesem Verständnis „gerecht": nicht in einem absoluten Sinn, wohl aber in dem relativen Sinn, dass sie sich in ihrem Verhalten zu den Anderen nichts hat zuschulden kommen lassen. „Gerecht" ist Israel also nie an sich, sondern in seiner Beziehung zu Gott bzw. in der Beziehung seiner Menschen untereinander, und dafür ist das Geschick der Armen und Abhängigen der entscheidende Maßstab. Deshalb ist „Gerechtigkeit" das Ideal, an dem sich die prophetische Sozialkritik bemisst.

Anders der Begriff des „Rechts" (משפט). Das Recht hat bei Amos einen festen Ort: Es gehört ins Tor (5,10.12.15). Im Tor als dem größten öffentlichen Platz einer antiken Stadt findet Rechtsprechung statt, und zwar in dem Sinne,

---

[35] Der Sprachgebrauch (Verb דרש) spricht dafür, dass in 5,4 mit dem wahren Suchen Gottes die Orientierung am Propheten als Sprachrohr Gottes gemeint ist.

[36] Das hat vor allem K. Koch, Die Entstehung der sozialen Kritik bei den Propheten (1971), in: ders., Spuren hebräischen Denkens. Ges. Aufs. Bd. 1, Neukirchen-Vluyn 1991, 146–166, mit guten Gründen herausgestellt.

dass entstandener Streit beendet wird, indem zwischen zwei streitenden Parteien im Rechtsverfahren „entschieden" (so die Grundbedeutung der Wurzel שפט) wird, welche der beiden Parteien im Recht ist. Damit wird deutlich, warum für Amos das Recht schlechterdings konstitutiv für das Überleben des Gottesvolks ist: Wo das Recht im Tor ungehindert in Funktion steht, kann es der Ort sein, an dem die Maßnahmen von Gewalt und Unterdrückung von Schwachen zur Sprache kommen und verurteilt werden, so dass die rechte Beziehung zwischen den verschiedenen Volksgliedern wiederhergestellt wird. Wo aber das Recht wie zur Zeit des Amos durch Bestechung derer korrumpiert wird, die aufgrund ihrer Erfahrung im Rechts- und Schlichtungsverfahren ohne Ansehen der Person entscheiden sollten (5,10.12), gibt es keine Möglichkeit mehr, gegen den Missbrauch der Institutionen durch die Mächtigen vorzugehen. Das „Recht" in diesem Verständnis ist der Nerv einer Gesellschaft. So führt für Amos noch nicht die Unterdrückung von Schwachen als solche zum Zusammenbruch der Gesellschaft, sondern erst die Außerkraftsetzung des Rechts. In dieser Außerkraftsetzung liegt auch begründet, dass ein Amos und seine sogleich zu nennenden Nachfolger in ihrer Unheilsverkündigung nicht mehr – wie die Priester – zwischen Schuldigen und Unschuldigen („Gerechten") im Gottesvolk zu unterscheiden vermögen, sondern die Gesellschaft als ganze zugrunde gehen sehen. Ohne das Praktizieren des Rechts ist sie nicht lebensfähig.

Umgekehrt ist ohne die „Wiederaufrichtung des Rechts" *eine Hoffnung* auch nur Einzelner *auf Rettung* aus der kommenden Katastrophe undenkbar. Am 5,15, der einzige Vers im vorexilischen Amosbuch, in dem die Möglichkeit einer solchen Rettung kurz gestreift wird[37], ist allerdings mit größter Behutsamkeit formuliert:

> Hasst das Böse, liebt das Gute und richtet im Tor das Recht auf!
> Vielleicht wird JHWH (der Gott der Heerscharen) gnädig sein dem Rest Josephs!

Nicht nur wird eine solche Rettung von vornherein auf einen „Rest Josephs" beschränkt – und mit diesem Begriff, den kein anderer Prophet des 8. Jh.s verwendet, sind wahrscheinlich schon die Überlebenden der Katastrophe von 722 v. Chr. im Blick –, sondern vor allem wird die Ankündigung der Rettung mit dem berühmten prophetischen „Vielleicht" eingeleitet, das später Schule machen sollte (Zef 2,3; Joel 2,14; Jona 1,6; 3,9). Mit ihm bringt Amos zum Ausdruck, dass es nicht im Auftrag seiner Sendung durch Gott angelegt ist,

---

[37] Vgl. für die Spätzeit Am 9,7–15. – Dabei sind die Verse 5,14 f. ihrerseits schon weiterführende Auslegung des spröden Amoswortes 5,4 f.; vgl. H.W. Wolff, Joel/Amos (BK XIV/2), [3]1985 und J. Jeremias, Der Prophet Amos (ATD 24,2), [3]2013, je z. St. Andererseits aber geben auch die anderen Erwähnungen von „Recht und Gerechtigkeit" bei Amos durch ihre Form (Jussiv: 5,24; ironische Frage, die auf Einsicht der Leser aus ist: 6,12) zu erkennen, dass die Tradenten der Amosworte nach dem Fall Samarias am ehesten bei diesem Thema noch Hoffnung auf Änderung des Lebenswandels ihrer Zeitgenossen hatten. Vgl. J. Jeremias, Die Mitte des Amosbuches, in: ders., Hosea und Amos, 198–213.

diese Möglichkeit der Rettung auszusprechen, sondern dass sie in seiner eigenen prophetischen Hoffnung auf Gott begründet ist. So überschreitet der Prophet an dieser einen Stelle bewusst (in seiner Verkündigung an seine Vertrauten?) seinen eigentlichen Auftrag, weil er von einer anderen Seite Gottes weiß, die in seiner prophetischen Sendung zur Unheilsverkündigung nicht aufgeht.

Von hier aus ist es nicht erstaunlich, dass auch *die Kritik des Amos am Gottesdienst seiner Zeit* unlöslich mit dem Doppelthema Recht und Gerechtigkeit verbunden ist. Im Unterschied zu Hosea verurteilt Amos den Gottesdienst des Nordreichs nicht aus inhaltlichen Gründen (er erwähnt etwa das Stierbild in Bet-El mit keinem Wort), sondern seine Gottesdienstkritik richtet sich allein gegen das Auseinanderfallen von Feiertag und Alltag. Für Amos und den Gott, den er verkündet, wird im ausufernden Wallfahrtsbetrieb (4,4f.; 5,5) und in den zahlreichen Festgottesdiensten (5,21–23) der reale Alltag, in dem Recht und Gerechtigkeit mit Füßen getreten werden (5,10–12.24), ausgeblendet. Mehr noch: Die immer aufwendiger gestalteten Gottesdienste liefern den Teilnehmern das gute Gewissen für ihr rechtlos-selbstbezogenes Handeln im Alltag, weil sie ein intaktes Gottesverhältnis vorgaukeln. Für Gott aber sind diese religiösen Zusammenkünfte gar keine Gottesdienste mehr, sondern sie sind zu Selbst-Feiern geworden, aus denen er sich längst zurückgezogen hat. Ja, er kann sie nicht ertragen (5,21):

> Ich hasse, ich verwerfe eure Feste
> und kann eure Festversammlungen nicht riechen,

weil sie im Effekt die Schuld der Menschen verstärken (4,4). Sie fördern nicht die Erkenntnis großer Schuld, sondern dienen im Gegenteil gerade dazu, eine solche Schulderkenntnis zu verhindern. Hier kündigt sich unter der Hand schon jene Konsequenz an, von der die 5. Vision (9,1) spricht: Gott wird seinen eigenen Tempel zerstören, der die Menschen von ihm fort, statt zu ihm hin führt. Oder – um den Gedanken in der Logik von 5,15.24 und 6,12 positiv auszuführen –: Ohne ein „Wieder Aufrichten“ des Rechts, das Israel schuldhaft „zu Boden gestoßen“ hat (5,7), ist ein Kontakt mit dem lebendigen Gott für das Gottesvolk für alle Zeit unmöglich.

δ. *Jesaja und Micha*

Das für Amos grundlegende Thema Recht und Gerechtigkeit haben die beiden wenig jüngeren „klassischen“ Propheten aus dem Südreich, Jesaja und Micha, ebenfalls ins Zentrum ihrer Verkündigung gestellt, die nun den Menschen in Juda gilt, jedoch mit charakteristischen Modifikationen im Einzelnen. Während Jesaja den Begriff der Gerechtigkeit ausweitet und ihn stärker als Amos differenziert, verzichtet die Micha-Überlieferung ganz auf ihn und verwendet statt dessen einen komplexeren Begriff des Rechts.

Wie häufig beobachtet, hat vornehmlich *Jesaja* das Doppelthema des Amos aufgegriffen, und zwar besonders in den Anfangskapiteln des nach ihm benannten Buches (Jes 1–5*)[38]. Wie Amos (Am 5,12) klagt er die Bestechlichkeit derer an, denen die Verantwortung zufällt, in der Torgerichtsbarkeit das Urteil zu sprechen, so dass das Recht im Land korrumpiert wird und die Schuldigen Recht erhalten (Jes 5,23). Wie Amos (Am 2,7) beklagt er, dass die Armen im Volk schon im Vorfeld der Rechtsprechung (durch einengende Vorschriften) bedrängt werden, so dass sie gar nicht erst einen Zugang zur Torgerichtsbarkeit erhalten (Jes 10,2). Wie Amos (Am 5,21–24) betrachtet er einen Gottesdienst, der sich völlig vom Alltagsgeschehen gelöst hat und keinerlei Impulse mehr zum Praktizieren von Recht und Gerechtigkeit gibt, als reine Selbst-Feier, die sich in Abwesenheit Gottes vollzieht (Jes 1,10–17). Wie für Amos hängt für Jesaja schlechterdings alles an Recht und Gerechtigkeit: sowohl das Gottesverhältnis Israels als auch ein glückendes Gemeinschaftsverhältnis unter den Menschen.

Jesaja hat dies besonders in seinem berühmten Weinberglied (5,1–7) zum Ausdruck gebracht, in dem er zuerst in der Rolle eines Liebhabers die Aufmerksamkeit seiner Hörer bzw. Leser gewinnt, insofern er die Schönheit einer Frau zu besingen scheint; erst allmählich wird klar, dass er die Rolle eines Weinbergbesitzers eingenommen hat, über dessen Weinberg die Hörer bzw. Leser das Urteil sprechen müssen, bevor sie am Ende merken, dass sie eine Parabel vernommen und sich selbst verurteilt haben: Gott als der Weinbergbesitzer hat denkbar viel Gutes am Weinberg Israel als seiner Luxuspflanzung getan, und doch hat er statt der erhofften Frucht von Recht und Gerechtigkeit nur Rechtsbruch und das Wehgeschrei der Unterdrückten (im Urtext ein Wortspiel) geerntet. Aus diesem Weinberg kann nichts mehr werden; er wird der Vernichtung preisgegeben werden[39]. Demgegenüber wird die zukünftige Gemeinde, die Gott nach der Vision von Jes 28,16f. im Zuge des Zusammenbruchs Judas schaffen wird, wiederum am Maßstab von Recht und Gerechtigkeit gemessen werden.

Auf der anderen Seite *erweist sich Jesaja* im Unterschied zu Amos auch bei diesem Thema *als ein typischer gebildeter Jerusalemer.* Es ist eine Eigenart Jesajas, dass er neben dem Gerechtigkeitsbegriff des Amos einen zweiten verwendet: צדק. Im Unterschied zu dem geläufigeren Begriff צדקה bildet dieser Begriff keinen Plural und erweist sich damit als eine übergeordnete Größe, die umfassendes Heil in der Gemeinschaft von Gott und Mensch bzw. der Menschen untereinander im Blick hat, bis in kosmische Dimensionen hinein[40]. Es

---

[38] Vgl. R. Fey, Amos und Jesaja (WMANT 12), Neukirchen-Vluyn 1963; skeptischer zuletzt J. Kreuch, Das Amos- und Jesajabuch (BThSt 149), 2014.

[39] Ein halbes Jahrtausend später ist von Menschen, die durch Gottes Gericht gegangen waren und in der Fremde unterdrückt wurden, das Weinberglied Jesajas zum Hoffnungslied umgedichtet worden (Jes 27,2ff.).

[40] Vgl. H.H. Schmid, Gerechtigkeit als Weltordnung (BHTh 40), München 1968. Deuterojesaja ist Jesaja darin gefolgt; vgl. besonders Jes 45,8.

ist freilich kein Zufall, dass Jesaja diesen umfassenden Begriff ausschließlich in Bezug auf Jerusalem (bzw. auf den dort erwarteten Heilskönig, 11,4) gebraucht. In der vorbiblischen Tradition Jerusalems scheint צדק ein Göttername Jerusalems gewesen zu sein, wie sich nicht zuletzt aus den Königsnamen Adoni-Zedeq („Herr ist Ṣædæq“, Jos 10,1) und Melchisedek (genauer: Malki-Zedeq: „König ist Ṣædæq“, Gen 14,18) ergibt. Jesaja greift diese Tradition in einer entgötterten Gestalt auf, die jedoch ihren mythischen Hintergrund noch zu erkennen gibt, insofern der Prophet צדק als eine den Menschen nicht nur von Gott vorgegebene, sondern auch geradezu personale Qualität der Stadt kennt, freilich als eine Qualität, die Menschen korrumpieren können und korrumpiert haben (1,21):

> Ach, wie ist zur Hure geworden die Stadt der Zuverlässigkeit,
> die angefüllt war mit Recht,
> in der Gerechtigkeit (צדק) nächtigte!

Wo einst die Gerechtigkeit einwohnte und „nächtigte“, so dass Recht und Zuverlässigkeit ihre prägenden Merkmale waren, hat Bestechlichkeit in der Rechtsprechung die Oberhand gewonnen, so dass den Witwen und Waisen, den paradigmatisch Wehrlosen, ihr Recht vorenthalten wird (1,22f.). Allerdings erwartet der Prophet, dass Gott nicht nur die Verantwortlichen in naher Zukunft zur Rechenschaft ziehen wird, sondern dass er seine Souveränität auch darin erweisen wird, dass er der Stadt neue Richter schenken wird, damit Jerusalem, wie von ihm intendiert, wieder zur „Stadt der Gerechtigkeit“ und zum „Ort der Zuverlässigkeit“ werden kann (1,26).

Als erster Prophet hat *Micha – im Unterschied zu Jesaja ein Landjudäer* – gewagt, Jerusalem, dem Ort des Tempels und der Wohnung JHWHs, aufgrund der Ungerechtigkeit seiner Bewohner den Untergang anzusagen, und zwar im Namen ebendieses JHWH (Mi 3,12).

Mit dieser unerhörten und bis zu diesem Zeitpunkt analogielosen Ankündigung hängt zusammen, dass weite Teile des Michabuches, die schon nach dem Eintreffen dieser Ankündigung verfasst worden sind, auf die Frage nach der letzten Absicht Gottes bei seiner Wahl des Zion antworten wollen und eine (in sich komplexe) Vision der Zukunft des Zion entwerfen (Kap. 4–5; vgl. u. S. 320). Nach heutiger Einsicht finden sich Worte aus der Zeit Michas, also aus dem 8. Jh. v. Chr., nur in den Kapiteln 1–3[41].

Obwohl Micha den Begriff der Gerechtigkeit nicht verwendet, unterscheidet auch er wie Amos zwischen einer Sozialkritik, in der er Partei für die Bauern im ländlichen Juda, aus dem er stammt, gegen deren Unterdrücker ergreift (Kap.2), und einer Rechtskritik, die er speziell mit Jerusalem als Hauptstadt verbindet (Kap.3). Dabei zeigt sich in der *Sozialkritik Michas* noch grundlegender als bei Amos, dass sich die vom Propheten angeklagten Mächtigen und

[41] Diesen Kapiteln liegt wahrscheinlich eine Art Rechenschaftsbericht Michas zugrunde, wie aus den zahlreichen „Ich“-Formulierungen (z.B. 3,1.8) hervorgeht; vgl. die Kommentare von H.W. Wolff (BK XIV/4), 1982; R. Kessler (HThKAT), 1999 und J. Jeremias (ATD 24/3), 2007.

Wohlhabenden auf dem Boden der Legalität wähnen, während der Prophet in ihren Praktiken eine Zerstörung der Grundlagen der Gottesbeziehung des Volkes sieht. Es handelt sich bei den Mächtigen in Mi 2 um Großgrundbesitzer – möglicherweise um bedeutende Beamte Jerusalems, die mit Land entlohnt wurden –, die ihren Besitz durch überhöhtes Pfandnehmen bzw. durch Schuldknechtschaft bei nichtigem Anlass (V.8–10) immer weiter zu vermehren trachteten. Ein derartiger Missbrauch, der kleine Bauern ihre Existenz kostet, hat Jesaja ebenso entschieden verurteilt (Jes 5,8–10). Bei Micha lautet die Anklage so (Mi 2,2):

> Sie begehren Felder und rauben (sie),
> Häuser und nehmen (sie) weg;
> so unterdrücken sie einen Mann und sein Haus,
> einen Menschen und seinen Erbbesitz.

Für Micha liegt der Hauptakzent seines Vorwurfs auf der 2. Hälfte des Verses. Indem die Großgrundbesitzer in ihrem Streben nach immer mehr Macht und Einfluss in Übersteigerung des Schuldrechts Felder und Häuser abhängiger Bauern an sich reißen, ruinieren sie nicht nur ganze „Häuser", d.h. Familien, sondern *sie zerstören auch Erbbesitz.* Mit diesem Begriff (hebräisch: נחלה) verbindet sich beim Propheten eine Konzeption, die das Gott-Volk-Verhältnis wesenhaft prägt. „Erbbesitz" war grundsätzlich unveräußerlich, wie etwa die berühmte Erzählung vom Justizmord an Naboth (1 Kön 21,3) belegt, weil er von Gott gegeben war, wobei Gott der Eigentümer des Landes blieb und die Familien Rechenschaft über ihren Umgang mit dem Besitz geben mussten (so später explizit Lev 25,23). Im Brauch der alle sieben Jahre geübten sakralen Brache (Ex 23,10f.) wurde die göttliche Oberhoheit über das Land neu anerkannt. Mit dieser Konzeption sollten Sippen und Familien vor jeglicher Form von Verarmung bewahrt werden, und die Institution des „Loskaufs" (גאל), der gemäß der nächste Blutsverwandte zum Rückkauf von in Not veräußertem Besitz eines Verarmten verpflichtet war, diente als zusätzliche Stütze für den äußersten Notfall. Wenn sich die Täter in Mi 2,2 bedenkenlos über diese fundamentale Ordnung des Zusammenlebens in Israel hinwegsetzen, weil sie formal-rechtlich dazu in der Lage sind, haben sie sich für Micha außerhalb des Gottesvolks gestellt und gehören nicht mehr als Glieder zu ihm. Darum kündet Gott ihnen durch den Propheten eine ihrer Tat entsprechende Strafe an: den Verlust ihres gesamten Besitzes und kommende Unterdrückung (V.3.4*).

Mi 2 aber ist vor allem deshalb ein gewichtiges Kapitel der klassischen Prophetie, weil in ihm auch die Gegenseite zu Wort kommt, wenn auch natürlich in der Sprache Michas und seiner Tradenten (V.6f.). Die Großgrundbesitzer und ihre Sympathisanten haben Michas Gerichtsverkündigung entschieden bestritten, indem sie 1. auf die Erwählung Israels verwiesen haben, die ein derartiges Strafhandeln gegen sie nicht zulassen würde, 2. auf Gottes Langmut, genauer auf seine „Langsamkeit zum Zorn" und seinen „Reichtum an Güte", wie sie das bekannteste und am häufigsten bezeugte Bekenntnis des

Alten Testaments (Ex 34,6f.; Ps 86,15; 103,8 u.o.) belegen, und 3. auf die vom Recht gedeckte Weise ihres Handelns. Diese selbstgerechte Heilsgewissheit hat der Prophet nicht aufzubrechen vermocht; seine Parteinahme für die Armen, die er „mein Volk" nennt (V.8.9; 3,3.5), um zu verdeutlichen, dass die Schuldigen nicht mehr dazugehören, ist ohne äußeren Effekt geblieben.

Eher noch härter als die Zerstörung der Besitzordnung im Volk durch die Großgrundbesitzer hat Micha den *Rechtsbruch in Jerusalem* verurteilt, der dazu führen werde, dass Gott die Stadt und mit ihr den Ort zerstören müsse, an dem er selbst Wohnung genommen hat (Kap.3). Dabei verwendet Micha einen Rechtsbegriff, der beide Felder abdeckt, die Amos Recht und Gerechtigkeit benannt hatte. Recht findet für Micha nicht primär im Tor, sondern im Alltag statt; damit hängt zusammen, dass primär die Politiker die Verantwortung für das Recht tragen, genauer: die „Häupter" und „Anführer" (V.1.9), d.h. alle, die im zivilen wie im militärischen Bereich Leitungsfunktionen ausüben. In einer Fülle von Bildern wird ihre brutale Grausamkeit gegenüber den von ihnen Abhängigen (V.3f.) beschrieben, bevor am Ende des Kapitels konkreter mit „Blutschuld" (דמים) ein Begriff verwendet wird, der von Haus aus Kapitalverbrechen bezeichnet, von Micha aber (wie später von Ezechiel) auf Leben einschränkende Gewalttaten aller Art ausgeweitet wird[42].

Erstaunlich in diesem Kontext ist nun, dass für Micha noch nicht der Rechtsbruch der politischen Verantwortungsträger in der Stadt ihre Zerstörung durch Gottes Hand herbeiführt, sondern erst die Rechtsvergessenheit seiner eigenen Berufskollegen (V.5–7). Das Zusammenleben der Menschen in der Gesellschaft besitzt für Micha noch einen Hoffnungsaspekt, solange die Propheten ihre Verantwortung für das Recht wahrnehmen. Freilich haben sie eine andere Art der Verantwortung als die Politiker. Während letztere Vorbilder im Vollzug des Rechts hätten sein sollen, weil sie durch ihre „Kenntnis" des Rechts die Maßstäbe rechten Handelns für die einfache Bevölkerung setzen (3,1.9; vgl. Hos 5,1) und ihnen Machtmittel zur Durchsetzung des Rechts zur Verfügung stehen, wäre es Aufgabe der Propheten in Jerusalem gewesen, einerseits dem Volk die rechte Orientierung am Recht zu vermitteln (V.5) und andererseits geschehendes Unrecht der Politiker deutlich bei Namen zu nennen. Da die Propheten aber beide Pflichten vernachlässigen, muss Gott ihnen als Folge die Vollmacht entziehen, in seinem Namen zu reden. Demgegenüber stellt Micha selber sein Amtsverständnis so dar (V.8):

> Dagegen bin ich meinerseits erfüllt
> von Kraft (Geist JHWHs[43]), Recht und Stärke,
> Jakob sein Verbrechen vorzuhalten
> und Israel seine Verfehlung.

---

[42] Analoges gilt von Amos, der den Begriff חמס, der ursprünglich Gewalttaten, bei denen Blut fließt, bezeichnet, auf Unterdrückungen aller Art ausweitet.

[43] Ein Zusatz, der den Vorwurf des Missbrauchs des Rechts durch die anderen Propheten auf eine höhere Ebene verschiebt: Ihnen fehlt der Geist Gottes.

Bei Micha ist die Sorge um das Recht umklammert von objektiver „Kraft“ und subjektiver „Stärke“, d. h. er ist voll Mut gewillt, die vornehmste Aufgabe eines Propheten auch gegen Widerstände wahrzunehmen: geschehenes Unrecht im Gottesvolk mit aller Schärfe aufzudecken. Dabei verdeutlicht die Formulierung, dass es nicht mehr genügt, einige wenige Hauptverantwortliche zu benennen; vielmehr hat Unrecht das Gottesvolk als ganzes befallen, so dass alle zu Tätern geworden sind. Wo aber die Menge der Propheten ihre Vollmacht missbraucht und ein Micha kein Gehör findet, ist Jerusalem verloren – wohlgemerkt: noch nicht durch das geschehene Unrecht allein, wohl aber, wenn die Propheten, die auf Unrecht hinzuweisen haben, kein Gehör mehr finden.

3. Das abgewiesene Heilsangebot (Jesaja)

Was im vorangegangenen Paragraphen zu Jesaja gesagt wurde, beschränkte sich auf Aussagen der Kapitel 1–5, denen man oft die Botschaft des Propheten in seiner Frühzeit entnommen hat, weil sie manche Gedanken Hoseas und mehr noch des Amos aufgreifen. Theologisch ungleich tiefer reichen *die Texte der sog. „Denkschrift Jesajas“* (K. Budde)[44] *in Jes 6,1–8,18 und diejenigen aus seiner Spätzeit in Jes 28–31*, die ohne derartige Parallelen sind und Jesaja noch deutlicher als gebildeten Jerusalemer ausweisen. Nur aus diesen beiden Textkomplexen lässt sich erklären, warum die Texte keines anderen Propheten eine so breite Wirkungsgeschichte im Alten Testament erfahren haben und warum Jesajas Texte so häufig wie die keines anderen Propheten gelesen worden sind, gemessen an der Anzahl der zugewachsenen Texte im Buch. Der Kern beider umfangreicher Textzusammenstellungen bezieht sich auf bekannte historische Ereignisse: das Umfeld des sog. syrisch-efraimitischen Krieges (734/33 v. Chr.) bzw. den Versuch eines Aufstandes Hiskias gegen die assyrische Großmacht 705–701 v. Chr. Beide Textkomplexe formulieren aus der Retrospektive, so dass man an ihnen den Unterschied zwischen mündlicher Verkündigung des Propheten und schriftlichem Text, der die negative Reaktion der Hörer schon kennt (vgl. o. S. 130), besonders deutlich beobachten kann.

In beiden Textkomplexen spielt nämlich die Reaktion der Hörer die entscheidende Rolle. Das beherrschende Thema ist das Erschrecken des Propheten über die Ablehnung der Heilsansage Gottes für König und Volk. Jesajas Botschaft muss in den genannten Jahren primär eine heilvolle gewesen sein, insofern er mit der Geltung der alten Traditionen Jerusalems für die eigene Zeit Ernst zu machen versuchte; umso mehr musste er mit Grauen beobachten, dass seine Hörer zwar gern ihr Bekenntnis zu JHWH auf den Lippen trugen, ihren politischen Alltag aber ungestört von Gott selber bestimmen woll-

[44] Gemeint ist eine Art Rechenschaftsbericht über die prophetische Verkündigung während einer zeitlich beschränkten Periode.

ten. Jes 7 demonstriert diese Erkenntnis am Gespräch Jesajas mit dem König, Jes 8 an seinem Gespräch mit dem Volk.

In der Exegese des Protojesaja-Buches haben sich in jüngerer Zeit erfreuliche Annäherungen ergeben. Standen in den letzten Jahrzehnten des vergangenen Jh.s mit den gewichtigen Kommentaren von H. Wildberger (BK) und O. Kaiser (ATD) noch zwei extrem gegensätzliche Auslegungen einander gegenüber, die eine von einem fast grenzenlosen Vertrauen in die auf den Propheten zurückgehende Überlieferung bestimmt, die andere von einer tiefen Skepsis gegenüber der Möglichkeit, Worte Jesajas aus dem komplexen Verlauf der Entstehung des Buches zu isolieren, und spiegelte sich diese Differenz am Beginn unseres Jh.s nur wenig entschärft in den Monographien von J. Barthel (Prophetenwort und Geschichte, 1997) und U. Becker (Jesaja – von der Botschaft zum Buch, 1997) wider, so sind die Differenzen zwischen den Exegeten im letzten Jahrzehnt erheblich geringer geworden[45]. Hauptgrund dafür war die zweifache Erkenntnis, dass 1. alle auf den Propheten zurückgehenden Worte nur aus der Retrospektive tradiert worden sind und sie durchweg die Ablehnung seiner Botschaft durch die ersten Hörer voraussetzen, so dass sich diese Botschaft selber allenfalls in Umrissen rekonstruieren lässt; 2. dass die zahlreichen Aufnahmen assyrischer Diktion und Begrifflichkeit durch die Tradenten erweist, dass die schriftliche Überlieferung der Jesajaworte erst mit deutlichem Abstand von der mündlichen Verkündigung in der Regierungszeit Manasses eingesetzt haben wird.

a. Die sog. „Denkschrift" Jesajas[46]

Das Zusammentreffen von heilvoller Gottesbotschaft und ihrer überraschenden Ablehnung durch die Adressaten ist besonders gut in *Jes 7,1–9* nachzuvollziehen, wo erzählt wird, wie Jesaja während der Belagerung Jerusalems durch die Truppen der Koalition aus Aramäern und des Nordreichs Israel 733 v. Chr. im Auftrag JHWHs König Ahas mit einer Botschaft aufsuchte. In diesem Text sind Zeitpunkt (V.1, aus 2Kön 16,5 entnommen, und V.2) und Ort („Straße am Walkerfeld", V.3) um der damaligen Aktualität der prophetischen Botschaft willen genau festgehalten. Die Botschaft selber bot eine starke Ermutigung für Ahas, sich trotz der Übermacht der Jerusalem belagernden Heere nicht von

---

[45] Vgl. etwa F. Hartenstein, Das Archiv des verborgenen Gottes (BThSt 74), 2011; J. Kreuch, Unheil und Heil bei Jesaja (WMANT 130), 2011; K. Schmid, Jesaja. Jes 1–23 (ZBK 19,1), 2011; R. Müller, Ausgebliebene Einsicht (BThSt 124), 2012. Alle genannten Autoren vermeiden maximalistische oder minimalistische Lösungen in ihrer Rekonstruktion der Entstehung des Protojesaja-Buches. Vgl. jüngst (2013) dazu auch das Kapitel „Die Ausgestaltung der jesajanischen Prophetie in der Manassezeit" in O. Kaiser, Der eine Gott Israels, 56–58.

[46] Obwohl Kap. 6 und 8 im Ich-Stil, Kap. 7 dagegen im distanzierenderen Er-Stil vom Propheten redet (und Kap. 7 deshalb gelegentlich für jünger eingeschätzt wird), bilden Jes 6,1–8,18 eine ganz ungewöhnlich dichte Komposition, aus der kein Teil herausgebrochen werden kann, ohne einen Torso zu hinterlassen. Zum Nachweis, wie genau Kap.7 und Kap.8 gedanklich parallel verlaufen, vgl. bes. die einschlägigen Beiträge von O.H. Steck in seiner Aufsatzsammlung „Wahrnehmungen Gottes im AT" (TB 70), München 1982, 149 ff., 171 ff. und 187 ff. Diese Parallelität ist auch das Hauptargument für die Beibehaltung der These einer Denkschrift.

der Angst der Bevölkerung der Stadt anstecken zu lassen, als er gerade Befestigungsanlagen und Wasservorräte überprüfen ließ. Die Koalitionäre, die Ahas absetzen und einen beliebigen, ihnen genehmen Usurpator einsetzen wollen, wissen für Jesaja weder etwas von der göttlichen Verheißung an die David-Dynastie noch davon, mit wem sie es in Jerusalem zu tun bekommen (vgl. etwa die Beschreibung der panischen Flucht in Ps 48,5–7). Aus diesem Grund werden sie in Kürze erleben, wie ihre Hauptstädte Damaskus und Samaria in Trümmern liegen und ihre jetzigen Könige, die Jerusalem in ihr antiassyrisches Bündnis zwingen wollen, gefangen oder getötet sein werden (V.7–9a)[47].

Die prophetische Ermutigung an Ahas ist überwiegend als eine bedingungslose Heilsansage formuliert. Sie bedient sich der Gattung des Erhörungsorakels, das auf Anfragen oder Klagen eines Königs reagiert und in Zeugnissen des neuassyrischen Reiches oft als göttlicher Zuspruch an einen König belegt ist, am häufigsten in Orakeln der Ischtar von Arbela an Assurbanipal[48]. In Jes 7,4 ist das Stichwort, das die Gattung prägt („Fürchte dich nicht!"), sogar noch doppelt verstärkt: „Bleib ruhig, fürchte dich nicht und dein Herz verzage nicht!" Jedoch ist die zu Jesajas Zeiten geläufige Gattung auffällig modifiziert: Es fehlt nach dem Aufruf zur Furchtlosigkeit der Zuspruch („Ich bin bei dir", „Ich halte dich", „Ich bin dein Helfer" u. ä.). Es erfolgt nur die objektive Heilsansage, die den Untergang der Koalition betrifft. Der Sache nach heißt diese Modifikation: Obwohl das Gericht an der Koalition, die Jerusalem belagert, bei Gott fest beschlossen ist, bringt es für Ahas und Juda nicht automatisch Heil mit sich. Vielmehr ist die so positiv klingende Rede des Propheten umklammert von verhüllten Warnungen, die einen stark drohenden Ton einführen. Als erster Imperativ, noch vor den zuvor genannten, steht: „Hüte dich!" bzw.: „Sei wachsam!", ein Vorverweis darauf, dass der König in dieser Situation auch etwas verspielen kann; und als Abschluss der Unheilsansage an die Koalition, die Jerusalem belagert, erfolgt in eindringlicher Anrede das bekannte Wort, das *Jesajas Glaubensbegriff* programmatisch einführt (V.9b):

Glaubt ihr nicht, so bleibt ihr nicht!

Im Kontext einer Mut machenden Rede Jesajas blitzt plötzlich der Gedanke auf, dass der König und das Königshaus („ihr") dem prophetischen Wort kein Vertrauen schenken und es einfach beiseiteschieben könnten. Für Jesaja ist diese Vorstellung ungeheuerlich, gilt doch in alter Zeit die Annahme von Gottesworten, allemal von heilvollen, als etwas Selbstverständliches. Die ablehnende Haltung des Königs ist für ihn deshalb so unfassbar, weil das ihm auf-

---

[47] So lautet das wahrscheinlichere Verständnis der Verse als Gerichtswort, wenn das *kî* am Beginn von V.8 einen Subjektsatz einleitet (im Deutschen: „dass ..."). Grammatisch möglich ist auch die sachlich schwächere Auffassung der Ansage als bloßes Scheitern der Koalition, wenn das *kî* in V.8 als Einleitung eines Kausalsatzes gedeutet wird (im Deutschen: „weil ...").

[48] Vgl. K. Hecker, Assyrische Prophetien (TUAT II/1), Gütersloh 1986, 56ff.

getragene Gotteswort vom Untergang der Jerusalem belagernden Koalition letztlich nur die praktischen Konsequenzen aus den Traditionen Jerusalems ziehen wollte: aus Gottes Einwohnung auf dem Zion (8,18 u.o.) und aus seiner Zusage, dass Davids Königtum für immer „feststehen" (אמן nif.) sollte (2 Sam 7,16).

Nach allem, was wir sprachlich auszumachen vermögen, ist Jesaja der erste gewesen, der den Begriff des „Glaubens" für das Vertrauen gegenüber einer Verheißung Gottes verwendet hat[49]. Dieser Sachverhalt hängt primär damit zusammen, dass Jesajas Satz nicht ins Positive gewendet werden kann, ohne für damalige Hörer eine pure Banalität auszusagen. Jesajas Thema ist nicht der Glaube, sondern die erschreckende Möglichkeit des Unglaubens. Anders ausgedrückt: Der Glaube wird im Alten Testament erst dort zu einem Thema, wo er Gott gegenüber verweigert wird. Näherhin prägt Jesaja in seinem warnenden Wort an das Königshaus ein Wortspiel, dem die schon genannte Wurzel אמן „fest, zuverlässig, treu" zugrunde liegt (die im liturgischen „Amen" bis heute präsent ist); einmal verwendet er sie im hif. („für fest, zuverlässig halten" bzw. „erklären") und einmal im nif. („festgehalten werden", „Bestand haben"), also: „Wenn ihr Gott (bzw. sein Wort) nicht für zuverlässig erachtet, habt ihr keinen Bestand", d.h. wenn ihr die Heilsansage (und die mit ihr verbundenen Konsequenzen des Handelns[50]) ablehnt, weil sie euch lästig ist, hat die Verheißung Gottes, dass die David-Dynastie dauerhaften Bestand haben soll, keine Gültigkeit mehr; dann werdet ihr genauso untergehen wie die Koalition (7,15f.). Sehr wahrscheinlich spielt Jesaja dabei auf die schon zitierte Dynastiezusage in 2 Sam 7,16 an[51]. Zugleich verändert er sie entscheidend: Zukünftig wird die Zusage dauerhaften Bestandes der David-Dynastie für Propheten wie Jesaja mit einer Bedingung versehen sein: Wo ihre Grundlage und Voraussetzung, der göttliche Schutz und Erhalt der Dynastie, für eine schöne, aber belanglose Idee ohne tieferen Sinn gehalten wird, die ohne Folgen für das Handeln der Könige bleibt, ist sie nicht nur bedeutungslos geworden, sondern führt sie im Gegenteil in den Ruin. In diesem Fall verfällt das judäische Königshaus ebenso dem Gericht Gottes wie die Könige der Koalition, die diese göttliche Zusage ihrerseits für eine leere Worthülse halten. Ohne diese Zusage aber ist Ahas ein winziger Lokalherrscher und nicht mehr Repräsentant des Königs der Welt (6,1–3), eine leichte Beute für die Assyrer, deren sich JHWH als Werkzeug bedient (8,7f.). Ahas fürchtet sich vor der Koalition, deren Könige für den Propheten doch nur „rauchende Brennholzstummel" (7,4) sind;

---

[49] Vgl. den Nachweis von R. Smend, Zur Geschichte von *hæ'æmîn* (1967), in: ders., Die Mitte des AT. Exegetische Aufsätze, Tübingen 2002, 244–249.

[50] Die früher viel diskutierte Frage, welches politische Handeln Jesaja vom König erwartete – ob völlige Passivität oder eine Aktivität, die dennoch mit Gottes Handeln rechnet –, beantwortet der Text nicht, weil er sich (in der Retrospektive!) ganz auf die Ablehnung des Königs konzentriert; vgl. Steck, a.a.O. 198f.

[51] So bes. E. Würthwein, Jesaja 7,1–9. Ein Beitrag zu dem Thema: Prophetie und Politik (1954), in: ders., Wort und Existenz. Studien zum AT, Göttingen 1970, 127–143; 138ff.

er fürchtet sich dagegen nicht vor Gott, der für ihn der rettende Fels hätte sein können, der nun aber als der Verworfene zum „Stein des Anstoßes, zum Fels, über den man strauchelt" (8,14), geworden ist.

Der unmittelbar folgende Text, *Jes 7,10–16,* belegt, dass Gott den König nicht schon auf die erste Verweigerung des Glaubens hin aufgegeben hat. Noch spricht Gott Ahas als seinen Repräsentanten an. Nicht Prophet und König stehen sich sachlich gegenüber, sondern Gott und König. Der Prophet muss Ahas noch einmal aufsuchen, um ihm *zur Stütze seines Glaubens* ein beliebiges *Zeichen Gottes* im Himmel oder auf der Erde anzubieten. Der Glaube ist für den Propheten und den Gott, der ihn sendet, kein salto mortale ins Ungewisse, sondern er beruht auf Erfahrungen. Auch der Zweifel des Königs – wenn es denn Zweifel wäre! – wäre kein Widerspruch zum Glauben, sondern ein berechtigter Aspekt des Glaubens, wie die Berufungsberichte eines Mose, Gideon, Saul und Jeremia belegen. Ihrer aller Zweifel hat Gott ernst genommen und ist ihnen mit stützenden Zeichen, d. h. mit neuer Erfahrung entgegen gekommen.

Aber der König will das Zeichen nicht; er lehnt es mit frommer Begründung ab. Er ist ein aufgeklärter König und weiß nur zu gut, dass er, wenn er das Angebot des Propheten akzeptieren würde, das Heft seines souveränen Handelns aus der Hand gegeben hätte. Gott gehört für ihn in den Gottesdienst. Die Vorstellung einer Realität Gottes im Alltag erschreckt ihn zutiefst, weil sie sein Planen, die nüchterne Abwägung aller Möglichkeiten des politischen Handelns, einschränken würde. Wenn der König so fromm wäre wie die Begründung seiner Ablehnung könnte er ja ohne Zeichen glauben. Aber er will selbst entscheiden und selber handeln.

Damit aber hat der König den Glauben endgültig verworfen und für Jesaja den Bestand seiner Dynastie auf Dauer verspielt. Er ist nicht länger mehr Gottes König. Zwar wird er bald erkennen, dass er hätte glauben können, wenn er erleben wird, wie nicht nur die Heere der beiden Truppen, die Jerusalem belagern, von den Assyrern besiegt sein werden, sondern auch ihre Länder, aus denen sie kommen, verheert sein werden. Aber dann wird es zu spät sein, und auch Juda wird voll in das Unheil, das die Assyrer herbeiführen werden, hineingezogen werden (V.16f.). Freilich wird Gott trotz seiner Abweisung durch den König ein Zeichen geben, und zwar ein heilvolles: die Geburt eines Kindes, das mit seinem Namen ein Hoffnungsträger sein wird[52]. Aber für den König und sein Haus entspringt aus dieser Geburt keinerlei Hoffnung. Der Name des Kindes „Immanuel" („Mit uns ist Gott"; vgl. Ps 46,8.12) gewinnt damit einen exklusiven Charakter. Er steht primär für ein doppeltes Unheil: für den Untergang der Koalition, den Jesaja schon zuvor (V.4–9a) angekündigt

[52] Die vorsichtige Formulierung ist bewusst gewählt. In der Geschichte der Auslegung des AT ist Jes 7,14 der am häufigsten behandelte Einzelvers, und für seinen ältesten Sinn sind eine Fülle unterschiedlicher Deutungen im Blick auf die Identität des Kindes vorgeschlagen worden. Für diesen ältesten Sinn ist in jedem Fall der Name wesentlich, weil er in V.16f. ausgedeutet wird.

hatte, und zwar jetzt als unmittelbar bevorstehendes Ereignis; und für eine furchtbare, nur mit der Reichsteilung vergleichbare Katastrophe Judas selbst, die dem König gilt (V.16f.)[53]. Gott bleibt zwar trotz des Unglaubens des Königs und seines Hauses in Jerusalem gegenwärtig, aber Heil wird diese Präsenz nur noch für diejenigen Kreise mit sich führen, die das göttliche Glaubensangebot ernst nehmen.

Bei ihnen aber kann es sich nur noch um kleine Zahlen gehandelt haben. Die große Menge des Volks ist der Haltung ihres Königs gefolgt und hat die „sanft fließenden Wasser Siloahs" verworfen: den engen Kanal im Kidrontal Jerusalems, der mit geringem Gefälle zu den Königsgärten im Süden floss; seine ruhigen Wasser stehen für das unscheinbare schützende Handeln Gottes. Stattdessen wird das Volk, das sich lieber auf Sichtbares, Evidentes verlassen möchte, in den Assyrern Gottes Handeln in spektakulärer Gestalt zu spüren bekommen: durch die Sendung der „gewaltigen und vielen Wasser des Euphrat", die „Juda überfluten und überschwemmen" werden, „bis zum Hals reichend", eine tödliche Bedrohung (8,5–8)[54].

König und Volk möchten eigenständig handeln, ohne die Präsenz Gottes, die ihnen als unkalkulierbar und undurchschaubar gilt. Sie rufen nach den Assyrern, die anders als Gott sichtbar und berechenbar erscheinen. Was sie nicht ahnen, ist, dass sie in den Assyrern wieder auf Gottes Handeln treffen. Jesaja ist fest davon überzeugt, dass man Gottes Präsenz in der Geschichte nicht einfach ablegen kann. Wohl kann man das Angebot seines Schutzes und seiner Hilfe abweisen, um wie der aufgeklärte König ohne sie zu handeln. Aber dann erfährt man Gott sub contrario als den Richtenden. Die überflutenden, tödlichen Wasser der Assyrer sind Gottes Werk. *Ein Vorbei an Gott ist unmöglich.* Hierin stimmen Hosea und Jesaja in ihrer Gottesvorstellung überein.

b. Die Verstockung Israels

Die Texte, die in Jes 7–8 vom Unglauben des Königs und des Volks gegenüber dem Heilsangebot Gottes handeln, sind gerahmt von zwei erschreckenden Reaktionen Gottes am Anfang und am Ende der Denkschrift, deren Themen einen breiten Nachhall in den späteren Texten des Alten (und Neuen) Testaments gefunden haben: *der Verstockung Israels* (Jes 6) und *der Verborgenheit Gottes* (Jes 8,16–18).

Mit der Berufungsvision Jesajas beginnt die Denkschrift, weil diese Vision auf den furchtbaren Auftrag des Propheten zur Verstockung seines Volks zuläuft, der im Unglauben des Königs und des Volks seine Wirkung zeigt. Jes 6

[53] Im Rückblick wird V.17 auf die Reduktion Judas auf die Hauptstadt Jerusalem 701 v. Chr. und die folgende Abhängigkeit des Kleinstaats von den Assyrern bezogen worden sein.

[54] Der Text greift mit dem Bild der Flut für verheerende Kriege assyrische Symbolsprache auf; vgl. F. Hartenstein, Archiv, 16ff.

will kein üblicher Berufungsbericht sein, so dass er wie Jer 1 am Anfang des Prophetenbuches stehen könnte. Vielmehr zeigen schon die ersten Verse mit der prophetischen Schau des Königs der Welt und seiner Umgebung alles andere als eine neutrale Szenerie. Das liturgisch geprägte dreimalige „Heilig" wird Gott von geflügelten dämonischen Schlangenwesen zugesungen, die gewöhnlich der Wüste zugehören; sie müssen vor dem Weltenkönig und seiner Herrlichkeit Augen und Scham bedecken, um nicht selbst zu vergehen. Ihr unheilvoller Gesang führt dazu, dass die Türschwellen am Eingang des Tempels beben, der Tempel damit unzugänglich und ein Kontakt mit Gott für Menschen folglich unmöglich wird. Damit nicht genug: Der Tempel füllt sich mit Rauch (V.4), Symbol für den Zorn Gottes, der seine Wohnung verlassen hat und nunmehr unerreichbar ist[55]. Die Verödung und Verwüstung des Landes (V.11) und letztlich der Welt sind Folgen der Abwesenheit Gottes und der Präsenz seines Zorns.

Bei einer solchen Schau und einem derart bedrohlichen Kontext weiß sich der Prophet verloren, und wenn er, selber entsühnt, von Gott gesandt wird (V.5–8), kann seine Sendung nur eine unheilvolle sein. Aber sie ist weit mehr als das: Sie ist analogielos grauenhaft. Der Prophet muss sein Volk nicht wie ein Amos mit Gottes hartem Gericht konfrontieren, sondern er darf seinem Volk viel zu hören und viel zu sehen geben von Gottes Heil, allerdings mit der entsetzlichen Folge, dass die Menschen nichts begreifen, sondern mit verklebten Augen und verstopften Ohren vom Arzt ihrer Krankheit nichts mehr vernehmen (V.9f.). Der Prophet erhält die Aufgabe, das Verstehen des (heilvollen) Gottesworts und damit eine Änderung der selbstbezogenen Handlungsweisen seiner Hörer mit seiner Verkündigung geradezu zu verhindern! Tiefer und schrecklicher ist Gericht Gottes nie gedacht worden. Die Verstockung des Gottesvolks entsteht nicht am Schweigen Gottes, über das so viele Psalmen klagen, sondern an seinem Reden durch seinen Propheten, dessen Aufgabe es ist, die Wahrnehmung der eigenen Hilfsbedürftigkeit und damit die Sehnsucht nach Heilung durch sein Reden zu unterbinden. Die Hörer sollen in ihrer Gerichtsreife festgehalten bleiben! So lautet der Auftrag Gottes, wenn er den Menschen unerreichbar geworden und nur in seinem tödlichen Zorn präsent ist.

Man hat den Verstockungsauftrag Jesajas früher gern psychologisierend dahingehend missverstanden, dass mit ihm gemeint sei, dass eine häufige Verweigerung des Hörens der Menschen zu ihrer Hörunfähigkeit führen könne, also ein Nicht-Hören-Wollen ein Nicht-Hören-Können hervorzurufen vermöge. Mit dieser Deutung wird aber die prophetische Sendung missverstanden. Sie findet ihre engste Parallele in 1 Kön 22,19–23, wo in einer vergleichbaren prophetischen Vision einer Himmelszene mit dem Weltenkönig „der Geist" von Gott gesandt wird, um die 400 Propheten, mit denen Micha ben

---

[55] Vgl. den Nachweis von F. Hartenstein, Die Unzugänglichkeit Gottes im Heiligtum. Jesaja 6 und der Wohnort JHWHs in der Jerusalemer Kulttradition (WMANT 75), 1997, 136ff. 219–222.

Jimla streitet, zu betören und zu „Lügenpropheten“ zu machen, so dass der israelitische König eine falsche Entscheidung fällt, die ihn das Leben kostet. Betörung und Verstockung gehören eng zusammen, insofern beide ein unverständliches menschliches Fehlverhalten auf ein göttliches Handeln zurückführen und beide rückblickende Deutekategorien darstellen.

1Kön 22,19–23 und Jes 6,9f. sind keine analogielosen Einzelfälle für diese Thematik, wenngleich Gottes Handeln im Alten Testament nur in Extremfällen für menschliches Versagen letztverantwortlich gemacht wird. Neben der Verstockung des Pharao in den Erzählungen von P in Ex 7ff. ist 2 Sam 24 ein berühmtes Beispiel, wo Gott (im Zorn) David dazu verführt, eine Volkszählung zu militärischen Zwecken durchzuführen, für die er David (und Israel) im Folgenden hart bestraft. Diese scheinbare Unlogik ist darauf zurückzuführen, dass es dem Erzähler unmöglich war, die „Entdeckung“ des Platzes, an dem die Strafe Gottes endet und an dem David im Folgenden einen Altar errichtet (V.16ff.) – später wird hier der Tempel gebaut werden –, auf die Schuld Davids statt auf die Wahl Gottes zurückzuführen. (Der Chronist, dem die Aussage von 2 Sam 24,1 theologisch unerträglich war, lässt später in 1 Chr 21,1 den Satan David verleiten.) – Ein anderes Beispiel bietet 1Kön 12,15, wo berichtet wird, wie Gott Rehabeam den verhängnisvollen Entschluss zur Reichsteilung treffen lässt, weil der Erzähler das Prophetenwort Ahias von Silo an Jerobeam kennt, dem die Herrschaft über die Mehrzahl der Stämme Israels von Gott zugesprochen wurde. Die zahlreichsten Beispiele finden sich in den Erzählungen vom unglücklichen Saul, dessen Wahl zum König von Gott veranlasst wurde und dessen schuldhafte Tötungsabsicht gegenüber David daher auf einen „bösen Geist“, den Gott sendet, zurückgeführt wird (1 Sam 16,14; 18,10; 19,9). Gemeint ist damit eine Besessenheit des erwählten Königs, die rein menschliche Erfahrung übersteigt.

Letztlich lässt sich der Auftrag Gottes an Jesaja, sein Volk zu verstocken, nur im Kontext der Denkschrift recht verstehen; Jes 6 als isolierter Einzeltext verweigert sich einer präzisen Deutung. Die Denkschrift aber ist in einem deutlichen Abstand zu den Ereignissen des syrisch-efraimitischen Krieges entstanden und blickt auf ihn zurück. Sie belegt in Jes 7–8 in der Abweisung des göttlichen Heilsangebots durch König und Volk, auf welche Weise sich Verstockung vollzieht. Die Leser der Denkschrift lernen aus Jes 6, dass der Unglaube des Königs und des Volks nicht ein bedauerliches menschliches Missgeschick darstellte, sondern das abgründige Gerichtshandeln Gottes widerspiegelte. Für Jesaja und seine Tradenten ist diese Abweisung, die sowohl den Davididen als auch dem Gottesvolk die eigene Existenzgrundlage entziehen musste, etwas so Ungeheuerliches und Unbegreifliches, dass sie unfähig sind, diese Reaktion rein immanent, rein anthropologisch zu deuten, so gewiss sie Ausdruck schwerster Schuld bleibt. König und Volk lehnen ja nicht Gottes Handeln ab – das ist für Jesaja (wie für Hosea) schlechterdings unmöglich –, sondern sie lehnen sein Heil ab und erfahren stattdessen sein gegenteiliges Handeln, das sie in den Untergang führen wird[56]. Wenn Luther in seiner

[56] Chr. Hardmeier, Jesajas Verkündigungsabsicht und Jahwes Verstockungsauftrag in Jes 6, in: J. Jeremias/L. Perlitt (Hg.), Die Botschaft und die Boten, FS H.W. Wolff, Neukirchen-Vluyn 1981, 235–252, hat daher den Verstockungsauftrag als ein Auseinandertreten zwischen der Absicht des

Auslegung des 3. Artikels sagt: „Ich glaube, dass ich nicht aus eigener Vernunft noch Kraft an Jesus Christus, meinen Herrn, glauben oder zu ihm kommen kann“, so gilt für Jesaja auch die Kehrseite dieses Satzes: Ein Israel und sein König, die so viel von Gottes vergangenem Heilshandeln wissen und in ihrer Gegenwart neue Erfahrungen dieses Heils angeboten erhalten, sie aber von sich weisen, handeln nicht ohne Gott, sondern von Gottes Zorn und seinem Gerichtswillen getrieben. Keine böse Macht von außen, kein Satan (1 Chr 21,1) treibt sie, sondern derselbe Gott, dessen Hilfe und Heil sie hätten erfahren können. Die rätselhafte Ablehnung des Heils durch König und Volk bestimmt alles Reden und Denken Jesajas und auch sein nachträgliches Verständnis seiner Berufungsstunde. Jes 6 ist als Tonbandnachschrift der Berufungsstunde grob missverstanden; zu dieser Stunde selbst und den Gefühlen des Propheten in ihr haben nachgeborene Leser von Jes 6 keinen Zugang mehr (so wenig sie als Stunde eines glückhaften Erlebens denkbar ist).

Bedeuten die Unzugänglichkeit Gottes im Gottesdienst und die Verstockung Israels das definitive Ende Israels bzw. seines Gottesverhältnisses? Der Abschluss der Denkschrift (8,16–18) beantwortet diese Frage mit einem Paradox. Einerseits ist mit dem Gott im Zorn kein Kontakt möglich, und der Prophet kennt ein Ende der Verstockung erst dann, wenn das Land verwüstet und menschenleer ist; eine Hoffnung auf eine Zukunft ist somit ausgeschlossen (6,11). Andererseits hört der Prophet nicht auf, in der Sprache der Psalmen von persönlicher Hoffnung zu reden, obwohl Gott sein Angesicht verbirgt und nur als der Verborgene erkannt werden kann. Diese persönliche Hoffnung in einer Situation prinzipieller Hoffnungslosigkeit hat einen doppelten Grund: Zum einen lebt das vom Volk abgelehnte Heilsangebot Gottes noch im Schülerkreis des Propheten weiter als „ein verschnürtes und versiegeltes Zeugnis“ (8,16), das mit der Zurückweisung durch die Masse der gegenwärtigen Hörer seine Wahrheit nicht eingebüßt hat. In diesen Wenigen ist Gottes Wort zum Ziel gekommen; sie stehen stellvertretend inmitten einer verlorenen Generation für ein Volk nach Gottes Willen. Zum anderen bleibt Gott trotz seiner Verborgenheit der Gott, „der auf dem Zion thront“, inmitten seiner Menschen, auch wenn sie sein helfendes Handeln nicht haben wollen[57].

Jesaja ist in jenen Tagen dem Auftrag Gottes nachgekommen und hat die furchtbare Verstockung seiner Generation bewirken müssen. Die Zukunft Israels weiß er trotz aller Verborgenheit Gottes und seines Gerichtswillens in ebendiesem Gott aufgehoben.

Propheten, der auf das Heil seines Volkes aus ist, und der Intention Gottes, die auf das Gericht an seinem Volk zielt, gedeutet.

[57] Aus dem Kontext der Denkschrift kommen weitere Aspekte hinzu: Jesaja selbst hat in der Vision des zornigen und unzugänglichen Gottes Entsühnung erlebt (6,5–7); er weiß von dem heilvollen Zeichen Gottes, das dem König, der es abgewiesen hat, zum Gerichtszeichen wird (7,14–17).

c. *Die assyrische Krise*

Grundsätzlich hat sich an Jesajas Botschaft in seiner Spätzeit, d.h. in den Jahren des Aufstands Hiskias gegen die assyrische Oberherrschaft (705–701 v. Chr.)[58], wenig geändert. Der Prophet sieht auch jetzt eine Regierung und ein Volk vor sich, die als aufgeklärte Menschen selber handeln wollen und die er nur stört, wenn er Gott nicht ein Thema festlicher Gottesdienste sein lässt, sondern sein Wirken im Alltag erwartet. Nur hat sich die Ausgangslage insofern verändert, als die Grundstimmung im Volk nicht mehr wie während des syrisch-efraimitischen Krieges von Angst geprägt ist, sondern von ungetrübter Selbstsicherheit und großem Optimismus. Weil man die Ägypter auf seiner Seite glaubt, ist man sich des Gelingens der Aufstandspläne sicher. In der Sprache des Propheten heißt das: Man hat „einen Bund mit dem Tod geschlossen, ein Abkommen mit der Unterwelt getroffen", weiß sich also tod-sicher (28,15), und in diesem Gefühl „lässt (man) Jahr für Jahr die Feste kreisen" (29,1).

Wieder ist der Gott, den der Prophet verkündet, der Abgewiesene, obwohl er noch immer (bzw. wieder) auf das Heil seines Volks aus ist. Und wieder ist die Zurückweisung Gottes als etwas so Ungeheuerliches dargestellt, dass sie sowohl auf die Widerspenstigkeit des Volkes (30,9ff.) als auch auf die Verstockung Gottes (29,9f.) zurückgeführt wird. Der Prophet zeichnet jetzt Bilder, die den Charakter des Absurden annehmen. Ich nenne als Beispiel Jes 31,4: Gegen eindringende Feinde – gemeint sind die Assyrer – wird Gott mit all seiner Macht zum Kampf auf den Zion, seinen Wohnsitz, herabfahren, weil er sich den Zion so wenig nehmen lässt, wie ein Löwe sich von seinem Raub trennt, auch wenn man noch so viele Hirten gegen ihn aufbietet, die ihr gerissenes Schaf rächen wollen: ein herrliches Wort der Vergewisserung, dass Gott, der inmitten seines Volks Wohnung genommen hat, es vor aller Gefahr schützen wird. Aber Volk und Regierung wollen diesen Schutz nicht, der für sie nicht unmittelbar greifbar ist, sondern haben sich längst für Ägypten entschieden, die sichtbare, mit Gaben beeinflussbare und damit scheinbar weit evidentere Schutzmacht als der unsichtbare, nur im prophetischen Wort fassbare rettende Gott. So entsteht für den Propheten eine Situation, die man nur noch grotesk nennen kann: Er wird von seinem Gott beauftragt, seinem Volk die bedingungslose Bindung Gottes an seine Wohnung auf dem Zion zu ihrem Schutz zu verkünden, aber das Volk will diesen Schutz nicht, weil es sich durch ihn in seiner Sorge um das eigene Heil beschränkt sieht!

Für Jesaja aber gibt es – wie vor ihm für Hosea – im politischen Handeln keinen Raum, der frei von Gottes Präsenz wäre. Vielmehr gilt für die Ablehnung des Heilsangebots Gottes das Gleiche, was Jesaja schon im Kontext des syrisch-efraimitischen Kriegs gefolgert hatte: Wo das Gottesvolk das Heilsangebot seines Gottes verwirft, hat es nicht auf Gottes Handeln verzichtet, so

---

[58] Vgl. zu ihr bes. J. Barthel, Prophetenwort und Geschichte. Die Jesajaüberlieferung in Jes 6–8 und 28–31 (FAT 19), 1997; J. Kreuch Unheil und Heil bei Jesaja (WMANT 130), 2011.

dass es folglich nur innergeschichtliche Erfahrungen machen würde, sondern es erlebt Gottes Handeln sub contrario (28,21):

> Ja, wie am Berg Perazim wird JHWH sich erheben,
> wird rasen wie im Tal von Gibeon,
> um eine Tat zu tun – befremdlich seine Tat,
> um ein Werk zu vollbringen – befremdlich sein Werk!

Israel wird noch einmal Gottes grenzenlose Macht erfahren wie in den Tagen, als er David vor den Toren Jerusalems den Sieg über die überlegenen Philister schenkte – jetzt aber gegen sich selbst gerichtet! Der Gott, der vor der Macht der Assyrer hätte schützen können, ist nun derjenige, der die Assyrer als seine Peitsche gegen sein Volk benutzt bzw. – die Bilder mischen sich – der sie als die tödliche Wasserflut herbeiruft, die das Lügengebäude der Selbstsicherheit der Menschen überschwemmen und vernichten wird (28,15.18; vgl. oben zu 8,6–8). Wo Gott nicht handeln darf, wie er handeln möchte[59], weil die Menschen sich sein Handeln verbitten, treibt er ein Werk voran, das ihm selber „fremd" und „fremdartig" ist und das er lieber vermieden hätte: ein Begriff und eine Vorstellung, die Martin Luther über Jahre intensiv beschäftigt haben.

Für diese Ambivalenz des Handelns Gottes steht in Jesajas Spätzeit vornehmlich die Gottesprädikation *„der Heilige Israels"*. Sie belegt Gottes Bindung an sein Volk, lässt aber die Art und Weise der Wirkung dieser Bindung grundsätzlich offen. Es kann eine Heiligkeit sein, mit der sich Gott für Israel einsetzen möchte (31,1) oder ihm den rechten Weg weist (1,4; 5,24); es kann aber auch die Heiligkeit des vom Volk Abgewiesenen sein, die sich dann im Gericht zeigt, etwa in 30,15, wo „der Heilige Israels" so spricht:

> In der Abkehr [vom Krieg] und in Gelassenheit hätte eure Rettung bestanden,
> in Ruhe und in Vertrauen hätte eure Stärke gelegen –
> aber ihr habt nicht gewollt!

Hier ist mit Händen zu greifen, wie der Text sich nicht auf das prophetische Wort als solches und seine Ausrichtung an die von Gott gemeinten Adressaten konzentriert, sondern auf dessen überraschende Ablehnung. Weil Israel selber für seine Sicherheit sorgen will, ohne ein Vertrauen auf Gott, das nur sein eigenes Handeln eingeschränkt hätte, auch nur in Erwägung zu ziehen, läuft es in einen Krieg, aus dem so gut wie keiner zurückkehren wird, weil der verworfene Gott auf Seiten des Feindes steht. Um es mit dem *Begriff des „Planens"* zu sagen, den Jesaja überaus häufig verwendet: Man kann nur mit Gott planen oder gegen ihn, so dass er der Feind seines Volkes wird. Ein Planen ohne ihn impliziert seine Verwerfung, ist somit schon ein Planen gegen ihn, das in den Untergang führt.

---

[59] Diesen Gedanken drückt das Heilswort in 28,16–17a aus, das (der Immanuel-Verheißung in 7,14 entsprechend) mit einem „darum" als Gerichtswort eingeleitet ist. Damit wird im Kontext zum Ausdruck gebracht, dass das angesagte Heil weder den Politikern noch dem Volk gilt, sondern – wieder 7,14 analog – nur dem kleinen Kreis der Glaubenden (V.16b).

d. Fleisch und Geist

Der wichtigste Unterschied zwischen Jesajas Denkschrift und den Texten, die seine Verkündigung aus seiner Spätzeit festhalten, ist mit alledem noch nicht berührt. Er liegt darin, dass die Verwerfung des göttlichen Heilsangebots nicht nur um des eigenmächtigen Handelns willen erfolgt, sondern dass für den Propheten mit Ägypten eine Macht ins Zentrum rückt, der jenes Vertrauen entgegengebracht wird, das eigentlich Gott gebühren würde. Damit *tritt Ägypten an die Stelle Gottes* und wird von Israel, obwohl es eine menschliche Macht ist, in den Rang einer Gottheit erhoben. Ägypten wird zum Anlass, das 1. Gebot zu brechen, das auf diese Weise erstmalig auf das Feld des Politischen übertragen wird (vgl. u. S. 370).

Zwei wichtige Texte stellen diesen Aspekt der Ablehnung Gottes in den Mittelpunkt: 30,1–5 und 31,1–3. Keineswegs zufällig sind sie beide mit dem term. techn. von Begräbnisfeiern *hōj* „wehe!" als Leichenlieder eingeführt, weil ein Israel, das zu der Perversion fähig ist, seinen Schutz und seine Rettung von den Ägyptern statt von Gott zu erwarten, in der Sicht Jesajas eine nur scheinbar lebendige, in Wirklichkeit schon tote Gemeinschaft ist. Wie weit sind die religiösen Maßstäbe von Volk und Prophet getrennt! Was für die Politiker das Selbstverständliche, ja ihre Pflicht ist – die Suche nach Verbündeten – bedeutet für den Propheten das Verlassen der religiösen Grundlage ihrer Existenz! Dass für ihn nicht weniger als die Dimension des 1. Gebots auf dem Spiel steht, dass Ägypten in vollem Sinn zum Religionsersatz Israels geworden ist, belegt Jesaja damit, dass er Verben der Psalmen, die hier das Vertrauen und Sich Verlassen von Menschen auf Gott bezeichnen, auf Israels Haltung gegenüber Ägypten überträgt. Die geographisch weit reichende Herrschaft der Ägypter (30,4) und die große Zahl ihrer mit Pferden bespannten Kriegswagen (31,1) sind für die Politiker und das Volk Grund genug, „Schutz zu suchen in der Festung Pharaos, sich zu bergen im Schatten Ägyptens" (30,2) und Gott eine Größe für fromme Feiertagsgefühle bleiben zu lassen. Das aber ist für Jesaja keine Entscheidung zwischen einer weniger guten und einer besseren Lösung der politischen Probleme, sondern eine Entscheidung zwischen Leben und Tod, denn (31,3a):

> Ägypten ist Mensch und nicht Gott,
> ihre Rosse sind Fleisch und nicht Geist.

Hier reißt der Prophet den Graben zwischen Schöpfer und Geschöpf auf: „Fleisch" ist im Alten Testament nicht ein beliebiger anthropologischer Begriff, sondern ein Aspekt des Menschen, der auf seine Vergänglichkeit zielt. „Geist" ist demgegenüber die Weise, wie Menschen an der Macht des Schöpfers partizipieren können; man denke nur an die frühen Charismatiker des Richterbuchs, die, von Gottes Geist ergriffen, zu Taten befähigt wurden, die sie als Menschen nie hätten vollbringen können. Wo Juda Gottes Schutz und mit ihm die Macht des Geistes abweist, erfährt es Gottes Macht mit negativem

Vorzeichen: Sein Untergang ist sicher, und mit ihm wird auch die scheinbare „Festung" Ägypten in den Untergang gerissen (V.3b).

Allerdings bleibt dieser Untergang nicht das Letzte, auch wenn er für das Gottesvolk unabweisbar geworden ist. Das Letzte ist der verworfene Gott selber, der immer noch der Gott bleibt, der sich den Zion, seine Wohnung mitten unter seinen Menschen, nicht nehmen lässt (V.4; vgl. 28,16–17a). Er bleibt der von diesen Menschen Abgelehnte: ein Paradox, das dem Ende der Denkschrift in 8,16–18 (s.o.) nahe kommt. Dieses Paradox steht in auffälligem Kontrast zur Botschaft des Zeitgenossen Micha, der (als erster) die Zerstörung des Zion von Gottes eigener Hand angekündigt hat (Mi 3,12; s.o.). Aber Micha war Landjudäer, Jesaja Jerusalemer: Deutlicher könnte nicht zum Ausdruck kommen, dass es Gottes Wort nie pur, sondern nur als Wort gibt, das durch menschliche Boten vermittelt ist. (Allerdings rechnet auch das möglicherweise letzte Wort Jesajas aus dem Jahr 701 v. Chr. – Jes 32,9–14 – mit der Zerstörung Jerusalems durch JHWH selbst.)

4. „Wahre" und „falsche" Prophetie (Jeremia und Ezechiel)

Der historische Jesaja scheint 701 v. Chr. verstummt zu sein. Aus dem nächsten halben Jahrhundert der langen Regierungszeit Manasses (der den religionspolitischen Forderungen der Assyrer weit entgegen kam und auf diese Weise Juda den Frieden erhielt, aber dafür hart vom DtrG verurteilt wurde) besitzen wir keine neue prophetische Stimme. Erst in den folgenden Jahren des Todeskampfes des assyrischen Großreichs haben zwei Propheten das Wort ergriffen, die unterschiedlicher nicht hätten sein können, die miteinander aber die ganze Weite prophetischer Anliegen bezeugen: Nahum, der im Untergang des assyrischen Großreichs Gottes weltweite Gerechtigkeit am Werk sah, und Zefanja, der im Gefolge Jesajas Jerusalems Schuld als so schwer einschätzte, dass er im Namen Gottes das Kommen des tödlichen und unentrinnbaren „Tages JHWHs" (s.u. S. 402ff.) ankündigte.

Die letzten Jahrzehnte des selbständigen Staates Juda waren geprägt von den Worten des Propheten Jeremia, der eine radikalisierte Form von Prophetie vorgelebt hat. Im allerletzten Jahrzehnt gesellte sich die kaum weniger gewichtige Stimme des Priesters Ezechiel hinzu, der im Zuge der ersten Eroberung Jerusalems 597 v. Chr. nach Babylon deportiert worden war, wo er zum Propheten berufen wurde. Da beide Propheten nach der endgültigen Zerstörung Jerusalems zehn Jahre später mit ihren behutsamen Heilsworten ihren jeweiligen Tradenten ganz neue Perspektiven eröffneten (vgl. u. S. 206ff.), beschränken sich die Betrachtungen hier auf ihre anfängliche Gerichtsbotschaft.

a. *Jeremia*

Stärker als alle seine Vorgänger hat sich Jeremia gegen die staatliche Politik seiner Zeit gewandt. Dies gilt primär für die wichtigste mittlere Periode seines Auftretens, ab dem Beginn der Herrschaft des autoritär regierenden Königs Jojakim 608 v. Chr., in der ihm seine Anklagen und Kritiken Verfolgung und Gefängnis einbringen sollten. Als Zeichen der neuen Gestalt von Prophetie entstanden in dieser Zeit neben Sammlungen von Worten des Propheten erste *Fremdberichte über sein Ergehen* (die Kernbereiche der Texte Jer 20,1–6; 26–29; 36 und vor allem 37–44; 45), die ein nie zuvor belegtes Interesse am Geschick des Propheten bezeugen, nicht an seinem Geschick als Individuum oder als typisches Glied des Gottesvolks, sondern als Verkünder der Botschaft Gottes. Ein Prophet wie Jeremia teilt nach Meinung dieser Texte das empfangene Wort Gottes nicht nur mit, sondern lebt es vor; und da in seiner Zeit das Wort Gottes, das er auszurichten hat, von den Hörern abgelehnt wird, heißt dies: Er muss die Abweisung Gottes, dessen Bote er ist, am eigenen Leibe erfahren, *er muss das Leiden Gottes an seinem Volk mit-leiden.* Die Leidensgeschichte des Propheten ist für die Tradenten kein zufälliges und bedauerliches Missgeschick; vielmehr ist sie ein Teil des Amtes des Propheten, der das Wort seines Gottes verkörpern muss. Botschaft und Bote gehören untrennbar zusammen.

Hand in Hand mit diesem Neuverständnis des prophetischen Amtes geht die *Tendenz der Jeremia-Überlieferung zum Dialogischen.* Der Prophet hat seine Ablehnung und seine Verfolgung nicht stumm hingenommen, sondern hat sich – keineswegs ausschließlich, aber vor allem in den sog. Konfessionen – gegen Gottes Auftrag gewehrt: sowohl gegen die harte Gerichtsbotschaft, die ihm sein Leiden einbrachte, als auch gegen das Ausbleiben des Gerichts, dessen Ankündigung ihm von Gott aufgezwungen wurde, dessen Realisierung Gott aber hinauszögerte, so dass Jeremia nicht nur als „falscher" Prophet verspottet wurde, sondern auch in akute Lebensgefahr geriet. Zugleich aber hat er dieser harten Botschaft die wesentlichen Kriterien für „wahre" Prophetie im Streit mit seinen Berufskollegen entnommen, die auch angesichts der babylonischen Gefahr vor den Zeitgenossen ein Bild der kontinuierlichen Güte und Zuwendung Gottes gezeichnet haben. Das Jeremiabuch ordnet diese Auseinandersetzungen der Spätzeit Jeremias unter dem König Zedekia (597–587 v. Chr.) zu, die Konfessionen dagegen der Regierungszeit Jojakims (608–598 v. Chr.). Demgegenüber erkennt man gemeinhin in den Anfangskapiteln 2–6 den Niederschlag der Frühzeitverkündigung des Propheten, der nach Jer 1,2 noch einige Jahre vor der josianischen Reform berufen wurde. Allerdings ist die Angabe von Jer 1,2 häufig in ihrer Historizität bestritten worden, da es kein einziges Wort des Propheten gibt, das sich sicher auf die josianische Reform beziehen lässt. Sollte Jeremia wirklich, kaum zum Propheten berufen, die Jahre zwischen der Reform (622 v. Chr.) und dem Tod Josias (609 v. Chr.) geschwiegen haben? Andererseits sind die Kapitel 2–6 im Jeremiabuch formal und inhaltlich von den Sammlungen der Worte aus der Jojakim-Zeit

(Kap.7–20) deutlich unterschieden. Deshalb setzt die Darstellung mit ihnen ein.

α. *Jer 2–6: Die Frühzeitverkündigung des Propheten*

Sicher ist, dass die Kapitel 2–6 eine eigenständige Komposition bilden. Sie ist ihrerseits aus zwei Teilsammlungen zusammengesetzt, die vielfach miteinander vernetzt sind. Die Teilsammlungen – nicht die jüngere umfassende Komposition – sind trotz der erwähnten Einwände wahrscheinlich der Frühzeit Jeremias zuzuweisen[60]: Jer 2–3 (genauer: 2,1–3,5*), weil in diesen Kapiteln noch wiederholt wie bei Jesaja das irregeleitete Vertrauen des Volks auf die politische Macht der Assyrer und der Ägypter kritisiert wird; Jer 4–6 (genauer: 4,5–6,30*), weil der noch unbestimmte „Feind aus dem Norden“ in den Gedichten dieser Kapitel Züge trägt, in die Elemente früher Feinderfahrungen einbezogen sind (vgl. etwa das Reiterheer in 4,29), die sich von den weit konkreteren Beschreibungen der Babylonier in den späteren Kapiteln merklich unterscheiden. Die umfassendere Komposition ist um ihres inneren Gefälles willen gebildet[61]: In den Kapiteln 2–3 appelliert der Prophet immer wieder an die Einsicht seiner Hörer und scheint noch Hoffnung zu haben, sie zu erreichen, während die Kapitel 4–6 auf illusionslose Sätze zulaufen, die nur noch die Verlorenheit aller Glieder des Gottesvolks thematisieren (vgl. 6,9ff. 27ff.).

Schon für die Verkündigung des Propheten in den Kapiteln 2–3 ist charakteristisch, dass *die Vorwürfe gegen sein Volk* im Vergleich zu den Propheten des 8. Jh.s v. Chr. *generalisiert werden*. Einzelereignisse treten in den Hintergrund; der Prophet steht Menschen gegenüber, die für ihn Gott „verlassen“, „sich von ihm entfernt“ und „ihn vergessen“ haben, und zwar sowohl auf kultischem als auch auf politischem Gebiet. Mit dieser Verallgemeinerung verbindet sich ein Kunstgriff des Propheten. Er will seinen Zeitgenossen im Norden wie im Süden in einer Art Zwei-Wege-Schema verdeutlichen, wie töricht es

---

60 Was immer diese Zuweisung historisch präzise bedeutet: Manche Autoren (etwa K. Seybold, Der Prophet Jeremia, Stuttgart 1993) datieren den Beginn des Auftretens Jeremias erst in die letzten Jahre Josias, andere (R. Albertz, Jer 2–6 und die Frühzeitverkündigung Jeremias, ZAW 94, 1982, 20–47; G. Wanke, ZBKAT 20/1, 1995) weisen nur 2,1–4,2 der Frühzeitverkündigung des Propheten zu und rechnen damit, dass die hier gesammelten Worte ursprünglich an die Bewohner des untergegangenen Nordreichs gerichtet waren. – Zu „Jeremias Stellung zur Reform“ vgl. den gleichnamigen Exkurs W.H. Schmidts in: ders., Das Buch Jeremia, Kap. 1–20 (ATD 20), 2008, 3f. und ausführlicher H.-J. Stipp, Die joschijanische Reform im Jeremiabuch, FS W. Groß (HBS 62), 2011, 101–129.

61 Während C. Hardmeier in mehreren Arbeiten (WuD N.F. 21, 1991, 11–42; EvTh 56, 1996, 3–29; FS P. Welten, Leipzig 2001, 121–144) für sie eine Datierung unmittelbar vor dem Fall Jerusalems vorgeschlagen hat und damit rechnet, dass Jer 2–6 zur öffentlichen Verlesung niedergeschrieben wurde, hat W.H. Schmidt aufgrund der vielfältigen Querverweise und Verzahnungen der Worte des Propheten gefragt, ob in Jer 1–6 nicht „Spuren der Urrolle“ zu finden seien (FS R. Mosis, Würzburg 2003, 275–291).

ist, sich aus der Fürsorge Gottes, wie sie in der vorbildhaften Mosezeit erfahren wurde (2,6 f.), herauszubegeben, und in allen Bereichen immer neue Lebensstützen zu suchen, sich faktisch aber fatale Abhängigkeiten einzuhandeln. Es ist ein permanentes Kopfschütteln, das die beiden Kapitel beherrscht:

Doppeltes Unrecht hat mein Volk begangen:
Mich haben sie verlassen,
die Quelle lebendigen Wassers,
um sich Zisternen auszuhauen,
rissige Zisternen,
die das Wasser nicht zu halten vermögen! (2,13)

Wie kann man die Quelle lebendigen Wassers verlassen wollen? Quellwasser fließt und bietet ungleich qualitätsvolleres Wasser als Zisternen, die der Mensch erst selbst in den Felsen hauen muss, wenn er sein eigenes Überleben sichern will. Zisternen sind dazu noch von höchst unterschiedlicher Qualität (erst den Römern gelang es, sie wasserdicht auszugestalten); eine rissige Zisterne täuscht eine Lebenssicherung vor, die sie nicht zu garantieren vermag. Dabei können die Mächte, die die ersehnte neue, in Wirklichkeit aber todbringende Ausrichtung des Gottesvolks bestimmen, ebenso als die menschlichen Machtzentren Assyrien und Ägypten (wie in 2,18.36) wie auch als „die Fremden“ (2,25; 3,13) erscheinen oder aber als „Baal“ bzw. „die Baale“ (2,8.23) bzw. als „Nichtsnutze“ (2,5.8.11). Nur die Gattungsbezeichnung „Götter“ wird (mit Ausnahme des diffamierenden Verses 2,28) vermieden oder direkt bestritten (2,11), weil allen genannten Größen jegliche Geschichtsmächtigkeit und jegliche Möglichkeit zur Hilfe abgesprochen wird.

Immer wieder wird das Bild der Ehe verwendet: JHWH wird in gewagten Bildern als enttäuschter Ehemann dargestellt, Israel als Frau mit der Sucht nach immer neuen sexuellen Partnern. Der Prophet kann nicht verstehen, wie man die heilvollen Erfahrungen der Beziehung zu JHWH einfach beiseite schieben und seine Hoffnung auf andere, nicht bewährte Mächte setzen kann. Deshalb versucht er mit aller Kraft, seine Zeitgenossen zu der Einsicht zu bringen, wie unsinnig ihre Sehnsucht nach neuen Vertrauensobjekten ist, da diese Hilfe nicht allein nur vortäuschen, sondern in Orientierungslosigkeit, ja ins „Nichts“ führen (2,5.31 ff.). JHWH ist der wahre Reichtum und Glanz seines Volks (2,11.32).

Zuletzt geht das Unverständnis des Propheten in offenes Locken über: Auch wenn das Gottesvolk seine Ehe mit Gott gebrochen hat und nach menschlich-juristischen Maßstäben dieser Schaden unheilbar ist (Dtn 24,1–4), ja die Frau Israel die Todesstrafe verdient hätte (Dtn 22,22), verzichtet Gott auf sein Recht und setzt andere Maßstäbe (vgl. 3,1–5 mit 3,12 und 4,1 f.). Er leidet an Israels Abfall. Allerdings erscheint alles Locken vergeblich: Das Gottesvolk kann nicht von seinen „Liebhabern“ lassen und ist zur „Umkehr“ unfähig (3,1–5). Jeremia bzw. seine Tradenten sprechen ihm sein Schuldbekenntnis vor (3,21 ff.) und laden im Namen Gottes zur Rückkehr und zu radikalem

Lebenswandel ein (4,1 f.), aber der Kontext zeigt, dass das Volk ihnen nicht zu folgen vermochte. Im Gegenteil: Juda bestreitet seine Anhänglichkeit an „die Baale“ und betont in großer Naivität seine Unschuld, da es ihm ja gut geht (2,23.35), hält also seine Sucht nach Neuem und Fremdländischem als jederzeit mit dem überlieferten Glauben vereinbar. Für Jeremia ist Juda damit verloren. *Offensichtlich haben der Prophet und das Volk ganz verschiedene Ansichten davon, was die Normalität eines Gottesverhältnisses ausmacht*[62].

Seit langem ist erkannt, dass Jeremia in den Anschuldigungen und lockenden Aufrufen der Kapitel 2–3 (wie auch im Kern der Hoffnungsworte des sog. Trostbüchleins Kap. 30f.) *die Sprache und Botschaft Hoseas aufgreift*, und dies in so ungewöhnlicher Dichte und Konsequenz, dass die gelegentlich geäußerte Annahme, beide Propheten seien von gemeinsamer Tradition abhängig, ausgeschlossen ist[63]. Da Analoges für die folgenden Kapitel nicht gilt, spricht dieser Sachverhalt für die Eigenart der Kapitel 2f. (und 30f.*) und wohl auch für ihre zeitliche Separierung von den folgenden Kapiteln.

Diese Beobachtung hat zahlreiche Exegeten zu der Fehleinschätzung verführt, die Botschaft Jeremias in den genannten Kapiteln hoseanisch zu interpretieren. Jedoch liegt zwischen dem Auftreten Hoseas und dem des Jeremia ein volles Jahrhundert, und Hosea wirkte im Nordreich unter völlig anderen Lebensumständen als Jeremia im Südreich (wo etwa der Anteil der kanaanäischen Bevölkerung weit geringer war). Die große Leistung des Propheten Jeremia und seiner Tradenten bestand vielmehr darin, *Kategorien Hoseas auf neue Themenfelder zu übertragen*. Schon Hosea und die Tradenten seiner Worte hatten in einer kühnen Abstraktion Begriffe wie „Baal“, „Hurerei“ und „Opfer“ zur Kennzeichnung der Konzeption eines fehlgeleiteten Gottesdienstes entwickelt, mit dem sich die Zeitgenossen Hoseas den Fortbestand ihres Wohlstands sichern wollten; sie hatten diese Begriffe damit aus ihrem vordergründig begrenzten Bedeutungsspektrum gelöst (s. o. S. 138f.). Jeremia und seine Tradenten sind diesen Weg konsequent weitergegangen und haben ihrerseits die schon übernommene komplexe Begrifflichkeit Hoseas auf neue Gebiete übertragen, in denen die Wahrheitsfrage für sie virulent war[64]. Für sie standen allerdings nicht mehr wie für Hosea gottesdienstliche Praktiken im Mittelpunkt ihres Interesses. So ist etwa für Jeremia „Schuld durch/mit Baal“ zur Leitkategorie der Beschreibung „falscher“ Prophetie geworden (Jer 2,8; 23,13.27). Dieses Thema war Hosea völlig unbekannt, sieht er sich doch in einer lükkenlosen Tradition der Prophetie stehen, die bis zu Mose zurückreicht (Hos 6,5; 12,11.14). Entsprechendes gilt für den Begriff der „Hurerei“. Während für Hosea das Gleichnis der Ehe JHWHs mit Israel voller mythologischer Anspielungen ist und in Hos 2 ebenso auf das Land (V.5) wie auf das Volk übertragen werden kann, formuliert Jeremia das Gleichnis zum bloßen Vergleich um: Die zerbrechende Ehe zwischen Men-

---

62 Vgl. dazu T. Krüger, Jahwe und die Götter in Jer 2, in: F. Hartenstein – J. Krispenz – A. Schart (Hg.), Schriftprophetie. FS J. Jeremias, Neukirchen-Vluyn 2004, 221–231.

63 Wie die Archäologie gelehrt hat, haben Jerusalem und seine Umgebung mit dem Fall Samarias und dem Ende des Nordreichs einen riesigen Bevölkerungszuwachs erfahren. Unter den Flüchtlingen werden auch Tradenten der Worte Hoseas gewesen sein.

64 Vgl. den Nachweis bei J. Jeremias, Hoseas Einfluss auf das Jeremiabuch – ein traditionsgeschichtliches Problem (1994), in: ders., Hosea und Amos (FAT 13), Tübingen 1996, 122–141; M. Schulz-Rauch, Hosea und Jeremia. Zur Wirkungsgeschichte des Hoseabuches (CTM.A 16), Stuttgart 1996.

schen wird zum Modell für Israels Schuld gegenüber Gott (3,1–5.20). Wenn das Jeremiabuch schließlich die Wendung: „Auf jedem hohen Hügel und unter jedem grünen Baum legtest du dich als Dirne hin", die an Hos 4,13 anklingt, formelhaft verwendet, so handelt es sich dabei um Sprachgebrauch der dtr Theologie[65], die die Anklagen sowohl Hoseas als auch Jeremias auf den Bruch des 1. Gebots bezieht. Jeremia selbst hat Israels „Liebschaften" und seinen „Ehebruch" in ganz ungewohnter Weise u.a. auf ethisches Unrecht bezogen, besonders auf Gewalt gegenüber Hilflosen (2,33f.). Kurzum: In seiner Frühzeit gewinnt Jeremia seine theologischen Kategorien durch Übertragung der Kategorien Hoseas auf Problemfelder der eigenen Zeit.

Demgegenüber zeigt *die Komposition der Kap. 4–6* schon erheblich mehr Nähe zu den großen Texten der Jojakim-Zeit (Kap. 7–20). Wie H.-J. Hermisson überzeugend gezeigt hat, liegt den Kapiteln ein 5-strophiger Gedichtzyklus zugrunde, in dessen Verlauf die Feindgefahr immer bedrohlicher und akuter erscheint: Am Anfang wird zur Flucht nach Jerusalem aufgerufen, am Ende zur Flucht aus der Stadt, deren Eroberung und Zerstörung bevorstehen[66]. Hinter dem Feind aber steht niemand anderes als Gott selber. Das Zentrum des Zyklus nimmt mit 4,19–21 eine bewegende Klage des Propheten ein, deren Anfang (V.19) zitiert sei:

> Mein Inneres, mein Inneres, ich muss mich winden,
> ihr meine Herzenswände!
> Es wogt mein Herz, ich kann nicht schweigen!
> Denn den Schall des Horns hört meine Seele, Kriegsgeschrei …

Hier verkündet nicht ein Prophet, der nur seinen göttlichen Auftrag zum Reden pflichtgemäß erfüllt, sondern ein Bote, der durch das Geschaute zutiefst erschüttert ist, mehr noch: der das kommende Unheil leidend vorwegnehmen muss. „Er muss die bevorstehende Katastrophe körperlich erleiden, sich jetzt schon in den Angstwehen winden, die der Tochter Zion bevorstehen."[67] Dieses Verständnis des Prophetenamtes haben wenig später sowohl Jeremia als auch Ezechiel in ihren Zeichenhandlungen weitergeführt.

In den Gedichtzyklus hineinverwoben sind vier „dialogische Texte" (5,1ff. 12ff.; 6,9ff. 27ff.), die in ihrer Tendenz den späteren sog. Konfessionen nahekommen. In ihnen wird der Prophet in immer neuen Bildern von Gott zum Prüfer bestellt: Als Winzer soll er Nachlese halten, als Metallarbeiter Silber von der Schlacke lösen. Gott ist auf der Suche nach dem Guten im Lande, ja, er ist zur Vergebung bereit, wenn sich in Jerusalem auch nur ein Einziger findet, der Recht übt und sich als verlässlich erweist (5,1). Jedoch erweist sich die

---

[65] W. Thiel, Die deuteronomistische Redaktion von Jeremia 1–25 (WMANT 41), Neukirchen-Vluyn 1973, 82.

[66] H.-J. Hermisson, „Der Feind aus dem Norden" (Jer 4–6): Zu einem Gedichtzyklus Jeremias, in: FS J. Jeremias, 233–251.

[67] Hermisson, ebd. 240. Vgl. W.H. Schmidt, Das Buch Jeremia (ATD 20), 2008, 133: „Das ‚Nicht-Reden-Können' [des Berufungsberichts Jer 1,6] verwandelt sich angesichts des künftigen Unheils in ein ‚Nicht-Schweigen-Können' oder ‚Reden-Müssen'."

Suche des Propheten immer deutlicher als vergeblich. Nicht einmal dieser eine Einzige lässt sich ausmachen, dem das Recht am Herzen läge. Illusionsloser ist *die Totalität der Schuld* in einer Gesellschaft kaum je zum Ausdruck gebracht worden. Der Prophet trifft allerorts auf Schuldtatbestände, die mit Begriffen wie „Treulosigkeit“ und „Ehebruch“ bewusst schillernd dargestellt werden, weil sie in gleicher Weise das Verhältnis zu Gott wie zu den Mitmenschen betreffen.

Ist das Volk mit diesem Ergebnis der Prüfung verloren? Nein und Ja. Nein, das Volk ist noch nicht verloren, insofern der Vorgang des Prüfens es noch einmal zur Besinnung bringen könnte. Einige Verse spiegeln die Hoffnung des Propheten auf eine solche Einsicht wider; selbst 6,8 spricht noch eine Warnung an Jerusalem aus, die das Geschick der Verwüstung des Landes aufzuhalten versucht. JHWH will das Unheil nicht, das er um des Unrechts im Land willen bringen muss. Ja, das Volk *ist* verloren, insofern die Texte in ihrer schriftlichen Gestalt die Wirkung der Worte des Propheten längst kennen. Das Nicht-Hören-Wollen der Menschen ist zum Nicht-Hören-Können, ist Teil ihres Wesens geworden (6,10) bzw. die Gewöhnung an das Böse hat das Vermögen, noch Gutes zu tun, abgetötet, wie es später Jer 13,23 sagen wird. Allerorts wird der Prophet abgelehnt. Mit dem Propheten aber wird Gott selber abgewiesen, und zwar definitiv. Als Konsequenz erfüllt die vernichtende Zornesglut JHWHs den Propheten. Er muss sie im aufgetragenen Wort JHWHs ausgießen, so dass das Volk zum Brennholz wird und zu Tode kommt (6,11).

β. *Jer 7–20: Das Leiden des Propheten unter Jojakim*

Die mittlere Periode des Wirkens Jeremias, das Jahrzehnt der Herrschaft Jojakims (608–598 v. Chr.), ist geprägt von zwei bedeutenden Texten bzw. Textkomplexen: seiner berühmten Tempelrede, die am Anfang der Großkomposition Kap. 7–20 steht und deren Wirkung das erzählende Kap. 26 festhält, und den sog. Konfessionen, die wahrscheinlich den Kern der Komposition Kap. 11–20 gebildet haben.

Jeremias Tempelrede (Jer 7), die stark dtr überarbeitet ist, d.h. in der Exilszeit und danach eine tragende Rolle gespielt hat, spiegelt eine Situation wider, in der das Volk von einem neuen Gefühl uneingeschränkter Sicherheit ergriffen ist, und zwar sowohl auf dem Gebiet der Religion als auch auf dem der Politik. „Der Tempel JHWHs, der Tempel JHWHs, der Tempel JHWHs ist hier“ (V.4) sagt man und drückt mit der dreimaligen Wiederholung aus, dass man letzte Wahrheiten ausspricht. Die Gegenwart Gottes im Tempel von Jerusalem, die durch die kurz zurückliegende Kultzentralisation unter Josia noch einmal an theologischem Gewicht gewonnen hatte, hat der damaligen Generation das Gefühl der Unbesiegbarkeit und Unverwundbarkeit vermittelt; denn sie ist als Garantie unbegrenzten Heils und Beistands Gottes missverstanden worden. Gewiss, Samaria war gefallen; aber Jerusalem war 701 v. Chr. bewahrt worden und würde weiter bestehen.

Damit nicht genug: Das Sicherheitsgefühl der Judäer ging Hand in Hand mit einem ethischen Libertinismus. Wie schon zu Zeiten des Amos (Am 5,21–24) rief der Gottesdienst für den Propheten nicht nur keinerlei ethische Impulse hervor, sondern lieferte ganz im Gegenteil den Zeitgenossen sogar das gute Gewissen zur bösen Tat. Ja, indem er ihr Handeln scheinbar bestätigte, verhinderte er geradezu das Entstehen eines wachen Gewissens. Der Tempel war zur „Räuberhöhle" (V.11; vgl. das Zitat in Mt 21,17) geworden, d.h. zum Ort, an dem Menschen, die im Alltag Willkür und Gewalt ihr Handeln bestimmen lassen, Stärkung zuteilwurde. Für den Propheten wird Gott einen Tempel, der die Kluft zwischen ihm und seinem Volk nicht verkleinert, sondern ständig anwachsen lässt, eigenhändig zerstören, wie er einst den Tempel in Silo zerstört hat.

Diese harte Ankündigung, die die religiösen Gefühle seiner Hörer im Zentrum traf, hat Jeremia einen Gotteslästerungsprozess eingebracht, dessen zu erwartendem Todesurteil, das einen anderen Unheilspropheten namens Uria traf, er nur mit knapper Not entrinnen konnte (Jer 26).

Theologisch noch gewichtiger als die Tempelrede sind *die sog. Konfessionen Jeremias*, die sich heute verstreut über die Kapitel 11–20 befinden (11,18–23; 12,1–6; 15,10–21; 17,12–18; 18,18–23; 20,7–13; 20,14–18). Es handelt sich um Texte, die – mit Ausnahme des letztgenannten – klagende und anklagende Gebete des Propheten enthalten und im Fall der ersten drei Gebete auch Antworten Gottes bezeugen. Sie mischen in exzeptioneller Weise Psalmen- und Prophetensprache, und zwar so, dass die Psalmensprache als gängige Gebetssprache die Grundlage bietet, aber von prophetischer, weithin unverwechselbar jeremianischer Sprache überlagert und in neue Verstehenshorizonte überführt wird. Lange Zeit hat man sie psychologisierend als Belege für die prophetischen Gefühle missverstanden und damit ihren schriftlichen Charakter verkannt. Im Gegenzug wurden die Texte seit den 70er Jahren des letzten Jahrhunderts gern als nachträgliche Deutungen des Propheten im Sinne eines exemplarisch und vorbildlich leidenden Gerechten gedeutet[68]; aber dieses Verständnis ist durch eine Reihe von sorgfältigen Auslegungen der Texte überzeugend widerlegt worden, die gezeigt haben, wie eng die Texte sowohl mit Jeremias Verkündigung generell als auch speziell mit seinen Auseinandersetzungen mit seinen Gegnern unter den Propheten verzahnt sind[69]. Wesentlich

---

[68] So bes. A.H.J. Gunneweg, Konfession oder Interpretation im Jeremiabuch, ZThK 67 (1970), 395–416, dem u.a. P. Welten, Leiden und Leidenserfahrungen im Buch Jeremia, ZThK 74 (1977), 123–150 sowie in ihren Kommentaren G. Wanke (ZBKAT 20,1), 1995 und W. Werner (NSKAT 19,1), 1997 gefolgt sind. Gunneweg rechnet damit, dass eine in den Psalmen gefundene Vorlage aufgenommen und auf Jeremia hin konkretisiert worden sei (407).

[69] Die gewichtigen Dissertationen von F.D. Hubmann, Untersuchungen zu den Konfessionen Jer 11,18–12,6 und 15,10–21 (fzb 30), 1978 (später ergänzt durch Aufsätze in BETL 54,1981, 271–296 und BiLi 54,1981, 179–188) und N. Ittmann, Die Konfessionen Jeremias (WMANT 54),

ist zudem der von allen zuletzt genannten Autoren hervorgehobene Hinweis auf „ein dicht geknüpftes Netzwerk von aufeinander bezogenen Bildern, Stichwörtern und Formulierungen, die es ausschließen, dass die Texte unabhängig voneinander entstanden sind“. H.-J. Hermisson hat aus dieser Beobachtung den naheliegenden Schluss gezogen, dass die Konfessionen als zusammengehörender Textkomplex einmal den Kern der Komposition der Kapitel 11–20 gebildet hätten[70].

Zutreffend an dem Verständnis der Texte als nachträgliche Interpretation des Propheten ist jedoch, dass diese Texte, deren Veröffentlichung ursprünglich einmal zur Rechtfertigung der Unheilsbotschaft Jeremias gedient haben werden, durch ihre Tradierung auf Allgemeingültigkeit zielen und Generelles über die Stellung des Propheten vor Gott aussagen wollen. Nicht zufällig sind die ersten beiden Konfessionen im redaktionellen Kontext mit einer Klage JHWHs verbunden (12,7 ff.). Das Leiden des Propheten und das Leiden seines Gottes gehören untrennbar zusammen.

Im Kontext des Buches haben die Konfessionen aber vor allem darin ihre Besonderheit, dass das Ich Gottes und das Ich des Propheten, die in der Mehrzahl der Jeremiaworte nicht trennbar, oft nicht einmal differenzierbar sind, sondern miteinander verschmelzen, programmatisch auseinandertreten. Hier verkündet der Prophet nicht, sondern er begehrt gegenüber Gott auf: wegen der Implikationen seines Amtes und wegen dieses Amtes selber. Jeremia ist keineswegs Bote im Sinne eines Trichters, in den Gott seine Worte einfüllt, sodass sie in genau der gleichen Gestalt aus dem Mund des Propheten hervortreten. Er ist intensiv am Formen und Gestalten der von ihm gesprochenen Gottesworte mitbeteiligt[71]. So nimmt er auch die Zumutungen seines Amtes nicht einfach klaglos hin.

Dabei zeigen die Texte ein sachliches Gefälle: hin zu einer *immer größeren Verzweiflung des Propheten*[72]. Das gilt besonders, wenn der einzige monologische Text, die Verfluchung des Tages seiner Geburt, die am Ende steht (20,14–18), von Haus aus zu den Konfessionen gehört haben sollte, was umstritten ist[73]. Im Verlauf der Gebete verlagert sich der Grund des prophetischen

---

1981, erschienen unabhängig voneinander. Den bedeutendsten Beitrag hat danach H.-J. Hermisson, Jahwes und Jeremias Rechtsstreit (Fs Gunneweg 1987), in: ders., Studien zu Prophetie und Weisheit (FAT 23), 1998, 5–36, geliefert. Er bezweifelt mit Recht, ob die Konfessionen überhaupt dazu geeignet waren, als Beschreibung eines vorbildlichen Verhaltens einer Gruppe von Frommen zu dienen (ebd., 33 und bes. ders., Jeremias dritte Konfession, ZThK 96, 1999, 1–21; 19 f.). Die prophetischen Vorläufertexte der Konfessionen nennt W.H. Schmidt, Jeremias Konfessionen, JBTh 16 (2001), 3–23 (vgl. seinen Exkurs „Jeremias Konfessionen“ in ATD 20, 2008, 233–235); vgl. Hermisson, ZThK 96, 16 ff.

[70] Hermisson, Studien, 34; Zitat: ebd., 11.

[71] Vgl. seinen Einwand im Berufungsbericht, er sei zu jung für diese Funktion (1,6).

[72] Der Leser steht „vor dem beklemmenden Eindruck, dass das Dunkel wächst und sich von Mal zu Mal tiefer in den Propheten hineinfrisst“ (G. von Rad, TheolAT^4 II, 211).

[73] Sie bildet einen denkbar harten Kontrast zum einzigen hymnischen Vers der Textreihe (20,13), in dem der Prophet über die Gewissheit der Zusage des göttlichen Beistands (15,19–21; vgl. im Be-

Leidens immer mehr aufs Theologische im engeren Sinn: Steht am Anfang die Lebensbedrohung im Vordergrund, die Jeremia von seinen Gegnern wegen seiner Verkündigung zuteil wird, so wird immer mehr Gottes scheinbare Unzuverlässigkeit zum Thema, so dass der Prophet zuletzt Gott nicht mehr versteht und ihm gern aufkündigen würde, ohne dass Gott dies freilich zulässt.

Im ersten Text (11,18–23) erscheint der Prophet sich selbst im Rückblick auf seine Erfahrungen als einfältig. Es bedurfte des Hinweises Gottes, damit er der Lebensgefahr gewahr wurde, die ihm von seinen Gegnern drohte. Gott, dem „gerechten Richter", hat er seinen „Rechtsstreit" mit den Gegnern anvertraut, und Gott hat ihm daraufhin zugesagt, ihre Schuld an ihnen „heimzusuchen", und zwar „im Jahr ihrer Heimsuchung". Aber schon in 12,1–6 gilt der „Rechtsstreit" des Propheten nicht mehr den Gegnern, sondern Gott selber, zwar noch nicht wegen des Prophetenamtes, wohl aber wegen Gottes Langmut gegenüber den „Frevlern", unter die die Gegner in weisheitlicher Reflexion subsumiert werden. Als Antwort hat der Prophet von Gott die beunruhigende Perspektive eröffnet bekommen, dass sich seine Zweifel und Anfechtungen – gemessen an seinen bisherigen Klagen – noch erheblich verstärken würden.

In der Tat ist bereits im dritten Text 15,10–21 eine völlig neue Ebene der Anklage Gottes erreicht. Hier fällt am Tiefpunkt der lästerliche Vorwurf, dass der Gott, den der Prophet anfangs als „die Quelle lebendigen Wassers" gepriesen hatte (2,13), ihm zum „Trugbach" geworden sei (15,18):

> Du bist mir wahrlich wie ein trügerischer Bach geworden,
> Wasser, auf die kein Verlass ist.

Gott hat Jeremia die harte Unheilsbotschaft gegen sein eigenes Volk aufgenötigt, um deretwillen jedermann den Propheten zum Feind erklärt, hat das Unheil aber hinausgezögert und unausgeführt gelassen. Dabei hat Jeremia diese Unheilsbotschaft nie gewollt. Er hat sich in der Fürbitte vor Gott mit aller Kraft, die er aufbringen konnte, für sein Volk eingesetzt (15,11), ja selbst für seine Gegner (18,20), und hat sich über jedes heilvolle Wort Gottes gefreut und es herbeigesehnt. Jedoch hat Gott seinem Propheten zuletzt den Einsatz für sein Volk in der Fürbitte untersagt[74] und ihn genötigt zu reden, was er nicht reden will. Jeremia muss Isolation und Einsamkeit ertragen, weil Gott ihn mit seinem Grimm über sein Volk „angefüllt" hat. Aber obwohl der Prophet von Gottes Grimm wie ein randvolles Gefäß überläuft und ihn auf alle Glieder des Volkes ausschütten muss (6,10f.; vgl. 5,14), hält Gott diesen Grimm

---

rufungsbericht 1,8) in Jubel ausbricht. Möglicherweise ist dieser hymnische Vers aber (zusammen mit V.10–12) eine Ergänzung zu 20,7–9; so J. Kiss, Die letzte Konfession Jer 20,7–18, ZAW 124 (2012), 369–384; 372–374.

[74] Dadurch musste Jeremia wie vor ihm Amos (vgl. o. S. 148) in seinem Denken und Reden ganz auf die Seite Gottes treten, ohne wie bisher versuchen zu können, zwischen Gott und Volk zu vermitteln. Zur Frage der Historizität des viermal belegten Fürbittverbots vgl. den Exkurs in W.H. Schmidt, Buch Jeremia, 265–267.

in sich selber in einer dem Propheten unverständlichen Langmut zurück, die für Jeremia lebensgefährlich wird. Gott lässt seinem Wort keine Taten folgen. So wird er dem Propheten zum „Betrüger“: Jeremia erscheint nach außen als „falscher“ Prophet.

Dieser Vorwurf bildet den negativen Höhepunkt der Konfessionen. Gott hat den Propheten in seiner letzten Antwort (15,19–21) aufgefordert, ihn zurückzunehmen, weil er sonst von seinen Gegnern ununterscheidbar wird, die den aktuellen Worten Gottes nicht trauen. Er hat Jeremia aber gleichzeitig erneut seines Schutzes gegenüber den Gegnern versichert, die in ihrer Tötungsabsicht scheitern werden.

Hart neben diese Zusage Gottes tritt im letzten Gebet Jer 20,7 ff. der Versuch des Propheten, sich aus dem Dienst Gottes zu lösen, weil Gott ihn als naiven und noch unerfahrenen jungen Mann in sein Botenamt gelockt hat, ihm aber gleichzeitig mit dem Spott und der Gewalt, die ihm von seinen Hörern entgegengebracht werden, Erfahrungen zugemutet hat, die seine Kräfte übersteigen (20,7 f.). Aber Gott hat ihn nicht aus seinem Dienst entlassen, hat die Kündigung des Propheten nicht angenommen (V.9):

Dachte ich: Ich will seiner nicht gedenken,
will nicht mehr in seinem Namen verkündigen,
da ward es in meinem Herzen wie brennendes Feuer,
eingeschlossen in meinen Gebeinen.
Ich mühte mich, es auszuhalten,
konnte es aber nicht.

Der auf Jeremia lastende Zwang, das in ihm brennende göttliche Feuer ließen ihm keine Wahl; er musste wider Willen Prophet bleiben. Aber dieser Zwang hat dazu geführt, dass Jeremia im abschließenden Monolog (20,14–18) in ein extremes Dunkel versunken ist und den Tag seiner Geburt verflucht hat – zwar nicht wie später Hiob aufgrund nicht auszuhaltenden Leides als Mensch (Hi 3), wohl aber wegen unerträglicher Erfahrungen als Gottes Prophet[75].

So hat der Prophet durch tiefste Verzweiflung hindurch bitter lernen müssen, dass der Misserfolg seiner Botschaft und die Anfeindung sowie der Spott, die sie ihm einbrachte, nicht zufällige Begleiterscheinungen seines Auftrags waren, sondern Teil dieses Auftrags selber; er musste mit dem Leiden Gottes an seinem Volk mit-leiden, musste mit dem Scheitern Gottes an seinem Volk mit-scheitern. Freilich hat Jeremia mit dieser Erkenntnis auch die drängende Frage hinterlassen: Kann Prophetie im Namen dieses Gottes nach den Erfahrungen Jeremias, die seine Gebete in Worte fassen, noch eine Zukunft haben? Eine Antwort auf diese Frage wagen im Alten Testament einzig die Gottes-

[75] Gleichzeitig aber auch wegen des schrecklichen Unheils, das Gott über sein Volk bringen musste, gegen das sich Jeremia gesträubt hat, solange er konnte, das er aber unter dem Zwang Gottes mit seinem Wort befördern musste, ohne es aufhalten zu können.

knechtslieder Deuterojesajas zu geben, die vielfältig auf die Konfessionen Jeremias anspielen oder sie sogar zitieren.

γ. *Der Streit um die Wahrheit der Prophetie*

Das Zentrum des öffentlichen Wirkens Jeremias im letzten Jahrzehnt, das zwischen die beiden Eroberungen Jerusalems durch die Babylonier 597 und 587 v. Chr. fällt, bilden seine *Auseinandersetzungen mit Propheten, die das Gegenteil seiner Botschaft verkündeten*, nämlich die bleibende und unveränderliche Treue und Zugewandtheit Gottes zu seinem Volk auch angesichts der Übermacht der Babylonier, die Jerusalem wie im Jahr 701 vor einer Eroberung bewahren werde. Diese Auseinandersetzungen stehen im Mittelpunkt der erzählenden Kapitel 27–29 und bestimmen die gewichtige thematische Sammlung von Gottesworten in 23,9–40. Konflikte zwischen Propheten hat es im Alten Testament auch früher gegeben. Das Besondere der Texte des Jeremiabuches besteht darin, dass der Streit Jeremias mit seinen Gegnern ein Maß an Grundsätzlichkeit erreicht hat wie nie zuvor. Deutlichstes Kennzeichen dafür ist, dass sich beide Parteien gegenseitig bestritten haben, dass Gott sie überhaupt gesandt habe (vgl. etwa 23,16ff. mit 43,2). Für die damals lebende Generation von Hörern muss diese Situation furchtbar gewesen sein: Wie sollten sie entscheiden, wer Recht hatte, wenn hier Prophet gegen Prophet stand, beide sich auf die Sendung des gleichen Gottes beriefen, beide aber im Namen dieses Gottes Gegenteiliges sagten und sich zusätzlich gegenseitig absprachen, von ihm gesandt worden zu sein? Die uralte Frage nach den Kennzeichen von Wahrheit – verschärft im Fall von Propheten, die beanspruchten, das für das Leben entscheidende Wort Gottes zu reden – hat hier eine Zuspitzung erfahren, die es nicht mehr erlaubte, nur die Antworten früherer Generationen zu wiederholen. Neue, eindeutigere Antworten waren erforderlich.

Die skeptische *Frage nach der Wahrheit eines prophetischen Wortes* an sich ist so alt wie die Prophetie selbst. In der Prophetie aus Mari wurde – ein volles Jahrtausend vor dem Beginn der klassischen Prophetie der Bibel! – den Propheten, die den das Land bereisenden höfischen Beamten eine göttliche Botschaft an den König mitgeben wollten, eine Locke ihrer Haarpracht und ein Zipfel ihres prophetischen Gewandes abverlangt, um für den Fall, dass sich ihre Worte als „falsch“ erweisen sollten, über diese Insignien ihrer Person Schaden zuzufügen[76].

Im Alten Testament sind Erzählungen über Auseinandersetzungen zwischen Propheten oft so gestaltet, dass ein „wahrer“ Prophet einer Menge von „falschen“ Propheten gegenübersteht (s. o. S. 134f.). Diese Texte sind von einem abgrundtiefen Misstrauen gegenüber der großen Zahl an Propheten bestimmt, weil der einzelne Prophet in solchen Fällen unter einem Gruppenzwang steht; die Texte des Jeremiabuches bilden hier keine Ausnahme (vgl. 23,25ff.). Alle diese Texte sind parteiisch und beanspruchen keines-

---

[76] Vgl. Näheres u. S. 351f.

wegs, objektive Darstellungen der Auseinandersetzungen zu bieten; sie wollen vielmehr den Lesern Orientierung vermitteln. Allerdings schrecken die älteren Texte davor zurück, die jeweils abgelehnten Gegner als „Lügenpropheten“ zu bezeichnen, wie Jeremia es zu tun wagt. Vielmehr kann ein Text wie *1Kön 22,19–23* Gott selbst für das Phänomen der falschen Prophetie verantwortlich machen, insofern Gott (durch „den Geist“) die Propheten zur falschen Vorhersage „betören“ lassen kann. Die Propheten von 1Kön 22 sind nach dieser Erklärung subjektiv lauter, obwohl sie objektiv Falsches, ja tödlichen Irrtum verkünden. Dem Wunsch der Leser nach leicht handhabbarer Orientierung wird hier ein Riegel vorgeschoben; das Phänomen der falschen Prophetie wird dem göttlichen Geheimnis zugeordnet. Weil falsche Prophetie in letzter Konsequenz Tod bedeutet, kann sie für 1Kön 22 nur theologisch erklärt werden[77]. Der betroffene König ist mit dieser Deutung dennoch keineswegs entschuldigt; die Erzählung ist der Auffassung, dass er die Wahrheit sehr wohl ahnt, sie aber nicht gelten lassen will, weil sie ihm unbequem ist.

Sachlich näher bei Jeremia steht *Mi 3,5–8*, wenn hier der Prophet Micha seinen Gegnern vorwirft, dass sie das empfangene Gotteswort verfälschen, indem sie dessen Weitergabe von Sympathie und Antipathie gegenüber den zu ihnen kommenden Bittstellern abhängig machen bzw. von der Qualität der von diesen mitgebrachten Gaben. Deutlicher kann nicht zum Ausdruck gebracht werden, wie sehr ein Prophet am Gestalten und Formulieren des Gotteswortes mitbeteiligt ist, wenn es seine Adressaten erreichen soll. Ein Gotteswort „pur“, ohne die Mitwirkung des vermittelnden Propheten, gibt es für das Alte Testament nicht. Gottes Wort ist immer auch Zeugenwort und damit auch menschliches Wort und insofern möglicher Verfälschung preisgegeben. Aber auch wenn die Gegner in der Sicht Michas ihr Eigeninteresse das aufgetragene Gotteswort pervertieren lassen, so ist ihm doch (anders als Jeremia) nicht zweifelhaft, dass sie zuvor ein Gotteswort empfangen haben. Gott wird ihnen zukünftig als Strafe ihre missbrauchte Vollmacht entziehen und sie ohne Gotteswort stehen lassen, so dass sie öffentlich blamiert in Schande geraten.

Woran kann man falsche Prophetie erkennen? Ein einziger (jüngerer) Text im Alten Testament hat versucht, das schwere Problem von wahrer und falscher Prophetie aus objektiver und neutraler Warte zu beschreiben, hat aber mit diesem Versuch eher gezeigt, dass eine solche Beschreibung und Wertung kaum möglich ist: *Dtn 18,20–22.* Als Kriterium falscher Prophetie wagt Dtn 18 nur das Reden im Namen fremder Götter (vgl. Dtn 13,2–6) und die ausbleibende Erfüllung eines angekündigten Ereignisses zu nennen. Den Menschen, die vor dieser Erfüllung leben, wird damit kaum eine wirkliche Hilfe geboten. Mehr Hilfe erfährt man aus den zuvor genannten Texten. 1Kön 22 nennt als Erkennungsmerkmal wahrer Prophetie primär *die Unabhängigkeit des Propheten von anderen Meinungen*, und sei es auch die des Königs oder seiner Beamten. Mi 3 sieht ein analoges Kriterium im *entschiedenen Eintreten eines Propheten für das von Gott ge-*

[77] Dabei gilt es zu bedenken, dass die anderen beiden geistlichen Stände in Israel, Priester und Lehrer, viel leichter in ihrem Wahrheitsanspruch überprüfbar waren als die Propheten, weil sich ihr Anspruch an der Tradition messen ließ, in der sie ausgebildet worden waren. Umgekehrt reichte der Wahrheitsanspruch der Propheten weiter als der der Priester und Lehrer; er betraf letztlich Leben und Tod der vom Gotteswort Angesprochenen. Vgl. J. Jeremias, Die Vollmacht des Propheten im AT, EvTh 31 (1971), 305–322; ders., „Wahre“ und „falsche“ Prophetie im AT (FS H. Pitters, 1998), in: ders., Studien 343–350.

setzte „Recht“, dessen Maßstab das Ergehen der Ärmsten und Hilfsbedürftigsten ist; ein Prophet hat daher entschlossen Rechtsbrüche aller Art aufzudecken (Mi 3,8; vgl. o. S. 158f.). An beide Wertungen konnte Jeremia anknüpfen.

Es waren vor allem die Erfahrungen des Propheten Jeremia, die in den Konfessionen Niederschlag gefunden haben, die ihn zu neuen Antworten befähigt haben. Von Haus aus waren die Konfessionen intime Gespräche zwischen dem Propheten und seinem Gott. Als schriftliche Texte aber, die für die Öffentlichkeit gedacht waren – und sei es auch zunächst nur die begrenzte Öffentlichkeit der Vertrauten und mit dem Propheten Sympathisierenden – boten sie die Rechtfertigung dafür, dass Jeremia anderes verkündet hat als seine Berufskollegen, die auch angesichts der Babylonier noch die Güte Gottes ins Zentrum ihrer Worte stellten. Jeremia hätte das auch nur allzu gern getan, aber er konnte und durfte es nicht, weil Gott ihn zum Werkzeug seines Unheils erkoren hatte, dessen Ankündigung ihm Feindschaft und Verfolgung bis zur Todesgefahr eingebracht hat.

In gewisser Weise hatten die Gegner des Propheten, deren Botschaft wir freilich nur aus Jeremias verurteilender Charakterisierung kennen, die Tradition auf ihrer Seite, reden doch große Texte des Pentateuchs und der Psalmen von überraschendem göttlichen Schutz vor Gefahr bzw. von grundlegenden Heilstaten Gottes an seinem Volk, ja von einer göttlichen Erwählung Israels. In der Tat hat es Situationen gegeben, in denen Jeremias Gegner in den Auseinandersetzungen scheinbar als Sieger das Feld verließen; Hananjas Prognose, die 597 v. Chr. nach Babylon verschleppten Tempelgeräte würden von Gott in zwei Jahren zurückgeführt, hat Jeremia zunächst, bevor er ein neues Gotteswort empfing, nur begrüßen können, auch wenn er ihr keinen Glauben geschenkt hat (28,6).

Jedoch ist Jeremia durch seine eigenen Gotteserfahrungen zu Definitionen falschen Prophetentums geführt worden, die weit über die zuvor dargestellten prophetischen Lösungen hinausführen. Ich nenne die drei mir am wichtigsten erscheinenden Kriterien:

1. Jeremia hat die Irrtümer seiner Gegner mit denen der Propheten im Nordreich zur Zeit Hoseas verglichen und sie als weit schwerwiegender beurteilt (23,13f.). Die falschen Propheten im Nordreich haben „im Namen Baals geweissagt“ und so die Menschen zu ihrer Zeit „in die Irre geführt“[78], d.h. sie haben ihren Zeitgenossen die Orientierung geraubt, indem sie nicht mehr zwischen JHWH und Baal zu unterscheiden wussten. Die Propheten, denen Jeremia gegenübersteht, haben weit Verheerenderes verübt (V.14):

> Bei den Propheten Jerusalems habe ich Widerwärtiges gesehen:
> Sie brechen die Ehe, wandeln in der Lüge und stärken (so) die Hände der Übeltäter.

[78] Das gleiche Verb verwendet Mi 3,5 für Propheten, die ihr Eigeninteresse zum Leitmotiv ihres Redens wählen.

Wenn anfangs gesagt wird, die Propheten hätten „Ehebruch verübt“, so wird ein Begriff gebraucht, der bewusst schillert, weil er sowohl ethisch verwerfliches Handeln bezeichnet als auch Ehebruch im übertragenen Sinn, d.h. (wie in 3,8f. und 5,7) den Bruch des 1. Gebots. Indem das Volk sie imitiert, „ist das Land voll von Ehebrechern“ (23,10). Schlimmer noch: Indem sich der Lebenswandel der Propheten an der Illusion eines ständig gütigen, Schuld vergebenden Gottes ausrichtet, verhindern sie, dass Übeltäter zur Einsicht ihrer Schuld gelangen. Die gegnerischen Propheten üben die gleiche Wirkung aus wie der Tempel in Jer 7, der den Übeltätern, die sich in ihm bergen, das gute Gewissen zur bösen Tat liefert. Hier wie dort wird eine Gabe Gottes – seine Nähe im Tempel, sein orientierendes Wort – pervertiert, weil durch den faktischen Gebrauch dieser Gabe eine Änderung des Handelns und der Gesinnung der Menschen bis zur Unmöglichkeit hin erschwert wird. Und wie dem Tempel deswegen in Jer 7 die Zerstörung aus Gottes eigener Hand angesagt wird, so den Propheten ihr verdienter Tod im Kontext des Gerichts über Jerusalem (23,15).

Hier wird *die Wirkung der Botschaft* der Heilspropheten auf ihre Hörer von Jeremia zum Kriterium ihres Irrtums erhoben. Von der Botschaft der gegnerischen Propheten gehen keinerlei ethische Impulse aus; sie dient nur noch der Selbstbestätigung der Hörer. Sie beruhigt damit Gewissen von Menschen, die nicht beruhigt werden dürfen: Diejenigen, die „zu meinen Verächtern mit Bestimmtheit sagen: JHWH hat versprochen, es werde euch wohl ergehen“, die „verkünden das Gesicht ihres eigenen Herzens, nicht das, was aus JHWHs Mund kommt“ (23,16f.).

2a. Damit ist schon das zweite, gleichgewichtige Kriterium der Unterscheidung wahrer und falscher Prophetie berührt. Für Jeremia gerät jeglicher Prophet in den Verdacht der Falschheit, der sein eigenes Hoffen und Sehnen im Blick auf das Geschick seines Volks so stark sein Denken bestimmen lässt, dass er *nicht mehr zwischen dem „Gesicht des eigenen Herzens“ und dem Auftrag JHWHs zu unterscheiden vermag*. Solche Propheten „narren euch“, wörtlich: Sie „führen euch ins Nichts“, d.h. sie verleiten zum Vertrauen auf Illusionen (V.16). Jeremia selber ist vor einer derartigen Gefahr gefeit. Er hat das Wort JHWHs als eine Macht erfahren, gegen die er sich vergeblich zu wehren versucht hat, weil der Inhalt der ihm aufgetragenen Unheilsbotschaft ihn zutiefst entsetzt hat. Diese Erfahrung steht nicht zufällig als Einleitung und hermeneutisches Kopfstück über der Wortsammlung 23,9–40:

> Mein Herz ist zerbrochen in meinem Inneren,
> es zittern alle meine Gebeine.
> Ich bin wie ein Trunkener geworden,
> einer, den der Wein überwältigt hat:
> wegen JHWH, wegen seiner heiligen Worte.

Diesem Propheten ist – wie später Paulus (1Kor 9,16) – sein Eigenwille von Gott zerbrochen worden. Das Unheilswort, das er verkünden muss und doch nicht verkünden möchte, hat zuerst den Willen des Boten brechen müssen, bevor es als fremder Wille und ungeliebter Inhalt vor die Hörer trat. Er muss vorweg die Schrecken durchleben, die bald das Volk treffen werden. Seit dem Auftreten Jeremias ist jeder Prophet (und jeder heutige Prediger) gefragt, wieweit er in der Lage ist, die eigenen Wunschvorstellungen zu unterscheiden von dem zu verkündigenden Wort, das von außen auf ihn zukommt, das Menschen sich nicht selber zu sagen vermögen und das ihren Wünschen oft genug zuwider läuft.

2b. In der zugespitzten Situation der Auseinandersetzung Jeremias mit seinen Gegnern vor der Zerstörung Jerusalems wird der Traum als legitime Offenbarungserfahrung von Jeremia in Frage gestellt (23,25–29) - ein Vorgang ohne jede Parallele im Alten Testament. Sowohl vor als auch nach Jeremia gilt der Traum als eine Weise, auf die Gott zu den Menschen spricht, zumeist gleichwertig mit dem Empfang des Wortes (vgl. etwa Dtn 13,2 und Joel 3,1)[79]. Im Jahrzehnt vor dem Fall Jerusalems, in dem es für die Hörer um Leben und Tod ging, *ist* für Jeremia *der Traum nicht mehr eindeutig genug (V.28)*:

Der Prophet, der einen Traum hat, erzähle den Traum;
wer aber mein Wort bei sich hat, rede mein Wort: zuverlässig!
Was hat das Stroh mit dem Getreide gemein? Spruch JHWHs.

Träume können sich beim Erzählen verändern; Träume stehen offen für verschiedenste Assoziationen der Hörer (V.30); mit Träumen kann man sich gegenseitig imponieren wollen (V.31). Mehr noch: In Träumen kann man JHWH „vergessen". Wie man ihn zur Zeit Hoseas „vergaß", indem man ihn nicht mehr von Baal zu unterscheiden vermochte, so jetzt, indem man ihn mit dem „Trug des eigenen Herzens" vermengt. Bei Träumen lässt sich Gottes Reden also nicht präzise vom Wunschdenken des Träumenden trennen (V.27). Schöpfer und Geschöpf, Gott und Welt fließen ineinander. Anders beim Wort (V.29):

Ist nicht mein Wort wie Feuer - Spruch JHWHs -
und wie ein Hammer, der Felsen zerschlägt?

Das Wort Gottes als unwiderstehliche Macht, die sich gegen alle Widerstände durchsetzt und die kommende Wirklichkeit schon in sich trägt, auf die sie verweist (vgl. 5,19), steht dem deutungsbedürftigen Traum in scharfem Kontrast gegenüber. Gewonnen worden ist diese Definition einerseits am Phänomen des Zornes Gottes über die hörunwilligen Menschen, mit dem Jeremia, ohne es zu wollen, „angefüllt" war und den er nicht aushalten konnte (6,11; vgl. 5,14), andererseits an der Erfahrung des göttlichen Zwangs, die ihm jegliche Aufkündigung seines Prophetenamtes unmöglich macht und ihn seines Eigenwillens beraubt (20,9).

[79] Einzig der späte Text Sach 10,2 bietet einen möglichen Nachhall der Polemik Jeremias.

3. Mit dem allen ist das wichtigste und letztlich entscheidende Kriterium noch nicht genannt; es beruht auf *Jeremias Gottesbegriff* (V.23f.):

Bin ich denn (nur) ein Gott aus der Nähe – Spruch JHWHs –
und nicht (auch) ein Gott aus der Ferne?
Kann sich jemand so heimlich verstecken,
dass ich ihn nicht sehe? Spruch JHWHs.
Himmel und Erde:
Bin ich es nicht, der sie erfüllt? Spruch JHWHs.

Der Sinn dieses facettenreichen Spruchs ist ein vielfältiger[80]; nur die zentralen Gedanken können hier festgehalten werden. Die Gegner Jeremias kennen Gott einzig als den „nahen", und das heißt primär: als den stets zugewandten, die Menschen unterstützenden Helfer, der jegliche Schuld zu vergeben bereit ist, immer berechenbar, stets verlässlicher Schutz in Gefahr, wie immer die Menschen sich auch verhalten. Der „Gott aus der Ferne", wie Jeremia ihn kennen gelernt hat, ist der Gott, der den Menschen, wie die Psalmen und Hiobs Klagen belegen, auch unverständlich sein kann, ihnen schwere Lasten auferlegt und ihnen verborgen bleibt. Vor allem aber ist er der Gott, der um der Ärmsten und Hilflosen willen auf der Erhaltung und Pflege seiner Gaben „Recht und Gerechtigkeit" besteht. Rechtsbrecher werden von ihm bis in ihre geheimsten Verstecke verfolgt. Für sie gibt es keinen Fluchtort im Kosmos (vgl. Am 9,1–4), weil Gott die Welt bis in ihren letzten Winkel „erfüllt"[81]. Wo wie zur Zeit Jeremias kein einziger Mensch zu finden ist, der Recht übt (5,1), und keiner, der bereit ist, auf das Wort Gottes zu hören, das die Rechtlosigkeit aufdeckt, *kann* Gott nur der „Gott aus der Ferne" sein, der unerbittliches Gericht heraufführt.

Letztlich ist es dieses härtere, schwierigere, aber auch erfahrungsgesättigtere mehrseitige Gottesbild des Propheten Jeremia gewesen, das dazu geführt hat, dass die spätere Überlieferung nach der Zerstörung Jerusalems und des Exils Propheten wie Jeremia tradiert hat, während ihre Gegner als falsche Propheten deklariert und ihre Worte dem Vergessen preisgegeben wurden[82].

---

[80] Vgl. etwa W. Herrmann, Jer 23,23f. als Zeugnis der Gotteserfahrung im babylonischen Zeitalter, BZ N.F. 27 (1983), 155–166.

[81] Vermutlich handelt es sich bei dieser Vorstellung um einen Reflex der Berufungsvision Jesajas, nach der die Herrlichkeit des heiligen Gottes die Welt „erfüllt" (Jes 6,3; vgl. V.9f. und zur Herkunft dieser Vorstellung aus der Jerusalemer Kulttradition F. Hartenstein, Die Unzugänglichkeit Gottes im Heiligtum [WMANT 75], 1997, 101ff.)

[82] Vgl. im Rückblick Thr 2,14: „Deine (d.h. Zions) Propheten haben dir Lüge und Trug geschaut. Deine Schuld haben sie nicht aufgedeckt, so dass sich dein Geschick hätte wenden können. Sie haben dir Aussprüche geschaut, die in ihrer Falschheit zur Verstoßung führten". Die zentrale Aufgabe der Propheten hätte demnach in der Aufdeckung der Schuld Israels gelegen, eine Definition, die dem Selbstverständnis Michas (Mi 3,8) entspricht. Vgl. W.H. Schmidt, „Wahrhaftigkeit" und „Wahrheit" bei Jeremia und im Jeremiabuch, in: FS J. Jeremias (s.o. Anm. 62), 145–160; 154.

b. Ezechiel

Gleichzeitig mit den letzten Jahren der Verkündigung Jeremias wirkte der wortgewaltige und gebildete Prophet Ezechiel, freilich schon im babylonischen Exil, in das er zusammen mit der geistigen und handwerklichen Oberschicht Jerusalems 597 v. Chr. deportiert worden war. Da er nur sechs Jahre vor der Zerstörung Jerusalems von Gott aus dem Priesteramt zum Propheten berufen wurde, ragt seine Verkündigung weit in die Exilszeit hinein und wird daher gemäß dem Aufriss dieses Buches großenteils im II. Hauptteil zur Sprache kommen.

Ezechiel knüpft in mancherlei Hinsicht an die Botschaft Jeremias an. Nicht zuletzt hat er sich wie Jeremia mit gegnerischen Propheten auseinandersetzen müssen und hat ihnen wie dieser in Ez 13 vorgeworfen, ohne den Empfang göttlicher Worte aufzutreten, leichtfertig Heil zu verkünden und auf diese Weise täuschend Tünche auf rissige und zerbrechende Mauern zu streichen, anstatt sich selber in die Bresche zu stellen, um mit der Vollmacht der Fürbitte das Unheil Gottes aufzuhalten (V.5). Den derart versagenden Propheten hat Ezechiel im Namen Gottes den Ausschluss aus dem Gottesvolk angesagt (V.9). In seinen *sog. Zeichenhandlungen*[83] hat Ezechiel tage- und monatelang seine gesamte Existenz der aufgetragenen Botschaft Gottes widmen müssen und etwa über viele Wochen die Schuld der beiden Teilstaaten Israel und Juda mit Stricken gebunden symbolisch zu tragen gehabt (Ez 4–5). Er ist auf diese Weise wie Jeremia von Gott mit seinem ganzen Leben in Beschlag genommen worden. Die Übernahme der Botschaft Gottes hieß auch für ihn, dass er sie nicht nur verbal auszurichten, sondern in jedem Augenblick seines Lebens zu verkörpern hatte. Sogar den unerwarteten Tod seiner Frau musste er zur Zeichenhandlung für den Fall Jerusalems ausgestalten, indem er auf Befehl Gottes regungslos erstarren und in anstößiger Weise die üblichen Trauerriten verweigern musste.

Allerdings ist bei Ezechiel weder ein intensives Mitleiden mit seinem unter Gottes Gericht stehenden Volk noch ein Aufbegehren gegen die ihm von Gott aufgebürdete Unheilsverkündigung wie bei Jeremia zu erkennen[84]. Schon bei seiner Berufung, von der der Beginn des Prophetenbuches berichtet, musste der Prophet im Auftrag Gottes eine Schriftrolle verzehren: ein symbolischer Akt *völliger Identifikation von Gottes- und Prophetenwort* (in Anknüpfung an das Bildwort Jer 15,16), obwohl Ezechiel wie Jeremia schon in der Berufungsstunde auf Widerstand und Hörunwilligkeit seiner Zeitgenossen vorbereitet wird. Unmittelbar vor der Zerstörung Jerusalems auftretend, ist Ezechiel zum Boten des härtesten und unerbittlichsten göttlichen Gerichts geworden, sehr

---

[83] Sie würden sachgemäßer Analogiehandlungen genannt; Vgl. K. Ott, Die prophetischen Analogiehandlungen im AT (BWANT 185), 2009.

[84] Zu bedenken ist allerdings die Funktion Ezechiels als „Wächter" in der Zeit nach dem Fall Jerusalems; vgl. u. S. 212.

bald bestätigt durch die Ereignisse von 587/6 v. Chr. Die Schuld des Gottesvolks und besonders Jerusalems schildert er distanziert in ausladenden Dichtungen. Indem er sich dabei der Gestalt von Fabeln, Gleichnissen und Allegorien bedient (allein Ez 15–17 bietet drei Beispiele: Holz des Weinstocks, Kap. 15; Findelkind, Kap. 16; Adler und Gipfel der Zeder, Kap. 17), nutzt er einen geradezu Brechtschen Verfremdungseffekt und lässt seinen Hörern bzw. Lesern keine Fluchtmöglichkeit aus dem Erzählten.

Inhaltlich wird bei den Anklagen deutlich, dass Ezechiel als Priester zum Propheten berufen wurde. *Priesterliche Kategorien* prägen sein Denken. Wenn er etwa in Kap. 22 in immer neuen Anläufen die „Blutschuld“ Jerusalems thematisiert, dann meint er keineswegs nur grausame soziale Unterdrückung in Übersteigerung des traditionellen Begriffs wie Micha in Mi 3,10, sondern ebenso „Blutschuld“ im Sinne kultischer „Unreinheit“. Damit verurteilt Ezechiel den religiösen Libertinismus und die synkretistische Neugier seiner Zeitgenossen, die schon der junge Jeremia (Jer 2–3) angeprangert hatte. Nach Ez 8–11 sind es unterschiedlichste kultische Gräuel – ein Altar außerhalb des heiligen Bezirks, Klagen der Frauen um den babylonischen Vegetationsgott Tammuz, Verneigung der Männer vor der aufgehenden Sonne etc. –, die den heiligen Ort „verunreinigen“, „entweihen“ und „profanieren“. Als Konsequenz verlässt Gott Tempel und Stadt; der Prophet sieht, wie Gottes כבוד, seine „Herrlichkeit“, die er in seiner Berufungsvision geschaut hatte, sich aus dem Tempel erhebt[85]. Damit ist Jerusalem im Wortsinn gott-los geworden und unrettbar verloren. Die Zerstörung der Stadt und die Zerstreuung der Menschen sind unaufhaltsam geworden.

Charakteristisch für die Verkündigung des Propheten sind aber vor allem seine *umfassenden Geschichtsrückblicke* (Ez 16. 20. 23)[86]. Im Unterschied zu den kürzeren Geschichtsrückblicken Hoseas (und Jeremias), an deren Ehebild die Kapitel 16 und 23 anknüpfen und es breit ausgestalten, kennen die Texte Ezechiels keine Zeit einer anfangs glückenden Gottesbeziehung Israels[87]. Die Geschichtsrückblicke dienen einem doppelten Zweck: dem Aufweis der abgrundtiefen Schuld Israels durch die gesamte Geschichte Gottes mit ihm hindurch und dem Aufweis des Zieles aller Geschichte: der Ehre JHWHs. Sie beginnen jeweils mit den Anfängen des Gottesvolkes, seiner Erwählung. Die ausführlichste Darstellung in *Ez 20* zeigt die Besonderheit der prophetischen Geschichtsdeutung darin, dass der Ungehorsam des Gottesvolkes und seine Sehnsucht, anderen Göttern und Mächten zu dienen, schon sogleich in Ägypten einsetzte, obwohl Gott Israel in der Befreiung aus der Knechtschaft seine unvergleichliche Macht vor Augen geführt und ihm seinen Namen geoffenbart hatte (V.5–10). Von allem Anfang an hatte das Gottesvolk nur immer das eine

---

[85] Vgl. zur Herrlichkeit Gottes als Symbol seiner Präsenz im Heiligtum, das vor allem für die Priesterschrift eine zentrale Rolle spielt, u. S. 252 ff.

[86] Vgl. T. Krüger, Geschichtskonzepte im Ezechielbuch (BZAW 180), 1989.

[87] Das Gleiche gilt auch schon für Hos 11,1–4 und 12,4.

Bedürfnis: dem wahren Gott den Rücken zu kehren, um den „Scheusalen“ Verehrung zu erweisen, den Parodien einer Gottheit, die die Völker anbeten – und das, obwohl der wahre Gott sich ihm mit immer neuen Machttaten zu erkennen gab. Wäre Gott im menschlichen Sinne konsequent, hätte er sein Volk schon in Ägypten im aufflammenden Zorn vernichten müssen. Er tat es nicht: um seines Namens und um seiner Ehre willen, die dann unter den Völkern entweiht worden wären. Die folgenden Etappen der Geschichte – Führung durch die Wüste und Geschenk von lebensorientierenden Geboten – verliefen nach dem gleichen Muster: Ungehorsam und Abfall Israels, Aufflammen des göttlichen Zorns, Nicht-Vollstreckung des Vernichtungsgerichts um des göttlichen Namens und der Gefahr seiner Entweihung unter den Völkern willen. Nur als Gott seinem Volk in der Wüste ein einziges Mal „ungute“ und nicht zum Leben führende Gebote gab, die sie „erschaudern lassen“ sollten (V.25f.)[88], fand er sofortigen Gehorsam!

An diesem Durchgang durch die Geschichte zeigt sich schnell, wie wenig der Prophet an Einzelheiten der Ereignisse interessiert ist, wie sehr sein Blick einzig auf Israels immer wiederkehrender Schuld ruht und auf dem Wunder, dass es trotz dieser Schuld noch immer am Leben ist, weil Gott um seines Namens willen seinen glühenden Zorn nicht vollstreckt hat. So erstaunt nicht, dass die anderen beiden Geschichtsrückblicke in Ez 16 und 23, beide in Gestalt der Bildrede von der Ehe Gottes mit seinem Volk, nur den Anfang und das gegenwärtige Ende der Geschichte Israels thematisieren. In Ez 16 bildet Anfang und Ende die Geschichte des ausgesetzten und in seinem Blut strampelnden Findelkinds Jerusalem, das Gott hegt und pflegt, das aber sogleich zur Hurerei neigt, als es heranwächst, und nun von seinen Liebhabern abgestraft wird. In Ez 23 ist es die Geschichte der beiden Schwestern Ohola und Oholiba, die die beiden Teilreiche Israel und Juda versinnbildlichen, die trotz hurerischer Neigung schon in ihrer Jugend in Ägypten von Gott geehelicht werden, aber von ihrer Hurerei nicht lassen können – angespielt wird u.a. auf die illusorische politische Hoffnung der Zeitgenossen, Ägypten könne gegen die Babylonier kriegerische Hilfe senden –, deswegen von Gott verschmäht und von ihren Liebhabern gestraft werden.

In diese durch und durch düstere Geschichte fällt Licht nur von Gott her, der sie in Gang setzt und der die untreue Frau so lange Zeit geduldig ertragen hat. Von Gottes Volk ist in der Geschichte schlechterdings nichts zu erwarten, weder früher noch gegenwärtig. Was soll auch von einem Jerusalem Gutes kommen, dessen Wesen heidnisch ist, wie sich daran zeigt, dass sein Vater Amoriter, seine Mutter Hethiterin war (16,3)? So endet die prophetische Gerichtsverkündigung vor dem Fall Jerusalems in äußerster Härte und scheinbar ohne jeden Hoffnungsstrahl.

---

[88] Gemeinhin denkt man bei dieser höchst ungewöhnlichen Formulierung an die Forderung Gottes, ihm den Erstgeborenen darzubringen (Ex 22,28; 34,19f.). Eine originelle andere Deutung („Polemik gegen das Deuteronomium“) bietet R. Kessler, FS J. Jeremias, Neukirchen 2004, 253–263.

Teil II:

Die großen Neuentwürfe

Der alttestamentliche Glaube hat seine entscheidenden Impulse in einer Notzeit erhalten: in der Zeit nach dem staatlichen Untergang zunächst des mächtigeren Nordreichs Israel, ein gutes Jahrhundert später des kleineren Südreichs Juda. Durch den Zusammenbruch der staatlichen und religiösen Institutionen – man denke nur an die Zerstörung des jeweiligen Reichsheiligtums! – und vor allem durch den Verlust des Landes war eine einfache Kontinuität der vormaligen Gottesvorstellungen unmöglich geworden. Der Glaube des biblischen Gottesvolks war in eine grundlegende Krise geraten.

Theologisch erwies sich diese Krise als äußerst produktiv. Statt dass das Ende des Staates auch das Ende des Glaubens eingeläutet hätte, dessen Stütze und Förderer dieser Staat zuvor gewesen war, führte die staatliche Katastrophe zu einer Reihe bedeutender theologischer Neukonzeptionen, die erst die charakteristischen Wesenszüge des „reifen" biblischen Glaubens zu alttestamentlicher Zeit hervorbrachten. Aufgrund dieser Neuentwürfe trat der biblische Glaube endgültig aus dem Schatten der großen Kulturlandreligionen heraus und bildete seine prägenden Eigenarten aus.

Die Mehrzahl der neuen Konzeptionen entstand in der sog. Exilszeit, d.h. in der Zeit nach der Zerstörung Jerusalems 587 und vor der Errichtung neuer nachstaatlicher Ordnungen des Gemeinwesens in der beginnenden Perserzeit am Ende des 6. Jh.s v. Chr.

Allerdings ist der Begriff der Exilszeit unpräzise. Deportationen großer Bevölkerungskreise hatte es auch schon unter den Assyrern gegeben, ja die Assyrer hatten – anders als die Babylonier – nicht nur die Oberschicht Samarias deportiert, sondern auch eine neue Oberschicht aus verschiedenen Völkern in Samaria angesiedelt. Aber von diesen Bevölkerungsgruppen haben wir, zumindest anfangs, so gut wie keine Nachrichten. Durch die Archäologie (Wachstum Jerusalems und Entstehung zahlreicher neuer Siedlungen in seiner Umgebung am Ende des 8. Jh.s v. Chr.) ist nur die schon ältere Vermutung bestätigt worden, dass größere Bevölkerungsteile des Nordreichs nach dem Fall Samarias ins Südreich geflohen sind. Auf diese Weise gelangten zahlreiche spezifische Traditionen des Nordreichs nach Juda.

Entscheidende theologische Neuansätze waren aber auch schon durch den Untergang des Nordreichs Israel hervorgerufen worden. Der wichtigste bestand in der *Entstehung von Prophetenbüchern*. Mag es auch bei Amos und Hosea (wie später bei Jesaja und bei Jeremia) einzelne Prophetenworte oder kleinere Wortblöcke in verschrifteter Form schon vorher gegeben haben[1], so ist

[1] Die älteste Zeitangabe in Am 1,1 „zwei Jahre vor dem Erdbeben" könnte etwa darauf verwei-

doch die Niederschrift sorgsam gesammelter und bewusst geordneter Prophetenworte durch Sympathisanten der Propheten in Büchern nicht vor 722 v. Chr. denkbar. Diese systematischen Zusammenstellungen von Prophetenworten setzen vielmehr voraus, dass die zuvor von der Menge aufgrund der Härte ihrer Anklagen abgelehnten kritischen Propheten durch die staatliche Katastrophe als von Gott bestätigte wahre Boten seines Wortes galten. An ihrer Botschaft haben sich zunächst die engeren Vertrauten und in ihr Denken Eingeübten orientiert, später aber – durch Verlesung ihrer Worte – immer umfassendere Kreise, um in der Katastrophe neue Perspektiven zu gewinnen. An Texten wie Am 5,1–17, die Leben und Tod, oder Hos 11, die Gottesnähe und Gottesferne einander gegenüberstellen, kann man dieses Ringen um Neuorientierung gut verfolgen. Es setzte ja nicht nur die getreue Weitergabe der Prophetenworte voraus, sondern auch deren Aktualisierung für eine grundlegend veränderte Situation. Damit wurden die hohen Maßstäbe, die die Propheten an ein Gemeinwesen gerichtet hatten, das dem Willen Gottes entsprechen sollte – Maßstäbe, die ihre Zeitgenossen als utopisch von sich gewiesen hatten –, auf die kommenden Generationen übertragen.

Die Entstehung dieser ältesten Prophetenbücher, im Besonderen des Buches Hosea, als Reaktion auf das Ende des Nordreichs setzt der erste große theologische Neuentwurf des alttestamentlichen Glaubens, von dem hier die Rede sein soll, schon voraus: das Ende des 7. Jh.s v. Chr. entstandene Programm des Deuteronomiums. Alle anderen Entwürfe reagieren bereits auf die Zerstörung Jerusalems von 587, die den wichtigsten Einschnitt für das biblische Denken bedeutete.

---

sen, dass die von einem Beben handelnden Völkerworte (vgl. Am 2,13) und/oder die Visionsberichte (vgl. Am 9,1) separat verschriftet worden waren.

A. Das Deuteronomium (Dtn)

Wenige Jahrzehnte vor seinem staatlichen Untergang hat Juda unter seinem König Josia *eine Reformbewegung* erlebt, deren gedankliche Auswirkung noch Jahrhunderte später, ja über die Zeitenwende hinweg spürbar sein sollten.

Jedenfalls gilt dies, wenn die Annahme im Recht ist, dass der literarische Kern des Dtn, das sog. „Ur-Dtn“ (Wellhausen), das Programm dieser Reformbewegung gebildet hat oder doch – präziser formuliert – mit dieser Reformbewegung in Verbindung gestanden hat und von ihr verwendet wurde. Diese Annahme ist schon von einigen Kirchenvätern, u.a. von Hieronymus, geäußert und erstmalig von W.M.L de Wette in seiner Dissertatio critica von 1805 wissenschaftlich begründet worden und wird bis heute von der überwiegenden Mehrheit der Forscher mit Modifikationen im Einzelnen vertreten. Die Reform wurde möglich, weil das neu-assyrische Weltreich in den letzten Jahrzehnten des 7. Jh.s schon stark geschwächt war und sein bevorstehender Todeskampf sich abzeichnete. Sie wurde nötig, weil der ein halbes Jahrhundert regierende König Manasse, politisch klug, aber das Selbstgefühl seiner Untertanen belastend, eine Fülle von religionspolitischen Maßnahmen der Assyrer teilweise freiwillig, teilweise gezwungenermaßen über sein Volk ergehen lassen hatte, um – erfolgreich – den äußeren Frieden zu erhalten.

Wesentliche Impulse erhielt die Reform, wie schon A. Alt gesehen hatte[1], aus prophetischen Themen des ein Jahrhundert zuvor untergegangenen Nordreichs, die vermutlich durch Flüchtlinge, die mit den Gedanken Hoseas vertraut gewesen waren, im Südreich Juda bekannt gemacht worden waren[2]. Dabei redet das Dtn ein jerusalemisch geprägtes Juda in fingierter Moserede so an, als sei es das Israel vor der Landnahme und könnte noch einmal die Realisierung eines intakten Gottesverhältnisses im Land beginnen, sozusagen in einer Nullpunktsituation freier Entscheidung. Die entscheidende theologische Kraft der dtn Reformbewegung, genauer: ihres Programms, des Ur-Dtn, bestand darin, dass in ihm *die Vielfalt der älteren Traditionen des JHWH-Glaubens* – und zwar sowohl derjenigen aus dem Norden als auch derjenigen aus dem Süden – *erstmalig zusammengefasst und vereinheitlicht,* ja vielfach auch auf den Begriff gebracht wurde.

Dabei ist zu bedenken, dass es keineswegs auf Zufall beruht, dass Hosea als einziger genuiner Nordreichsprophet unter den Schriftpropheten mehr als alle anderen Propheten mit Themen der Frühgeschichte Israels beschäftigt war. Wesentliche Traditionen des biblischen Glaubens wurden anfangs im Nordreich aus- und weitergebildet; man denke

---

[1] A. Alt, Die Heimat des Deuteronomiums, in: ders., Kl. Schr. zur Gesch. des Volkes Israel, Bd. II, ²München 1959, 250–275; vgl. auch den Komm. von E. Nielsen, Dtn (HAT I/6), 1995, passim.

[2] Vgl. den Einfluss hoseanischer Theologie auf die Frühzeitverkündigung des Propheten Jeremia (dazu o. S. 175f.).

nur etwa an die Jakob- und Joseph- sowie an die älteren Mose-Erzählungen oder an die älteren Josua- und die Rettererzählungen des Richterbuchs. Spätestens ab der Zeit des Dtn haben alle diese Stoffe auch den Glauben des Südreichs mitbestimmt.

In einer Zeit der geistlichen Gefährdung durch die Überfremdung seitens der assyrischen Religion und des Verlustes von Traditionen aus der Überlieferung der Väter durch den Untergang des Nordreichs, in einer Zeit zudem, in der die Verkündigung der großen kritischen Propheten den Menschen vor Augen hielt, wie weit sich der Alltag ihrer Gegenwart von den Idealen des Glaubens entfernt hatte, bedurfte es - schon aus pädagogischen Gründen - der *Konzentration auf die wesentlichen Inhalte des tradierten Glaubens.* So bietet das Dtn für bestimmte Situationen - etwa die Passa-Katechese (Dtn 6,21-25), die Wallfahrt zum Erntedank in Jerusalem (Dtn 26,5-10*) - einprägsame und lernbare „Kurzformeln des Glaubens" (G. Braulik). In derartigen konzentrierten Formulierungen erwies sich die dtn Bewegung als wegweisend für das theologische Denken der folgenden Jahrhunderte.

Nicht zuletzt galt dies für die *Einführung theologischer Leitbegriffe,* die als Bündelung ganzer Traditionskomplexe dienen konnten und in der Folgezeit den Rang von termini technici erlangten; hier sind etwa die Begriffe „Bund" und „Erwählung" zu nennen, die die Spätzeit des Alten Testaments so entscheidend geprägt haben[3]. Hatten die älteren Erzählungen etwa von Gottes Schutz und Segen für Jakob während seines Aufenthaltes bei Laban berichtet und vom rechten Wort, das er Mose gab, wenn dieser vor Pharao stand, so spricht das Dtn nun generell von Gottes Fürsorge und „Liebe" für sein Volk, wie sie sich in einer Vielzahl von Erfahrungen gezeigt haben und Israels „Erwählung" bezeugen. Insofern könnte man eine „Theologie des Alten Testaments" auch mit dem Dtn einsetzen lassen, da mit ihm zeitlich der erste Versuch einer Erfassung der zentralen Inhalte des alttestamentlichen Glaubens in systematischer Form vorliegt. Und es ist kein Zufall, dass in der neueren Diskussion um eine „Mitte" des Alten Testaments, von der aus die Vielfalt seiner Inhalte aufgeschlüsselt werden könnte, zwar zahlreiche Themen als „Mitte" vorgeschlagen wurden, wenn aber eine literarische Antwort zu geben versucht wurde, einzig das Dtn als eine solche „Mitte" genannt wurde[4].

Wie stark das Dtn in exilischer, aber auch nachexilischer Zeit als theologischer Anstoß gewirkt hat, lässt sich aus den zahlreichen Facetten dtr Theologie etwa im DtrG oder im Jeremiabuch entnehmen, aber auch schon aus *dem literarischen Wachstum des Dtn* selber. Zum einen ist der Kernbereich der Kapitel 6-28 ab der Exilszeit schrittweise nach vorn und nach hinten gewachsen, so dass er einen immer umfassenderen Rahmen als Inter-

---

[3] Vgl. L. Perlitt, Bundestheologie. Da die überwiegende Mehrzahl der Belege für den Zentralbegriff „Bund" erst im dtr Schrifttum begegnet, ist auch denkbar, dass er erst im Exil entstanden ist. Auch dann wären aber die wesentlichen Anstöße zu seiner Bildung von der dtn Theologie ausgegangen.

[4] Vgl. S. Herrmann, Die konstruktive Restauration. Das Dtn als Mitte biblischer Theologie, in: H.W. Wolff (Hg.), Probleme biblischer Theologie. FS G. von Rad, München 1971, 155-170.

pretationshilfe erhielt, im Fall der Anfangskapitel in mindestens drei Stufen: durch den Zuwachs des Dekalogs als Programm (Kap. 5), die literarische Zusammenfassung der Frühgeschichte des Volkes (Kap. 1–3) und schließlich die ausführliche Predigt über das Bilderverbot (Kap. 4). Zum anderen aber haben die Kernkapitel selber ein mehrstufiges Wachstum erfahren, wie sich besonders deutlich an der Einleitung des gesetzlichen Teiles in Kap. 12 mit seiner Forderung der Konzentration auf das eine zentrale Heiligtum beobachten lässt[5]. So gut wie alle genannten Wachstumsstufen stellen Spielarten der dtr Theologie dar, wie sie von der Forschung zuerst am DtrG beobachtet worden waren. (Man spricht daher häufig im Blick auf diese Wachstumsstufen vom „dtr Deuteronomium").

1. Die Einheit Gottes

Das ursprüngliche, spätvorexilische Dtn bestand aus drei Teilen: Der zentrale Gesetzesteil (Kap. 12–26*), der das ältere Bundesbuch nicht nur (wie in der vorliegenden kanonischen Abfolge) ergänzen, sondern von Haus aus teilweise auch ersetzen sollte (vgl. o. S. 62 f.), war gerahmt von einer eindringlichen Paränese, die die Notwendigkeit des Gehorsams gegenüber dem göttlichen Willen einschärfen wollte (Kap. 6–11*), und von Verheißungen bzw. Androhungen von Segen und Fluch (Kap.28). Dabei liegt das theologische Hauptgewicht auf den paränetischen Ausführungen, die zwar in ihrer gegenwärtigen Gestalt erst aus exilischer bzw. nachexilischer Zeit stammen, die aber im Kern die Grundlage des dtn Denkens bilden und mit ihrem predigtartigen Stil nicht nur die einleitenden Kapitel prägen, sondern auch weite Passagen des zentralen Gesetzesteiles selber.

Sie beginnen mit dem berühmten „Höre, Israel, ..." (Dtn 6,4), das bis heute regelmäßig im Synagogengottesdienst erklingt. Aus der programmatisch vorangestellten Einheit Gottes („JHWH, unser Gott, JHWH ist einer!"[6]) folgert es als natürliche Konsequenz die ungeteilte Hingabe des Gottesvolkes „mit deinem ganzen Herzen, deinem ganzen Begehren und mit aller deiner Kraft" (Dtn 6,4 f.). Religionsgeschichtlich ist die starke Betonung der Einheit Gottes wahrscheinlich polemisch gegen eine dreifache Front gerichtet zu verstehen: zum einen gegen die assyrische Religionspolitik, insofern die Oberherrschaft des einen Gottes über sein Volk in Konkurrenz tritt zur angemaßten Oberherrschaft des assyrischen Großkönigs über seine Vasallenkönigtümer, die mit der Forderung strikter Loyalität der Unterworfenen verbunden war, und zwar mit religiösen Untertönen[7]; zum zweiten gegen die zahlreichen Götter der ka-

---

[5] Vgl. bes. U. Rüterswörden, Deuteronomium (BK V/3,1), 2011, 1–76.

[6] Andere Übersetzungsmöglichkeiten des Satzes lauten: „JHWH, unser Gott, ist ein (einziger) JHWH" und „JHWH ist unser Gott, JHWH allein (d. h. als einziger)"; vgl. etwa T. Veijola, Das Bekenntnis Israels. Beobachtungen zur Geschichte und Theologie von Dtn 6,4–9, ThZ 48 (1992), 369–381; auch in: ders., Moses Erben (BWANT 149), 2000, 76–93.

[7] Diesen Aspekt hat besonders E. Otto, Der Ursprung der Bundestheologie im AT, ZAR 4 (1998), 1–87; Das Deuteronomium (BZAW 284), 1999, hervorgehoben mit dem Nachweis, dass

naanäischen Bevölkerung, von der sich Israel daher abzugrenzen habe; zum dritten und vor allem gegen die geographische Vielgestaltigkeit der Gottesverehrung, wie sie etwa im Nebeneinander eines „JHWH von Samaria" und eines „JHWH von Teman" in den Inschriften von Kuntillet ʿAğrud tief im südlichen Negeb belegt ist[8]. Theologisch verstehen sich alle im Buch folgenden Einzelaussagen und Einzelforderungen des Dtn als Explikationen dieser Einheit Gottes, die im Verlauf der Darlegung des dtn Programms immer mehr zur Einzigkeit hin tendiert.

Die Proklamation der Einheit Gottes führt in der Tat eine Fülle an Folgerungen für Israel mit sich. Zunächst *steht dem einen Gott das eine Volk gegenüber*, das er sich zum Partner erwählt hat. Zwar ist dieses Volk geordnet und besitzt tragende Institutionen, die ihrerseits Gabe Gottes sind (Dtn 16,18–18,22*); aber mit seinen vier zentralen Ämtern (Richter, König, Priester und Prophet) ist es so organisiert, dass die Machtbefugnisse geteilt sind, der König seiner Sonderstellung beraubt ist[9], ja die „geistlichen" Stände über den „weltlichen" stehen. Die Einheit des Volkes bleibt gewahrt; nie ist im Dtn von (Berufs-) Gruppen, Stämmen oder dergleichen die Rede, sondern Gottes Gegenüber ist stets „ganz Israel". Dieses Israel ist ein Volk, in dem jedes Glied gleichberechtigt als „Bruder" Teil des Ganzen sein soll. Mögen die äußeren Lebensumstände der Einzelnen auch noch so verschieden sein, die Sozialgesetzgebung der Kapitel 12–26 setzt alles daran, die Ungleichheiten zwischen arm und reich zu beseitigen oder doch wenigstens zu vermindern. Der brüderliche Umgang mit den Mitbürgern, vor allem mit den Schwachen und Verarmten unter ihnen, ist das zentrale soziale Anliegen des Dtn, das unter dem Einfluss der Botschaft von Amos, Jeaja und Micha entstanden ist. „So überholt die Brüderlichkeit jegliches ‚Recht' und macht aus ganz Israel einen Raum, in dem jenes Verhalten gilt, das eigentlich nur im Innenraum der Familie zu Hause ist."[10] Entscheidend für alle ist die Zugehörigkeit zum *einen* erwählten Volk, das als Einheit in ungeteilter Hingabe Gott dienen soll.

Da man aber den *einen* Gott nicht in einer Vielfalt von Formen verehren kann, impliziert die Einheit Gottes für das Dtn auch, dass seine Verehrung nur

---

zahlreiche Aufforderungen des Dtn zur Liebe bzw. Hingabe gegenüber Gott polemisch entsprechende Forderungen der Liebe bzw. Loyalität gegenüber dem assyrischen Großkönig in neuassyrischen Königsinschriften (besonders in Treueeiden gegenüber dem Großkönig, die dessen Thronfolge legitimieren sollten) aufgreifen. – Vgl. auch die übernächste Anm.

[8] Vgl. J. Renz, Die althebräischen Inschriften, in: ders. – W. Röllig, Handbuch der althebräischen Epigraphik, Bd. I, Darmstadt 1995, 47 ff. und dazu J. Jeremias – F. Hartenstein, „JHWH und seine Aschera", in: B. Janowski – M. Köckert (Hg.), Religionsgeschichte Israels. Formale und materielle Aspekte (VWGTh 15), Gütersloh 1999, 79–138; 111–119.

[9] Man bedenke nur im Kontrast, wie in der Staatsideologie der Assyrer, die dem Dtn teilweise ihre Sprache lieh, die Loyalität gegenüber dem Großkönig und die Loyalität gegenüber dem Reichsgott Assur letztlich ein und dasselbe waren, weil in ihr der Staat religiös überhöht war.

[10] G. Braulik, Das Buch Deuteronomium, in: E. Zenger (Hg.), Einleitung in das AT^5, 152; vgl. ausführlich L. Perlitt, „Ein einzig Volk von Brüdern", in: ders., Deuteronomium-Studien (FAT 8), 1994, 50–73.

an *einem* Heiligtum erfolgen kann und zudem das Passa nicht mehr in den Familien, sondern als kollektive Feier des gesamten Volkes an ebendiesem Heiligtum begangen werden soll.

Man spürt den Forderungen des Dtn die Suche nach Klarheit, Durchsichtigkeit und vor allem Eindeutigkeit aller Glaubensvollzüge und religiöser Riten ab. In der Durchführung brachte sie jedoch tiefgreifende Veränderungen mit sich, die sich teilweise nicht auf Dauer bewähren sollten. So war das Passa, wie wir sahen (o. S. 93ff.), ein Familien- bzw. Sippenfest gewesen, zu dem es im Lauf der späteren Geschichte auch wieder werden sollte. *Die Konzentration der Passafeier auf Jerusalem,* d.h. die Umwandlung des Passa in ein Wallfahrtsfest (Dtn 16), sollte einerseits im Zuge der Zentralisation jegliche sakrale Schlachtung außerhalb Jerusalems vermeiden helfen, andererseits der Vereinheitlichung zahlreicher lokaler Bräuche dienen, die dem Passa zugewachsen waren. Für die fern wohnende Landbevölkerung bedeutete das freilich, dass sie großenteils von der Feier ausgeschlossen war. Zudem führte diese Umwandlung zur Veränderung vieler althergebrachter Traditionen, dank der Anpassung an die sakralen Vorschriften eines bestimmten Heiligtums. Schließlich wurde das Passa mit dem Mazzenfest verbunden, das seit jeher am Heiligtum gefeiert wurde, von Haus aus aber anders als das Passa ein bäuerliches Frühlingsfest war.

Ungleich einschneidender für alle Glieder des Volkes aber erwies sich die sog. *Zentralisationsforderung,* d.h. die Forderung, alle kultischen Riten nur noch an dem einen zentralen Heiligtum in Jerusalem zu praktizieren, „an dem JHWH seinen Namen wohnen lassen" werde (Dtn 12,14 u. ö.)[11]. Sie hatte zur Folge, dass alle bisherigen Kultstätten im Lande entweiht werden mussten, auch wenn sie zuvor legitime Orte des Gottesdienstes gewesen waren, teilweise sogar Träger langer, ehrwürdiger Traditionen der Geschichte Israels. Offensichtlich hatten sich über die Jahrhunderte viele Bräuche unterschiedlicher Herkunft an manchen lokalen Heiligtümern ausgebildet, wie man dem – vielfältig überarbeiteten – Bericht über die Durchführung der josianischen Reform in 2 Kön 23 entnehmen kann[12], vermutlich noch gesteigert durch die schon erwähnte nachgiebige Religionspolitik Manasses gegenüber den Assyrern. Für die dtn Theologen war diese Vielfalt, die pauschal als „kanaanäisch" verurteilt wird, unerträglich und mit der Einheit Gottes unvereinbar.

Die Entweihung der Kultstätten ihrerseits führte die Konsequenz mit sich, dass ein ganzes Heer nunmehr zunächst funktionsloser Landpriester nach Jerusalem übersiedelt werden musste, hier aber, anders als es das dtn Programm

---

[11] Entwickelt wurde die Zentralisationsformel offensichtlich aus der Neudeutung von Ex 20,24, wo bestimmt wird, dass Opfer dargebracht werden sollen „an jedem Ort, den ich zum Preise meines Namens bestimmen werde" (זכר hif.; Übersetzung nach B. Baentsch); so im Anschluss an mehrere Arbeiten N. Lohfinks etwa E. Otto, Deuteronomium (o. Anm. 7), 341ff. und bes. B.M. Levinson, Deuteronomy and the Hermeneutics of Legal Innovation, Oxford 1997, 23–52.

[12] Vgl. dazu bes. M. Pietsch, Die Kultreform Josias (FAT 86), 2013.

vorsah (Dtn 18,6–8), keineswegs gleichberechtigt an den Privilegien der Jerusalemer Priester partizipieren konnte, sondern in der Folgezeit einen clerus minor bildete (2 Kön 23,8f.), dessen Versorgung nicht gesichert war (vgl. Dtn 12,12.19; 14,27).

Eine noch gewichtigere Folge für die Zentralisation bestand darin, dass *der Alltag* der bäuerlichen Landbevölkerung *künftig profan werden musste,* wie Dtn 12,15ff. mit einer notwendig gewordenen Klarheit darlegt. Waren Schlachtungen von Tieren für den Fleischgenuss an Feiertagen oder für den Empfang von Gästen bisher an den lokalen Heiligtümern durch die autorisierten Priester erfolgt – schon um das tierische Leben, das nach alter Anschauung seinen Sitz im Blut der Tiere hatte (Lev 17,11.14; Dtn 12,23), dem Geber des Lebens zurückzuerstatten, indem das Blut an den Altar gesprengt wurde –, so musste jetzt mit der Zentralisation notgedrungen profanes Schlachten freigegeben werden, wobei nur der Genuss des tierischen Blutes untersagt wurde, das nun statt an den Altar gesprengt auf die Erde ausgegossen werden musste. Aber nicht nur der Vorgang des Schlachtens wurde profan. Vielmehr kam ein Bauer, der fern von Jerusalem wohnte, künftig in einem normalen Jahr nur noch an den drei großen Wallfahrtsfesten (Dtn 16) mit dem Heiligtum in Berührung. Es versteht sich von selbst, dass mit einem solchen Wandel des Alltags das Element der persönlichen Frömmigkeit an Gewicht gewann und Hand in Hand damit der Bedarf an theologischer Unterweisung, wie sie Dtn 6–11* paradigmatisch vorführt. Andererseits wurden die Feste zu herausgehobenen Erfahrungen des Jahres, und es ist kein Zufall, dass das Dtn in seiner Festtagsordnung (Kap. 16) die „Freude vor JHWH" als Grundton der Feste stark hervorhebt.

Vor allem aber wurde das Gottesvolk durch die Profanisierung seines Alltags auf jenen Alltag vorbereitet, den es bald danach im Land oder im Exil ohne Tempel führen musste, nachdem Jerusalem in Schutt und Asche gelegt worden war. Es beruht nicht auf Zufall, dass das Dtn für die Israeliten in der Exilszeit zu einer ganz wesentlichen Hilfe werden sollte, wie die zahlreichen Aktualisierungen der Texte aus dieser Zeit belegen. So ist unter anderem *die Theologie des Namens Gottes im Dtn*[13], die für die Folgezeit von so großer Bedeutung sein sollte, aller Wahrscheinlichkeit nach erst mit dem Dtn in seiner exilischen Gestalt zu verbinden. Sie konnte aber an eine im Alten Orient geläufige dtn Formulierung anknüpfen und sie neu deuten.

Es ist immer aufgefallen, dass Jerusalem im Dtn nie genannt wird und stattdessen in Kap. 12ff. häufig von einer „Stätte, die JHWH, dein/euer Gott, (aus allen Stämmen) erwählen wird, seinen Namen dort wohnen zu lassen/niederzulegen" die Rede ist. Daraus ist mehrfach geschlossen worden, dass ursprünglich einmal ein anderer Ort als Jerusalem für die Zentralisation vorgesehen war. Jedoch ist diese Vermutung eine eher unwahr-

[13] Vgl. u.a. M. Weinfeld, Deuteronomy and the Deuteronomic School, Oxford 1972, 191–209; T.N.D. Mettinger, The Dethronement of Sabaoth. Studies in the Shem and Kabod Theologies (CB.OTS 18), 1982, 38–79; S.L. Richter, The Dtr History and the Name Theology (BZAW 318), 2002.

scheinliche Spekulation. Die Vermeidung des jedermann bekannten Eigennamens der Stadt des Tempels lässt sich ausreichend mit der Gestalt des Dtn. als Moserede erklären, die Mose unmittelbar vor dem Übertritt in das verheißene Land hält, lange Zeit vor der Eroberung Jerusalems durch David. Das ältere Dtn hat überwiegend die Kurzform („Stätte, die JHWH, dein Gott, erwählen wird") verwendet; wo es die zuvor zitierte Langform gebraucht, folgt es dem aramäischen und vor allem akkadischen Sprachgebrauch. Hier gehört der Ausdruck *šakānu šumu* („den Namen setzen") zur Königsideologie und dient dazu, eine vom König errichtete Stele oder ein Gebäude den Namen des Königs verewigen zu lassen. Im Sinn des dtn Programms sollte das zentrale Heiligtum mit der analogen Wendung der ständigen Proklamation des Namens Gottes dienen[14]. Erst die Exilsgenerationen haben aus der dtn Formulierung aufgrund des Verbums שכן „wohnen" einen Gegensatz zwischen Gott und seinem Namen herausgehört.

Wenn für die Theologen im Exil nicht mehr Gott selbst, sondern sein Name am – inzwischen zerstörten – Heiligtum gegenwärtig war, dann sollte mit dieser Formulierung zwar auch eine allzu massive Vorstellung von der Einwohnung Gottes im Tempel zugunsten der Transzendenz Gottes abgewehrt werden, vergleichbar der Rede von der Gegenwart der Herrlichkeit Gottes im Heiligtum in der Priesterschrift. Wichtiger aber war, dass jetzt die Gottesgemeinschaft Israels (nun im Gegensatz zur Priesterschrift) weniger im kultischen Vollzug als im worthaften Geschehen, im Gebet, gesucht wurde, ohne dass damit eine mindere bzw. nur noch vergeistigte Präsenz Gottes im Blick gewesen wäre. Vielmehr war die Gegenwart des Namens Gottes eine voll wirksame Präsenz Gottes, die auch für die fern vom Tempel wohnenden, vor allem für die exilierten Judäer zugänglich war. Der Gott Israels, der Jerusalem zu seiner Wohnung erwählt hatte, war im Gebet aus der Ferne erreichbar; er hörte Gebete und antwortete auf sie: das war für das exilische Dtn der wichtigste Aspekt der Präsenz Gottes bei seinem Volk.

Wie hilfreich diese neue Definition der Gegenwart Gottes für die Exilsgenerationen und ihr Leben ohne Tempel geworden ist, lässt sich unschwer 1 Kön 8,35ff. entnehmen, wo „Salomo" das in Richtung auf Jerusalem ausgerichtete Gebet der Exilierten beschreibt. Wie für das exilische Dtn wohnt auch für 1 Kön 8,30ff. Gott im Himmel und ist doch in seinem Namen mit der ganzen Fülle seiner Majestät anwesend.

2. Die Liebe Gottes

Jedoch will die dtn Predigt nicht nur die Konsequenzen einer abstrakt gedachten Einheit Gottes darlegen. Vielmehr will sie dem Gottesvolk ins Bewusstsein rufen, wieviel Gutes es in seiner Geschichte von Gott erfahren hat, und

[14] Vgl. den Nachweis bei Rüterswörden, Deuteronomium (o. Anm. 5), 43–47 und S.L. Richter, Placing the Name, in: K. Schmid – R.F. Person jr. (Hg.), Deuteronomy and the Pentateuch … (FAT II, 56), 2012, 64–78.

will es dazu anleiten, seinen (neuen) Alltag im Land als Folge dieser Erfahrungen zu gestalten. Damit das Volk aber die erhöhten Zumutungen des dtn Reformprogramms versteht – man vergleiche nur etwa die Verschärfungen der Verordnungen zum Sabbatjahr oder zum Sklavengesetz in Dtn 15 mit dem älteren Bundesbuch (o. S. 63) –, müssen ihm zunächst die Güte Gottes und seine „Liebe“ vor Augen gemalt werden. Wie Hosea Gottes väterliche Liebe zu seinem „Sohn“ Israel hervorgehoben hatte, obwohl dieser Sohn nur darauf bedacht war, von Gott fortzulaufen (Hos 11,1 f.), und Gottes Liebe zu seiner „Gattin“ Israel, obwohl Israel als geliebte Frau Gottes sich nur nach fremden „Liebhabern“ sehnte (Hos 2,7 ff.), so setzt auch die dtn Predigt bei Gottes Liebe ein und prägt ihren Lesern ein, wie leicht sie diese Liebe verspielen können[15].

Näherhin zeigt sich Gottes Liebe für das Dtn primär darin, dass *Gott sein Volk erwählt hat*, und zwar „zum Eigentumsvolk aus allen Völkern der Erde“ (Dtn 7,6). Zwar hat das Dtn die Vorstellung der Erwählung des Gottesvolks keineswegs geschaffen – man vergleiche nur Am 3,2 mit seiner Korrektur der volkstümlichen Erwählungsgewissheit –, aber es betont die Exklusivität der Gotteserfahrung Israels mit einer solchen Vehemenz („aus allen Völkern der Erde“), wie sie nie zuvor in den Texten des Alten Testaments belegt ist. Der Sinn dieser Hervorhebung ist ein doppelter. Zum einen *soll dem Gottesvolk jegliche Möglichkeit des Selbstruhms* und des Pochens auf eigene Vorzüge *genommen werden*. Die jüngere Fortsetzung des zitierten Verses – an ihrer pluralischen Anrede erkennbar –, die den locus classicus der alttestamentlichen Rede von der Erwählung darstellt, betont mit ihrem Hinweis auf die extreme Kleinheit und Unansehnlichkeit Israels unter den Völkern unübersehbar, dass nicht besondere Qualitäten des Gottesvolkes zur Erwählung und damit zur Erfahrung der unvergleichlichen Nähe des lebendigen Gottes geführt haben, sondern allein seine „Liebe“ (V.7–8aα). Das Gottesvolk als ganzes steht damit in einer analogen Beziehung zu Gott wie seine herausgehobenen Großen (Mose, Gideon, Jeremia), die in der Stunde ihrer Berufung ihre mangelnde Eignung hervorgehoben haben, aber von Gott darauf verwiesen wurden, dass nicht ihre Qualitäten, sondern allein seine Wahl zu ihrer Sendung geführt hat. – Zum anderen aber *will die Betonung der Erwählung dem Volk seine hohe Verantwortung vor Augen führen*, die in ihr begründet liegt. Als „Eigentumsvolk“ Gottes soll Israel das Modell Gottes für die Völkerwelt werden. Gottes Liebe will es zur antwortenden Liebe zu Gott ermutigen, und diese Liebe soll sich in der „Furcht Gottes“ (vgl. o. S. 109) und in der Orientierung allen Handelns an Gottes Geboten realisieren (Dtn 10,12), also an jenen Maßstäben, die in Kap. 12–26* dargelegt werden und denen später der Dekalog als wichtigste Willensäußerung Gottes vorangestellt werden wird (vgl. u. S. 363 ff.). Immer

---

[15] Vgl. K. Zobel, Prophetie und Deuteronomium (BZAW 199), 1992, bes. 78 ff.; H. Spieckermann, Mit der Liebe im Wort. Ein Beitrag zur Theologie des Dtn (2000), in: ders., Gottes Liebe, 157–172.

neu wird dabei das Unterpfand der Liebe Gottes, das Geschenk des Landes, hervorgehoben. Hier im Land, vor dessen Grenzen das Volk in der fiktiven Moserede steht – und in exilischer Zeit mit seiner verbannten Oberschicht auch wieder stehen wird –, soll und muss sich Israels Liebe zu Gott bewähren.

Das Nebeneinander von lockenden Hinweisen auf die Zeichen göttlicher Liebe und der betonten Einschärfung der besonderen Verantwortung Israels als deren Konsequenz findet seinen klarsten Ausdruck im *Begriff des „heiligen Volkes"*. Dieser Begriff kann beides sein: Symbol der Erwählung Gottes und Symbol dessen, was Israel einmal werden soll. Er ist Indikativ und Imperativ in einem. Er kann im Indikativ stehen und eine vorfindliche Qualität des Gottesvolks ausdrücken, die sich seiner Erwählung verdankt (Dtn 26,19). Er steht freilich häufiger formal im Indikativ, um als Begründung einer Forderung Gottes zu dienen (Dtn 7,6; 14,2.21); dann meint er sachlich einen Imperativ und beschreibt den Weg, auf dem sich die Heiligkeit Israels realisieren soll. Er kann aber auch eine zukünftige Qualität des Gottesvolkes bezeichnen, die erst sichtbar werden wird, wenn Israel Gottes Willen verwirklicht haben und als Folge Gottes Segen in vollem Umfang erhalten haben wird (Dtn 28,9). In diesem Schillern des Begriffs zeigt sich, dass die Heiligkeit Israels Gabe und Aufgabe zugleich ist. Der Begriff charakterisiert Israels Gottesbeziehung, keine vorfindliche Eigenschaft an ihm selber.

Im Ganzen aber durchdringt ein großer Ernst die dtn Predigt, der durch die abschließende Androhung von Flüchen, die die Segensverheißungen in Dtn 28* schon rein zahlenmäßig weit überragen, noch verstärkt wird. Immer neu wird *das drängende „Heute"* laut: „Heute" überschreitet Israel den Jordan (9,1), „heute" ist daher der Tag, an dem sich Israels Gehorsam zu bewähren hat (26,16; 11,13.27f. u. ö.). Die Möglichkeit, das Heil zu verspielen, wird den Lesern des Buches deutlich vor Augen gemalt. Das dtn „Heute" gewinnt im Kontext seiner Paränese den Charakter einer Aufforderung, eine letzte Chance wahrzunehmen. Der Untergang des Nordreichs und die Härte der schriftprophetischen Anklagen lasten erkennbar schwer auf dem dtn Reformprogramm; bei vielen Sätzen ist mit diesem Ernst auch schon der Untergang Jerusalems vorausgesetzt.

Bevor aber den Lesern des älteren Dtn.s abschließend in Dtn 28 lockend Gottes Segen und drohend Gottes Fluch vor Augen gestellt werden, erhält das einleitende „Höre, Israel ...!" (Dtn 6,4) eine ungewöhnliche Abrundung. In einem feierlichen Akt wird das Gottesvolk – wiederum „heute" – auf die dtn Rechtssatzungen hin verpflichtet (Dtn 26,16–18*)[16]. Dieser Verpflichtungsakt kulminiert in einer überraschenden *beiderseitigen Erklärung Gottes und Israels in Dtn 26,17f.* Der Text ist deutlich in mehreren Stufen gewachsen. Wenn man mit der Mehrzahl der Exegeten wagt, die singulären Formulierungen in V.17f. auf ein „ideales" Paar paralleler Formulierungen (V.17a.bα.18a) als Kern des

[16] Vgl. zur Beziehung zwischen Dtn 26,16–18* und Dtn 6,4 R. Achenbach, Israel zwischen Verzeißung und Gebot (EHS XXIII/422), 1991, 56.

Textes zurückzuführen, stößt man nicht nur auf den mutmaßlichen Ursprung der sog. „Bundesformel“[17], sondern auch auf den Ursprung der alttestamentlichen Bundestheologie (noch ohne den term. techn. „Bund“)[18], die ihre Sprache aus dem altorientalischen Vertragswesen schöpft und nicht nur das DtrG und P, sondern auch das gesamte spätere Alte Testament intensiv bestimmt hat (vgl. Teil III):

> JHWH hast du heute erklären lassen, dass er dir Gott sein wolle ...,
> und JHWH hat dich heute erklären lassen, dass du ihm Eigentumsvolk sein wollest, wie er dir zugesagt hat.

Hier geloben sich Gott und sein Volk in einer feierlichen Proklamation ihre gegenseitige Bindung aneinander: JHWH, durch Mose vermittelt, gelobt, Israels Gott sein zu wollen, Israel gelobt, Gottes Volk sein zu wollen. Das klingt auf den ersten Blick wie paritätische Gegenseitigkeit, und das Vorbild dieser Sprache hat man gern in altorientalischen Verträgen zwischen gleichwertigen Partnern gesucht[19], die im altorientalischen Vertragswesen jedoch die seltene Ausnahme bilden. Die grammatische Gestaltung der Proklamation fügt sich dieser Erwartung aber nur teilweise. In beiden Teilen steht der Name JHWH betont voran, und beide Teile sind so formuliert, dass sie auf Zusagen Gottes verweisen (im 2. Teil wird wohl auf Dtn 7,6 und 14,2 angespielt). Kein Wunder, dass diese kühne Gestaltung des gegenseitigen Gelöbnisses bald Interpretationen, und zwar in beiden Teilen, erhalten hat, die die Bedingung des Gehorsam Israels gegenüber Gottes Willenskundgebungen hervorheben[20], die von vornherein impliziert war. Mit solchen Ergänzungen wird, besonders nach dem Fall Jerusalems, der Ernst des fordernden „Heute“ im Gelöbnis vertieft, das bei jeder neuen Verlesung des Dtn die Hörer ergreifen sollte. Der ältere Text wollte Israel dagegen primär das Staunen über Gottes große Zusage seiner Erwählung vermitteln, so gewiss die Erwählung für es Konsequenzen haben sollte.

Die eindrucksvollste Aufnahme und Vertiefung beider Intentionen von Dtn 26 bietet später Ex 19,3b–8, ein Text, der die Offenbarung Gottes am Sinai nicht nur einleitet, sondern im Voraus deutet, um ihr als hermeneutische Leitlinie zu dienen (vgl. u. S. 304ff.).

---

[17] Sie ist üblicherweise in Form der Gottesrede als Zusage belegt: „Ich will euer Gott sein, ihr sollt mein Volk sein“; vgl. R. Smend, Die Bundesformel (ThSt 68), 1963, auch in: ders., Die Mitte des AT. Exegetische Aufsätze, Tübingen 2002, 1–29; R. Rendtorff, Die „Bundesformel“ (SBS 160), 1995.

[18] Vgl. zur sachlichen Nähe von Dtn 26,17f. zur dtr Bundestheologie in der Darstellung der Sinaitheophanie u. S. 308.

[19] Vgl. etwa Braulik, NEB z.St.

[20] Vgl. Smend, a.a.O., und bes. L. Perlitt, Bundestheologie, 102–115.

B. Katastrophe und Neubeginn

Erst mit der Zerstörung Jerusalems und des Jerusalemer Tempels aber trat die Notwendigkeit eines neuen Denkens offen zutage. Den Gliedern des Gottesvolks in dieser Periode der Geschichte war in kürzester Zeit *alles aus den Händen gerissen worden, worauf sich ihr Glaube zuvor gestützt hatte:* Der König, dem doch die Verheißung Gottes galt, dass „sein Thron für alle Zeiten fest" sein sollte (2Sam 7,16), und den Gott als Mittler zwischen sich und dem Volk und als seinen Repräsentanten vor der Welt „meinen Sohn" genannt hatte (Ps 2,7), war von den Babyloniern gefangen genommen worden. Der Zion, auf dem Gott inmitten seines Volkes Wohnung genommen hatte, immer zugänglich, ein verlässlicher Schutz in aller Not, deshalb zum Nabel der Welt geworden (Ps 48,3), lag in Trümmern. Schlimmer noch: Das Land, das Gott den Vätern verheißen hatte und um dessentwillen Mose und seine Generation aus Ägypten aufgebrochen waren, das Unterpfand der Bindung Gottes an sein Volk, war in den Händen der Babylonier. Wo war nun JHWH? Die anfänglichen verzweifelten Reaktionen der gemeinen Bevölkerung spiegeln noch Worte Deuterojesajas wider: Entweder vermutete man, JHWH sei Marduk, dem obersten Gott der Babylonier, unterlegen gewesen (vgl. Texte wie Jes 41, 21–28 und 40,25f.), oder aber JHWH habe sein Interesse am Gottesvolk verloren und habe es aufgegeben (Jes 40,27; 49,14). Der JHWH-Glaube schien an sein Ende gelangt zu sein.

In der Tat sind die Religionen der großen Kulturnationen des Vorderen Orients unter analogen geschichtlichen Bedingungen, d.h. mit dem Ende der sie tragenden Staaten, untergegangen, wenn auch einzelne Elemente der ägyptischen und der persischen Religion in das Denken der hellenistischen Epoche und des römischen Reiches Eingang gefunden haben. Für den Religionsgeschichtler ist die Kontinuität des biblischen Glaubens – bei allen inhaltlichen Brüchen – über den Verlust der Staatlichkeit hinweg ein Rätsel, und dieses Rätsel ist ohne den Verweis auf die klassische Prophetie m.E. schlechterdings nicht zu lösen. *Es war* wiederum, wie schon 722 v.Chr., *primär die klassische Prophetie, die den Verzweifelten in der Katastrophe neuen Halt bot* und ihnen zur entscheidenden theologischen Stütze wurde. Die klassischen Propheten, die zu ihren Lebzeiten Außenseiter der Gesellschaft gewesen waren und nur von einem kleinen Kreis von Vertrauten, die ihre Verkündigung tradierten, ernst genommen wurden, galten mit ihrer harten und zuvor abgewiesenen Botschaft durch die Zerstörung (Samarias und) Jerusalems sowie das Exil als von Gott bestätigt und „wahr" und wurden von breiten Kreisen rezipiert. Die „wahren" Propheten wurden auf diese Weise zu kanonischen Propheten, längst bevor es einen Prophetenkanon gab. Die Zerstörung Jerusalems und das

Exil wurden mit Hilfe dieser Propheten als Erfahrungen des richtenden Gottes verstanden, der auf das Übermaß an Schuld im Gottesvolk mit seinem vernichtenden Zorn reagiert hatte. Alle im Folgenden zu nennenden Neuentwürfe setzen die klassische Prophetie voraus. Insbesondere die beginnende dtr Bußtheologie in ihren verschiedenen Spielarten hat die prophetischen Anstöße aufgenommen und sie unter der gemeinen Bevölkerung in einer populären Gestalt verbreitet.

1. Jeremia und Ezechiel

Während die Neueinschätzung der klassischen Propheten und ihre Verstärkung durch dtr Popularisierung wesenhaft rückwärtsgewandt wirkten, d.h. zur Verarbeitung der Katastrophe dienten, kamen *die entscheidenden ersten Anstöße zu einem neuen Denken* wiederum *von Jeremia sowie Ezechiel und ihren Tradenten.* Zwischen beiden Tradentenkreisen, die sich vielfältig überschnitten haben müssen, ist insofern zu unterscheiden, als die frühexilischen Hoffnungstexte des Jeremiabuches noch etwas behutsam Tastendes enthalten, während im exilischen Ezechielbuch grundsätzlichere und einschneidendere Neuerungen zum Tragen kommen.

Schon in seiner Frühzeit hatte *Jeremia* im Namen Gottes Einladungen zu einer neuen Gottesbeziehung ausgesprochen – unter der Bedingung, dass das Gottesvolk seine Schuld bekennt –, aber sie galten zunächst nur den Bewohnern des ehemaligen Nordreichs, weil diese schon das Gericht JHWHs erfahren hatten (etwa Jer 3,12f.*; 31,2–6*). Es sind verhaltene und doch weitreichende Hoffnungen, die hier zur Sprache kommen. 31,2–5 verheißt in Anlehnung an Worte Hoseas eine neue Wüstenzeit Israels, in der es noch einmal zu einer ungeteilten Liebe zwischen Gott und seinem Volk kommen wird (vgl. Hos 2,16f.), als deren Zeichen die neue Freude am Gottesdienst und an den wieder Frucht tragenden Weinbergen gilt[1]. Wie Hosea ist Jeremia der Überzeugung, dass Gottes Geschichte mit seinem Volk noch nicht mit dem Ende der staatlichen Existenz Israels und Judas selber am Ende ist. Vielmehr hat Gott die bisherige Geschichte abgebrochen, weil sie eine Geschichte des Scheiterns des Gottesvolkes gewesen ist. Aber er wird die Geschichte mit seinem Volk noch einmal von vorn beginnen, in der sicheren Erwartung, dass sie nun ganz von Israels Erkenntnis der Zuneigung und Güte Gottes getragen sein wird, die nie aufgehört haben, Gottes Haltung zu seinem Volk zu bestimmen. Ein seelsorgerlicher Ton beherrscht diese Heilsperspektive, die noch ganz auf der Ebene bisheriger Geschichtserfahrungen verbleibt.

Ähnlich verhalten lautet eines der letzten Worte Jeremias im Kontext einer Zeichenhandlung (Jer 32). Jeremia wird während der babylonischen Belage-

---

[1] Sollte auch V.6 auf Jeremia zurückgehen, hätte er auch mit der Wiederaufnahme von Wallfahrten der Nordreichsbewohner zum Zion gerechnet (vgl. 41,5), was eher unwahrscheinlich ist.

rung Jerusalems von Gott zu einem Ackerkauf aufgefordert, der in aller Öffentlichkeit erfolgen soll als Zeichen dafür, dass man in Juda wieder Äcker und Weinberge besitzen wird (V.15), auch wenn der Prophet selber nicht mehr in den Genuss seines Ackers kommen wird. Der Neuanfang wird erst nach dem Tod der Generation geschehen, die die Zerstörung Jerusalems erlebt hat. Mehr als eine Fortsetzung des bisherigen Alltags der Landbevölkerung nach der Unterbrechung durch das Exil wird hier nicht erwartet.

Den wichtigsten Neuanstoß des Propheten aber bietet *Jeremias berühmter Brief an die Exilanten* nach der ersten Einnahme Jerusalems *(29,5–7)*. In ihm ist der Prophet zunächst gegen die von gegnerischen Propheten genährte Illusion der Exilanten angegangen, das Exil werde nur kurze Zeit dauern, und hat deshalb die Exilanten zum Bau von Häusern und zur Pflanzung von Weingärten aufgefordert (V.5). Diese Aufforderung hieß zur Zeit Jeremias allerdings sehr viel mehr als nur: Lebt einen normalen Alltag! Dem Israel der vorexilischen Zeit galt JHWH als Gott seines Landes, so dass kein schlimmeres Geschick denkbar war, als in fremdem, d.h. „unreinem“, weil fremdreligiösem Boden in Gottesferne und ohne den Segen Gottes begraben zu werden (vgl. Am 7,17; Hos 9,3ff.). Der zum JHWH-Glauben bekehrte aramäische General Naaman nimmt daher eine doppelte Maultierlast israelitischer Erde mit nach Damaskus, um JHWH auch dort recht verehren zu können (2Kön 5,17). Dieser Vorstellung entsprechend stieß der Spaten eines judäischen Bauern in Babylon in den Machtbereich Marduks ein (vgl. 1Sam 26,19). Die konservativen Rekabiter hatten sogar jegliche bäuerliche Aktivität in Palästina verweigert, weil sie davon ausgingen, hier als „Fremdlinge“ zu wohnen (Jer 35,7).

Diese einengende Gottesvorstellung hat der Brief Jeremias grundlegend durchbrochen. Jeremia hat seinen Zeitgenossen ein neues Denken zugemutet: JHWH wirkt auch in Babylon; der Acker in Babylon ist wie der Boden Palästinas auf seinen Segen angewiesen. Noch größer war die Zumutung der den Brief abschließenden Imperative (V.7):

> Sucht das Wohl der Stadt (LXX: des Landes), in die ich euch in die Verbannung geführt habe, und betet für sie zu JHWH! Denn in ihrem Wohl liegt euer eigenes Wohl.

In doppelter Hinsicht waren diese Aufforderungen ihren ersten Adressaten fremd und anstößig: Zum einen setzt ein Gebet in Babylon voraus, dass Gott nicht nur jenseits des Tempels, sondern auch in der Fremde erreichbar und ansprechbar ist; wiederum *ist die Beschränkung des Handelns Gottes auf sein Land fundamental durchbrochen worden*[2]. Zum anderen aber bedeutet ein Gebet für Babylon ein Gebet für die Feinde, die Mengen an Volksgenossen und Gliedern der eigenen Sippe und Familie getötet hatten. Mit ihrem Geschick soll nun

---

[2] Im Prinzip ist diese Konsequenz freilich längst in den Völkerworten der vorangegangenen Propheten (z.B. Am 1,3ff.) impliziert oder in prophetischen Worten, nach denen Gott die Assyrer oder Babylonier als sein Strafwerkzeug gegen Israel nutzt (z.B. Jes 10,5f.).

nach Gottes Willen das Geschick der judäischen Exilanten verbunden sein! Erstmalig im Alten Testament tut sich die Perspektive einer Weltgesellschaft auf, für die Gottes Volk Verantwortung trägt.

Wie kühn und provokant der Brief Jeremias war, geht vor allem aber aus V.6 hervor, in dem der Prophet die durch den Krieg dezimierten Glieder seines Volks zur Heirat mit babylonischen Töchtern und Söhnen auffordert. Welcher Sprengstoff sich hinter diesem Aufruf verbarg, verdeutlichen jüngere Texte wie Dtn 7,3f.; Jos 23,12f.; Esra 9,10–12; Neh 10,31f., die Mischehen mit Töchtern und Söhnen Kanaans strengstens untersagen, weil sie den rechten Glauben der Israeliten gefährden. Im Gegensatz zu diesen Texten ist Jeremia in einer großartigen Liberalität voll Zuversicht, dass sein Gott auch Mischehen zwischen Judäern und Babyloniern zum Guten lenken wird[3].

Ebenso grundsätzlich wie Jeremia haben *Ezechiel und seine exilischen Tradenten* die Begrenzung des Wirkens Gottes auf sein eigenes Land aufgehoben. Ezechiel schildert in seiner Berufungsvision im babylonischen Exil, wie er JHWH als Weltenkönig geschaut hat – eine Vorstellung, die von Haus aus unlöslich mit dem Jerusalemer Tempel verbunden war (vgl. Jes 6) –, aber nun als König auf einem Thronwagen, d.h. einem Thron mit Rädern, der beweglich ist, weder an einen Tempel noch an ein Land gebunden, so dass er in Babylon wie in Jerusalem zugleich präsent sein kann[4]. Mit dieser *Entgrenzung der Gottesvorstellung* ist die Schranke durchbrochen worden, die in einer Vielzahl von vorexilischen Texten die Erkenntnis der Zuständigkeit Gottes für alle Völker in letzter Konsequenz verhindert hatte. Ab der Exilszeit ist die Frage einer möglichen Einbeziehung der Völker in das Heil Israels nicht mehr verstummt, so unterschiedlich sie auch von einzelnen Texten beantwortet wird[5].

Noch einschneidender als die Entgrenzung der Gottesvorstellung wirkten die Aussagen der Tradentenkreise Jeremias und Ezechiels über die Zukunft Gottes mit seinem Volk. Die vordringliche Frage der Exilsgeneration, die dringend einer Antwort bedurfte, lautete ja, ob die Zerstörung Jerusalems und die Verbannung nach Babylon, wenn sie denn mit den klassischen Propheten als Gericht Gottes über schwere Schuld des Gottesvolks zu verstehen waren, sein letztes Wort über sein Volk gewesen sein sollte. Je länger das Exil dauerte und je drängender seine Propheten nach Gottes Zukunft mit seinem Volk gefragt wurden, desto bestimmter wurden ihre Antworten in dem Sinne, dass Israels Schuld, so sehr sie eine Kontinuität der Geschichte undenkbar machte, unmöglich Gottes Plan mit seinem Volk zum Scheitern

[3] Vgl. bes. H. Weippert, Fern von Jerusalem. Die Exilsethik von Jer 29,5–7, in: F. Hahn u.a. (Hg.), Zion – Ort der Begegnung. FS L. Klein (BBB 90), 1993, 127–140.

[4] So Ez 1,15–21. Die älteren Verse des Berufungsberichts hatten mit der gleichen Intention von vier geflügelten Wesen als Thronträger gesprochen. Für Ezechiel geht es nicht nur um die Präsenz Gottes im Exil, sondern darüber hinaus auch um die Präsenz der zahlreichen Symbole, die mit dem Jerusalemer Tempel verbunden waren. Vgl. zu ihnen O. Keel, Geschichte Jerusalems, 689–703.

[5] Vgl. Teil III, u. S. 432ff.

geführt haben könne. Aus diesen Antworten ragen einige theozentrische Texte heraus, die jeglichen Synergismus in der Heilserwartung schon im Keim ersticken und *das künftige Heil Israels ausschließlich als Gottes Tat* deuten. Das gilt besonders für die kühnen Bilder vom „neuen Bund" (Jer 31,31–34) und vom „neuen Herzen" (Ez 36,26f.; vgl. 11,19f.), die nicht weniger besagen als die Verheißung eines neuen Menschen, den Gott als den Partner seines Heils schaffen muss, aber auch schaffen wird, wie in Teil III näher zu zeigen sein wird[6].

Allerdings sind die genannten Texte zeitlich schon eine gute Wegstrecke von den Propheten Jeremia und Ezechiel entfernt. Dass sie aber auf Impulsen dieser Propheten selber aufbauen, zeigt am klarsten das ungewöhnlichste und am tiefsten greifende Bild für den grundlegenden Neuanfang Gottes mit seinem Volk, das mit hoher Wahrscheinlichkeit auf Ezechiel selbst zurückgeht. Es ist *die prophetische Vision eines Feldes von Totengebeinen, in die neues Leben eintritt (Ez 37,1–14)*. Diese Vision knüpft noch unmittelbarer als die Bilder vom neuen Bund und vom neuen Herzen an die harte Gerichtsverkündigung der Schriftpropheten im Allgemeinen und Ezechiels im Besonderen an. Kein Prophet vor ihm hatte das alte Amoswort vom „Ende Israels" (Am 8,2) mit der gleichen Härte und Unerbittlichkeit wie er aufgegriffen (vgl. etwa Ez 7,1ff.). Für Ezechiel ist Israel ein Volk, das seit dem Beginn seiner Geschichte mit Gott ständig und ohne Unterbrechung schuldig geworden und daher endgültig gerichtsreif ist (Ez 20). Die Vision des Feldes von den Totengebeinen bestätigt zunächst, dass Gottes Volk seit der Zerstörung Jerusalems und der Verbannung der Exilierten tot ist. Aber dabei bleibt es nicht. Der Prophet wird beauftragt, über dem Knochenfeld der toten Israeliten das Wort Gottes auszurufen, das den Knochen ein neues Leben verheißt, und er darf daraufhin schauen, wie die Knochen Sehnen, Fleisch und Haut ansetzen und durch Gottes Geist Leben zurückgewinnen. Deutlicher hat kein Prophet vor und keiner nach Ezechiel zum Ausdruck gebracht, dass das Ziel allen Handelns Gottes an seinem Volk nur durch den Akt einer Neuschöpfung erreichbar ist, nur durch den Ruf Gottes an die Toten in ihren Gräbern (V.11–14)[7]. Menschliches Handeln, und geschehe es aus bester Motivation heraus, hat hier nichts beizutragen; eine Kontinuität der Geschichte ist aufgrund der Schuld Israels undenkbar. Gott muss eine neue Geschichte mit neuen Menschen beginnen, die doch wieder sein Volk sind. Das Ziel der neuen Geschichte Gottes, „die Erkenntnis, dass ich JHWH bin", wird in Ez 37,1–14 nicht weniger als dreimal (V.6.13.14) genannt; die Formulierung lässt im Namen Gottes das ganze Geheimnis seines Wesens beschlossen

[6] Vgl. u. S. 408ff.

[7] Vgl. zur innerbiblischen Wirkungsgeschichte der Vision in den jüngeren Versen 7a.8b–10a die überzeugende Analyse von R. Bartelmus zu Ez 37,1–14 in: ders., Auf der Suche nach dem archimedischen Punkt der Textinterpretation, Zürich 2002, 105–132; 122ff.

sein[8]. Die Tradenten Ezechiels haben dieses Ziel in 36,22f. über Ezechiel hinausgehend so gedeutet:

> So hat der Herr, JHWH, gesprochen: Nicht um euretwillen handle ich jetzt, Haus Israel, sondern um meines heiligen Namens willen, den ihr unter den Völkern, unter die ihr gelangt seid, entweiht habt. Ich will meinen großen, unter den Völkern entweihten Namen wieder heiligen, den ihr unter ihnen entweiht habt, so dass die Völker erkennen, dass ich JHWH bin - Spruch JHWHs -, wenn ich mich vor ihren eigenen Augen an euch als heilig erweise.

Die Zukunft Israels ist ganz und gar theozentrisch begründet, aber der Gott, der sie heraufführt, hat seinen Namen und seine Ehre für alle Zeiten an sein Volk gebunden, und sei es noch so abweisend.

Nur gestreift sei in diesem Kontext der sog. Verfassungsentwurf Ezechiels in Kap. 40–48. Er bietet eine vom Propheten visionär geschaute Anlage des neuen Tempels, dessen idealer quadratischer Grundriss Abbild des Kosmos ist. In ihm entspringt eine Tempelquelle, die zum Paradiesstrom anschwillt, die Wüste Juda erblühen lässt und zum Fischreichtum im Toten Meer führt. Der Tempel ist um seiner Heiligkeit willen von Stadt und Palast getrennt, und zahlreiche Vorschriften verhindern, dass im Tempelbereich das Heilige mit Unreinem vermischt wird. Voraussetzung für dies alles ist die neue Gegenwart Gottes, genauer: die neue Gegenwart des göttlichen *kābôd*, seiner „Herrlichkeit", die nach Ez 10–11 den Tempel verlassen hatte, so dass er „gottlos" der Zerstörung preisgegeben war. Die Rückkehr der Herrlichkeit ist mit der Zusage verbunden, dass sie für alle Zeiten inmitten Israels wohnen bleiben wird.

In der beginnenden Exilszeit sind zugleich theologische Anstöße zu einem ganz neuen Verständnis des Prophetenberufs ausgegangen, kaum zufällig gerade vom Priester-Propheten Ezechiel, der in der Tora-Unterweisung geschult worden war. In diesen Jahren *ist Ezechiel zum Seelsorger geworden*, als der er sich stärker als seine Vorgänger an einzelne Menschen gewandt hat: eine modifizierte Form des Einsatzes prophetischer Gebetsvollmacht für einzelne Bittsteller in der vorexilischen Prophetie[9]. Voraussetzung für die neue Gestalt der Seelsorge war das schon erfolgte göttliche Gericht, also die Zerstörung Jerusalems zusammen mit dem Exil. Zwei verschiedene Typen von Menschen wenden sich im Exil an den Propheten um Rat, die unterschiedlicher kaum sein könnten. Die einen sagen: „Die Väter essen unreife Früchte, und den Söhnen werden die Zähne stumpf" (18,2); sie behaupten damit, dass sie im Exil eine Schuld büßen, die gar nicht die ihre ist: im Ansatz ein Generalangriff gegen das traditionelle Kollektivdenken in Israel. Ezechiel hat die Argumentation dieser Zeitgenossen scharf zurückgewiesen. Aus seiner Sicht steht das Leben jedes Einzelnen im Gottesvolk in einer unmittelbaren Beziehung zu Gott. Weder verbaut die Gottlosigkeit des Vaters dem Sohn seine Gottesbe-

---

[8] Vgl. W. Zimmerli, Erkenntnis Gottes nach dem Buche Ezechiel (1954), in: ders., Gottes Offenbarung, 41–119; ders., Grundriß, 181ff.

[9] Vgl. dazu ausführlich J. Jeremias, Kultprophetie und Gerichtsverkündigung in der späten Königszeit Israels (WMANT 35), 1970, 140–149.

ziehung, noch nützt ihr die Frömmigkeit des Vaters. Der Wille Gottes ist allen Generationen durch Priester, Lehrer und Propheten vertraut. Insofern steht die Exilsgeneration vor keiner anderen Aufgabe als frühere Generationen: Gerechtigkeit zu üben und auf diese Weise das Leben zu erhalten, ja mehr: Leben im Vollsinn zu gewinnen, das mit einer intakten Gottesbeziehung auch ein intaktes Verhältnis zum Nächsten impliziert[10]. Was aber Gerechtigkeit meint, erläutert Ezechiel im Anschluss an überliefertes priesterliches Sakralrecht mit charakteristisch negativen („wer … nicht tut, …") und bewusst generellen Formulierungen, ohne auf die spezifischen Verhältnisse des Exils einzugehen.

Die andere Gruppe von Menschen, die zu Ezechiel kommt, um von ihm Rat zu empfangen, sieht ihre Situation im Exil genau entgegengesetzt. Sie fühlt sich so stark von Schuld belastet, dass sie ein vollgültiges Leben für sich als unmöglich betrachtet und sich nur noch ohne Perspektive dahinsiechen sieht (33,10). Diesen verzweifelten Menschen begegnet der Prophet mit formal ähnlichen, in der Tendenz aber charakteristisch andersartigen Argumenten. Das Gestern ist für den Menschen keine Last, die ihm ständig anhängt. Was Gott von ihm erwartet, betrifft das Heute, sein Verhalten in der Gegenwart. Der bislang Gottlose wird nicht an seiner Schuld von gestern zugrunde gehen, sondern Leben erlangen, wenn er heute Gerechtigkeit übt. Allerdings gilt auch das Umgekehrte: Der gestern Gerechte wird sein Leben verspielen, wenn er sich heute als Frevler erweist. Über all diesen Ratschlägen aber steht der theologische Grundsatz des Propheten, der ihm so wichtig ist, dass er ihn mit einem feierlichen Schwur Gottes eingeleitet sein lässt und der Martin Luther in seiner Auseinandersetzung mit Erasmus von Rotterdam die entscheidenden Gesichtspunkte geliefert hat (33,11):

> So wahr ich lebe – Spruch des Herrn JHWH –: Ich habe keinen Gefallen am Tod des Schuldigen, sondern daran, dass der Schuldige von seinem Weg umkehrt und Leben gewinnt. Kehrt um, kehrt um von eueren schlimmen Wegen! Warum wollt ihr denn sterben, Haus Israel?

Diese an den verzweifelten Einzelnen gerichtete Ermutigung, die ebenso priesterliches wie prophetisches Erbe ist, steht bei Ezechiel logisch unausgeglichen in Spannung zu den zuvor in Teil I behandelten Texten, in denen der Prophet sich nicht in der Lage sieht, zwischen Gerechten und Schuldigen in Israel zu unterscheiden, vielmehr Israel als Ganzheit in einer lückenlosen Schuldgeschichte verhaftet sieht (Ez 20), so dass Gott im Zorn dieses Volk hart strafen und ins Exil verbannen muss; vor Gott ist es tot, und er muss die Totengebeine neu beleben, damit Israels Gottesbeziehung nicht im Exil endet. Diese Spannung aber ist kein denkerischer Unglücksfall, sondern sie ist theologisch notwendig. Sie entspricht sachlich der berühmten Spannung in Phil 2, wo Paulus die Philipper auffordert, „mit Furcht und Zittern" auf ihre eigene

[10] Vgl. Genaueres bei W. Zimmerli, „Leben" und „Tod" im Buche des Propheten Ezechiel, in: ders., Gottes Offenbarung. Ges. Aufs. (TB 19), 1963, 178–191.

Rettung hin zu wirken, um fortzufahren, dass Gott es ist, der sowohl das Wollen als auch das Vollbringen bewirkt (Phil 2,12f.). Jedenfalls ist die genannte Spannung keineswegs erst nachgeborenen Exegeten aufgefallen, sondern schon den Tradenten Ezechiels, wenn sie neben die Verheißung des neuen, fleischernen Herzens und des neuen Geistes (11,19f.; 36,26f.) den prophetischen Aufruf in 18,31 gestellt haben:

> Werft alle eure Vergehen von euch, mit denen ihr euch vergangen habt, und schafft euch ein neues Herz und einen neuen Geist! Warum wollt ihr denn sterben, Haus Israel?

Noch eine zweite neue Funktion ist dem Propheten im Exil[11] zugewachsen: *Ezechiel ist von JHWH zum „Wächter" bestellt worden (33,1–9; 3,17–21).* Zwar ist der Begriff in der Geschichte der Prophetie nicht völlig neu (vgl. etwa Hos 9,6 oder Hab 2,1), aber er besagt bei Ezechiel etwas charakteristisch Anderes als in der vorausgegangenen Prophetie. Die Wächterfunktion des Propheten ist nämlich wiederum auf den Einzelnen gerichtet. Als Wächter muss Ezechiel die Stadt vor drohender Gefahr warnen; er muss insbesondere dafür Sorge tragen, dass er mit seiner Warnung jeden Einzelnen erreicht. Weil die Rettung aus der Feuersbrunst Jerusalems noch keineswegs den dauerhaften Gewinn des Lebens bedeutet, droht allen Überlebenden große Gefahr. Zwar wird der Prophet von Gott nicht für die Wirkung seiner Warnung auf die je Einzelnen verantwortlich gemacht, wohl aber dafür, dass jeder Einzelne die Warnung erfährt und weiß, dass Lebensgefahr droht. Fragt der Leser, vor welcher Gefahr der Prophet denn warnen soll, so stößt er auf ein Paradox, das tiefer theologischer Reflexion entsprungen ist: *Der Auftraggeber der Warnung und die Gefahr, vor der gewarnt werden muss, sind identisch.* Warnen muss Ezechiel vor dem Gott, der die Überlebenden der Katastrophe weiterhin und nicht weniger als ihre Väter im Fall des Ungehorsams bedroht. Zugleich aber ist es derselbe Gott, der das Leben und nicht den Tod seiner Menschen will und ebendarum selber dafür sorgt, dass vor der Gefahr des Lebensverlusts gewarnt wird, die niemand Anderes als er selber über diejenigen Menschen zu bringen droht, die auch nach dem Gottesgericht genauso weiterleben wie zuvor. So dient der zuvor zitierte theologische Grundsatz der Seelsorge Ezechiels (33,11) ebenso für seine Wächterfunktion, nur dass diese mit einem noch größeren Ernst ergeht: Wer im Exil die „Umkehr" versäumt, ist endgültig verloren.

2. Ex 32–34: Verwerfung Gottes und Gottes Bund

Gibt es nach 587 v. Chr. noch ein Gottesverhältnis Israels und, wenn ja, unter welchen Bedingungen kann es gelingen, wenn denn die Zerstörung Jerusalems

---

[11] So die Mehrheitsmeinung. Krüger, a.a.O. (o. S. 189, Anm. 86) 345ff., erwägt behutsam, ob das Wächteramt auch schon für die Anfangsjahre der Prophetie Ezechiels gegolten haben könnte.

und seines Tempels Strafe Gottes für Israels schwere Schuld war, wie die kritischen Propheten verkündet hatten? Diese grundlegende Frage beantwortet der theologisch gewichtige, oft unterschätzte Textblock Ex 32–34, der der dtr Theologie zuweilen nahesteht, aber in wesentlichen Aussagen ganz eigene Wege geht. Im Endtext des Pentateuchs trennt er auffällig abrupt die Anweisungen Gottes zum Bau des Heiligtums in der Priesterschrift (P) mit deren Zuwächsen (Ex 25–31) von den zugehörigen Ausführungsbestimmungen in Ex 35ff., um den Lesern des Alten Testaments darzulegen, unter welchen theologischen und anthropologischen Voraussetzungen der Bau des Heiligtums möglich war. Der Hauptstrang der Texte in Ex 32–34 ist aber älter als ihr Kontext. Er beantwortet die eingangs genannte Frage in drei Schritten: Er beschreibt zunächst die Schuld, die zur Katastrophe führte, und deren Folgen (Ex 32), bedenkt dann den Einschnitt, den Israels Schuld in seine Gottesbeziehung brachte (Ex 33), und schildert zuletzt als Höhepunkt den von Gott ausgehenden Neubeginn, der die Gegenwart der Leser bestimmt (Ex 34). Obwohl auch innerhalb von Ex 32–34 deutlich Wachstumsspuren zu erkennen sind, sind die Texte doch überwiegend in einem überschaubaren Zeitraum entstanden und eng aufeinander bezogen. Sie bilden eine sachlich sehr geschlossene literarische Einheit, die sehr wahrscheinlich auf Ex 32* als noch isolierter Einzelerzählung fußt, mit der ursprünglich aus Sicht judäischer Theologen der Untergang des Nordreichs Israel gedeutet werden sollte[12], wohingegen Ex 32–34 mit dieser Schuld auch den Untergang Judas begründet, ja sie als Grundschuld des Gottesvolks zu allen Zeiten versteht.

a. Die Verwerfung Gottes (Ex 32)

Wesentlich für die Darstellung der *Schuld Israels in Ex 32* ist, dass sie als *unüberbietbar schwer* verstanden sein will. Sie findet noch in den Tagen der grundlegenden Offenbarung Gottes am Sinai statt und stellt mit dem Bau des „Goldenen Kalbes" eine unmittelbare *Verwerfung des lebendigen Gottes* dar, der sich soeben ein erstes Mal als der Gott Israels zu erkennen gegeben hat, kaum dass Mose einmal für wenige Tage abwesend war. Schon in der Stunde der ersten Offenbarung Gottes hat Israel Gott sogleich von sich gestoßen, auch wenn das Volk den von ihm selbst (zusammen mit Aaron) „gemachten" Gott noch JHWH nennt (V.5).

Dass nicht weniger als eine Verwerfung Gottes gemeint ist, zeigt die Erzählung vom Bau des „Goldenen Kalbes" an mehreren Stellen. Zum einen betont sie wiederholt, dass das Volk von Aaron die Herstellung (das „Machen") eines Gottes verlangt habe und Aaron diesem Wunsch gefolgt sei (V.1.4). Wie

[12] Vgl. bes. E. Aurelius, Der Fürbitter Israels, 57ff. 75–77 und in seinem Gefolge E. Blum, Pentateuch, 75; M. Konkel, Sünde und Vergebung, 248. 280–282.

schwer dieser Vorwurf wiegt, kann man erst auf dem Hintergrund der altorientalischen Tradition von der Herstellung von Gottesbildern ermessen: Hier musste jede noch so gut gemeinte Initiative eines Königs zum Bau des Bildes einer Gottheit auf kompliziertem Weg bis in alle Einzelheiten hinein von der Gottheit selber legitimiert werden[13]. Das „Goldene Kalb" ist aus dieser Perspektive betrachtet in jeder Hinsicht illegitim. Dennoch wird das Exodus-Bekenntnis, für den Propheten Hosea das Grundmerkmal des biblischen Gottesverständnisses („Ich bin JHWH, dein Gott, vom Land Ägypten her", Hos 12,10; 13,4), betont auf den „gemachten" Gott übertragen (Ex 32,4)[14]. Der „gemachte" Gott tritt für Israel an die Stelle des Gottes der Geschichte. Zudem orientiert sich die Darstellung des Gottesdienstes vor dem „gemachten" Gott bewusst an der Darstellung des ersten Gottesdienstes Israels, wie er vom Gottesvolk als Reaktion auf die Theophanie gefeiert wurde (vgl. Ex 32,6a mit 24,5)[15]. Er will diesen also ersetzen, nur dass die mühevolle zweitägige kultische Vorbereitung (Ex 19,10–15) entfällt und mit der „Belustigung" noch ein typisch „kanaanäisches" Element des Gottesdienstes hinzutritt, das der Rigorismus der Theologie Hoseas strikt abgelehnt hatte (Hos 2,13–15; 9,1–5 u.ö.). Der jüngere Text in Ex 32,7f. summiert diese Tatbestände zu einem eindeutigen und erschreckenden Ergebnis: Dieses Israel ist in den Augen Gottes nicht mehr sein, sondern nur noch Moses Volk.

Wie ist es zu dieser Darstellung gekommen, die evident nicht einfach ein historisches Einzelereignis photographisch genau abbilden möchte? Seit langem ist der thematische *Zusammenhang zwischen Ex 32 und 1 Kön 12,25–30* erkannt, dem Bericht von den beiden „goldenen Kälbern"[16], die Jerobeam I., der erste König eines selbständigen Nordreichs, in Bethel und Dan, also im äußersten Süden und äußersten Norden seines Staates, errichten ließ, damit dieser Staat künftig unabhängig von Jerusalem bestehen könne. Wahrscheinlich sollten die beiden Jungstiere von Haus aus wie die Jerusalemer Lade als Postamente des unsichtbar über ihnen stehenden oder thronenden JHWH verstanden werden. In jedem Fall aber sollten sie legitime Symbole JHWHs sein – man denke nur daran, wie die Stiersymbolik auch etwa die Sprüche Bileams prägt (Num 23,22; 24,8) –, so gewiss über diese Symbolik gleichzeitig „kanaanäische" Vorstellungen auf breiter Ebene Einfluss auf den JHWH-Glauben genommen haben, weil der Stier auch Symbol (Els und) Baals war.

Aus judäischer Sicht fiel das Urteil über die Symbolik der beiden Staatsheiligtümer freilich ganz anders aus, wie 1 Kön 12 zeigt. Wenn das spätere DtrG sagt, dass das Nord-

---

[13] Vgl. A. Berlejung, Die Theologie der Bilder. Herstellung und Einweihung von Kultbildern in Mesopotamien und die alttestamentliche Bilderpolemik (OBO 162), 1998.

[14] Dabei wird der Begriff אלהים, der unbestimmt „Gott" (V.1: „Mach uns einen Gott …!") und „Götter" bezeichnen kann, unter dem Einfluss von 1 Kön 12,28 (s.u.) polemisch in letzterem Sinn gedeutet.

[15] „Die Grundschicht von Ex 32 erhält ihre theologische Dramatik erst, wenn sie als antithetische Fortsetzung zu Ex 19 …; 20,18.20; 24,4aγ.5* … gelesen wird." (Zenger, Wie und wozu die Tora zum Sinai kam [o. S. 107, Anm. 75], 281f.).

[16] Vermutlich sind Bilder eines kraftvollen Jungstiers aus Holz mit einem Goldüberzug gemeint.

reich primär wegen der „Sünde Jerobeams" untergegangen sei, so ist diese Einschätzung in 1 Kön 12,26ff. vorgezeichnet. Die Maßnahmen Jerobeams werden als reine Willkürakte beschrieben, die ehrwürdigen Traditionen beider Heiligtümer, die für Bet-El breit belegt sind (vgl. nur Gen 28), werden verschwiegen. Besonders die Mehrzahl der „Kälber" hat für den judäischen Erzähler sogleich die Assoziation „Götter" (V.28) mit sich geführt; ja er kann sogar von Opfern Jerobeams „für die Kälber, die er gemacht hatte" (V.32), reden und stellt den Kult der Staatsheiligtümer auf eine Ebene mit dem Kult auf den „Höhen" (V.31).

Die schroffe Ablehnung der *Kultmaßnahmen Jerobeam I.* ist nun *in Ex 32* dahingehend gesteigert worden, dass diese Maßnahmen hier *enthistorisiert* und in die mosaische Urzeit der Glaubensgeschichte des Gottesvolkes eingezeichnet worden sind. Sie sind auf diese Weise zu Handlungen geworden, die das Wesen dieses Volkes von allem Anfang an kennzeichnen wollen. Freilich gilt es hier zu differenzieren. Als isolierter Text hat Ex 32 die genannte Tendenz zur Generalisierung der „Sünde Jerobeams" zunächst nur zur Charakterisierung der wesensmäßigen Schuld des Nordreichs genutzt, um dessen Untergang 722 v. Chr. zu begründen. Dafür spricht insbesondere das Ende der Erzählung, in dem davon berichtet wird, wie Mose nach der Vernichtung des „Goldenen Kalbes" vergeblich versucht hat, für sein Volk bei Gott „Sühne" zu erwirken, wobei er Gott sogar die Preisgabe seines Lebens anbot, obwohl er selber unschuldig war. Angesichts der Größe der Schuld aber hat Mose bei Gott statt Vergebung der Schuld nur Strafaufschub erreicht hat, weil Gott seine Verheißung der Landgabe an Israel zuvor realisieren wollte (Ex 32,30–34). Mit dem Strafaufschub ist aller Wahrscheinlichkeit nach auf den Untergang des Nordreichs angespielt[17].

Das Erstaunliche ist aber nun, dass Ex 32 in seiner gegenwärtigen (exilischen) Gestalt als Bestandteil des literarischen Blocks Ex 32–34 die Schuld ganz Israels charakterisieren will, also einschließlich Judas, obwohl Juda an den Kultmaßnahmen Jerobeams unbeteiligt war. Das ist nur möglich, wenn sich Ex 32 zwischenzeitlich von seinem ursprünglichen stofflichen Haftpunkt in 1 Kön 12 konzeptionell so weit gelöst hatte, dass es zur *Charakterisierung der Urschuld des Gottesvolks als ganzen* dienen konnte. Diese Urschuld bestand nun darin, dass das Gottesvolk schon in der Stunde der Offenbarung des lebendigen Gottes viel lieber einen Gott nach eigener Anschauung verehren wollte, weil er ihm überschaubar und nach eigenen Vorstellungen handhabbar war, während ihm der lebendige Gott undurchschaubar und fremd blieb. Der von ihm als Gottessymbol hergestellte Jungstier dagegen war in seiner Potenz evident. Ein intaktes Gottesverhältnis Israels hat es nach Ex 32 nie

[17] So schon B. Baentsch, Exodus-Leviticus (HAT I/2), 1903, 273 und danach etwa L. Perlitt, Bundestheologie im AT (WMANT 36), 1969, 209. Möglicherweise zielte auch die Betonung Gottes, nur die Schuldigen sollten zur Rechenschaft gezogen werden, ursprünglich darauf ab, dass Juda an der Errichtung der Stierbilder unbeteiligt war und daher fortbestehen konnte; so E. Otto, ZAR 15 (2009), 349f.

gegeben; vielmehr hat Israel von Anfang an einen Gott „nach eigenem Geschmack" (Hos 13,2) verehrt.

Mit dieser Zuspitzung der Schuld Israels nimmt Ex 32 prophetische Gedanken auf. „Ex 32 transportiert die Gerichtsprophetie des Nordreichs an den Sinai."[18] Die klassischen Propheten haben mehrfach hervorgehoben, dass das Gottesvolk von Anbeginn seiner Geschichte Schuld auf sich geladen hat, also wesensmäßig abtrünnig war. Ich nenne nur zwei Beispiele. Für Hosea hat das in Jakob verkörperte Gottesvolk „schon im Mutterleib seinen Bruder betrogen" und, kaum herangewachsen, „mit Gott gestritten" (Hos 12,4). Für Ezechiel hätte Gott, wenn er nach menschlichen Maßstäben konsequent gewesen wäre, sein Volk schon in Ägypten und während der Wüstenwanderung im Zorn vernichten müssen, weil es von Anfang an seinen Gott von sich wies (Ez 20,8.13 21).

Literarisch besteht der wesentliche Unterschied zwischen dieser jüngeren, Juda einschließenden Fassung von Ex 32 gegenüber der älteren darin, dass in Gestalt von *Ex 32,7–14* unmittelbar nach dem Bericht von der Herstellung des „Goldenen Kalbes" schon eine *erste Fürbitte des Mose vor Gott* (in typisch dtr Wortwahl und Stil) erfolgt, die im Unterschied zur schon erwähnten Fürbitte am Ende der Erzählung erfolgreich ist. Über diese scheinbare Diskrepanz hat man sich häufig gewundert. Zumeist ist jedoch übersehen worden, dass diese erste Fürbitte des Mose sachlich ein ganz anderes Thema betrifft als die zweite, in der Mose Gottes harte Strafe verhindern möchte. In Ex 32,7–14 ist nämlich ein erstes Mal im Pentateuch von *Gottes Zorn gegen Israel* (und nicht nur gegen einzelne Schuldige wie in den voranstehenden Texten) die Rede, und zwar sogleich dreimal. Gottes Zorn aber ist für Ex 32,7–14 – wie für die meisten Texte des Alten Testaments – prinzipiell tödlich. Mit dem Aufflammen des göttlichen Zorns, gegen den Mose ankämpft, steht also die Existenz Israels auf dem Spiel. Gott will Israel im Zorn vernichten, weil es ihn schon in der Stunde der Offenbarung von sich gewiesen hat, um einem Gott zu dienen, der seinen eigenen Vorstellungen entspricht[19].

Aber dazu ist Gott, wie Ex 32,7–14 dem Leser vergewissernd sagen will, gar nicht fähig. Er müsste erst Mose gewinnen, den er in V.10 bittet: „Lass mich, dass mein Zorn wider sie entbrenne und sie verzehre!" Ohne Moses Einwilligung kann und will Gott nach Ex 32,7–14 Israel nicht vernichten; Mose ist sozusagen zum Wächter über Gottes Zorn ermächtigt worden. Er ist aber keineswegs bereit, sein Volk der Vernichtung auszuliefern. Vielmehr beharrt er darauf, dass Israel – mit all seiner wesensmäßigen Abtrünnigkeit – weiterhin Gottes Volk ist und bleibt. Er bietet in seiner Fürbitte eine Fülle von Argumenten auf, die Gott beweisen wollen, dass er weder jetzt noch jemals zukünftig sein Volk auslöschen kann: Mit einer solchen Vernichtung würde Gott nicht nur das Scheitern seiner Geschichte mit Israel öffentlich dokumentieren (V.11); er würde zusätzlich (mit Ägypten) die ganze Völkerwelt angesichts dieses Schei-

[18] M. Konkel, Sünde und Vergebung, 143.
[19] Vgl. zum Unterschied der beiden Fürbitten des Mose J. Jeremias, Der Zorn Gottes, 143 ff.

terns für immer verlieren (V.12) und überdies noch – eine letzte (literarisch noch einmal jüngere) Steigerung – seinen Eid gegenüber den Erzvätern brechen (V.13). Jedes dieser Argumente des Mose ist nach Meinung des Textes schon für sich ausreichend; zusammen genommen sind sie schlechterdings zwingend.

Nun ist für jeden verständigen Leser des Textes sogleich deutlich, dass Mose mit den Argumenten seiner Fürbitte nur formal Gott überzeugen will, der Sache nach aber auf die Leser zielt. Die Leser sollen vergewissert werden, dass Gott zwar Israel strafen kann – und angesichts seiner eigenen Verwerfung durch das Volk auch strafen muss – und deshalb die Bitte des Mose um Straffreiheit und „Sühne" nicht erfüllen kann. *Aber Gott kann sein Volk nicht vernichten,* und um dieser für Israel – besonders im Exil – lebensnotwendigen Vergewisserung willen ist Ex 32,7–14 an den Anfang gestellt. Der Vergewisserung dient an dieser Stelle *Gottes „Reue"*, um die Mose bittet (V.12) und die Gott praktiziert (V.14). Hier greift Ex 32 erneut einen Gedanken der klassischen Prophetie (Am 7; Hos 11) auf. Der Zorn Gottes ist für Hos 11 wie für Ex 32 eine spontane Reaktion in Gott, wenn schwerste Schuld geschieht und insbesondere seine Güte und schützende Nähe von Israel abgewiesen werden. Gottes „Reue" dagegen ist nach Hos 11,8f. eine reine Gegenkraft in Gott, die sich dann Raum schafft, wenn Gottes Zorn auflodert und Israel vernichten will[20]. Diese Gegenkraft ist stärker als sein Zorn und lässt ihn nicht zur Entfaltung kommen. Gottes „Reue" besagt, dass die Sorge um sein Volk stärker ist als seine Strafgerechtigkeit. *So ist in Ex 32 von Gottes Zorn nur darum die Rede, weil Gott selber ihn am Auflodern hindert.*

Mit Ex 32 bekennt Israel (im Exil), *dass seine fortbestehende Existenz* (trotz der Verluste vieler Menschenleben beim staatlichen Untergang) *ein reines Wunder ist.* Seine Schuld war derart, dass seine Vernichtung die logische Konsequenz gewesen wäre. Es verdankt seine Existenz der Fürbitte des einzig Schuldlosen, Mose, vor allem aber Gottes „Reue", d.h. seinem Willen, seinen – berechtigten(!) – Zorn nicht zur Entfaltung kommen zu lassen.

Die Erzählung vom „Goldenen Kalb" hat zwei theologisch bedeutsame Fortschreibungen erhalten. Die eine bestand in der *Einführung der zwei Tafeln mit Gottesschrift* (V.15ff.), „die hier keinen anderen Sinn und keine andere Funktion (haben) als die, zerbrochen zu werden"[21], um in Ex 34 neu angefertigt und beschriftet zu werden. Mit Einführung der Tafeln verschiebt sich die Schuld des Gottesvolks: Jetzt tritt der Gegensatz zwischen dem schriftlichen Gotteswillen und dem von Israel gewünschten abbildbaren Gott, also der Gegensatz zwischen Wort und Bild, in den Vordergrund, wie er das Bilderverbot im Dekalog und besonders dessen predigtartige Ausgestaltung in Dtn 4 bestimmt (vgl. Teil III, S. 371ff.).

---

[20] Vgl. Näheres zur „Reue" Gottes o. S. 145.

[21] L. Perlitt, Bundestheologie, 210. – Dass das Tafelmotiv in Ex 32 und 34 nicht zum Grundbestand der Erzählung gehört, hat jüngst noch einmal M. Konkel, Sünde und Vergebung, 237ff. mit gewichtigen Gründen aufgewiesen.

Beim zweiten Fall handelt es sich um eine Neufassung der Erzählung. Die Geschichte vom „Goldenen Kalb" gehört zu den wenigen Texten im Alten Testament, die in zwei Fassungen überliefert worden sind. Das DtrG hat mit *Dtn 9,7–10,10* einen Rückblick des Mose auf die Ereignisse der Wüstenzeit tradiert, in dem die Verwerfung Gottes durch die Errichtung des „Goldenen Kalbes" beherrschend im Zentrum steht. Gegenüber Ex 32 sind zwei gewichtige Veränderungen vorgenommen worden. Zum einen wird Israels Schuld noch einmal erheblich gesteigert. Das Gottesvolk hat sogleich nach dem Exodus aus Ägypten und während der gesamten Wüstenzeit durch sein mangelndes Vertrauen Gott erzürnt (Dtn 9,7.22f.), so dass Gott es rechtens schon vor seiner Offenbarung am Sinai bzw. Horeb hätte vernichten müssen. Gottes Verwerfung in der Errichtung des „Goldenen Kalbes" (9,8–21) war kein Einzelfall, sondern nur die Konsequenz permanenter Zurückweisungen Gottes zuvor und danach. Zum anderen kämpft Mose nun nicht nur einmal, sondern dreimal mit der Vollmacht seiner Fürbitte gegen Gottes Zorn an, und zwar jeweils 40 Tage und 40 Nächte unter Fasten, und seine Fürbitte ist – anders als in Ex 32 – jeweils erfolgreich. Alles Zwiespältige im Mosebild von Ex 32 wird beseitigt. Sachlich steigern beide Modifikationen die Intention von Ex 32: Israels Schuld von allem Anfang seiner Gottesbeziehung an wird noch stärker hervorgehoben, aber gleichzeitig auch Gottes Unfähigkeit, seinen menschlichen Partner – trotz dessen wesensmäßiger Widerspenstigkeit ihm gegenüber – je zu vernichten. An dieser Vergewisserung für alle Zukunft ist dem Text entscheidend gelegen.

b. Gottes Nähe trotz Israels Schuld (Ex 33)

Auch wenn Gottes Zorn nicht vollstreckt wird, so hat doch Israel sein Gottesverhältnis mit der Verwerfung Gottes in Moses Abwesenheit tiefgreifend verändert. Bevor es in Ex 34 auf ein neues Fundament gestellt wird, erörtern mehrere voneinander unabhängige, aber aufeinander bezogene Fortschreibungen in Ex 33 (V.1–6. 7–11. 12–17. 18–23), welche Nähe Gottes zu Israel bzw. zu Mose nach den Ereignissen von Ex 32 noch möglich ist. In den beiden für den Kontext zentralen Abschnitten (V.1–6 und 12–17) wird darüber hinaus gefragt, auf welche Weise Gott unter den neuen Umständen seine Verheißung der Landgabe noch realisieren könne.

Die erste, jüngere Antwort in *Ex 33,1–6* verhandelt diese Frage bewusst in den Kategorien von Ex 32,7–14[22]. Israel wird von Gott vergewissert, dass es ein schützendes Geleit auf seinem Weg ins verheißene Land erhalten wird, aber es wird nicht Gott selber sein, der es geleiten wird. Würde er es geleiten, könnte er es jederzeit urplötzlich im Zorn vernichten, weil Israel „halsstarrig" ist, wie in typisch dtr Terminologie gesagt wird, d.h. zu jeglicher Wesensänderung unfähig (V.3.5). Die Gefahr, die vom göttlichen Zorn ausgeht, scheint mit Moses Fürbitte in Ex 32 noch keineswegs vollständig gebannt zu sein, sondern das Gottesvolk auch weiterhin zu bedrohen. Jedoch gilt in Ex 33,1–6

[22] Vgl. nur Gottes Weigerung, Israel als sein Volk anzuerkennen (Ex 32,7; 33,1), seinen ihn bindenden Eid gegenüber den Erzvätern (32,13; 33,1), die „Halsstarrigkeit" des Volkes (Ex 32,9; 33,3.5) etc.

wie schon in Ex 32, dass vom Zorn Gottes nur darum die Rede ist, weil er nicht vollstreckt wird. Gottes Weigerung, Israel mit seiner Präsenz zu geleiten, macht seiner Zusage Platz, wie in Ex 23,20ff. seinen Engel mit Israel zu senden. *Dieser Engel ist* in Ex 33,1–6 nichts Anderes als *die personifizierte Güte Gottes,* anders ausgedrückt: Er ist der Israel zugewandte Gott, der die Bereitschaft, bei schwerer Schuld seines Volks seinen Zorn auflodern zu lassen, abgelegt hat. Gott verweigert also nicht Israels Begleitung, sondern er verzichtet in der Fürsorge für sein Volk auf seine Fähigkeit, sein Volk zu vernichten. Gottes Engel ist *Symbol der Selbstbeschränkung seiner Macht.* Als Zeichen des Verstehens legt das Volk in dieser Stunde, auch wenn es „halsstarrig" bleibt, auf Befehl Gottes hin jenen Schmuck ab, mit dem es in Ex 32 das „Goldene Kalb" hatte herstellen lassen und verhindert auf diese Weise eine Wiederholung seiner Schuld – zumindest auf seinem Weg in das Land.

Der – deutlich ältere – Abschnitt *Ex 33,12–17* ist in seiner Intention sehr ähnlich wie V.1–6 ausgerichtet, auch wenn er ganz auf das Verhältnis Gottes zu Mose als Israels Repräsentanten zugespitzt ist. Wenn Mose hier unter Verweis auf seine begünstigte Stellung vor Gott (vgl. das wiederholte: „Wenn ich Gnade gefunden habe in deinen Augen …") um den Geleitschutz Gottes für Israel bittet, so setzt er voraus, dass Israel nach wie vor Gottes Volk ist und vor Gott in einer herausgehobenen Position steht (V.13.16). Gottes Antwort will im Kontext als Reaktion auf das beharrliche Drängen des Mose verstanden sein und keineswegs als eine Selbstverständlichkeit: *Gottes „Angesicht", d.h. seine „verselbständigte zugewandte Seite"*[23] *wird Israel geleiten* und ihm „Ruhe verschaffen" durch Hilfe gegen alle Feinde und Widersacher auf dem Weg und im Land (V.14). Auch hier steht Gottes Zorn als – freilich ungenannte – potentielle Gefahr im Hintergrund, die durch Moses Ringen mit Gott alle bedrohliche Macht einbüßt.

Der abschließende Passus, *Ex 33,18–23,* von dem schon o. S. 106 die Rede war, ist dagegen nicht mehr von der Frage der Führung Gottes auf Israels Weg ins verheißene Land geleitet, sondern ist eine Art vorwegnehmender Kommentar zur Theophanie in Ex 34. In ihm wird traditionelle Terminologie der Jerusalemer Tempeltradition („Herrlichkeit Gottes", „Schau Gottes", „Angesicht Gottes" etc.) mit dem Kontext von Ex 32–34 verbunden. Das Ergebnis ist: „Eine Gottesbegegnung ist nach Ex 33,18. 21–23 auch für Mose nur unter dem Gerichtsvorbehalt möglich"[24], d.h. *selbst Mose*, obwohl herausgehobenes Glied seines Volkes und persönlich schuldlos, erfährt nach der Errichtung des „Goldenen Kalbes" *Gott zwar als gütig und gnädig* – das betont vorwegnehmend der jüngere V.19 –, *aber zugleich als ihm gefährliche Macht, vor der er von Gott selbst geschützt werden muss.* Wie beides miteinander zusammenhängt, wird Ex 34,6f. darlegen[25].

---

[23] F. Hartenstein, Das Angesicht JHWHs (FAT 55), 2008, 274.

[24] Hartenstein, ebd. 281.

[25] Mit anderen Vorstellungskategorien beschreibt der vermutlich nach-priesterschriftliche Text Ex 33,7–11 diesen Zwiespalt. Zwar hat nach ihm Mose ungehinderten Zugang zu Gott am „Zelt der Begegnung" und kann die Anliegen des Volkes vor Gott bringen, aber das Zelt steht „außerhalb des Lagers, weit vom Lager entfernt". Gott ist nicht mehr wie bei P „inmitten seines Volkes"; die Israeliten können nur Mose nachblicken, wenn er zum Heiligtum geht.

c. *Gottes Wesensoffenbarung und Gottes Bund (Ex 34)*

Ist mit Ex 32 und 33 geklärt, dass Gott Israel nicht im Zorn vernichten wird, dass er vielmehr zu seiner Verheißung stehen wird, Israel das Land zu schenken, so bleibt bislang doch die entscheidende Frage ungeklärt, wie ein Gottesverhältnis Israels in Zukunft möglich sein soll, nachdem das Gottesvolk mit der Errichtung des „Goldenen Kalbes" sein wahres Wesen offengelegt hat. Ex 34 bietet auf diese Frage eine doppelte Antwort: Eine Zukunft Israels und seines Gottesverhältnisses – also ein Fortbestehen Israels nach dem Ende seiner staatlichen Existenz – ist nur möglich, weil der lebendige Gott 1. ein Gott ist, der bereit ist, Israels Schuld zu vergeben, und der darüber hinaus willens ist, sein Volk trotz dessen abtrünniger Wesensart zu ertragen, und 2. weil Gott mit Israel einen Bund schließt, mit dem er sich auf Dauer an sein Volk bindet. Beide Antworten sind für die „reife" Theologie des späteren Israel so grundlegend und konstitutiv geworden, dass sie ausführlich in Teil III dieses Buches behandelt werden sollen (Kap. A und B). Im hiesigen Zusammenhang sollen vorwegnehmend nur einige Grundlinien aufgezeichnet werden.

α. *Die Enthüllung des Wesens Gottes*

Zur Fortsetzung der von Israel aufgekündigten Gottesbeziehung ist das Gottesvolk selber gänzlich unfähig. Es bedarf einer neuen Offenbarung Gottes, die jetzt freilich nicht mehr wie in Ex 19 dem Volk, sondern nur noch Mose zuteil wird, dem einzigen Schuldlosen. Jedoch erfährt Mose bei seiner Gottesbegegnung weit mehr, als Israel bei der Theophanie von Ex 19 erfahren hatte, aber was er erfährt, betrifft nicht ihn persönlich, sondern das Gottesvolk insgesamt. Gott enthüllt Mose sein Wesen in einer Selbstdefinition (Ex 34,6f.), die Israels schuldige Wesensart im Blick hat; das spätere Israel hat sich immer wieder auf sie berufen, ob in seinen Hymnen wie Ps 103 und 145, ob in Notlagen wie Ps 86,15 und Joel 2,12f. oder in seinen Zukunftserwartungen wie Jona 3f. und Mi 7,18f., ob in präzisen Zitaten oder nur in Anspielungen. Nur weil Gott ist, wie er ist, ist eine Gottesbeziehung eines Israel möglich, das den lebendigen Gott schon in den Tagen seiner Offenbarung von sich gestoßen hat.

> JHWH, JHWH: ein barmherziger und gnädiger Gott,
> langsam zum Zorn, aber reich an Güte und Treue:
> der Güte Tausenden bewahrt, der Schuld, Verbrechen und Vergehen vergibt,
> aber ganz ungestraft lässt er nicht … (Ex 34,6–7a)

Das erste, was an dieser Wesensoffenbarung Gottes auffällt, sind die Adjektive und Partizipien, mit denen Gottes Wesen umschrieben wird und die das ältere Israel in seinen Gottesaussagen weitgehend vermieden und möglichst umgangen hat. Hier aber sind sie notwendig und am Platz, wo es um das bleibend Gültige, das verlässlich Konstante in Gottes Handlungsweisen geht. Primär werden extrem gegensätzliche Handlungsweisen Gottes einander gegenübergestellt: Gottes Zorn und Gottes Güte (V.6b), seine Strafe und seine Vergebung (V.7). Wesentlich ist, dass sie nicht nur komparativisch voneinander unterschieden werden, um die Güte Gottes von seinem Zorn und seine Vergebungsbereitschaft von seiner Strafe abzuheben, sondern dass ihre grundlegende Unvergleichlichkeit herausgestellt wird: Die „Langsamkeit" zum Zorn steht bei Gott einem grenzenlosen Reichtum an Güte gegenüber, auf menschlicher Seite die Erfahrung der Vergebung bei unzählbaren Tausenden der Erfahrung göttlicher Strafe als Ausnahme bei verschwindend Wenigen. Um die Unvergleichlichkeit dieser Gegensatzpaare noch zu steigern, sind ihnen zwei Adjektive vorangestellt, die keinerlei Einschränkung durch Oppositionsbegriffe erfahren: Gott ist wesenhaft „barmherzig" und „gnädig". Sie bilden die überschriftartigen Leitmotive des göttlichen Handelns.

Nur weil Gott ist, wie er sich selber in den Versen 6f. beschreibt, kann ein Israel, dessen Charakter Ex 32 offengelegt hatte, zu ihm in Beziehung treten. Das Exil hat Israel nicht verändert, aber es hat ihm die Erkenntnis neuer Eigenschaften seines Gottes eröffnet. Nur weil Gott ist, wie er ist, kann es trotz Israels bleibender Wesensart zu einer dauerhaften Gottesbeziehung dieses so problematischen menschlichen Partners kommen. Davon spricht der 2. Teil in Ex 34 (V.10–27).

β. *Gottes Bund mit Israel*

Wegen Israels abtrünnigen Wesens bedarf es einer gültigen Regelung seines Gottesverhältnisses. Für Gottes Bund, der diese Regelung darstellt, ist wesentlich, dass er *Gottes* Bund heißt, womit jede gleichwertige Zweiseitigkeit der Aktionen beider Partner ausgeschlossen wird. Es ist kein Bund *zwischen* zwei Partnern, sondern ein Bund, den Gott allein schließt. Das betonen beide Rahmenverse des 2. Teiles von Ex 34, sowohl V.10 als auch V.27. Beide Verse reden vom Bund, den Gott stiftet. Jedoch legen sie ihre Betonung auf ganz unterschiedliche Aspekte dieses Bundes. Nach der einleitenden jüngeren Konzeption in V.10, die Antwort auf Moses Bitte um Vergebung in V.9 ist[26] und schon Deuterojesaja und das Moselied in Ex 15 voraussetzt, besteht der Bund in Gottes „Wundern", wie sie weltweit noch nie erlebt worden sind und nun vor den Augen Israels Ereignis werden sollen. Gottes „Bund" ist hier die Eröffnung einer neuen Phase der Geschichte Gottes mit seinem Volk nach dem Exil, die alle bisherigen Gotteserfahrungen in den Schatten stellen wird.

---

[26] V.9 ist noch eindeutiger ein später Vers als V.10. Er führt die Begrifflichkeit von Ex 32–33 in Kap. 34 ein, um die drei Kapitel enger zu verbinden und das Thema der Vergebung, das schon V.7 berührt hatte, noch stärker hervorzuheben; vgl. Aurelius, Der Fürbitter Israels, 104f. und bes. W. Groß, Zukunft für Israel, 126ff.

Demgegenüber hatte der ältere Text allen Ton auf die Verpflichtungen Israels gelegt, die am Ende feierlich schriftlich von Mose niedergelegt werden[27]. Sie sind im Lauf der Zeit deutlich angewachsen, insbesondere durch Vorschaltung des 1. und 2. Gebots und durch Zufügungen aus dem exilischen Dtn im dtr Stil. Am vermutlichen Grundbestand des Textes (V.18–23.25f.*) ist bemerkenswert, dass die göttlichen Verordnungen keinerlei ethische, sondern fast ausschließlich kultische Verpflichtungen betreffen, insbesondere solche privilegrechtlicher Art (tierische und pflanzliche Abgaben, Sabbat und Jahresfeste). Offensichtlich sind diese kultischen Verordnungen als Gottes Antwort auf die Errichtung des „Goldenen Kalbes" durch Israel gemeint; sie sollen nicht das Alltagsleben bestimmen, sondern mit ihren Regelungen für den Gottesdienst die Eigenart der Verehrung des wahren Gottes schützen[28].

Auffallen muss, dass sie weitgehend mit entsprechenden Verordnungen des Bundesbuches (Ex 21–23) übereinstimmen. Manche Autoren haben den Grundbestand von Ex 34,18ff. als Vorbild für das Bundesbuch angesehen und dann als sehr alt eingestuft (J. Halbe: vorstaatlich; F. Crüsemann: 9. Jh.) oder zumindest als vor-dtn (E. Zenger; E. Otto). Wahrscheinlicher aber ist das Bundesbuch umgekehrt Vorbild für Ex 34,18ff. gewesen, zusammen mit den analogen Bestimmungen des Dtn (E. Aurelius; E. Blum; D. Carr; M. Konkel)[29].

Im Kontext des abgeschlossenen Alten Testaments handelt Ex 34 von einer Bundes-*Erneuerung* (vgl. die Erneuerung der Tafeln in V.1–4) wie Ex 32 vom „Bundes"-Bruch. Diese Akzentverlagerung hängt damit zusammen, dass die dtr Theologie schon die Sinaitheophanie in Ex 19–24 ganz unter das Thema „Bund" – mit all seinen verschiedenen Nuancen – gerückt hatte. Davon wird in Teill III im Kap. „Gottes Bund mit seinem Volk" näher die Rede sein.

---

[27] Die spätere Überlieferung hat an ihre Stelle den Dekalog gestellt, der nicht von Mose, sondern von Gott selber auf zwei Tafeln geschrieben wird (V.1.4.28), im Anschluss an Dtn 10,1–5.

[28] „The cultic laws appropriate to Israel's cultic sin" (R.W.L. Moberly, At the Mountain of God. Story and Theology in Exodus 32–34 [JSOT.S 22], 1982, 160). „Nicht Stierkult und Ethik ... ist die Alternative, sondern falscher oder richtiger, gottgewollter oder selbsterdachter Kult" (F. Crüsemann, Die Tora, München 1992, 70). Am deutlichsten wird diese Intention durch die Voranstellung des Bilderverbots in V.17.

[29] Literaturangaben in den Forschungsberichten von F.L. Hossfeld, in: S. Beyerle u.a. (Hg.), Recht und Ethos im AT. FS H. Seebass, Neukirchen 1999, 39–59 und von K. Schmid, in: M. Köckert – E. Blum (Hg.), Gottes Volk am Sinai. Untersuchungen zu Ex 32–34 und Dtn 9–10 (VWGTh 18), 2001, 9–40; 31f.

C. Die deuteronomistische Theologie

Keine andere Theologie hat die alttestamentlichen Texte seit dem Exil bis in die Spätzeit so geprägt wie die sog. deuteronomistische (künftig: dtr), deren künstlicher Name (im 19. Jh.) gewählt wurde, um zum Ausdruck zu bringen, dass sie wesentliche Aspekte der wenig älteren deuteronomischen (dtn) Theologie aufgreift und aktualisiert. Da sie weithin Schulsprache spricht, ist sie für geübte Augen zumeist leicht an ihrer Terminologie, dazu an ihrem Sprachrhythmus und ihrer Sprachlogik zu erkennen. Sie bestimmt nicht nur bedeutende Texte der Vätergeschichten (z.B. Gen 22,15–18; 26,3–5), der Darstellung der Offenbarung Gottes am Sinai (z.B. Ex 19,3–8; 24,3–8), des fortgeschriebenen Deuteronomiums, der Bußgebete im Esra- und Nehemiabuch, sondern auch prophetische Texte, besonders des Jeremiabuches, ja noch des nach-alttestamentlichen Schrifttums und hat über letzteres sogar Eingang in das Neue Testament gefunden[1].

Vor allem aber hat die dtr Theologie den Geschichtsbüchern Jos – 2 Kön ihren Stempel aufgedrückt. Sie hat das im Wesentlichen so getan, dass sie das ihr vorgegebene Erzählgut mit *theologischen Wertungen* versah, überwiegend *in Gestalt von Reflexionskapiteln*, die, an Wendepunkte der Geschichte gestellt, eine geschichtliche Epoche entweder einführen oder aber abschließen. Zum Teil handelt es sich bei diesen Reflexionskapiteln um zusammenfassende Darstellungen der Wüstenwanderung (falls Dtn 1–3 das DtrG eingeleitet haben), der Ergebnisse der Landnahme in Jos 12, der Richterzeit in Ri 2,11–19 oder der Geschichte des Nordreichs angesichts seines Untergangs 2 Kön 17,7–23; zum Teil werden Reden herausragender Personen mitgeteilt, so etwa Moses Abschiedsrede Dtn 31, Gottes Ermutigung für Josua und Josuas Rede an die Bewohner des Ostjordanlandes in Jos 1, Josuas Abschiedsreden in Jos 23 (und 24), Samuels Rede an das Volk nach der Wahl des ersten Königs in 1 Sam 12, Salomos Gebet nach dem Tempelbau in 1 Kön 8,14–53; vgl. Gottes Mahnrede an Salomo 1 Kön 9,1–9. M. Noth hat aus diesen Beobachtungen die wirkungsreiche These aufgestellt, die Bücher Dtn bis 2 Kön bildeten als Deuteronomistisches Geschichtswerk (DtrG) das Werk eines (exilischen) Verfassers, der die ihm überkommene Überlieferung geordnet, systematisiert und mit Hilfe der genannten Reflexionskapitel bewertet habe[2].

---

[1] Vgl. dazu O.H. Steck, Israel und das gewaltsame Geschick der Propheten. Untersuchungen zur Überlieferung des dtr Geschichtsbildes im AT, Spätjudentum und Urchristentum (WMANT 23), 1967.

[2] M. Noth, ÜSt, 1943 (^{4}1973). Allerdings kennt auch Noth sekundär-dtr Texte, d.h. dtr Texte jüngeren Ursprungs, die erst später dem DtrG hinzugefügt wurden.

Diese These hat sich aufs Ganze gesehen bis heute bewährt. Insbesondere gilt das für Noths zentrale Beobachtung, dass das DtrG einen übergreifenden konzeptionellen Zusammenhang bildet und nicht nur die additive Verbindung mehrerer selbständiger Schriften darstellt. Allerdings ist seit längerem erkannt, dass die komplexen Werturteile in den genannten Kapiteln und in kleineren eingeschobenen Passagen des buchübergreifenden Zusammenhangs keinesfalls auf einen einzigen Verfasser zurückgeführt werden können. Vielmehr hat man von einem breiten Verfasserkreis auszugehen, einer dtr Schule. Im Einzelnen bestehen bei der Differenzierung der verschiedenen dtr Hände gegenwärtig freilich erhebliche Meinungsverschiedenheiten. Teilweise wird mit unterschiedlichen Händen in unterschiedlichen Teilbereichen des DtrG gerechnet[3] – besonders das Richterbuch und die Bücher Sam bis Kön differieren konzeptionell in mehrfacher Hinsicht –, teilweise mit einem sog. Blockmodell, das zwischen einer vorexilischen Ausgabe des DtrG und einer exilischen (eventuell auch einer nachexilischen) differenziert (s.u. Anm. 6), teilweise unterscheidet man mit Hilfe eines sog. Schichtenmodells (im Gefolge R. Smends[4]) einen exilischen dtr „Historiker" (DtrH) von einem jüngeren, am Gesetz interessierten dtr „Nomisten" (DtrN) und einem prophetisch beeinflussten DtrP. Diese unterschiedlichen Ansätze[5] zur Verfeinerung der These Noths schließen sich an manchen Stellen nicht notwendig gegenseitig aus; jedoch ist die Diskussion hier momentan noch voll im Fluss. Ich selber werde im Folgenden vereinfachend für die zentralen theologischen Aussagen der exilischen Hauptschicht das Siglum Dtr verwenden und von ihr (auf die Bücher Sam und Kön beschränkte) früh-dtr und (auch den Pentateuch einbeziehende) spät-dtr Hände unterscheiden. Da es sich in allen Fällen um (dtr) Schulsprache handelt, versteht es sich von selbst, dass auch bei solch groben literarischen Differenzierungen vielfach letzte Sicherheit nicht zu erlangen ist. Die bedeutendsten theologischen Differenzen zwischen dem DtrG und seinen Vorgängern sind auf S. 230 und im Engdruck auf S. 232f. genannt.

---

[3] So bes. E. Würthwein, Studien zum DtrG (BZAW 227), 1994, 1–11; vgl. R.G. Kratz, Die Komposition der erzählenden Bücher des AT (UTB 2157), Göttingen 2000.

[4] R. Smend, Das Gesetz und die Völker. Ein Beitrag zur dtr Redaktionsgeschichte, in: H.W. Wolff (Hg.), Probleme biblischer Theologie, FS G. von Rad, München 1971, 494–509, auch in: ders., Die Mitte des AT, 148–161; ders., Die Entstehung des AT^4, 111ff.

[5] Jüngere Forschungsüberblicke bieten etwa H. Weippert, Das DtrG, ThR 50 (1985), 213–249; G. Braulik, Theorien über das DtrG im Wandel der Forschung, in: E. Zenger (Hg.), Einleitung in das AT, ^{5}1995, 191–202; T. Veijola, Deuteronomismusforschung zwischen Tradition und Innovation, ThR 67 (2002), 273–327. 391–424; 68 (2003), 1–44; Th. Römer, The So-Called Deuteronomistic History, London-New York 2005; K. Schmid, Hatte Wellhausen Recht? Das Problem der literarhistorischen Anfänge des Deuteronomismus in den Königebüchern, in: M. Witte u.a. (Hg.), Die dtr Geschichtswerke (BZAW 365), 2006, 19–43; W. Thiel, Grundlinien der Erforschung des „Deuteronomistischen Geschichtswerks", in: ders., Unabgeschlossene Rückschau (BThSt 80), 2007, 63–81; A. Scherer, Neuere Forschungen zu atl. Geschichtskonzeptionen am Beispiel des DtrG, VF 53 (2008), 22–40; H.-J. Stipp (Hg.), Das DtrG (ÖBS 39), 2011, passim.

1. Die Schuld der Könige (die früh-dtr Theologie)

Der gewichtigste Grund für die Annahme eines früh-dtr und noch vorexilischen Geschichtswerks[6] liegt in der Bewertung der Könige. Die frühen dtr Theologen scheinen eine reine Geschichte der Könige geschrieben zu haben, wobei die Leistungen der Könige, wie sie ein moderner Historiker darstellen würde, weitestgehend außerhalb ihres Gesichtsfeldes lagen und ihre Sicht vornehmlich auf Gesichtspunkte fixiert war, die im Dtn zusammengestellt sind[7]. Die Könige werden nach einem doppelten Maßstab beurteilt: einerseits danach, ob sie „taten, was in den Augen JHWHs recht war", was außer für David (1 Kön 11,33.38; 14.8; 15.5 u. ö.) auch für gut die Hälfte der Könige Judas geltend gemacht wird[8], weil sie kultische Reformmaßnahmen unterschiedlicher Art einleiteten, dagegen im Nordreich einzig und nur mit Einschränkungen für den blutigen Revolutionär Jehu, weil er „den Baal aus Israel vertilgt" und Gottes Gericht am Haus Ahabs vollstreckt hat (2 Kön 10,28.30; vgl. aber V.29.31). Alle anderen Könige des Nordreichs „taten, was in den Augen JHWHs böse war"; und wenn ein König Judas wie etwa Ahas negativ bewertet werden sollte, heißt es, dass er „nicht tat, was in den Augen JHWHs recht war wie sein Vater David, sondern auf dem Weg der Könige von Israel wandelte" (2 Kön 16,2f.; vgl. 2 Kön 8,18.27). Schon diese einseitig negative Beurteilung der Könige des Nordreichs, die offensichtlich dessen Untergang voraussetzt, ist vor 587 v. Chr. weit plausibler als danach.

Entsprechendes gilt noch eindeutiger für den zweiten Maßstab, mit dem die Könige bewertet werden und der erst die Anknüpfung an die Kategorien des Dtn deutlich zeigt: Es geht hier darum, ob „das Herz" eines Königs „ungeteilt bei JHWH, seinem Gott, war", wobei jetzt noch eindeutiger David das Vorbild ist (1 Kön 15,3), während der älter werdende Salomo das negative Modell darstellt (1 Kön 11,4–6). Für alle Könige des Nordreichs ist dieser Maßstab völlig unerreichbar, hatte doch bereits der erste unter ihnen, Jerobeam I., in

---

[6] Lange Zeit wurde diese (letztlich auf Ewald, Kuenen und Wellhausen zurückgehende) These vor allem im englisch-sprachigen Raum (im Anschluss an F.M. Cross, Canaanite Myth and Hebrew Epic, Cambridge/MA 1973, 274–289) vertreten, in neuerer Zeit aber auch in der deutschsprachigen Forschung; vgl. etwa H. Weippert, Th. Römer, G. Braulik und K. Schmid aus der vorangehenden Anm. Zuletzt hat M. Pietsch, Die Kultreform Josias (FAT 86), 2013, überzeugend gezeigt, dass der Reformbericht 2 Kön 22–23* nie selbständig bestand, sondern von Anbeginn Teil, vermutlich Abschluss eines früh-dtr Geschichtsrückblickes war (vgl. seine Erwägungen zum Ende dieses früh-dtr Entwurfs, 465ff.).

[7] Vorgegeben war ihnen zumindest ein „synchronistisches Exzerpt aus den Annalen der Könige von Israel und Juda" (vgl. dazu C. Levin, VT 61, 2011, 616–628), das wahrscheinlich aber über die „einschlägigen Regierungsdaten" hinaus auch „stereotype Summarien von Ereignissen" und einzelne ausführlichere Quellenzitate enthalten haben wird (so C. Hardmeier, VT 40, 1990, 165–184; 179).

[8] Asa: 1 Kön 15,11; Joschafat: 1 Kön 22,43; Joasch: 2 Kön 12,3; Amazja: 2 Kön 14,3; Asarja: 2 Kön 15,3; Jotam: 2 Kön 15,34 und natürlich Hiskia (2 Kön 18,3) und Josia (2 Kön 22,2), die als einzige eine durchgehend positive Beurteilung erhalten.

Bet-El und Dan jene Stierbilder aufgerichtet, von denen schon bei der Diskussion von Ex 32 die Rede war, und hatte damit den Kult von dem von Gott erwählten Jerusalem getrennt, d.h. von der einzig legitimen Stätte der Verehrung JHWHs, wie mit den Maßstäben des Dtn rückblickend geurteilt wird (1 Kön 12,26–30)[9].

Alle folgenden Könige des Nordreichs hielten an der „Sünde Jerobeams" fest, wie die Bücher der Könige mit großer Hartnäckigkeit immer wieder betonen. Zwar wird auch von Juda unter seinem ersten König Rehabeam berichtet, dass „Höhen, Mazzeben und Ascheren" errichtet wurden (1 Kön 14,23), und den folgenden Königen Judas (vor Hiskia) wird stereotyp vorgeworfen, die Höhen, auf denen das Volk opferte und „räucherte", nicht beseitigt zu haben. Der Maßstab der Beurteilung der Könige ist also auch hier wie bei der „Sünde Jerobeams" die dtn Kultzentralisation. Aber dieser Vorwurf ist im Sinne dieser früh-dtr Texte auch nicht im Entferntesten mit der „Sünde Jerobeams" vergleichbar. Das wird zum einen daran deutlich, dass die Mehrzahl der judäischen Könige trotz des erwähnten Vorwurfs zugesprochen bekommen, getan zu haben, „was in den Augen JHWHs recht war", was, wie wir sahen, undenkbar für die Könige des Nordreichs galt. Entscheidend aber ist zum anderen, dass die Schuld der Könige des Südreichs zeitlich begrenzt war. Sie endete vorläufig mit den Reformmaßnahmen Hiskias, der nach 2 Kön 18,3–7 die lokalen Kultstätten, d.h. die „Höhen" mit ihren „Mazzeben" und „Ascheren", zerstörte, und endgültig mit dem noch reformfreudigeren Josia; beide Könige erhalten daher als einzige nach David ein völlig ungeteiltes Lob. Demgegenüber wurde die „Sünde Jerobeams" allen Königen des Nordreichs zur Last gelegt, so dass sie ihren Staat unaufhaltsam in seinen Untergang rissen. Der Unterschied zwischen beiden Formen an Schuld kommt schließlich auch darin zum Ausdruck, dass *die für die „Sünde Jerobeams" hauptverantwortlichen ersten Könige hart vom Zorn JHWHs getroffen wurden* und als Folge die Königshäuser dreier Könige (Jerobeam I., Bascha und Ahab) von JHWH „vernichtet" wurden, während von keinem der zeitgleichen Könige des Südreichs Vergleichbares berichtet wird. (Hier wird einzig Manasse – lange Zeit nach der Zerstörung Samarias – vom Zorn JHWHs getroffen.)[10]

Kurzum: Liest man die dtr Beurteilungen der beiden Teilreiche bis zum Untergang des Nordreichs, so deutet absolut nichts auf ein mögliches analoges Geschick des Südreichs hin. Ganz im Gegenteil: Unmittelbar auf den Fall Samarias folgt in Juda mit Hiskia ein erster König, der (wie David) ganz nach dem Willen JHWHs gehandelt hat[11].

Wie sehr die älteren dtr Texte der Königsbücher auf die Schuld des Nordreichs fixiert waren, wird aber vor allem daran deutlich, dass *das DtrG nur dem Untergang des Nordreichs mit 2 Kön 17,7–23 ein eigenes Reflexionskapitel*

---

[9] Die jüngeren Texte verschärfen diese Sicht der „Sünde Jerobeams"; vgl. u. Abschnitt 2.

[10] Für das exilische DtrG lag die besondere Schuld aller vier genannten Könige darin, dass sie nicht nur selber schuldig wurden, sondern auch das Volk zur gleichen Schuld verführten; vgl. 1 Kön 14,16; 16,2; 21,22; 2 Kön 21,11.16.

[11] Vgl. dazu bes. 2 Sam 7,14f. (o. S. 122), wo (dem das Südreich repräsentierenden) David Gottes bleibende Treue zugesagt wird – im Unterschied zu (dem das Nordreich repräsentierenden) Saul. – Auf die Schwierigkeiten, die 2 Sam 7 dem exilischen DtrG bereitete, wird noch im Folgenden zurückzukommen sein (vgl. u. S. 232f.).

widmet, nicht dagegen dem Untergang Judas. Vielmehr wird die Schuld des Südreichs, die teilweise erst noch erfolgen sollte (!), von Späteren (d.h. dem DtrG) in 2 Kön 17 mit einbezogen, aber das Hauptinteresse des Kapitels richtet sich nach wie vor auf die Vergehen des Nordreichs selber, und zumindest die offensichtlich älteren Verse 21–23 legen die Annahme nahe, dass anfangs auch nur vom Nordreich die Rede war[12]. Zur Geschichte des Südreichs nach 722 v. Chr. gibt es nur wenige dtr Reflexionsverse (2 Kön 23,25–27; 24,3f.20); sie lesen sich wie ein Appendix zu dem umfassenden Schuldaufweis in 2 Kön 17,7ff.

Im Einzelnen ist die Analyse von 2 Kön 17 jedoch insofern schwierig, als sich in diesem Kapitel theologisch eine analoge Ausweitung vollzieht, wie wir sie schon in Ex 32 beobachtet hatten: Vorwürfe, die von Haus aus spezifisch gegen das Nordreich gerichtet waren, werden im Exil verallgemeinert und in dieser Gestalt auch auf Juda bezogen.

Die Begründung für den Untergang des Südreichs fällt für einen Leser des exilischen DtrG, der sich auf die Königsbücher beschränkt, dementsprechend unbefriedigend aus. Zwischen den Königen Hiskia und Josia, die beide vom DtrG als „ideale" Könige gezeichnet werden, blieb nur der ein halbes Jahrhundert regierende Manasse, der alle nur erdenkbare Schuld in 2 Kön 21 aufgeladen bekommt, obwohl er persönlich einen guten Tod starb[13]. Als einziger unter den judäischen Königen war er es, der „JHWH zum Zorn reizte". Von den Königen nach Josia gilt zwar, dass sie alle „taten, was in den Augen JHWHs böse war" (2 Kön 23,32.37; 24,9.19), aber es muss auffallen, dass dieses Urteil bei keinem der vier Könige eine Erläuterung findet, so dass der Eindruck entsteht, dass hier ein vorgegebenes Muster schematisch fortgesetzt wird. *So steht in der Endgestalt der Königsbücher der langen Schuldgeschichte der Könige des Nordreichs ein einziger wirklich „böser" König des Südreichs gegenüber, ein auffälliges Ungleichgewicht.*

Fragt man abschließend, zu welchem Zweck eine solche früh-dtr Geschichte der Könige verfasst sein könnte, so bietet sich eine doppelte Antwort an: Sie muss einerseits dem Ziel gedient haben, den Untergang des Nordreichs und die wenig spätere Bewahrung des belagerten Jerusalem (701 v. Chr.) theologisch verständlich zu machen und andererseits die Reformmaßnahmen Hiskias und Josias zu preisen, die den Staat Juda bisher vor einem analogen Geschick bewahrt hatten. Die früh-dtr Theologen waren offensichtlich der Überzeugung, dass der Geist des Dtn und insbesondere seine Forderung der Kultzentralisation das Geschick des Gottesvolkes negativ (im Falle des Nordreichs) und positiv (im Falle des Südreichs) bestimmt hatten und weiterhin be-

---

[12] Die ausführlichste Begründung dieser Annahme hat B. Becking, From David to Gedaljah (OBO 228), 2007, 100ff. geboten.

[13] Dem Chronistischen Geschichtswerk (ChrG), das noch stärker als das DtrG von der Übereinstimmung von Tat und Geschick des Menschen überzeugt war, war der gute Tod Manasses so anstößig, dass es die legendenhafte Erzählung von einer Buße des Königs aufgriff (2 Chr 33,12ff.). Analog hatte schon das DtrG den Tod Ahabs beurteilt (1 Kön 21,27–29).

stimmen würden. Deshalb haben sie den Bericht von dem entschiedenen Reformwillen Josias in seiner Sorge um Kultreinheit und Kulteinheit in 2 Kön 22f. in einer ungewöhnlichen Breite und Ausführlichkeit ausgestaltet und an das Ende ihrer Geschichtsdarstellung gestellt.

Demgegenüber hatte das exilische DtrG größte Mühe, den auch von ihm als vorbildlich eingestuften Reformeifer Josias angemessen zu bewerten. Zwar bescheinigt es Josia eine „Umkehr zu JHWH", wie sie kein König weder vor noch nach ihm vollzogen habe, und dies „mit seinem ganzen Herzen, mit all seinem Begehren und mit seiner ganzen Kraft", also genau so, wie es Dtn 6,5 gefordert hatte:

> Seinesgleichen war vor ihm kein König gewesen, der so mit seinem ganzen Herzen, seinem ganzen Begehren und mit seiner ganzen Kraft sich zu JHWH zurückgewandt hätte, ganz nach der Weisung Moses; auch nach ihm kam keiner wie er (2 Kön 23,25).

Andererseits aber musste es aufgrund der erfolgten Katastrophe Jerusalems konstatieren, dass diese vorbildhafte „Umkehr" ohne Effekt geblieben war, weil Gottes „großer glühender Zorn" aufgrund der Schuld Manasses unaufhaltsam auf die Zerstörung Jerusalems und seines Tempels drängte (V.26)[14]. War dann Josias Frömmigkeit umsonst gewesen? Hatte sie irgendeine Wirkung auf Gottes Handeln? Dass sie Gottes Gericht an Juda ein wenig aufschob, konnte für Dtr nur ein geringer Trost sein. Musste dann die geringe Auswirkung der Reform Josias zur Zeit des Exils nicht negative Folgen für alle umkehrwilligen Judäer haben, zumal das DtrG die Umkehr der Israeliten als das Ziel aller prophetischen Predigt beschreibt (2 Kön 17,13 u.ö.; vgl. u. S. 237ff.)?[15]

Da zudem in den Königsbüchern immer wieder David als frühes Ideal eines Königs nach JHWHs Willen genannt wird, ist es gut möglich, dass die vorgegebenen Erzählungen vom scheiternden Saul und erfolgreichen David in die früh-dtr Darstellung der Königsgeschichte mit einbezogen waren, freilich in einer aktualisierten Form, in der Saul und David als Typoi des untergegangenen Nordreichs und des überlebenden Südreichs fungieren[16]. Im Kontext der früh-dtr Theologie ergibt auch die Beobachtung von R. Albertz guten Sinn, dass die Darstellung des davidischen Königtums und der anfänglichen Salomo-Periode bis zum Bau des Tempels (1 Kön 8) wie die Charakterisierung einer Heilszeit wirken, die noch von keinerlei Abfall getrübt ist[17].

---

[14] Vgl. zur literarischen Einordnung von 2 Kön 23,25ff. die sorgsame Analyse von Pietsch, Kultreform Josias, 453ff.

[15] So fragt mit Recht H.-J. Stipp, Die joschijanische Reform im Jeremiabuch, in: ders. und E. Grass (Hg.), FS W. Groß (HBS 62), 2011, (101–129) 101–105; ders., Ende bei Joschija. Zur Frage nach dem ursprünglichen Ende der Königsbücher bzw. des DtrG, in: ders. (Hg.), Das DtrG (ÖBS 39), 2011, 225–267.

[16] Vgl. dazu einerseits T. Veijola, Die ewige Dynastie, Helsinki 1975 und ders., Das Königtum in der Beurteilung der dtr Historiographie, Helsinki 1977, und andererseits K.-P. Adam, Saul und David in der judäischen Geschichtsschreibung (FAT 51), 2007.

[17] R. Albertz, Die Intentionen und die Träger des DtrG, in: ders. u.a (Hg.), Schöpfung und Befreiung. FS C. Westermann, Stuttgart 1989, 37–53; ders., Die Exilszeit (BE 7), 2001, 210–231.

2. Die Schuld Israels (das DtrG)

Auch wenn eine derartige früh-dtr Königsgeschichte schon vorlag, wird mit ihr die große und kaum überschätzbare Leistung der exilischen dtr Theologen nur unwesentlich geschmälert, die anlässlich der Zerstörung Jerusalems und des babylonischen Exils (genauer: anlässlich der Begnadigung Jojachins durch den babylonischen König Amel-Marduk 562 v. Chr., mit der die Königsbücher enden) ein umfassendes Geschichtswerk von Mose bis zu ihrer Gegenwart schufen, um den Überlebenden im staatlichen Untergang ein Verstehen der Katastrophe zu ermöglichen. Gewiss hatten sie auch weitere Vorgaben, auf die sie zurückgreifen konnten – das Dtn in seiner ältesten Gestalt[18], Erzählungen von der benjaminitischen Eroberung des Westjordanlandes (Jos 2–9), die Kriegserzählungen in Jos 10–11, die gesammelten Erzählungen der frühen Rettergestalten, die Dtr zu „Richtern“ werden ließ (Ri 3–9), die Jugendgeschichte Samuels (1 Sam 1–3), die Ladegeschichte (1 Sam 4–6; 2 Sam 6), die ältere Saul- (1 Sam 9,1–10,16; 1 Sam 11.13f.) und Davidüberlieferung, dazu zahlreiche Prophetenerzählungen, um nur die wichtigsten Vorgaben zu nennen –, aber der Wille und die geistige Kraft, eine etwa sieben Jahrhunderte umfassende Volksgeschichte als Ganzheit zu deuten und auf diese Weise ihren Zeitgenossen einen Zugang zum scheinbar Unbegreiflichen zu verschaffen, bleiben bewundernswert.

Für die Überlebenden in der Katastrophe ist diese Verstehenshilfe von unermesslichem Wert gewesen. Zusammen mit den anderen hier behandelten großen theologischen Entwürfen *hat die Theologie des DtrG* den alttestamentlichen Glauben vor seinem Ende bewahrt, indem sie die gesamte Geschichte Israels von ihren ersten Anfängen an als ein Wechselspiel von Erweisen der Güte Gottes und Akten der Schuld Israels in Gestalt der Abweisung Gottes verstehen lehrte. Sie hat damit *die Geschichte mit Hilfe einer popularisierten Prophetentheologie gedeutet.* Auch die schriftliche Prophetie hat ja weithin retrospektiv den Untergang Samarias und Jerusalems mit der Schuld Israels, und zwar als Ganzheit, vor Gott begründet[19].

Die dtr Theologen haben die Geschichte zu diesem Zweck in Epochen eingeteilt: Mose und Josua; die „Richter“; Saul, David und Salomo; das geteilte Reich und das allein verbliebene Juda nach 722 v. Chr. Sie haben jeder Epoche ihre spezielle Heilserfahrung von Gottes Seite, vor allem aber ihre jeweilige Schuld zugeordnet. Im Unterschied zur Sicht der früh-dtr Theologen ist ihre

---

[18] Ob es schon zum exilischen DtrG gehörte, ist freilich nicht sicher.

[19] Die dtr Theologie war ein „Kind der Prophetie“ (H.W. Wolff, Das Kerygma des DtrG, in: ders., Ges. St. z. AT [ThB 22], 1964, 309); „ohne die vorausgehende Prophetie wäre (sie) … kaum möglich gewesen“ (W.H. Schmidt, Einführung in das AT, [5]Berlin 1995, 145). Analog zu den exilischen Doxologien des Amosbuches hat G. von Rad formuliert: „Sein Werk (d.h. das DtrG) ist eine große, aus dem Kultischen ins Literarische transponierte ‚Gerichtsdoxologie‘“ (TheolAT[4] I, 368f.), d.h. ein Lobpreis der sich im Gericht erweisenden Gerechtigkeit Gottes. Schmidt, ebd., spricht von einer „Beichte in Form eines historischen Rückblicks“.

Perspektive nicht auf die Könige, sondern durchgehend auf das Volksganze gerichtet, wie es schon im Dtn (und in der klassischen Prophetie) das Gegenüber Gottes bildet. Der *entscheidende Maßstab* der Beurteilung ist – wie in der Sicht der früh-dtr Theologen – dem Dtn entnommen, aber im Zentrum steht jetzt nicht mehr wie dort die Kultzentralisation, sondern *das 1. Gebot.* Dabei wird im Dtn der Akzent stärker auf die Intensität der Hingabe Israels an den einen Gott gelegt, im DtrG dagegen stärker auf die Ausschließlichkeit der Gottesverehrung, die immer wieder durch die scheinbare Attraktivität der Götter der Nachbarvölker oder aber der Assyrer und im Exil besonders durch die Pracht und Ausstrahlung der babylonischen Götter gefährdet war. Andere Ursachen der Schuld – etwa im sozialen Bereich, wie vom Dtn gefordert und von den klassischen Propheten angeprangert – spielen eine untergeordnete Rolle. Die fehlende Verehrung des einen Gottes als Zeichen der Dankbarkeit und des innersten Herzensanliegens beherrscht die Sicht der Geschichte in allen ihren Stadien. Gemessen an diesem Grundversagen des Gottesvolkes sind der Untergang des Staates und das Exil für das DtrG logische Konsequenzen des in Dtn 28 angedrohten Fluches. Die wesentlichen Heilserfahrungen sind neben Exodus und Landnahme wie im Dtn die Erwählung Jerusalems als Wohnort Gottes – genauer: als Wohnort seines Namens – und (über das Dtn hinausgehend, aber an die früh-dtr Theologie anknüpfend) die Erwählung Davids. Es sind diese Heilsgaben Gottes, die bei aller Konzentration der Darstellung auf die Schuld Israels eine verborgene Hoffnungsperspektive in sich tragen.

Für das DtrG ist die Geschichte Israels aber zuerst und vor allem *eine lückenlose Schuldgeschichte*, wenngleich die Schuld, die zur Zerstörung Jerusalems geführt hat, im strengen Sinn erst mit dem Königtum eingesetzt hat. Jedoch ist das Gottesvolk auch zuvor vielfach schuldig geworden. Falls Dtn 1–3 den Beginn des DtrG gebildet hat (M. Noth), stände am Anfang der Zweifel der Wüstengeneration, als die Kundschafter bei ihrer Rückkehr die Bevölkerung des verheißenen Landes beschrieben haben (Dtn 1,19ff.). Diese Schuld der Wüstengeneration hatte JHWH so gestraft, dass (außer dem treuen Kaleb) kein Glied der Generation, selbst Mose nicht, das verheißene Land betreten durfte. Weit gewichtiger ist für das DtrG aber die Schuld der Generationen der Richterzeit, die aufgrund eines radikalen Traditionsabbruchs (Ri 2,7–10) JHWH dadurch erzürnt haben, dass sie „das Böse in den Augen Jhwhs taten und den Baalen dienten und JHWH, den Gott ihrer Väter, verließen, der sie aus dem Land Ägypten geführt hatte, und anderen Göttern von den Göttern der Völker in ihrer Nähe folgten und sich vor ihnen niederwarfen" (Ri 2,11f.). Mit Recht hat W. Groß in seiner Auslegung des Richterbuches[20] wiederholt hervorgehoben, dass keine der Quellen, auf die sich Dtr stützen konnte, den Vorwurf des Abfalls zu fremden Göttern schon kannte. Für das DtrG aber

[20] W. Groß, Richter (HThKAT), 2009.

trägt er das Hauptgewicht, und ohne ihn bliebe die Geschichte Israels unverständlich.

Auf den periodisch wiederkehrenden Abfall der Generationen der Richterzeit zu „den Baalen“, „den Astarten“ bzw. sonstigen „anderen Göttern“ hin hatte JHWH jeweils in seinem Zorn Israel seinen Feinden unterliegen und fremde Herrscher über sie kommen lassen, die sie bedrängten und unterdrückten; er hatte sich aber durch ihre Wehklage immer wieder erweichen lassen und als Folge der Gebetserhörung ihnen siegreiche „Richter“ (die man mit W. Groß sachgemäßer „Regenten“ nennen sollte) erstehen lassen, bis Israel nach dem Tod eines „Richters“ erneut vom rechten Weg abfiel, den der „Richter“ gewiesen hatte und alles von vorn begann. Von einer anwachsenden Schuld Israels kann hier keine Rede sein, allerdings auch von keinem Fortschritt der Geschichte. Die noch nicht erwähnte, zwischen Mose und der Richterzeit liegende Periode unter Josua hatte dagegen eine Generation gesehen, die von den beglückenden Erfahrungen der Landnahme (mit wenigen schuldhaften Rückschlägen) herkam und die abschließend von Josua vor die Alternative gestellt wurde, JHWH, dem so viel zu verdanken war, oder aber fremden Göttern zu dienen (Jos 24): ebenjene Alternative, die die Geschichte der Richterzeit bestimmen sollte[21].

Mit der *Wahl eines Königs* unter Samuel aber endet die periodische Erfahrung von Heils- und Unheilszeiten, von Zeiten der Verehrung JHWHs oder aber „anderer Götter“. Jetzt ist ein *genereller und bleibend schuldhafter Einschnitt in der Geschichte Gottes mit seinem Volk* vollzogen worden, insofern Israel seine Eigenart eingebüßt hat, um zu werden „wie alle Völker“ (1 Sam 8,5.20; vgl. Dtn 17,14), und JHWH als seinen alleinigen Helfer, als der er sich seit dem Exodus aus Ägypten immer neu erwiesen hatte, programmatisch verworfen hat (1 Sam 8,7f.; 10,18f.; 12,12). Die vorbildlichste Gestalt unter den „Richtern“, Gideon, hatte aus solchen Gründen die ihm angetragene Königsherrschaft weit von sich gewiesen (Ri 8,23). An keiner anderen Stelle nimmt die Differenz zwischen den früh-dtr Stimmen, die dem Königtum als solchen in Fortführung der älteren Quellen grundsätzlich positiv gegenüberstanden (1 Sam 9f. 11; ohne 10,18f.)[22] und nur die kultische Trennung des Nordreichs von Jerusalem scharf verurteilten, und dem DtrG schärfere Konturen an. Das DtrG führt die Kritik Hoseas am Königtum fort und radikalisiert sie, in der der Prophet das Vertrauen auf JHWH und das Vertrauen auf

[21] Weil sich an dieser Alternative das Geschick Israels entschied, haben verschiedene dtr Hände an wichtigen Einschnitten der biblischen Geschichte vor der Einsetzung des Königtums Schilderungen von Abrenuntiationsriten eingestreut, d.h. von feierlichem Ablegen fremder Götter und entschlossener neuer Hinwendung Israels zu JHWH: Vorspiele für die Selbstreinigung Judas unter Hiskia und Josia; vgl. (neben Gen 35,2f.) Jos 24,23; Ri 10,16 und unmittelbar vor der Wahl des ersten Königs 1 Sam 7,3f. und u. Abschn. 3. In Ri 10 und 1 Sam 7 werden mit solchen Akten Bedrohungen durch äußere Feinde abgewehrt.

[22] Das hat T. Veijola, Das Königtum, passim, bes. 115–118, plausibel für die älteren dtr Texte aufgewiesen.

den König als zwei unvereinbare Haltungen einander gegenübergestellt hatte und die darin gipfelte, dass Hosea sowohl den Tod eines Königs als auch das Küren eines neuen Königs als Erfahrungen des Zornes Gottes gedeutet hatte (Hos 13,9–11). Auch gab es schon ältere erzählende Texte, die dem Königtum skeptisch gegenüberstanden, wie die ironische Jotamfabel (Ri 9,8–15) oder die Darstellung des Königsrechts in 1 Sam 8,11–17[23]. Zudem knüpfte das DtrG an zahlreiche Prophetenerzählungen an – sei es von Samuel, Ahia von Silo, Elia oder Elisa –, die es in sein Geschichtswerk aufnahm und die in ihrer Mehrzahl die Propheten in harten Auseinandersetzungen mit den Königen auf den Gebieten des Rechts und der Kriegsführung darstellen.

So trat für das DtrG mit dem Königtum eine neue Gestalt der Schuld Israels und der Rebellion gegen Gott in den Raum der Geschichte. Daran änderte auch nichts, dass Gott dem drängenden Wunsch des Volkes nach einem König nachgegeben hatte (1 Sam 8,9), und auch nichts, dass *mit David zumindest ein König* – unter Gottes Führung – aufstand, der *ganz nach dem Herzen Gottes* und somit „Gottes Knecht“ (עבד) war. Freilich hatte Gott David auch nicht zum König (מלך) bestimmt mit all den negativen Konnotationen, die an diesem Begriff für Dtr hängen, sondern zum נגיד („Anführer“), und mit diesem Titel ist verbunden, dass es an allen Stellen Gott selbst ist, der einen Menschen zum נגיד einsetzt, und zwar stets „über mein Volk Israel“ und nicht über den Staat (1 Sam 25,30; 2 Sam 5,2; 6,21; 7,8 u. ö.)[24]. Mit all seiner Vorbildlichkeit hat David den Untergang des judäischen Staates freilich nicht aufhalten können – so wenig wie später Josia, der ihm für Dtr am nächsten kam (2 Kön 23,25 f.). David hat aber mit seiner Treue zu Gott bewirkt, dass Gott ihm mit Juda und Jerusalem eine „Leuchte“ bzw. „Lampe“ schenkte (1 Kön 11,36)[25] und damit das Verderben lange Zeit wenigstens von Juda ferngehalten werden konnte, trotz der Schuld seiner Könige (1 Kön 15,4; 2 Kön 8,19), so dass Jerusalem in Krisenzeiten bewahrt blieb (2 Kön 19,34).

Das Bild der *„Leuchte für David“* lässt *im Vergleich mit der Nathanweissagung 2 Sam 7* den Unterschied zwischen DtrG und der früh-dtr Theologie besonders deutlich erkennen. Sie sind keineswegs miteinander identisch[26], liegen sachlich auch nicht auf einer Ebene. Beim Bild der „Leuchte“ ist der Untergang Judas stets schon mit im Blick; Gottes Geschenk der „Leuchte“ an David begründet, warum der Untergang Judas erst so viel später als im Fall des Nordreichs eintrat. Demgegenüber bestimmt 2 Sam 7,14 f., dass auch die Schuld künftiger Davidnachkommen Gottes Güte, die er David zugesagt

---

[23] Vgl. dazu bes. F. Crüsemann, Der Widerstand gegen das Königtum (WMANT 49), 1978 und A. Moenikes, Die grundsätzliche Ablehnung des Königtums in der Hebräischen Bibel (BBB 99), 1995.

[24] Anders 1 Kön 1,35 (David setzt Salomo zum נגיד ein). Der Beleg zeigt (zusammen mit 1 Sam 9,16; 10,1), dass der Titel als solcher älter als Dtr ist.

[25] Andere Deutungen des hebr. ניר nennt W. Oswald, Nathan der Prophet (AThANT 94), 2008, Anm. 300. Sachlich handelt es sich in jedem Fall um einen Begriff für „Herrschaft“.

[26] So G. von Rad, Die dtr Geschichtstheologie in den Königsbüchern (1947), in: ders., Ges. St. (TB 8), 1958, 189–204; 199.

hat, nicht revozieren kann – im Unterschied zur Verwerfung Sauls und damit zum Ende des Nordreichs. Angesichts dieser Differenzen ist es kein Wunder, dass die Autoren des DtrG zwar 2 Sam 7 nicht übergehen konnten, das Kapitel in ihrer Konzeption aber eine so geringe Wirkung ausübte, wie schon M. Noth beobachtet hatte[27]. Sie haben sich im Umgang mit 2 Sam 7 so beholfen, dass sie zum einen die „Nachkommenschaft Davids" singularisch auslegten und auf Salomo deuteten (2 Sam 7,13 Dtr) und andererseits an allen drei (sprachlich eng verwandten) Stellen, an denen sie sich auf 2 Sam 7 beziehen, jeweils die Erfüllung der göttlichen Dynastieverheißung vom Gehorsam Salomos gegenüber dem göttlichen Willen abhängig sein ließen (1 Kön 2,3f.; 8,25; 9,4f.). Im Kontext des DtrG bedeutet diese Bedingung, dass die Gleichgültigkeit des alternden Salomo gegenüber dem 1. Gebot den Zerfall der Reichseinheit und die Modifikation der Nathanweissagung mit sich brachte: Sie galt jetzt nur noch Juda und Jerusalem.

Auch die zuvor genannte *„Sünde Jerobeams" hat das DtrG erheblich schärfer gefasst* als sein Vorgänger. Einerseits hat das DtrG betont, dass auch Jerobeam I. nach Gottes Willen ein נגיד wie David (und Hiskia: 2 Kön 20,5) hätte sein können (1 Kön 14,7; vgl. Bascha 1 Kön 16,2), andererseits aber hervorgehoben, dass die Errichtung der beiden Stierbilder in Bet-El und Dan mehr war als nur die Loslösung des Nordreichs von Jerusalem als dem von Gott erwählten Ort: Jerobeam und alle seine Nachfolger haben mit den Stierbildern „andere Götter und gegossene Bilder" verehrt (1 Kön 14,9), d.h. sowohl das 1. Gebot als auch das Bilderverbot übertreten. Zusätzlich zur Wahl des Königs generell wird Gott auf diese Weise noch einmal doppelt verworfen. Er reagiert – im Zorn, zu dem ihn Jerobeam gereizt hat (כעס hif., ca. 20mal in den Königsbüchern) – mit äußerster Schärfe: Sowohl Jerobeams als auch Baschas und Ahabs Geschlechter werden von JHWH „vernichtet", wie allen drei Königen zuvor in feierlicher Rede von Propheten angekündigt wird (1 Kön 14,6ff.; 16,1ff.; 21,19ff.). Implizit verdeutlicht Dtr, dass die anderen Könige, die ein günstigeres Geschick traf, es nur der Güte und Nachsicht Gottes zu verdanken hatten, wenn sie und ihre Nachkommen nicht ebenso ausgelöscht wurden, und das Gleiche gilt für Israel als Volk, haben doch alle Glieder des Nordreichs durch die Errichtung von Ascheren etc. JHWH „zum Zorn gereizt" (1 Kön 14,15; vgl. 16,2.13.26; 2 Kön 17,11.17). Die Schuld der Könige, die das Volk „verführten", und die Schuld des Volkes, das gleichzeitig selber „anderen Göttern" dienen wollte, lagen untrennbar ineinander. Im summierenden Kapitel 2 Kön 17,7–23, in dem auf das Ende des Nordreichs zurückgeblickt wird, ist stets Israel (bzw. Juda: V.19) das Subjekt der Vergehen, auch wenn primär Handlungen der Könige im Blick sind; lapidar heißt es (in einem freilich nicht ganz eindeutigen Text): „Sie wandelten nach den Satzungen der Völker ... und der Könige Israels, die sie eingesetzt hatten" (2 Kön 17,8).

Und Juda? *War Juda weniger schuldig?* Die ältere, spät-vorexilische dtr Darstellung scheint diese Frage unter Hinweis auf die „Sünde Jerobeams" deutlich bejaht zu haben (2 Kön 17,21–23). Im Blick auf das DtrG muss man behutsa-

[27] Noth, ÜSt, 64–66.

mer formulieren. Einerseits hat Juda keine Erfahrungen mit dem grimmigen Zorn JHWHs gemacht, der ganze Königsgeschlechter „vernichtete"; vom Zorn Gottes über Juda ist vor 722 v. Chr. nicht die Rede. Und Juda hatte David! Andererseits hat auch Juda Höhen und mit ihnen die vom DtrG verabscheuten Holz- und Steinmale, die Ascheren und Mazzeben, errichtet und auf den Höhen geopfert[28], und selbst die Könige mit positiver Bewertung vor Hiskia haben diese Höhen nicht beseitigt. Zudem ist das summierende Schuldkapitel 2 Kön 17,7ff. so formuliert, dass primär Vergehen genannt werden, die auf beide Teilreiche zutreffen – Höhen, Ungehorsam gegenüber Propheten, Verachtung der göttlichen Gebote und Übernahme heidnischer Riten und Gebräuche –, während nur in V.16 spezifische Verghen es Nordreichs – Errichtung der beiden Stierbilder durch Jerobeam I. und der Aschera durch Ahab – erwähnt werden. Ihnen werden in V.16b–17 aber sogleich weit zahlreichere spezifische Vergehen des Südreichs, vornehmlich aus der (noch in der Zukunft liegenden!) Zeit Manasses, gegenübergestellt: Anbetung des Himmelsheeres, Kinderopfer, Wahrsagerei und Zauberei! Bei der Darstellung der Schuld Manasses, die nun erstmalig Gottes Zorn auch über Juda hervorrief, gewinnt man als Leser den Eindruck, dass hier eine äußerste Steigerung der Schuld vor Gott beschrieben werden soll, zumal Manasse viele Gräuel des Nordreichs wiederholt und überboten hat (2 Kön 21,3.7). Manasses Schuld überstieg für Dtr sogar die Schuld der Völker, die Gott „vernichtet" hatte (2 Kön 21,9), so dass auch die analogielos vorbildliche Hingabe Josias an Gott dessen Zorn nicht mehr abwenden konnte (2 Kön 23,25f.).

War dann Gottes Gericht im Zorn endgültig? Zahlreiche Untersuchungen zum DtrG haben im Gefolge M. Noths betont, dass das DtrG keinerlei Heilsperspektive besitze. Verglichen mit den Texten, die im folgenden Abschnitt behandelt werden, ist das zutreffend. Dennoch gibt das DtrG zahlreiche *verborgene Hoffnungszeichen*. Wenn Manasses Schuld schwerer wog als die Schuld der Völker, die Gott „vernichtet" hatte, müsste nach menschlicher Logik auch Juda vernichtet worden sein. Zu der gleichen Folgerung führt die Erfahrung der Nordreichskönige Jerobeam I., Bascha und Ahab: Mit ihrer schweren Schuld „reizten sie JHWH zum Zorn", und das Ergebnis war die „Vernichtung" ihres gesamten Geschlechts. Auch Israel und Juda haben JHWH vielfach „zum Zorn gereizt"[29], wurden aber nicht vernichtet. Wohl wurde Jerusalem „ausgewischt, wie man eine Schüssel auswischt", und „auf sein Angesicht umgestürzt", und die Überlebenden wurden von Gott „verstoßen und in die Hände ihrer Feinde gegeben" (2 Kön 21,13f.); wohl hat Gott „Juda von meinem Angesicht entfernt, wie ich Israel entfernt habe, und diese Stadt, Jerusalem, verworfen, die ich erwählt hatte, und das Haus, von dem ich gesagt hatte: ‚Mein Name soll dort sein'" (2 Kön 23,27); und wohl war das

---

[28] Dass es sich dabei historisch überwiegend vor Josias Reform um legitime JHWH-Kultstätten gehandelt hat, ändert an dem Urteil des Dtr nichts, das sich an den Maßstäben des Dtn orientiert.

[29] Vgl. für Israel: 1 Kön 14,15; 16,2.13.26; 2 Kön 17,11.17; für Juda: 2 Kön 21,15; 22,17.

„Wegwerfen von Gottes Angesicht" ein untrügliches Indiz für Gottes Zorn (2 Kön 24,20): Aber Israel und Juda wurden eben nicht vernichtet, wie die Leser es aufgrund der vorgängigen Darstellung der Geschichte des geteilten Reiches hätten erwarten müssen. Sie durften, in wie ärmlicher Gestalt auch immer, weiterleben. Auf diesem Hintergrund klingt der Abschluss des DtrG mit dem Bericht von der Begnadigung Jojachins (2 Kön 25,27–30) zwar nicht wie eine volltönende Hoffnungsfanfare[30], wohl aber wie ein Hinweis auf einen Fortgang des Lebens und der Geschichte unter der – freilich nicht explizit ausgesprochenen – leisen Hoffnung auf neue Gottesnähe. Und sollten die Teile des Tempelweihgebets Salomos, die von der künftigen Schuld Israels sprechen und Gott im Voraus um Vergebung bitten (1 Kön 8,33ff.; s.u. Abschn.3), schon zu DtrG gehört haben, so wäre diese Hoffnung auch direkt greifbar.

Hinzu kommt, dass die eindringlichen Mahnreden im DtrG, etwa Josuas (Jos 23) und Samuels (2 Sam 12), zwar primär dazu dienen sollen aufzuzeigen, welche Chancen seiner Geschichte das biblische Gottesvolk versäumt und verspielt hat, aber zugleich natürlich die Absicht verfolgen, von den Überlebenden der Katastrophe auf sich bezogen zu werden, um ein Umdenken einzuleiten. Ähnliches gilt von den Passagen, in denen das DtrG betont, wie Manasse noch ungleich schlimmere Vergehen verübt hat als die Könige des untergegangenen Nordreichs. Manasses Unfähigkeit, aus der Geschichte zu lernen, soll die Leser zum gegenteiligen Verhalten locken. Weiter: Wenn das DtrG mehrfach von heilvollem Neubeginn im individuellen und kollektiven Leben nach entschiedener Buße berichtet (2 Sam 12,13f.; 1 Kön 21,27–29 bzw. Ri 2,11ff.; 1 Sam 7,5f.), geschieht auch das schwerlich absichtslos. Und sollte das DtrG so ausführlich wie im Josuabuch von der Eroberung und Verteilung des Landes erzählt haben, nur um am Schluss lapidar zu konstatieren, dass das Land von Gott aufgrund der Schuld Israels und Judas für alle Zeit in die Hände Fremder gegeben worden sei? Sollte es die Geschichte Davids so breit aufgegriffen und differenziert kommentiert haben, sollte es vor allem an die Intention der früh-dtr Theologen angeknüpft haben, um so intensiv wie diese auf die Reformen Hiskias und vor allem Josias einzugehen, die doch nicht nur alle älteren rituellen Missstände korrigierten, sondern (im Fall Josias) sogar die schlimmen Vergehen Manasses wieder beseitigten – nur um zu sagen, die Geschichte des Königtums sei mit den Ereignissen von 587 v. Chr. ein für allemal erledigt?[31] So gewiss die Deuteronomisten Geschichte als Schuldgeschichte ihres Volkes schreiben und diesem Volk Gottes Gericht als notwendig

---

[30] Mit Recht ist von vielen Auslegern betont worden, dass jegliche Anspielung an 2 Sam 7 fehlt. (Anders W. Oswald, Nathan, 70ff., der davon ausgeht, dass 2 Sam 7 direkt auf 2 Kön 25,27–30 abzielt.)

[31] Vgl. zu Fragen solcher Art an Noths Deutung bes. Wolff, Kerygma (o. Anm. 19) und in seinem Gefolge R. Smend, Die Entstehung des AT^4, 123f.; R. Albertz, Die Exilszeit, 212–216; 230; W. Dietrich, Martin Noth und das DtrG, in: ders., Von David zu den Deuteronomisten (BWANT 156), 2002, 193.

und überfällig darstellen möchten, so gewiss kennen diese Theologen zu viele Erfahrungen der Güte und Hilfe Gottes und wissen sich darüber hinaus an den von Mose im Dtn niedergelegten Gotteswillen verwiesen, um in Verzweiflung ohne jede Hoffnung zu enden, auch wenn sie sich als Historiker jeglicher expliziten Zukunftserwartung enthalten.

Kurzum: Nur eine „Ätiologie“ des staatlichen Untergangs der beiden Teilreiche Israel und Juda hat das DtrG offensichtlich nicht schreiben wollen[32]. Für diesen Zweck allein ist der weite Umweg über die Mose-, Josua-, Richter- und Saul-David-Salomozeit kaum verständlich. Es verbirgt sich vielmehr auch ein pädagogischer Impetus hinter seiner Darstellung der Geschichte, ein Impetus, den die zahlreichen jüngeren Hände in der späteren Exilszeit und danach mit kräftigeren Zügen ausgestaltet haben.

3. Deuteronomistische Zukunftserwartungen

Mit seiner Retrospektive gehört das DtrG wesenhaft in die Exilszeit. Jüngere Stimmen im Gefolge seiner Theologie richten den Blick demgegenüber notwendig in die Zukunft. Aber sie bleiben ausnahmslos darin den älteren dtr Verfassern treu, dass sie keine ausladenden Zukunftsgemälde entwerfen, sondern stattdessen intensiv die Bedingungen einer glückenden Zukunft bedenken. Insbesondere stimmen alle dtr Texte in einer fundamentalen Hinsicht überein: Für die Überlebenden der Katastrophe der Zerstörung Jerusalems und der Verbannung seiner Oberschicht bedeutet noch nicht das Überleben selber die Rettung, sondern *es bedarf zur Rettung einer radikalen „Umkehr“ ihres Lebens.* Eine einfache Fortführung des bisherigen Lebens würde den Tod mit sich bringen, den andere schon erlitten haben. Die „Umkehr“ umfasst beides: neben einer Loslösung aus den bisherigen Bindungen und Gewohnheiten, die für die dtr Theologen primär von einer laxen Haltung gegenüber dem 1. Gebot bestimmt waren (שוב מן), auch eine entschiedene Hinwendung zu Gott (שוב עד), wie sie vornehmlich in prophetischen Texten der Exilszeit (Hos 14,2–4; Am 4,6ff. u.ö.) gefordert wird. Das DtrG selber hatte die Notwendigkeit einer Änderung des Lebenswandels Israels vor allem in den Abschiedsreden Josuas und Samuels zum Ausdruck gebracht, die mit ihren Alternativen, JHWH oder den Göttern zu dienen (Jos 24,14f.; 1 Sam 12,14f.20f.), sowohl den Untergang Jerusalems begründen als auch einen Weg aus dem Unheil weisen wollten. In späteren Belegen wird offen zur „Umkehr“ aufgefordert (2 Kön 17,13; 1 Sam 7,3), und in einer Reihe von Texten wird die Notwendigkeit eines einschneidenden Lebenswandels durch Berichte von der Ausführung eines Rituals eingeprägt, bei dem im Kontext eines feierlichen Be-

[32] So Noth, ÜSt 108, für den Dtr „in dem göttlichen Gericht“ am Volk „offenbar etwas Endgültiges und Abschließendes gesehen“ hat, weil er keine explizite Zukunftshoffnung an das Ende seiner Darstellung gestellt habe.

kenntnisaktes die „fremden Götter aus ihrer (Israels) Mitte beseitigt", „die Herzen zu JHWH hin befestigt" bzw. „hingewendet" werden und ein neues „Dienen JHWHs" begonnen wird (Jos 24,23f.; Ri 10,15f.; 1 Sam 7,3f.; vgl. Gen 35,2f.)[33]. Im Kontext des erweiterten DtrG handelt es sich um Vorspiele der modellhaften Selbstreinigungen Judas unter Hiskia und Josia aus der vorköniglichen Zeit. Das Anliegen all dieser Texte trifft der Satz H.W. Wolffs: „Nicht der totale Abfall macht das Gericht endgültig, sondern die Verachtung des Rufes der Umkehr."[34]

3.1 Was Umkehr impliziert, haben die älteren dtr Theologen vor allem mit Hilfe des *Gebets Salomos bei der Einweihung des Tempels* (1 Kön 8,22–53) verdeutlicht. In ihm lassen sie Salomo Gott für zahlreiche zukünftige Unglücke, die Israel durch seine Schuld heraufführen könnte (und zu ihrer Zeit längst heraufgeführt hat), im Voraus um Vergebung bitten, zugleich aber einen tiefen Blick in die Geschichte tun und das Exil als Ergebnis von menschlicher Schuld und göttlichem Zorn erahnen. Salomo erhofft von dem künftigen Geschlecht eine „Umkehr" in Gestalt eines Gebets auf den (zerstörten) Tempel in Jerusalem hin in einem liturgischen Dreischritt: mit einem Lobpreis des Namens JHWHs, d.h. mit doxologischer Anerkennung seines gerechten Handelns (V.33.35); mit einem Schuldbekenntnis („Wir haben gefehlt, gesündigt und böse gehandelt", V.47b) und mit einer flehentlichen Bitte um Vergebung in einer „Hinwendung zu Gott mit ganzem Herzen, mit allem Begehren und mit aller Kraft" (V.48; vgl. Dtn 6,5). Erhofft wird, dass das schuldige Gottesvolk von Gott als sein erwähltes Erbteil neu anerkannt wird und er es bei seinen Feinden Erbarmen finden lässt (V.49–51). Gottesdienstlicher Akt, der sich im Exil verständlicherweise an der Liturgie von Fasten- und Bußtagen orientiert[35], und entschiedener Umkehrwille jedes Einzelnen gehören hier unlöslich zusammen. Von einer Rückkehr Israels und einer heilvollen Zukunft ist freilich noch keine Rede.

3.2 Da die dtr Theologen der Exilszeit das Thema Umkehr so sehr ins Zentrum ihrer Botschaft gestellt haben, ist es kein Wunder, dass für sie auch *die Propheten zu Umkehrpredigern* geworden sind: „Kehrt um von euren bösen Wegen und haltet meine Gebote und Vorschriften!" lautet ihre Botschaft zusammengefasst (2 Kön 17,13). Nach der dtr Jeremia-Überlieferung hat Gott sie täglich „früh und spät" (Jer 7,25; 25,4; 26,5 u. ö.), d.h. permanent und lückenlos, zu seinem Volk gesandt, so dass niemand ihre Stimme überhören konnte. Jedoch sind sie in der Zeit vor der Zerstörung Samarias und Jerusalems nur auf

[33] Vgl. zur theologiegeschichtlichen Einordnung E. Blum, Vätergeschichte, 38–61.

[34] Wolff, Kerygma (o. Anm. 19), 315.

[35] Zugleich zeigt sich, welche Hilfe für die Theologen im Exil die sublimierte Tempeltheologie des Dtn bildete. Wenn nach ihr der Tempel als Wohnort für JHWHs Namen errichtet wurde (vgl. o. S. 200f.), so wurde auf diese Weise die Anrufbarkeit Gottes am von Gott erwählten Ort hervorgehoben, und diese Qualität des Ortes ließ sich auch auf den zerstörten Tempel übertragen, auf den hin man die Gebete ausrichtete.

taube Ohren gestoßen (2 Kön 17,14), so dass jetzt, in der Gegenwart der Verfasser, das Hören auf sie umso dringlicher wird. Die Erfahrung der Propheten zeigt besonders deutlich, dass noch nicht die Schuld Israels und Judas in den staatlichen Untergang geführt haben, sondern erst das halsstarrige Überhören der prophetischen Stimmen, durch die Gott vor dem drohenden Untergang warnen wollte. Insofern waren und sind diese prophetischen Stimmen trotz aller Härte ihrer Ankündigungen Zeugen des Heilswillens Gottes, der seinem Volk mit ihrer Hilfe den Weg zu einem glückenden Leben weisen wollte und auch jetzt noch weisen will[36].

Es ist daher alles andere als Zufall, dass sich die dtr Theologen auch der Bücher der Gerichtspropheten angenommen haben, die durch die Zerstörung Jerusalems und die Exilierung der Oberschicht ja als „wahre" Propheten erwiesen worden waren. Die faktische Aneignung und Ausgestaltung der vorgegebenen Prophetenschriften fiel freilich sehr unterschiedlich aus. Das zeigt ein Vergleich der beiden BücherAmos und Jeremia, denen die dtr Theologen am deutlichsten ihren Stempel aufgedrückt haben. *Das dtr Amosbuch*[37] ist ein *wesenhaft exilisches Buch*, in dem die späteren nachexilischen Heilsweissagungen (Am 9,11–15) wie eine Art Appendix wirken. Es ist vom Anfang (Am 1,2, das sog. „Motto" des Buches) bis zu seinem Ende (vgl. 9,5f.) von Doxologien geprägt, die im Rückblick Gottes Gericht über Juda und Jerusalem als Zeichen seiner Herrschaft über Schöpfung und Geschichte preisen. Die charakteristisch dtr Sätze betonen zu Beginn, dass Gott alle wichtigen Ereignisse der Zukunft „seinen Knechten", den Propheten, zuvor ankündige (Am 3,7), wie er es im Fall der Zerstörung Jerusalems reichlich getan hat; am Ende fügen sie präzisierend hinzu, dass alle Überlebenden der Katastrophe, die immer noch die – inzwischen schriftlich niedergelegten – Worte des Amos ebenso missachten wie die früheren Generationen, die jegliche Umkehr sträflich verweigerten (Am 4,6ff.), rettungslos verloren sind (Am 9,10). *Die Retrospektive prägt den Gedankengang wie im DtrG:* Die Einsicht in die eigene Schuld, der Lobpreis der Gerechtigkeit Gottes und der Wille zur Änderung des eigenen Lebens mit Hilfe der Prophetenworte des Amosbuches sind das einzige Mittel zum Überleben.

3.3 Ganz anders *die dtr Gestalt des Jeremiabuches*[38]. In ihr ergeht *der Ruf zur Umkehr lockend und mit einer Fülle unterschiedlicher Verheißungen* wie in keiner anderen dtr geprägten Schrift. Zwar ist im Jeremiabuch mehr als in anderen Prophetenbüchern von der Schuld des Gottesvolkes die Rede, die zur Ka-

---

[36] Vgl.die Aufnahme des dtr Prophetenverständnisses in Jona 4,1f., wo Jona sich bei Gott darüber beklagt, dass die böse Stadt Ninive durch Jonas Unheilsverkündigung zur Umkehr und damit zur Rettung geführt wurde (vgl. Genaueres u. S. 443f.).

[37] Vgl. grundlegend W.H. Schmidt, Die dtr Redaktion des Amosbuches, ZAW 77 (1965), 168–193.

[38] Vgl. grundlegend W. Thiel, Die dtr Redaktion von Jer 1–25 (WMANT 41), 1973; ders., Die dtr Redaktion von Jer 26–45 (WMANT 52), 1981.

tastrophe geführt hat, und Gottes zu Recht aufflammender vernichtender Zorn wird ausführlicher als in anderen Prophetenbüchern beschrieben. Aber jetzt, in der Zeit danach, wartet Gott nur darauf, dass sein Volk seine Schuld bekennt und sich ihm neu zuwendet, damit er diesen Zorn fahren lassen und Israel seine wesensmäßige Güte neu zeigen kann (Jer 3,12f.). Gewiss ist auch für diese dtr Theologen „Umkehr" primär eine individuelle Handlung, und es bedarf daher der „Umkehr jedes Einzelnen von seinem bösen Weg" (Jer 25,5; 26,3; 35,15; 36,3.7)[39]. Aber wenn sie erfolgt, was diese Theologen nur mit einem behutsamen „Vielleicht" (26,3; 36,3) erhoffen, dann wagen sie, Israels Zukunft mit helleren Farben als andere dtr Texte auszumalen, ob die Zukunft nun als „Wende des Geschicks" bezeichnet wird (29,14; 30,3) oder mit geprägten Gegensatzverben wie „Bauen" statt „Einreißen" bzw. „Pflanzen" statt „Ausreißen" (1,10; 24,6 u. ö.) oder aber – für uns noch interessanter – mit charakteristisch theologischer Begrifflichkeit wie Gottes „Reue" oder seiner Vergebung. Gottes „Reue" (26,3.13.19; 42,10) bezeichnet dabei jenen Willenswandel Gottes vom Gericht zum Heil, mit dem sich Gott vom ungeliebten Strafen als fremdem Werk abkehrt und zu dem ihm eigentlich gemäßen Heilshandeln aus Güte und Zuneigung hinwendet. Demgegenüber meint Gottes Vergebung als Folge menschlicher Umkehr steigernd (vgl. 36,3 mit 26,3) die Ermöglichung eines ganz und gar unbelasteten Neubeginns des Gottesverhältnisses[40].

Schon ein Blick auf die Vielfalt der übergeordneten Begrifflichkeit für das neue Heil im Falle der „Umkehr" legt die Vermutung nahe, dass eine Mehrzahl dtr Hände aus verschiedenen Zeiten am Jeremiabuch beteiligt ist[41]. Ein genauerer Blick auf die Heilserwartungen bestätigt diese Annahme. In relativ frühen Texten wird die „Wende des Geschicks" im Anlegen neuer Äcker im verwüsteten Land erwartet (32,42–44) oder aber in der Rückkehr der Exilanten aus Babylon (30,3), wo JHWHs Hilfe sich darin erweist, dass er das Erbarmen Nebukadnezars weckt (42,11f.). In eher jüngeren Belegen wird die Rückkehr der gesamten Diaspora erwartet (23,3; 24,6; 29,10). Vor allem aber werden in jüngeren Texten nicht mehr die veränderten äußeren Lebensbedingungen thematisiert, sondern es rückt die neue Gottesbeziehung ins Zentrum der Gedanken. Dabei wird die Vorstellung des Heils immer theozentrischer: Gott wird wieder Gebete erhören und sich von allen, die ihn von Herzen suchen, finden lassen (29,11–14). Er wird den Zurückgekehrten ihre „Umkehr" zu ihm und ein intaktes Gottesverhältnis dadurch ermöglichen, dass *er ihnen ein verwandeltes Herz schenkt*, das ihn „erkennt" (24,7), bzw. ein „einmütiges Herz", das zu lebenslanger „Furcht JHWHs" führt, so dass Gott mit Israel

---

[39] Dabei zeigen Jer 7,5 und 22,3, dass die dtr Theologen des Jeremiabuches auch soziale Aspekte der Umkehr im Blick haben.

[40] Da so weit gehende Folgen von der „Umkehr" abhängen, betont Jer 36,7, dass sie letztlich Gottes Werk ist, wenn er das Flehen der Menschen erhört hat.

[41] R. Albertz, Die Exilszeit, 231–260, wagt, drei verschiedene dtr Redaktionen zu identifizieren. (Auf S. 235 nennt er analoge Versuche anderer Autoren.)

einen „ewigen Bund“ schließen kann, weil es sich nicht mehr von ihm abwenden wird (32,36–41). Mit der „Erkenntnis Gottes“ wird das Ideal der Theologie Hoseas verwirklicht, mit der „Furcht JHWHs“ das Ideal der alttestamentlichen Weisheit. Den Höhepunkt dieser Hoffnungsaussagen bildet die Verheißung vom „neuen Bund“ (31,31–34), von der noch später (u. S. 408ff.) ausführlich die Rede sein wird. Hinter den letztgenannten Zusagen steht deutlich das illusionslose Menschenbild des Propheten, der ein Israel vor sich sieht, das zum Guten unfähig ist (vgl. nur 13,23). Israel muss daher zu allererst von Gott zu „Israel“ gemacht werden, damit es sein Partner sein kann und nicht wieder die alte Schuldgeschichte des Ungehorsams aufleben lässt.

Wie H.W. Wolff gezeigt hat[42], nimmt der jüngere Rahmen des Dtn in Dtn 4 und 30 die Heilserwartungen des dtr Jeremiabuches in voller Breite auf, indem sowohl die Sammlung der Diaspora und die Rückkehr Israels ins Land (Dtn 4,29–31; 30,1 ff.) als auch die Mehrung Israels, die Fruchtbarkeit des Landes, aber auch die Beschneidung der Herzen der Israeliten verheißen werden, so dass Israel zum neuen Gehorsam befähigt wird (30,5–10). Auf diese Weise übernimmt der Mose des dtr Dtn wesentliche Züge des dtr Jeremia und verzahnt den Pentateuch und die Prophetie miteinander.

3.4 *Nachexilische dtr Theologen* außerhalb des Jeremiabuches haben demgegenüber weit stärker *die inhaltliche Seite der „Umkehr“ betont,* d.h. ihre unlösliche Verklammerung mit dem Gehorsam gegenüber dem dtn Gesetz. Bei ihnen treten die Themen des Dekalogs und des „Bundes“ ins Zentrum, die im III. Teil des vorliegenden Bandes behandelt werden sollen. In nachexilischer Zeit wurde das Dtn als Grundordnung so wichtig, dass *die Verlesung des Dtn* und die mit ihr verbundene Neuverpflichtung der Gemeinde auf das Dtn *in jedem Sabbatjahr* verfügt wurde (Dtn 31,9ff.). Wie im traditionellen Sabbatjahr (o. S. 61) das Land symbolisch Gott als Besitzer rückübereignet wurde, um es nach Ablauf des Jahres neu aus seinen Händen zu empfangen, so findet in Dtn 31,9ff. ein Neuanfang der Gottesbeziehung statt, bei dem Israel sich, unbelastet durch frühere Versäumnisse, wiederum auf den Gehorsam gegenüber Gottes Willen verpflichtet. Die dtr Theologen dieser Zeit haben die Möglichkeit des vollen Heiles, das insbesondere die Ruhe vor den Feinden umfassen sollte (Dtn 12,9 u. ö.), von der Befolgung des dtn Gesetzes abhängig gemacht, das nun erstmals als „die Tora“ im Singular erscheint, und umgekehrt das Ausbleiben ebenjenes Heiles mit der mangelnden Beachtung des Gesetzes begründet. Solche Aussagen finden sich vornehmlich in Texten des Josuabuches; im Kontext der Landnahme boten sie sich thematisch besonders gut an[43].

Programmatisch wird diese Theologie in *der Abschiedsrede Josuas Jos 23* dargelegt. Hier werden das Heil Israels im Land oder aber militärische Niederlagen bzw. der Verlust des Landes jeweils von seinem Gesetzesgehorsam ab-

[42] Wolff, Kerygma (o. Anm. 19), 317ff.

[43] Es handelt sich um spät-dtr Texte, an Hand deren R. Smend (o. Anm. 4) seine These eines „nomistischen“ Dtr (DtrN) entwickelt hat.

hängig gemacht. Dabei tritt insbesondere das Verbot, sich mit Angehörigen fremder Völker zu verheiraten, in den Vordergrund (V.7f. 12f.). Dieses Verbot prägt auch wesentliche Texte später Schichten des Dtn, die auf die gleichen theologischen Kreise zurückgehen werden; es begegnet hier in einer radikalisierten Form: verbunden mit der Forderung, die Kultstätten der Vorbewohner des Landes zu zerstören (Dtn 12,12f.) und – unter Rückgriff auf die Sprache der frühen JHWH-Kriege – den „Bann" an ihnen zu vollstrecken (Dtn 20,17f.). Solche Rückprojektionen aus der Perserzeit müssen für heutige Leser, die mit den literarischen Mitteln biblischer Textgestaltung unvertraut sind, zu abwegigen Vorstellungen auf der historischen Ebene führen. Das Motiv für den Gebrauch militärischer Terminologie der Frühzeit ist in diesem Fall die Befürchtung, dass über Heiraten von Gliedern des Gottesvolks mit Angehörigen anderer Ethnien fremdreligiöse Gottesvorstellungen auf den Glauben des biblischen Israel einströmen könnten (Dtn 12,29f.; 20,18; Jos 23,7). Weil Israel den Warnungen Josuas in seiner Abschiedsrede zu wenig Gehör geschenkt hat, hat es für die späten dtr Theologen das volle Heil des von Gott geschenkten Landes nie erfahren. Gott hat nie alle Völker, wie von ihm ursprünglich beabsichtigt, für Israel vertrieben (Jos 23,13; Ri 2,1–5.20f.), so dass große Gebiete nicht eroberten Landes übrig blieben (Jos 13,1–6) und Israel mit Kanaanäern und anderen Volksangehörigen das Land teilen muss.

3.5 In der fortschreitenden Perserzeit haben dtr Theologen schließlich auch den Tetrateuch und hier besonders *die Verheißungen an die Erzväter* intensiv überarbeitet[44]. Dies geschah freilich aus einem sehr anders gelagerten Anliegen heraus, als es die ältere Umkehrtheologie verfolgt hatte. In einer Zeit scheinbar nicht endender Exils- und Diasporaerfahrungen wurden zahlreiche Zusagen Gottes aus der Tradition zum Problem; man vergleiche nur die mehrfach wiederholte Einschärfung von dtr Stimmen, dass „nichts von dem gesamten guten Wort, das JHWH zum Haus Israel geredet hatte, weggefallen war; alles war eingetroffen!" (Jos 21,45; vgl. 23,14; 1 Kön 8,56). Verzögerten sich diese „guten Worte" jetzt, oder hatte Gott sie gar wegen menschlicher Schuld revoziert? Den so fragenden und zweifelnden Generationen *musste die Wahrheit und Gewissheit der göttlichen Zusagen neu eingeschärft werden.* Die spätdtr Theologen haben ihren Zeitgenossen die Zuverlässigkeit und Treue Gottes dadurch vor Augen zu malen versucht, dass sie nicht mehr nur von Verheißungen Gottes sprachen, sondern von Zusagen, die von *Gottes Schwur* gedeckt waren (Gen 22,15–18; 26,3–5)[45]. Mit Gottes Schwur wird die unlösliche

[44] Vielleicht stand diese Überarbeitung, wie man oft vermutet hat, im Zusammenhang mit der literarischen Verbindung von Tetrateuch und DtrG, durch die ein umfassendes Geschichtswerk geschaffen worden wäre, das von der Schöpfung der Welt bis zum Exil Israels gereicht hätte.

[45] Vgl. weiter Gen 24,7; 50,24 und dazu L. Perlitt, Bundestheologie im AT (WMANT 36), 1969, 66ff., der freilich auf Gen 22,15–18 nicht eingeht. Besonders häufig ist im gewachsenen Dtn, das Orientierungspunkt aller dtr Theologie blieb, vom Landschwur an die Väter die Rede. (Allerdings besteht hier [wie auch in Ex 13,5.11; Jos 1,6; 5,6; 21,43 etc.] die Schwierigkeit, dass „die Väter" nur selten [Dtn 1,8; 6,10; 30,20] explizit mit den Erzvätern identifiziert werden.)

Selbstbindung Gottes an seine Verheißungen betont. Sie betreffen primär die Gabe des Landes in seiner ganzen Weite, wie sie im Buch Josua beschrieben ist, aber auch die Vermehrung des Volks im Land, also Heilsgüter, die in nachexilischer Zeit Gegenstand höchster Sehnsucht und allenfalls ansatzweise erfahrbar waren. Allerdings gelten sie für die dtr Theologen einem Abraham, der sich Gott bis zum Äußersten, der Preisgabe seines Sohnes, als gehorsam erwiesen hatte (Gen 22,16) und der auch sonst ein Vorbild an Gesetzesgehorsam war (Gen 26,5).

Wie tief die Zweifel der Menschen jener Zeit reichten, zeigen Texte, die in Verbindung mit dem Landschwur an die Erzväter betonen, dass *Gott unfähig ist, seinen Bund mit seinem Volk zu brechen* (Ri 2,1; 2 Kön 13,23). Dem Nachweis dieser Unfähigkeit Gottes dient insbesondere *der Rückblick Moses auf die Wüstenwanderung in Dtn 9–10* (genauer: 9,7–10,11), in deren Zentrum die Verwerfung Gottes durch Israels Wunsch nach dem „Goldenen Kalb“ steht und die nicht zufällig ebenfalls mit dem Landschwur endet. Auf diesem Rückblick des Mose liegt eine starke Betonung, weil er als einziger erzählender Text inmitten der Paränesen des Mose (Dtn 6–11) steht und als solcher deutlich aus dem Rahmen fällt.

Erinnern wir uns zurück (o. S. 213 ff.): In der mehrstufig gewachsenen älteren Erzählung vom „Goldenen Kalb“ (Ex 32) war streng unterschieden worden zwischen der Strafe Gottes, deren Notwendigkeit auch die (ältere) Fürbitte des Mose um Vergebung nicht zu ändern, sondern nur aufzuschieben vermochte (V.30–34), und dem Zorn Gottes, der Israel vernichtet hätte, wenn nicht die (jüngere, dtr) Fürbitte des Mose ihn am Auflodern gehindert hätte (V.7–14). Von großem Gewicht für die Deutung der Erzählung in ihrem Endstadium ist die Beobachtung, dass Ex 32 (und Dtn 9–10) *ein charakteristisch anderes Verständnis vom Zorn Gottes zeigt als das DtrG:* Anders als in diesem waren die Zerstörung Jerusalems und das beginnende Exil *keine* Erfahrungen des Zornes Gottes[46]. Nach Ex 32,7–14 ist der Zorn Gottes wesenhaft vernichtend und tödlich. Wäre Israel ohne den Schutz des Mose geblieben und hätte schon am Sinai/Horeb Gottes Zorn erfahren, so bestünde es nicht mehr. Mose aber hat Israel ein für allemal vor Gottes Zorn bewahrt.

Die Intention dieser Theologie hat Dtn 9–10 konsequent weiterverfogt, vor allem mit zwei wesentlichen Veränderungen: Zum einen wird Israels Schuldbewusstsein stark vertieft. Nicht erst am Sinai/Horeb hat Israel Gott von sich gestoßen, sondern vom ersten Moment seiner Wüstenwanderung an, unmittelbar nach der grundlegenden Erfahrung des Exodus. Einen Zeitpunkt der Unschuld Israels hat es nie gegeben[47]; Israel war stets rebellisch gegen Gott

---

[46] Vgl. J. Jeremias, Der Zorn Gottes im AT (BThSt 104), ²2011, 68 ff. 143 ff.; ders., Konzeptionen des göttlichen Zorns im DtrG, in: P. Mommer – A. Scherer (Hg.), Geschichte Israels und dtr Geschichtsdenken. FS W. Thiel (AOAT 380), 2010, 135–151 (auch in: Studien, 156–171).

[47] Damit greifen die dtr Theologen prophetische Gedanken auf; vgl. Hos 11,1–4; 12,4 f.; Jer 13,23; Ez 20 u. ö. Vgl. im DtrG: 1 Sam 8,8, weiter Ex 33,5; 34,9 u. ö.

und stets reif für Gottes Zorn (Dtn 9,7.22–24). Zum anderen aber hat Mose nicht nur einmal, sondern mehrfach mit Beten und 40-tägigem Fasten vor Gott das Ausbrechen des göttlichen Zorns verhindert, und anders als in Ex 32 war sein Gebet stets erfolgreich, mit dem Ergebnis: „JHWH erhörte mich auch dieses Mal. JHWH wollte dich nicht verderben" (Dtn 10,10). Von Gottes Strafen ist nicht mehr die Rede, obwohl die Beurteilung der Schuld Israels so extrem verschärft worden ist. Vielmehr schließt der Rückblick mit Gottes Aufforderung an Mose, zur Einnahme des Landes aufzubrechen, das Gott Israels Vätern zugeschworen hat (V.11).

In der spät-dtr Gestalt des DtrG bildet Dtn 9–10 einen programmatischen Eingang: Als erste Erzählung nach der grundlegenden Gabe des Dekalogs (Dtn 5) vergewissert Moses Rückblick das Gottesvolk, dass es trotz all seiner Schuld, die das DtrG von den ersten Anfängen bis zum staatlichen Untergang penibel festhält, sicher sein darf, dass Gott dank der Fürbitte des Mose seinen vernichtenden Zorn unter fester Kontrolle hat und zur Verwerfung Israels unfähig ist. An die Stelle der Klage über das bleibende Exilsgeschick tritt das Staunen über das Wunder, dass Israel trotz seiner Widerspenstigkeit gegen Gott noch am Leben ist und auf Gottes bleibende und unwiderrufliche Verheißung zugeht.

3.6 Von großem Gewicht für manche dtr Kreise war *Gottes zugesagte Treue zu David und seinen Nachkommen.* Davon soll an anderem Ort die Rede sein (vgl. u. S. 426f.). An dieser Stelle sei nur darauf verwiesen, dass die soeben behandelte Gewissheitsproblematik auch in diesen Texten eine wesentliche Rolle spielt: Schon in der früh-dtr Fassung von 2 Sam 7 wird hervorgehoben, dass Gott schuldige Davididen (mit denen im Unterschied zum älteren Text von 2 Sam 7 nüchtern gerechnet wird) zwar hart strafen, nicht aber – wie Saul (und die Könige des Nordreichs) – verwerfen wird (V.14f.)[48], und diese Zusage hatte in der nachexilischen Zeit ein ganz neues Gewicht gewonnen. Nach Ps 89,4f. hat sich Gott sogar durch seinen Schwur „auf ewig" an David und seine Nachkommenschaft gebunden.

---

[48] Vgl. zu diesen gewichtigen Versen o. S. 122 und S.232f.

D. Die Priesterschrift (P)

Einen charakteristisch anderen Weg, die Krise des Exils zu bewältigen, als die zuvor genannten theologischen Entwürfe wählt die sog. Priesterschrift (P). Aus einem schon gewachsenen zeitlichen Abstand zum staatlichen Zusammenbruch Judas heraus unternimmt sie es, *die Ursprungs- und Gründungsgeschichte des Volkes von Grund auf neu zu erzählen*, um den Menschen ihrer Generation wieder Orientierung und Hoffnung zu vermitteln. Sie übergeht viele Einzelheiten der Überlieferung und beschränkt sich stattdessen auf die wesentlichen, die Geschichte prägenden und die Zeiten überdauernden Strukturen, deren Entstehung und Sinn sie zu erhellen versucht, nicht ohne zugleich programmatische Neuerungen anzustoßen. Die radikalste Neuerung besteht in einer umfassenden Neuinterpretation der Offenbarung Gottes am Sinai: Sie dient nicht wie in den älteren Darstellungen zur Mitteilung des Gotteswillens als Grundlage der Konstitution des Gottesvolks, sondern zum Auftrag Gottes an Mose, das (transportable) Heiligtum zu errichten, an dem Gott seinem Volk begegnen will, um die schon Abraham zugesagte Gottesgemeinschaft zu verwirklichen, die sein größtes Geschenk für sein Volk ist. Erst durch die spätere Zufügung des sog. Heiligkeitsgesetzes (Lev 17–26) wird auch diese Gottesgemeinschaft durch ethische Forderungen charakterisiert.

Dabei geht es auch P darum, „wie und unter welchen Bedingungen JHWH nach der Katastrophe weiterhin bzw. wiederum Israels Gott sein könne“[1]. Aber anders als die dtr Theologie sucht P den Weg zu einem neuen Gottesverhältnis Israels nicht im Bemühen um die Wandlung des Gottesvolks, sondern im Pochen auf Gottes bleibend gültige Verheißungen. Die Schuld Israels, die im Zentrum der Darstellung des DtrG steht, kommt bei P nur am Anfang und am Ende ihres Entwurfs gewichtig zum Tragen: am Anfang, wo sie sich in dem extrem negativen Menschenbild der Sintfluterzählung widerspiegelt, und betont am Ende, wo das verweigerte Vertrauen Israels auf Gottes Zusage eine geglückte Landnahme verhindert (Num 13f.; vgl. zuvor Ex 6,9). Das Hauptinteresse von P dagegen konzentriert sich auf Gottes unverrückbare und verbindliche Zusagen an sein Volk, die Zug um Zug in Erfüllung gehen und im Bau des Zeltheiligtums am Sinai und in der Erfahrung der uneingeschränkten Gegenwart Gottes bei seinem Volk gipfeln.

Das Ungewöhnliche, Programmatische dieses durch und durch *theozentrischen Entwurfs* einer mit der Schöpfung einsetzenden Gründungsgeschichte der Völker und Israels *war allerdings lange Zeit nicht im Blick*. Es ist erst in das

[1] Keel, Geschichte Jerusalems, 913.

Gesichtsfeld der Forschung getreten, als sie gelernt hat, zwischen dem anfänglichen Entwurf selbst und den ihm später zugewachsenen Texten zu unterscheiden (s.u.). Die Darstellungsweise von P hat diese Erkenntnis lange Zeit verhindert. Sie ist von einer großen Nüchternheit und Sachlichkeit geprägt, die um der Präzision willen Wiederholungen und eine gewisse Starre in Kauf nimmt und auf alle lebendigen Schilderungen von Charakteren und Szenen verzichtet. Stattdessen bedient sie sich der Sprache der Wissenschaft: genaue Maßangaben, etwa im Fall der Arche und des Heiligtums, und ebenso genaue chronologische Berechnungen der Ereignisfolge liegen ihr am Herzen. Die jüngeren kultischen Verordnungen knüpfen an diesen Stil an.

Jenseits dieser grundlegenden Differenzen aber ist P formal dem DtrG in vielerlei Hinsicht an die Seite zu stellen:

- Auch sie bietet *einen umfassenden Gesamtentwurf* für Stoffe der Tradition, die ältere Texte nach gegenwärtiger Einschätzung nur kleinräumiger abgedeckt hatten, nur dass es sich bei ihr im Unterschied zum DtrG um einen Gesamtentwurf der Ursprungsgeschichte Israels handelt: eine Darstellung, die bei der Schöpfung einsetzt und bis zum Tod des Mose reicht.
- Auch sie ordnet die vorgegebenen älteren Stoffe einer *gewagten systematischen Durchdringung* unter, so dass diese Stoffe häufig ihr ehemaliges Eigengewicht verlieren und nur noch dienende Funktion im Horizont des neu gestalteten Ganzen übernehmen. Aber im Unterschied zum DtrG integriert sie die überkommenen Texte nicht in ihren Entwurf, sondern wählt Stoffe aus, die ihr wichtig sind, und formuliert sie neu. Offensichtlich sollen die älteren Pentateuchüberlieferungen, auf die häufig explizit Bezug genommen wird, durch diese Neuformulierung ersetzt werden. Waren die Verfasser des DtrG Schriftsteller und Redaktoren zugleich, so sind die Verfasser von P so gut wie ausschließlich ersteres[2]. P hat also die ihr (schriftlich) vorgegebenen Stoffe noch entschlossener ihrer Gesamtintention unterworfen als das DtrG.
- Auch P spricht wie der Dtr eine Art *normierter Schulsprache,* die für das geschulte Auge recht leicht von anderer Sprache abzuheben ist, und wie im Fall des DtrG ist auch P in den folgenden Generationen von Gliedern, die mit dieser Schulsprache vertraut waren, fortgeschrieben worden. Sie hat auf diese Weise über den ursprünglichen Entwurf hinaus neue Themenbereiche – mehrheitlich Verordnungen über den Kult – für sich hinzugewonnen und bestimmt so theologisch breite Bereiche des Pentateuch bzw. Hexateuch. (Man pflegt

---

[2] Die am Ende des 20. Jh.s geführte intensive Diskussion, ob P nicht doch eher Redaktion als „Quelle" sei, ist heute fast verstummt. Vgl. die Gründe bei L. Schmidt, Studien zur Priesterschrift (BZAW 214), 1993, 1–34 und zusammengefasst bei P. Weimar, Studien zur Priesterschrift (FAT 56), 2008, 10ff. und E. Zenger, in: ders., Einleitung in das AT^5, 160f. – Einen eigenen [kompositionsgeschichtlichen] Weg geht E. Blum, Pentateuch, 229ff. – J. Wöhrle, Fremdlinge im eigenen Land. Zur Entstehung und Intention der priesterlichen Passagen der Vätergeschichte (FRLANT 246), 2012, möchte P zwar üblicherweise als „Quelle", nur in der Vätergeschichte aber als Redaktor am Werk sehen.

den zugrunde liegenden Entwurf P^g [Priestergrundschrift] zu nennen – er ist im Folgenden mit P gemeint – und die Zuwächse mit P^s zu bezeichnen[3]).

Insofern ist die geläufige, wohl auf A. Kuenen zurückgehende Bezeichnung „Priesterschrift" für P erheblich zutreffender als der im 19. Jh. (seit J. Wellhausen) üblicherweise verwendete Begriff „Priesterkodex", der weit besser auf P^s zutrifft. Mit „Priesterschrift" ist vor allem die Herkunft der Schulsprache gekennzeichnet, während auch dieser Begriff nicht auszusagen vermag, dass P wesenhaft erzählen, genauer: die Gründungsgeschichte Israels darstellen will, auf der alle folgenden Geschichtserfahrungen des Gottesvolkes fußen[4].

– Schließlich ist P auch darin mit dem DtrG vergleichbar, dass die Abgrenzung seines Umfangs – genauer, da der Einsatz mit der Schöpfung festliegt: die Abgrenzung seines Endes – umstritten ist. Gerade weil P sich einer Schulsprache bedient, sind Abgrenzungen innerhalb dieser Sprache, also zwischen P^g und P^s, oft nicht mit letzter Sicherheit zu treffen[5]. Vom Problem der Abgrenzung des Endes von P^g aber hängt sowohl die genauere zeitliche Ansetzung als auch – weit bedeutsamer – die Bestimmung der Intention von P ab.

Dabei bilden *die Bestimmung der Intention und der zeitliche Ansatz* eine unlösliche sachliche Einheit, und auch wenn der Spielraum bei letzterem relativ gering ist – P kann in seiner durchdachten Systematik nicht älter als spätexilisch, aber auch kaum jünger als frühnachexilisch sein –, gehen die Deutungen der Intention von P in der Forschung doch weit auseinander. Sicher ist zunächst, dass die zahlreichen Vorverweise im Schöpfungsbericht Gen 1–2,4a auf die Erzählung von der Errichtung des Zelt-Heiligtums (Luther: „Stiftshütte") anzeigen, dass mit dem Bau des Heiligtums am Sinai für P das wichtigste Ziel der Schöpfung erreicht und der tiefste Sinn der Erschaffung der Welt offengelegt wurde. Umstritten ist demgegenüber[6], ob diese Offenlegung des verborgenen Sinnes der Schöpfung die alleinige Absicht von P ist (und P daher schon mit der Sinaiperikope endet[7]), oder ob das Thema des Landes, wie es die Verheißungstexte Gen 17

[3] Jüngere Zuwächse, die schon auf vorliegende andersartige Texte Bezug nehmen und sie mit Texten der P-Schule verbinden, bezeichnet man üblicherweise R^p.

[4] Den erzählenden Charakter der P hat vor allem M. Noth, ÜP 7–19, herausgearbeitet. Er hat auch als erster die Intention von P^g unter Absehen von P^s präzise zu beschreiben versucht. Zuvor war P wesentlich als „Gesetz" bezeichnet worden, und die erzählenden Partien waren als dessen „Rahmen" und „Maske", um den „gesetzlichen Stoff ... zu verkleiden", verstanden worden (so J. Wellhausen, Prolegomena zur Geschichte Israels, [6]Berlin-Leipzig 1927, 7).

[5] In erhöhtem Maße gilt das für Gottes Anweisungen zum Bau des Heiligtums in Ex 25–30, wo die Analysen der Forscher demgemäß weit voneinander abweichen.

[6] Insbesondere seit L. Perlitt, Priesterschrift im Deuteronomium? ZAW 100 Suppl. (1988), 65–87, auch in: ders., Deuteronomium-Studien (FAT 8), 1994, 123–143, die Zugehörigkeit von Dtn 34,1.7–9 (Tod des Mose) zu P bestritten hat. Die ausführlichste Auseinandersetzung mit ihm bietet C. Frevel, Mit Blick auf das Land die Schöpfung erinnern. Zum Ende der Priestergrundschrift (HBS 23), 2000, 52ff.

[7] Allerdings nennen die Vertreter dieser Minderheitsansicht ein je verschiedenes Ende von P: T. Pola, Die ursprüngliche Priesterschrift (WMANT 70),1995: Ex 40,16f.33b; E. Zenger, Einleitung[5]: Lev 9,23f.; E. Otto, Forschungen zur P, ThR 62 (1997), 1–50: Ex 29,46; M. Köckert, Leben, 104f. und C. Nihan, From Priestly Torah to Pentateuch (FAT II, 25), 2007: Lev 16. Vgl. die kritische Diskussion dieser Ansätze bei Frevel, a.a.O. 82–181.

und Ex 6 und die P-Texte des Buches Numeri (besonders die Kundschaftererzählung in Num 13f.) prägt, einen zweiten, ähnlich gewichtigen Zielpunkt für P bildet[8]. Wird letzteres von den meisten Forschern bejaht, zeigt sich freilich eine weitere Deutungsalternative: Deutet das Thema Land auf eine Zukunftsperspektive der P in exilischer Zeit hin – so die Mehrheitsmeinung, der hier gefolgt wird –, oder ist P in frühnachexilischer Zeit nach dem Bau des 2. Tempels geschrieben und will als Ätiologie der nachexilischen Kultgemeinde verstandenen werden?[9]

1. Die doppelte Vorgeschichte Israels

Die Priesterschrift bietet den Entwurf einer verdichteten, auf einige wesentliche Ereignisse konzentrierten Geschichte der Völker und Israels. Eines ihrer wesentlichen Kennzeichen ist deren betonte Periodisierung. Im Großen zeigt sie sich im Gebrauch unterschiedlicher Gottesnamen für die Ur- und Menschheitsgeschichte (אלהים, Elohim), für die unmittelbare Vorgeschichte des Gottesvolks, die Zeit der Erzväter (אל שדי, El Schaddaj), und für die mit Mose beginnende Geschichte Israels im engeren Sinn (יהוה, JHWH). Im Kleinen dienen anfangs die dem modernen Leser fremdartig erscheinenden Geschlechtsregister (תולדות), ab dem Buch Exodus die Notizen über die Wanderstationen Israels zur Gliederung der Geschichte. Da die Geschlechtsregister bei Adam (Gen 5,1) beginnen[10] und über Noah und seine Söhne bis zu Jakob (Gen 37,2) reichen, die Wandernotizen dagegen (nach dem Exodus aus Ägypten) die Darstellung der beginnenden Geschichte Israels gliedern, ist deutlich, dass für P der wichtigste Einschnitt der beschriebenen Ereignisse zwischen der Vorgeschichte Israels in der Genesis und der Geschichte des Gottesvolks im eigentlichen Sinn ab dem Buch Exodus liegt.

Von großem sachlichem Gewicht ist vor allem, dass P nicht nur eine Entstehungsgeschichte Israels schreiben will, sondern auch *eine Entstehungsgeschichte der Menschheit und der Völkerwelt.* Auch wenn die traditionell dem „Jahwisten“ (J) zugeschriebenen Kapitel der Urgeschichte P schon vorgelegt haben sollten (was ich persönlich für wahrscheinlich halte), kann man doch

---

[8] So grundlegend K. Elliger, Sinn und Ursprung der priesterlichen Geschichtserzählung, ZThK 49 (1952), 121–143; auch in: ders., Kl. Schriften z. AT (TB 32), 1966, 174–198. Dabei besteht in der neueren Forschung ein weitgehender Konsens darüber, dass P keine Landnahmeerzählung enthielt, die Texte des Josuabuches mit priesterlicher Sprache also sämtlich zur Gruppe P^s gehören. Vgl. aber die folgende Anm.

[9] So insbesondere L. Schmidt, Studien zur Priesterschrift (BZAW 214), 1993, 259ff. und zuvor N. Lohfink, Die Priesterschrift und die Geschichte (VT.S 29), 1978, 189–225; auch in: ders., Studien zum Pentateuch (SBA.AT 4), 1988, 213–253 (unter Einbeziehung von Texten des Josuabuches).

[10] Ihr umfassender Horizont geht daraus hervor, dass mit einer künstlich wirkenden Übertragung des Begriffs („dies waren die תולדות [d.h. dies war die Entstehungsgeschichte] von Himmel und Erde, als sie geschaffen wurden“, Gen 2,4a) auch die Schöpfungsgeschichte in das System der Genealogien einbezogen wird.

mit guten Gründen sagen, dass die universale Perspektive, die zahlreiche Texte des reifen Alten Testament bestimmt (und die in Gen 2–3 fehlt), ein Erbe vor allem von P ist. Wenn Gott primär an Israel handelt, meint er doch immer die Welt im Ganzen. Dabei ist es in der Exilszeit alles andere als zufällig, dass P ihre Sicht der Schöpfung und der Welt im polemischen Gespräch mit konkurrierenden Entwürfen der babylonischen Literatur entwickelt, wie in Einzelheiten im Kapitel „Schöpfung" in Teil III dargelegt werden soll. Für die hiesige Betrachtung des Gesamtentwurfs der Theologie der Priesterschrift sind nur zwei Beobachtungen zur priesterlichen Urgeschichte unerlässlich:

1. Eine isolierte Betrachtung des Schöpfungsberichts von P (wie in christlicher Tradition geläufig) verfehlt dessen Intention. Schöpfung und Sintflut, die einzigen beiden Gegenstände, denen sich P in ihrer Urgeschichte erzählend nähert, gehören sachlich unlöslich zusammen.

2. Aber auch die Urgeschichte darf nicht isoliert ausgelegt werden. Die Darstellung der Schöpfung bei P zielt mit zahlreichen Hinweisen und Andeutungen auf die spätere Darstellung der Errichtung des Heiligtums am Sinai (s.u. Abschn. 2), während die Gestalt des Endes der Fluterzählung jeden Leser zwingt, den „Bund" Gottes mit Noah auf den folgenden Bund Gottes mit Abraham zu beziehen.

Ich beginne mit dem erstgenannten Gesichtspunkt. *Gen 1 bietet eine Beschreibung der Welt sub specie Dei,* nicht (zumindest am Ende nicht) eine Beschreibung der erfahrbaren Welt. Einzig Gott redet und handelt, indem er anfangs das ungeschaffene Chaotische in dieser Welt neu benennt und es auf diese Weise in seine Schöpfung integriert, dem Kosmos damit Stabilität verleiht und erst jetzt, da keine Macht von außen mehr seine Schöpfung bedrohen kann, die Vielfalt an Leben erschafft. Darum kann es am Ende der einzelnen geschaffenen Werke auch im Urteil Gottes heißen, „dass es gut war", d.h. seinem ihm zugedachten Zweck angemessen, und am Ende der Schöpfung als ganzer, dass alle seine Werke „sehr gut" waren (Gen 1,31).

Aber dabei bleibt es nicht. In genauer sprachlicher Entsprechung zu dem die Schöpfung abschließenden Urteil:

> Gott sah an alles, was er gemacht hatte: und siehe, es war sehr gut (1,31).

erfolgt die schwerwiegende Änderung des göttlichen Urteils in Gen 6,12:

> Gott sah die Erde an: und siehe, sie war verdorben.

Inzwischen hat der Mensch in Gottes Schöpfung gehandelt und hat sie in kurzer Zeit mit seiner wesensmäßigen Neigung zur „Gewalt" (חמס, ein Begriff, den P aus der Prophetie übernommen hat: 6,11.13) so weit verändert, dass Gott sich genötigt sieht, ihr „Ende" (6,13; vgl. Am 8,12; Ez 7,2f.6) herbeizuführen[11]. So nüchtern P in ihrer formelhaften Sprache berichtet, so sehr klingt

[11] Vgl. zu den prophetischen Kategorien der Schuldbeschreibung von P, die sich besonders an Amos und Ezechiel anlehnt, N. Lohfink, Die Ursünden der priesterlichen Geschichtserzählung

doch ein Entsetzen durch diese Aussagen hindurch: Der Mensch, von dessen Schuld in Gen 6,11–13 die Rede ist, ist ja derselbe Mensch, dem Gott in Gen 1,28 als seinem Ebenbild den Auftrag zur Verwaltung seiner Schöpfung und zur Herrschaft über die Tierwelt gegeben hatte. Der Mensch wird mit seiner wesensmäßigen Gewalt für P also nicht nur individuell schuldig, sondern er reißt die Schöpfung mit sich in den Abgrund.

Dem impliziten Erschrecken des Textes in Gen 6 entspricht in der Folge sein implizites ungläubiges Staunen in Gen 9: Von der Sintflut und der Vernichtung von Mensch und Tier ist in der Retrospektive von Gen 9 aus nur darum die Rede gewesen, weil sie für die Zukunft der Menschen ein für allemal ausgeschlossen wird. Das von Gott beschlossene „Ende“ der Menschheit und der Tierwelt (6,13) bleibt ein einmaliges Ereignis. Das Gottesvolk wie die Menschheit im Ganzen leben von Gottes Inkonsequenz zu ihren Gunsten. In Gen 9 schafft Gott der bleibenden Gewaltbereitschaft des Menschen ein Ventil: Er gestattet dem Menschen, in das Leben der Tiere einzugreifen und Fleisch zu essen. Allerdings wird diese Erlaubnis doppelt eingeschränkt. Alles Leben bleibt unter der Obhut des Gebers des Lebens; darum ist der Genuss von Blut, in dem das Leben seinen Ort hat (Lev 17,11.14), untersagt und noch strenger der Eingriff in jegliches menschliche Leben, weil der Mensch Ebenbild Gottes ist und bleibt (Gen 9,4–6). Nicht genug damit: Gott verpflichtet sich eidlich gegenüber allen zukünftigen Menschen und Tieren in einem feierlichen „Bund“ (Näheres dazu in Teil III), die zweite Menschheit trotz ihrer Neigung zur Gewalt zu ertragen und nie wieder eine Sintflut zu bringen. Die Sintflut wird nur darum geschildert, weil sie durch Gottes Selbstbindung für die erfahrbare Menschheit als ein Handeln Gottes ausgeschlossen bleibt.

Jedoch ist vom ersten Bund Gottes mit allen Menschen vornehmlich um des zweiten Bundes willen die Rede, den Gott speziell mit Abraham und seinen Nachkommen schließt. Auch dieser zweite Bund ist allein auf Gottes Selbstbindung gegründet und ohne zeitliche Begrenzung; er eröffnet ein neues, exklusives Gottesverhältnis für Abraham und seine Nachkommen („Ich will ihnen Gott sein“, Gen 17,8; vgl. V.7), das vor allem in der Verheißung ihrer üppigen Vermehrung zum Ausdruck kommt, darüber hinaus aber auch in der Verheißung, dass sie „das Land ihrer Fremdlingschaft“ als einen „ewigen Besitz“ erhalten werden (17,8). Hier wird ein großer Bogen zu den P-Texten des Numeribuches geschlagen. Beide Bundesschlüsse sind so eng wie irgend möglich aneinander gerückt, indem der erste an den Schluss der Urgeschichte, der zweite an den Anfang der Vätergeschichte gestellt worden ist; sie können und sollen aufeinander bezogen gedeutet werden. Im Sinn von P bestimmen sie für das nachwachsende biblische Gottesvolk wurzelhaft dessen Existenz und bilden die Grundlagen aller seiner geschichtlichen Erfahrungen[12]. Für

---

(1970), in: ders., Studien zum Pentateuch (SBA.AT 4), 1988, 169–190; W.H. Schmidt, Nachwirkungen prophetischer Botschaft in der Priesterschrift, FS M. Delcor (AOAT 215), 1985, 369–377.

[12] Diese Intention ist ein wichtiger Grund für das häufig diskutierte Problem, dass P vom Bund

Israel im Exil, das auf eine scheinbar hoffnungslos kleine Zahl reduziert war, bedeutet diese Verbindung, dass Gottes Zusagen der Vermehrung und des Landbesitzes genauso gewiss sind wie der täglich neu erlebte und von Gott garantierte Bestand dieser Welt trotz aller Gewalttaten der Menschen. In beiden Bundesschlüssen verpflichtet sich Gott eidlich, und zwar bedingungslos.

Allerdings ist diese prinzipielle Voraussetzungslosigkeit im zweiten Bund auf doppelte Weise gelockert. Zum einen ist das den Menschen vergewissernde Zeichen für die Gültigkeit der Selbstbindung Gottes kein naturhaftes mehr wie beim Regenbogen im Noahbund, sondern mit der Beschneidung der männlichen Glieder des Volks ein Bekenntniszeichen, wie es das biblische Israel im Exil von seiner Umwelt unterschied[13]. Zum anderen beginnt Gottes Rede an Abraham vor allen Verheißungen mit einer Aufforderung: „Ich bin El Schaddaj: Wandle vor mir und sei ganz/ungeteilt!" (17,1). Jedoch wären beide von Abraham erwartete Handlungen als Bedingung der eidlichen Zusage Gottes missverstanden (vgl. u. S. 313f.). Gottes Verheißungen der Vermehrung und des Landbesitzes bleiben das prägende Element der Vätergeschichte, wie ihre dreimalige Wiederholung in der Erzählung von Jakob verdeutlicht: zunächst als Wunsch seines Vaters Isaak (Gen 28,3f.), dann als direkte Zusage Gottes (Gen 35,10–12) und zuletzt als Zitat dieser Zusage durch Jakob vor Joseph (Gen 48,3f.). Beherrschend tritt zudem bei den Verheißungen an Jakob die Zusage des göttlichen Segens in den Vordergrund (bes. Gen 28,3f.).

2. Die Gründungsgeschichte Israels

Mit Ex 1,7 ist der entscheidende Einschnitt in der Darstellung von P erreicht. Hatte die Josephsgeschichte erklärt, warum Jakob mit seinen Söhnen nach Ägypten gekommen war, so berichtet Ex 1,7 von der ersten Erfüllung der göttlichen Verheißungen an die Erzväter: von der großen Vermehrung der Nachkommen Jakobs und damit von der Geburtsstunde der Größe Israel als Volk[14]. Israel tritt im Folgenden nur geschlossen auf oder vertreten durch Mose bzw. Aaron. Auf Israel zielen alle Verheißungen Gottes, die er den Erzvätern gab; so ist es nur konsequent, dass Israel – durch Mose als seinen Repräsentanten – Gottes Eigennamen JHWH und damit sein tiefstes Geheimnis erfährt (Ex 6,2f.). Zugleich

---

Gottes mit Abraham, nicht aber von seinem Bund mit Israel am Sinai spricht; vgl. dazu bes. W. Zimmerli, Sinaibund und Abrahambund (1960), in: ders., Gottes Offenbarung. Ges. Aufs. (TB 19), 1963, 205–216. Zugleich soll unter allen Umständen vermieden werden, dass die mit „Bund" bezeichnete Gottesgemeinschaft Israels von Israels eigenem Verhalten abhängig sein könnte und Gottes zweiter Bund damit sein Wesen als „ewig" gültige Zusage verlöre.

[13] Demgegenüber deutet für die ältere Zeit schon die Bezeichnung der Philister als „Unbeschnittene" darauf hin, dass die Beschneidung der männlichen Kinder in der Nachbarschaft Israels ein üblicher Brauch war.

[14] Mit ihr kommt zugleich Gottes Plan mit der Menschheit, die in Gen 1 (und wieder in Gen 9) den Auftrag zur Vermehrung erhält, zu ihrem letzten Ziel.

verdeutlicht dieser Neuanfang der Gottesbeziehung in der Darstellung von P ihr schon erwähntes *Interesse an der Periodisierung der Geschichte*: Einerseits ist der Neuanfang rückgebunden an den Bund Gottes mit den Vätern, auf den explizit Bezug genommen wird (Ex 6,3f.), andererseits zielt er auf die nah bevorstehende Befreiung Israels aus der Unterdrückung der Ägypter (6,5f.) und auf eine fernere Zukunft, in der Gottes Schwur, den Vätern das Land zu geben, Wirklichkeit werden wird (6,4.8). Zwischen den Zusagen für die nahe und die fernere Zukunft steht in zentraler Stellung die Kundgabe der Intention Gottes: Er will Israel Gott sein wie dessen Vätern. Aber nun soll auch die zweite Hälfte der sog. Bundesformel Realität werden: Er will Israel als sein Volk annehmen, das Gottes Handeln zu seinem Heil „erkennen wird" (6,7). Erst mit dieser doppelten Intention Gottes und in ihrer Folge Israels „Erkenntnis" ist die Preisgabe des Eigennamens JHWH für P angemessen zum Ausdruck gebracht.

Die Verheißungen Gottes an die Väter, die Befreiung Israels aus Ägypten als fundamentale Heilstat Gottes, die Gründung der Gottesbeziehung Israels, die am Sinai ihre gültige Form finden wird, und als letztes die Realisierung der von Gott zugeschworenen Gabe des Landes bilden die wesentlichen Abschnitte der Gründungsgeschichte Israels. Keiner ist in sich verständlich, alle sind sie unlöslich aufeinander bezogen, zusammengenommen aber sind sie nicht nur Ziel des Handelns Gottes an Israel, sondern auch des Handelns Gottes an der Welt. Allerdings liegen Exodus, Sinai und Landgabe für P nicht auf einer Ebene: *Höhepunkt und Zentrum der Darstellung ist die Errichtung des Heiligtums am Sinai, in dem die Schöpfung zu ihrem Ziel kommt. Der Exodus ist Voraussetzung, die Landgabe Folge seiner Gründung.*

2.1 Dabei spielt die Erfahrung des *Exodus aus Ägypten* für P nicht so sehr die Rolle einer Befreiung aus schwerer Not wie in den älteren Texten, sondern mit ihm beginnt Israels „Erkenntnis Gottes" (s.o. zu 6,7). Die gesamten dramatischen Ereignisse in Ägypten – sowohl die zahlreichen Plagen als auch der Durchzug durchs Schilfmeer, für P eine feierliche gottesdienstliche Prozession (Ex 12,41) – dienen nur dem einen Zweck, die unendliche Überlegenheit Gottes sowohl über die im Pharao verkörperte höchste menschliche Macht als auch über die Götter Ägyptens zu demonstrieren. Im Falle des Pharao zeigt sich diese Überlegenheit daran, dass Gott sogar dessen Entscheidungszentrum lenkt, indem er sein Herz „verhärtet", mit dem Ziel, an Pharao „sich zu verherrlichen" (Ex 14,17f.: ein Vorspiel zur Offenbarung der „Herrlichkeit Gottes" am Sinai, Ex 24,16ff.). Erst beim Untergang ihrer militärischen Macht im Zuge des „Sich Verherrlichens" Gottes sind die Ägypter bereit, dem wahren Gott die Anerkennung zukommen zu lassen, die ihm gebührt. Dagegen zielen die vorangehenden Plagen primär auf eine Auseinandersetzung Gottes mit den Göttern Ägyptens. Eine Zeit lang vermögen die ägyptischen Priester als deren Repräsentanten „mit ihren Geheimkünsten", d.h. mit Hilfe von Magie und Zauberei, mit Mose Schritt zu halten (7,11f.22; 8,3). Dann aber versagt ihre Kunst, und sie werden selbst von der Plage betroffen (9,11). Dass es dabei um mehr geht als um Magie und Zauberei, zeigt Gottes Ankündigung in der

Passanacht: „An allen Göttern Ägyptens werde ich Gerichte vollstrecken; ich bin JHWH!“ (12,12)[15].

2.2 Höhe- und Zielpunkt der Geschichtsdarstellung bildet *die Offenbarung JHWHs am Sinai* in Gestalt seines *kābôd* (כבוד), seiner „Herrlichkeit“, für P – anders als etwa für die Psalmen – ein sichtbares Lichtphänomen, dessen Anblick am Sinai „wie fressendes Feuer“ war (Ex 24,17). Zum ersten Mal wird damit im Alten Testament Gottes Offenbarung auf den Begriff gebracht. Vorausgeschickt ist dem Bericht von der Offenbarung mit *Ex 16* eine Erzählung vom Murren Israels in der Wüste, die in dreifacher Weise entscheidende Aspekte des Sinaithemas einleitet:

a. Erstmalig erfährt Israel den offenbaren Gott in Gestalt seiner (von der Wolke verhüllten) „Herrlichkeit“, die ihre Wirkung schon zuvor indirekt erwiesen hatte, als JHWH am Schilfmeer „sich am Pharao verherrlichte“ (Ex 14,17f.). Sie wird im Folgenden sowohl die Offenbarung Gottes am Sinai (Ex 24,15b–18), die Fertigstellung des Heiligtums (Ex 40,34) und den Beginn des Gottesdienstes Israels (Lev 9,23f.) bestimmen als auch nach der Etablierung des Kults die wesentlichen geschichtlichen Ereignisse bis zum Tod Moses (Num 14,10; 20,12).

b. Dem Murren Israels gegen Gott zu Beginn der Wüstenerzählung in Ex 16 steht am Ende der Sinaierzählung (nach Darbringung der ersten Opfer) der aufbrandende Jubel des Volkes gegenüber, angesichts des in seiner „Herrlichkeit“ offenbaren Gottes, vor dem sich die Israeliten anbetend niederwerfen (Lev 9,23f.). Zweifel und Aufbegehren sind hier definitiv überwunden[16].

c. Israel wird in Ex 16 auf sein Murren hin nicht nur mit der Güte Gottes konfrontiert, der es in der Not versorgt, sondern auch mit einer ersten Enthüllung des Schöpfungsgeheimnisses des 7. Tages: Es hat genug zu essen, ohne am 7. Tag sammeln zu können.

Am Sinai wird dieses Geheimnis dann voll gelüftet, als „die Herrlichkeit JHWHs“ sich sechs Tage lang auf dem Berg Sinai niederlässt, wieder von der schützenden Wolke bedeckt, und Mose erst am 7. Tag von Gott zu sich gerufen wird, um die Anweisungen zum Bau des Heiligtums entgegenzunehmen (Ex 24,15b–18). Die „Heiligung“ und „Segnung“ des 7. Tages, an dem Gott von seiner Arbeit an der Schöpfung ruhte, blieben in Gen 2,3 noch ohne Deutung und ließen die Leser der priesterlichen Geschichtsdarstellung auf eine

---

[15] Wie im ugaritischen Mythos der Sieg Baals über den Meeresgott Jammu, die Verkörperung des Chaos, seinem Palastbau im Himmel vorausgeht, so bei P Gottes Demütigung aller göttlichen und menschlichen Mächte – der ägyptischen Götter und des Pharao – dem Bau seines Heiligtums; vgl. C. Nihan, Priestly Torah (o. Anm. 7), 59f.

[16] Wo sich neues Aufbegehren gegen Gott oder Misstrauen gegen ihn wie in Ex 16 auch nach der Offenbarung am Sinai noch einmal zu Wort melden, werden sie von Gottes „Herrlichkeit“, die jeweils am Eingang des Zeltes erscheint, hart bestraft (Num 14,10; 20,6 P; vgl. später Num 16,19; 17,7). Durch Gottes Offenbarung am Sinai und die am Heiligtum erlebte Nähe Gottes hat sich Israels Verantwortung deutlich vermehrt; vgl. A. Schart, Mose und Israel im Konflikt. Eine redaktionsgeschichtliche Studie zu den Wüstenerzählungen (OBO 98), 1990, 58ff.

solche in der folgenden Erzählung warten. Hier in Ex 24 wird sie ihnen eröffnet: *Schöpfung und Offenbarung Gottes stehen in einem verborgenen Entsprechungsverhältnis.* Ohne Kenntnis seiner Offenbarung wäre Gottes Schöpfung nicht voll verständlich; sie birgt ein Geheimnis in sich, das auf seine Offenbarung verweist und erst mit ihr entschlüsselt wird. Insofern kann man die Offenbarung am Sinai im Sinne von P mit gutem Recht als Vollendung seiner Schöpfung bezeichnen, ohne dass damit die Schöpfung als solche als unabgeschlossen charakterisiert wäre[17].

Das Wesen der Offenbarung beschreibt P dadurch, dass sie den Ablauf der Ereignisse am Sinai in drei Teile gliedert. Das breite Zentrum der Darstellung bilden der göttliche Auftrag zum Bau des Heiligtums (Ex 25–31*) und seine Ausführung durch Israel (Ex 35–40*). Die Ausführung entspricht dem Auftrag exakt: Gott zeigt Mose das Modell des zu errichtenden Heiligtums (Ex 25,9), und Mose konstatiert am Ende des Berichts, dass der Bau durch die Israeliten genau dem Modell entsprechend erfolgt ist (29,32b.43)[18]. Den Rahmen des Bauberichts aber bilden zwei erzählende Abschnitte, die in bewusster Entsprechung zueinander gestaltet worden sind. Anfangs schildern sie die Erscheinung der „Herrlichkeit JHWHs" auf dem Sinai (Ex 24,15b–18), abschließend ihre Erscheinung über dem soeben errichteten Heiligtum (Ex 40,34). Was diese Verlagerung des Ortes der Erscheinung der „Herrlichkeit JHWHs", auf den die priesterschriftliche Darstellung der Sinaitheophanie insgesamt abzielt, besagt, legt Gott im Voraus in Ex 29,43–46 dar, in einem Text, der die Anweisungen zum Bau des Heiligtums abschließt und die Bedeutung des Heiligtums summierend erläutert:

Dort will ich den Israeliten begegnen,
und es soll geheiligt werden durch meine Herrlichkeit:
Ich werde das Begegnungszelt und den Altar heiligen …
Ich will inmitten der Israeliten wohnen und will ihnen Gott sein.
So sollen sie erkennen, dass ich JHWH, ihr Gott, bin,
der sie aus dem Land Ägypten herausgeführt hat, um in ihrer Mitte zu wohnen:
Ich, JHWH, ihr Gott.

---

[17] Vgl. P.Weimar, Sinai und Schöpfung (RB 95,1988), überarbeitet in: ders., Studien zur P (o. Anm. 2), 269–317; 301; B. Janowski, Tempel und Schöpfung. Schöpfungstheologische Aspekte der priesterlichen Heiligtumskonzeption (JBTh 5,1990), in: ders., Gottes Gegenwart in Israel, Neukirchen-Vluyn 1993, 214–246; 244. – Literarisch bestehen neben dem 7. Tag eine Fülle an weiteren Bezügen zwischen der Darstellung der Schöpfung Gottes und seiner Offenbarung am Sinai; vgl. etwa Ex 39,43, wo die Arbeit der Israeliten am Heiligtum (von Mose) mit einer Formel gebilligt wird, die deutlich an Gen 1,31 anklingt („Und Mose sah an alle Arbeit, und siehe: Sie hatten sie gemacht, wie JHWH geboten hatte").

[18] In Mesopotamien ist vielfach belegt, dass die betroffene Gottheit dem (frommen) König, der ihr einen Tempel bauen will, zuvor nicht nur ihren Bedarf einer Wohnung, sondern auch deren genauen Bauplan in einer Traumoffenbarung mitteilt, so dass die Gottheit selber letzlich als Bauherr fungiert; vgl. nur den berühmten Tempelbau-Hymnus des sumerischen Königs Gudea und dazu A. Falkenstein in: ders. und W. von Soden, Sumerische und akkadische Hymnen und Gebete, Zürich 1953, 137ff.

Das am Sinai erbaute Heiligtum schafft Gott die Möglichkeit, „inmitten der Israeliten zu wohnen". Erst damit kommt die Offenbarung am Sinai zu ihrem Ziel, erst damit wird seine Verheißung, Israels Gott sein zu wollen, im vollen Sinne Realität, erst jetzt wird Israel im vollen Sinn Volk Gottes: weil nun am Ort, der „durch seine Herrlichkeit geheiligt" ist, für Israel die Möglichkeit ständiger Begegnung mit Gott geschaffen worden ist. Eine größere Nähe Gottes ist für P nicht denkbar; B. Jacob hat das Heiligtum deshalb „ein Stück auf die Erde mitten unter ein Volk versetzten Himmels" genannt[19]. Dabei sind mit der Kategorie der „Erscheinung" der „Herrlichkeit JHWHs" und der durch sie ermöglichten „Begegnung" Gottes mit Israel bzw. seinen Repräsentanten die älteren traditionell altorientalischen Vorstellungen des „Wohnens" der Gottheit im Tempel – ihrerseits schon in einer Fülle an Variationen bezeugt – zwar nicht abgelöst, wohl aber deutlich modifiziert worden. Präsenz- und Erscheinungstheologie[20] sind in P eine unlösliche, dialektisch zu verstehende Einheit eingegangen. Gottes „Wohnen" sichert die Permanenz seiner Gegenwart, aber sie meint keinen „in sich ruhenden Dauerzustand", sondern realisiert sich in einem „dynamischen Prozess", der zu je neuer Zuwendung zu Israel führt[21].

Um der Ermöglichung ständiger Begegnung mit Israel im Gottesdienst willen ist das „Wohnen" Ziel aller Geschichte Gottes mit seinem Volk und insbesondere Ziel des Exodus Israels aus Ägypten. Zugleich eröffnet es Israel die volle Erkenntnis Gottes, wie sie schon beim Exodus (Ex 6,7) und in der Wüste (Ex 16,6) begann und unabdingbare Grundlage eines intakten Gottesverhältnisses ist. Die Möglichkeit der ganzen Fülle der Erkenntnis Gottes wird P später dadurch zum Ausdruck bringen, dass beim ersten Opfer der Gemeinde die „Herrlichkeit JHWHs" vor dem ganzen Volk erscheint, und zwar – wie auch danach (Num 14,10) – uneingeschränkt, d.h. ohne dass von einer Verhüllung durch die Wolke die Rede ist (Lev 9,23).

Gottes „Wohnen" ist also kein Selbstzweck, sondern die Verwirklichung seiner Verheißung, Israels Gott sein zu wollen: nicht mehr wie in Ex 19 am fernen Sinai, sondern in Israels jeweiliger Gegenwart. Als „Zelt der Begegnung" hält Gottes „Wohn"- und „Erscheinungs"-Ort mit Israels sich wandelnder Geschichte Schritt – bis auch die letzte noch offen stehende Verheißung der Gabe des Landes erfüllt und ein neuer Tempel gebaut sein wird (s.u.).

Einen anderen Aspekt des Heiligtums enthüllt P, indem sie den *Bau des Heiligtums in den Horizont der Flutgeschichte stellt.* Exakt ein Jahr dauerte die Flut, exakt ein Jahr der Bau des Heiligtums; am Neujahrstag des Jahres 601 waren

---

[19] B. Jacob, Das Buch Exodus, hg. von S. Mayer, Stuttgart 1997, 756f.

[20] Vgl. zu dieser Unterscheidung grundlegend den (in Einzelheiten überholten) Aufsatz von G. von Rad, Zelt und Lade (1931), in: ders., Ges. St. z. AT (TB 8), 1958, 109–129; 122ff.; ders., TheolAT^4 I, 247ff.

[21] P. Weimar, Sinai und Schöpfung, a.a.O. 313; vgl. ausführlich B. Janowski, Sühne als Heilsgeschehen (WMANT 55), ^{2}2000, 306ff.

die Wasser der Flut abgetrocknet (Gen 8,13); am Neujahrstag des zweiten Jahres des Exodus war der Bau des Heiligtums vollendet (Ex 40,17). Die Leben sichernde Arche wird mit einer Reihe von Zügen ausgestattet, die auf das Zeltheiligtum am Sinai vorverweisen[22]. Mit solchen Anspielungen stellt P die Bedeutung des Heiligtums für die Menschheit heraus, indem sie altorientalische Tempeltheologie variiert, nach der der Tempel an der Stelle steht, „wo das Chaos zum erstenmal (sic!) gebannt wurde"[23], so dass am Ort der Tempelgründung künftig die Stabilität der Weltordnung garantiert und damit unbedrohtes Leben ermöglicht ist. Nur erfolgt für P diese grundlegende Stabilisierung der Welt nicht am Ende der mythisch-universalen Urgeschichte, sondern erst im Zug der partikularen Israelgeschichte. Die Errichtung des Heiligtums ist zeitlich und sachlich an den Exodus gebunden, und wenn am Ende der altorientalischen Mythen vom Chaoskampf der Bau des himmlischen Palastes als Zeichen der Königsherrschaft des siegreichen Gottes erfolgt, so übernimmt für P der Pharao als geschichtlicher Repräsentant größtmöglicher menschlicher Macht die Funktion des Chaos, das von Gott definitiv besiegt wird, bevor der Bau des Heiligtums realisiert wird.

Die bewussten Bezüge zur Sintflut im Bericht vom Bau des Heiligtums sichern für P zugleich das erzählerische Interesse, dass urgeschichtliche Menschheitsgeschichte und Israelgeschichte nicht auseinanderfallen, sondern aufeinander bezogen verstanden werden. Der Noah-Bund enthält für sich genommen nur eine Zusage in negativer Form: Die tödliche Flut wird nie wieder kommen und Leben auslöschen. Die aus dem Abraham-Bund hervorgehende Israelgeschichte aber führt zur Leben eröffnenden Vermehrung des Volkes und über die Besiegung der lebensfeindlichen Macht des Pharao zur Leben erfüllenden Begegnung Israels mit seinem Gott: Erfahrungen, die einstweilen nur Israel macht, die aber letztlich der Welt als ganzer gelten.

2.3 So gewiss aber der Bau des Heiligtums und die Ermöglichung des Gottesdienstes Israels den Höhepunkt der priesterschriftlichen Konzeption der Gründungsgeschichte Israels bilden, so stellen sie doch schwerlich ihren Abschluss dar. Vielmehr hängen *Kult und Land in den göttlichen Verheißungen an die Väter und an Mose* (Gen 17,7f.; Ex 6,6–8) so eng miteinander zusammen, dass sie als *sachliche Einheit* verstanden werden müssen. „Das Land bleibt auch im Rahmen der Sinaiperikope der Zielort für die Verwirklichung der dauerhaften Präsenz Gottes inmitten seines Volkes."[24] Die Interpretation der priesterschriftlichen Landtheologie wird allerdings dadurch erschwert, dass eine ausgeführte Landgabeerzählung fehlt und statt ihrer in der Erzählung von den Kundschaftern (Num 13f.), dem am sichersten P^g zuzuweisenden Text des

---

[22] Die Bezüge nennen u.a. Weimar, ebd. 285f., und E. Zenger, Gottes Bogen in den Wolken (SBS 112), ²1987, 175, Anm. 27.

[23] O. Keel, Die altorientalische Bildsymbolik und das Alte Testament. Am Beispiel der Psalmen, ²Zürich-Neukichen 1977, 154.

[24] C. Frevel, a.a.O. (Anm. 6), 349f.

Numeribuches, von einer scheiternden Landnahme Israels die Rede ist. Zwar ist JHWH nach Num 13,2 willens, ja im Begriff, seine Zusage zu erfüllen und Israel das Land zu geben (vgl. die betonte Aufnahme der Verheißung von Ex 6,8 in Num 14,3 und 14,8), aber die Kundschafter Israels verlassen sich lieber auf Gerüchte voller Verleumdungen des Landes („ein Land, das seine Bewohner frisst", Num 13,32: Zitat aus Ez 36,13) als auf die göttliche Zusage, und Israel als Gemeinde begehrt gegen Josua und Kaleb auf, die als einzige Kundschafter die Fruchtbarkeit des Landes als gute Schöpfungsgabe rühmen (14,7). Konsequent bestreitet Israel in der Folge sogar den Sinn des Exodus (Num 20,4f.)! Einem Volk, genauer: einer Generation, die derartig jegliches Vertrauen auf Gottes Verheißungen verweigert, bleibt als Folge das Geschenk des Landes verwehrt. Die Menschen müssen in der Wüste sterben, und weil Mose und Aaron dem aufbegehrenden Volk JHWH nicht eindeutig genug bezeugt haben, bleibt auch ihnen das Betreten des Landes verschlossen (20,12). Allerdings darf Mose das Land sehen, und Mose wie Aaron erhalten Amtsnachfolger in Gestalt von Josua und Eleasar. Aber deren Geschick schildert P nicht mehr.

Es ist ein auffällig offener Schluss, mit dem der priesterschriftliche Aufriss der Gründungsgeschichte Israels endet: Einerseits hat Gott seinem Volk mehrfach in großer Nachdrücklichkeit seine Verheißung zugesprochen, ihm das Land Kanaan schenken zu wollen, andererseits hat er seine Verheißung vergeblich zu realisieren versucht, weil Israel ihm das Vertrauen verweigert hat. Dabei gehören für P in der (nachsintflutlichen) Urgeschichte Volk und Land ganz selbstverständlich zusammen. Die Diskrepanz am Abschluss der P wird noch verschärft durch die Beobachtung, dass Gott für P sowohl den Vätern als auch Mose das Land nicht nur für eine ferne Zukunft versprochen, sondern es ihnen bereits „übergeben" hat, wie die perfektischen Formulierungen in Gen 28,4 und 35,12, (nicht ganz so eindeutig) in Ex 6,4, vor allem aber in Num 20,12 und 27,12 belegen[25]. Da das Land für die Väter aber „das Land ihrer Fremdlingschaft, in dem sie als Fremdlinge lebten" (Ex 6,4), war und Israel noch nicht in das Land gekommen ist, können diese überraschenden Formulierungen nur besagen, dass Gott den Vätern und Israel das Land bereits deklarativ rechtsverbindlich übereignet hat. Die zuvor beschriebene Strafe für das furchtsame und ungläubige Volk in der Kundschaftererzählung und für Mose und Aaron in Num 20, dass sie alle in der Wüste sterben müssen, besagt keineswegs, dass das Gottesvolk die ihm gegebene Verheißung des Landes mit seinem Misstrauen verspielt hätte; denn die Gabe des Landes ist ja zusammen mit dem neuen Gottesverhältnis Israels das erklärte göttliche Ziel der Herausführung des Gottesvolks aus Ägypten (Ex 6,6–8)! „Für P hat also Jahwe seine

[25] Vgl. L. Schmidt, Studien (o. Anm. 2), 257f.; M. Köckert, Das Land in der priesterlichen Komposition des Pentateuch, in: D. Vieweger – E. J. Waschke (Hg.), Von Gott reden. FS S. Wagner, Neukirchen Vluyn 1995, 147–162; 154–156; C. Frevel, a.a.O. (Anm. 6), 361ff.

Absicht mit Israel erst verwirklicht, wenn die Israeliten auch das Land Kanaan als Heilsgut besitzen."[26]

Somit zeigen die Verheißungen in Gen 17,7f. und Ex 6,6–8, dass die von Gott am Sinai eröffnete Möglichkeit der Gottesnähe erst mit der Realisierung des Gottesdienstes im Land Gottes letztes Ziel mit Israel war. Er selber hat schon mit der Übereignung des Landes an Israel seine verbindliche Zusage realisiert. Es liegt jetzt an Israel, dieser Übereignung neues Vertrauen entgegenzubringen, um mit der Nutzung des Landes belohnt zu werden. Einstweilen hat Gott sein Volk mit dem von ihm initiierten Bau des Zeltheiligtums auf eine Wüsten- und Wanderexistenz vorbereitet.

Um der Hervorhebung des noch ausstehenden vollen Heils im Land willen hat P vermutlich ihren Standort außerhalb des Landes, und „Adressat ihrer Botschaft ist offenbar die führende Schicht des Volkes im Exil, die einerseits das Interesse am ‚Land' verloren hat und andererseits die Macht Jahwes bezweifelt"[27], am ehesten in der Zeit einer beginnenden Möglichkeit zur Rückkehr aus dem Exil, die die Diskussion um den Wert des Landes für die Gottesbeziehung neu beleben musste. Die Menschen, an die die Botschaft der P gerichtet ist, kommen her von vielfältig erfüllten Verheißungen Gottes und gehen zu auf eine einzige noch unerfüllte Verheißung, von deren Erfüllung nun freilich die Erfahrung der vollen Wirklichkeit der anderen Erfüllungen, besonders der uneingeschränkten Gottesgemeinschaft, entscheidend abhängt. Gott seinerseits hat auch diese letzte Verheißung schon erfüllt; es ist nur noch an Israel, seine Gabe anzunehmen.

3. Die Wirkungsgeschichte (P^s)

In der gegenwärtigen Gestalt des Pentateuchs wirken die Texte, die priesterlichem Denken entstammen, in ihrer Fülle fast erdrückend. Sie verdanken sich überwiegend aber erst der schrittweisen Fortschreibung von P, die man gemeinhin mit dem unpräzisen Sammelsiglum P^s bezeichnet. Die Texte von P^s setzen ausnahmslos den Bau des zweiten Tempels voraus und wollen in ihrer Mehrheit eine *Ätiologie der Kultordnungen des nachexilischen Tempels* bieten, d.h. diese Kultordnungen in der Offenbarung am Sinai verankern und von ihr her legitimieren, wobei zahlreiche rituelle Anweisungen, insbesondere die Anordnungen für Israels Opfer in Lev 1–7, auf älteren Ritualtexten basieren. Für P^s gilt J. Wellhausens viel zitierter Satz, das Zeltheiligtum vom Sinai sei „in Wahrheit nicht das Urbild, sondern die Kopie des jerusalemischen Tempels" gewesen[28], im vollen Sinne, für P^g in ihrer Programmatik nur bedingt.

[26] L. Schmidt, ebd. 258.
[27] P. Weimar, Untersuchungen zur priesterlichen Exodusgeschichte (fzb 9), 1973, 252.
[28] Prolegomena (o. Anm. 4), 36f.

Mit dem Zuwachs des Heiligkeitsgesetzes (Lev 17–26) wird zudem eine auffällige Lücke in P^g geschlossen: Die Priestergrundschrift hatte keine ethischen Forderungen Gottes am Sinai genannt und stattdessen das Ziel der intakten Gottesgemeinschaft Israels allein in Gottes Heilswillen verankert.

Der Abstand der P^s-Texte von P^g wird besonders an Themen erkennbar, an denen erstere *den Entwurf von P^g* nicht nur ergänzen, sondern ihn auch *korrigieren oder doch behutsam in eine neue Richtung lenken.* Ich nenne drei Beispiele:

1. Mit der *Zufügung eines Vorhofs,* der das Zeltheiligtum von allen Seiten umgibt (Ex 27,9ff.), ist die Konzeption des Heiligtumsentwurfs der P tiefgreifend verändert worden. War das Zelt „inmitten Israels" für jedermann sichtbar und zugänglich (Lev 9,5.23 u. ö.), so schirmen nun die Vorhänge der Einzäunung das Heiligtum vor jeder Einsicht ab, und es wird auf diese Weise als *ein separater heiliger Bezirk* von den übrigen Wohnungen abgegrenzt. Späte priesterliche Texte sind dieser Intention noch entschlossener gefolgt, am evidentesten Ex 33,7–11, wo das Zeltheiligtum außerhalb des Lagers aufgeschlagen wird und einzig Mose sich ihm nähern darf.

2. Hatte P sich um eine ausgewogene Dialektik von Wohn- und Erscheinungsvorstellung bemüht, wenn sie die Gegenwart Gottes am Heiligtum beschreiben wollte – die traditionelle Wohnvorstellung sollte die Gewissheit der Präsenz Gottes vermitteln, die Erzählungen vom Erscheinen der „Herrlichkeit JHWHs" allzu massive Aspekte eines „Wohnens" Gottes abwehren –, so ist in den P zugewachsenen Texten *die Vorstellung einer Einwohnung Gottes im Heiligtum auffällig vermieden* worden. In überwiegend jungen Texten erscheint Gott punktuell, indem die Wolke (bzw. JHWH „in der Wolke[nsäule]") „herabsteigt", um „am Eingang des Zeltes" stehen zu bleiben, solange Gott das Wort an Mose im Zelt richtet (Ex 33,7–11; Num 11,25; 12,5; Dtn 31,14f. u. ö.)[29]. Welcher Kontrast zur Tradition des salomonischen Tempels, die Gott als den im Heiligtum „über den Keruben Thronenden" (ישב הכרובים) gegenwärtig pries, aber auch zu P!

3. Während P den Sabbat und seine Heiligung, neben der Beschneidung wichtigstes Bekenntniszeichen der Exilanten, als verborgenes Geheimnis sowohl der Schöpfung als auch der Gegenwart Gottes im Heiligtum geschildert hatte, ist wenig später in P^s *das Gebot der Sabbatheiligung in äußerster Schärfe* formuliert worden: Wer am Sabbat arbeitet, wird mit der Todesstrafe bedroht (Ex 31,12–17; 35,1–3). Auch diese extreme Form der Sanktionierung ist später noch durch eine Beispielerzählung in einem unklaren Fall überboten worden (Num 15,32–36).

Erst im Licht dieser vielfältigen Modifikationen tritt die Kühnheit des priesterlichen Geschichtsentwurfs in voller Deutlichkeit vor Augen, so gewiss dieser natürlich noch nicht mit Regelungen des Alltags einer Gemeinde

---

[29] Zur konzeptionellen Zusammengehörigkeit dieser Texte vgl. E. Blum, Pentateuch, 76ff.

befasst war. Andererseits darf im Kontrast zu dieser Beobachtung nicht vergessen werden, dass P^s-Texte auch vieles zur Theologie des Alten Testaments beigetragen haben, das auch für ein gesamt-biblisches Denken von großem Gewicht ist. Davon soll in Teil III zur Thematik des Gottesdienstes die Rede sein.

E. Deuterojesaja (DJes)

Musste bei P die Zukunftsperspektive ihres Geschichtsentwurfs erst in der Diskussion mit anderen Deutungsmöglichkeiten erarbeitet werden, so liegt sie bei dem „Evangelisten" unter den Propheten, Deuterojesaja (DJes, Jes 40–55), offen zutage. Sie beherrscht die Texte von Anfang („die Schuld ist abgetragen", 40,2) bis Ende („denn mit Freuden werdet ihr ausziehen", 55,12). Freilich gibt es auch zahlreiche Querverbindungen zwischen P und DJes, die etwa zur gleichen Zeit verfasst worden sind, unter denen hier nur die die Texte prägende Schöpfungs- und Neuschöpfungsthematik, das dem Schöpfungshandeln Gottes vorbehaltene Verb ברא sowie das Offenbarwerden des Kabod JHWHs, der „Herrlichkeit" JHWHs (Jes 40,5), genannt seien.

Die *Besonderheit DJes' innerhalb der Geschichte der Prophetie* wird erkennbar, wenn man versucht, den ersten Vers seiner tradierten Worte in die Sprache der vorexilischen Prophetie zu übertragen. Der überlieferte Wortlaut:

> „Tröstet, tröstet mein Volk, spricht euer Gott, redet zu ..."

würde hier etwa lauten:

> „So hat JHWH gesprochen: 'Geh, tröste mein Volk und sprich zu ihnen ...'".

Vier wesentliche Unterschiede zwischen beiden Aufträgen fallen ins Auge:

1. Der Der Auftrag zur Verkündigung steht bei DJes voran, und zwar verdoppelt: ein Zeichen *der großen Dringlichkeit der Botschaft*, die unter allen Umständen sogleich ausgerufen werden muss.

2. Der Auftrag ergeht an eine *Vielzahl von Adressaten*, unter denen der Prophet nur ein Glied ist. Wenn LXX alle Priester und das Targum alle Propheten angeredet sein lassen, so verkennen sie die Dimension des Auftrags: Getröstet werden soll im Himmel (40,3–5) wie auf Erden (40,6–8). Möglicherweise hängt die *Anonymität des Propheten* – Djes ist ein wissenschaftlicher Kunstname – mit dieser Dimension des Auftrags zusammen: Um des Gewichts der Botschaft willen hat der Bote hinter seine Botschaft zurückzutreten[1]. Der Bote ist ein Verkündiger unter vielen, denn die Botschaft ist für ihre Adressaten lebensnotwendig.

3. Es ist keine Botschaft für eine einzelne geschichtliche Stunde[2], sondern *eine Botschaft, die für die gesamte kommende Zeit gültig ist.* Sie beinhaltet

---

[1] Vgl. zum Kontrast etwa die Überschrift Am 1,1: „Worte des Amos ..." oder Gottes Frage an ihn in Am 7,8; 8,2: „Was siehst du, Amos?" Hier ist jeweils der Bote als ein unverwechselbarer Einzelner in einer einmaligen historischen Stunde im Blick.

[2] Vgl. zum Kontrast wieder die Überschrift des Amosbuches: „ ... zwei Jahre vor dem Erdbe-

Grundlegendes und Grundsätzliches. Im Hebräischen wechselt daher das Tempus: Wo die ältere Prophetie mit dem Perfekt („So hat JHWH gesprochen") die Faktizität des Offenbarungsempfangs betonen wollte, steht bei DJes das Imperfekt, das die Permanenz des Redens Gottes in der Gegenwart und in der Zukunft ausdrücken möchte.

4. Zugleich ist der Verweis auf das Reden Gottes aus seiner Anfangsstellung in der älteren Prophetie in die Position einer Parenthese gerückt: mit gutem Grund, denn die Abfolge „(tröstet) mein Volk, (spricht) euer Gott" stellt in Gestalt der (verkürzten) Bundesformel[3] die frohe Botschaft in nuce dar: *Gott ist wieder Israels Gott, Israel wieder Gottes Volk*, weil die Zeit des Frondienstes Israels definitiv ein Ende hat (40,2) und Gott im Begriff ist, mit den Exilanten nach Jerusalem zurückzukehren (40,9–11).

So kündigt sich schon mit dem allerersten Satz der Botschaft DJes' *eine neue Gestalt der Prophetie* an, die beansprucht, weit über die historische Stunde, in der sie ergeht, hinaus gültig und Teil eines Weltenplans Gottes zu sein, an dessen Verwirklichung Himmel und Erde mit all ihren Kräften beteiligt sind. Dieser Dimension der Botschaft entspricht, dass bei aller Konzentration des neuen Heils auf das Gottesvolk immer wieder die gesamte Völkerwelt als Forum des Geschehens einbezogen wird. Es ist ja nicht irgendein partielles Heil Gottes, das DJes ankündigt, sondern ein Heil, das der Prophet nur *in der Kategorie der Neuschöpfung* zu schildern vermag: Die öde Wüste wird zum blühenden Garten. Es ist ein Heil, bei dem „alles Fleisch", d.h. die gesamte Menschheit in ihrer Schwachheit und Vergänglichkeit, „die offenbar werdende Herrlichkeit JHWHs schauen" wird (40,5): eine höchst ungewöhnliche Aussage, müssen sich doch nach Jes 6,2 selbst die himmlischen Seraphen vor der Schau dieser Herrlichkeit schützen, um nicht zu vergehen. Da „Fleisch" und „Herrlichkeit JHWHs" die denkbar schärfsten Gegensätze darstellen, ist *eine unüberbietbare und letztgültige Gestalt der Offenbarung Gottes* im Blick. Dem entspricht, dass die am Anfang der Botschaft so eindringlich eingeschärfte Notwendigkeit, Israel „zu trösten", bei DJes keineswegs auf ein worthaftes Geschehen beschränkt bleibt. Vielmehr „trösten" die Adressaten des Aufrufs im Himmel, indem sie eine Prachtstraße durch die Wüste legen, damit Gott und seine Exilanten in einer feierlichen Prozession zurückkehren können (40,3f.). Wenn Gott selber „tröstet", macht er die Wüste zum Paradiesesgarten und baut die Trümmer Jerusalems wieder auf (51,3; 52,9).

Aber die neue und in der bisherigen Prophetie parallellose Dimension des Heils ist nur die eine Seite der Botschaft DJes'. Die andere, nahezu gleichgewichtige ist, dass er diese Botschaft gegen heftige *Einwände und Bestreitungen seiner Zeitgenossen* zu verteidigen hat. Sie vermögen mit ihren Augen nichts

---

ben" (Am 1,1), ein Datum, das jedem Zeitgenossen als furchtbares Ereignis schmerzlich im Gedächtnis war. In Jes 40 fehlt eine Datierungsangabe.

[3] Vgl. o. S. 203f. zu Dtn 26,16–19 und bei P: Gen 17,7f.; Ex 6,7a; 29,45.

von dem neuen Heil Israels zu erkennen und haben sich längst mit ihrer neuen Existenz im Exil abgefunden, überwiegend mutlos und ohne Zukunftsperspektive. Es ist nicht so sehr die äußere Not, die ihr Leben belastet – manche Menschen sind in Babylonien zu Ehren und Reichtum gelangt –, wohl aber die innere, religiöse Not des Lebens in der Fremde, die besonders darin zum Ausdruck kommt, dass sie im Exil (wie auch die in Palästina Zurückgebliebenen) ihre Gottesdienste als Klagefeiern gestalten müssen, bei denen die Klagen um den zerstörten Tempel und das verlorene Land im Mittelpunkt stehen. Es ist daher keineswegs zufällig, dass die Heilsbotschaft des Propheten formal genau hier einsetzt; wie sogleich näher auszuführen ist, wählt er (mit „Heilsorakel" und „Heilsankündigung") eine Gestalt seiner Verkündigung, die sich formal an priesterliche bzw. prophetische Antworten auf Klagen Einzelner bzw. des Volkes anschließt, um seine Hörer (bzw. Leser) in ihrer Not zu erreichen[4].

Ebenso charakteristisch wie dieses eher seelsorgerliche Anliegen ist aber für den Propheten, dass er seine Zeitgenossen nicht nur mit der göttlichen Heilsbotschaft konfrontiert, die sie sichtlich überfordert, sondern dass er *seine Botschaft auch argumentativ verteidigt.* Die wichtigsten Gattungen, derer er sich neben dem sog. Heilsorakel und der Heilsankündigung bedient, sind Disputationsworte bzw. Streitgespräche und Gerichtsreden, also argumentative Formen. „Einen derart breiten Raum hat vor Deuterojesaja kein anderer Prophet dem Einwand gegen seine Botschaft ... eingeräumt", formuliert O.H. Steck, der DJes deshalb mit guten Gründen „einen theologischen Denker" genannt hat[5]. Es ist nicht so sehr das kommende Heil als solches, das dieses argumentativen und denkerischen Einsatzes bedarf, sondern dessen Dimension, die DJes ganz theozentrisch entwickelt.

Freilich gelten diese Charakterisierungen stärker für die Anfangskapitel von Jes 40–55. Seit langem erkannt ist, dass *mit Kap. 49 ein wesentlicher Einschnitt* erfolgt. Die Perspektive der Texte ändert sich: Während zunächst ein männliches „Du" (Jakob/Israel) von Gott angeredet worden war, so ab Jes 49 zumeist ein weibliches „Du" (Zion/Jerusalem); Jakob/Israel wird in den Anfangskapiteln die Rückkehr aus der Fremde in Aussicht gestellt, Zion/Jerusalem dagegen erwartet die Rückkehrer. Dem Wechsel in der Perspektive entspricht ein Wechsel in der Gestaltung: An die Stelle meist nahtlos ineinander übergehender kleiner formgeschichtlicher Einheiten unterschiedlicher Art treten ab Kap.49 breiter ausladende Dichtungen. Die berühmten Kyrosworte gehören ausnahmslos zum ersten, die sog. Gottesknechtslieder (mit Ausnahme des ersten in 42,1 ff.) dagegen zum zweiten Teil.

Auch jenseits dieser Zweiteilung sind *Wachstumsspuren* zu erkennen. So findet der programmatisch die Texte eröffnende Prolog (40,1–11) einerseits eine deutliche Entspre-

---

[4] Vgl. die grundlegenden formgeschichtlichen Untersuchungen von J. Begrich, Das priesterliche Heilsorakel (1934), in: ders., Ges. Studien (TB 21), 1964, 217–231; ders., Studien zu DJes (1938), wieder abgedruckt als TB 20 (1963), hier 14 ff.; und C. Westermann, Sprache und Struktur der Prophetie DJes', in: ders., Forschung am AT (TB 24), 1964, 92–170.

[5] O.H. Steck, DJes als theologischer Denker (KuD 1969), in: ders., Wahrnehmungen Gottes im AT (TB 70), 1982, 204–220; 209.

chung im Epilog 52,7–10.11f., andererseits sein (wahrscheinlich etwas jüngerer) Mittelteil 40,6–8 seine Entsprechung in 55,10f. So hat vermutlich 52,12 einmal ein frühes Buchende markiert. Das Kap.48, also das Schlusskapitel des 1. Teiles von Jes 40–55, ist voller Anklagen und Mahnungen, wie sie Zeichen jüngerer Stimmen im Gefolge DJes' sind. Feinere Wachstumsspuren haben Untersuchungen aus neuerer Zeit aufgedeckt[6]. Wenn sie im Recht sind, müssen die Zufügungen innerhalb relativ kurzer Zeit erfolgt sein; denn offensichtlich gehören schon die Kernkapitel von Tritojesaja, Jes 60–62, zur unmittelbaren Wirkungsgeschichte DJes'.

Schließlich werden in Jes 40–55 eine Reihe von Aussagen in geprägter Sprache in immer neuen Kombinationen miteinander verknüpft. Dieses charakteristisch schriftliche Verfahren hat die Frage aufkommen lassen, ob Jes 40–55 von vornherein schriftlich konzipiert worden ist. Gegen diese Annahme spricht jedoch, dass die verwendeten Gattungen, von denen sogleich die Rede sein wird, auf typisch mündliche Redesituationen verweisen.

Da DJes für seine Verkündigung wesentlich auf nur wenige Gattungen der Heilsverkündigung und der Argumentation zurückgreift, der Prophet die Form dieser Gattungen aber immer wieder variiert, um mit ihnen je neue Inhalte zu verbinden, wird die folgende Darstellung diese Gattungen als Leitfaden gebrauchen.

1. Die Heilsverkündigung

Für seine Heilsverkündigung bedient sich DJes zweier Gattungen, die jeweils Antworten auf Klagen bilden, des sog. „Heilsorakels" (Begrich), das auf die Klage des Einzelnen eingeht, und der „Heilsankündigung" (Westermann), die auf die Klage des Volkes reagiert. Mit dieser Auswahl zeigt der Prophet einerseits, wie ernst er die Nöte seiner Hörer bzw. Leser nimmt, die in den vorausgesetzten Klagen zur Sprache kommen, knüpft aber andererseits unmittelbar an ihre religiösen Erfahrungen an, waren doch, wie schon angedeutet, die Gottesdienste während des Exils sowohl unter den Exilanten als auch unter den im Land Zurückgebliebenen vornehmlich Klagegottesdienste.

Nicht mehr aus der Situation des Exils erklärlich ist dagegen die bewusste *Bevorzugung des sog. Heilsorakels als Grundgattung*, denn diese Gattung war von Haus aus Antwort Gottes – im Mund eines Priesters oder eines Propheten – auf die Klage des Einzelnen. DJes musste sie künstlich auf das Volk als Ganzes übertragen, indem er Jakob/Israel zu diesem „Einzelnen" stilisierte, konnte aber durch diese Übertragung überraschend neue Inhalte in die überkommene und vertraute Form füllen. Offensichtlich trieb ihn *ein vornehmlich seelsorgerliches Anliegen*, ließ sich doch mit der göttlichen Antwort an einen

[6] Vgl. bes. R.G. Kratz, Kyros im Deuterojesaja-Buch (FAT 1), 1991 und J. van Oorschot, Von Babel zum Zion (BZAW 206), 1993. Am sorgfältigsten urteilt H.-J. Hermisson, Deuterojesaja (BK XI/2–3), 1987ff.

Einzelnen ungleich mehr als mit der entsprechenden kollektiven Gattung Gottes Zuneigung zu seinem Volk und seine bleibende Verbundenheit mit ihm als Glaubensgewissheit vermitteln.

Wie J. Begrich schlüssig nachgewiesen hat, waren die Texte der Gattung nach der göttlichen Anrede an den Klagenden dreigeteilt: Auf den Aufruf zur Furchtlosigkeit („Fürchte dich nicht!") folgte zunächst ein perfektischer Verbalsatz, mit dem der Sprecher die göttliche Gebetserhörung zusagte („Ich habe dein Klagen gehört"; „ich helfe dir"; auch nominal: „Ich bin mit dir" o.ä.) und zuletzt, verbunden mit einem Subjektwechsel, ein imperfektischer Verbalsatz, der die Folgen der Erhörung, d.h. die Wende der Not beschrieb („deine Feinde werden nichts gegen dich vermögen" o.ä.). Diese letzten beiden Teile besaßen genaue Entsprechungen in der vorausgehenden Klage: in der Notschilderung („meine Feinde wüten gegen mich" o.ä.) und in der Bitte („antworte, JHWH" oder „hilf doch" etc.).

J. Begrich hatte diese im Alten Testament nicht direkt belegte Gattung aus Psalmen- und DJes-Texten genial rekonstruiert. Freilich waren schon zu seiner Zeit einige neuassyrische Königsorakel, die an Asarhaddon und Assurbanipal gerichtet waren, bekannt, von denen inzwischen ca. 30 vorliegen[7] und die die Gattung für die Zeit des zu Ende gehenden neu-assyrischen Weltreichs – als Königsgattung! – direkt belegen. Wegen des polytheistischen Kontextes spielt in ihnen die Selbstvorstellung der Gottheit („Ich bin Ischtar von Arbela" etc.) eine zentrale Rolle.

DJes hat die Gattung mit seiner Übertragung auf ein Kollektiv tiefgreifend verändert. Unter Rückgriff auf die bekannte Zusage Jes 43,1 als Beispieltext:

> Jetzt aber hat JHWH so gesprochen – dein Schöpfer, Jakob, dein Bildner, Israel –:
> Fürchte dich nicht, ich habe dich erlöst ...

nenne ich vier Aspekte:

1. An die Stelle der Selbstvorstellung der redenden Gottheit im Polytheismus sind *Gottesprädikationen* getreten („dein Schöpfer, Jakob, dein Bildner, Israel"), die dem angeredeten Volk seine totale Angewiesenheit auf Gott einprägen sollen, dem es seine Existenz verdankt. Das erfahrene Gericht, von dem der vorausgehende Kontext sprach, hat die Bindung Gottes an sein von ihm geschaffenes Volk nicht lösen können, obwohl dieses Volk, wie der Kontext hervorhebt, nichts vom Handeln seines Gottes begriffen hat und als „blinder Zeuge" vor der Völkerwelt steht (42,18–25). Weder die Schuld noch die Uneinsichtigkeit Israels in Gottes Gericht können aber Gottes einmal erfolgte Erwählung beeinflussen. Als der „Heilige Israels" (V.3) – ein Gottesbegriff, der DJes eng mit dem älteren Jesaja verbindet – bleibt Gott zwar das fremde Gegenüber des Gottesvolkes, insofern er als „Heiliger" Schuld und Unrecht nicht zu ertragen vermag, aber er bleibt auch als der Heilige unlöslich an sein Volk gebunden („Heiliger Israels"), so dass er sich nun als sein „Retter" erwei-

[7] Sie sind veröffentlicht von S. Parpola, Assyrian Prophecies (SAA 9), Helsinki 1997; vgl. K. Hecker, TUAT II/1, 1986, 56–82 und R. Pientka-Hinz, TUAT N.F. 4, 2008, 55–60.

sen wird. Hier dienen *Gottesprädikationen* aus Schöpfungstheologie und Kult einem neuen Zweck: *Sie prägen Israel Gottes unwiderrufliche Erwählung ein.*

2. Einschneidender als die vergewissernden Selbstprädikationen Gottes verändern *die perfektischen Verben* die traditionelle Gattung. An die Stelle der Erhörungszusage („Ich habe dein Klagen gehört" o. ä.) ist mit גאל *„erlösen"* ein Verb getreten, das das gesamte Heilshandeln Gottes umfasst und das das Deutsche nicht adäquat wiedergeben kann.

Es entstammt dem Familienrecht und bezeichnet hier den Rückkauf von in der Not veräußertem Besitz (Häuser, Land etc.) bzw. von in die Schuldsklaverei verkauften Familienmitgliedern. Wesentlich zum Verständnis des für DJes so wichtigen Verbs ist, dass der in der Rangfolge der Blutsverwandtschaft nächstverwandte Familienangehörige, der zum Rückkauf in der Lage war, zu diesem Rückkauf verpflichtet war, um die Intaktheit der Großfamilie zu gewährleisten. Auf Gott übertragen heißt das ein Dreifaches: a. Israels Not ist auch Gottes Not; Israel ist und bleibt Gottes rechtmäßiger Besitz und ist nur in einer Notlage an die Babylonier preisgegeben worden. b. Gott selber ist Israels „nächster Verwandter", der es aus seiner Not „auslösen" kann und wird. c. Als dieser „nächste Verwandte" hat er sich zu dieser Auslösung verpflichtet.

Auf der Selbstverpflichtung Gottes liegt der Hauptton; das Hebräische bringt ihn noch zusätzlich dadurch zum Ausdruck, dass es für das gesamte Geschehen der „Auslösung" *das Perfekt der Gattung,* mit dem von Haus aus die Gebetserhörung zugesagt wird, *beibehält. Bei Gott,* in seinem fest beschlossenen Vorhaben, *ist also der gesamte Vorgang der „Auslösung" schon erfolgt!* Deutlich ist: Hier dient jede Nuance der kühnen Sprachwahl nur einem einzigen Zweck: der Vergewisserung der Hörer bzw. Leser, dass ihre Befreiung unmittelbar bevorsteht.

3. Stammte das Verb גאל selber aus dem Familienrecht, so dehnt DJes die Konsequenzen, die mit seiner Übertragung auf Gott gegeben sind, weltweit aus. *Wenn Gott sein Volk „auslöst", scheut er nicht davor zurück, die Weltgeschichte umzugestalten*: „Ich habe (wieder Perf.!) Ägypten als Lösegeld gegeben, Kusch (Nubien) und Saba (NO-Afrika) an deiner Stelle" (V.3). So viel kostet Gott die Bezahlung für den Rückkauf der in die Schuldknechtschaft Geratenen, aber so viel sind sie ihm auch wert! Es geht in diesem Satz nicht um die Einzelvölker, sondern um die Dimension des Handelns Gottes, wenn er Israel „auslöst", damit das gesamte Volk aus der Zerstreuung zurückkehren kann (V.5f.).

4. In 43,1–7 und auch in 41,8–16 sind jeweils zwei Heilsorakel miteinander verbunden. In beiden Fällen gehören sie unlöslich zusammen. Sie haben einen doppelten Zweck: Der erste Teil (43,1–4; 41,8–13) dient der beschriebenen Vergewisserung Israels, der zweite kürzere und in sich unselbständige Teil (43,5–7; 41,14–16) nennt die Motivation für Gottes Heilshandeln: Es dient nicht Israels Erhöhung über die Völker, wie man aus 43,3f., isoliert gelesen, schließen könnte, sondern der Ehre, dem כבוד Gottes (43,7), und führt zu seinem Lobpreis (41,16). *Der letzte Sinn des göttlichen Heilshandelns wird ganz theozentrisch bestimmt;* Ehre und Lobpreis Gottes sind Ziel und selbstver-

ständliche Folge seines Wirkens. Sie nehmen die gleiche Stelle ein wie die Erkenntnis Gottes bei den sogleich zu nennenden Heilsankündigungen.

An anderen, zahlenmäßig geringeren Stellen kleidet DJes seine Verkündigung in *die Gestalt der Heilsankündigung,* wie sie C. Westermann mit guten Gründen als eigene, vom Heilsorakel zu unterscheidende Gattung bestimmt hat[8]. Es fehlt in diesen Texten die für das Heilsorakel so charakteristische Anrede, es fehlt das prägende „Fürchte dich nicht!"; stattdessen ist stets von einem Kollektiv als Gegenüber Gottes die Rede, die Verben stehen durchgehend im Futur, und es wird ein konkreter Anlass der kollektiven Klage genannt, häufig im Bild der Dürre, auf die die Heilsankündigungen reagieren (vgl. etwa 41,17: „Ich, JHWH, antworte ihnen"). Das Besondere dieser Texte ist, dass sie das bevorstehende Heil in *die Dimension einer Neuschöpfung* rücken: In der Wüste entspringen neue Quellen und verwandeln sie in einen üppigen, paradiesartigen Garten, in dem kostbare Bäume wachsen (41,18f.), und in dieser wasserreichen, fruchtbaren Gegend entstehen Wege und Straßen (43,19f.). Analog kann Gott freilich auch wasserreiche Gefilde austrocknen und zur Wüste werden lassen[9], um sein „blindes" Volk auf neuen Wegen zu geleiten (42,15f.). Letztlich geschieht diese gesamte Umgestaltung und Neuschöpfung der Welt, um dem „blinden" Gottesvolk die Augen zu öffnen und es endlich zur Erkenntnis der Größe und Macht seines Gottes zu führen, die die vertrauten Hymnen des traditionellen Gottesdienstes preisen (41,20; 43,21).

Neben diese formgeschichtlich relativ einfachen Belege treten Texte, die die beiden Gattungen miteinander vermischen und auf diese Weise verschiedene Intentionen des Propheten miteinander verbinden. Ein komplexes, theologisch besonders reiches Beispiel bietet *Jes 43,16–21.* In ihr tritt an die Stelle des traditionellen „Fürchte dich nicht!" im Heilsorakel ein herrischer pluralisch formulierter Imperativ (43,16–19):

> 16 So hat JHWH gesprochen,
> der einen Weg im Meer bahnte
> und einen Pfad in mächtigen Wassern ...:
> 18 Gedenket nicht (mehr) des Früheren,
> und das Vorige – beachtet es nicht!
> 19 Seht, ich schaffe jetzt Neues,
> schon sprosst es: Merkt ihr es denn nicht?
> Ja, ich lege einen Weg durch die Wüste
> und Flüsse durch die Einöde.

Was sollen die Israeliten denn vergessen? Schwerlich die Vergangenheit generell und schon gar nicht ihr Urbekenntnis zu dem Gott, der Israel aus Ägypten geführt hat, auf das der Prophet selbst eingangs betont anspielt. Vielmehr zielt der Aufruf des Propheten auf eine spezifische Vergangenheit, wie die noch zu

[8] Sprache und Struktur, 120ff.
[9] Vermutlich eine Metapher für sein Gerichtshandeln an den Babyloniern.

behandelnden Gerichtsreden zeigen, denen die Gegenüberstellung „Vergangenes – Zukünftiges“ entnommen ist. Das „Frühere“ und „Vorige“ meint jene Geschichte des Gottesvolkes, die von Schuld geprägt war und zur Zerstörung Jerusalems und zum Exil geführt hat. Wer derer „gedenkt“, orientiert sich an ihr[10], lebt rückwärtsgewandt, mut- und hoffnungslos, weil es eine Geschichte des Scheiterns vor Gott war. Dem Propheten aber geht es um ein Vergessen-Dürfen, also um eine Entlastung der Menschen. Der Aufruf: „Gedenkt nicht (mehr) des Früheren!“ steht ja an der Stelle, an der im Heilsorakel das traditionelle „Fürchte dich nicht!“ stand. Für DJes verfehlt eine rückwärtsgewandte Orientierung Gott, weil er dabei ist, gänzlich Neues zu schaffen (im Hebräischen steht ein Futurum instans): Die Wege in der unwegsamen Wüste (V.19), die den wunderhaften „Wegen im Wasser“ beim Exodus (V.16) entsprechen, sind ebenso wie die Wasser in der Wüste Symbole einer sich radikal verändernden Welt. Dabei ist der Prophet durchaus der Meinung, dass Menschen, die mit wachen Sinnen ihren Alltag leben, diesen Wandel schon spüren können, und er hofft darauf, dass bald das gesamte Volk im Erleben des Neuen in den Lobpreis einstimmen wird, der jetzt schon in der Tierwelt erklingt, die sensibler als die Menschen auf den Wandel zum Heil reagiert. Die Intention der prophetischen Botschaft ist freilich, die Menschen schon in der Gegenwart zu einer befreienden Neuorientierung zu führen, noch bevor der Wandel, der bei Gott fest beschlossen ist, erfahrbare Wirklichkeit geworden ist.

2. Streitgespräche und Gerichtsreden

Die Mehrzahl der Zeitgenossen des Propheten war in ihrer Mutlosigkeit und Lethargie allerdings außerstande, seiner Botschaft zu folgen. Ihre Einschätzung Gottes ist in zwei Zitaten festgehalten, die jeweils an den Anfang der beiden Buchteile gestellt worden sind. Heißt es im ersten (40,27), dass Israels „Rechtsanspruch an seinem Gott vorübergehe“, Gott sich also nicht mehr um Israels Leid kümmere, so im zweiten (49,14) noch direkter, dass er es „verlassen“ und „vergessen“ habe. Das ist die Sprache der biblischen Klage, aber in Klagen des Psalters folgen auf sie Vertrauensaussagen und Bitten, die hier fehlen. In ihrer Beschränkung auf die Erfahrung der Gottesferne ist es eine Klage aus dem Dunkel der Hoffnungslosigkeit.

2.1 Diesen mutlosen und lethargischen Menschen *will der Prophet* in seinen Entgegnungen zu allererst *das verlorene Grundwissen über Gott wieder wachrufen.* Er muss ihnen, um mit Paulus zu reden, Milch statt fester Speise verabreichen. Es ist daher keineswegs zufällig, dass das ausführlichste Streitgespräch des Propheten mit seinen Hörern bzw. Lesern unmittelbar nach dem

---

[10] Vgl. zu diesem Sinn des „Gedenkens“ o. S. 93f.

Prolog sogleich an den Anfang gestellt worden ist (40,12–31). Der Prophet will in ihm allen Einwänden gegen seine Botschaft im Voraus sozusagen den Wind aus den Segeln nehmen. Er beginnt mit Schulfragen, die in der kopfschüttelnden Frage gipfeln: „Wisst ihr es denn nicht? Hört ihr es denn nicht? Ist es euch nicht von Anbeginn mitgeteilt worden …?“ Es ist *die Dimension Gottes als Schöpfer der Welt,* die DJes seinen Hörern bzw. Lesern vor Augen führen will, ohne die man für ihn nicht recht von Gott reden kann. In seinen Heilsorakeln spricht er von der Schöpfung Gottes in heilsgeschichtlicher Übertragung („dein Schöpfer, Jakob“ 43,1 u. ö.), in seinen Heilsankündigungen von der Zukunft als Neuschöpfung (41,18f. u. ö.); hier in seinen Steitgesprächen dagegen verwendet er das ihm so wichtige Thema der Schöpfung im genuinen, elementaren Sinn. In drei sich steigernden Gedankengängen wird den Zweiflern die Dimension des Schöpfers eingeprägt. Der Prophet setzt jeweils beim scheinbar Evidenten ein, um aus ihm kühne Folgerungen zu ziehen:

- Zuerst wird der Schöpfer als riesige Gestalt vor Augen gemalt, die mit der hohlen Hand das Meer zu fassen und mit der Handspanne den Himmel auszumessen vermag, um aus dieser Größe seine Überlegenheit, vor allem aber die Nichtigkeit der Macht von Völkern zu folgern, die für Gott nur „Tropfen am Eimer“ und „Staubkorn auf der Waage“ sind (40,12–17). So also sind für DJes die Babylonier zu bewerten, auf deren scheinbar grenzenlose Macht die Zeitgenossen gebannt starren! Deutlich ist, wie der Prophet auch im Disput Seelsorger bleibt, der seinen Hörern und Lesern zuerst die Inhalte des in der Not vergessenen Gotteslobs ins Gedächtnis zurückholen möchte[11].
- Sodann wird in einem ähnlichen Gedankengang den Gesprächspartnern des Propheten die Nichtigkeit aller Himmels- und Gestirnmächte eingeprägt, die in Wahrheit nichts als von Gott abhängige Geschöpfe sind (40,25f.). In einer Zeit, in der in Babylonien sowohl Astronomie als auch Astrologie in voller Blüte standen, war die Vergöttlichung der Gestirne auch für Israeliten eine akute Versuchung. Für DJes aber gehören das Lob des Schöpfers und das Wissen um seine Einzigkeit, der gegenüber alles Andere auf die Seite der Schöpfung gehört, unlöslich zusammen.
- Schließlich aber als Höhepunkt und eigentliche Antwort des Propheten auf die Klage seiner Gesprächspartner führt DJes sie über den Gedanken, dass Gott, wenn er denn der Schöpfer ist, unmöglich ermüden kann, zu der Folgerung, dass er für „ermüdete“, d.h. desillusionierte und mutlose Menschen zur belebenden Kraftquelle werden kann. Wenn Gott aber „Müden“ Kraft schenkt, findet eine radikale Umwertung aller menschlichen Erfahrungswerte statt: Junge Menschen im Vollbesitz ihrer eigenen Kraft, Verkörperung menschlichen Wunschdenkens, ermatten und fallen; in sich kraftlosen Menschen aber „erwachsen Flügel wie Adler“, und das nur aus einem einzigen Grund: weil sie „auf Gott ihre Hoffnung setzen“ (40,27–31). Deutlicher könnte der Pro-

[11] Vgl. C. Westermann, a.a.O. (Anm. 4), 130.

phet nicht sagen, wie lebensentscheidend es für seine Gesprächspartner ist, ob sie allein auf ihre Handlungsmöglichkeiten schauen und diese mit der Macht der Babylonier vergleichen, oder ob sie mit der völlig andersartigen Dimension des Schöpfers der Welt rechnen, an dessen Kraft, die Welt zu verändern, sie Anteil gewinnen können.

2.2 Allerdings gibt es im Streit mit den Zeitgenossen auch Themen, bei denen der Prophet härter argumentieren und seine seelsorgerliche Fürsorge beiseite lassen muss. Das gilt insbesondere dann, wenn er auf eine *Selbstgerechtigkeit seiner Gesprächspartner* trifft, die er nicht ertragen kann. In solchen Fällen *wird der Prophet im Namen Gottes zum leidenschaftlichen Ankläger.* Scharf weist er in Jes 43,22–28 die Ansicht zurück, Israel habe sich vor der Zerstörung Jerusalems stets kultisch korrekt verhalten, ja habe um der rechten Verehrung Gottes willen im Kult große Mühen auf sich genommen. Für DJes hat Israel vielmehr, wie er im Wortspiel sagt, statt sich um Gott zu mühen, ihm große Mühe mit seiner Schuld bereitet.

Die Wortspiele, die der Prophet verwendet, sind ihm ein poetisches Mittel, um seine Zeitgenossen auf ihren Realitätsverlust und ihr verschrobenes Wirklichkeitsverständnis aufmerksam zu machen. Sie haben noch nicht ansatzweise verstanden, dass alle Generationen in Israel von der Vergebung Gottes leben, vor dem sie ohne jeden Anspruch stehen. Wäre Gott nicht immer wieder zur Vergebung bereit gewesen („Ich, ich bin es, der deine Verbrechen abwischt um meinetwillen …“, V.25), würde dieses Gottesvolk schon lange nicht mehr existieren. Hier zeigt sich, *wie sehr DJes in der Kontinuität der vorexilischen Gerichtspropheten* und insbesondere ihrer Kultkritik *steht*: Wie nach Hos 12 der Erzvater Jakob schon im Mutterleib sich als Betrüger erwies, wie Jeremia in Jer 5–6 vergeblich nach einem einzigen Gerechten in Jerusalem suchte, so schließt auch DJes mit dem Verweis auf die Schuld des Erzvaters jegliche Gerechtigkeit des Gottesvolkes, auf die es stolz verweisen könnte, programmatisch aus (V.27). Das Exil, in dem sich seine Zeitgenossen vorfinden, war die notwendige Reaktion Gottes auf ein Maß an Schuld, das seine Bereitschaft zur Vergebung überstieg.

2.3 Ein ganz und gar andersartiges Feld der Auseinandersetzung tat sich auf, als es um *die Deutung der Gestalt des persischen Königs Kyros* ging, dessen völlig unerwarteter Siegeszug die Welt des Vorderen Orients im Jahrzehnt zwischen 550 und 540 v. Chr. in Atem hielt. Diesem anfänglich unbedeutenden Kleinfürsten der Provinz Anschan war in Kürze das medische Großreich (550) und nur vier Jahre später ganz Klein-Asien samt den griechischen Inseln zugefallen. DJes hat auf den Siegeslauf des Kyros in zweifacher Weise reagiert: einerseits mit dem sog. Kyros-Orakel, das im Zentrum der ersten Hälfte von Jes 40–55 steht, zum anderen mit den sog. Gerichtsreden, in denen sich JHWH und die Götter vor Gericht messen. In beiden Textbereichen *ist der Prophet in theologisches Neuland vorgestoßen.*

Im *sog. Kyros-Orakel* (Jes 45,1–4 mit seinen Rahmentexten 44,24–28 und 45,5–7) konkretisiert DJes zunächst seine Heilsverkündigung: Kyros ist Gottes Werkzeug, durch das er die Befreiung Israels aus dem Exil realisieren wird; dazu lässt er ihn Länder und befestigte Städte mühelos erobern. Insofern hätte man das Kyros-Orakel auch mit den anderen Heilsworten behandeln können. Jedoch sind die beiden mit Jes 45,1–4 fest verbundenen Rahmentexte so stark von Polemik geprägt, dass die Berufung des Kyros, wie man Jes 45,1–4 sachgerechter nennen sollte, besser unter die Streitgespräche zu rechnen ist.

Bei genauerem Zusehen muss der Prophet sich hier sogar *an zwei Fronten* verteidigen. In Jes 44,24–28 – formal eine göttliche Selbstrühmungshymne, d.h. ein Hymnus im Ich-Stil – richtet sich die prophetische Polemik gegen die Macht der babylonischen Götter („der ich den Himmel ausspanne: ich allein!" V.24b) und mehr noch gegen die babylonischen Orakelpriester, Wahrsager und Weisen, die im Siegeszug des Kyros das Wirken ihrer Götter belegt finden (V.25)[12].

Nicht aber für DJes: Sein polemischer JHWH-Hymnus beginnt mit einem herrischen: „Ich, JHWH, wirke alles!" (V.24), das am Ende des zweiten Rahmentexts fast wörtlich wieder aufgegriffen wird (45,7b) und so den gesamten Text als eine Klammer bestimmt. Wer im Kyros-Geschehen die babylonischen Götter handeln sieht, hat von Gott als Schöpfer der Welt, genauer: als alleinigem Schöpfer der Welt, noch nichts verstanden. *Der sog. Monotheismus DJes' hat in den Auseinandersetzungen um Kyros seine Wurzel*[13]. Die Stoßrichtung des Propheten zielt dabei nicht auf die Babylonier, sondern auf Israel, wie die aus dem Heilsorakel bekannten Prädikationen Gottes in der Einleitung zeigen („dein Erlöser, dein Bildner von Mutterleib an", V.24a): Es geht DJes um Israels Heilsgewissheit, die er im Anspruch der babylonischen Priester gefährdet sieht. Die Israeliten im Exil neigen dazu, das Kyros-Geschehen als neues Zeichen der Ohnmacht Gottes zu verstehen, weil sie es den babylonischen Göttern zuschreiben, statt zu erkennen, dass der allein wirksame Gott auch allein über zuverlässige Boten (wie DJes) verfügt, die ihnen die Ereignisse um Kyros zu deuten vermögen: Durch Kyros wird Gott den Wiederaufbau Jerusalems und im Zusammenhang mit ihm die Umgestaltung der Welt bewerkstelligen (44,26–28).

Noch härter ist die Auseinandersetzung DJes' mit seinen Gesprächspartnern an der anderen Front. Nach 44,28 *hat JHWH Kyros* zu seinem „Hirten", nach 45,1 *zu seinem „Gesalbten"* (משיח) *berufen.* War der erstgenannte, für einen König im Alten Orient geläufige Titel für die Zeitgenossen vermutlich noch tragbar, so nicht mehr der zweite. Wenn Kyros den Titel trug, der bisher David und den Davididen zukam, ja der ihr höchster Würdetitel war, so war

---

[12] Da Kyros lange Zeit vor der friedlichen Einnahme Babylons 539 v. Chr., bei der er sich selbst zu den babylonsichen Göttern bekannte (vgl. den sog. Kyros-Zylinder und zu ihm etwa TGI^2 Nr. 50, S. 82–84), Kontakt zu den babylonischen Priestern aufgenommen hatte, schien der Anspruch der babylonischen Zukunftsspezialisten gut begründet zu sein.

[13] Vgl. M. Leuenberger, „Ich bin Jhwh und keiner sonst." Der exklusive Monotheismus des Kyros-Orakels Jes 45,1–7 (SBS 224), 2010.

jedem Hörer bzw. Leser klar, dass die Übertragung des Titels auf einen Heiden den Verzicht auf die Erwartung einer Restauration des davidischen Königtums implizierte[14]. Ein Sturm der Entrüstung muss losgebrochen sein. Als משיח war der Davidide Gottes Stellvertreter auf Erden, übte er nicht seine eigene, sondern Gottes Herrschaft aus (Ps 2. 89. 110. 132), war er der „Lebensatem" des Volkes (Thr 4,20)! Wie sollte ein Nichtisraelit diese Funktion ausüben können? Das gesamte Kap. 45 spiegelt eine Fülle empörter Reaktionen der Gesprächspartner des Propheten wider, denen die Texte zu entgegnen versuchen. Es ist keineswegs zufällig, dass sich in V.9f. – wenngleich vermutlich in einer jüngeren Schicht – das einzige Wehewort des Buches findet, das dem Ton untersagt, dem Töpfer dreinzureden.

Charakteristisch für eine Reaktion aus einem gewissen Abstand heraus ist der Stoßseufzer: „Fürwahr, du bist ein verborgener Gott, du Gott Israels, du Retter!" (45,15). Bisher war das Handeln Gottes für Israel an seinem eigenen Ergehen ablesbar. Wenn aber ein Heide „Gesalbter Gottes" ist, wenn künftig das Geschick der Völker mit dem Geschick Israels verbunden ist, ist Gottes Handeln an Israel nicht mehr eindeutig. Politische Ereignisse und im Gottesdienst erfahrbare Gottesnähe treten auseinander; Israel beginnt, sich in zwei verschiedenen Erfahrungsbereichen zu bewegen.

Für DJes gehören JHWH als der Schöpfer und Kyros als sein „Gesalbter" fest zusammen, weil der alleinwirksame Schöpfer ganz selbstverständlich auch alleiniger Herr der Geschichte ist. Insofern sind die Argumente des Propheten an dieser zweiten Front der Auseinandersetzungen letztlich die gleichen wie die zuvor genannten. Aber die Intention ist unterschiedlich. Das im eigentlichen Kyros-Orakel 45,1–4 begegnende „Ich, JHWH, (berufe dich)" wird im argumentierenden Rahmen 45,5–7 nicht weniger als dreimal aufgegriffen, jeweils polemisch zugespitzt. Zweimal heißt es: „und keiner sonst", und diese eindeutige Aussage wird jeweils noch verstärkt durch ein „außer mir ist keiner" bzw. „außer mir ist kein Gott"; abschließend heißt es: „Ich, JHWH, bewirke dies alles." Diese Häufung polemischer Gottesaussagen will mehr sein als nur eine Aufnahme der Polemik des vorderen Rahmens. Sie zielt auf Israel und will ihm ein ungleich größeres Heil vor Augen malen, als es die Restauration des zugrunde gegangenen Staates bedeuten würde. Obwohl Kyros selbst „JHWH nicht kennt" (45,4b), wird er von ihm zu einem doppelten Zweck berufen: einerseits und primär „um meines Knechts Jakob willen" (45,4a), zusätzlich aber:

damit sie erkennen vom Aufgang der Sonne bis zu ihrem Untergang,
dass keiner außer mir ist: Ich, JHWH, keiner sonst. (45,6)

Erstmalig im Alten Testament *weitet sich der prophetische Blick auf das Heil der Völker.* Zwar ist hier zunächst nur von einer Erkenntnis Gottes durch die Völker angesichts des anbrechenden Heils Israels die Rede, wie im Prolog und

[14] Andernorts (55,3–5) vertieft DJes diese Zumutung, indem er Gottes „unverbrüchliche Treuezusagen an David" auf Israel als Kollektiv überträgt.

Epilog vom „Sehen“ dieses Heils durch die Völker (40,5; 52,10). Wenig später aber – im Kontext der sogleich zu behandelnden Gerichtsreden – drängt dieser Gedanke geradezu notwendig zur Frage der Anteilhabe der Völker am Heil Gottes (45,23f.):

Mir wird sich beugen jedes Knie,
schwören wird jede Zunge:
„Nur in JHWH ist … Heil und Stärke!“

Wenn die Völker, genauer: die je einzelnen Glieder der Völkerwelt, auf solche Weise das 1. Gebot verbindlich auf sich übertragen – und ebendies ist im „Nur“ ihres Bekenntnisses implziert –, trennt sie nichts Entscheidendes mehr vom Glauben Israels, und es versteht sich von selbst, dass sie an seinem Heil vollen Anteil erhalten.

Aber der Prophet zieht noch eine zweite kühne Folgerung aus Gottes herrischem Anspruch, alleiniger Gott zu sein (V.7):

Der Licht bildet – und Finsternis schafft,
der Heil bringt – und Unheil schafft:
Ich, JHWH, bewirke dies alles.

Als alleiniger Gott ist JHWH der Grund und die Ursache aller Erfahrungen Israels, der guten wie der bösen. Der Prophet weiß, was er sagt, denn er gebraucht das nur Gott vorbehaltene Verb ברא gerade für die Unheilserfahrungen. Wenn Israel endlich begriffe, wozu es 587 v. Chr. die Zerstörung Jerusalems erlebt hat, könnte es nicht länger missverstehen, dass JHWH mit Kyros ein Heil mit weltweitem Ausmaß ins Werk setzt.

Man hat diese programmatische Formulierung in Jes 45,7 in der Forschung gern mit dem Beginn von Gen 1 konfrontiert, wo P in theologisch höchst reflektierter Weise „Licht“ und „Finsternis“ betont voneinander unterscheidet: Während Gott das „Licht“ als Erstling der Schöpfung ins Leben ruft und es wie alle seine späteren Werke als „gut“ beurteilt, werden entsprechende Aussagen über die „Finsternis“ mit Bedacht gemieden. Vielmehr wird die „Finsternis“ nicht von Gott geschaffen, sondern sie wird als Vor- und Ungeschaffenes streng vom Licht getrennt, bevor sie als „Nacht“ von Gott neu benannt und in seine Schöpfung integriert wird[15]. In der Tat ist es angesichts der zeitlichen Nähe und des ähnlichen Sprachgebrauchs trotz so unterschiedlicher Akzentuierung kaum denkbar, dass beide Texte unabhängig voneinander entstanden sein sollten, ohne dass es doch möglich ist, die Priorität mit einiger Sicherheit zu bestimmen. Bemerkenswert ist aber, dass beide Texte mit „Licht“ und „Finsternis“ unterschiedliche Bedeutungsaspekte verbinden: Für P geht es um ein grundlegendes Verständnis der Welt aus der Sicht ihres Schöpfers, so dass mit dem Begriff der „Finsternis“ Aspekte des Lebensfeindlichen und Bösen berührt werden; für DJes dagegen geht es begrenzter um die Deutung der Geschichte und den Zusammenhang von Heils- und Unheilserfahrungen in ihr.

[15] Vgl. Genaueres u. S. 345.

2.4 Die Einzigkeit JHWHs war DJes so wichtig, dass er mit den *Gerichtsreden vor einem himmlischen Forum* eine eigene Gattung schuf, um seine Zeitgenossen zu gewinnen, die sich von der Größe und Pracht der babylonischen Tempel und Göttergestalten gefangen nehmen ließen. In dieser Gattung lässt DJes JHWH und die Götter vor einem fiktiven himmlischen Gerichtshof auftreten, um ihre jeweiligen, durchaus gegensätzlichen Ansprüche öffentlich klären zu lassen: Die Götter behaupten, Gott zu sein, JHWH dagegen beansprucht, alleiniger Gott zu sein[16]. In 41,21–29, dem ausführlichsten Textbeispiel, treten beide streitenden Parteien nacheinander vor Gericht auf. Das vom Gericht festgelegte Testverfahren besteht in der Deutung der Geschichte, genauer: in der Deutung des „Früheren", also der Vergangenheit, und des „Kommenden", also der Zukunft, die erstmalig im Alten Testament in einer solchen Abstraktion einander gegenübergestellt werden. An dieser Aufgabe sieht DJes die Götter scheitern, ja selbst noch an dem zu ihren Gunsten vereinfachten Test, „etwas Gutes oder Böses zu bewirken"[17]. Das vernichtende Urteil des Gerichtshofs lautet: Ihre Taten sind „weniger als nichts", mit der Zufügung, die die Intention des Propheten verdeutlicht: „Ein Gräuel, wer euch erwählt!" (V.24). Es geht DJes um Israel, nicht um die Götter, die für ihn nur stumme, zum Reden und Handeln unfähige Bilder sind (V.29).

Dann aber tritt JHWH selbst vor das Forum, und der Kronzeuge für seine Geschichtslenkung ist niemand Anderes als Kyros. Jetzt nötigt der Gerichtshof ihn, diese Inanspruchnahme des Kyros als sein Werkzeug zu belegen. Er tut es, indem er auf seinen prophetischen Boten, eben DJes, verweist, der den Siegeszug des Kyros im Voraus als Tat JHWHs zugunsten Israels gedeutet hat. Impliziert ist in diesem verkürzten Gedankengang, was in der Aufgabenstellung des Gerichtshofs anfangs genannt war: JHWHs prophetischer Bote ist deshalb in seiner Deutung der Zukunft glaubwürdig, weil sich das Wort seiner prophetischen Boten in der Vergangenheit als zuverlässig bewährt hat; die Zerstörung Jerusalems, die sie im Namen JHWHs angekündigt hatten, hat die Wahrheit ihres Gotteswortes demonstriert. Über solche Boten verfügt nur JHWH; damit ist sein Anspruch, alleiniger Gott zu sein, als wahr erwiesen.

In diesen höchst ungewöhnlichen Texten wird angesichts des Siegeszugs des Kyros nichts weniger versucht als *eine Art von Gottesbeweis* zu führen, zwar nicht der Existenz Gottes, die vorausgesetzt ist, wohl aber seiner Wahrheit und Wirksamkeit[18]. Das überraschende Ergebnis der höchst abstrakten Gedankenführung lautet: *Die Propheten sind Gottes Gottesbeweis*, weil sie

---

[16] Die Fiktionalität der Szenerie musste jedem Zeitgenossen schon daraus erkennbar sein, dass JHWH in den Texten eine Doppelrolle wahrnimmt: Er ist Partei und oberster Richter. Wer sonst hätte für DJes über JHWH Urteil sprechen sollen?

[17] DJes billigt den Göttern einzig die Fähigkeit zu, Orakel zu geben, aber diese Orakel „vereitelt" JHWH und „macht (die Orakelpriester) zum Spott" (44,25).

[18] Präziser pflegt man von einem Weissagungsbeweis zu sprechen; vgl. etwa W. Zimmerli, Der Wahrheitserweis Jahwes nach der Botschaft der beiden Exilspropheten (1963), in: ders., Studien zur atl. Theologie und Prophetie (TB 51), 1974, 192–212; 206–211.

über ein Gotteswort verfügen, das sich in der Vergangenheit als wahr erwiesen hat und daher auch vertrauenswürdig in seiner Deutung der Zukunft ist. Diese Hochschätzung des prophetischen Wortes berührt sich sachlich mit Dtn 18,9ff.: Weil Israel Propheten hat, bedarf es nicht der Fülle an Zukunftsspezialisten, wie sie sich bei seinen Nachbarn finden; die Propheten sind es, die das Werk Moses fortsetzen. DJes spitzt diesen Gedanken noch zu: *Die Geschichte des Gottesvolkes* mit ihren so unterschiedlichen Erfahrungen von Heil und Unheil *hat ihre Einheit* nicht in einem von Urzeit an festliegenden Plan Gottes, sondern *in der Kontinuität des prophetischen Wortes*, das auf den handelnden Gott verweist. Wie dieses Wort auf die Zerstörung Jerusalems vorbereitete, so führt es jetzt ganz neues Heil herauf. Das prophetische Wort ist das Kontinuum Gottes, das über den Graben von 587 v. Chr. hinwegführt und den Blick auf neue Erfahrungen eröffnet. Es ist das prophetische Wort, das die Ereignisse von 587 als Gottes Tat erkennen lässt, das ebendeshalb aber von *diesem* Gott analogielos heilvolle Erfahrungen erwarten lässt, wenn er sie ankündigt.

Die Gattung der Gerichtsreden vor einem himmlischen Forum hat DJes andernorts noch einmal als Szenerie benutzt, um neue Gedanken zu entwickeln. In einer Reihe von Texten lässt er *die Völker und Israel die Funktion von Zeugen* für die streitenden göttlichen Parteien übernehmen. Jedoch bleiben diese Zeugen stumm. Im Fall der Völker ist dieses Ergebnis nicht überraschend, denn von den Göttern gibt es weder Handeln noch Reden zu bezeugen. Im Fall Israels ist dagegen dieses Verstummen für den Propheten ganz und gar unbegreiflich und nur darauf zurückzuführen, dass *Israel „blind und taub“* ist, d. h. weder die eigene schuldhafte Vergangenheit, die zum Ausbruch des göttlichen Zorns geführt hat, verstanden noch den Anbruch des neuen Heils Gottes in Kyros wahrgenommen hat (42,18–25; 43,8–13). Das Dilemma Gottes aber ist, dass er (mit Ausnahme seines Propheten) über keine anderen Zeugen verfügt. Ohne Zeugen aber kann er weder den himmlischen Gerichtshof noch – darauf zielt die eigentliche Intention der Texte – die Völkerwelt für sich gewinnen. Und doch hat sich Gott an dieses „blinde“ Volk als sein Gegenüber gebunden. Das führt zu der absurden Situation, dass das „blinde“ Israel im Zuge seiner gerichtlichen Zeugenfunktion das Sehen erst lernen muss (43,10–12). Der Prophet erwartet nicht, dass Israel zuerst verstehen wird, um sodann seine Zeugenfunktion wahrzunehmen – diese Hoffnung ist ihm schon geraubt worden. Er kann nur noch hoffen, dass Israel im Zuge des von ihm geforderten Zeugendienstes sein Augenlicht wieder gewinnt.

3. Die sog. „Lieder“ vom Gottesknecht (EJL)

In den zuletzt berührten Texten wird das „blinde“ Israel von Gott jeweils „mein Knecht“ (עבדי) genannt (42,19; 43,10); häufiger noch begegnet diese Bezeichnung für Israel im Bereich der Heilsorakel, wenn von seiner Erwählung die Rede ist. Aber es gibt daneben Texte, die von einem besonderen „Knecht JHWHs“ (Ebed JHWH, abgekürzt EJ) reden, der mit Israel manches gemein hat, von ihm aber in anderer Hinsicht deutlich unterschieden ist.

Es war das Verdienst B. Duhms, in seinem herausragenden Jesaja-Kommentar von 1892[19] beobachtet zu haben, dass neben den geläufigen Belegen des Titels EJ für Israel einige weitere begegnen, die ein charakteristisch andersartiges Bild vom „Knecht JHWHs“ zeichnen[20]. In ihnen nimmt der EJ weit mehr individuelle Züge an und spielt eine viel aktivere Rolle, die sich sowohl auf Israel als auch auf die Völker bezieht. Vor allem aber ist er ständig mit Ablehnung und je länger desto mehr mit Schmähung und Leiden konfrontiert. Gewichtige Gründe sprechen dafür, dass die erwähnten Texte, die Duhm wenig glücklich „Lieder“ genannt hat (daher die Abk. EJL), einmal ein eigenes Textkorpus gebildet haben, bevor sie unterschiedliche Positionen innerhalb der Kapitel Jes 40–55 zugeteilt erhielten[21]. Ihre Reihenfolge ist unumkehrbar, denn ihre Aussagen haben ein zwingendes sachliches Gefälle.

Die Erkenntnis Duhms hat zu Beginn des 20. Jh.s zu einer Vielzahl spekulativer Versuche der Identifikation des EJ geführt. E. Sellin hat im Laufe seines Lebens mit Serubbabel, Jojachin, Zedekia, Mose und Jeremia nicht weniger als fünf verschiedene Vorschläge unterbreitet[22]. Diese verwirrende Vielfalt an scheinbar möglichen Identifikationen hängt mit der Tatsache zusammen, dass in den EJL *eine im Alten Testament analogielose Mischung verschiedener Traditionen* vorliegt, unter denen die königlichen, die prophetischen und die Mose-Traditionen im Zentrum stehen und sich gegenseitig interpretieren. Der EJ ist König und doch mehr, er ist Prophet und doch mehr, ein Mose und doch mehr. Traditionelle Königs- und Prophetenaussagen werden bewusst überhöht und transzendiert.

Die Mehrdeutigkeit der Aussagen über den EJ *ist schon in seinem Titel* עבד *„Knecht“ angelegt*; denn dieser Titel, der keinen sozialen Stand, sondern die Relation eines Abhängigen zu seinem Herrn bezeichnet, ist *Hoheits- und Niedrigkeitsaussage in einem*[23]. Auf der einen Seite hieß der Vertreter des Königs, also der oberste Beamte im Staat, „Knecht des Königs“, und auf der Linie dieser Vollmachtsaussage sind die häufigen Be-

---

[19] B. Duhm, Das Buch Jesaja (HKAT III,1), ^{4}1922. Freilich konnte Duhm schon auf Beobachtungen zurückgreifen, die bis in die Antike zurückreichen.

[20] Jes 42,1–4 (5–9); 49,1–6 (7–13); 50,4–9 (10 f.) und 52,13–53,12; die Texte in Klammern bezeichnen Zuwächse. Die gelegentlichen Versuche, die Erkenntnis Duhms zu revidieren (etwa T.N.D. Mettinger, A Farewell to the Servant-Songs, Lund 1983), haben sich als Irrweg erwiesen; vgl. H.-J. Hermisson, Voreiliger Abschied von den Gottesknechtsliedern, ThR 49 (1984), 209–222.

[21] Vgl. bes. die sorgfältigen Strukturuntersuchungen von O.H. Steck, Aspekte des Gottesknechts in Deuterojesajas „Ebed-Jahwe-Liedern“, ZAW 96 (1984), 372–390; ders., Aspekte des Gottesknechts in Jes 52,13–53,12, ZAW 97 (1985), 36–58. Möglicherweise sind anfangs schon die ersten drei EJL, die nach verbreiteter Ansicht (am sorgfältigsten begründet von H.-J. Hermisson; s.u.) unmittelbar auf DJes zurückgehen, separat überliefert worden.

[22] Die fast unüberschaubare Geschichte der Forschung hat H. Haag, Der Gottesknecht bei Deuterojesaja (EdF 233), 1985, übersichtlich dargestellt. Hilfreiche Überblicke bieten etwa D. Michel, TRE 8 (1981), 521–528 und H.-J. Hermisson, DJes (BK XI/17), 2014, 438–469.

[23] Vgl. neben den Wörterbuchartikeln von W. Zimmerli, ThWNT V, 655–672, und H. Ringgren, ThWAT V, 982–1012, bes. C. Lindhagen, The Servant Motif in the Old Testament, Uppsala 1950.

lege zu verstehen, die Mose, David oder die Propheten als „Knechte Gottes" bezeichnen. Andererseits konnte auch ein Sklave „Knecht" heißen, weil er ganz und gar seinem Herrn verpflichtet und in Rechtsfragen seinem Herrn ausgeliefert war. Auf der Linie dieser Niedrigkeitsaussagen liegen die Selbstbezeichnungen von Menschen in Not, die in Gebeten mit einem „ich bin doch dein Knecht" o.ä. ihre Angewiesenheit auf Gott bekennen. In den EJL treffen beide Aussagenreihen in einer Gestalt zusammen und sorgen dafür, dass zahlreiche Sätze etwas Schillerndes erhalten.

Man kann die EJL paarweise behandeln, obwohl das erste und das letzte betont von der Gottesrede bestimmt sind, die beiden mittleren dagegen Knechtsrede enthalten. *In den ersten beiden EJL (42,1–4; 49,1–6)* wird jeweils breit von der Berufung, Ausstattung und Vollmacht des Knechts gesprochen, unter auffälligem Rückgriff auf königliche Tradition[24]. Diese Wahl hängt offensichtlich damit zusammen, dass beide Texte *neben einer Aufgabe des Knechts an Israel von seiner Aufgabe an den Völkern* sprechen. Die jeweiligen Rahmenverse am Anfang und am Abschluss der Texte zeigen, dass auf der weltweiten Funktion des Knechts für die Völker der Hauptton liegt. Die Ausrüstung des Knechts für diese Funktion ließ sich nur unter Rückgriff auf königliche Tradition ausdrücken. Im Mittelteil der beiden Texte dagegen ist von der Aufgabe des Knechts an Israel die Rede, wobei der Knecht hier jeweils auf *überraschende Widerstände* stößt.

Im ersten EJL (42,1–4) wird der Knecht von Gott einer himmlischen Öffentlichkeit vorgestellt. Um die Zusammengehörigkeit seiner beiden Aufgaben zum Ausdruck zu bringen, werden sie mit der gleichen Bezeichnung bedacht: Der Knecht hat משפט „Recht" zu verwirklichen. Erst mit der näheren Charakterisierung dieses „Rechts" werden die Funktionen unterschieden. Bei dem anfangs (V.1) und dann genauer am Ende (V.4) thematisierten „Recht" für die Völker muss es sich um so etwas wie den umfassenden Gotteswillen handeln, da es in V.4 mit der „Tora Gottes" parallelisiert wird – der Knecht wird also wie eine Art Mose für die Völkerwelt beschrieben. Demgegenüber besteht das „Recht", das der Knecht für Israel herbeiführt, in einer Begnadigung, wie die Bilder vom nicht zerbrochenen, obgleich schon eingeknickten Rohr und vom nicht gelöschten, obgleich nur noch glimmenden Docht (V.3) verdeutlichen, die in Babylonien in der Klage belegt sind[25]. Bemerkenswert ist im übrigen, dass der kurze Text von einem siebenfachen „Nicht" bestimmt ist, mit dem das Handeln des Knechts von einem erwartbaren, üblichen Vorgehen abgehoben werden soll: Er „schreit nicht" (Ist er in Not[26]? Oder wird seine leise Stimme vom Ruf eines Herolds unterschieden?); er vollstreckt das (sachlich angemessene) Todesurteil nicht; er „verglimmt nicht und knickt nicht ein": Mit der Aufnahme der Bilder aus dem Begnadigungsurteil, die nun

[24] Das gilt auch für die „Berufung von Mutterleib an" (49,1), obwohl sie vor DJes nur in ihrer Übertragung auf den Propheten Jeremia (Jer 1,5) belegt ist, der aber weltweite Funktionen erhält („Prophet für die Völker"). Die Wendung ist in mesopotamischer, besonders neu-assyrischer Königstradition fest verankert; vgl. W. Schottroff, „Gedenken" im Alten Orient und im Alten Testament (WMANT 15), ²1967, 24f. 245f.

[25] Vgl. J. Jeremias, Mišpāṭ im ersten Gottesknechtslied, VT 22 (1972), 31–42; 36.

[26] Steht Jer 20,8 im Hintergrund? So H.-J. Hermisson, Der Lohn des Knechts (FS H.W. Wolff, 1981), in: ders., Studien zu Prophetie und Weisheit (FAT 23), 1998, 177–196; 189f.

auf den Knecht gewendet werden, wird seine Solidarität mit den Todeskandidaten hervorgehoben, vor allem aber sein nie ermüdender Durchhaltewille ausgedrückt.

In der biographisch stilisierten Darstellung *des zweiten EJL (49,1–6)* werden die beiden zusammengehörigen Aufgaben des Knechts dagegen in ihrem zeitlichen Nacheinander beschrieben. Das Überraschende an diesem Text ist, dass der Knecht genau an dem Punkt seines Lebens, an dem er sich die scheinbare Sinn- und Ergebnislosigkeit seines bisherigen Handelns eingestehen muss (V.4), von Gott einen ungleich größeren Aufgabenbereich zugeteilt erhält, der die gesamte Völkerwelt umfasst (V.5f.), zu dem er aber von Gott schon von Beginn seines Lebens an bestimmt war (V.1b–3). Bereits seine bisherige Funktion an Jakob-Israel war eine doppelte, eine religiöse und eine politische, insofern er die Glieder Israels einerseits „zu Gott zurückführen“ sollte, andererseits sie wieder zusammenführen und ihre Rückkehr in die Heimat vorbereiten sollte (V.5–6a). Nur durch beide Aktionen gemeinsam kann ein „intaktes“ Gottesvolk wieder erstehen. Jetzt aber, im Angesicht des scheinbaren Scheiterns an dieser Aufgabe, wird seine Funktion universal erweitert: Er soll „Licht der Völker“ werden, „auf dass mein Heil bis ans Ende der Erde reiche“ (V.6b). Die Völker sollen nicht länger nur Zeugen des Heils Israels bleiben (wie etwa in 52,10), sondern selbst Anteil an Gottes Heil erhalten, ohne dass dieser Gedanke näher ausgeführt wird.

Demgegenüber *steht im 3. und 4. EJL das Leiden des Knechts im Zentrum.* Bei diesem Textpaar geht der biographisch gehaltene Bericht im Ich-Stil dem abschließenden Gotteswort voran. Im Vergleich zum 4. EJL ist das dritte in doppelter Weise eingeschränkt: Es greift zum einen ausschließlich auf prophetische (und auf Psalmen-) Tradition zurück, nirgends auf Königstradition und richtet – damit sachlich zusammenhängend – seinen Blick ausschließlich auf Israel. Zum anderen entsteht das Leid des Knechts im 3. EJL durch die unverständliche Ablehnung seiner heilvollen Botschaft. *Im 4. EJL dagegen ist das Leiden des Knechts selber die Heilsbotschaft.*

Das wiederum biographisch gestaltete *3. EJL (50,4–9)* ist beherrscht von dem Kontrast zwischen dem intensiven täglichen Hören des Knechts auf die Stimme seines Herrn, der ihn sendet, Müde mit seinem Gotteswort aufzurichten (V.4; vgl. 40,28–31), und der feindlichen, schmähenden und entehrenden Reaktion der Empfänger der Botschaft, die bis zu Schlägen und Bespucken führt. Diese Anfeindungen werden unter Rückgriff auf Erfahrungen des Propheten Jeremia in seinen sog. Konfessionen beschrieben und wollen beim Knecht wie bei Jeremia als Teil des göttlichen Auftrags verstanden werden („ich aber war nicht widerspenstig“, 50,5), denn mit dem Knecht wird Gott selber abgewiesen. Der Unterschied zu Jeremia besteht allerdings darin, dass den Knecht Anfeindungen nicht aufgrund seiner Gerichts-, sondern aufgrund seiner Heilsbotschaft treffen! Der Knecht hält ihnen aber nicht nur stand, sondern er weiß sein Geschick und sein Recht bei seinem Auftraggeber in guten Händen. So ist die Erfahrung des Leidens für den Knecht umklammert vom Gotteshandeln: einem schon erfahrenen (dem täglichen Hören) und einem erst erwarteten (seiner Rechtfertigung). Der Text endet mit Tönen triumphierender Gewissheit, dass Gott ihn vor seinen Gegnern erretten wird (die Paulus in Röm 8,33f. aufgreift und steigert).

Im längsten und komplexesten *4. EJL (52,13–53,12)* wird auf das Leiden des Knechts schon zurück- und auf seine Erhöhung durch Gott vorausgeblickt. Der Text ist überaus kunstvoll aufgebaut. Seinen Rahmen bildet eine Gottesrede, in der Gott die Erhöhung seines Knechts ankündigt (52,13–15; 53,11aβ–12). *Das* im Korpus beschriebene *Leiden des Knechts soll von vornherein aus der Perspektive der kommenden Erhöhung verstanden werden.* Der Mittelteil selber ist zweigeteilt. In der ersten Hälfte (V.1–6) wird das Leiden des Knechts im Alltag aus der Sicht einer „Wir"-Gruppe beschrieben, in der zweiten Hälfte (V.7–11aα) in seiner Zuspitzung auf Bedrängnis, Misshandlung, Tod und Begräbnis dagegen ohne diese spezielle Perspektive schlicht geschildert. In sich sind beide Hälften noch einmal unterteilt: Neben der Leiddarstellung enthalten sie *eine Leiddeutung (53,1.4–6 und 53,10–11aα),* die die kommende Erhöhung des Knechts sachlich vorwegnimmt. Es versteht sich von selbst, dass *diesen deutenden Passagen das Hauptgewicht zufällt.*

Die erste Deutung erfolgt *aus der Perspektive der „Wir"-Gruppe,* und zwar in Gestalt eines Bekenntnisses. Die „Wir"-Gruppe hat eine Erkenntnis gewonnen, die später einmal, wenn Gott seinen Knecht erhöht haben wird, die gesamte Welt in Staunen versetzen wird, die in der Gegenwart aber niemand zu fassen vermag (52,14–53,1): Der mit furchtbarer Krankheit geschlagene, ganz und gar unkönigliche, von allen Menschen, anfangs auch von den „Wir", gemiedene und verachtete Knecht, den jeder für einen von Gott Verworfenen hielt, litt stellvertretend! Er ertrug Schmerzen, die eigentlich die Schmerzen der „Wir"-Gruppe hätten sein müssen, wurde von Strafen Gottes getroffen, die eigentlich sie selber aufgrund ihrer Schuld verdient gehabt hätten. Gott war es, der diesen Wechsel vornahm, um den „Wir" sowohl „Heilung" als auch neue Orientierung für ihr Leben zukommen zu lassen.

Die zweite Deutung erfolgt *aus der Perspektive Gottes.* Im stellvertretenden Leiden des Knechts ist Gottes Plan zur Vollendung gelangt: Die Lebenshingabe des Knechts sollte als „Ersatzleistung", „Schuldausgleich" (אשם) dienen für „die Schuld ‚seines' Volkes" (V.8b). Auf diese Weise wird der Knecht nun „den Vielen", deren Schuld er getragen hat, die Gerechtigkeit verschaffen, zu der sie selbst unfähig gewesen waren. Sie werden deshalb von Gott zur „Beute" des Knechts erklärt. Der dreifach wiederholte Begriff „die Vielen", der als Leitwort die abschließende Gottesrede in V.11f. bestimmt, schillert. Er greift zurück auf die einleitende erste Gottesrede, wo er allerdings ohne Artikel verwendet wurde („viele entsetzen sich über den Knecht", 52,14); zumindest im folgenden V.15 ist aber die weltweite, universale Perspektive eindeutig, wenn die Erregung und das Staunen der „vielen Völker" genannt werden. Grundsätzlich von Gewicht für den Begriff „die Vielen" ist, dass er inkludierend gemeint ist, nicht exklusiv („viele, aber nicht alle"). Er bezeichnet die unüberschaubare riesige Menge[27].

In der Dichte ihrer Aussagen und in der Verbindung verschiedener Traditionen auf engstem Raum sind die EJL ungewöhnliche, ja parallellose Texte, die sich jeder einlinigen Deutung entziehen. Nicht erst Christen und Juden haben darum gerungen, ob sie kollektiv, dann auf Israel bezogen, oder aber individuell, dann am ehesten messianisch, zu deuten seien. Schon im Judentum der vorchristlichen Zeit sind die beiden in der Auslegungsgeschichte vorherrschen-

---

[27] Vgl. den Nachweis bei Joach. Jeremias, ThWNT VI, 536–545; H.-W. Hertzberg, Die „Abtrünnigen" und die „Vielen". Ein Beitrag zu Jesaja 53, in: A. Kuschke (Hg.), Verbannung und Heimkehr, FS W. Rudolph, Tübingen 1961, 97–108; 102ff.

den Deutungen belegt[28]. Bereits in der unmittelbaren Wirkungsgeschichte der EJL innerhalb von Jes 40ff. finden sich Texte mit eindeutig kollektiver Deutung (etwa 49,7; 51,4–8) neben solchen, in denen individuell prophetische Züge im Vordergrund stehen (etwa 51,16; 61,1–3)[29]. Jedoch besteht die Eigenart der Texte gerade darin, dass sie sich keiner dieser Deutungen nahtlos anpassen, sie vielmehr alle transzendieren.

Zur Deutung der kaum auszuschöpfenden Texte scheinen mir drei Beobachtungen grundlegend zu sein:

1. Durch den Knecht in den „Liedern", den EJ, kommt Gottes Plan zur Erfüllung (53,10). Diese Aussage steht in einem auffälligen Gegensatz zum Kontext des DJes-Buches, in dem ein Israel Gottes „Knecht" genannt wird, das „blind" sowie „taub" und deshalb unfähig ist, Gottes Gottheit vor der Völkerwelt zu bezeugen (42,18ff.; 43,8ff.). Wenn der EJ „Licht der Völker" heißt (49,6; 42,6) und er den Völkern den umfassenden Gotteswillen bringt, auf den sie schon sehnsüchtig warten (42,4), dann *erfüllt der EJ offenbar die Aufgabe, an der Israel scheiterte,* und zwar mit neuer Vollmacht und Durchsetzungskraft.

2. Auch wenn *beide Knechte,* der EJ und Israel, demnach nicht einfach identisch sein können, so *gehören* sie doch *eng zusammen* und gehen deshalb im Kontext von Jes 40–55 nahtlos ineinander über. Es ist die aufgegriffene Königstradition, die beide miteinander verbindet: Beide Knechte hat Gott „bei der Hand ergriffen", beide hat er „von Mutterleib an gebildet", beide hat er „erwählt" und „berufen", durch beide bzw. an beiden will er „sich verherrlichen". Der EJ ist damit am ehesten so etwas wie die Verkörperung des „wahren" Israel, d.h. des Israel, wie es eigentlich sein sollte[30]. Am deutlichsten hat M. Buber diesen Aspekt der EJL zum Ausdruck gebracht: „Hier löst ... der Ebed offenbar Israel so ab, dass Wesen und Werk, die diesem bestimmt waren, auf ihn übergehen ... Zu Israel verhält er sich wie die im Vollzug begriffene Aufgabe zur unvollzogen gebliebenen."[31]

3. *Das Trennende* zwischen den Aussagereihen vom EJ und vom Knecht Israel *bildet die prophetische Tradition* in den EJL. In ihr drückt sich unverkennbar Biographisches aus. Am deutlichsten ist das im 3. EJL (50,4–9) der Fall, das am stärksten von prophetischer Tradition geprägt ist und in dem jegliche Königstradition fehlt: Der EJ hat hier – wie DJes selbst in 40,28–31 – „Müde" aufzurichten (50,4). An dieser Aufgabe erwächst der Widerstand gegen ihn,

---

[28] Wobei die kollektive Deutung im hellenistischen Judentum die vorherrschende war, die individuelle, messianische im palästinischen Judentum; vgl. Joach. Jeremias, ThWNT V, 676ff.; H. Hegermann, Jesaja 53 in Hexapla, Targum und Peschitta, Gütersloh 1954.

[29] Vgl. H.-J. Hermisson, Gottesknecht und Gottes Knechte (1996), in: ders., Studien, 241–266.

[30] Möglicherweise wird der EJ in 49,3 darum als „Israel" bezeichnet, obwohl er eine Aufgabe an Israel übernommen hat (49,5). – Nach 42,7 soll er „die Augen der Blinden öffnen", d.h. wohl: Israel zum Zeugendienst befähigen.

[31] M. Buber, Der Glaube der Propheten, Zürich 1950, 313.

der aber aus der Sicht Gottes Bestandteil seines Auftrags ist („ich aber war nicht widerständig“) und zu äußerster Schmähung und Demütigung führt, die sowohl im 3. als auch im 4. EJL im engen Anschluss an die sog. Konfessionen Jeremias beschrieben werden. Der wesentliche Unterschied des EJ zu Jeremia besteht allerdings darin, dass *der EJ* nicht aufgrund der Härte seiner Gerichtsbotschaft, sondern *wegen seiner Heilsbotschaft leidet.* Auch im 2. EJL (49,1–6) spiegelt sich Biographisches, insofern hier die Aufgaben des EJ an Israel und an den Völkern im Nacheinander geschildert werden und die Erweiterung seiner Funktion hin zu den Völkern in dem Augenblick erfolgt, in dem er an seiner primären Aufgabe an Israel zu scheitern scheint. Für dieses Scheitern und diese Erweiterung bietet das Kap. 45 die engste Parallele.

So ist es schwerlich zufällig, dass die beiden mittleren EJL, die beide im berichtenden Ich-Stil gehalten sind, auch die meisten biographischen Züge bieten[32]. Es ist nicht unmöglich, eher wahrscheinlich, dass die Dichtungen über den Gottesknecht in Reflexionen über das Geschick DJes’ ihren Anfang genommen haben.

Allerdings kann dies nur noch für ein nicht mehr zu rekonstruierendes Urstadium gelten. Die überkommenen Texte *transzendieren eine rein biographische Deutung* vielfach, vor allem auf zweifache Weise:

1. zum einen *durch die angedeuteten Hinweise auf Mose:* Nach 49,5f. hat der EJ sowohl Israel zu Gott zurückzuführen als auch wie ein 2. Mose die verstreuten Glieder des Gottesvolkes neu zu vereinen und sie in die Heimat zurückzuführen; nach 42,4 hat er der Völkerwelt den umfassenden Gotteswillen zu ihrer Lebensorientierung zu bringen, auf die sie sehnsüchtig warten, so dass er zu einer Art Mose für die Völker wird.

2. zum anderen *durch das stellvertretende Leiden des Knechts:* Was immer ältere Texte an vorbereitenden Vorstellungen zur Stellvertretung zur Verfügung gestellt hatten – die prophetische Fürbitte, die für Ezechiel ein „In die Bresche (einer gefährdeten Mauer) Treten“ bedeutet (Ez 13,5); Zeichenhandlungen wie Ez 4,4–8; königliche Repräsentation; der Sündenbock etc.[33] –, reicht nur an die Ränder der kühnen Aussagen des 4. EJL, in dem eine „Wir“-Gruppe dankend bekennt, was die Weltöffentlichkeit erst in der Zukunft erkennen wird: dass der von allen Menschen verachtete und gemiedene EJ ein Geschick trug, das rechtens ihr eigenes gewesen wäre. Sie sind auf diese Weise trotz ihrer Schuld, die der Knecht „weggeschleppt“ hat, „geheilt“ und „ins Heil“ ge-

---

[32] Biographische Züge geben sich auch im 4. EJL hinter der abschließenden Leidensgeschichte des Knechts in 53,7–9 zu erkennen. Aber sie werden nicht vom Knecht selber, sondern von Außenstehenden geschildert – vermutlich von seinen engsten Vertrauten, die auch hinter der neu auftretenden „Wir“-Gruppe stehen werden.

[33] Vgl. die Zusammenstellung solcher Traditionselemente bei H. Spieckermann (VT.S 66,1995) in: ders., Gottes Liebe, 141–153 und B. Janowski, Stellvertretung (SBS 165), 1997 sowie die kritische Diskussion ihrer Relevanz für die EJL bei H.-J. Hermisson, DJes (BK XI/17), 2014, 429ff.

setzt worden (53,5) und stehen vor Gott aufgrund seiner Gerechtigkeit als Gerechtfertigte da (53,11).

Auf diese Weise hat die Primärerfahrung eines Propheten, der seinem Volk Gottes anbrechendes Heil verkündigen wollte, aber von ihm abgewiesen, verschmäht und gedemütigt wurde, eine zweifache Deutung erhalten, die jegliche individuelle Erfahrung übersteigt und die teilweise die Grenzen üblichen alttestamentlichen Denkens sprengt:

1. In den ersten beiden EJL wird im Zuge der scheinbaren Vergeblichkeit des prophetischen Wirkens an Israel *die Bedeutung des göttlichen Heils für die Völkerwelt* aufgetan. Angelegt war diese Ausweitung der Aufgabe des EJ bereits in der Kyros-Thematik DJes', in der die weltweite Dimension des göttlichen Heils schon anklang, an der gleichzeitig aber der Widerstand Israels gegen die prophetische Botschaft aufbrach, da sie alle Restaurationshoffnungen der Israeliten zunichte machte[34]. Im 2. EJL wird dieser Zusammenhang zwischen der Abweisung der Botschaft des Propheten, der doch „Israel zu JHWH zurückführen" sollte (49,5), und der Ausweitung des Heils auf die Völker ins Zentrum gestellt, im 1. EJL die Sehnsucht der Völker nach heilvoller Orientierung hervorgehoben (42,4).

2. Im Verlauf der EJL tritt *das Leiden des Knechts* immer stärker ins Zentrum, und immer deutlicher wird herausgestellt, dass es nicht als zufälliges individuelles Geschick zu verstehen ist, sondern (wie bei Jeremia) als Teil des Auftrags des Knechts bzw. seines Amtes. Im ersten EJL liegt der Hauptakzent der Darstellung noch auf der Ausdauer des Knechts trotz aller Widerstände und im zweiten auf der nur scheinbaren Vergeblichkeit seines Wirkens. Erst im 3. EJL sind die Schmähungen des Knechts Bestandteil seines Auftrags, gegen den er – jetzt anders als sein Vorgänger Jeremia – nicht aufbegehrt, während schließlich im 4. EJL das Leiden des Knechts bis hin zum schmachvollen Tod als ein stellvertretendes und damit als die eigentliche Aufgabe des Knechts erscheint, ohne das Gott sein Ziel, das Heil Israels und der Völker herbeizuführen, nicht hätte erreichen können. Tiefer ist im Alten Testament weder früher noch später über das Leiden im Namen Gottes gesprochen worden.

[34] Von daher ist es nicht erstaunlich, dass im jüngeren EJL 42,5–9 Elemente der Kyros-Thematik auf den EJ übertragen werden.

Teil III:

Die tragenden Themen

A. Gottes Zorn und seine Güte[1]

Jede Beschreibung eines religiösen Systems, ob vergangen oder gegenwärtig, und erst recht jede Darstellung einer biblischen Theologie wird sich u. a. daran messen lassen müssen, wie sie das Verhältnis von menschlichen Heils- und Unheilserfahrungen im Lichte Gottes bestimmt, wie sie also von Gottes Güte im Verhältnis zu seiner Strafe und seinem Gericht redet und wie sie dabei menschliche Schuld und deren Kompensation bzw. göttliche Vergebung wahrnimmt und eingrenzt. Dabei kennt die biblische Rede von Gott ein äußerstes Unheilshandeln Gottes, das sie nicht seinem richterlichen Strafen zuordnet, sondern seinem wie Feuer glühenden und brennenden Zorn, dem niemand, der von ihm betroffen ist, entgehen oder ihn überleben kann[2]. Allerdings handelt es sich beim Zorn Gottes um kein begrifflich festliegendes Konzept, wie allein schon daran deutlich wird, dass sich im Alten Testament nicht weniger als ein Dutzend Begriffe für den göttlichen Zorn finden, von denen etwa die Hälfte breit verwendet wird. Vielmehr kann man an den Texten, die vom Zorn Gottes reden und die ihren Schwerpunkt in exilisch-frühnachexilischen Texten der Prophetie finden, beobachten, wie die alttestamentlichen Autoren, zumindest anfangs, behutsam tastend auszuloten versuchen, ob und wie sinnvoll vom Zorn Gottes gesprochen werden kann. Wesentlich ist ihnen, wie besonders den exilischen Belegen zu entnehmen ist, dass der Zorn Gottes – im Unterschied zur göttlichen Strafe mit ihrer Angemessenheit gegenüber der menschlichen Schuld – maßlos und unverrechenbar ist und dass er für die betroffenen Menschen zugleich eine tödliche Bedrohung ist. Die eingangs genannte Verhältnisbestimmung muss also in äußerster Zuspitzung Gottes Zorn und Gottes Güte miteinander konfrontieren.

Dabei hängt es mit den spezifischen Konnotationen der Begrifflichkeit im Hebräischen (die im Deutschen nicht adäquat wiedergegeben werden können) zusammen, dass die angemessene Opposition zum göttlichen Zorn nicht (wie im Neuen Testament) Gottes

---

[1] Dieses Kapitel beschränkt sich auf die genannte Verhältnisbestimmung. Andere Wesensmerkmale Gottes wie seine Heiligkeit, Verborgenheit, sein „Eifer“ oder seine „Reue“ sind an ihren literarischen Schwerpunktorten behandelt, auf die das Register verweist.

[2] Da der Zorn Gottes im Gefolge Schleiermachers und Ritschls weithin für ein mit dem christlichen Glauben unvereinbares Theologumenon betrachtet wurde, wurde er auch in Darstellungen der alttestamentlichen Theologie weithin missachtet. Erst in neuerer Zeit hat man das Gewicht des Themas wieder entdeckt; vgl. bes. W. Groß, Zorn Gottes – ein biblisches Theologumenon, in: ders., Studien zur Priesterschrift und zu atl. Gottesbildern (SBA.AT 30), 1999, 199–238; U. Berges, Der Zorn Gottes in der Prophetie und Poesie Israels …, Bib. 85 (2004), 305–330; J. Jeremias, Der Zorn Gottes im AT (BThSt 204), ²2011; B. Janowski, Ein Gott, der straft und tötet? Neukirchen Vluyn 2013, 145–174.

„Gnade“ (חן), sondern seine „Güte“ (חסד) ist. Für den Begriff „Gnade“ im zwischenmenschlichen Gebrauch ist charakteristisch, dass sie von einem Höhergestellten, besonders häufig von einem König, einem Abhängigen gewährt wird und der Terminus „Gnade“ daher besonders häufig in Bitten begegnet, die Abhängige an ihre Herren richten. Demgegenüber ist der Begriff der „Güte“ bzw. „Huld“ soziologisch viel weniger festgelegt und wird in höchst unterschiedlichen Kontexten verwendet. Ihm eignet vor allem eine doppelte Assoziation: Zum einen setzt er ein schon bestehendes Verhältnis zwischen Handelndem und Empfänger voraus, zum anderen besitzt er häufig das Moment des Überraschenden und Beglückenden, bezeichnet im wechselhaften Verhältnis also „etwas Besonderes …, etwas, das jedenfalls über das eigentlich Selbstverständliche hinausgeht“[3], eine Großherzigkeit oder unerwartete Freundlichkeit. Diese Assoziation hat sich bis hinein in die Alltagssprache des gegenwärtigen Neuhebräischen erhalten, wo der Begriff den „Gefallen“ bezeichnet, den man jemand erweist, ohne zu ihm verpflichtet zu sein.

In welcher Situation erfahren Menschen Gottes Güte oder aber seinen Zorn? Die Antwort auf diese Frage wird weder im Neuen noch im Alten Testament aus der theoretischen Reflexion der Schreibstube von Wissenschaftlern gegeben. Vielmehr ist an dieser Stelle ein gewichtiger Unterschied zwischen beiden Testamenten zu konstatieren: *Die neutestamentlichen Texte bestimmen das Verhältnis zwischen Zorn und Gnade aus der nur kurz zurückliegenden überwältigenden Erfahrung des gnädigen Gottes, die alttestamentlichen Texte* dagegen mehrheitlich *das Verhältnis zwischen Gottes Güte und seinem Zorn aus der Erfahrung des* (seit der Zerstörung Jerusalems) *anhaltenden göttlichen Zorns heraus.* Das Neue Testament ist geprägt von der Erkenntnis, dass die Glaubenden durch Jesu Tod und Auferstehung vor Gott als Gerechtfertigte dastehen, das Alte Testament dagegen – zumindest anfangs im und nach dem Exil – von dem Wissen, dass der Zorn Gottes, der zur Zerstörung Jerusalems geführt und große Teile Israels ins Exil geführt hat, noch immer glüht. Es versteht sich von selbst, dass diese unterschiedlichen Perspektiven die Aussagen der Texte intensiv beeinflusst haben.

1. Die destruktive Macht des göttlichen Zorns

Ab dem Exil lebten die Judäer, die nach dem Untergang des Nordreichs das biblische Israel repräsentierten, zerstreut im südlichen Palästina (die bäuerliche Bevölkerung), in Babylonien (die geistige und handwerkliche Oberschicht) und immer stärker in der Diaspora (anfangs Ägypten, bald auch Kleinasien etc.). Wesentliche Veränderungen brachte noch nicht die erste Rückkehrerwelle, die zur Errichtung des 2. Tempels in Jerusalem (515 v. Chr.) führte, sondern erst sieben Jahrzehnte später die Aussendung des königlichen Mundschenks Nehemia nach Jerusalem, der als persischer Statthalter einer

---

[3] H.J. Stoebe, THAT I (1971), 600–621; 607.

eigenständigen Provinz Juda der Bevölkerung eine neue Ordnung des Zusammenlebens geben sollte.

Zumindest bis zu dieser Zeit, teilweise aber auch über sie hinaus *wussten die Judäer*, die sich nun Israeliten nannten, *ihr Leben letztlich vom Zorn Gottes bestimmt.* Diese Aussage mag auf den ersten Blick überraschen, da in den älteren vorexilischen Texten des Alten Testaments nur selten und nur in extremen Unglückssituationen vom Zorn Gottes gesprochen wird. An der Häufigkeit und Geläufigkeit der Rede vom Zorn Gottes ab 587 v. Chr. lässt sich erahnen, welchen Schock die Zerstörung des Tempels, die Gefangennahme des Königs und die Besetzung des Landes durch die Babylonier sowie das Exil bei den Judäern hinterlassen haben müssen. Dem alttestamentlichen Gottesvolk waren mit dem zerstörten Tempel, dem gefangenen Davididen und vor allem mit dem besetzten Land ja in kürzester Zeit alle Stützen seines Glaubens zerbrochen worden: Am Tempel hing die Verheißung Gottes, inmitten seines Volkes wohnen zu wollen, am Davididen die Zusage, dass Gott für alle Zeiten David einen Nachfolger garantieren wolle (2 Sam 7), unter der Verheißung der Gabe des Landes waren schon die Erzväter und Mose aufgebrochen.

Und doch entstand die Rede vom Zorn Gottes primär nicht aufgrund solcher Glaubensprobleme. *Die urtümlichsten Belege,* nicht notwendig die ältesten, *bieten vielmehr die Threni.* Es sind bewegende Texte, die in dieser Sammlung von exilischen Klageliedern vorliegen; sie spiegeln die verzweifelte Stimmung der Bevölkerung wider. Sie sprechen allesamt vom Zorn Gottes, der ihre Situation beherrscht; aber während die Mehrzahl unter ihnen diesen Zorn theologisch reflektiert und als eine notwendige und angemessene Reaktion Gottes auf die Anhäufung menschlicher Schuld zu verstehen versucht, lässt *das vermutlich älteste Klagelied, Thr 2,* das den Verweis auf die Schuld Israels (noch) nicht kennt, das elementare Reden vom Zorn Gottes in Israel erkennen. Hier legen hilflose und zutiefst verstörte Menschen – in Fortführung der uralten sumerischen Stadtuntergangsklagen – Gott die erbarmungslosen, tödlichen Auswirkungen seines Zorns nur einfach vor, ohne den Mut zur Gebetsbitte zu finden. Wie sollten sie auch Gott zu bitten wagen, wenn doch die Klagenden der festen Überzeugung waren, dass die furchtbaren Schläge, die sie erlitten hatten, die sinnlosen Zerstörungen von Gebäuden bis hin zum Tempel und die bestialischen Grausamkeiten an Menschen letztlich nicht nur der blindwütigen Rachsucht der Feinde zuzuschreiben waren, sondern Wirkungen des göttlichen Zorns waren. *Die Feinde waren nur ausführende Organe, der eigentliche Zerstörer war Gott in seinem Zorn.* Der Anfang des Textes (Thr 2,1–2a) lautet:

Ach, wie umwölkt in seinem Zorn der Herr die Tochter Zion!
Er warf die Zierde Israels vom Himmel auf die Erde
und gedachte nicht des Schemels seiner Füße am Tag seines Zorns.
Der Herr vertilgte ohne Erbarmen alle Gefilde Jakobs.

„Ohne Erbarmen“: Der Gott im Zorn ist nicht ansprechbar, weil er seine üblichen Attribute verdeckt und verbirgt. *Gott ist im Zorn zum Feind Israels geworden* (V.4f.: „wie ein Feind“; V.22 direkter: „mein [Zions] Feind“)! Man kann ihm das furchtbare Unheil nur vorhalten, das er angerichtet hat; man kann nur „Tag und Nacht Tränen fließen lassen wie einen Bach“ und „vor dem Herrn sein Herz wie Wasser ausschütten“ (V.18f.). Hoffen kann man nicht auf ihn, sondern nur auf das Ende seines Zorns. Dass Gottes Zorn zeitlich begrenzt ist, wissen alle Texte, die ihn nennen, auch die verzweifelsten. Ein Andauern des Zorns über lange oder gar unbegrenzte Zeit würde zur Verwerfung Israels als Gottes Volk und zu seinem Ende führen, bleibt doch in der Zeit des Zorns jegliche Güte Gottes verborgen. Die Furcht vor einem solchen Geschick beschäftigt manche Texte (Thr 5,22; Ex 32,7–14; Dtn 9,7–10,11); sie weisen aber alle die Möglichkeit zurück, dass Gott sein Volk verstoßen könnte.

Wer die ergreifenden Klagen hilfloser Menschen in schwerstem Leid in Thr 2 gelesen hat, kann ermessen, welcher theologischen Kraft es bedurfte, um in den jüngeren Kapiteln der Threni das Bekenntnis der Schuld derart stark in den Vordergrund treten zu lassen und die anklagenden Sätze gegen Gottes schrecklichen und scheinbar blindwütigen Zorn an den Rand zu drängen. Diese Kraft ist *prophetischen Kreisen* zu danken, die in und nach dem Exil die harte Botschaft der vorexilischen Gerichtspropheten nicht nur überliefert, sondern auch für ihre Generation aktualisiert haben. Sie waren der festen Überzeugung, dass Gottes Zorn, wie grausam er sich auch im Geschick der einzelnen Familien darstellte, eine angemessene und berechtigte, ja sachlich notwendige Reaktion Gottes auf ein Übermaß an Schuld in seinem Volk war. Die Schuld Israels und ihre künftige Vermeidung war ihr eigentliches Thema; der Zorn Gottes nur insofern, als ja die Schuld Israels ihn erst hervorgerufen hatte und neu hervorrufen konnte. Mit dieser Überzeugung hängt zusammen, dass die weit überwiegende Anzahl an Belegen für den göttlichen Zorn im prophetischen Schrifttum steht, allen anderen voran in den Büchern Jeremia und Ezechiel, und dort fast durchweg aus der Retrospektive auf die Zerstörung Jerusalems stammt, also aus der Aktualisierung älterer Prophetenworte für die Generationen im Exil. Zwar kannten auch die vorexilischen Propheten selber das Phänomen des göttlichen Zornes, aber sie haben selten von ihm gesprochen und in ganz unterschiedlichen Zusammenhängen, wie am deutlichsten dem Buch Hosea zu entnehmen ist (vgl. Hos 5,11 mit 8,5 und 13,10f.). Die Erkenntnis, dass es theologisch notwendig ist, vom Zorn Gottes zu reden, will man die ganze Dimension erschreckender Gotteserfahrungen und vor allem die ganze Dimension menschlicher Schuld in den Blick nehmen, verdanken wir jedoch den exilischen und frühnachexilischen Tradenten der vorexilischen Gerichtspropheten.

So seltsam es klingen mag, so waren es nicht zuletzt diese Tradenten, die im Gefolge der großen Gerichtspropheten Israel über den Graben des Exils hinweggetragen haben, indem sie es lehrten, die Zerstörung Jerusalems und das

Exil als Wirkung des göttlichen Zorns zu verstehen. Aus den Streitgesprächen und Gerichtsreden Deuterojesajas lässt sich entnehmen, dass es im Exil Stimmen gab, die den Untergang des Staates auf die größere Macht Marduks zurückführen wollten. In dieser Situation war die prophetische Rede vom Zorn Gottes eine wesentliche Hilfe, um Israel nicht nur zur Einsicht in seine Schuld zu bewegen, sondern auch allen Zweifel an Gottes Macht angesichts der Katastrophe seines Volks im Keim zu ersticken.

2. Die Überlegenheit der Güte Gottes

Trotz aller Betonung der grenzenlosen Zerstörungskraft des göttlichen Zorns gibt es keine Belege im Alten Testament, die den Zorn Gottes auf eine Stufe mit seiner Güte stellen. Warum das nicht möglich ist, zeigt etwa die Litanei Ps 136, mit deren Kehrvers die Gemeinde auf jede einzelne Heilstat Gottes, die ihr Vorbeter nennt, antwortet:

> Ja, seine Güte währet ewiglich (bzw.: bleibt für alle Zeit).

Was die Gemeinde hier im Kehrvers ständig wiederholt, hatten ältere, auch nicht-liturgische Texte mit dem geläufigen Hendiadyoin חסד ואמת: „Güte und Wahrheit" (vgl. auch Joh 1,17) ausgedrückt, der sachgemäßer mit Gottes „zuverlässiger, beständiger Güte" wiederzugeben ist. Es gehört zu den unerschütterlichen Grundüberzeugungen des nachexilischen Israel, dass Gottes Güte nicht etwas ist, das ihn nur gelegentlich zum Handeln treibt, sondern etwas, das sein Handeln ständig bestimmt. Wenn aber die Güte Gottes „für alle Zeit" bleibt, so ist sie nach Meinung der lobenden Gemeinde auch dann präsent, wenn Menschen von ihr nichts spüren, in Zeiten der Verborgenheit Gottes, ja in Zeiten seines Zorns. Sie bleibt eine verdeckte, aber dennoch wirksame Kraft in Gott, die der Zorn nicht einfach verdrängen kann. Um es mit Ps 77,10 zu sagen: Gott ist unfähig, „sein Erbarmen im Zorn zu verschließen".

Wir berühren damit *den gewichtigsten Unterschied zwischen Zorn und Güte Gottes*. Er erweist sich darin, dass Gottes Zorn, wie schon erwähnt, wesenhaft zeitlich begrenzt ist und keineswegs wie seine Güte „ewig währt". Rein sprachlich zeigt sich die zeitliche Begrenztheit des Zorns schon darin, dass im Hebräischen zwar eine große Zahl an Begriffen für Gottes Zorn begegnet, dagegen kein einziges gebräuchliches Adjektiv. Gott zerstört und tötet im aufflammenden Zorn, aber er *ist* nicht zornig, wie er sehr wohl gütig *ist*, und zwar *wesenhaft* gütig, wie sogleich zu zeigen ist. Der Zorn ist nicht nur keine für ihn charakteristische Handlungsweise, sondern auch keine geplante und schon gar keine gewollte. Er ist ihm, um mit Jes 28,21 zu reden, „fremdartiges Tun" und „fremdes Werk". Einen klassischen Ausdruck hat die Differenz zwischen Zorn und Güte Gottes in der jubelnden Erkenntnis des Dankliedes Ps 30,6 gefunden:

Sein Zorn währt einen Augenblick,
lebenslang (aber) seine Güte!
Am Abend kehrt Weinen ein,
doch am Morgen Jubel.

Hier redet ein Mensch, der nicht über Gott reflektiert, sondern der den Zorn Gottes in all seiner Härte im eigenen Leben erfahren hat, da er sich schon in den Fängen des Todes befand, der aber auf sein Schreien hin von demselben Gott aus dem Totenreich herausgezogen wurde (V.4). Zugleich redet ein Mensch, der überzeugt ist, dass sein Erleben nicht eine beliebige Einzelerfahrung war, sondern dass sie modellhaft für Menschen in vergleichbaren Leiden steht. Diese Tendenz zur Generalisierung einer Einzelerfahrung ist noch verstärkt worden, indem das Danklied in den Psalter aufgenommen wurde und nun von anderen Menschen nachgebetet werden soll und nachgebetet wird. Allerdings konnte sich die Erkenntnis dieses Beters schon auf Texte stützen[4], und sie hat ihrerseits zu neuen Texten geführt[5]. Hier verdichten sich sprachlich Erfahrungen, die sich gegenseitig stützen und damit auf Allgemeingültigkeit abzielen.

Die wesenhafte Unterscheidung zwischen Zorn und Güte Gottes ist aber vor allem *die Grundlage des gewichtigsten Bekenntnisses im Alten Testament* geworden, genauer: der gewichtigsten bekenntnisartigen Beschreibung des Wesens Gottes, die üblicherweise im Anschluss an H. Spieckermann[6] wenig schön, aber einprägsam „Gnadenformel" genannt wird. Sie ist in unterschiedlicher Gestalt etwa 20 mal im Alten Testament belegt, in Kurz- und Langformen, in vollständigen Zitaten und in Anspielungen, teilweise mit Abwandlungen, und das Ganze in sehr verschiedenartigen Zusammenhängen: in Hymnen wie in Gebeten um Errettung aus Not oder um Vergebung, in Vertrauensaussagen wie im Dank für erhörte Gebete, mit einem Schwerpunkt in den Psalmen, aber verteilt über alle drei Teile des Kanons[7]. Wie keine andere Aussage über Gott hat sie das Denken und Reden des nachexilischen Gottesvolkes geprägt, und an ihr lassen sich gut die Besonderheiten der alttestamentlichen Gottesvorstellungen aufzeigen. Das Ungewöhnliche an ihr ist, dass sie etwas wagt, was in älteren Texten des Alten Testaments zumeist vermieden worden ist: Sie redet (überwiegend) adjektivisch von Gott, wagt also Wesensaussagen über ihn und seine Handlungen an den Menschen, die zeitlose Gültigkeit beanspruchen. Die beiden neuesten monographischen Spezialuntersuchungen finden die früheste Gestalt dieser Wesensbestimmung Gottes

---

[4] Vgl. etwa die göttliche Einladung an Israel zur Umkehr in Jer 3,12: „ …, denn ich bin gütig, Spruch JHWHs, und werde nicht für immer zürnen".

[5] Vgl. etwa den späten Hymnus, der das Michabuch beschließt und der den Lobpreis der Vergebungsbereitschaft Gottes so begründet: „Er hält nicht für immer fest an seinem Zorn, weil er Gefallen an Güte hat" (Mi 7,18).

[6] H. Spieckermann, „Barmherzig und gnädig ist der Herr …", ZAW 102 (1990), 1–18; auch in: ders., Gottes Liebe zu Israel (FAT 33), 2001, 3–19.

[7] Vgl. bes. Ex 34,6f.; Num 14,18; Joel 2,13; Jona 4,2f.; Nah 1,3; Ps 86,15; 103,8; 145,8; Neh 9,17.

übereinstimmend und unabhängig voneinander in Ex 34,6f. und damit in ihrer längsten und vollkommensten Gestalt[8]. Auch wenn man über dieses Ergebnis verschiedener Meinung sein kann und sich eher eine Genese der Gnadenformel im Bereich der Psalmen nahelegt[9], gebührt *Ex 34,6f.* ein besonders hoher Rang, weil mit diesen Versen das von Israel am Sinai gebrochene Gottesverhältnis programmatisch erneuert und auf ein neues Fundament gestellt wird (vgl. o. S. 220f.). Dies geschieht mit einer im Kontext überraschenden, grundlegenden Wesensbestimmung Gottes, die von Gott selber eingeführt wird:

> JHWH, JHWH: ein barmherziger und gnädiger Gott,
> langsam zum Zorn[10], aber reich an Güte und Treue:
> der Güte Tausenden bewahrt, der Schuld, Verbrechen und Vergehen vergibt,
> aber ganz ungestraft lässt er nicht ...

Im Zentrum dieser Wesensdefinition Gottes steht die spannungsreiche Beziehung zwischen Zorn und Güte Gottes, deren Ungleichgewicht stark hervorgehoben wird: Während Gott seinen Zorn lange Zeit hinauszögert, können Menschen seine zuverlässige und beständige Güte ohne jede zeitliche Beschränkung und im Übermaß erfahren. Diese Spannung erfährt in der zweiten Hälfte des Textes (V.7) eine Explikation, die sich nun nicht mehr der Adjektive bedient, sondern partizipial gestaltet ist[11]: Gottes überreiche Güte erweist sich primär in seiner Vergebung von Schuld, zu der er jederzeit willens ist, wie die Aufzählung der drei häufigsten Begriffe für Schuld im Alten Testament belegt. Allerdings muss Israel wissen – und hat es 587 v. Chr. eindrücklich erfahren –, dass auch diese Bereitschaft eine Grenze hat, jenseits derer Gott eine Vergebung von Schuld nicht mehr möglich ist. Dann muss Gott strafen, im Normalfall mit Nachsicht, im Extremfall muss er seinen Zorn sich auswirken lassen, auch wenn er es gern vermeiden möchte.

Die Frage nach der *Grenze der göttlichen Vergebungsbereitschaft* beschäftigt neben der Erzählung vom Goldenen Kalb Ex 32 (s.u.) besonders *das Amosbuch*, das in den Visionsberichten Am 7 einen Propheten zeigt, der angesichts des von ihm geschauten tödlichen göttlichen Unheilsplanes Gott zunächst um Vergebung für Israels Schuld bittet, mit seiner Bitte zwar nicht Vergebung (die Gott offensichtlich schon nicht mehr möglich ist), wohl aber Gottes „Reue“ erreicht, aufgrund deren Gott seinen aktuellen Unheilsplan zurücknimmt. Zu einem späteren Zeitpunkt muss der Prophet aber erfahren, dass es selbst für diese äußerste Möglichkeit Gottes, sein Volk vor dem Untergang zu bewahren, eine Grenze gibt (Am 7,1–8). Sowohl die vorausgehenden Kapitel 1–6 im

---

[8] R. Scorallick, Gottes Güte und Gottes Zorn (HBS 33), 2002; M. Franz, Der barmherzige und gnädige Gott (BWANT 160), 2003. Ähnlich zuvor L. Schmidt, „De Deo“ (BZAW 143), 1976, 89ff. für Ex 34,6.

[9] Vgl. J, Jeremias, Die Reue Gottes (BThSt 31), ^{3}2002, 94–96; Spieckermann, Gottes Liebe, 19.

[10] Durch Luthers Übersetzung „geduldig“ ist für Leser der deutschen Bibel die Spannung zwischen Zorn und Güte Gottes verloren gegangen.

[11] Unter den Belegen der Gnadenformel findet sie nur in Num 14,18 eine Parallele.

Amosbuch als auch die folgenden erzählenden (7,10–17) und ankündigenden Worte (8,1–14) wollen zeigen, dass für die Generation des Amos diese Grenze definitiv überschritten war (vgl. o. S. 148).

Die ausführliche Gestalt der Gnadenformel in Ex 34,6f. endet in einem sehr schillernden Text („ ... aber ganz ungestraft lässt er nicht, sondern sucht die Schuld von Vätern an den Kindern und Kindeskindern heim bis ins dritte und vierte Glied"). Er beschreibt die Generationenfolge in einer Großfamilie, zielt aber gleichzeitig auf die Generationenfolge in der Volksgeschichte ab, d. h. auf die Abfolge der Generationen im Exil[12]. Auf beiden Ebenen brührt er ein Problem, das in der Exilszeit höchst umstritten war. Nach Ex 34,7b straft Gott bei besonders schwerer Schuld, die ihm kein Vergeben ermöglicht, den Täter zusammen mit seiner Großfamilie über drei bzw. vier Generationen hinweg. Gegen diese Vorstellung einer kollektiven Haftung einer Familie haben sich am stärksten die Propheten Jeremia und Ezechiel mit ihren Tradenten gewandt und betont, dass jeder Einzelne nur für die je eigene Schuld von Gott gestraft werde (Jer 31,29f.; Ez 18,3ff.). Auch das kasuistische Strafrecht lehnt eine Familienhaftung ab: „Väter sollen nicht für ihre Söhne und Söhne nicht für ihre Väter mit dem Tod bestraft werden" (Dtn 24,16). Und auch das dtr Deuteronomium wendet sich gegen eine Familienhaftung. In Dtn 7,9f. wird das Geschick derer, die „Gott lieben und seine Gebote halten", denjenigen, die „ihn hassen", gegenübersgestellt. Erstere erfahren ähnlich wie in Ex 34,7 Gottes Treue und Güte grenzenlos „für tausend Generationen", letztere seine vernichtende Vergeltung sogleich und unmittelbar, allerdings nur sie allein.

Der Dekalog nun setzt wahrscheinlich sowohl die Gnadenformel in der Gestalt von Ex 34,6f. als auch Dtn 7,9f. voraus[13]. Er kombiniert die Familien- bzw. Generationenhaftung aus Ex 34,7 mit Gottes Vergeltung gegenüber denen, die „ihn hassen", aus Dtn 7,9f., und er tut dies so, dass Gottes strafende Heimsuchung bei schwerer Schuld zwar den Kindern und Enkeln bis ins dritte und vierte Glied gilt[14], jedoch nur dann, wenn sie die Schuld der Väter mit „Hass" gegenüber Gott fortsetzen (Ex 20,5f.; Dtn 5,9f.). Sehr wahrscheinlich wurde Ex 34,7 in der Folgezeit entsprechend verstanden.

Das Bemerkenswerte an den bekenntnisartigen Formulierungen der sog. Gnadenformel von Ex 34,6f. ist nun aber, dass den beiden Gegensatzpaaren Zorn/Güte und Strafe/Vergebung überschriftartig zwei Handlungsweisen Gottes vorgeordnet sind, die jeweils ohne Einschränkung, d. h. ohne die Erwähnung gegenteiliger Erfahrungen, Geltung beanspruchen. Sie halten damit fest, was die zuvor zitierten Psalmen ausdrücken wollten, wenn sie betonten, dass Gottes Güte „ewig währt", auch in Zeiten der Verborgenheit Gottes. *„Barmherzig und gnädig" ist Gott* demnach *immer;* auch in den Zeiten seines Schweigens und Unheilshandelns bleibt er für Ex 34,6f. der Gleiche. Dabei ist zu bedenken, dass es einen großen Unterschied ausmacht, ob ein Individuum aus

[12] Vgl. bes. das Kapitel „Das Generationen-Schema" in: W. Groß, Zukunft für Israel (SBS 176), 1998, 104–113.

[13] Vgl. ausführlicher Franz, a.a.O. 151f.

[14] Ex 34,7 und Ex 20,5 = Dtn 5,9 zählen zwar verschieden, meinen aber die gleiche Gerationenfolge, wie F.-L. Hossfeld, Der Dekalog (OBO 45), 1982, 28–32 gezeigt hat.

einem wesentlich glücklichen Leben heraus diesen Satz nachspricht oder ob die alttestamentliche Gemeinde ihn nach den Erfahrungen der Zerstörung Jerusalems und des Exils, die sie nur als Wirkungen des göttlichen Zorns verstehen konnte, in ihrem Bekenntnis äußert, wobei sie zudem auffallend zurückhaltend vom Zorn Gottes („langsam zum Zorn") spricht.

Dabei bilden *die beiden Adjektive „barmherzig" und „gnädig"* zwar keinen Hendiadyoin wie die beiden Substantive „Güte" und „Treue" in der folgenden Gottesprädikation („zuverlässige" bzw. „beständige Güte"), wohl aber ein eng zusammengehöriges Begriffspaar, wie sich schon daran zeigt, dass ihre Reihenfolge wechseln kann („gnädig" in Anfangsposition: etwa Ps 111,4; 145,8; Joel 2,13; Jona 4,2)[15]. Der Begriff „barmherzig" besitzt eine starke emotionale Komponente – das Erbarmen wird im Hebräischen in den Eingeweiden, also im tiefsten Inneren des Menschen lokalisiert (Gen 43,30; 1 Kön 3,26) – und wird im zwischenmenschlichen Bereich besonders häufig von Müttern (von der gleichen Verbwurzel ist der Begriff für den „Mutterleib" gebildet) oder genereller den Eltern gegenüber ihren Kindern verwendet, aber auch von Vermögenden gegenüber Armen und Hilfsbedürftigen, besonders Witwen und Waisen. Gottes Barmherzigkeit erweist sich häufig in der Vergebung von Schuld, häufiger noch in der „Wiederverleihung der durch die Sünde verlorenen Gottesgemeinschaft"[16]. In seiner Barmherzigkeit liegt begründet, dass *Gott nicht von seinem Volk lassen kann,* so sehr es ihn auch immer wieder verstößt (vgl. z.B. Jer 31,20: „Mein Inneres stürmt ihm entgegen: Ich *muss* mich seiner erbarmen, Spruch JHWHs").

Das zweite Adjektiv „gnädig" entstammt dagegen höfischer Sprache; Gnade wird zwischenmenschlich, wie schon erwähnt, von einem Höhergestellten einem Untergebenen erwiesen, der gemeinhin als Bittsteller auftritt. Auf Gott übertragen tritt mit dem Begriff der Gnade *die Grundlosigkeit seiner Zuwendung zu den Menschen* in den Vordergrund (z.B. Gen 6,8). Aber Gott erweist Gnade nicht nur ohne Voraussetzung auf menschlicher Seite, sondern er erweist sie auch grenzen- und schrankenlos (z.B. Jer 31,2f.). Auf menschlicher Seite entspricht diesen Momenten des göttlichen Handelns das Gefühl des unverdienten Beschenktwerdens (z.B. Hos 2,21).

So zeigt die Langform der Gnadenformel in Ex 34,6f. ein deutliches Gefälle: Gottes uneingeschränkte, nur in ihm selbst begründete emotionale Zuwendung zum Menschen steht in betonter Anfangsstellung. Sie wird im Folgenden mit den diversen Heils- und Unheilserfahrungen der Menschen konfrontiert, mit dem erstaunlichen Ergebnis, dass Zorn und Strafe äußerste Grenzerfahrungen Gottes bilden, die nur in Extremsituationen die üblichen Erfahrungen der Güte Gottes und seiner Vergebungsbereitschaft ablösen. So

---

[15] Beide Gottesprädikationen sind früh belegt; vgl. einerseits den Namen der Tochter Hoseas „Ohne Erbarmen" (Hos 1,6) oder die geläufige El-Prädikation in Ugarit *lṭpn il dpid* „der Gütige, El, der Mitleidvolle", andererseits die bekannte Felsinschrift aus Ḫirbet Bēt Layy („Suche [zum Guten] heim, JH, gnädiger Gott, erkläre straffrei, JH, JHWH!" aus dem 8. Jh. v. Chr. sowie die zahlreichen Personennamen wie Ḥnnyhw bzw. ʾlḥnn („JHWH" bzw. „El ist/sei gnädig") und zu letzteren J. Renz, „Jahwe ist der Gott der ganzen Erde", in: M. Pietsch – F. Hartenstein (Hg.), Israel zwischen den Mächten, FS S. Timm (AOAT 364), 2009, 289–377; 349–362.

[16] H.-J. Stoebe, THAT II (1976), 761–768; 766.

redet ein Israel von Gott, das durch die volle Wucht des tödlichen göttlichen Zorns niedergedrückt und gedemütigt worden ist! Es scheint so, dass paradoxerweise erst die unvertrauten Seiten Gottes, erst sein „fremdes Werk" (Jes 28,21), Israel die Augen geöffnet haben für das volle Ausmaß seiner so vielfältigen Erweise an Güte und Freundlichkeit.

Die bekenntnisartige Wesensbestimmung Gottes in Ex 34,6f. ist für das spätere Israel zum Fundament seines Glaubens geworden und hat ihm in ganz verschiedenartigen Zusammenhängen als entscheidende Hilfe gedient. In Ex 34,6f. selber begründet sie das Wunder, dass Gott ein Volk, das ihn schon in der Stunde seiner Offenbarung von sich gestoßen hat und das sich selbst als wesenhaft abtrünnig und widerspenstig bezeichnet, von Gott nicht, wie zu erwarten, vernichtet oder verworfen, sondern zwar gestraft, aber noch einmal neu angenommen worden ist.

Ein Psalm wie der ungewöhnliche *Hymnus Ps 103* steigert die Intention der Gnadenformel noch erheblich und belegt die Charakterisierung des Wesens Gottes durch eigene Erfahrungen (V.8–11):

> Barmherzig und gnädig ist JHWH,
> langsam zum Zorn, aber reich an Güte:
> Nicht auf Dauer klagt er an,
> nicht für immer verharrt er im Zorn.
> Nicht nach unseren Vergehen hat er an uns gehandelt
> und nicht nach unseren Verschuldungen uns vergolten,
> sondern so hoch der Himmel über der Erde ist,
> so mächtig hat sich seine Güte über denen erwiesen, die ihn fürchten.

Hier wird zunächst Ex 34,6f. (fast) wörtlich zitiert, freilich sehr bewusst nur sein erster Teil: Das Thema der Strafe ist ausgelassen und wird im gesamten Psalm, der Gottes Vergebung in den Mittelpunkt rückt, nirgends berührt. Stattdessen wird die „Langsamkeit" Gottes zum Zorn mit der Gewissheit konfrontiert, dass er sich wieder schnell von seinem Zorn abwendet, wenn er ihn einmal in sich hat aufkommen lassen. Im Urtext erfolgt an dieser Stelle ein Tempuswechsel (anders leider die revidierte Lutherübersetzung). Die generellen Aussagen von V.8f. (vorherrschend Nominalsätze) werden ab V.10 durch die eigenen Erfahrungen der Gemeinde (perf. Verbalsätze) bekräftigt. Aus ihren Erfahrungen kann die Gemeinde aber nur die erste Hälfte der Gnadenformel bestätigen; sie hat deren Wahrheit in vielfacher Vergebung ihrer Schuld erlebt und darin *eine Macht der göttlichen Güte* erfahren, die sie mit Vergleichen aus dem kosmischen Raum verdeutlicht, weil sie den Horizont menschlicher Handlungsmöglichkeiten weit überschreitet. Von einer Grenze der göttlichen Güte, an der sein Strafen einsetzt, weiß sie nichts.

Die am weitesten gehenden Folgerungen aus der Wesensbestimmung Gottes aber haben zwei prophetische Schriften gezogen: *Joel 2 und Jona 3f.* Beide Texte *erweitern die Gnadenformel durch* den Verweis auf *Gottes Willen, „Reue" zu üben.* Damit aber wird das ungleiche Verhältnis zwischen Gottes Zorn und seiner Güte noch einmal zugunsten der Güte verschoben. Joel 2,12–14 wagt aus dem Zitat von Ex 34,6f. den Schluss zu ziehen, dass ein Israel, das sich mit aller Kraft Gott neu zuwendet, „vielleicht" auch den furchtbaren und tödlichen endzeitlichen „Tag JHWHs" zu überleben vermag, den die früheren Propheten seit Amos (Am 5,18–20) angekündigt haben und der allen Propheten vor Joel als prinzipiell unentrinnbar galt (vgl. u. S. 402ff.). Das prophetische „Vielleicht", das Joel aus Am 5,15 (und Zef 2,3) übernimmt, weist darauf hin, dass der Text hier an ein tiefes Geheimnis Gottes rührt, über das der Prophet nicht einfach zu verfügen vermag. Im Anschluss an Joel 2 hat Jona 3f. – wiederum unter Verweis auf Gottes Wesen nach Ex 34,6f. par. (Jona 4,2) und wiederum unter Verwendung des prophetischen „Vielleicht" – in einer unüberbietbaren Kühnheit gewagt, das Israel seiner Zeit zu fragen, ob es bereit ist, dieses Geheimnis Gottes nicht nur mit den Völkern seiner Umgebung, sondern sogar mit dem erzbösen, gewalttätigen und Völker unterdrückenden „Ninive" zu teilen (vgl. u. S. 443f.).

Wie unterschiedlich die Gnadenformel verstanden werden konnte, zeigen zwei Hymnen, die im hebräischen Kanon unmittelbar aufeinander folgen und die beide die Gnadenformel frei zitieren. Sie gehören zwei unterschiedlichen Prophetenbüchern an. Der eine (Mi 7,18[–20]) steht am Abschluss des Michabuches; mit ihm antwortet die hörende Gemeinde auf die Botschaft des Prophetenbuches, indem sie Gottes Bereitschaft zur Vergebung preist – ähnlich wie der zuvor zitierte Ps 103. Der andere leitet das Buch Nahum ein und spielt auf die Gnadenformel an, um darzulegen, dass Gottes Langmut, mit der er seinen Zorn in Schranken hält, eine Grenze hat. Dem gewalttätigen Treiben der Völker unterdrückenden Weltmacht „Assur" wird Gott nicht ewig zuschauen, sondern er wird als „Rächer" dem Recht der Unterjochten zum Durchbruch verhelfen. An die Stelle der großen „Güte" Gottes in Ex 34,6 par. ist hier seine große „Kraft" getreten[17].

3. Die Begrenzung und Überwindung des Zorns

Es gibt eine Reihe von Texten im Alten Testament, denen die noch so scharfe und entschlossene Unterscheidung zwischen Zorn und Güte Gottes theologisch nicht weit genug geht. Um der Vergewisserung der Gemeinde(n) willen, die sie im Blick haben, ist ihnen daran gelegen, den göttlichen Zorn, der prinzipiell tödliche Wirkung ausübt, sachlich zu begrenzen. Sie sind der Überzeugung, dass *Gott seinen Zorn unter Kontrolle hat und ihm feste, nicht zu durchbrechende Grenzpfähle setzt.* Im ständigen Fragen nach den Orten, an denen Gott sich – zugunsten seiner Menschen – verbindlich festgelegt hat, wird von ihnen nicht nur der Erhalt der Menschheit genannt, „solange die

[17] Gleichzeitig stehen im fertigen hebräischen Prophetenkanon die Bücher Jona und Nahum in einer beabsichtigten Spannung zueinander, die die Spannung in Gott selber zwischen seiner Sorge um Gerechtigkeit auf Erden und seiner Bereitschaft zur Vergebung Schuldbeladener widerspiegeln möchte.

Erde besteht" (Gen 8–9), sondern auch der Erhalt seines erwählten Volkes, wie schuldig es auch immer vor Gott werden mag. Gott kann und muss es hart strafen, wenn die Schuld übermäßig wächst; aber es zu vernichten, ist er unfähig.

Der vermutlich älteste Text, der in dieser Weise Gottes Zorn unüberwindbare Grenzen setzt, ist *Hos 11.* In diesem Kapitel werden die zahlreichen Vorwürfe, die der Prophet in den vorausgehenden Texten gegen Israel im Namen Gottes gerichtet hatte, in einer ausführlichen geschichtstheologischen Anklagerede auf eine grundsätzliche Ebene gehoben. In einer verwirrenden Fülle von Bildern wird Gottes nie endende Mühe um sein Volk beschrieben. Ob er als Vater im Ruf seines Sohnes aus Ägypten, ob er als heilender Arzt oder als übermenschlich freundlicher Bauer sein Volk seine Güte spüren ließ: Immer hat er nur Undankbarkeit erfahren, immer nur Versuche der Menschen, sich von ihm zu lösen (11,1–4). Als seine Geduld an eine Grenze geriet und er strafen musste, hoffte er, dass ein verlorener Krieg mit all seinen Grausamkeiten und das Exil als seine Folge Israel zur Einsicht bringen werde, dass es spürt, wo seine einzige Hoffnung liegt; aber vergeblich (V.5–7). Nun, da Gott alle geschichtlichen Wege mit seinem Volk gegangen ist, die denkbar sind, und nur Abwehr, Flucht und Unverständnis bei den Menschen geerntet hat und ihm scheinbar nur noch die Vernichtung oder Verstoßung seines Volkes möglich sind, bricht er in eine ergreifende Verzichtserklärung aus (V.8f.):

> Wie könnte ich dich preisgeben, Efraim,
> dich ausliefern, Israel?
> Wie könnte ich dich preisgeben wie Adma,
> dich zurichten wie Zeboim?
> Mein Herz ist in mir umgestürzt,
> mit Macht ist meine Reue entbrannt.
> Ich kann meinen glühenden Zorn nicht vollstrecken,
> kann Efraim nicht wieder verderben,
> denn Gott bin ich, nicht Mensch,
> in deiner Mitte der Heilige:
> Ich lasse Zornesglut nicht aufkommen.

Der Text wagt einen tiefen Blick in Gottes Herz, in dem ein „Umsturz" stattfindet. Mit diesem Begriff wurde in der Tradition der Niedergang Sodoms und Gomorrhas bzw. der Nachbarstädte Adma und Zeboim bezeichnet, die dem Erdboden gleichgemacht wurden. Weil Gott seine Unfähigkeit eingesteht, seinem undankbaren Volk einen analogen „Umsturz" zu bereiten, erlebt er den „Umsturz" seines Herzens: das Ergebnis eines erbitterten Kampfes zweier Kräfte in Gott, die beide als in ihm „brennend" beschrieben werden. Die eine ist sein Zorn, der geradezu automatisch in ihm aufflammt, wo schwerstes Unrecht und Verwerfung Gottes stattfinden. Die andere ist eine reine Gegenkraft gegen diesen Zorn, die nur dazu auflodert, um den Zorn an seinem destruktiven Handeln zu hindern. Sie siegt in dem Kampf und heißt

„Reue“[18], weil sie aggressiv gegen den Zorn ausgerichtet ist, diesen am Ausbrechen und Vernichten hindert und auf diese Weise zum Willenswandel, genauer: zum erwähnten „Herzensumsturz“ in Gott führt, dem das Gottesvolk seine fortdauernde Existenz verdankt.

Wie grundsätzlich dieser Kampf in Gott vom Propheten gedacht ist (der – wohlgemerkt – nicht Israels Bestrafung, wohl aber seine Vernichtung verhindert), zeigt die abschließende Begründung des Kampfgeschehens: Im Sieg der „Reue“ Gottes über seinen Zorn erweist sich Gottes Gottheit, erweist sich seine „Heiligkeit“, die ihn vom Menschen trennt. Würde Gott wie ein Mensch und nach menschlicher Logik handeln, wäre Israels nur allzu gut begründete Vernichtung nicht aufzuhalten. Der Sieg über seinen Zorn ist zum wichtigsten Kennzeichen Gottes geworden, das sogar die göttliche „Heiligkeit“ prägt, die doch in der älteren Tradition gerade davon bestimmt war, dass Gott Schuld und Unrecht nicht zu ertragen vermag!

Im Gefolge Hoseas ist das Thema der Überwindung des göttlichen Zorns an eine zentrale Weichenstellung des Pentateuchs gerückt worden, in die *Erzählung vom Goldenen Kalb (Ex 32).* Allerdings werden hier völlig andersartige Kategorien für die Verhinderung des göttlichen Zorns verwendet als in Hos 11. Kein Kampf in Gott findet statt, sondern alles Entscheidende erfolgt *auf der Ebene rationaler Argumente.* Dabei ist in Ex 32 von einer noch einmal gesteigerten Schuld Israels im Vergleich zu Hos 11 die Rede. Gott ist nicht mehr nur mit einer Kette von aktuellen Zurückweisungen der Erweise seiner Güte konfrontiert, sondern mit einer prinzipiellen Abweisung durch sein Volk schon in der Stunde seiner grundlegenden Offenbarung, einer Abweisung zugunsten eines „gemachten“, sichtbaren Gottes nach eigenem Geschmack (vgl. o. S. 213ff.). Die Schuld Israels ist so groß, dass selbst ein unschuldiger Mose bei Gott Vergebung weder durch sein Gebet noch durch das Angebot seiner Lebenshingabe zu erreichen vermag (V.30–34).

Im Unterschied zu dieser abgewiesenen Fürbitte des Mose hat eine spätere, dtr geprägte Fassung der Erzählung eine erste, nun aber erfolgreiche Fürbitte des Mose vorangestellt, die alle Leser des Textes im Voraus vergewissern soll, dass mit der Abweisung der Fürbitte des Mose in der älteren Fassung keine Verwerfung Israels impliziert ist. In dieser literarisch jüngeren, aber im Ablauf der Erzählung früheren Fürbitte (V.7–14) ist Mose auf dem Sinai/Horeb mit dem Zorn Gottes konfrontiert, der das schuldige Gottesvolk vernichten will; von ihm war in der älteren Fassung der Erzählung noch nicht die Rede. Der Text aber ist nun so kühn, *Mose* als dem Vertrauten Gottes und einzig Schuldlosen *ein Mitspracherecht an Gottes Zorn* einzuräumen, der hier deutlich nicht als spontane, gefühlsbetonte Regung in Gott verstanden ist, sondern als eine Art letztes Mittel, dessen Einsatz zuvor abgewogen und beschlossen werden muss. „Lass mich, dass mein Zorn gegen sie entbrenne“, bittet Gott Mose,

[18] Vgl. zur näheren Erläuterung des (im Deutschen) missverständlichen Begriffs o. S. 145.

verbunden mit der Zusage, aus Mose ein neues, besseres Gottesvolk entstehen zu lassen (V.10). Aber Mose ist keineswegs bereit, in die Vernichtung des schuldigen Israel einzustimmen. Er steht wie eine Mauer vor Gott. Dabei ist der Text weniger an der gewachsenen Vollmacht des Mose interessiert als vielmehr an Moses Argumenten, die Gott davon zu überzeugen vermögen, dass er Israel trotz seiner Schuld unmöglich im Zorn vernichten kann. Als Ergebnis wandelt Gott wie in Hos 11 seinen Willen; er nimmt sein geplantes Unheil erneut in einem Akt der „Reue" zurück.

Bei näherem Zusehen ist leicht erkennbar, dass Moses Argumentation, die auf der Textebene an Gott gerichtet ist und ihn überzeugt, der Intention des Textes nach auf den Leser zielt und ihn vergewissern will. Es sind für Ex 32,7–14 drei Argumente, die Gott für alle Zukunft an einer Vernichtung Israels hindern werden, sollte er sie je planen: Israels Vernichtung würde ein Scheitern der Geschichte Gottes mit seinem Volk bedeuten, das trotz aller Schuld *sein* Volk ist und bleibt (V.11); Gott würde mit der Vollstreckung seines Zorns zudem für Ägypten und damit für die gesamte Menschheit unglaubwürdig werden und die Völkerwelt für alle Zeit verlieren (V.12); vor allem aber würde er wort- und sogar eidbrüchig werden, da er sich selbst mit einem Schwur an seine Verheißung gebunden hat, den Vätern das Land zu geben (V.13). Schon jedes einzelne Argument Moses hätte genügt, die Unmöglichkeit aufzuweisen, dass der Zorn Gottes sein eigenes Volk vernichten könnte; zusammen sollen die Argumente für jeden Leser als schlechthin zwingend gelten und ihn vergewissern, dass Gott nie seinem Zorn freie Bahn gewähren wird. Allerdings geht es Ex 32 deutlich nicht um das Phänomen des göttlichen Zorns an sich, sondern um dessen extremste Gestalt, die zur Auslöschung Israels führen würde.

Die theologische Intention, mit der die Fürbitte des Mose in Ex 32,7–14 zur Ergänzung der älteren Erzählung in Ex 32 eingeführt wird, lässt sich deutlicher noch dem – vermutlich wenig jüngeren – *Paralleltext Dtn 9,7–10,11* entnehmen, der im erweiterten DtrG zusammen mit dem Dekalog in Kap.5 so etwas wie eine hermeneutische Überschriftfunktion gewonnen hat. In ihm blickt Mose auf sein bisheriges Wirken zurück, wobei er sich einer Sprache bedient, die Ex 32,7–14 sehr nahe kommt, ja teilweise auf sie zurückgreift[19]. Dabei *kreist der Rückblick des Mose von Anfang bis Ende nur um den göttlichen Zorn und dessen Überwindung durch Gott selbst.* Auch hier steht Israels Schuld, die es mit der Errichtung des Goldenen Kalbes auf sich lud, im Zentrum; aber sie wird nicht isoliert betrachtet, sondern wird gerahmt von Erweisen des Ungehorsams und des Misstrauens gegenüber Gott während der Wüstenwanderung (9,7.22–24), die nach der Einschätzung des Mose je für sich schon die Vernichtung Israels verdient gehabt hätten. Ja, Mose steigert die Erinnerung an die Schuld Israels bis zu dem Satz, es habe überhaupt nie eine Zeit ohne die Widerspenstigkeit Israels gegen Gott gegeben (9,24).

Dieser Steigerung der Schuld Israels in Dtn 9–10 gegenüber Ex 32 entspricht aber nun eine Steigerung der Vergewisserung der Leser, dass Gott unwillig ist, seinen berechtigten Zorn aufflammen zu lassen, der sein Volk vernichten würde. Mindestens dreimal ist

[19] Auch der umgekehrte Einfluss ist beobachtbar, am deutlichsten in Ex 32,9 (vgl. Dtn 9,13).

Mose um seiner Fürbitte für sein Volk willen auf den Berg der Offenbarung Gottes gestiegen, jeweils hat er unter totalem Fasten vor Gott 40 Tage und Nächte flehend verbracht, nie ist er von Gott abgewiesen worden, wenn er – mit ganz leichten Varianten – die gleichen Argumente wie in Ex 32,11–13 Gott vorgebracht hat (Dtn 9,26–29). „JHWH wollte dich nicht vernichten" (Dtn 10,10b) ist das für alle Zeiten gültige Ergebnis der mannigfachen Fürsprache des Mose. Von einer Zurückweisung einer Fürbitte des Mose wie in Ex 32,30–33 ist keine Rede mehr.

Den wohl kühnsten Versuch, die definitive Überwindung des göttlichen Zorns zu beschreiben, bietet Deuterojesaja in *Jes 54,7–10*. In diesem Text werden die überlieferten Aussagen der Tradition überraschend auf die Spitze getrieben. Die erste Hälfte (V.7f.) bleibt noch relativ nah an Aussagen der Tradition, steigert sie aber ins Extrem:

> Einen kurzen Augenblick lang habe ich dich verlassen,
> aber mit großem Erbarmen werde ich dich sammeln.
> Im Aufwallen des Zorns habe ich einen Moment mein Angesicht verborgen,
> aber mit immerwährender Güte habe ich mich deiner erbarmt,
> hat JHWH, dein Erlöser, gesagt.

Die noch andauernde quälende Zeit des Exils – allenfalls schon durch die erste Rückwandererwelle partiell unterbrochen – wird aus der Perspektive Gottes als ein ganz „kurzer Augenblick" beschrieben, in dem Gott in einem momentanen Zornesausbruch die Verbindung mit seinem Volk für kürzeste Zeit unterbrochen hat und für es unerreichbar wurde. Diese zeitliche Untertreibung dient jedoch nur dazu, den Abstand zwischen Zorn und Güte Gottes als unermesslich zu charakterisieren. Gottes Güte, die sein Erbarmen mit Israel hervorruft, ist zeitlich unbegrenzt, „immerwährend", und darum wirkt sie auch jetzt schon, da scheinbar der Zorn noch andauert. Jedoch ist Gottes kurzer Zorn längst verraucht, und bei Gott ist die Zeit des Erbarmens schon angebrochen. Das verdeutlicht die Gottesrede durch den Übergang vom anfänglichen Futur („ … werde ich dich sammeln") zum abschließenden Perfekt („ … habe ich mich deiner erbarmt"), und die abschließende Prädikation Gottes als „Erlöser"[20] bekräftigt den Lesern, dass der bevorstehende Erweis der Barmherzigkeit Gottes nicht einem momentanen Entschluss Gottes entspringt, sondern sich seiner Bindung an sein Volk verdankt, zu der er sich selbst verpflichtet hat. Stärker ist das Ungleichgewicht von Zorn und Güte Gottes, von dem alle Texte des Alten Testaments wissen, nie hervorgehoben worden.

Aber die abschließenden Verse 9f. geben sich mit dieser Steigerung noch nicht zufrieden, sondern sie führen eine Bindung Gottes ein, die noch ungleich weiter reicht:

> Ja, wie die Wasser Noahs soll es für mich gelten:
> Wie ich geschworen habe, dass die Wasser Noahs nie wieder die Erde überschwemmen sollen,

[20] Vgl. o. S. 265.

so habe ich (jetzt) geschworen, dir nicht mehr zu zürnen und dich nicht mehr anzufeinden[21].
Selbst wenn Berge weichen und Hügel ins Schwanken geraten sollten,
so soll meine Güte nicht von dir weichen, und mein Bund zum Heil soll nicht ins Wanken geraten,
hat dein Erbarmer, JHWH, gesagt.

Die ganz und gar ungewöhnliche Zusage Gottes wird nur aus dem Vergleich mit der Sintflut verständlich. Von der Sintflut ist im Alten Testament darum die Rede, weil sie einerseits als eine logische, wenngleich schmerzliche Reaktion Gottes auf äußerste menschliche Schuld beschrieben wird, andererseits aber von Gott selber für alle kommenden Zeiten als Möglichkeit seines Handelns ausgeschlossen wird. *Gott schränkt seine Allmacht freiwillig ein,* und dies mit dem denkbar höchsten Grad an Verbindlichkeit, durch den Schwur, obwohl von einer Wandlung des Menschen keine Rede sein kann. Für Jes 54,9f. bleibt Gott bei dieser Selbsteinschränkung aber nicht stehen, sondern er schließt auch eine Wiederholung seines Zorneshandelns für alle Zeiten aus, und zwar mit der gleichen Verbindlichkeit wie im Fall der Sintflut. Dabei meint der Text schwerlich, dass jegliche künftige Erfahrung des Zornes Gottes generell ausgeschlossen werden soll; vielmehr zielt er auf ein göttliches Zorneshandeln wie bei der Zerstörung Jerusalems und der Exilierung weiter Kreise des Gottesvolks, bei dem Gott als Feind seines Volkes erschien (vgl. oben zu Thr 2) und man meinen konnte, er habe sein Volk verstoßen, weil nichts mehr von Gottes Güte sichtbar war. Eher als die Wiederkehr einer derartigen Erfahrung des göttlichen Zorns wird das Gottesvolk den Zusammenbruch der göttlichen Ordnung des Kosmos erleben; auch in einem solchen Extremfall wird es noch von der Güte Gottes gehalten sein.

Erstaunlicherweise ist ein Wandel Israels in Jes 54 ebenso wie im Bericht von der Sintflut und ihren Folgen nirgends im Blick. Wohl aber steht Israel einem gewandelten Gott gegenüber, der seine Möglichkeiten, auf die Schuld seines Volks zu reagieren, bis zum Äußersten eingeschränkt hat. Israel wird künftig vor Gottes exzessivem Zorn durch Gottes selbstverpflichtenden Schwur geschützt sein. Es wird von Gottes ununterbrochener Güte getragen sein, komme, was wolle. *Gottes Güte wird gewisser sein als der Bestand der Welt;* sie wird sich als das Fundament der kosmischen Ordnung erweisen.

Gottes neue Beziehung zu seinem Volk gründet in seinem „Heils“- bzw. „Friedensbund“. Mit dem Begriff des „Bundes“ tritt in Jes 54,10 eine weitere, neue Kategorie der göttlichen Selbstbindung neben den göttlichen Schwur. Ihr wollen sich die folgenden Beobachtungen nähern.

---

[21] Das oft verharmlosend „schelten“ übersetzte Verb גער meint von Haus aus den Kriegsruf des überlegenen und siegreichen Einzelkämpfers. Von Gott wird es überwiegend in Berichten vom Chaoskampf verwendet.

B. Vergewisserungen

1. Gottes „Bund" mit seinem Volk

Ab der Exilszeit musste in allen theologischen Kreisen Israels, ob im Land oder im Exil, die Frage neu beantwortet werden, auf welcher Grundlage das künftige Gottesverhältnis Israels beruhen solle. Hinter der Frage verbarg sich die ausgesprochene oder unausgesprochene Furcht der Bevölkerung, die Zerstörung Jerusalems und die Verbannung der führenden Schichten könne das Ende der Gottesbeziehung Israels bedeuten und Gott sein Volk aufgrund seiner Schuld verworfen haben. Das Nachdenken über die Bedingungen einer bleibenden Gottesbeziehung Israels vermied das Bild der Ehe zwischen Gott und Volk, das bei Hosea und vermehrt bei Jeremia und Ezechiel einseitig mit der Vorstellung des Ehebruchs belastet war. Stattdessen bediente man sich vornehmlich des (aus dem altorientalischen Vertragsrecht stammenden) Begriffes „Bund" (ברית), der ab der Exilszeit zu einem der zentralen theologischen Begriffe des Alten Testaments heranwuchs, und zwar in nahezu allen bedeutsamen literarischen Zusammenhängen, angefangen bei den prägenden Schichten des Pentateuchs, den dtr und priesterschriftlichen Texten, über die Psalmen bis hin zu den Prophetenbüchern.

Jedoch suggeriert die eingebürgerte Übersetzung „Bund" für den Begriff ברית in der Mehrzahl der Texte falsche Assoziationen, weil in ihnen kein gegenseitiges vertragliches Abkommen zweier Partner im Blick ist, die ihre wechselseitigen Rechte und Pflichten regeln, sondern nur einer der beiden Partner – in der Regel der höher Gestellte: Gott – eine bindende Verpflichtung ausspricht. Dabei kann er sich mit einer gültigen Zusage, einem Versprechen selbst verpflichten, er kann aber auch dem anderen Partner, Israel, bindende Pflichten auferlegen. Mit dem Begriff ברית, dessen Etymologie noch nicht sicher geklärt ist, wird nur in Ausnahmefällen die Gegenseitigkeit einer vertraglichen Bindung zweier Partner ausgedrückt[1]; seine Grundbedeutung ist vielmehr „Verpflichtung"[2]. Dennoch ist bei allen Gestalten solcher Verpflichtung stets das Beziehungsverhältnis von Gott und Israel im Blick[3]. Schon in zwischenmenschlichen Vertragsverhältnissen begegnen alle drei Formen der

---

[1] Das hatte in aller Deutlichkeit schon J. Begrich 1944 beobachtet; vgl. seinen Aufsatz „Berît", in: ders., Ges. St. z. AT (TB 21), 1964, 55–66.

[2] Vgl. bes. E. Kutsch, Verheißung und Gesetz. Untersuchungen zum sog. Bund im AT (BZAW 131), 1973; vgl. die Zusammenfassungen in THAT I, 339–352 und TRE 7, 1981, 397–410.

[3] Das betont H.-J. Hermisson, „Bund und Erwählung" in: ders. u. a., Altes Testament, [5] Neukirchen 1996, 244–267; 247 mit Recht.

Verpflichtung: gegenseitige Verpflichtung, Selbstverpflichtung und Fremdverpflichtung. Dabei versteht sich von selbst, dass diese verschiedenen Verpflichtungsszenarien auch mit ganz unterschiedlichen, teilweise gegensätzlichen Assoziationen verbunden sind. So sehr der Begriff Bund also mit seiner Übertragung auf das Gottesverhältnis Israels die exilischen und nachexilischen Texte bestimmt, so sehr *repräsentiert der Begriff ebenso die Verschiedenheit der theologischen Konzeptionen wie die Einheit des Alten Testaments.*

Dabei ist die Erkenntnis von Gewicht, dass die älteren Texte, insbesondere die der frühen Schriftpropheten, die Übertragung des Begriffes „Bund" auf das Gottesverhältnis Israels noch nicht kannten[4]. Die ältesten Belege hat man oft im Deuteronomium gesucht. Aber selbst das vorexilische Deuteronomium kommt noch ohne den Begriff aus, und wenn die einflussreiche These E. Ottos zutrifft, dass das Ur-Deuteronomium die Loyalitätseide der Vasallenverträge Asarhaddons aufgreift und auf JHWH überträgt[5], so muss dieser Vorgang noch ohne den Begriff Bund vonstattengegangen sein. Sichere vorexilische Belege fehlen[6]. Offensichtlich hat es eine „Bundestheologie", d.h. eine Theologie, in deren Zentrum der Begriff ברית steht, deshalb in vorexilischer Zeit nicht gegeben, weil diese Theologie die Antwort auf Israels Erkenntnis seiner Schuld zur Zeit des Exils war.

Hinter dem Gebrauch des Begriffes Bund, der häufig gerade theologisch zentrale Texte bestimmt, werden aber auch intensive Diskussionen und Auseinandersetzungen in spätexilischer und frühnachexilischer Zeit über die Grundlage der Gottesbeziehung Israels erkennbar. Ja, man kann ohne Übertreibung sagen, dass diese Auseinandersetzungen bei keinem anderen Thema heftiger ausgetragen wurden als hier. Insbesondere die beiden großen theologischen Schulen, die priesterliche und die dtr, verwenden den Begriff Bund zumindest anfangs mit bemerkenswert unterschiedlicher Tendenz: Während die priesterschriftlichen Texte entschieden auf die Vergewisserung der Menschen zielen, die durch das Gericht Gottes im Exil hindurchgegangen sind, und darum immer neu die bleibende Selbstverpflichtung Gottes hervorheben, ist das Interesse der Mehrzahl der dtr geprägten Texte auf den verpflichtenden Charakter der göttlichen Willenskundgebungen gerichtet, um eine Wiederholung der Katastrophe des Exils für alle Zukunft zu vermeiden. Aufgrund dieser so unterschiedlichen Intentionen wird der Begriff Bund im Folgenden mehrfach mit Anführungszeichen verwendet; er bezeichnet im Einzelnen höchst Unterschiedliches.

Bei näherem Zusehen sind die Belege schon innerhalb der dtr Theologie vielfältig nuanciert. Es gibt nur wenige, die beim Stichwort Bund einseitig an die Verpflichtung der Menschen denken. Überwiegend handelt es sich in die-

---

[4] Vgl. bes. L. Perlitt, Bundestheologie, 129ff.

[5] Vgl. dazu o. S. 197f., Anm. 7.

[6] Eine Ausnahme bildet wahrscheinlich der Bericht vom Bundesschluss des Königs Josia in 2 Kön 23,2f.

sen Fällen um retrospektive Texte, die die Schuld Israels, die zum Exil geführt hat, als „Bundesbruch“ beschreiben (a.). In den gewichtigen Texten dagegen, die von Gottes Offenbarung am Sinai berichten und damit programmatisch von der Eröffnung der Gottesbeziehung Israels (b.), werden den Verpflichtungen Israels Gottes Zusagen und Verheißungen gegenübergestellt, sei es Gottes Zusage der Erwählung, mit der er Israel eine analogielos enge und intime Gottesbeziehung zugedacht hat (Ex 19 und 24), sei es die Zusage der Vergebung und die Verheißung künftiger Wunder (Ex 34). Hier kann der Begriff Bund in gleicher Weise die Verpflichtung Israels bezeichnen (Ex 19,5) wie die von Gott eröffnete Gottesbeziehung (Ex 34,10), aus der sich Israels Pflichten ergeben.

Demgegenüber betont die Priesterschrift einseitig Gottes Selbstverpflichtung gegenüber der von ihm erschaffenen Menschheit, vor allem aber gegenüber seinem Volk Israel. Sie bindet beide „Bundesschlüsse“ eng aneinander und verlegt den Bund mit Israel konsequent in die Väterzeit[7] (c.). Andere Texte sind ihr gefolgt, vor allem Gen 15. Die Mehrzahl der jüngsten Texte im Pentateuch verbindet dtr und priesterliches Denken. Sie stellen dem Israel verpflichtenden Sinaibund den reinen Verheißungsbund Gottes mit den Vätern gegenüber, mit der Absicht, den dauerhaften Bestand des Bundes ganz auf Gottes Zusage zu gründen (d.). Noch weiter geht die Erwartung des jüngeren Jeremiabuches, dass Gott selber für den Gehorsam seines Bundespartners sorgen werde (vgl. u. S. 407ff.).

Aufs Ganze gesehen ist eine deutliche *Tendenz der Texte*, die vom Bund Gottes mit Israel reden, zu beobachten, *immer stärker zu betonen, dass in Israels Gottesbeziehung alles Entscheidende an Gottes Verheißung und nicht am Gehorsam der Menschen liegt.*

a. „Bundesbruch“

In der dtr Theologie spielt die Kategorie des Bundes eine schlechterdings zentrale Rolle. Ihr fällt eine doppelte Funktion zu: Sie dient retrospektiv dazu, die Katastrophe der Zerstörung Jerusalems zu deuten, und vorausschauend, das Fundament der Gottesbeziehung Israels für die Zukunft nach der Katastrophe und nach dem Exil zu beschreiben.

Die retrospektive Funktion übernehmen vornehmlich exilische Texte, die Israel das Maß seiner Schuld vor Augen halten wollen.

Ein repräsentativer Beleg für Israels Versagen gegenüber dem Bund ist *2 Kön 17*, das Kapitel, in dem die Schuld des Nord- (und Süd-) Reichs zusammengefasst wird, um den Untergang des Nordreichs bzw. beider Staaten zu begründen. Nach 2 Kön 17 hat Israel „den Bund, den er mit ihren Vätern geschlossen hatte, verworfen“, indem es die von Gott gegebenen „Satzungen

---

[7] Diese Verlegung hat bes. W. Zimmerli, Sinaibund und Abrahambund, in: ders., Gottes Offenbarung (TB 19), 1963, 205–216 thematisiert.

verwarf" (V.15); an ihre Stelle traten die von Gott untersagten „Satzungen der Völker" (V.8). Gottes „Bund" und seine „Satzungen" werden in V.15 in einem Atemzug genannt; Israels Ungehorsam gegenüber den Richtlinien Gottes, die er ihm zur Lebensorientierung gegeben hatte, war Ungehorsam gegen Gottes „Bund". Gottes Anteil am Geschick Israels wird in der anfänglichen Erwähnung der Herausführung Israels aus Ägypten (V.7) nur angedeutet, ohne dass der Begriff Bund fällt. *Beim Stichwort Bund liegt der Ton ausschließlich auf den Pflichten Israels,* denen es nicht nachgekommen ist. Worin sie bestanden, wird hier nicht näher ausgeführt, sondern als bekannt vorausgesetzt. Umso ausführlicher werden die von Gott verbotenen „Satzungen der Völker", an die sich Israel viel lieber gehalten hat, aufgezählt: Mazzeben und Ascheren, Höhengottesdienste, gegossene Jungstierbilder, Anbetung der Himmelsheere etc.

b. Der Sinai-„Bund" in der dtr Theologie

Dagegen sind die dtr Texte, die unter dem Thema Bund die künftige Gottesbeziehung Israels darstellen wollen, überwiegend jünger und von einer aufregenden Variation und Differenziertheit. Die bedeutendsten unter ihnen beschreiben Gottes Offenbarung am Sinai. Zwar sind sie alle daran interessiert, Israel die Notwendigkeit seines Gehorsams gegenüber Gottes Willen einzuprägen; aber sie halten Israel andererseits auf die eine oder andere Weise vergewissernd vor Augen, dass der Bestand seiner Gottesbeziehung wesentlich an Gottes Zuneigung und Wahl und nicht primär an Israels Handeln liegt. Im Einzelnen wird die Relation zwischen menschlichem Gehorsam und Gottes Verheißung höchst unterschiedlich akzentuiert, wie besonders an einem Vergleich von Ex 24 und 34 deutlich wird. Man kann allenfalls als grobe Tendenz benennen, dass das Bedürfnis nach Vergewisserung in den jungen Texten immer stärker wird und damit die Alleinwirksamkeit Gottes bei der Erhaltung der Gottesbeziehung immer häufiger hervorgehoben wird[8].

α. *„Bund" und Erwählung (Ex 19 und 24)*

Die Offenbarung Gottes am Sinai gipfelt für die dtr Theologen in einem feierlichen Bundesschluss Gottes mit Israel (Ex 24), nachdem zuvor die Bedingungen der Gottesbeziehung Israels in Gestalt von Dekalog und Bundesbuch von Gott und Mose verkündet worden sind. Wieviel für das Gottesvolk auf dem Spiel steht, zeigt sich daran, dass *sich Israel* zweimal bzw., nimmt man Ex 19,3-8 hinzu, *dreimal feierlich zum Gehorsam gegenüber Gottes Willenskundgebungen verpflichtet (19,8; 24,3.7).* Diese Verpflichtung ist in Ex 19 und

[8] Vgl. S.D. Sperling, Rethinking Covenant in Late Biblical Books, Bib. 70 (1989), 50–73.

24 die unabdingbare Voraussetzung für ein hohes Ziel: Israel soll eine *Sonderstellung unter den Völkern* einnehmen, die in seiner singulären Nähe zu Gott, in einer unvermittelten Gottesbeziehung besteht. Das hohe Ziel wird in zwei Texten näher beleuchtet, die sich wie eine hermeneutische Klammer um den älteren Bericht von Gottes Offenbarung am Sinai gelegt haben und diesen Bericht nun ganz von den Themen Bund und Erwählung bestimmt sein lassen: In Ex 19,3–8 wird Mose Israels Sonderstellung programmatisch von Gott verheißen, und zwar noch vor der Schilderung der grundlegenden Theophanie; in Ex 24,3b–8 wird diese Sonderstellung in einem analogielosen Akt des Bundesschlusses feierlich besiegelt. Beide Texte stimmen konzeptionell so weitgehend überein, dass sie wahrscheinlich von einem gemeinsamen Autor stammen, zumindest aber aufeinander bezogen gelesen werden sollen[9]. Ein Unterschied zwischen ihnen besteht nur darin, dass Ex 19,3b–8 insgesamt von spät-dtr Theologen verfasst worden ist, während sie in 24,3–8 einen älteren Kern überarbeiten[10].

Gottes große Verheißung und Israels dreifach wiederholte Verpflichtung gehören also eng zusammen. Bevor Gott in Ex 19,5b–6 den Kern seiner weitreichenden Verheißung ausspricht, weist er in V.5a auf deren Bedingung hin: „Wenn ihr auf meine Stimme hören und meinen Bund einhalten werdet …“. Ohne Israels Gehorsam gegenüber Gottes Willenskundgebungen könnte Gottes Verheißung nicht Realität werden; *seine* Verheißung und *sein* „Bund“ bilden eine unlösliche Einheit. Wie überragend Gottes Verheißung ist, kommt darin zum Ausdruck, dass Israel seine erste Bereitschaft zum Gehorsam (19,8: „Alles, was JHWH gesagt hat, wollen wir tun!“) schon ausspricht, bevor es noch Gottes Forderung im Einzelnen gehört hat. Der Leser spürt dem Text die Sorge ab, es könne sich auch nur ein einziges Glied des Gottesvolkes an Gottes großer Zusage erfreuen, ohne sogleich der Voraussetzung zu gedenken, die mit ihr gesetzt ist.

Das ist anders in 24,3. Jetzt reagiert Israel mit seiner Bereitschaft („alle Worte, die JHWH gesagt hat, wollen wir tun!“) sowohl auf den direkt vernommenen Gotteswillen, den Dekalog („alle Worte JHWHs“, V.3a; vgl. 20,1), als auch auf den durch Mose vermittelten Gotteswillen, das Bundesbuch („alle Rechtssatzungen“, V.3a; vgl. 21,1), und es tut dies steigernd: nicht mehr nur wie in 19,8 „gemeinsam“, sondern jetzt „mit einer Stimme“.

Überraschend berichtet der Text aber von einer weiteren Verpflichtungsszene, in der Israel erneut seine Bereitschaft zum Gehorsam erklärt, mit den wiederum nahezu gleichen Worten, noch einmal leicht gesteigert: „Alles, was JHWH gesagt hat, wollen wir tun, und wir wollen gehorchen!“ (V.7). Dieses

---

[9] Vgl. etwa L. Perlitt, Bundestheologie, 191–195; E. Blum, Pentateuch, 51f. 91f. 169ff.; L. Schmidt, Israel und das Gesetz. Ex 19,3b–8 und 24,3–8 als literarischer und theologischer Rahmen für das Bundesbuch, ZAW 113 (2001), 167–185. W. Groß, Zukunft, 22.129–131, hält Ex 19,3b–8 für eine jüngere Interpretation von 24,3–8.

[10] Vgl. o. S. 107 und 214.

Mal erfolgt die Selbstverpflichtung des Volkes mitten im Ritual des Bundesschlusses, aufgrund der Verlesung der inzwischen schriftlich niedergelegten Rechtstexte. Es ist „das Buch des Bundes", das Mose dem Volk laut vorliest, und es ist diese Charakterisierung gewesen, die dem sog. Bundesbuch seinen Namen gegeben hat. Der Begriff „Buch des Bundes" ist freilich nicht ad hoc geprägt, sondern er ist aus 2 Kön 23,2.21 (vgl. 2 Chr 34,30) entnommen, wo er die feierliche Verpflichtung des Königs Josia und des Volkes auf das Ur-Deuteronomium bezeichnet. Demnach unterscheidet Ex 24 zwischen einer spontanen Willenserklärung des Volkes auf den soeben mündlich vernommenen Gotteswillen hin (V.3) und einer Selbstverpflichtung des Volkes auf ein „Buch", das sich schon in seinem Namen als Bestandteil des Bundes zwischen Gott und Volk, genauer: der Verpflichtung aller kommenden Generationen Israels, zu erkennen gibt. Der im Ritus vollzogene Bundesschluss ist schlechterdings nicht ohne das „Buch" als verbindliche Grundlage denkbar. Der abschließende V.8b bestätigt dies explizit. Erst die Schriftlichkeit des „Buches" bildet die letztgültige, sozusagen justiziable Basis des Bundes[11].

Letztlich dient Israels dreifache Bereitschaftserklärung zum Gehorsam aber nur dazu, den ungewöhnlichen Inhalt der Zusage Gottes in 19,5b–6 hervorzuheben, der Grundlage des Bundesschlusses in 24,6–8 ist. Diese Zusage bedient sich weitgehend einer im Deuteronomium und speziell in Dtn 7,6 belegten Begrifflichkeit (Israel ist Gottes „Sondereigentum aus allen Völkern" und „heiliges Volk" bzw. soll es werden[12]), die aber eine singuläre Deutung erfährt. Aufgrund der einzigartigen Gottesnähe, zu der Gott Israel bestimmt hat, soll es zum Modell für die Völkerwelt werden, die den Horizont des Gotteshandelns bildet („denn mir gehört die ganze Erde"). Wie aber soll das geschehen?

Das ältere Deuteronomium hatte in Beantwortung dieser Frage auf die „Bruder"-Ethik verwiesen, die Gott von seinem Volk erwartet, und es hatte zugleich ein Gottesvolk erhofft, das sich von allen fremdreligiösen Bräuchen und Einflüssen fernhalten und so seine Gottesverehrung rein und integer halten würde (Dtn 7*). In Ex 19 fällt an dieser Stelle der zentrale Begriff: *Israel soll zum „Königreich von Priestern"* (ממלכת כהנים) *werden*, d.h. zu einem Reich, dessen König Gott und dessen Bürger ausnahmslos Priester sind[13]. Diese

---

[11] Dadurch gewinnt das Bundesbuch in Ex 24,3–8 im Kontext eine eher größere Bedeutung als der Dekalog, da der Text von den „Bundestafeln" (vgl. Dtn 9,9.11.15) oder von der „Bundeslade" (vgl. Num 10,33; 14,44; Dtn 10,8 etc.), in der die Tafeln liegen, schweigt. Vielleicht war der Dekalog aber ursprünglich in Ex 24 noch gar nicht im Blick.

[12] Vgl. die Belege o. S. 203 f. In Ex 19,6 steht allerdings גוי statt עם im Dtn. Dass גוי קדוש der jüngere, (frühestens) exilische Begriff im Vergleich zu עם קדוש ist, hat Perlitt, a.a.O. 173 f. gezeigt. Wie gezielt Ex 19,5 f. im übrigen Dtn 7,6 abwandelt, hat L. Schmidt, a.a.O. 178 mit Anm. 52, aufgewiesen.

[13] So die Umschreibung A. Dillmanns, Die Bücher Exodus und Leviticus (KeH 12), ³1987, 214, zitiert von E. Blum, Pentateuch, 51, Anm. 22, der auch unterschiedliche Deutungen der Sekundärliteratur diskutiert. H. Wildberger, Jahwes Eigentumsvolk (AThANT 37), 1960, 83 versteht das „Königreich von Priestern" als „Bereich, in dem Jahwe als König herrscht, und zwar über ein Volk,

höchst ungewöhnliche Terminologie scheint die Würde eines nicht vermittelten Gotteskontakts, also einer unmittelbaren Gottesbeziehung, jedes einzelnen Israeliten zu implizieren. Wie in seiner Wirkungsgeschichte, die in dem viel diskutierten Ideal eines „Priestertums aller Gläubigen“ gipfelt, ist damit auch in Ex 19,6 keine Gottesbeziehung Israels ohne den Stand von Priestern im Blick, wohl aber eine Beschränkung der Funktion der Priester, insofern sie dank ihrer Herkunft und Ausbildung nur Aufgaben übernehmen, die grundsätzlich jedem Glied des Gottesvolks zugesprochen werden.

Die oft herangezogene engste Sachparallele zu Ex 19,6 legt die Akzente bemerkenswert anders: *Jes 61,5f.* greift das Thema der dienstbaren Völker aus Jes 60 auf und wendet es so, dass in der nah bevorstehenden Zukunft Ausländer die (bäuerliche) Alltagsarbeit übernehmen werden, so dass die Glieder des Gottesvolks zu priesterlichen Diensten freigestellt sind und daher „Priester JHWHs“ und „Diener unseres Gottes“ genannt werden. Trotz dieser unterschiedlichen Akzentuierung bleibt der Grundgedanke in beiden Texten erstaunlich ähnlich: Mit der Kennzeichnung als priesterliches Volk wird Israel hier wie dort sowohl in seiner singulären Gottesbeziehung als auch in seiner Sonderstellung unter den Völkern charakterisiert. Beide Aspekte sind zwei Seiten einer Medaille, und beide Texte gehören kaum zufällig in die gleiche (frühnachexilische) Zeit.

Mit Gottes weitreichender Zusage und Israels doppelter Bereitschaftserklärung im Rücken schildert *Ex 24,6–8* nun *eine Bundeszeremonie von einer gewagten Gegenseitigkeit.* Nur die Hälfte des Blutes der Opfertiere wird in V.6 wie üblich an den Altar gesprengt, um dem Geber des Lebens das im Blut verortete Leben, in das der Mensch beim Opfer eingegriffen hat, zurück zu übereignen. Die andere Hälfte aber wird – wie nirgends sonst im Alten Testament – in Becken gefüllt, um nach der Verlesung des „Buches des Bundes“ und der Verpflichtung Israels auf das Volk gesprengt und von Gott feierlich als „Bundesblut“ bezeichnet zu werden.

Es gibt zum Verständnis dieses einzigartigen Blutritus keine direkten Parallelen im Alten Testament. Am nächsten kommt ihm, wie zuletzt oft betont, das in Ex 29,20f. und Lev 8,23f. belegte Ritual der Priesterweihe[14]. Bei ihm wird eine geringe Menge des Blutes, das an den Altar gespritzt wird, genommen, um damit Ohrläppchen, Daumen und große Zehe der rechten Seite des künftigen Priesters zu bestreichen[15]. Es versteht sich von selbst, dass mit dieser Hervorhebung extremer Körperteile die ganze Person des Priesters für Gott ausgesondert und in Beschlag belegt, kurz „geheiligt“ (Ex 29,21) werden soll. Will Ex 24, 6–8 diesen Brauch der Priesterweihe auf das Kollektiv des Volkes Israel über-

dessen Glieder allesamt mit ihm in vertrautem Umgang leben, wie das sonst nur bei Priestern der Fall ist“. Damit spiritualisiert er den Priesterbegriff aber in allzu einseitiger Weise.

[14] Vgl. Blum, Pentateuch, 52 mit Lit. (E. Ruprecht, A. Reichert, E.W. Nicholson), ferner L. Schmidt, a.a.O. 182. Allerdings hat W. Groß, Zukunft, 17f., auf Differenzen zwischen dem Ritus der Priesterweihe und dem Ritus von Ex 24 verwiesen und vor einer vorschnellen Identifikation beider gewarnt.

[15] Ex 29,21 verfügt zusätzlich, dass auch die Kleidung des neuen Priesters mit dem Blut des Opfertieres – und mit Salböl – bestrichen werden soll.

tragen, das wie der Altar mit Blut „besprengt“ (זרק) wird? Träfe diese Vermutung zu, würde das in Ex 19,6 programmatisch eröffnete Thema des priesterlichen Volks in Ex 24 rituell inszeniert. Dann wäre Israel mit der Zeremonie von Ex 24 schon das „Königreich von Priestern“ geworden, als das es sich in seiner geschichtlichen Existenz im Gehorsam gegenüber Gottes Willen erst noch erweisen muss. In jedem Fall aber schafft der singuläre Blutritus eine analogielose „sakrale Gemeinschaft“[16] zwischen Gott und Volk.

Es geht beim Bundesschluss von Ex 24 also um ungleich mehr als nur um eine allgemeine Grundlegung des Gott-Volk-Verhältnisses am Sinai. Es geht aufgrund der Verheißung Gottes in Ex 19 um Israel als „heiliges Volk“ und Gottes „Sondereigentum aus allen Völkern“, eine Qualität, die in Ex 19,6 näherhin als „Königreich von Priestern“ ausgelegt wird. Diese Qualität ist in Ex 19 und 24 – ähnlich wie im älteren Deuteronomium (vgl. Dtn 7,6; 26,18f.) – ambivalent. Einerseits besitzt Israel sie schon, weil sie ihm von Gott bleibend zugesagt bzw. in einem sakralen Akt übereignet worden ist. Andererseits kann Israel sie nur gewinnen, wenn es seiner dreifach ausgesprochenen Verpflichtung zum Gehorsam gegenüber dem Gotteswillen nachkommt, wie er in der Bundesurkunde festgelegt ist; diese Urkunde beschreibt die Merkmale der „Heiligkeit“ des Volkes. Von Gottes Seite ist am Sinai alles geschehen, um den Bund zu einer grundsätzlich unlösbaren Verbindung zwischen Gott und Volk zu machen. Jetzt ist es an Israel, sich als „heiliges Volk“ zu erweisen (und den tödlichen Irrweg von Ex 32 künftig zu vermeiden).

Das Alte Testament kennt nur einen anderen Text, der in ähnlicher Kühnheit versucht hat, das Gottesverhältnis Israels zweiseitig, in gegenseitig bindender Verpflichtung, darzustellen: die doppelseitige Erklärung Gottes und Israels in Dtn 26,17f. (vgl. o. S. 203f.). Da hier die gleiche Begrifflichkeit für die Erwählung Israels (Gottes „Volk des Sondereigentums“; in Dtn 7,6 und 14,2 zusätzlich auch „heiliges Volk“) begegnet, die im Zentrum von Ex 19,3–8 steht, ist es gut möglich, dass *Dtn 26,17f.* – in welcher Gestalt auch immer – *eine Vorbildfunktion für den Autor von Ex 19 und 24 ausübte.*

β. *„Bund“ und Vergebung (Ex 34)*

Ex 34 spricht unter völlig andersartigen Voraussetzungen von Gottes Bund. Vom hohen Ideal eines „heiligen Volkes“ kann für Israel nach den Ereignissen von Ex 32 keine Rede mehr sein. Vielmehr stellt sich für jeden Leser die Frage, wie und unter welchen Bedingungen eine Fortsetzung der Gottesbeziehung Israels überhaupt möglich sein soll, nachdem es Gott schon unmittelbar nach seiner Offenbarung von sich gestoßen hat. Die Antwort auf diese Frage ist dadurch erschwert, dass in Ex 34 sehr wahrscheinlich schon ein älterer Bericht über einen Bundesschluss mit Israel vorlag, der von spät-dtr Theologen neu gedeutet wurde. Ex 34 ist also sowohl älter als auch jünger als Ex 24.

---

[16] Groß, a.a.O. 22.

In seinem Grundbestand ist das Kapitel noch vor-dtr; zu ihm gehören vor allem die Offenbarung des Wesens Gottes (V.6f.) und die Sätze des Kult- und Sakralrechts (V.18–23.25f.) mit dem abschließenden Bundesschluss (V.27); vgl. o. S. 220ff. Es ist aber bald dtr adaptiert worden, wie die – in sich gewachsenen – Verse 11–17 zeigen. Sie weiten das ältere Kultrecht auf das erste und zweite Gebot aus und auf typisch dtr Anliegen wie die Distanz der Israeliten zu den andersgläubigen Landesbewohnern. Deutlich jünger ist demgegenüber die grundlegende Neudeutung des Bundes in V.9f., auf die intensiver eingegangen werden soll[17].

An Ex 34 ist immer aufgefallen, dass der Text zwar zweimal programmatisch Gottes Absicht, mit Israel einen „Bund“ zu schließen, einführt (V.10.27), dass er sich aber nirgends explizit auf den vorausgegangenen Bundesschluss von Ex 24 zurückbezieht. Schon häufig ist aus dieser Beobachtung gefolgert worden, dass *Ex 34 ursprünglich* nicht von einer Bundeserneuerung, sondern *von einem erstmaligen Bundesschluss habe berichten wollen*[18].

In der Tat liegt diese Schlussfolgerung nahe. Zum einen ist die Darstellung des Bundesschlusses in Ex 24 jünger als diejenige in Ex 34*; theologiegeschichtlich muss man Ex 24 von Ex 34* aus lesen, so gewiss Ex 34 in seiner Endgestalt und in seinem vorliegenden Kontext einen volltönenden Abschluss der Bundesthematik im Exodusbuch bietet. Zum anderen sind es in Ex 34 nur die jüngsten Rahmenverse 1.4 und 28 mit ihrem Bericht von der Erneuerung der von Mose zerstörten Dekalogtafeln, die in den älteren Text des Kapitels den Gedanken der Bundeserneuerung einführen (wobei V.1.4 den älteren Text ergänzen, während V.28 neu formuliert ist). Diese Verse gleichen Ex 34 aber nicht an Ex 24 an, sondern an Dtn 9,7–10,10, wo Mose mehrfach wie in V.28 unter 40-tägigem Fasten um der Fürbitte willen auf dem Horeb weilt und Gott die zerstörten Dekalogtafeln neu herstellen lässt und neu beschriftet. (Hier heißen die Dekalogtafeln selbst schon die „Bundestafeln“ [Dtn 9,9.11.15]).

Dann aber gilt, dass für die ältere Aussage von Ex 34 *der Bundesschluss Gottes Antwort auf Israels* große, ja unüberbietbare *Schuld von Ex 32 war.* Gottes Vergebung geht in Ex 34 seinem Bund mit Israel ja voraus; sie bildet in der voranstehenden Offenbarung seines Wesens (V.6f.) das zentrale Thema. Wenn die späteren dtr Theologen der Ankündigung Gottes, er wolle einen „Bund“ schließen, die explizite Bitte Moses um Vergebung für Israel (V.9) vorausschicken, so präzisieren sie nur eine Aussage, die schon der vor-dtr Text von Ex 34 enthielt. Die *unabdingbare Voraussetzung des Bundesschlusses ist für Ex 34* von Anbeginn *Gottes Bereitschaft zur Vergebung.* Um ihretwillen wird die Wesensbestimmung Gottes in Ex 34 in einer sonst ungewöhnlichen Breite dargebo-

[17] Noch jünger sind die Rahmenverse 1.4 und 28, die mit den steinernen Tafeln den Dekalog in Ex 34 als Grundlage des Bundes einführen; vgl. das Folgende.

[18] Ältere Autoren haben aufgrund dieser Beobachtung Ex 34* gern dem Jahwisten (J) zugeordnet. Zur gegenwärtigen literarischen Einordnung von Ex 34* vgl. bes. M. Konkel, Sünde und Vergebung, 128–133. 177–243 und zuvor E. Aurelius, Der Fürbitter Israels, 116–126; C. Dohmen, Der Sinaibund als Neuer Bund nach Ex 19–34, in: E. Zenger (Hg.), Der Neue Bund im Alten. Zur Bundestheologie der beiden Testamente (QD 146), 1993, 51–83, bes. 63–67; W. Groß, Zukunft, 13–26. 126–133.

ten, insofern die traditionelle sog. Gnadenformel („ein barmherziger und gnädiger Gott ist JHWH") mit V.7 eine ausführliche Explikation erhält, in der Gottes Vergebung im Zentrum steht. Wenn Gott trotz seiner Vergebungsbereitschaft Israel „nicht ganz ungestraft lässt", heißt das im Kontext primär, dass das Exil eine notwendige Strafe war, freilich eine Strafe, die Israels Schuld keineswegs kompensieren konnte, die vielmehr ohne Gottes Vergebung zur Verwerfung Israels hätte führen müssen. Der jüngere Text, der Mose explizit um Vergebung bitten lässt (V.9), betont darüber hinaus, dass das Exil Israel nicht gewandelt hat, dass es vielmehr wesenmäßig „halsstarrig" ist, womit die Begrifflichkeit aus den Gottesreden in Ex 32,9 und 33,3.5 aufgegriffen und ins Grundsätzliche gewendet wird. Nicht nur am Sinai ist Israel auf Gottes Vergebung angewiesen, sondern ständig. Kurzum: Wäre Gott nicht ein Gott, der Schuld vergibt, wäre der Bundesschluss (bzw. nach V.1.4.28: die Erneuerung des Bundes) von Ex 34 undenkbar gewesen.

Im Kontext von Ex 32–34 *kommt Gottes Bereitschaft zur Vergebung* der ungeheuerlichen Schuld von Ex 32 für den Leser *ganz und gar unerwartet.* In Ex 32 waren die dtr Theologen auf eine ältere Tradition gestoßen, die die Verwerfung Gottes durch die Errichtung des Goldenen Kalbes für eine unvergebbare Schuld des Gottesvolkes hielt, weil sie den Untergang des Nordreichs nach sich zog, eine Tradition, die sie nicht zu ändern wagten. Nach Ex 32,30–34 war Moses Bitte um Vergebung von Gott zurückgewiesen worden, und Mose hatte nur Strafaufschub erwirken können. Daran hatte auch Moses vorangestellte jüngere (dtr) Bitte in Ex 32,7–14 nichts geändert, in der Mose nicht um Vergebung zu bitten wagt, sondern mit der Bitte um Gottes „Reue" sicherstellen will, dass Gott seinem glühenden Zorn nicht freien Lauf lässt und Israel vernichtet. Von einem Neuanfang Israels konnte in Ex 32 (und 33) keine Rede sein. Wenn Gott Israel in Ex 34 einen solchen Neuanfang schenkt – und das, obwohl Mose in V.9 darauf verweist, dass Israel als „halsstarriges Volk" zu einer grundlegenden Änderung unfähig ist –, so ist die Folgerung unumgänglich, dass nach Meinung des Textes *Gott selber sich* zugunsten seiner Menschen *gewandelt hat,* wie er es schon nach der Sintflut getan hatte (Gen 9), ja dass diese Wandlung Gottes die Bedingung für einen weiteren Bestand des Gottesvolkes Israel war[19].

Während aber für den vor-dtr Text Gottes Bund mit Mose und Israel zwar seine Vergebung voraussetzte, aber kultische Ordnungen zum Inhalt hatte, die eine Wiederholung der Schuld von Ex 32 verhindern sollten, besteht für die spät-dtr Theologen Gottes „Bund" in erster Linie in seiner Verheißung. Noch deutlicher als im älteren Text geht das „Evangelium" dem „Gesetz" voraus. Ja, den dtr Theologen ist dieses Anliegen so wichtig, dass sie sich nicht mit der vorgegebenen Nennung des Bundesschlusses am Ende der langen Gottesrede (V.27) begnügen, sondern den Bundesschluss zusätzlich an den Anfang der zweiten Gottesrede als programmatische Ankündigung stellen (V.10). Näherhin besteht Gottes Bund für sie in *Gottes verbindlicher Verhei-*

[19] Vgl. Aurelius, Der Fürbitter Israels, 124f. und Näheres zu dieser Wandlung Gottes und zum Unterschied zwischen seiner „Reue" und seiner Vergebung u. S. 490–493.

ßung, Mose und Israel künftig Wunder erfahren zu lassen, und zwar in einer bisher noch nie erlebten Dimension. „Wunder“ Gottes sind im Verständnis des Alten Testaments nicht beliebige Taten Gottes, die den menschlichen Vorstellungshorizont übersteigen, sondern Rettungserfahrungen in Situationen, die Menschen als ausweglos erscheinen (Gen 18,14; Ex 3,20 u.o.). Sie werden in V.10b wie in Ex 15,11 für alle Gegner Israels als „furchterregend“ bezeichnet. Sprache und Vorstellungen erinnern an Deuterojesaja; das gilt besonders für Gottes Verheißung, das „Wunder“ am Schilfmeer, auf das die Terminologie anspielt, noch überbieten zu wollen. Unter der Verheißung solcher „Wunder“ Gottes kann sich das Gottesvolk getrost auf den Weg in eine von Gott behütete Zukunft machen.

Erst als Konsequenz dieser Verheißung ist im gegenwärtigen Text *Israels Handeln gefordert,* wobei die schriftlich niedergelegten Verordnungen des wesentlich kultischen sog. „Privilegrechts JHWHs“[20] – mit zahlreichen dtr Ergänzungen, vor allem in V.11–17 – den Orientierungspunkt bilden (V.27). Ethische Regelungen fehlen, und der Begriff „Gehorsam“ fällt nicht. Auch eine Verpflichtungsszene wie in Ex 19 und 24 fehlt. Ex 34 vermeidet geflissentlich den Eindruck jeglicher Gegenseitigkeit beim Bund. Vielmehr ist es sowohl in V.10 als auch in V.27 Gott allein, der den Bund gewährt. Wenn Gott in V.27 den Bund mit Mose und Israel „auf der Grundlage dieser Worte“ schließt, so stehen im schrittweise gewachsenen Text nicht zufällig – wie im Dekalog – die Ausschließlichkeitsforderung und das Bilderverbot in prominenter Anfangsposition voran (V.14.17).

So tut Ex 34 in seiner spät-dtr Fassung beides: Der Text nennt den Willen Gottes, wie er das Gottesverhältnis sowie das kultische Alltagsleben Israels und besonders seine Feste ordnen soll, als Bestandteil des Bundes, aber er macht den Bund Gottes mit Israel nicht vom Gehorsam Israels gegenüber diesem Willen abhängig, sondern allein von Gottes Verheißung und von seiner Bereitschaft zur Vergebung.

c. Gottes „Bund“ in der Priesterschrift

Im Unterschied zu den dtr Theologen verschiedenster Prägung ist die Priesterschrift (P) in ihrem Reden vom „Bund“, mit dem sie die Theologie der alttestamentlichen Spätzeit stark beeinflusst hat, einseitig an der Vergewisserung des Gottesvolks interessiert. Darin entspricht sie der Intention Deuterojesajas und speziell dessen Verheißung Jes 54,9f. Nach dieser Verheißung stellt Gottes „Friedens“- bzw. „Heilsbund“ (ברית שלום) das letzte Ziel seiner neu beginnenden Geschichte mit seinem Volk dar, und dessen Bestand wird sicherer

[20] Vgl. zum Begriff o. S. 60f. Wenn man früher Ex 34,11–26* gern (im Anschluss an Goethe) einen „kultischen Dekalog“ nannte, so beruhte diese Bezeichnung auf einem irrtümlichen Bezug des Begriffs „10 Worte“ (V.28) auf diese Verse.

sein als der Bestand der Welt, weil er allein in Gott und nicht im Verhalten von Menschen begründet ist.

Die gleiche Bedeutung hat der Begriff „Bund“ auch im theologischen Entwurf der Priesterschrift. P kennt zwei „Bundesschlüsse“, in denen Gott sich selbst bindet und die Menschen ausschließlich Empfänger und Nutznießer der Bindungen Gottes sind. In beiden Fällen ist es Gott allein, der „seinen Bund“ aufrichtet, und jeweils ist es ein Bund, der „für alle kommenden Geschlechter“ gilt (Gen 9,12), bzw. ein „ewiger Bund“ (Gen 9,16; 17,7.13.19). Die Selbstverpflichtung Gottes kommt nicht nur seinem Gegenüber (Noah und seine Söhne bzw. Abraham) als Empfänger und Nutznießer zugute, sondern auch allen späteren Nachkommen. Beide „Bundesschlüsse“ sind unlöslich aufeinander bezogen, beide wollen nur im Verbund mit dem jeweils anderen verstanden werden. Dennoch bestehen gewichtige Unterschiede zwischen beiden Gestalten des „Bundes“. Der Noah-Bund (Gen 9) gilt der Menschheit als ganzer, der Abraham-Bund (Gen 17) nur dem erwählten Volk. Der Noah-Bund schließt ein vernichtendes Handeln Gottes aus und garantiert den Bestand von Menschheit und Tierwelt via negationis; der Abraham-Bund nennt mit den Verheißungen der Vermehrung des Erzvaters zu einer „Menge an Völkern“, seiner grundlegend neuen Gottesbeziehung und schließlich des Landbesitzes positive Versprechen Gottes, die die gesamte folgende Geschichte Israels bestimmen werden; Gottes Bund mit Abraham ist der Schlüssel zum Verständnis der Geschichte Israels. Der Noah-Bund wird gestützt durch ein vergewisserndes Zeichen, das Gott selbst an den Himmel setzt, der Abraham-Bund dagegen durch ein Zeichen, das Israels Bekenntnis zu ihm impliziert und in Gestalt der Beschneidung von Israel praktiziert wird.

Es lohnt sich, diese Unterschiede noch etwas zu vertiefen. Der Noah-Bund übermittelt der Menschheit den grundlegenden Entschluss Gottes, die von ihm geschaffenen Menschen zu ertragen, obwohl sie sich als unfähig erwiesen haben, der Würde zu entsprechen, die ihnen von Gott mit der Ebenbildlichkeit verliehen wurde. Statt die Schöpfung im Auftrag Gottes zu verwalten, haben sie ihre verhängnisvolle Neigung zu lebensbedrohender Gewalttat in die Schöpfung eingebracht und sie damit verdorben (Gen 6,11–13). Für P wird der Mensch als Ebenbild Gottes nie nur als Person schuldig, sondern er zieht die ihm anvertraute Schöpfung mit sich in den Abgrund. Die Sintflut ist die logische Konsequenz solchen Handelns. Der Mensch als Mensch ist für P permanent sintflutreif. Die sog. noachitischen Gesetze (Gen 9,1–6) ändern diesen Menschen nicht, kanalisieren aber seine Gewalt und setzen ihr unumstößliche Grenzen. Gottes Bund mit Noah, sein Wille, den Menschen mit seinem Hang zur Gewalt zu ertragen, ist nur in Gott begründet, hat keinerlei Anhalt am Menschen. Um es anders auszudrücken: Es bedarf aufgrund der Wesensart des Menschen einer *für alle Zukunft gültigen, freiwilligen Einschränkung der Allmacht Gottes,* damit der Mensch weiterhin die Welt im Auftrag Gottes trotz seines gewalttätigen Wesens verwalten darf. Die gültige Selbstbeschränkung Gottes nennt P „Bund“. Dass sie alles andere als selbstverständlich, dass sie vielmehr ein Wunder ist, wird daran deutlich, dass das Zeichen des Regenbogens am Himmel (primär) nicht den Menschen vergewissert, sondern Gott an seine Bindung „erinnert“ (Gen 9,15 f.).

Wie sehr es P bei dieser selbstverpflichtenden Bindung um Vergewisserung der Leser geht, wird daran sichtbar, dass P Gott schon *vor* der Flut (!) auf seinen Bund verweisen lässt („Aber ich werde meinen Bund mit dir (Noah) errichten“, Gen 6,18; vgl. 9,11). Schon als er die verderbte erste Menschheit und Tierwelt vernichten musste, plante Gott demnach den dauerhaften, von ihm selbst garantierten Bestand der zweiten Menschheit! Zur Exilsgemeinde gesprochen heißt das zugleich, dass das Exil begrenzte – und einmalige – Strafe ist und bleiben wird und keinesfalls die Verstoßung Gottes bedeutet. Vielmehr plant Gott schon beim Strafen Israels dessen kommendes Heil.

Stünde der Noah-Bund für sich, würde freilich nur ein status quo festgeschrieben. Der Noah-Bund ist gnädiger Verzicht Gottes auf eine vernichtende Reaktion, die eigentlich notwendig wäre. Die Geschichte Gottes mit den Menschen wird aber erst mit dem Abraham-Bund vorangetrieben. Der Einschnitt wird daran deutlich, dass Gott sich Abraham mit neuem Namen (El Šaddaj) vorstellt (Gen 17,1). Damit geschieht ein Doppeltes. Einerseits schränkt sich die Perspektive ein – geschichtliche Erfahrung ist wesenhaft partikular –, und zwar immer mehr: Gottes anfängliche Verheißung der Vermehrung gilt noch verschiedenen Abraham-Nachkommen, seine Zusage des besonderen Gottesverhältnisses und die Landverheißung gelten nur noch Israel. Andererseits aber bleibt die universale menschheitsgeschichtliche Dimension des Noah-Bundes aufgrund der doppelt verwendeten Kategorie des Bundes erhalten; der Horizont der Menschheit gerät nicht aus dem Blick.

Damit ist zugleich die oft gestellte Frage beantwortet, warum P anstelle des Sinaibundes von einem Abraham-Bund gesprochen hat[21]. Noah- und Abraham-Bund sollen für P so nah wie irgend möglich aneinander gerückt werden, und zugleich sollen die verbindlichen göttlichen Verheißungen im Zentrum des 2. Bundes stehen und nicht die Pflichten der Menschen, an denen diese oft genug scheitern, wie die jüngste zum Exil führende Geschichte gezeigt hat. Der Bund wird dem in Abraham verkörperten Israel von Gott zugesagt, bevor es überhaupt die Gelegenheit hat, sich zu bewähren oder sich zu verfehlen. Er ist für P Gottes gültiges, ihn bindendes Versprechen und daher wesenhaft nur in ihm selbst begründet; allein darum kann er „ewiger Bund“ sein. Auch wäre es P unmöglich erschienen, die bedeutsame Vätertradition außerhalb des göttlichen Bundes zu stellen, als eine dann weniger verbindliche Vorgeschichte eines Bundes Gottes mit Israel.

Eine weitere viel diskutierte Frage lautet, ob für P nicht mit der Beschneidung als Zeichen des Abraham-Bundes doch ein Element der Gegenseitigkeit in die Bundeskonzeption eingetreten ist. Meines Erachtens muss die Frage

---

[21] Vgl. o. S. 249 f. mit Anm. 12.

eindeutig verneint werden. Gottes Selbstverpflichtung gilt nicht nur unter der Bedingung, dass Israel die Beschneidung vollzieht. Vielmehr ist die Beschneidung für P im Exil ein zwar notwendiger, aber selbstverständlicher Bekenntnisakt in einer Umwelt, in der sie nicht ausgeübt wird. Zwar wird sie Israel als ein verbindliches Zeichen eingeprägt, dessen Praktizierung nicht in seinem Belieben steht; jedoch ist sie nur ein (ritueller) Erweis dafür, dass Israel verstanden hat, mit welch großen Gaben es vor allen anderen Völkern von Gott ausgezeichnet ist. Wesentlich ist außerdem, dass bei einem Vergehen gegen Gottes Ordnung nur der einzelne Schuldige von Gott bestraft wird (Gen 17,14), nicht aber das Kollektiv, so dass Gottes Bund mit Abraham durch das Vergehen nicht tangiert wird[22]. Noch weniger ist Gottes anfängliche Aufforderung an Abraham: „Wandle vor mir und sei ganz/ungeteilt!" (Gen 17,1) als Bedingung gemeint. Vielmehr eröffnet sie für Abraham eine Lebensperspektive, die ihn mit dem Empfänger des ersten Bundes, Noah, verbindet, der für P ebenfalls „ganz/ungeteilt" (תמים) war und sogar „mit Gott wandelte" (6,9) wie nur Menschen vor der Sintflut, namentlich der vorbildhafte Henoch. *Gottes gültige, ihn bindende und verpflichtende Versprechen („Bund") sind und bleiben allein Gottes eigene Entscheidung,* beruhen einzig auf seinem Willen. Allein deshalb können sie die unwandelbare Lebensgrundlage seines Volkes bilden.

α. *Gottes „Bund" mit Abraham in Gen 15*

Das Bedürfnis, ein verunsichertes Gottesvolk seines Heils zu vergewissern, ist auch mit dem Entwurf von P noch nicht endgültig befriedigt worden. In *Gen 15* ist dem Bund Gottes mit Abraham von Gen 17 ein analoger „Bund" vorgeordnet worden, der wie Gen 17 weder eine Orts- noch eine Zeitangabe kennt, sondern wie Gen 17 eine ideale Szene bildet, die *Gen 17 in mehrfacher Hinsicht steigert* und daher sehr wahrscheinlich nach-priesterschriftlich ist. Für Gen 15 ist selbst die Zusage Gottes von Gen 17 noch nicht Vergewisserung genug, obwohl sie schon zum Schwur Gottes gegenüber Abraham gestaltet ist. Gen 15,9–12.17–21 beschreibt das nächtliche Ritual eines Bundesschlusses, bei dem Gott im Symbol eines „rauchenden Ofens" und einer „feurigen Fackel" (wohl Anspielungen auf die Sinaitheophanie von Ex 19) durch gehälftete dreijährige Tiere – Kuh, Ziege, Widder – hindurchzieht (V.17), die Abraham zuvor für das Ritual vorbereitet hat. Wie der Vertrag Barga'jas, des Königs von KTK, mit Mati'-'el von Arpad aus dem 8. Jh. v. Chr. (KAI 222 A, Z.40) und Jer 34,18 zeigen, ist mit dem Ritus des Durchgehens zwischen zerteilten Tieren eine potentielle Selbstverfluchung verbunden: Wer den Vertrag oder auch

[22] Vgl. etwa W. Groß, Zukunft, 45ff.; M. Köckert, Leben, 77–88; C. Nihan, The Priestly Covenant. Its Reinterpretation, and the Composition of „P", in: S. Shectman – J.S. Baden (Hg.), The State of Priestly Writings (AThANT 95), 2009, 87–134; 97–103.

nur eine einzelne Abmachung aus ihm bricht, soll das Schicksal der Tiere erleiden[23]. Wohlgemerkt: Diese bedingte Selbstverfluchung nimmt nur Gott auf sich, nicht etwa Abraham, der während des Ritus vielmehr in einem Tiefschlaf versunken ist. Eine stärkere Überhöhung selbst des göttlichen Schwurs, eine stärkere Form der Vergewisserung als sie sich in diesem Ritus vollzieht, ist kaum denkbar[24]. Auch darin wird Gen 17 gesteigert, dass Abraham nicht nur das Land bzw. „das ganze Land Kanaan“ generell als „ewiger Besitz“ verheißen wird (17,8), sondern sehr viel präziser „dieses Land vom Strom Ägypten bis zum großen Strom, dem Euphrat“ (15,18). Damit ist die ideale Ausdehnung der Herrschaft Davids in der Tradition markiert, wie sie historisch stets unerreichbares Sehnsuchtsziel Israels blieb.

Aber Gen 15 steigert Gen 17 auch noch in einer ganz anderen Hinsicht, indem es *einen idealen Abraham* zeichnet. Gen 17 kannte einen zweifelnden Abraham, der die Größe der göttlichen Verheißung nicht zu fassen vermochte. Mit seinem ungläubigen „Lachen“ (V.17; Wortspiel mit der Verbwurzel des Namens Isaak) nahm er das „Lachen“ der Sara aus der älteren Tradition in Gen 18,11–15 auf und nahm sachlich den ungläubigen Zweifel der Israeliten (Ex 6,9 u. ö.) vorweg. Ganz anders der Abraham aus Gen 15. Obwohl er nichts in Händen hält und scheinbar kinderlos sterben muss, schenkt er dem verheißenden Wort Gottes, dass seine Nachkommen unzählbar wie der Sand am Meer und die Sterne am Himmel sein sollen, volles Vertrauen (V.1–6). Er kann es getrost tun, denn der Nachkommen verheißende Gott ist derselbe, der sich bis zur Selbstverfluchung an seine Landverheißung gebunden hat. Umgekehrt aber gilt für Gen 15 auch: Es ist *dieser* Abraham, der Gottes Zusagen vertraut, obwohl er noch nichts von ihrer Verwirklichung zu sehen vermag, dem die extreme Selbstverpflichtung Gottes gilt. *Abrahams Glaube und Gottes Selbstverpflichtung gehören unlöslich zusammen.*

d. Abraham-„Bund“ und Sinai-„Bund“ (Lev 26; Dtn 4)

Bei dem Versuch, die Bedingungen für einen Neuanfang des Gottesverhältnisses Israels zu formulieren, war besonders innerhalb der dtr Theologie zu beobachten, wie um die rechte Gewichtung von „Erwählung“ und „Bund“, von Indikativ und Imperativ, gerungen wurde. Die Überzeugung, dass alles Entscheidende an Gottes Erwählung bzw. an seinen Verheißungen hängt, stand deutlich im Vordergrund und fand etwa im Blutritus von Ex 24,6–8 ihren Ausdruck. Aber die Angst, dass Israel erneut versagen und dadurch die Gottesbe-

[23] Möglicherweise liegt dem hebräischen Begriff für den Bundesschluss (כרת ברית, Gen 15,18 u. ö.), wörtlich: „einen Bund schneiden“, dieses Ritual zugrunde; vgl. etwa W.H. Schmidt, Alttestamentlicher Glaube[11], 167.

[24] „Ein Bund, in dem Gott sich selbst mit seinem Leben für die Landverheißung Abrahams verbürgt, das ist berit nach Gen 15“: H.-J. Hermisson, a.a.O. (o. Anm. 3), 244–267; 249.

ziehung grundlegend gefährden könne, ist den Texten auch deutlich zu entnehmen. Sie zeigt sich etwa in der dreifach wiederholten Willenserklärung Israels, Gottes Geboten zu gehorchen, in Ex 19,8; 24,3 und 24,7.

In den jüngsten Texten des Pentateuchs, die vermutlich sowohl die älteren dtr als auch die priesterschriftlichen Entwürfe zum „Bund" schon kennen, wird die Frage, wieviel für Israels Gottesbeziehung an Gottes Verheißung und wieviel an Israels Gehorsam hängt, noch verschärft. Dabei lässt sich an allen Texten beobachten, wie *der priesterschriftliche Abraham-Bund gegenüber dem dtr Sinai-Bund das Übergewicht erhält.* Mit dieser Akzentverlagerung wird die gefährliche Fragilität des „Bundes"-Konzepts eingedämmt, die auf der Betonung des Gehorsams Israels als seine Bedingung beruhte.

Die theologischen Akzentverschiebungen lassen sich gut am *Wachstum von Dtn 7* beobachten. Der ältere Text[25] hatte Gottes Zusage ins Zentrum gestellt, er habe Israel zum „heiligen Volk" ausersehen, „das er sich aus allen Völkern auf der Erdoberfläche zum Volk des Sondereigentums erwählt" habe (V.6). Die Intention dieser Zusage bestand darin, Israel einzuprägen, dass es sich mit allen seinen Kräften um die Reinheit und Exklusivität seiner Gottesbeziehung mühen müsse. Hier stehen „Evangelium" und „Gesetz", Indikativ und Imperativ gleichgewichtig nebeneinander: Israel *ist* „heiliges Volk", weil Gott es sich zu seinem Eigentum erwählt hat, aber es hat nun auch die Aufgabe und Pflicht, *sich* in seinem Alltag als „heiliges Volk" *zu erweisen.* – Im jüngeren Zuwachs des Textes wird Israel demgegenüber zweimal eingeprägt, dass Gott „den Bund einhält" gegenüber denen, „die ihn lieben und seine Gebote einhalten", während „die ihn hassen", zugrunde gehen (V.9–12). Die Bedingung der Gottesliebe, mit der terminologisch der Horeb-Bund anklingt (Dtn 5,10), wirkt in Dtn 7 nur noch wie eine Selbstverständlichkeit, die keines großen Aufwandes bedarf; denn der als neue Deutekategorie eingeführte „Bund", den Gott „einhält", ist sowohl in V.9 als auch in V.12 mit Gottes „Güte" (חסד) in einem Atemzug genannt, weil es sich beim Bund um eine Größe handelt, die er „deinen Vätern zugeschworen hat"(V.12). Nicht das Land, wie in älteren dtr Belegen, sondern der Bund ist jetzt Gegenstand des Schwures Gottes an die Erzväter. Das Interesse des Textes liegt unüberhörbar an der *Verlässlichkeit der Güte Gottes*, deren Wirkung in V.13ff. in Gestalt vielfältiger Erfahrungen üppigen Segens für sein Volk ausgemalt wird. Jetzt hängt Israels Zukunft ganz und gar an der Realisierung des göttlichen Schwurs; Israel selbst fällt nur noch die Funktion der dankbaren Loyalität gegenüber seinem gütigen Herrn zu.

Unmittelbarer als in Dtn 7 treffen *priesterliche und dtr Bundes-Vorstellungen in Lev 26* aufeinander und durchdringen sich gegenseitig. Das Kapitel bildet den Abschluss des sog. Heiligkeitsgesetzes (H) und nennt göttliche Segensverheißungen für den Fall des Gehorsams und Fluchandrohungen für den Fall des Ungehorsams Israels, vergleichbar dem Segen- und Fluchkapitel Dtn 28 am Abschluss des älteren Deuteronomiums. Dabei ist die Perspektive in Lev 26 durchgehend eine kollektive; Israel erhält Segen und erfährt Fluch als Ganzheit. Allerdings fallen Segen und Fluch wie in Dtn 28 ungleichgewichtig aus;

---

[25] Vgl. zur literarkritischen Analyse die Kommentare von T. Veijola (ATD 8,1), 2004 und E. Otto (HThK), 2012, z. St.

der Fluchteil (V.14–33) ist gut doppelt so lang wie die Segensworte (V.3–13). Das hat damit zu tun, dass zur Zeit der Abfassung von Lev 26 ein wesentlicher Teil der Fluchandrohung, der Verlust des Landes und die Verbannung unter Fremde, längst erfahrene Wirklichkeit geworden war. Lev 26 ist also aus keiner neutralen Sicht heraus formuliert, sondern aus der Sicht derer, die unter der Erfahrung des göttlichen Fluches aufgrund ihres Ungehorsams nach den Bedingungen fragen, unter denen Gottes Segen wieder für sie erreichbar sein wird.

Die Konzeption des Bundes Gottes spielt sowohl im Abschnitt über den göttlichen Segen als auch im Fluchabschnitt eine gewichtige Rolle. Die mit diesem Begriff verbundenen Vorstellungen sind allerdings in beiden Teilen höchst unterschiedlich vorgeprägt. Im Segensteil sind sie (von Ez 34 und 37 beeinflusst und) weitgehend charakteristisch priesterschriftlich formuliert (vgl. besonders V.9.11–13), im Fluchteil dagegen charakteristisch dtr[26]: Israel hat „Gottes Bund gebrochen“ (V.15) und erfährt daher Gottes „Schwert, das die Bundes-Rache übt“ (V.25), eine singuläre Wendung für ein oft bezeugtes Thema. Die priesterschriftlichen Bundes-Vorstellungen des Segensteiles aber sind der dtr Logik angepasst und erheblich modifiziert worden, insofern die bei P nur in Gott begründeten Verheißungen eines „ewigen Bundes“ hier konditional von Israels Gehorsam abhängig gemacht werden.

Dabei bleibt es aber nicht. Ein späterer Anhang zu Lev 26 setzt völlig neue Akzente. Ab V.36 ist statt von Israel als Ganzheit von „Übriggebliebenen“ die Rede – die Katastrophe liegt also schon zurück –, und diese „Übriggebliebenen“ erhalten überraschend in V.40ff. eine bedingungslose göttliche Verheißung. Jetzt revoziert Gott seine Fluchandrohungen, und zwar „ausdrücklich und unter präziser lexikalischer Wiederholung. Sie haben die *Berit* gebrochen (gemäß V.15), YHWH wird die *Berit* nicht brechen (V.44b); sie haben YHWHs Gesetze verworfen (מאס) (26,15.43), YHWH wird Israel nicht verwerfen (V.44a); sie haben YHWHs Entscheide verabscheut (געל) (26,15.43), YHWH wird Israel nicht verabscheuen (V.44b)“[27]. Von Israel, genauer: von den „Übriggebliebenen“, wird nur eines erwartet: die Demütigung vor Gott und das Bekenntnis ihrer Schuld. Einer Vergebung dieser Schuld durch Gott bedarf es nicht, weil die Schuld durch das Exil „bezahlt“, also abgebüßt ist (V.41.43; Aufnahme von Jes 40,2). Gottes Heil kann nach dieser „Bezahlung“ nun voll einsetzen.

Die überraschende Wende im Handeln Gottes wird mit *Gottes Treue zum Bund mit den Erzvätern* begründet (V.42). Gott handelt in betontem Kontrast zu Israel. Israel hat „den (Sinai-) Bund gebrochen“ (V.15), Gott aber hat Israel als Folge nicht „verabscheut“, hat „seinen (Sinai-) Bund mit ihnen nicht gebrochen“ (V.44), weil er seines früheren „(Abraham-) Bundes gedachte“ (V.45). Israel hat mit seinem „Bundesbruch“, d. h. mit seinem Ungehorsam gegenüber

[26] Vgl. bes W. Groß, Zukunft, 85ff. (mit Lit.).
[27] Groß, ebd. 91.

dem Heiligkeitsgesetz, den ihm für den Fall des Gehorsams zugesagten Segen verspielt. Würde Gott dagegen seinen „Bund“ brechen, würde für Israel das Leben in der Fremde den Untergang bedeuten (V.44). Gott ist aber seinen „Bund“, dessen er jetzt „gedenkt“, bedingungslos eingegangen und hat sich mit ihm nach Gen 17 „für alle Zeiten“ an Abrahams Nachkommen gebunden, ihnen bleibend ihr Gott zu sein. Würde er als Folge von Israels „Bundesbruch“ sein Volk von sich stoßen, wäre sein Schwur gegenüber den Erzvätern nichtig und sein Einsatz für Israel in Ägypten, ja seine gesamte Geschichte mit den Menschen umsonst gewesen.

So siegt im Endtext von Lev 26 der priesterschriftliche Väter-Bund über den dtr Sinai-Bund. Ersterer ist nur in Gott begründet und damit unauflöslich; letzterer erwartet Israels positive Antwort auf Gottes Nähe und die Erfahrung seines Heils und ist daher fragil. Gewiss will Lev 26, ohne V.40ff. gelesen, das Gottesvolk zum Gehorsam gegenüber Gottes Willen locken und stellt ihm Gottes großen Segen in Aussicht; aber die Erfahrung, die Lev 26,14ff. bezeugt, weiß nur von Israels Ungehorsam zu berichten, der in die Katastrophe des Exils führte. Aus dieser Perspektive ist Gottes Segen unter den Bedingungen des dtr Sinai- bzw. Horeb-Bundes unerreichbar fern. Unter den Bedingungen des priesterschriftlichen Väter-Bundes dagegen ist der Segen nah, beinhaltet er doch primär die Nähe Gottes und die Zuverlässigkeit seiner Verheißungen, die schon beim Exodus aus Ägypten erfahren wurden und in jedem neuen Gottesdienst angeldhaft neu erfahren werden.

Eine sehr ähnliche Logik zeigt der Gedankengang von *Dtn 4*, der möglicherweise als Vorbild für Lev 26,40ff. gedient hat. Dreimal ist hier von Gottes „Bund“ die Rede (V.13.23.31). Wieder steht am Anfang die Thematik des Sinai-, genauer: des Horeb-Bundes, der Israel in die Pflicht nimmt; wieder wird die Notwendigkeit des Gehorsams Israels gegenüber dem Bund eingeschärft, nur dass es sich bei der Bundesurkunde von Dtn 4 (im Vorgriff auf Dtn 5) um den Dekalog handelt und dass das Bilderverbot zentrale Bedeutung gewinnt (V.23). Wieder wird zur Unterstützung der Gehorsamsforderung auf Israels besondere Gotteserfahrungen beim Exodus aus Ägypten rekurriert, in Dtn 4,20 zusätzlich auf die Erwählung Israels zu Gottes Eigentum; wieder wird für den Fall des Ungehorsams die Zerstreuung des Volkes und seine Exilierung angedroht. Und wieder wird am Ende vorausgesetzt, dass diese Drohung schon eingetroffen ist und Israel erst in der Not zur Erkenntnis gelangt. Freilich besteht diese Erkenntnis Israels in Dtn 4,29–31 nicht nur in der Einsicht in Schuld, sondern in einer Umkehr, die zu intensiver Suche Gottes und zu neuer Bereitschaft zum Gehorsam führt.

Auf sie reagiert Gott mit Barmherzigkeit: Er handelt nicht gemäß der äußersten Konsequenz des Horeb-Bundes, die ihn hätte dazu führen müssen, das ungehorsame und bundbrüchige Israel zu verstoßen, sondern er gedenkt seines „Bundes“; aber das ist nicht wie zuvor der Horeb-Bund, sondern der Bund, den er den Vätern nicht nur zugesagt, sondern „zugeschworen“ hat (V.31) und der nur in ihm selbst begründet ist und für alle Zeiten besteht.

So *siegt auch in Dtn 4* letztlich *Gottes Väter-Bund,* der allein auf seine Barmherzigkeit gegründet ist, *über seinen Horeb-Bund,* der Israels Gehorsam zur Bedingung hat. Wenn am Ende ein neuer Gehorsam Israels erhofft wird, dann als Konsequenz sowohl der Not, die der Horeb-Bund heraufgeführt hat, als auch der unverdienten Barmherzigkeit Gottes, die im Väter-Bund ihren Ausdruck fand und die jetzt Israel vor seinem Verderben bewahrt hat.

Die spätesten Texte im Pentateuch verfolgen ganz ähnliche Intentionen wie die zuletzt behandelten Belege. Sie bezeugen ein immer stärkeres Hervortreten der nur in Gott begründeten Verheißung als Inhalt des Bundes, während als Zusammenfassung des Willens Gottes nun der Begriff „die Tora" steht[28]. Auch Gottes Tora erwartet den Gehorsam des Gottesvolks, aber die Gottesbeziehung Israels wird in ihrem Bestand nicht mehr von ihm abhängig gemacht. In letzter Konsequenz wird sie als eine Form der Weisheit betrachtet (Dtn 4,6; Sir 17,11–23)[29].

2. Der Zion

Wenn die nachexilischen Propheten an die Theologie der Zionspsalmen (vgl. o. S. 33ff.) anknüpften und wieder vom Wunder der Einwohnung Gottes auf dem Zion sprachen und von der Sicherheit und Geborgenheit Jerusalems, die damit gegeben waren, so konnten sie das nicht leichthin und ohne tiefe Reflexion tun. Propheten wie Micha und Jeremia hatten intensiv auf die Gefahren einer populären Zionstheologie hingewiesen, die mit der Betonung der Heilsgewissheit zu ihrer eigenen Zeit zu ethischer Indifferenz geführt, ja Schuldbewusstsein geradezu verhindert hatte (Mi 3; Jer 7); Jesaja hatte den Gott, „der auf dem Berg Zion thront", als den verborgenen Richter kennen gelehrt (Jes 8,16–18); vor allem aber hatte der Tempel zwischenzeitlich Jahrzehnte in Trümmern gelegen, und die Klagen der Threni hatten genügend gezeigt, dass mit dieser Erfahrung ein Zusammenbruch derZiontheologie im Sinne einer unbedingten Heilsgewissheit gegeben war[30]. Allerdings war der Tempel 515 v. Chr. wieder aufgebaut und neu geweiht worden, mit dessen Errichtung die Propheten Haggai und Sacharja den Anbruch eines göttlichen Heils verbunden hatten, das alle bisherigen Erfahrungen in den Schatten stellen werde; und wenn auch anfangs die Nöte des ärmlichen Alltags mit all seinen ungeklärten Besitzverhältnissen die Gedanken der Rückkehrer in Anspruch nahmen, so gewannen doch allmählich die fast vergessenen Sätze der älteren Zionspsalmen wieder einen neuen Klang, so dass neue Psalmen gedichtet wurden (z.B.

---

[28] Vgl. S.D. Sperling, Covenant in Late Biblical Books (o. Anm. 8).

[29] Zu Gottes „Bund" mit David vgl. u. Kap. D4; zum „neuen Bund" von Jer 31,31–34 u. Kap. D2.

[30] Vgl. C. Frevel, Zerbrochene Zier. Tempel und Tempelzerstörung in den Klageliedern (Threni), in: O. Keel – E. Zenger (Hg.), Gottesstadt und Gottesgarten. Zur Geschichte und Theologie des Jerusalemer Tempels (QD 191), 2002, 99–153.

Ps 76; 84; 87) und neue Strophen an ältere Psalmen angefügt wurden (z.B. Ps 46,9–12).

Vor allem aber *wurde die Zionstheologie* in nachexilischer Zeit *zu einem prophetischen Anliegen* und damit zu einem Thema, das wesenhaft die Zukunft betraf. Das Ringen der späteren Propheten um die Gültigkeit der großen Aussagen der Zionspsalmen zeigen exemplarisch die Kapitel *Mi 4–5*, die eine Sammlung zionstheologischer Gottesworte aus exilischer und nachexilischer Zeit enthalten. Sie folgen unmittelbar auf die älteste Ankündigung der Zerstörung des Zion durch Gottes eigene Hand (Mi 3,12) und wollen die Frage beantworten, was Gottes zukünftiger Plan bezüglich des Zion sein werde; die Trümmer des Tempels konnten ja schwerlich sein letzter Wille mit dem Zion sein, nachdem er ihn als seinen Wohnort erwählt hatte.

Am einen Ende stehen hier die relativ ältesten exilischen Texte, die die Not Jerusalems, mit der sie noch stark beschäftigt sind, als ein Durchgangsstadium verstehen, das in Kürze dem Heil Platz machen werde, das Gott von Anbeginn mit Jerusalem im Sinn hatte (4,9f.; 4,14–5,4a)[31]. Am anderen Ende stehen die jüngsten Texte, die von der Vollendung der Welt „am Ende der Tage“ sprechen, wenn der Zion auch äußerlich zum Weltberg geworden sein wird und die Völker zu ihm ziehen werden, um Gottes gerechtes Urteil für ihre Konflikte zu suchen und die Kriege als Lösung dieser Konflikte abzuschaffen (4,1–3; vgl. u. S. 435f.). Zeitlich in der Mitte stehen die Texte, die wieder wie die älteren Zionspsalmen von der Gefährdung des Zion durch die Völker reden. Dabei steigert 4,11–13 die Ohnmacht der aggressiven Völker insofern unüberbietbar, als nicht mehr nur die Abwehr der gegen den Zion anstürmenden Völker von Gott erwartet wird wie in den Psalmen, sondern schon ihre feindliche Absicht Teil eines verborgenen Gerichtsplanes Gottes ist, ohne dass die Völker dies ahnen. Schärfer könnte die Souveränität Gottes über alle geschichtlichen Mächte nicht ausgedrückt werden. Es folgt mit 5,6f. ein Text, der Heil oder Unheil der Völker von ihrer Haltung zu einem Israel abhängig sein lässt, das zu ebendiesem Zweck von Gott unter die Völker zerstreut worden ist.

Auch in anderen Prophetenbüchern finden sich zahlreiche nachexilische Prophetenworte, die *die älteren Aussagen der Zionspsalmen betont steigern*, um die Gewissheit des neuerlichen Schutzes des Zion durch Gott als König der Welt auszudrücken. Das fast menschenleere Jerusalem der Exilszeit wird angesichts der Zahl der Rückkehrer vor Menschen bersten (Jes 49,18ff.; 54 u. ö.), aber es wird keiner Mauer mehr bedürfen, weil Gott seine Stadt als Feuermauer umgeben wird (Sach 2,8f.; vgl. Jes 4,5f.). Unter Gottes Nähe wird alles Leid verschwinden und ständiger Freude Platz machen (Jes 51,11), ja auf dem Zion, den Ps 46,5 als Gottesgarten charakterisiert hatte, werden paradiesische Zustände einkehren (Jes 51,3; Ez 47; Joel 4,18). Vor allem aber wird immer wieder – vornehmlich im Jesajabuch – das Motiv des vergeblichen Völker-

[31] Zu diesem Heil gehört unlöslich der neue David (Mi 5,1–4a); vgl. dazu u. S. 423f. Jedoch ist Jerusalem so sehr unter dem Aspekt der Schuld gesehen, dass betont wird, dass der neue David (wie der erste) nicht aus Jerusalem, sondern aus Bethlehem kommen wird.

ansturms gegen den Zion variiert, sei es, dass die Wunderhaftigkeit und Plötzlichkeit der Abwehr der Völker hervorgehoben und ausgemalt wird (Jes 8,9f.; 17,12–14; 29,7f.)[32], sei es, dass Gott selber wie in Mi 4,11–13 die Völker zum Gericht in Jerusalem versammelt (Zef 3,8; vgl. Joel 4,9ff.), sei es dass die Assyrer als Israel bedrückende Weltmacht und als Typos späterer Weltmächte die Rolle der Völker übernehmen und von Gott vernichtet werden (Jes 10, 12.24–27; 30,27–33; 31,5.8f. u.ö.).

Allerdings bleibt auch *das Thema der Gerechtigkeit* fest mit dem Zion verbunden, das die kritischen Propheten bei den Generationen ihrer Zeit so schmerzlich vermisst hatten, wenn diese sich auf die Zionstradition stützten. In der Zeit des ersten Tempels konnten sich die Pilger, die zum Zion kamen, nach Ps 48 nicht nur die Macht und die Zuverlässigkeit Gottes, sondern auch seine Gerechtigkeit und Güte vergegenwärtigen, und nach Jes 1,21 hatte einst die Gerechtigkeit auf dem Zion Wohnung genommen. Entsprechend ist für Sacharja ganz selbstverständlich mit dem Bau des zweiten Tempels die erwartete Präsenz Gottes – als schützende Feuermauer nach außen und leuchtende Herrlichkeit nach innen (Sach 2,8f.) – mit der Bestrafung Schuldiger und der Verbannung der Bosheit aus dem Land (Sach 5) verbunden. Für Jes 33 ist die Ankündigung der Vertreibung der unterdrückenden „Assyrer“ durch Gottes „Gerechtigkeit“ (33,1–6.18–24) von der Erwartung einer neuen Hinwendung Israels zur eigenen Gerechtigkeit begleitet, weil nur sie vor der Heiligkeit Gottes Bestand hat (33,14–16).

Auch sonst ist die Zionstradition keineswegs als reine Heilstradition überliefert worden. Es gibt in der Spätzeit zahlreiche Texte, die *Gottes Gericht am Zion mit seinem Heil für den Zion verbinden*[33]. Ein erster Text dieser Art ist *Jes 29,1–8*. Er ist in mehreren Fortschreibungen entstanden, will aber im Endstadium als eine komplexe Einheit gelesen werden. Am Anfang steht ein Wort Jesajas, in dem er Jerusalem, „der Stadt, in der David lagerte“, im Namen Gottes eine tödliche Belagerung (durch die Assyrer) ansagt, deren Urheber niemand anderes als Gott selber ist und aus der die Überlebenden tief gebeugt hervorgehen werden (V.1–4). Es folgen Verse, die bewusst schillern und die als Heils- wie als Unheilsansage gelesen werden können: Urplötzlich wird Jerusalem von Gott mit Hilfe von Völkern machtvoll mit Sturm und Feuer „heimgesucht“ werden[34] (V.5f.), bevor die abschließenden Verse eindeutig heilvoll

[32] Die Wunderhaftigkeit der Rettung des Zion war in den Psalmen u.a. durch die „Hilfe Gottes am Morgen“ (Ps 46,6) ausgedrückt worden: ein im Alten Orient geläufiges Motiv, das am Verlauf der Sonne orientiert war, die nach der Abwesenheit in der Nacht am Morgen erneut aktiv erscheint; vgl.B. Janowski, Rettungsgewißheit und Epiphanie des Heils. Das Motiv der „Hilfe Gottes am Morgen“ im AT und im Alten Orient (WMANT 59), 1989. Besonders dieses Motiv wird in der Prophetie steigernd entfaltet: Die aus dem Schlaf erwachenden Menschen finden sich, für sie selber unfassbar, aus lebensbedrohender Gefahr gerettet vor (Jes 17,14; 29,7f.).

[33] Vgl. u. S. 445f.

[34] Das Verb פקד meint von Haus aus eine beamtenrechtliche Überprüfung, die sowohl zur Belohnung als auch zur Bestrafung führen kann.

enden: „Das Getümmel der Völker“, die gegen Jerusalem zu Felde ziehen, wird wie ein Traum am Ende der Nacht verflogen sein, eine Steigerung des schon erwähnten Motivs der „Hilfe Gottes am Morgen“ (Ps 46,6 und Parr.).

In seinem Endstadium muss der nuancenreiche Text primär von seinen mittleren Versen her verstanden werden. Er hält am Heilswillen Gottes fest, wie ihn die abschließenden Verse der Zionstradition beschreiben, aber er weigert sich, Gottes Heilswillen als Heilsgarantie für Jerusalem zu deuten: Gott kann – wie zu Zeiten Jesajas – auch jetzt wieder zum Feind Jerusalems werden, wenn dieses zum alten Hochmut der Gleichgültigkeit und zur Selbsgefälligkeit zurückkehrt.

3. Der (neue) Gottesdienst

Unter dem Einfluss der prophetischen Botschaft sowie der in Teil II beschriebenen Neuentwürfe hat sich der Gottesdienst des nachexilischen Israel stark gewandelt. Gewiss ist er ein Opfergottesdienst geblieben, wie denn das Opfern das charakteristische kultische Merkmal aller antiker Kulturen des Mittelmeerraumes und des antiken Vorderen Orients bildete; erst in fortgeschrittener hellenistischer Zeit sind die ersten Synagogen belegt. Das Opfer war und blieb über das Exil hinweg die Weise, auf die die alttestamentliche Gemeinde Kontakt mit Gott zu erlangen suchte. Die Opferrituale der älteren Zeit wurden großenteils weiter praktiziert, aber auch ergänzt, und neue Opferarten traten hinzu, die den Gottesdienst wesenhaft veränderten.

Freilich hatten Opfer von Anbeginn an nie nur eine einzige Funktion. Die unterschiedlichen Motive der einzelnen Opferarten zu ergründen, ist für Nachgeborene äußerst schwierig, da sich die Ritualanweisungen üblicherweise über den Zweck der Opfer ausschweigen; man denke nur an die Opfertora in Lev 1–7. Dennoch kann man mit guten Gründen verallgemeinernd sagen, dass die Opfer in vorexilischer Zeit ein zentrales Ziel verfolgten: die Suche nach der Nähe Gottes und dem Kontakt mit ihm, wie etwa das alte sog. Altargesetz in Ex 20,24–26 zeigt. In ihm verheißt Gott Israel, wenn es Brandopfer und Heilsopfer darbringt:

> An jedem Ort, an dem ich meines Namens gedenken lassen werde,
> will ich zu dir kommen und dich segnen. (V.24b)

Die Opfer waren demnach die Weise, auf die Israel am von Gott gewiesenen Kultort den Namen seines Gottes proklamierte und diesen Namen ehrte; die Begegnung mit Gott und der von Gott ausgehende Segen waren die von Gott zugesagten Gaben. Die Priesterschrift drückt später diesen gleichen Sachverhalt dadurch aus, dass Gottes „Herrlichkeit“, die Gestalt seiner Offenbarung am Sinai, mit dem ersten Opfer beim Beginn des Gottesdienstes dem ganzen Volk erschien und Mose sowie Aaron das Volk segneten (Lev 9,23). Umgekehrt gilt in der prophetischen Kultkritik, dass Gott einem Israel, das seinen

Willen mit Füßen tritt, die Opfer nicht anerkennt und sich damit zugleich Israels Gottesdienst entzieht (Hos 8,11–13; Am 5,21–24 u. ö.).

Über diese grundlegende Intention hinaus hatten die Opfer in vorexilischer Zeit vornehmlich einen *dreifachen Sinn*: Sie waren Akte *der Huldigung Gottes*, sie dienten als *Gabe an Gott*, und sie stifteten *Gemeinschaft mit Gott und unter den Opfernden*[35]. Diese Zweckbestimmungen überschnitten sich allerdings vielfältig. Der Gabecharakter des Opfers kam insbesondere bei den freiwilligen Opfern und im Vorgang des Verbrennens zum Ausdruck, bei dem die Opfernden auf jede Möglichkeit der Eigennutzung des Opfertieres verzichteten und der aufsteigende Rauch auf den göttlichen Empfänger verwies. Am stärksten, aber nicht ausschließlich, war dieser Sinn des Opfers mit dem ganz dargebrachten Tieropfer, dem sog. Brandopfer (עולה), verbunden, das in der Spätzeit des Alten Testaments immer mehr an Bedeutung gewann. Demgegenüber diente die vegetabile מנחה, das sog. Speisopfer, sowohl als Ausdruck des Dankes an Gott für das von ihm Empfangene als auch als Zeichen der Verehrung und Anerkennung seiner überlegenen Macht und Heiligkeit. Die Funktion des Opfers schließlich, Gemeinschaft mit Gott und unter den Feiernden zu stiften – am deutlichsten beim sog. Schlachtopfer (זבח) erkennbar –, zeigte sich sowohl im gemeinsamen Mahl, bei dem das Fett als edelster Teil der Gottheit geweiht und verbrannt wurde, als auch im Wissen, dass das Opfermahl „vor Gott“ (Ex 18,12 u. ö.) vollzogen wurde, in seiner Präsenz, wörtlich: „im Angesicht Gottes“.

Demgegenüber treten im Kult der nachexilischen Zeit, wie ihn die verschiedenartigen P zugewachsenen Texte, besonders in Lev 1–7, bezeugen, *das Schuld- und das Sündopfer* und mit ihnen verknüpft *eine Fülle von unterschiedlichen Blutriten* ins Zentrum des Gottesdienstes, die allesamt *das künftig wichtigste Ziel des Kultes, die Sühne*, d.h. die Wiederherstellung eines gestörten Gottesverhältnisses, im Blick haben[36]. Zwar hat es Blutriten auch zuvor gegeben, die auch in Texten der P (bzw. in Texten, die P nahestehen, etwa Ex 29,36 f.; Lev 8,15) belegt sind und ebenfalls den Fachbegriff כפר pi. (*kippær*, „sühnen“) verwenden. Aber diese älteren Riten galten dem Brandopferaltar und dem Heiligtum und dienten ihrer kultischen Weihe und Heiligung. Im nachexilischen Tempelritus aber treten neben die Blutriten zur kultischen Entsühnung des Altars komplexere Blutriten, die zu einem „Opferritus zur Entsühnung Israels, seiner/s kultischen Repräsentanten und des einzelnen“ gehören[37]. Die älteren Blutriten erhielten jetzt durch die Verbrennung von Fett Opfercharakter und wurden zugleich mit weiteren Riten verbunden, unter de-

[35] Vgl. etwa R. Rendtorff, Studien zur Geschichte des Opfers im Alten Israel (WMANT 24), 1967; I. Willi-Plein, Opfer und Kult im alttestamentlichen Israel (SBS 153), 1993; B. Janowski, Kap. VI („Opfer und Sühne“) in: Ein Gott, der straft und tötet? 261–289.

[36] Vgl. grundlegend B. Janowski, Sühne als Heilsgeschehen. Traditions- und redaktionsgeschichtliche Studien zur priesterschriftlichen Sühnetheologie (WMANT 55), ²2000, bes. 183–276.

[37] Janowski, ebd. 239; vgl. Rendtorff, a.a.O. 220.

nen die Handaufstemmung auf das Opfertier vor der Schlachtung der wichtigste war. Durch sie wurde ein einzelner Opfernder oder die ganze Gemeinde in ihren Repräsentanten eins mit dem Opfertier[38], und wenn der Priester nach der Schlachtung etwas vom Blut des Opfertieres an den Altar oder an das Heiligtum (an den Räucheraltar oder an den Vorhang vor dem Allerheiligsten) strich oder sprengte, bewirkte dieses Blut Sühne für die Schuld des oder der Opfernden. Allerdings führte sie zur Vergebung nur bei unwissentlichen Verschuldungen! Zum Verständnis der Sühne ist dabei wesentlich, dass in den Texten jeweils der Priester grammatikalisches Subjekt der Sühnehandlung ist, Gott aber logisches Subjekt des Versöhnungsaktes als ganzen, da er die Vergebung bewirkt, wie aus Sätzen wie Lev 4,20 hervorgeht:

> So wird der Priester ihnen Sühne verschaffen,
> und es wird ihnen (scil. von Gott: passivum divinum) vergeben werden.

Auf diese Weise steht im nachexilischen Kult der Gedanke im Vordergrund, dass *die Glieder des Gottesvolkes der Versöhnung mit Gott bedürfen, bevor sie vor Gott treten.* Sie können und dürfen unbelastet Gottesdienst feiern, aber nur, weil Gott zuvor beseitigt, was sie von ihm trennt, ohne dass sie sich dessen voll bewusst sind. Der Ritus der Schuld- und Sündopfer vermittelt der Gemeinde die Gewissheit, dass solche Versöhnung von Gott gewährt wird. Der christliche Gottesdienst hat diese Gewissheit mit dem anfänglichen Schuldbekenntnis der Gemeinde, dem Ruf: „Kyrie eleison" und der Zusprache der Vergebung modifiziert aufgegriffen und weitergeführt.

Diese regelmäßigen Blut- und Sühneriten sind nun aber für das nachexilische Verständnis des Gottesdienstes bezogen auf ein Geschehen, das nur einmal im Jahr stattfindet, auf *das Geschehen am Versöhnungstag (Lev 16).* An diesem einen Tag darf ein einziger Mensch, der Hohepriester, den Vorhang vor dem Allerheiligsten durchschreiten, um unmittelbar vor Gott zu treten. Um eine solche Begegnung zu ermöglichen, hat die kastenförmige Lade im Allerheiligsten, die wie im DtrG zum Behälter für die Gesetzestafeln geworden ist, einen Aufbau erhalten, eine Platte aus Goldblech, die „zwischen den beiden Keruben" (Ex 25,22) angebracht ist. Über ihr erscheint Gott: nach Ex 25,22 und 30,6, um mit Mose zu reden, nach Lev 16,2 aber, um dem Nachfolger Aarons, dem Hohenpriester, einmal im Jahr zu begegnen. Für diesen ist die Begegnung lebensbedrohlich: Es bedarf einer Fülle von Vorbereitungsriten und vorausgehenden Opfern (sowie eines die Platte über der Lade verhüllenden Räucherns), damit er den Gang ins Allerheiligste überlebt. Der Sinn dieser singulären, hochheiligen Handlungen aber lässt sich schon am Namen des neuen Erscheinungsortes Gottes ablesen: *kapporæt* (כפרת, „Sühnort"; Luther: „Gnadenstuhl"). Wenn der Hohepriester das Blut der Opfertiere, die für seine

[38] Diskutiert wird bis heute, ob die Handaufstemmung auf das Opfertier näherhin als bloße Besitzangabe (J. Milgrom, Leviticus 1–16 [AB 31], 1991, 152), als Akt der Schuldübertragung (Rendtorff u. a.) oder als Akt der Identifikation (Janowski) zu deuten ist.

eigene Schuld und die Schuld des Volkes dargebracht worden sind, mit dem Finger unmittelbar vor die *kapporæt* sprengt (V.14f.), kommt er mit seinen Sühneriten Gott so nah wie irgend möglich[39]. An diesem Tag ist demgemäß nicht mehr die Rede von einer Einschränkung der göttlichen Vergebung für Verschuldungen, die ohne Vorsatz begangen wurden, wie beim üblichen Sündopfer. Um die Gewissheit, dass alle Schuld getilgt ist, zu vermitteln, wird darüber hinaus ein mehrfach im 2. Jtsd. v. Chr. in Israels Umwelt belegter Ritus neu belebt, mit dem seinerzeit Krankheiten und Seuchen eliminiert wurden[40]: Israels ungesühnte Schuld wird durch doppelte Handaufstemmung einem Sündenbock aufgelastet, der mit dieser Schuld in die Wüste getrieben wird. So werden die Israeliten „von allen ihren Verfehlungen vor JHWH rein" (V.30), um das neue Jahr, an dessen Anfang der Versöhnungstag ursprünglich gefeiert wurde, völlig unbelastet von Schuld beginnen zu können. Sie selber begleiten das kultische Geschehen mit Fasten und Arbeitsverzicht als Zeichen der Buße.

So enthüllt Lev 16 das tiefste Geheimnis des alttestamentlichen Gottesdienstes. *Gottes unmittelbare und unüberbietbare Nähe zu seinem Volk* im Allerheiligsten des Tempels, die so gefährlich ist, dass sie nur vom obersten Priester als Repräsentanten und nur einmal im Jahr unter Lebensgefahr ertragen werden kann, *dient* einzig und *allein der Beseitigung der Schuld Israels*, dient der Vergebung; sie schafft Versöhnung mit Gott und erneuert der Gemeinde ein unbelastetes Gottesverhältnis am Jahresbeginn. Der „Sühnort" der *kapporæt* ermöglicht die Begegnung des Heiligen mit den Schuldigen. Ein Israel, das den Versöhnungstag feiert, weiß, dass sein Gott es strafen, aber nie verwerfen kann.

4. Gottes Schöpfung

Es mag manchen Leser überraschen, wenn in diesem Buch das gewichtige Thema der Schöpfung[41] unter der Kategorie der „Vergewisserung" erscheint. Angesichts der breit gestreuten Belege wird man in der Tat schwerlich sagen können, dass alle Texte des Alten Testaments, die Gottes Schöpfung erwäh-

---

[39] H. Gese, Die Sühne, in: ders., Zur biblischen Theologie. Atl. Vorträge (BEvTh 78), ²1983, 85–106; 104, spricht von „einer Zeremonie, die das Nahekommen zu Gott bis zur letzten materiellen Berührung verdichtet" und zu einem „Kontakt des sich offenbarenden Gottes und des sich ganz und gar hingebenden Menschen" führt.

[40] Belege etwa bei Keel, Geschichte Jerusalems, 1049. – Es versteht sich von selbst, dass dieser Ritus von Haus aus nicht mit der Blutzeremonie im Allerheiligsten zusammenhing. Er sollte ursprünglich vielleicht für die Verschuldungen gelten, die das übliche Sündopfer nicht erfassen konnte.

[41] Aus den wichtigen Veröffentlichungen zum Thema aus neuerer Zeit seien hier nur genannt: O. Kaiser, Der Gott des AT 2, § 9–11; O. Keel – S. Schröer, Schöpfung, Göttingen-Fribourg 2002; T.E. Fretheim, God and World in the OT, Nashville 2005. Noch zahlreicher sind die Veröffentlichungen zu Gen 1–3, auf die später eingegangen wird.

nen, vergewissernden Charakter haben. Dennoch möchte ich behaupten, dass Vergewisserung die bedeutsamste Intention der Schöpfungstexte ist, wenn man nach dem Gemeinsamen fragt, das die im Einzelnen so unterschiedlichen Texte miteinander verbindet.

Ein Indiz für diese Einschätzung ist die Tatsache, dass das biblische Israel lange Zeit zugewartet hat, bis es sich an die Explikation des Wesens der Welt und des Menschen in den großen Schöpfungstexten des Alten Testaments herangewagt hat. Die ausgeführten Schöpfungstexte sind – wohl mit Ausnahme von Gen 2–3* (s. u.) – so gut wie alle exilischer und nachexilischer Herkunft. Natürlich ist die Prädikation Gottes als Schöpfer nicht erst im Exil entstanden; insbesondere in älteren Weisheitssprüchen klingt sie gelegentlich an, und es ist nicht auszuschließen, dass es auch ältere Hymnen gab – etwa im Umkreis des Lobes Gottes als König –, die die Welt als Schöpfung in den Mittelpunkt gestellt haben. Jedoch führt solche Spekulation nicht weiter, da uns derartige Hymnen nicht erhalten sind. Auf dem Hintergrund unserer Kenntnis altorientalischer Texte muss die relativ späte Entstehung der alttestamentlichen Schöpfungstexte verwundern.

In der Kultur des Alten Orients, in der das biblische Israel heranwuchs, gehört die Schöpfung zu den herausragenden Themen, die schon in den ältesten Texten bezeugt sind. Die frühesten Mythen, die wir aus Mesopotamien besitzen, sind überwiegend Schöpfungsmythen. In den sumerischen Mythen aus dem 3. Jtsd. v. Chr. begegnen Leser einer Welt, in der die Menschen überall auf Göttliches stießen: Eine Meeresgottheit steht neben einem Sturmgott, eine Pflanzengöttin neben einer Viehgottheit und einem Getreidegott, und in den Mythen wird etwa abgeklärt, wie dann das jeweilige Gewicht der Gottheiten in ihrem gegenseitigen Verhältnis einzuschätzen ist. Auch wenn diese Texte nicht von Schöpfung im strengen Sinn reden, so beschreiben sie doch eine Welt, die nirgends profan, sondern überall gottdurchdrungen ist. Deshalb muss der Mensch sich bemühen, die Ordnung der Welt, in der er lebt, und die göttlichen Mächte, die sie lenken, zu durchschauen, wenn sein Leben glücken soll. Nur so kann er die beiden wichtigsten Ziele seiner Erkenntnis erreichen: einerseits die Gesetze dieser Ordnung nicht zu verletzen und keiner Gottheit das ihr zustehende Recht zu verweigern, andererseits aber auch die verborgenen göttlichen Kräfte dieser Welt zu seinem Heil zu nutzen[42].

Vergleichbare Texte, die aus der Beobachtung der Welt unmittelbar auf ihre Ordnung zu schließen versuchen, sucht man im Alten Testament vergeblich. Das biblische Israel muss derartige Mythen gekannt haben, hat sie aber nicht

[42] Im späteren Babylon geschah dies etwa durch feierliche Rezitation und kultdramatische Vergegenwärtigung des Weltschöpfungsepos enūma eliš am Neujahrsfest, mit der die gültige Ordnung der Welt (und zwar Natur-, Staats- und Gesellschaftsordnung) neu in Kraft gesetzt und Babylons Weltherrschaft für das kommende Jahr neu göttlich garantiert wurde. Aber die Rezitation von Schöpfungsmythen ist zu dieser Zeit auch im privaten Bereich belegt, bei Geburten und bei Zahnschmerz. Vgl. etwa A. Heidel, The Babylonian Genesis, [3]Chicago 1966, 66 ff.

übernommen. Wohl aber hat es ab der Exilszeit Schöpfungstexte überliefert, jetzt in erstaunlicher Breite. Als es sich daran wagte, seine Erfahrungswelt als ganze vom Glauben aus zu deuten, kam es schon von einer Vielzahl von Gotteserfahrungen in seiner Geschichte und in seinem Alltag her – und insbesondere vom Erleben des Endes der Staaten Israel und Juda – und hatte andere Maßstäbe zur Deutung seiner Welt gewonnen als die frühen Mythen der Sumerer. Aber diese Welt- und Menschendeutung geschah in den verschiedenen Textbereichen des Alten Testaments mit höchst unterschiedlichen Intentionen.

a. Schöpfung und Geschichte (Deuterojesaja)

Welche große Hilfe das Wissen, dass Gott der Schöpfer der Welt ist, für eine verunsicherte Generation im Exil bieten konnte, zeigt vor allem die Botschaft Deuterojesajas (DJes')[43]. Er erhebt seine Stimme in einer Zeit, in der die gründenden heilsgeschichtlichen Erinnerungen des alttestamentlichen Glaubens nicht mehr zu tragen schienen, weil Gott Israel das geschenkte Land wieder genommen und die Oberschicht Israels in die babylonische Gefangenschaft geführt hatte, sozusagen in eine neue Form der ägyptischen Sklaverei, aus der er es einst befreit hatte. Alles Reden von Gottes heilvollem Handeln in der Geschichte war fraglich geworden, und viele Zeitgenossen fühlten sich von Gott aufgegeben. In dieser Lage trat das Bekenntnis zu Gott als Schöpfer ins Zentrum der Verkündigung des Propheten. Aus der scheinbar so selbstverständlichen und selbstevidenten Prädikation Gottes als Schöpfer hat DJes ganz ungewöhnliche und überraschende Folgerungen gezogen, denen seine mutlosen und von Lethargie bedrohten Zeitgenossen nur mit Mühe zu folgen vermochten. Es sind vor allem drei Aspekte des Handelns Gottes, die der Prophet seinen Hörern bzw. Lesern eingeprägt hat und für die er je unterschiedliche Redeformen benutzt hat.

α. *Der Schöpfer und die Mächte der Welt*

In seinen Disputationsreden bzw. Streitgesprächen, in denen der Prophet die Erwartung des künftigen Heils Gottes nicht expliziert, sondern voraussetzt und gegen zweifelnde Stimmen zu verteidigen versucht, setzt er in seiner Argumentation stets bei der Prädikation Gottes als Schöpfer ein. Er sucht in der Auseinandersetzung mit seinen Gesprächspartnern einen sachlichen Ausgangspunkt, der nicht strittig ist. Diese Argumentationsbasis selber ist ihm keiner Diskussion wert, weil er von seinen Hörern bzw. Lesern erwartet, dass

---

[43] Vgl. zu ihr ausführlicher o. S. 260ff.

sie ihnen bestens vertraut ist. Er ruft bei ihnen sozusagen Konfirmandenwissen wach; er weckt ihnen das vergessene Gotteslob (Westermann):

> Wisst ihr es (denn) nicht, hört ihr es (denn) nicht,
> ist es euch nicht von Anbeginn verkündet,
> habt ihr es nicht begriffen seit Gründung der Erde …? (Jes 40,21)

Aus diesem scheinbar Evidenten, das im Bestand der Erde tägliche Basis aller Erfahrungen ist, zieht der Prophet nun aber Folgerungen, die seinen Hörern bzw. Lesern völlig unvertraut sind. Er malt den Schöpfer vor ihren Augen als eine riesige Gestalt, die die Wasser der Meere in ihre Hand füllt (40,12), um ihnen die Dimension Gottes einzuschärfen, mit der sie es zu tun haben, wenn sie ihn den Schöpfer der Welt nennen. Sodann *konfrontiert er die Dimension des Schöpfers der Welt mit jenen Mächten, auf die die mutlosen Exulanten starren,* weil sie in ihren Augen unüberwindbar erscheinen und ihre leidvolle Gegenwart bestimmen: die Babylonier. Für den Propheten, der von der Macht des Schöpfers weiß, stellen sie keinerlei Bedrohung dar. Der Schöpfer muss sozusagen eine Lupe nehmen, um sie überhaupt zu entdecken: Sie sind „Tropfen am Eimer“ und „Staubkorn auf der Waage“ (40,15). Würde er sie auch nur anblasen, würden sie sogleich vergehen (V.24).

Aus einer solchen Perspektive ist jede Art von Furcht vor den Babyloniern abwegig (51,12f.):

> Wer bist du, dass du dich vor sterblichen Menschen fürchtest,
> vor Menschen, die wie Gras vergehen,
> und vergisst JHWH, deinen Schöpfer,
> der den Himmel ausgespannt und die Erde gegründet hat?

Ebenso abwegig ist freilich auch ein Mäkeln an Gottes Plänen und ein Klagen über seine Taten, das Geschöpfen gegenüber ihrem Schöpfer nicht zusteht (40,12f.; 45,9f.).

Noch in einem anderen Sach- und Gattungskontext hat DJes diese Konsequenz des Glaubens an den Schöpfer eingeschärft. Als manche Israeliten den atemberaubenden Siegeslauf des Kyros wie die Babylonier vom Plan Marduks ableiten wollten, hat er ihnen im Namen des Schöpfers dessen polemisches: „Ich, JHWH, bin es, der alles schafft!“ (44,24) entgegen gehalten und diesen exklusiven Anspruch bis zur äußersten Konsequenz weitergedacht:

> Ich, JHWH, keiner sonst:
> der Licht bildet und Finsternis schafft,
> der Heil wirkt und Unheil schafft:
> Ich, JHWH, bewirke dies alles! (45,6f.)

Wer Gott als Schöpfer der Welt weiß, kann die Eroberungen des Kyros ebenso wenig für Marduks Tat halten wie die Zerstörung Jerusalems. Wenn der Prophet das nur Gott vorbehaltene Schöpfungsverb ברא (das er als erster verwendet und vielleicht selbst geschaffen hat) gerade für die Unheilserfahrungen in der Geschichte verwendet, wird deutlich, wie konsequent und tief er Gottes Alleinwirksamkeit in der Geschichte, die er aus dem Schöpfungsglauben folgert, durchdacht hat[44]. Letztlich ist sein Anliegen ein seelsorgerliches: Er will Israel mit seiner Explikation des Schöpfungsglaubens dazu verhelfen, sowohl die Zerstörung Jerusalems als auch die mit Kyros anbrechende zukünftige Geschichte als Tat des einen wahren Gottes zu verstehen, der schwere Schuld strafen musste, aber die Geschichte des Gottesvolkes und der Menschheit (45,6) dem heilvollen Ziel entgegen führen wird, das nur in ihm selbst begründet liegt.

Aber für den Propheten bleibt es nicht bei der Zurückweisung der scheinbaren Mächte, auf die das Israel in der Verbannung angstvoll starrt, weil sie ihm alle Hoffnung auf Veränderung rauben. In der Schlussstrophe von 40,12–31 wird die Dimension des riesigen Schöpfergottes so gewendet, dass er den Menschen, die sich von ihm aufgegeben fühlen (V.27), ganz nahe ist. *Der Schöpfer der Welt bietet den Menschen, die ihre Hoffnung auf ihn setzen, Anteil an seiner Macht an.* Wo dies geschieht, *vollzieht sich eine Umwertung aller Erfahrungswerte*: Junge Männer, in der üblichen Erfahrung Urbild idealer menschlicher Kraft, ermatten und erschlaffen, weil sie über nichts anderes als ihre eigenen Kräfte verfügen. Aber dem mut- und machtlosen Haufen der verzweifelten Exilanten wachsen Kräfte „wie Adler“ zu, weil sie, um die Grenzen der eigenen Möglichkeiten wissend, dem Schöpfer (und dem Wort seines Boten) vertrauen (V.30f.). So können für DJes diejenigen, die in den Augen der Zeitgenossen die Schwächsten sind, zu den wahrhaft Starken werden: durch ihr Vertrauen, das zur Partizipation an der Macht des Schöpfers führt.

β. *Der Schöpfer Israels*

Noch unmittelbarer als in den Disputationsworten gehören für DJes Schöpfung und Geschichte in den sog. Heilsorakeln zusammen. In ihnen stellt sich Gott seinem Volk oft als Schöpfer vor, bevor das gattungstypische „Fürchte dich nicht!“ erklingt, nun aber nicht als Schöpfer der Welt, sondern als Schöpfer Israels. Das Besondere dieser Gottesprädikation besteht darin, dass Gottes Schöpfungshandeln jetzt unmittelbar auf Geschichtserfahrungen übertragen wird. Das bekannteste Beispiel ist Jes 43,1:

> So hat JHWH gesprochen, dein Schöpfer, Jakob, dein Bildner, Israel:
> Fürchte dich nicht! Ich habe dich erlöst,
> ich habe dich bei deinem Namen gerufen. Mir gehörst du!

Wenn der Prophet hier die besondere Beziehung Gottes zu seinem Volk, die er andernorts mit dem Begriff der Erwählung bezeichnet (41,8ff. u.ö.), mit Schöpfungsterminologie umschreibt, geht es ihm letztlich nur um ein einziges Anliegen: Israel die Gewissheit zu vermitteln, dass Gott sein einmal erwähltes

[44] Vgl. Genaueres zu Jes 45,7 o. S. 272.

Volk weder aufgeben noch gar verwerfen kann. Mit der Schöpfungsterminologie wird die Nähe Gottes zu seinem Volk gesteigert. Das Geschöpf ist in jeder Hinsicht auf seinen Schöpfer angewiesen und vermag aus sich selbst heraus nichts zu bewirken. *Der Schöpfer aber kann nicht von seinem Geschöpf lassen und kann es nicht preisgeben.* Das den zitierten Vers abschließende „Mir gehörst du!" bringt diesen Gedanken unüberhörbar zum Ausdruck, indem es Israel als Geschöpf zum Eigentum des Schöpfers erklärt[45].

Damit aber *gehören für DJes Schöpfung und Erlösung Israels untrennbar zusammen*[46]. Weil im Hebräischen der Begriff der „Erlösung" (גאל) einen viel spezielleren Sinn hat als im Deutschen und den Rückkauf von etwas zuvor Besessenem, aber in der Not Veräußertem bezeichnet (vgl. o. S. 265), ist er unmittelbar auf die Thematik des Besitzes, der dem Schöpfer eines Gegenstands zukommt, bezogen. Entscheidend für die Verwendung des Begriffs ist, dass im profanen Gebrauch „Erlösen" eine Pflicht des Nächstverwandten gegenüber dem in Not geratenen Menschen ist. Als „Erlöser" ist Gott für Israel dieser nächste Verwandte, dem der „Rückkauf" des in fremde Hände veräußerten Gottesvolks nicht nur ein persönliches Anliegen, sondern heilige Pflicht ist. Ja, Gott ist dieser Pflicht, die ihm so am Herzen liegt, schon nachgekommen („Ich habe dich erlöst"); die Exulanten stehen unmittelbar vor ihrer Befreiung.

So ist die Prädikation Gottes als Schöpfer in den Heilsorakeln ganz der Gewissheitsproblematik dienstbar gemacht worden. Weil Gott nicht nur der Schöpfer der Welt, sondern auch der Schöpfer Israels ist, kann und will er sein Eigentum auf Dauer nicht den Händen Anderer überlassen.

γ. *Israels Zukunft als neue Schöpfung*

Ein 3. Aspekt der Schöpfungstheologie DJes' soll hier nur noch gestreift werden, weil er die Qualität der Zukunft Israels betrifft und daher im Kapitel „Hoffnungen" näher betrachtet werden soll. DJes hat mehrfach, insbesondere in seinen Heilsankündigungen[47], das den Exilanten von Gott zugedachte Heil als Umgestaltung der Erfahrungswelt, als neue Schöpfung beschrieben. *Die weitreichende Erwartung einer neu gestalteten Welt* ist in den zuvor genannten Folgerungen des Propheten aus dem Glauben an Gott als den Schöpfer gut vorbereitet. Wenn Gott als Schöpfer der Welt alles bestimmt und als Schöpfer seines Volkes sein Eigentum „erlösen" will, dann muss dieser Neuanfang der Erlösten die Handschrift des Schöpfers tragen. Umgestaltet wird nicht die

---

[45] Vgl. ähnliche Eigentumsaussagen in Ps 24,1 („JHWH gehört die Erde und was auf ihr ist": darum ist sie fest gegründet und zuverlässig) oder Lev 25,23 („Mir gehört das Land": darum sorgt Gott dafür, dass die das Land als Lehen Nutzenden nicht willkürlich mit ihm umgehen).

[46] Diese Zusammengehörigkeit bringt der jüngere Text Jes 48,12.16 im Wortspiel zum Ausdruck: Wie JHWH Israel „berufen", d. h. erwählt hat, so hat er Himmel und Erde ins Dasein „gerufen", und zuletzt hat er Kyros „gerufen", damit er Gottes Heil verwirklicht. Erwählung, Schöpfung und Erlösung bilden hier eine feste Einheit.

[47] Vgl. zur Unterscheidung von den Heilsorakeln o. S. 266.

„Natur" - der Hebräer kennt keinen Begriff für sie -, sondern die Wüste als feindliche Welt, die das verbannte Israel von seiner Heimat trennt, wobei die Wüste gleichzeitig leidvolle Gegenwart symbolisiert.

Von hier aus ist es nicht verwunderlich, dass Texte wie Jes 51,9ff. („Wach auf, wach auf, du Arm JHWHs!") um ein Handeln Gottes in der nahen Zukunft bitten, das mit der gleichen Kraft wie zur Zeit der Schöpfung ausgeführt wird (vgl. analog Ps 74,12ff.; 89,6ff.).

Jüngere Stimmen im Jesajabuch haben die Erwartung des Propheten aufgegriffen und näher ausgeführt. Sie reden von einem „neuen Himmel" und einer „neuen Erde", die Gott schaffen wird, wenn sein Heil anbricht (Jes 65, 17; 66,22), und in dieser Gestalt ist die Erwartung von späteren Schriften des Neuen Testaments aktualisiert und weitergeführt worden (2 Petr 3,13; Offb 21,1).

b. Das Zeugnis der Schöpfung (Psalmen und Weisheit)

Wie anders reden die großen Schöpfungstexte der (weisheitlich geprägten) Psalmen und der späten Weisheit von der Schöpfung! Sie ziehen aus dem Lob Gottes als Schöpfer keine Konsequenzen für den Verlauf der Geschichte wie DJes, sondern sie suchen Spuren des Schöpfers in der Alltagserfahrung[48]. Sie sind gemeinsam der Überzeugung, dass die Schöpfung „redet", indem sie auf vielfältige Weise auf den verweist, dem sie sich verdankt. Dabei ragen zwei Gesichtspunkte hervor: Die geschaffene Welt deutet einerseits auf ihre Stabilität und Gehaltenheit hin und andererseits auf die täglich erfahrbare Fürsorge aller Lebewesen durch den Schöpfer. Der letztgenannte Aspekt steht im Zentrum des einzigen reinen Schöpfungspsalms im Alten Testament, Ps 104, der erstgenannte in den Gottesreden des Hiobbuches, in denen Gott die Schöpfung gegen Hiob, der ihn verklagt, als seine Zeugin aufruft. Im einen Fall führt das Reden von der Schöpfung zum jubelnden Lobpreis, im anderen zum Verstummen der Anklage.

Daneben gibt es ein Reden der Schöpfung, das die Möglichkeiten des Menschen zu hören übersteigt, sei es, dass seine Sinnesorgane nicht ausreichen, um es voll zu vernehmen (Ps. 19), sei es, dass es ihm an der Weisheit gebricht, die allein in der Lage ist, in die Geheimnisse der Schöpfung einzudringen (Prv 8).

---

[48] Vgl. zu dieser Differenz bes. T. Krüger, „Kosmo-theologie" zwischen Mythos und Erfahrung. Ps 104 im Horizont altorientalischer und alttestamentlicher „Schöpfungs"-Konzepte (BN 68, 1993, 49–74), in: ders., Kritische Weisheit, Zürich 1997, 91–120; 115ff.

α. *Das Wunder der Schöpfung (Ps 104; Hi 38–41)*

Alte Schöpfungshymnen sind uns nicht überliefert. Falls es sie gegeben hat, was wahrscheinlich ist, werden sie am ehesten die Sicherheit und Gehaltenheit der Welt als Werk des Schöpfers gepriesen haben, wenn man von den nachweislich frühen JHWH-König-Psalmen 29 und 93 her urteilen darf. Einen späten Nachhall eines solchen Lobes bietet der kürzere Anfangsteil des *einzigen reinen Schöpfungshymnus,* der uns überkommen ist, *Ps 104.* In Gestalt eines individuellen Hymnus, in dem der Mensch sich selber zum Lob auffordert, preist er in einer stark von der Weisheit geprägten Diktion die Weltüberlegenheit des in Licht gekleideten königlichen Schöpfergottes, der souverän die Himmelsphänomene beherrscht (V.1–4) – sein himmlischer Palast ist „in den (oberen) Wassern", d.h. zu ihrer Kontrolle, angelegt, Winde und Feuerflammen sind seine Diener. Er ist es, der die Stabilität der Erde aufrecht erhält (V.5–9): Chaotische Wasser, die einst die Erde bedeckt und Leben verhindert haben, mussten unter Gottes Kriegsruf fliehen und haben von ihm einen Ort angewiesen erhalten, von dem aus sie nie wieder die Erde gefährden können. Seit der Schöpfung sind sie machtlos. Sie stehen nicht nur unter Gottes Kontrolle, sondern Gott hat sie „ein für allemal aus der Welt ausgeschlossen"[49].

Charakteristischer für das Lob des Schöpfers in Ps 104 ist aber sein breiter Mittel- und Hauptteil (V.10–30), der die Stabilität der der Erde schon voraussetzt. Er ist geprägt von einer Betrachtung der belebten Schöpfung, die den Psalmisten, der mit wachen Augen seine Welt durchschreitet, in ein *ständig wachsendes Staunen über die Vielfalt des Lebens führt, das von seinem Schöpfer versorgt wird*[50]. Die Wasser, die eben noch als ein lebensfeindliches Element die Erde bedrohen wollten (V.9), sind jetzt unter einem ganz anderen Aspekt im Blick: Gott sendet sie durch die Täler, damit die Vögel und die wilden Tiere ihren Durst stillen können (V.10–12). Sodann wendet sich der Blick des Betrachters dem Kulturland zu: Überall sprießt Gras für das Vieh und Getreide für den Menschen auf, wobei letztere zusätzlich mit Luxusgütern (Wein und Öl) verwöhnt werden (V.13–15). Darüber hinaus weist der Psalm auf von Gott versorgte Lebewesen, deren der Mensch üblicherweise gar nicht gewahr wird, weil sie sich in unzugänglichen Bergen aufhalten (V.16–18) oder weil sie wie die Löwen nachts aktiv sind und der Mensch ihre Lebensäußerungen verschläft (V.19–23).

---

[49] H.-J. Hermisson, Zur Schöpfungstheologie der Weisheit, in: ders., Studien zu Prophetie und Weisheit (FAT 23), 1998, 269–285; 277. Hermisson zeigt überzeugend, wie weisheitliches Denken das Chaos noch radikaler degradiert als die Psalmen, die Gott als Sieger im Chaoskampf darstellen. Vgl. auch Hi 38,10 und dazu die folgenden Ausführungen.

[50] Auch Ps 136, der die „Wundertaten" Gottes besingt (V.4) und bei Gottes Schöpfung einsetzt (V.5–9), preist die tägliche Versorgung von Mensch und Tier („der Speise gibt allem Fleisch", V.25) als Wirken des Schöpfers.

An dieser Stelle besteht der größte Unterschied zwischen Ps 104 und seiner wichtigsten Vorlage, dem berühmten, nahezu tausend Jahre älteren Sonnenhymnus des Pharao Amenophis IV. Echnaton, ein Unterschied, der für jeden Kenner des Sonnenhymnus mit polemischer Spitze versehen ist[51]. Im Sonnenhymnus bilden die Löwen die Gegenwelt zur Leben fördernden Sonne; sie sind Elemente des lebensfeindlichen Chaos, da sie auf Raub gehen, wenn der Sonnengott „in seinem Horizonte zur Ruhe gegangen (ist)"[52]. Für Ps 104, dessen Gottesbild sich nicht an der Sonne orientiert, ist diese Aussage unmöglich: Auch die Löwen und alle anderen Nachttiere werden von Gott versorgt! Hier vollzieht sich „Entdämonisierung der Finsternis durch die Einholung der Geschöpfe der Nacht in die Gottesbeziehung"[53].

Selbst achtsame menschliche Wahrnehmung vermag also immer nur einen kleinen Teil der Güte Gottes, mit der er die Lebewesen versorgt, zu beobachten. Aber schon diese partielle Wahrnehmung stößt überall auf Erweise der Fürsorge, mit der Gott das Leben seiner Geschöpfe fördert. Darum geht die Betrachtung des Psalmbeters ganz von selbst in die Anbetung über:

> Wie zahlreich sind deine Werke, JHWH,
> du hast sie alle in Weisheit ausgeführt,
> voll ist die Erde mit deinen Geschöpfen! (V.24)

„Deine Werke": Der Psalmbeter kann gar nicht in der reinen Beschreibung stehen bleiben. Alles Beobachten verweist ja auf den Schöpfer. Hier nimmt nicht der Verstand wahr, und der Glaube deutet das Wahrgenommene, sondern *die Betrachtung der belebten Schöpfung selbst führt unmittelbar zum Lobpreis des Schöpfers.* Wahrnehmung und „Glaube" liegen ineinander, sind ein Akt. Bedrohliches gibt es in dieser Schöpfung nicht; selbst der alte Chaosdrache Leviathan ist zum Spielzeug Gottes für Mußestunden degradiert geworden (V.26)[54].

In diesem Psalm, der von weisheitlicher Reflexion bestimmt ist, *legt die Schöpfung ständig Zeugnis ab von Gottes Schöpfergüte.* Der Mensch müsste schon alle seine Sinne verschließen, wollte er nicht wahrnehmen, wie alles geschöpfliche Leben, ob dem Menschen nah oder fern, auf Gottes Versorgung angewiesen ist und daher notwendig auf ihn hinweist. Wäre der Schöpfer

---

[51] Die wichtigsten Parallelen zwischen Ps 104 und dem Sonnenhymnus nennt H. Brunner, in: W. Beyerlin (Hg.), Religionsgeschichtliches Textbuch zum AT (ATD.E 1), 1975, 43 (Übersetzung des Sonnenhymnus ebd. 43–46). Vgl. zuletzt S. Reichmann Psalm 104 und der große Sonnenhymnus des Echnaton, in: M. Pietsch – F. Hartenstein (Hg.), Israel zwischen den Mächten. FS S. Timm (AOAT 364), 2009, 257–288. Dass Ps 104 den ägyptischen Hymnus – in welcher Gestalt auch immer – gekannt hat, ist aufgrund zahlreicher nahezu wörtlicher Übereinstimmungen überaus wahrscheinlich.

[52] Brunner, ebd.

[53] H. Spieckermann, Heilsgegenwart. Eine Theologie der Psalmen (FRLANT 148), 1989, 38.

[54] Freilich erinnert V.32 an manches unbegreifliche Gotteshandeln („er lässt die Erde beben und die Berge rauchen") und vor allem (der jüngere) V.35 an die Schuld von Frevlern, die in Gottes guter Schöpfung keinen Platz haben (V.35). Aber diese Themen werden im Psalm nur gestreift, nicht ausgeführt.

nicht ständig in seiner Fürsorge für seine Geschöpfe tätig, müssten sie verhungern und verdursten. Hier wird die gütige Nähe Gottes unmittelbar erfahren, an jedem Tag, in der Geschöpflichkeit selber. Ja, auch der Tod ist Bestandteil der redenden Schöpfung, weil er nur die Schattenseite der Entstehung neuen Lebens ist, das ihn zur Bedingung hat (V.29f.), auch er letztlich Zeuge der Güte Gottes. So heiter und unbeschwert hat das Alte Testament nie wieder vom Tod geredet.

Von solcher Heiterkeit ist *in den Gottesreden des Hiobbuches (Hi 38–41)* nichts zu spüren. Sie enthalten die Antwort Gottes auf Hiobs harte Anklagen angesichts seines Leides, auf die Hiob sehnsüchtig gewartet hatte, die aber anders ausfallen als von ihm erhofft. Hiobs eindringliche Fragen nach der Gerechtigkeit Gottes im Leben des Individuums, die auch vor geradezu lästerlichen Anklagen nicht zurückscheuen, erhalten eine Erwiderung, die scheinbar gar nicht auf Hiob eingeht, weil Gott im Wesentlichen auf die Stabilität der Welt verweist. Am lautesten hat der Philosoph Ernst Bloch geschimpft: „Der Jachweh (sic!) der Endszene spricht, wie für einen Naturdämon in Ordnung, kein einziges messianisches Wort."[55]

In der Tat bieten die Gottesreden des Hiobbuches keine Erklärung oder Begründung des Leidens Hiobs. Sie ordnen es aber ein in die erkennbar sinnvolle Gestaltung der Welt, geben ihm einen Rahmen, in dem es erträglich erscheint. Sie reißen das Leid aus seiner individuellen Isolierung heraus und stellen es in den großen Raum der Welterfahrung der Menschen hinein. In diesem Rahmen kann Gott einen Anderen für sich reden lassen. Er lässt „die Schöpfung … für sich Zeugnis ablegen"[56]. Zunächst prasselt eine lange Kette von Fragen auf Hiob nieder, die teilweise Sätze gottesdienstlicher Hymnen, teilweise weisheitliche Schulfragen aufgreifen. „Wo warst du, als ich …?" „Wer hat …?" „Kannst du …?" Nein, Hiob kann nicht, aber er hat auch nie behauptet, der Schöpfer zu sein. Die vielen Fragen wollen Hiob den Abstand zwischen Schöpfer und Geschöpf einschärfen und ihm verdeutlichen, dass seine Anklagen nicht einfach einen Partner auf gleicher Ebene treffen. Aber ihr vordringlichstes Anliegen ist das nicht.

Vielmehr muss Hiob lernen, dass er auch mit seinem Leid, das er nicht versteht, Teil einer wohldurchdachten, stabilen Weltordnung ist, die in allen ihren Teilen auf den guten und freundlichen Verursacher verweist, der sie erschaffen hat. Diese Welt durchdringt ein Gotteslob, das schon lange vor der Erschaffung der Menschen erklang, so dass diese sich mit ihrem kleinen Lob in den universalen und vorgeschöpflichen Lobpreis Gottes einordnen (38,7). Die Erde, auf der sie leben, ist „fest gegründet" und ruht auf unerschütterlichen Pfeilern; so ist sie Zeugin der Zuverlässigkeit Gottes (38,4–6). Gott selber hat diese Stabilität gesichert, indem er die Verkörperung aller chaotischer Mächte, das Meer, mit Toren verschlossen hat, so dass es seine Grenzen nie zu über-

---

[55] E. Bloch, Atheismus im Christentum (Rowohlt-Tb 347–349), 1970, 114.

[56] G. von Rad, Weisheit in Israel, Neukirchen-Vluyn 1970, 291.

schreiten vermag (38,10f.). Er hält alle Gefahren von der Erde fern, die von außen auf sie eindringen könnten.

Nicht genug damit: Auch alle Gefahren, die von innen die Erde bedrohen, und zwar täglich und stündlich, hat er unter Kontrolle. Er ist kein Gott, der die einmal erschaffene Erde sich selbst überlassen würde. Wie er mit seinen Gaben des Regens und des Taus die Geschöpfe versorgt (38,25–28), so sorgt er sich auch darum, dass die Frevler nicht überhandnehmen oder gar triumphieren (38,12–15). Vor allem in den beiden großen Tiergedichten von Behemoth und Leviathan in 40,15–41,26, die in der Tradition teilweise als Verkörperung gottwidriger Mächte bzw. des Chaosdrachens, teilweise als symbolische Verkörperung feindlicher Geschichtsmächte erscheinen, wird Gottes Einsatz zur Bewahrung seiner Welt dargelegt, da er als Schöpfer der Tiere (40,15!) nie die Kontrolle über sie verliert, ohne doch – wie Horus oder der Pharao auf seinen Ritualjagden – gegen sie kämpfen zu müssen[57].

So verweist die Schöpfung sowohl mit ihren hellen als auch mit ihren dunklen Seiten auf ihren Schöpfer: mit der Versorgung ihrer Lebewesen durch Regen und Tau ebenso wie mit ihrer Sicherheit und Bewahrung trotz aller drohenden Gefahren. Hiob kann und darf sein persönliches Geschick aus der Hand des Gottes nehmen, der dieser Welt eine dauerhafte Ordnung gab und ihre Stabilität gegenüber allen Mächten, die sie bedrohen wollen, kraftvoll aufrecht erhält. Er darf darüber hinaus sein Geschick auch in den Händen des Schöpfers geborgen wissen, dessen Handeln menschliches Begreifen übersteigt. Wenn die redende Schöpfung ihm mit der Weite der Erde, der Wohnung des Lichts, den Speichern von Schnee und Hagel oder dem Geburtsort des Eises (38,18ff.) Belege vor Augen führt, die verdeutlichen, wie unfassbar groß der Schöpfer ist, dann kann Hiob nur angesichts der Wunder und Geheimnisse der Schöpfung staunen und sich zuletzt dem Gott unterwerfen, dessen Wege nicht nur machtvoll, sondern auch gut sind.

β. *Das Geheimnis der Schöpfung (Ps 19; Hi 28; Prv.8)*

Neben dem Zeugnis der Schöpfung, das auf den Schöpfer verweist und das der Mensch unmittelbar versteht, wenn er mit wachen Augen durch seine Welt geht, gibt es ein anderes Reden, von dem der Mensch gemeinhin gar nichts weiß, wie Ps 19 belegt. Er beginnt mit dem Satz:

> Die Himmel erzählen die Herrlichkeit Gottes,
> und das Werk seiner Hände verkündet das Firmament. (V.2)

---

[57] Vgl. E. Ruprecht, Das Nilpferd im Hiobbuch, VT 21 (1971), 209–231 und bes. O. Keel, Jahwes Entgegnung an Ijjob (FRLANT 121), 1978. Beide Autoren zeigen, wie der Pharao auf seinen Ritualjagden mit Erlegung vor allem von Nilpferd und Krokodil (aber auch anderer Tiere) die Funktion des Gottes Horus in seinem Chaoskampf übernimmt.

Das Verb „erzählen“ wird in den Psalmen üblicherweise in Dankliedern bei Dankgottesdiensten verwendet, in Situationen also, in denen ein Mensch davon berichtet, wie er in schwerer Not Rettung und Hilfe Gottes erfahren hat. Demgegenüber ist das „Erzählen“ der Himmel ein Dauerereignis (Ptz. im Hebr.), das Tage und Nächte einander ständig „zusprudeln“, um die Gotteserkenntnis der Welt zu vermehren (V.3). Das „Werk seiner Hände“ meint keineswegs nur den abgeschlossenen Akt der Schöpfung, sondern *das permanente Reden der Himmel bezeugt das permanente Wirken des Schöpfers* in Welterhaltung und Weltlenkung. Und weil es Taten Gottes sind, die erzählt werden, sind sie Widerschein seiner „Gewichtigkeit“ (so die Grundbedeutung von כבוד), seiner „Herrlichkeit“, die nach Jes 6,3 die ganze Erde füllt. *Gottes Herrlichkeit wächst im täglichen und stündlichen Erzählen des Universums.*

Dieses ständige Gotteslob der Himmel besitzt nur eine Einschränkung: Obwohl es bis in alle Winkel der bewohnten Erde dringt und ohne jede Unterbrechung stattfindet, sind die menschlichen Sinnesorgane bedauerlicherweise nicht fein genug, um es wahrzunehmen. Es ergeht ohne hörbare Worte, auf die das menschliche Hören angewiesen ist (V.4–5a). Einzig der Erkenntnis ist das himmlische Erzählen zugänglich. Der Mensch, der seinen Verstand nutzt, kann tiefer in das Geheimnis der Schöpfung eindringen, das das Geheimnis ihres Verursachers ist. Im Übrigen bleibt dem Menschen nur, sich beim Blick zum Himmel am Abbild der Pracht der Sonne, der Gott ihren Wirkungsraum „gesetzt“ hat und die folglich Geschöpf unter Geschöpfen ist, und an ihrer Leuchtkraft und Glut die ungleich umfassendere Herrlichkeit Gottes zu vergegenwärtigen (V.5b–7).

Allerdings ist der Mensch für die Beschränkung seiner Sinne von Gott reichlich entschädigt worden. In Gestalt seiner Willensoffenbarung in der Tora hat Gott dem Menschen eine Orientierung gegeben, die „Leben erneuernd“, „zuverlässig“ und „zur Weisheit führend“ ist (V.8)[58]. Mit ihr kann der Mensch schwere Schuld vermeiden, muss freilich Gott um Freispruch von derjenigen Schuld bitten, die ihm selbst verborgen ist. *An der Vollkommenheit der Tora kann sich der Mensch die Vollkommenheit der Schöpfung verdeutlichen.* Schöpferherrlichkeit und offenbarte Tora, beide der Erkenntnis des Menschen zugänglich, stehen in einem verborgenen Entsprechungsverhältnis zueinander.

Auf eine andere Weise spricht *die späte Weisheit* vom Geheimnis der Schöpfung. Für sie vermag nur die Weisheit selber in dieses Geheimnis voll einzu-

[58] Früher nahm man gemeinhin an, dass Ps 19 aus zwei ursprünglich selbständigen Psalmen 19A (V.2–7) und 19B (V.8ff.) zusammengesetzt sei. Aber es gibt gewichtige Gründe für die Annahme einer genuinen Einheitlichkeit des jungen Psalms; vgl. etwa H. Gese, Die Einheit von Ps 19, FS G. Ebeling, 1982, 1–10 = ders., Alttestamentliche Studien, Tübingen 1991, 139–148. Möglich ist, dass sich hinter V. 2–7 ein alter kanaanäischer Psalm verbirgt, der aber im gegenwärtigen Text stark umgedeutet worden wäre; vgl. O.H. Steck, Bemerkungen zur thematischen Einheit von Ps 19,2–7, in: ders., Wahrnehmungen Gottes im AT (TB 70), 232–239. Jedenfalls verdient die Tatsache Beachtung, dass ab V.8 der spezifische Gottesname JHWH den Psalm beherrscht, während das kosmische Lob Gott unter dem generischen Gottesnamen El gilt.

dringen, jene Weisheit, um die sich der Mensch in all seinem Streben nach sinnvollem Leben müht, die er aber immer nur allenfalls partiell zu erreichen vermag. Das Gedicht in *Hi 28* etwa, unabhängig von der Hiobdichtung entstanden, preist anfangs die Fähigkeiten des Menschen in höchsten Tönen – er dringt in die Tiefen der Erde, um Edelmetalle zu gewinnen, legt Stollen in harten Felsen an etc. –; doch dann stellt sie den Menschen abrupt vor seine schmerzlichste Grenze. Eines vermag er nicht, das gerade das Wichtigste für sein Leben wäre: Er kann die Weisheit nicht finden, die mit allen Schätzen der Welt nicht aufzuwiegen ist. Den Weg zu ihr kennt allein Gott (V.23). Als er der Welt ihre Ordnung gab, hat er sie „gefestigt und erforscht" (V.27). So führt der Weg zur Erkenntnis der Ordnung der Welt zwingend über den Schöpfer; ein jüngerer Abschlussvers (V.28) weist dem suchenden Menschen den Weg: „Die Furcht des Herrn: das ist Weisheit, und Vermeiden des Bösen ist Einsicht."

Diese den Menschen letztlich unzugängliche Weisheit erscheint in *Prv 8* (und in Sir 24) als eine personifizierte Größe. Sie ruft die Menschen in ihre Nachfolge, ruft sie zum Gebrauch ihrer Vernunft auf und verweist in V.22–31 darauf, dass sie den Mittelpunkt der Schöpfung bildet, weil sie von Gott vor allen übrigen Geschöpfen erschaffen wurde:

> JHWH erschuf mich als den Anfang seines Weges,
> vor seinen (übrigen) Werken, vor aller Zeit. (V.22)

Die Weisheit war aber nicht nur der Erstling der Schöpfung, sondern sie war auch Schöpfungsmittlerin. „Als er den Himmel festigte, war ich dabei" (V.27), ebenso bei der Eindämmung der Urflut, der Begrenzung des Meeres und der Festigung der Erde. Gemeint ist nicht eine handwerkliche Beteiligung an der Schöpfung, sondern eine Präsenz, in der sich das innerste Wesen der Schöpfung widerspiegelt. Nach V.30f. hat die Weisheit während der gesamten Schöpfung Gott heiter umspielt; sie hat ihn somit inspiriert und war dabei sein ständiges „Entzücken"[59]. Ihr eigenes „Entzücken" aber war auf die Menschen gerichtet.

Besonders dieser abschließende Gedanke zeigt, wie sehr die in Prv 8,22–31 aufgegriffene mythologische Sprache auf die Menschen abzielt, denen das Mühen um die Weisheit, d.h. um das Verständnis der Ordnungen, die der Welt zugrunde liegen, dringlich ans Herz gelegt wird[60]. Ohne die Weisheit, die als

---

[59] Sowohl „die Stilform einer göttlichen Selbstoffenbarung" (von Rad, Weisheit in Israel, 213) als auch die Vorstellung der die Gottheit umspielenden Frau (ursprünglich: Göttin bzw. Gottesgemahlin) verweist als Vorbild auf die ägyptische Maat, die göttliche Verkörperung des Rechts und der Weltordnung, als Vorbild; vgl. die textlichen und ikonographischen Parallelen bei O. Keel, Die Weisheit spielt vor Gott, Fribourg-Göttingen 1974. In Prv 8 ist die Weisheit allerdings keine Göttin, sondern Geschöpf Gottes, freilich sein erstes und wichtigstes.

[60] „Weil Gott die Welt mit ihren inneren Ordnungen in Weisheit geschaffen hat, darum kann sie auch nur durch Weisheit erkannt werden, und solche Erkenntnis ist für den Menschen lebensnotwendig, weil er sich nur damit in die Ordnungen, die Regelabläufe der Welt einfügen kann." (H.-J.

Schöpfungserstling und -mittlerin allein den Zugang zu den Geheimnissen von Schöpfung und Welt ermöglicht, können Menschen weder „Leben" noch „Gefallen bei Gott" erlangen (V.35). Nähe zur Weisheit bedeutet beides zugleich: sowohl ein Verstehen der Welt und damit die Ermöglichung rechten Verhaltens in ihr als auch Nähe zum Schöpfer. Die bei der Schöpfung gesetzte Ordnung der Welt, in die der Mensch mit seinem Verstand eindringen kann und soll, ist in einem letzten Sinn mit dem Willen Gottes identisch, wie später explizit Sir 24 ausführen wird. Doch schon Prv 8 ist der Ansicht, dass die Verachtung der Weisheit nicht nur zum Verlust der Möglichkeit einer Erkenntnis der Welt führt, sondern auch zum Verlust des Zugangs zu einem glückenden Leben. So sind für Prv 8 die Schönheit der Welt, ihre Sinnhaftigkeit und Ordnung und der Weg zu gelingendem Leben letztlich Aspekte ein und desselben Schöpfungsgeheimnisses, in das der menschliche Geist mit Hilfe der Weisheit einzudringen vermag.

c. *Schöpfung und Sintflut (Die Urgeschichte)*

Die ersten Kapitel der Bibel, mit denen wir das Thema Schöpfung gemeinhin unmittelbar assoziieren, unterscheiden sich ganz erheblich von den bisher behandelten Texten: nicht nur dadurch, dass sie in Prosa gehalten sind, nicht nur dadurch, dass sie vom Vorgang der Schöpfung erzählen, sondern vor allem dadurch, dass in ihnen Schöpfung und Sintflut aufs engste aufeinander bezogen sind. Das gilt für beide literarische Fassungen der Urgeschichte, die priesterschriftliche (P) und die traditionell „jahwistisch" (J) genannte; das Alter der letzteren wird allerdings gegenwärtig sehr unterschiedlich bestimmt[61]. Weder

---

Hermisson, Weisheit, in: H.-J. Boecker, Altes Testament [Neukirchener Arbeitsbücher], Neukirchen-Vluyn ³1989, 165 ff.; 173).

[61] Während P allgemein exilisch oder allenfalls frühnachexilisch angesetzt wird, gehen die Datierungen der Urgeschichte von „J" (bzw. von Gen 2–3, wo man die Kapitel isoliert betrachtet) weit auseinander. Das liegt vor allem daran, dass sie ganz für sich steht und im AT ohne erkennbare Wirkungsgeschichte geblieben ist. Während sie früher generell für älter als P angesehen wurde und noch heute weithin angesehen wird, mehren sich in den letzten Jahren Stimmen, die sie für jünger als P halten (wobei allerdings häufig mit einer selbständigen Schöpfungserzählung als älterem Kern gerechnet wird); vgl. etwa M. Witte, Die biblische Urgeschichte (BZAW 265), 1998; A. Schüle, Der Prolog der hebräischen Bibel (AThANT 86), 2006. M. Arneth, Durch Adams Fall ist ganz verderbt ... Studien zur Entstehung der atl. Urgeschichte (FRLANT 217), 2007, hält die J-Texte sogar für Ergänzungen zu P. Hauptgrund der Spätdatierung ist die Annahme, dass die beobachteten weisheitlichen Einflüsse (bes. in Gen 2–3) charakteristisch für die späte Weisheit seien. Jedoch sind weder die zeitliche Zuordnung der weisheitlichen Züge noch die Rekonstruktion einer älteren Schöpfungserzählung evident oder gar zwingend, wie gewichtige jüngste Untersuchungen gezeigt haben; vgl. E. Blum, Von Gottesunmittelbarkeit zu Gottähnlichkeit. Überlegungen zur Anthropologie der Paradieserzählung (SBS 202, 2004, 16–30), in: ders., Textgestalt und Komposition (FAT 69), 2010, 1–20; J.C. Gertz, Von Adam zu Enoch. Überlegungen zur Entstehungsgeschichte von Gen 2–4, in: M. Witte (Hg.), Gott und Mensch im Dialog, FS O. Kaiser (BZAW 345/I), 2004, 215–236; ders., Beobachtungen zum literarischen Charakter und zum geistesgeschichtlichen Ort

in der P- noch in der J-Fassung wird isoliert von der Schöpfung erzählt. Sachlich bedeutet dies, dass für die biblischen Erzähler bei der Betrachtung der Welt von Gottes Schöpfung nicht geredet werden kann, ohne dass die Schuld des Menschen in den Blick kommt. *Die erfahrbare Wirklichkeit spiegelt die Absicht des Schöpfers nur noch gebrochen wider,* weil das schuldhafte Handeln des Menschen sie weitgehend überdeckt hat. Anders ausgedrückt: Welterfahrung ist für die Erzähler immer Erfahrung der (geglaubten) Güte Gottes und der (erlebten) Beschwer und Sinnlosigkeit bzw. Gewalt, die beide Fassungen auf schwere menschliche Schuld zurückführen. Gott aber, der nach menschlicher Logik den schuldigen Menschen hätte längst vernichten müssen, hat sich nach Gen 6–9 selbst festgelegt, die Welt in ihrer Zwiespältigkeit trotz der Schuld des Menschen zu ertragen und zu erhalten.

Bei P leitet die Darstellung der Urgeschichte einen umfassenden Geschichtsentwurf ein; in ihm zielt die Schöpfungserzählung auf den Höhepunkt des theologischen Entwurfs, auf die Sinaioffenbarung ab, in der die Schöpfung Gottes zur Vollendung kommt (s. o. S. 252 f.). Demgegenüber ist die J-Urgeschichte literarisch jünger als die gemeinhin „J" zugewiesenen Erzählungen von den Erzvätern und von Mose. Wenn sie diesen vorangestellt wird, so wird damit zum einen (wie bei P) hervorgehoben, dass Gottes partikulare Geschichte mit seinem Volk auf die Menschheit und die Welt als ganze zielt, zum anderen aber, dass sie einer Menschheit und Welt gilt, die schuldbeladen und erlösungsbedürftig ist. Dass die Urgeschichte des J einmal eine eigenständige Erzählung gebildet hat[62], ist eher unwahrscheinlich.

Charakteristisch für beide Erzählungsstränge ist eine Eigenart, die schon bei DJes zu beobachten war: Die Erzählungen sind voller expliziter und impliziter *Polemik gegen die Weltsicht der altorientalischen Großreiche,* mit deren Mythen sie in aktueller Auseinandersetzung stehen, insbesondere mit der Weltdeutung der Babylonier. Beispiele müssen hier genügen[63]. Bei P betrifft die Polemik vor allem die Verehrung der Gestirne, die nach Gen 1,14–18 wie Lampen am Firmament handwerklich befestigt werden – für Menschen des Alten Orients ist das blasphemische Rede! –, daneben aber auch den

---

der nichtpriesterlichen Sintflutgeschichte, in: M. Beck – U. Schorn (Hg.), Auf dem Weg zur Endgestalt von Genesis bis II Regum. FS H.-Chr. Schmitt (BZAW 370), 2006, 41–57. Gewichtige neue Beobachtungen zugunsten der Einheitlichkeit von Gen 2–3 und ihres höheren Alters gegenüber Gen 1 hat zuletzt W. Bührer, Am Anfang … Untersuchungen zur Textgenese und zur relativ-chronologischen Einordnung von Gen 1–3 (FRLANT 256), 2014, vorgelegt. Die Akten sind hier noch nicht geschlossen. Deutlich scheint mir nur (mit Gertz) zu sein, dass die illusionslose Sicht des Menschen in der J-Urgeschichte von der Schriftprophetie beeinflusst ist. Die spezifischen Jerusalemer Züge der Erzählung (Paradiesgeographie und bewachter Lebensbaum) können späterer Zuwachs sein. Aufgrund der Sintfluterzählung halte ich nach wie vor die Lösung für die näherliegende, dass die J-Urgeschichte älter ist als die von P und dass sie die Sintfluterzählung mit umfasst hat.

[62] So zuerst F. Crüsemann, Die Eigenständigkeit der Urgeschichte, in: J. Jeremias – L. Perlitt (Hg.), Die Botschaft und die Boten. FS H.W. Wolff, Neukirchen-Vluyn 1981, 11–30, dem mehrere Exegeten gefolgt sind.

[63] Vgl. zum Folgenden auch die Einleitung.

vorgeschöpflichen Zustand der Erde (Gen 1,2), der bei P keinerlei göttliche Qualität, vielmehr chaotisches Wesen besitzt. Eine Selbstentfaltung göttlicher Kräfte, von der die altorientalischen Mythen sprechen, kennt P nicht[64]. Vielmehr trennt P streng zwischen dem einen Schöpfer und den Geschöpfen; die in Mesopotamien den Kosmos bedrohenden Chaosmächte werden zu – von Gott geschaffenen! – großen Meeresdrachen entmythisiert, die Gott geschaffen hat (Gen 1,21; vgl. Ps 104,26). – In der Erzählung des J ist die Polemik besonders bei der Sicht des Menschen zu erkennen, insofern im Gespräch mit dem Menschenbild des Atraḫasis-Epos (und dem des Weltschöpfungsepos enūma eliš) dem Menschen jegliche göttliche Natur abgesprochen und er von vornherein als sterbliches Geschöpf dargestellt wird. Ist der Mensch im Atraḫasis-Epos aus Götterblut und Erde erschaffen und insofern schon von seiner „Materie“ her auf die Götter verwiesen[65], so ist in Gen 2,7 diese Materie „Staub“, zu dem der Mensch am Ende seines Lebens wieder wird, wenn Gott seinen zum Leben erforderlichen Odem zurücknimmt.

Beide Fassungen der Erzählung von Schöpfung und Sintflut wollen *die Ambivalenz menschlicher Welterfahrung* deuten. Sie tun es so, dass sie Gottes Schöpferhandeln und den Eingriff des Menschen in Gottes Welt im Nacheinander darstellen. Sie schildern also zunächst, wie Gott sich die Welt und das Verhältnis des Menschen zu ihr gedacht hatte, und erst danach, wie das Handeln des Menschen die Welt verändert hat. Freilich tun sie es mit höchst unterschiedlichen Kategorien. *Die J-Erzählung ist anthropozentrisch orientiert* und denkt in Relationen: Das Verhältnis des Menschen zu Gott, zu den Tieren und zur Arbeit sowie des Mannes zur Frau und umgekehrt stehen im Mittelpunkt der Darstellung. *Die P-Erzählung ist dagegen kosmologisch ausgerichtet* und erwähnt den Menschen erst, als das Universum schon von Gott erschaffen ist. Ihr geht es entscheidend um das Weltverhältnis des Menschen in seiner Ebenbildlichkeit und in seinem Herrschaftsauftrag.

α. *Schöpfung und Sintflut bei „J“*

Für das Verständnis der Schöpfungs-, Paradies- und Sündenfallerzählung in Gen 2–3 (Gen 2,4b–3,24) ist die Beobachtung entscheidend, dass die einleitenden „Noch nicht ...“-Sätze (2,5), die für den Anfang mesopotamischer Schöpfungserzählungen typisch sind, ihre positive Entsprechung bzw. Einlösung nicht schon in Gottes Schöpferhandeln in Gen 2 finden, sondern erst in der Schilderung der gegenwärtigen Erfahrung des Menschen in den Fluchsprüchen von Gen 3[66]. Schöpfungs-, Paradies- (Gen 2) und Sündenfallerzählung (Gen 3) bilden daher eine unlösliche erzählerische Einheit. Nicht die

---

[64] Vgl. bes. M. Bauks, Die Welt am Anfang. Zum Verhältnis von Vorwelt und Weltentstehung in Gen 1 und in der altorientalischen Literatur (WMANT 74), 1997.

[65] Vgl. TUAT III/4 (1994), 623f. (Übersetzung von Sodens).

[66] Das hat vor allem O.H. Steck, Die Paradieserzählung, BSt 60, 1970, 30ff. = ders., Wahrnehmungen Gottes im AT. Ges. St. (TB 70), 9–116; 26ff. nachgewiesen.

Ausmalung eines Paradieses bildet die Intention des Textes, sondern ihm geht es um den Gegensatz von Gottes gütiger Absicht mit dem Menschen und dessen leidvoller Gegenwartserfahrung, die auf die Schuld des Menschen zurückgeführt wird. Man hat Gen 2–3 nicht zu Unrecht eine „grundlegende Theodizee“ (J. Hempel) genannt, einen Freispruch Gottes von der Urheberschaft aller Leid- und Vergeblichkeitserfahrung.

Die erste Hälfte des Textes (Gen 2) stellt dementsprechend die Fürsorge des Schöpfers in den Mittelpunkt des Erzählten. Er eröffnet dem von ihm geschaffenen Menschen eine ideale Arbeit und stellt ihn in einen üppigen Garten – im wüsten- und steppenreichen Palästina Gegenstand der Sehnsucht schlechthin –, den er pflegen und bearbeiten darf; er führt ihm die Fülle der Tiere zu, die er durch Namengebung in für ihn nützliche, nahe und ihm fremde, ferne Tiere einteilen darf; und Gott beendet die dringendste Not des Menschen, seine Einsamkeit, indem er ihn im Tiefschlaf zur Zweiheit ausgestaltet. In der Frau, die er mit dem Hochzeitsjubel begrüßt, findet er seine genaue Entsprechung, durch die ihm unüberbietbare und uneingeschränkte Lebensfülle in glückender Gemeinschaft eröffnet wird[67].

Am Ende der Erzählung sind alle diese Gaben der Fürsorge Gottes – nicht verloren, wie man aufgrund der Wirkungsgeschichte, der traditionellen Erbsündenlehre, denken könnte, wohl aber – nur noch gebrochen und partiell erfahrbar. Der Adam darf weiterhin arbeiten und seine Adamah, der er als vorfindlicher Mensch zugeordnet ist, d.h. seinen Acker zu seinem Lebensunterhalt bebauen, aber er muss es unter „Beschwer“ tun, und er macht dabei vielfältige Vergeblichkeitserfahrungen in Gestalt von „Dornen und Gestrüpp“ (3,18), die ihm entgegen wachsen. Seine Frau teilt seine „Beschwer“ in Schwangerschaft und Geburt mit ihm (3,16f.). Noch immer darf der Mensch die Tiere sich zuordnen, aber nun herrscht Feindschaft zwischen den Menschen und zahlreichen Tieren, die die Schlange repräsentiert. Vor allem aber erklingt noch immer der Hochzeitsjubel am Höhepunkt des menschlichen Lebens, aber nun herrscht Ungleichheit zwischen den Geschlechtern (3,16), die für den Erzähler nicht von Gott gewollt ist, und das ungetrübt harmonische Beziehungsverhältnis zwischen Mann und Frau ist zerbrochen; in ihrer Scham voreinander kommen sie freilich nicht weiter, als sich einen Lendenschurz zu nähen (3,7). Für die im sozialen Alltag notwendige Kleidung bleiben sie auf Gottes Fürsorge angewiesen, die auch nach dem „Sündenfall“ nicht aufhört (3,21)[68].

---

[67] Der Gen 2 abschließende Satz: „Sie schämten sich nicht voreinander“ (im Hebr. Hitp.) will dieses ungetrübt harmonische Verhältnis beschreiben. Leider wird er in der Mehrzahl der Bibelübersetzungen mit „sie schämten sich nicht“ unpräzise übersetzt, so dass Missverständnisse entstehen.

[68] Vgl. dazu F. Hartenstein, „Und sie erkannten, dass sie nackt waren …“ (Gen 3,7). Beobachtungen zur Anthropologie der Paradieserzählung, EvTh 65 (2005), 277–293.

Der Wandel von einer von Gott gehaltenen Welt zu einer Welt voller Beschwerden ist für den Text nur auf eine einzige Ursache zurückzuführen: auf die Unfähigkeit des Menschen, sich als Geschöpf ganz der Planung des Schöpfers zu überlassen. Der Mensch möchte das für ihn Förderliche und Schädliche selbst bestimmen; darum kann und will er sich nicht mit dem Verbot Gottes abfinden, das ihn vor der „Erkenntnis von Gut und Böse" bewahren wollte. Er sucht ebendiese Erkenntnis, damit er künftig eigenständig entscheiden kann und der Planung Gottes nicht mehr bedarf.

Während dieser Wille des Menschen üblicherweise als seine Hybris und Grundschuld gegenüber Gott gedeutet worden ist[69], hat man in neuerer Zeit mehrfach betont, dass – zumindest auch – ein entwicklungsgeschichtlich notwendiger Schritt des Menschen hin zur Eigenverantwortlichkeit im Blick ist. Zum einen ist eine umfassende „Erkenntnis von Gut und Böse" andernorts im Alten Testament nicht negativ konnotiert[70]; zum anderen sind Erkenntnis, Entdecken der eigenen Nacktheit und ein „Eintreten ins Sein wie ein Gott" (vgl. Gen 3,22) im Gilgamesch-Epos zusammengehörige Motive, die die entscheidenden Merkmale des werdenden Menschseins für Gilgameschs Freund Enkidu ausmachen. Es spricht vieles dafür, dass sich Gen 2–3 im Gespräch mit diesem Epos befindet[71], das aufgrund seiner weiten Verbreitung jeder Gebildete im Alten Orient kannte. Jedoch sollten beide Aspekte des Textes, Grundschuld des Menschen und notwendige Entwicklungsgeschichte, nicht gegeneinander ausgespielt werden.

Als ein aus Gottes Schutz Gelöster ist der Mensch künftig auf der Flucht vor Gott (3,10), zugleich – wie auch seine Frau – unfähig, sich zur eigenen Schuld zu bekennen, die beide vielmehr sich gegenseitig oder anderen zuschieben. Entscheidend geht es dem Text darum zu zeigen, wie der Mensch mit seinem unmittelbaren Gottesverhältnis auch notwendig sein Verhältnis zur Arbeit, zu den Mitgeschöpfen und zum anderen Geschlecht einbüßt, kurz: *wie der Mensch mit seinem Gottesverhältnis auch sein Weltverhältnis verliert.*

Allerdings fällt Gen 3 noch kein abschließendes Urteil über den von Gott gelösten Menschen. Gen 4, durch zahlreiche literarische Bezüge mit Gen 2–3 verbunden, zeichnet ihn als einen potentiellen Brudermörder, der mit sozialer Ungleichheit, wie sie jede Gesellschaft prägt, nicht umzugehen vermag und zur Gewalt greift, um sich selbst durchzusetzen[72]. Als Gott ihm nachgeht, um ihn zur Besinnung zu bringen (4,6 f.), erreicht er nur das Gegenteil des Erhoff-

---

69 Vgl. die eindrucksvollen Auslegungen von D. Bonhoeffer, Schöpfung und Fall, ³München 1958 und von O.H. Steck, a.a.O.

70 Das hat bes. R. Albertz, „Ihr werdet sein wie Gott" (Gen 3,5), in: F. Crüsemann u. a. (Hg.), Was ist der Mensch …? FS H.W. Wolff, München 1992, 11–27, betont.

71 Vgl. F. Hartenstein, „Und weit war seine Einsicht" (Gilgamesch I, 202). Menschwerdung im Gilgamesch-Epos und in der Paradieserzählung Gen 2–3, in: FS R. Kessler, Gütersloh 2009, 101–115; Zitat 109, und ausführlich zum Vergleich der Menschwerdung Enkidus und Adams M. Gerhards, Conditio humana. Studien zum Gilgameschepos und zu Texten der biblischen Urgeschichte am Beispiel von Gen 2–3 und 11,1–9 (WMANT 137), 2013, 140 ff.; 241 ff.; 325 ff.

72 Die Beschränkung der Lektüre auf Gen 2–3 in der kirchlichen Tradition hat dazu geführt, dass die in Gen 4 angesprochene soziale Dimension von Schuld im Bewusstsein der Theologie stark in den Hintergrund getreten ist.

ten: Kain tötet in eiskalter Berechnung und hinterlässt eine blutgetränkte Erde. Sie ist der Ort für die letzte Steigerung der Schuld, für die Lamech, der maßlose Mensch, steht, der nur das eigene Wohl als Maßstab kennt und schon für eine Bagatelle tötet (4,23f.). Adam wird noch von Gott bekleidet, Kain vor willkürlicher Rache von Gott beschützt: Die Steigerung in Lamechs Handeln soll zeigen, dass der von Gott gelöste Mensch zu jeder Form von Schuld fähig ist; er ist sintflutreif.

Seit der Entdeckung, genauer: der Rekonstruktion des schon zuvor genannten altbabylonischen *Atraḫasis-Epos*, das über viele Jahrhunderte hinweg tradiert worden und in zahlreichen Fassungen erhalten geblieben ist, wissen wir nicht nur, dass den biblischen Erzählern der mesopotamische Sintflutmythos bekannt war – ein Fragment des Gilgamesch-Epos war bei Ausgrabungen in Megiddo gefunden worden –, sondern auch, dass ihnen *die Verbindung von Schöpfung und Sintflut schon vorgegeben war.* Hier wie dort ist der entscheidende Zielpunkt der Verbindung, dass die Sintflut ein einmaliges und unwiederholbares Ereignis bleibt, die erfahrbare Welt demgegenüber eine göttlich garantierte, sichere Welt ist. Jedoch trennen zwei fundamentale Unterschiede die mesopotamische und die biblische Deutung. Die eine betrifft die Ursache der Flut. Im Atraḫasis-Epos ist es die sich vermehrende, lärmende Menschheit, die den Göttern lästig wird und sie stört, in der J-Urgeschichte die wachsende Schuld einer aus der Gottesbeziehung gelösten Menschheit. – Die andere betrifft das Gottesbild. Die Leser des Atraḫasis-Epos begegnen zwei sehr unterschiedlichen göttlichen Gestalten, die im Mittelpunkt des Geschehens stehen: einerseits dem eigentlichen Verursacher der Sintflut, dem launischen und leicht erregbaren Sturmgott Enlil, andererseits aber dem Weisheitsgott Enki/Ea, der Menschheit und Tierwelt durch den Befehl zum Bau der Arche an den Sintflut-„Helden“ Atraḫasis rettet und jede künftige Wiederholung der Sintflut verhindern will. Erfahrungen der Menschen von Willkür und Unverständlichem und Erfahrungen von Fürsorge und Güte werden also auf verschiedene Götter verteilt. Demgegenüber muss der biblische Gott alles in sich allein austragen: die notwendige Bestrafung der schuldigen Menschheit und ihre Bewahrung vor ihrem Untergang in der erfahrbaren Welt.

Die *Deutung der Sintfluterzählung in der J-Urgeschichte* ist dem Leser dadurch erheblich erleichtert, dass der Erzähler ihm am Anfang (6,5–8*) und am Ende (8,20–22) einen unmittelbaren Einblick in Gottes Denken und Fühlen gewährt. Wie ungewöhnlich dieser doppelte Einblick in Gottes „Herz“ (6,6; 8,21) ist, wird daran erkennbar, dass weder von der untergehenden Menschheit noch von dem geretteten Noah Gefühle mitgeteilt werden. Die Aufmerksamkeit des Lesers soll ganz auf Gott gerichtet sein; es ist eine „Gotteserzählung“[73]. Nur nach starker Überwindung und nur unter größten inneren Schmerzen gibt Gott die von ihm geschaffene Menschheit preis, aber sie hat ein Maß von Schuld angehäuft, das ihn dazu nötigt und das in Gen 6,5 so summiert wird:

---

[73] N.C. Baumgart, Die Umkehr des Schöpfergottes. Zu Komposition und religionsgeschichtlichem Hintergrund von Gen 5–9 (HBS 22), 1999, 147. Vgl. zuvor R. Oberforcher, Die Flutprologe als Kompositionsschlüssel der biblischen Urgeschichte (IThS 6), 1981, 102 u. ö.

> JHWH sah, dass die Bosheit des Menschen auf der Erde groß war und jedes Gedankengebilde seines Herzens ständig ausschließlich böse war ...

Eine derart pessimistische Sicht des Menschen ist im Alten Testament ohne Analogie; sie überbietet selbst dunkelste prophetische Einschätzungen wie Jer 13,23. Wie weit ist sie von der optimistischen „Zweinaturenlehre" des Menschen im Atraḫasis-Epos entfernt, von der eingangs die Rede war! Das Herz ist im Alten Testament der Ort des Willens, des Planens und Beschließens. Wenn jedes „Gedankengebilde" des menschlichen Herzens „böse" ist, und zwar „ständig" und vor allem „ausschließlich", dann ist dieser Mensch für Gott nicht mehr ansprechbar und nicht mehr erreichbar. Er kann ihn nur aufgeben, tut dies aber unter Schmerzen.

Umso mehr kann der Leser das Ende der Erzählung nur als ein reines Wunder verstehen. Dort schließt Gott angesichts des Dankopfers des überlebenden Noah eine künftige Sintflut ein für allemal aus, „obwohl das Gebilde des menschlichen Herzens böse von Jugend auf" ist (8,21). Der Mensch war nicht nur, er bleibt sintflutreif. Dennoch berichten beide Erzähler, „J" und P, von der Sintflut nur, weil sie ein einmaliges, unwiederholbares Geschehen bleiben soll. *Der Mensch hat sich durch die Sintflut nicht geändert, wohl aber hat Gott eine Wandlung vollzogen.* Wie er später sein Volk nicht vernichtet, obwohl es ihn als Gott verworfen hat (Ex 32), so erträgt er auf Dauer den schuldigen Menschen, der sich aus seiner Fürsorge gelöst hat und in seiner Selbstbestimmung wesensmäßig böse ist. Von dieser Inkonsequenz Gottes lebt der Mensch und lebt Gottes Volk. Die zweite Menschheit darf ihren Alltag in einer von Gott gesicherten Bewahrung zubringen, die sie nur als völlig unverdient verstehen kann. Darüber hinaus wird ein repräsentativer Teil von ihr in der Gestalt Abrahams von Gott angesprochen, erfährt seine Nähe und erhält die Möglichkeit, auf sie zu reagieren (Gen 12 ff.). *Der Gott der Bibel aber schränkt seine Handlungsmöglichkeiten freiwillig ein, und zwar verbindlich.* Er begrenzt seine Allmacht – zugunsten des Menschen. In der Notzeit des Exils diente diese Selbsteinschränkung Gottes als Modellfall für die Zuverlässigkeit der göttlichen Zusagen für die Zukunft (Jes 54,9; vgl. Jer 31,35 f.; 33,20 f. 25 f.).

β. *Schöpfung und Sintflut bei P*

Im Unterschied zu Gen 2–3 spricht P vom Menschen erst, nachdem Gott zuvor die Welt erschaffen hat, auf die der Mensch mit seinem Herrschaftsauftrag bezogen ist. Mensch und Welt gehören unlöslich zusammen. Das hat zur Folge, dass *P die Welt zweimal darstellt*: zunächst als Welt, wie Gott sie sich gedacht hat (Gen 1,1–2,4a), danach als Welt, wie sie durch die Schuld des Menschen geworden und gegenwärtig erfahrbar ist (Gen 9). Zwischen beiden Welten liegt „wie ein eiserner Vorhang" (von Rad) die Sintflut. Hatte es am Abschluss von Gen 1 geheißen (V.31):

Gott sah an alles, was er gemacht hatte: und siehe, es war sehr gut!

so lautet das analog formulierte Urteil Gottes zu Beginn der Sintflut (6,12):

Gott sah die Erde an: und siehe, sie war verdorben.

In der Zwischenzeit hat der „gewalttätige" Mensch gehandelt – חמס „(lebensbedrohende) Gewalttat" (Gen 6,11.13) ist für P die entscheidende Schuldkategorie, die sie von den klassischen Propheten übernommen hat[74] – und hat Gottes „sehr gute" Schöpfung pervertiert. Weil er mit Gottes Herrschaftsauftrag betraut ist (s.u.), wird der Mensch nicht nur individuell schuldig, sondern er reißt die Tierwelt mit sich in den Abgrund. Nach der Sintflut aber übt er eine Schreckensherrschaft über die belebte Schöpfung aus: Gott muss Notverordnungen treffen, um der wesenhaften Gewalt des Menschen Grenzen zu setzen (Gen 9,2–6).

Dennoch ist P der Überzeugung, dass *auch die vorfindliche, nachsintflutliche Menschheit Gottes „sehr gute" Schöpfung noch weithin erfahren kann*; einzig Gottes Nahrungsanweisung an den Menschen (1,29f.) weist auf einen verlorenen Urstand hin. Es ist eine Schöpfung, die nach der Darstellung von P *in zwei Teile* zerfällt, wie häufig schon von den Kirchenvätern beobachtet, die *„die Werke der Scheidung"* von den *„Werken der Schöpfung"* zu unterscheiden pflegten. In den ersten drei Handlungen Gottes wird der bedrohliche, vorgeschöpfliche „Urstoff" (die ungeordnete, unbewohnbare Erde [„Tohuwabohu"], die „Dunkelheit" und die „Urflut": Gen 1,2) so in Gottes Schöpfung integriert, dass er zunächst von dem, was Gott neu schafft, strikt getrennt wird, um in einem zweiten Akt durch Gottes Benennung eine neue, sinnvolle Funktion in der Schöpfung zugeteilt zu erhalten. Hier findet kein Kampf statt (wie im babylonischen Weltschöpfungsepos enūma eliš zwischen Marduk und der Urflut Tiamat), auch wird keine allmähliche Entwicklung des Göttlichen geschildert (wie im enūma eliš im Übergang von den „alten" zu den „jungen" Göttern), sondern die Erwähnung des Urstoffes dient dazu, die Qualität der Schöpfung zu umschreiben. *Das Dunkle und Lebensfeindliche in der Welt ist* demnach *nicht von Gott* – er schuf als erstes das Licht, das Symbol des Lebens, und dieses Licht war in seinen Augen „gut", d.h. sinnvoll und förderlich. Undenkbar, dass Gott das ungeschaffene Dunkel[75] als „gut" betrachtet hätte, von dem er vielmehr das geschaffene Licht strikt getrennt hat. Aber er hat es in einem Herrschaftsakt neu als „Nacht" benannt und ihm so eine notwendige Funktion in der Schöpfung zugeordnet. *Das Dunkel ist* zwar nicht

[74] Vgl. dazu L. van den Wijngaert, Die Sünde in der priesterlichen Urgeschichte, ThPh 43 (1968), 35–50; H. Haag, חמס, ThWAT II, 1977, 1050–1061.

[75] Vgl. zur scheinbaren Kontrastaussage in Jes 45,7 o. S. 328f.. Zu den Besonderheiten des ersten Schöpfungsaktes, der ganz auf Gottes Wort beschränkt bleibt, vgl. W.H. Schmidt, Die Schöpfungsgeschichte der Priesterschrift (WMANT 17), ³1973, 95ff. und O.H. Steck, Der Schöpfungsbericht der Priesterschrift (FRLANT 115), ²1981, 162ff. – Zur Vorstellung der Schöpfung durch das Wort und zu ihren Parallelen in der ägyptischen Religion vgl. das folgende Kapitel.

von Gott, wohl aber *fest unter Gottes Kontrolle. Es ist keine Macht außerhalb der Schöpfung*, sondern als von Gott neu Benanntes ein Teil der Schöpfung. – Gleiches gilt von den kosmischen Wassern, die im Alten Testament gemeinhin das Symbol des bedrohlichen Chaos sind: Sie sind teilweise von Gott durch das von ihm geschaffene Firmament aus der Schöpfung ausgegrenzt und so von aller destruktiven Potenz getrennt worden (die sie nur ein einziges Mal, bei der Sintflut, aktivieren durften), im übrigen vom trockenen Land geschieden worden. Dieser Teil ist mit der neuen Benennung „Meer" ein sinnvoller Teil der Schöpfung geworden, ein Lebensbereich für die Fische; der Mensch kann ihn mit Schiffen befahren.

Es gibt also Elemente in der Schöpfung, die *nicht von* Gott sind; aber es gibt keine, die *außerhalb seiner Macht* stehen und die Schöpfung gefährden könnten. Die Welt ist eine von Gott gehaltene Schöpfung, die nur eine einzige Gefährdung kennt, und die kommt von innen: den Menschen.

Auf ihn läuft der 2. Teil der Darstellung von Gen 1 zielstrebig zu, in dem keine Rede mehr von einem „Urstoff" ist. Dabei werden die Gestirne so weit wie irgend möglich vom ersterschaffenen Licht entfernt, um das Missverständnis zu vermeiden, dass sie göttlichen Charakter besäßen. Sie werden noch nach den Pflanzen geschaffen, die die Erde hervorbringt. *Die Tiere* werden auf diese Weise von den Pflanzen deutlich getrennt und so nah wie möglich an den Menschen herangerückt: Sie sind wie er *Repräsentanten der höchsten Schöpfungskategorie: Leben.* Einzig bei Tier und Mensch verwendet P das nur Gott vorbehaltene Verb ברא „schaffen", das zuvor die Überschrift Gen 1,1 prägte, einzig Tiere und Menschen erhalten im Schöpfungsbericht einen Segen Gottes, durch den sie die Fähigkeit erhalten, anderen Artgenossen das Leben weiterzugeben.

Daneben gibt es freilich Aspekte, die den Menschen weit von den Tieren abheben. Schon rein formal ist die Schöpfung des Menschen hervorgehoben, da Gott sich zu diesem Akt feierlich selbst auffordert, und dabei den Plural „Lasset uns Menschen machen ..." verwendet, der traditionsgeschichtlich die himmlische Welt mit einschließt (V.26)[76]. Sachlich geht es um *die Gottebenbildlichkeit des Menschen und seinen Herrschaftsauftrag über die Tiere*, die beide sachlich zusammengehören.

Über wenige Themen der Bibel ist in der Geschichte ihrer Auslegung so viel geschrieben worden wie über die Gottebenbildlichkeit des Menschen. Ganze Abhandlungen

---

[76] Der Plural zielt auf die Aussage „nach *unserem* Bild", mit der P möglicherweise bei der Qualifikation der Ebenbildlichkeit eine bewusste Unschärfe beabsichtigt, um eine allzu große Nähe zwischen Schöpfer und Geschöpf zu vermeiden; so W. Groß, Die Gottebenbildlichkeit des Menschen im Kontext der Priesterschrift (1981), in: ders., Studien zur Priesterschrift und zu atl. Gottesbildern (SBAB 30), 1999, 11–36; 19f. Vgl. die Präzisierung des konkreten Bildbegriffs צלם „Statue, Rundplastik" durch das Abstraktum דמות „Ähnlichkeit", das die Differenz zwischen Bild und Abgebildtem hervorhebt. Andere Deutungen diskutiert U. Neumann-Gorsolke, Herrschen in den Grenzen der Schöpfung (WMANT 101), 2004, 168–172.

haben sich mit der Frage beschäftigt, ob die Ebenbildlichkeit des Menschen eher im Bereich des Geistigen zu suchen sei oder gerade im Äußeren, im aufrechten Gang, oder ob die Möglichkeit des Menschen, Beziehungen einzugehen, im Blick sei, sei es primär die Gottesbeziehung oder aber die Beziehung zwischen Mann und Frau. Ganz besonders intensiv geführt wurde im Verlauf der Theologiegeschichte die Diskussion über die Gottebenbildlichkeit des Menschen, wo erörtert wurde, ob sie durch den Sündenfall ganz oder teilweise verloren worden sei[77].

Aber so gewiss solche Gedanken tiefe Reflexionen über den Menschen widerspiegeln, so gewiss waren sie zumeist doch weit entfernt von dem, was der biblische Text ursprünglich sagen wollte. Den ersten Lesern von Gen 1 war die Begrifflichkeit des „Ebenbildes" (צלם) in ihrer Übertragung auf einen Menschen gut vertraut. Es war ein Lehnwort, das von Haus aus eine Statue oder ein Relief, zumeist von Göttern und Königen, bezeichnete, und stammte aus ebenjener Weltreligion, mit der sich die Israeliten in der Verbannung auseinandersetzen mussten, der babylonischen. Seit der Zeit des neuassyrischen Großreichs[78] war *ṣalmu* zugleich einer der Fachbegriffe für *die Funktion des Königs in seiner Repräsentanz der Gottheit.* Wir kennen die Aussage, dass der König als Bild Gottes der Stellvertreter der Gottheit auf Erden sei, noch weit häufiger und genauer aus der ägyptischen Königsideologie, besonders aus Texten des Neuen Reiches, wo der Pharao überaus oft „Abbild des Re (bzw. Amun)" oder „lebendiges Abbild des Re auf Erden" heißt. Die Bedeutung des Bildes, in dem das Abgebildete in seiner ganzen Macht präsent ist, ergibt sich im profanen Bereich etwa daraus, dass der Pharao an den Grenzen des Landes seine Statue aufrichten ließ. In seinem „Bild" war die ganze Gewalt und kriegerische Macht des Pharao gegenwärtig und hinderte Feinde am Überschreiten der Grenze. Entsprechend – sagt die religiöse Tradition Ägyptens und (seltener) Mesopotamiens – ist im König als „Bild" Gottes die Kraft und Gewalt der Gottheit gegenwärtig, sorgt für die Ordnung der Welt und bekämpft im Namen der Gottheit alle Feinde und gottwidrigen Mächte. *Der König ist* also *als „Bild" Gottes der Stellvertreter Gottes auf Erden.* Mit der Ebenbildlichkeit ist nicht das Wesen des Königs bezeichnet – so gewiss er auch in seiner Erscheinung die Kraft und Pracht der Gottheit repräsentieren kann –, sondern die ihm von der Gottheit zugedachte Funktion, machtvolle Taten zur Erhaltung der geordneten Welt zu vollbringen[79].

Erst auf dem Hintergrund dieser Tradition wird der polemische Grundton der biblischen Aussage und ihre Kühnheit erkennbar. Nicht der König, der im Alten Testament nie „Bild Gottes" genannt wird, ist Gottes Ebenbild, Verkörpe-

---

[77] Vgl. zu dieser Diskussion den Überblick von C. Welz, Imago Dei, ThLZ 136 (2011), 479–490.

[78] Jedoch gibt es weit ältere Vorläufer. Schon ein Jahrtausend früher wird der König von Mari im noch nicht publizierten „Epic of Zimri-Lim" in vergleichbarer Terminologie als „heldenhaft wie ein Ebenbild Dagons" bezeichnet; vgl. M. Nissinen, Prophets and Prophecy in the Ancient Near East, Atlanta 2003, 90.

[79] Dass die Gottebenbildlichkeit primär ein Funktionsbegriff ist, ist gegenwärtig Konsens; diskutiert wird allerdings, wieweit der Begriff in der Funktionsbestimmung aufgeht. Vgl. zu dieser Diskussion bes. W.H. Schmidt, Die Schöpfungsgeschichte, 132–144; ders., Atl. Glaube[11], 277–284; Groß, a.a.O. 30f.; Neumann-Gorsolke, a.a.O. 172–205. 301–306; B. Janowski, Die lebendige Statue Gottes (FS O. Kaiser, 2004), in: ders., Die Welt als Schöpfung, Neukirchen-Vluyn 2008, 140–171 und zuletzt (mit umfassender Lit.) A. Schellenberg, Der Mensch als Bild Gottes? (AThANT 101), 2011, 68–127.

rung des göttlichen Auftrags, auf seiner Erde Ordnung zu schaffen bzw. zu erhalten, sondern jeder einzelne Mensch – in gleicher Weise Mann wie Frau! – steht unter dem Auftrag, an Stelle und im Namen Gottes die Welt zu verwalten[80]. Darum „herrscht" der Mensch wie ein König auf der Erde über die Tierwelt, nicht weil er sich seine Welt selbst schaffen könnte, sondern weil Gott ihn zum König gemacht hat und ihm seinen – Gottes! – Herrschaftsbereich zur Betreuung übergeben hat. Der Mensch verwaltet für Gott, d.h. im Auftrag Gottes, die Lebewesen in der Schöpfung.

Die Gottebenbildlichkeit ist die höchste Qualifikation, die das Alte Testament dem Menschen zuzuordnen wagt. Über sie ist eine doppelte Reaktion der Menschen belegt: einerseits ein ungläubiges Staunen angesichts ihrer eigenen Kleinheit und Ohnmacht im Vergleich mit der Größe und Macht Gottes, die ihn dennoch nicht daran gehindert hat, sie in eine königliche Herrscherstellung „wenig niedriger als Gott" einzusetzen (Ps 8,6); andererseits aber das pure Entsetzen. Es tritt am schärfsten zutage bei einer synchronen Lektüre der Urgeschichte im Endstadium, wenn Gen 2–4 (und 6,5–8) nach Gen 1 gelesen wird. Wie soll der Mensch, der sich nicht mehr als Geschöpf zu verstehen vermag, sondern selbst für sich sorgen möchte; der mit seinem Gottesverhältnis auch sein ihm zugedachtes Weltverhältnis eingebüßt hat; der ein potentieller Brudermörder ist und dessen Pläne „ständig ausschließlich böse" sind: Wie soll dieser Mensch die Welt Gottes verwalten? Er reißt sie notwendigerweise mit seinem gewalttätigen Wesen in den Abgrund (Gen 6,11–13 P). Die Sintflut, die für P eine Revokation der Schöpfung bedeutet – das Firmament wird löchrig (Gen 7,11) –, erscheint in der Lektüre des Endtexts erzählerisch nicht nur logisch, sondern geradezu zwingend notwendig. Gilt das aber auch für die Fortsetzung?

Bei der Beschreibung der erfahrbaren Welt in Gen 9 geht P noch weit über die Darstellung von Gen 8,20–22 hinaus. Zwar dämmt Gott die bleibend gewalttätige Art des Menschen mit einer Notverordnung ein, indem er dem Menschen, der nun in tierisches Leben zu seiner Sättigung eingreifen darf und damit eine Schreckensherrschaft über die Tierwelt ausübt, feste Grenzen errichtet (symbolische Rückgabe des Lebens, das im Blut verortet ist, an den Geber des Lebens; Verbot des Eingriffs in menschliches Leben); aber zugleich erträgt Gott nicht nur die 2. Menschheit, sondern er erneuert auch den Schöpfungssegen über dem Menschen, und zwar gleich zweifach, um jeden Zweifel an seinem Willen zur Erhaltung der Menschen auszuschalten (9,1.7). Nicht genug damit: Er selber verpflichtet sich in einem feierlichen Bundesschluss, die Menschheit und die Tierwelt nie wieder zu verderben, und hängt seinen

[80] Nur ein einziges Mal begegnet in ägyptischen Inschriften die Aussage, alle Menschen seien Abbilder Gottes. Aber die „Lehre für König Merikare" ist nicht nur 1½ Jahrtausende von P getrennt, sondern sie verwendet die Aussage auch in ganz anderem Kontext; vgl. W. Beyerlin (Hg.), Religionsgeschichtliches Textbuch zum AT (ATD.E 1), 1975, 72. Für P ist zu bedenken, dass sie nach dem Ende des Königtums verfasst wurde, und zwar ohne jede „messianische" Perspektive.

entspannten und nicht mehr kampfbereiten (Kriegs-) Bogen in die Wolken[81]. Da P keine abgeschlossene Urgeschichte schreibt, sondern einen theologischen Entwurf, der in der Gegenwart Gottes bei seinem Volk gipfelt[82], ist Gottes Bund mit der neuen Menschheit unlöslich bezogen auf Gottes 2. Bund mit Abraham, der im Verlauf der P- Erzählung bald folgt (Gen 17). Gott zielt auf mehr als auf den Erhalt eines status quo, auch wenn er dieses Mehr zunächst nur bei seinem Volk verwirklichen wird.

Bei einer solchen Einbeziehung des weiteren Kontextes *gewinnen die Ebenbildlichkeit des Menschen und sein Herrschaftsauftrag noch einmal neue, in die Zukunft weisende Aspekte.* Weil Gott den vorfindlichen, gewalttätigen Menschen nicht nur erträgt, sondern seit Abraham dessen Nähe sucht und ihm seine Gemeinschaft verheißt, zielt er letztlich auf einen Menschen, der den Herrschaftsauftrag in seinem Sinn realisieren wird, d. h. der verantwortungsvoll sowohl mit dem Wohnraum Erde[83] als auch mit den Tieren umgehen wird und dabei seine gewaltsame Art in Schranken zu halten bemüht ist. Gott fordert ja den Menschen auf, seine ihm mit der Schöpfung verliehene Herrschaft anzutreten (Gen 1,28)! Da der Mensch Geschöpf wie die Tiere ist, kann seine Herrschaft über die Tiere für P nicht willkürliche Verfügungsgewalt meinen. Alles Leben gehört nach wie vor Gott, auch wenn der Mensch in tierisches Leben zur Nahrung eingreifen darf (Gen 9,2–4). Allerdings ist auch keine Idylle wie in Jes 11,6–9 im Blick. Die Herrschaft des Menschen ist im Urtext durch die Tradition des Königs als „Herr der Tiere" vorgeprägt, wie sie in Israels Umwelt textlich und vor allem ikonographisch weit verbreitet war. Sie zeigt den König, wie er die wilden Tiere, die die Lebenswelt des Menschen bedrohen, siegreich bekämpft und auf diese Weise Ordnung schafft[84]. Bei der Übertragung der Königsaussagen auf den Menschen tritt bei P dann das kämpferische Element solchen Ordnung Schaffens ganz von selbst zurück und das schützende Moment in den Vordergrund. Möglich ist auch, dass die Vorstellung einer rechten Herrschaft des Menschen über die Tiere an den oft belegten und königlich konnotierten Vergleich mit dem guten Hirten, der für seine Herde sorgt, anspielt. P selbst bietet als Modell einer idealen „Herrschaft" die Sorge des „gerechten" Noah um das Überleben aller Tierarten an.

---

[81] Vgl. im Gefolge Wellhausens etwa U. Rüterswörden, Dominium terrae (BZAW 215), 1993, 131–154; anders E. Zenger, Gottes Bogen in den Wolken (SBS 112), 1983, 124–131.

[82] Erst bei der Realisierung dieses Zieles wird die Woche als grundlegendes Ordnungsprinzip der Schöpfung und der 7. Tag als ihr Höhepunkt voll verständlich; vgl. dazu o. S. 252 f.

[83] כבש (Gen 1,28) heißt von Haus aus „den Fuß auf etwas setzen". Wenn der Pharao seinen Fuß auf den Kopf der Feinde setzt, meint es „unterwerfen", wenn aber Menschen ihren Fuß auf ein Stück Land setzen, bedeutet es nur „in Besitz nehmen (um es zu bebauen)"; vgl. K. Koch, Gestaltet die Erde, doch heget das Leben! (1983), in: ders., Spuren des hebr. Denkens, Ges. Aufs. Bd. 1, Neukirchen-Vluyn 1991, 323–337; ausführlicher: Neumann-Gorsolke, Herrschen, 274–300.

[84] Vgl. etwa O. Keel, Jahwes Entgegnung an Ijjob, 86–125; Rüterswörden, Dominium terrae, 109–124 und zuletzt U. Neumann-Gorsolke, Wer ist der „Herr der Tiere?" (BThSt 85), 2012.

Welche Assoziationen auch immer im Blick sind: P verdeutlicht durch den Bund Gottes mit der bleibend gewalttätigen nachsintflutlichen Menschheit, der ausschließlich eine Selbstverpflichtung Gottes darstellt, dass der schuldige Mensch nur aus der unverdienten Güte Gottes lebt. Es versteht sich von selbst, dass die Herrschaft des Menschen über die Tiere, die darin gründet, dass der Mensch Abbild *dieses* Gottes ist, auch etwas von der Fürsorge Gottes für den Menschen widerspiegeln sollte.

5. Gottes Wort

Im „reifen" Glauben Israels nach dem Exil gehören Schöpfung und Wort Gottes eng zusammen. Die Schöpfung ist ein Werk des Wortes Gottes; Gott hat die Welt im wahren Sinn des Wortes ins Dasein gerufen. Gottes Wort ist wesenhaft schöpferisches Wort. Diese Vorstellung gilt zwar vornehmlich für die Priesterschrift (P), aber sie ist keineswegs auf P beschränkt, sondern begegnet ebenso bei Ezechiel, Deuterojesaja und in den Psalmen.

Älter ist freilich die Qualifikation des göttlichen Wortes als ein *absolut zuverlässiges*. Sie ist wesenhaft prophetisch, genauer: sie ist das Ergebnis prophetischer Auseinandersetzungen um die Wahrheit des Wortes Gottes und von hier aus fester Bestandteil der verschiedenen Spielarten der dtr Theologie. Weil die Wahrheit des prophetischen Wortes im Namen Gottes für die Menschen des Alten Testaments unüberprüfbar war, konnte man dem prophetischen Wort grundsätzlich Zweifel entgegenbringen. Die Zuverlässigkeit des Wortes aber ist es, die nach Überzeugung der biblischen Texte seit dem Exil das Wort des wahren Gottes weit über das Wort aller anderen Mächte hinaushebt. Damit stellte sich notwendig die Frage, woran denn die Wahrheit des göttlichen Wortes zu erkennen sei.

a. Das umkämpfte Wort („wahre" und „falsche" Prophetie)

„Wort Gottes" ist im Alten Testament ein nicht exklusiv, wohl aber überwiegend prophetisch geprägter Begriff. Wenn Gottes Reden umfassend dargestellt werden soll, etwa gegenüber den Völkern, die nach Jerusalem wallfahren, dann werden das prophetische „Wort Gottes" und die priesterliche „Weisung (Tora) Gottes" nebeneinander gestellt (Jes 2,3; Mi 4,2):

> Von Zion wird Weisung ausgehen
> und Wort Gottes von Jerusalem.

Priesterliche Weisung und prophetisches Wort Gottes sind in wesentlicher Hinsicht voneinander unterschieden. Erstere ist grundsätzlich zeitlos und muss als solche vom Priester für die jeweilige Situation aktualisiert werden. Dabei stützt sich der Priester in seinen Urteilen über rein/unrein, heilig/profan, gut/schlecht auf die (weitgehend schriftliche) Tradition, in der er ausgebildet worden ist. Seine eigene Entscheidung kann zugleich am Maßstab dieser Tradition gemessen und beurteilt werden. Ganz anders der Prophet. Sein Anspruch, das aktuelle Wort Gottes für ein Individuum, eine Gruppe oder das Volksganze zu sagen, ist für die Adressaten nicht überprüfbar. Eine Tradition, an der er messbar wäre, gibt es nicht[85]. Andererseits ist der Anspruch des prophetischen Wortes ein ungleich höherer als derjenige des priesterlichen Urteils: In diesem geht es etwa um die Zulassung zum Gottesdienst, in jenem im Extremfall um Leben und Tod. Gerade *angesichts des hohen Anspruchs der Propheten*, Gottes Wort für die je aktuelle Stunde anzusagen, *war die Unüberprüfbarkeit ihres Anspruchs* für die Empfänger *ein großes Problem.* Die häufig belegte Skepsis der Adressaten des Gottesworts ist von daher gut verständlich. Sie wurde noch gesteigert in Zeiten, in denen das Gotteswort eines Propheten gegen dasjenige eines anderen stand und beide Prophetenworte unter Berufung auf den gleichen Gott Unterschiedliches besagten.

Bei der Frage der Glaubwürdigkeit des prophetischen Anspruchs, Gottes Wort zu sagen, handelt es sich im Grundsatz um kein spezifisch biblisches Problem. Analoge Zweifel sind uns auch aus dem Alten Orient bekannt, besonders aus *der Prophetie in Mari* am mittleren Euphrat aus der 1. Hälfte des 2. Jahrtausends v. Chr., die bis heute die engsten Parallelen zur Prophetie im Alten Testament bietet. Dabei sind die Mari-Texte für den Theologen besonders darum interessant, weil sie die Auseinandersetzungen um die Wahrheit der Prophetie im alltäglichen Vollzug zeigen, während sie im Alten Testament nur aus der Retrospektive geschildert werden. Die Überlieferung hat hier die als „falsch“ bewertete Prophetie längst ausgeschieden, so dass wir sie nur noch aus der Sicht der als „wahr“ beurteilten Propheten kennen.

Von der Prophetie in Mari besitzen wir eine Momentaufnahme in Gestalt von Briefen an den König, die dieser in seiner Bibliothek aufbewahrte, bevor ein Erdbeben sie zerstörte. Unter diesen Briefen befanden sich etwa 50, in denen dem König eine prophetische Botschaft übermittelt wurde, zumeist durch die Hand höherer Beamter, die das Land bereisten, um den Zustand der königlichen Liegenschaften zu überprüfen. In ihren Rechenschaftsberichten haben die Beamten Besonderheiten ihrer Reise notiert, unter anderem Begegnungen mit Propheten, die im Namen einer Gottheit eine Botschaft an den König richten wollten, die die Beamten sorgfältig festgehalten haben[86]. In ihren beigefügten Notizen haben sie allerdings keinen Hehl daraus gemacht, dass sie manche prophetische Botschaften an den König für sehr dringlich, andere für eher fragwürdig hielten. So war der König bei der Lektüre der prophetischen Botschaften schon im Voraus entweder vergewissert oder aber gewarnt.

---

[85] Wir wissen nicht einmal, ob Propheten mehrheitlich eine Ausbildung erfuhren. Belegt ist eine solche nur bei Elisa (und indirekt in Am 7,14 mit dem Begriff „Mitglied einer Prophetengemeinschaft“). Handelte es sich beim Schülerkreis um Elisa um eine Privatinitiative?

[86] Die Mehrzahl der Briefe bietet F. Ellermeier, Prophetie in Mari und Israel, Herzberg 1968 in Umschrift und Übersetzung; eine neuere Übersetzung findet man bei M. Dietrich, TUAT II/1, 1986, 83–93. Vgl. zu den zuletzt edierten Briefen R. Pientka-Hinz, TUAT N.F. 4, 2008, 53–55.

Neben dieser subjektiven Einschätzung des Wahrheitsgehalts der prophetischen Botschaft durch deren Zwischenträger hat der Hof von Mari noch zwei weitere Mittel ersonnen, um möglichst sicher zu sein, dass die Propheten in ihren Ankündigungen und Forderungen das Wort einer Gottheit und nicht ihr Eigeninteresse von sich gaben. Zum einen wurde von jedem Propheten eine Haarlocke und ein Stück seines Gewandes abgefordert und dem Brief an den König beigefügt. Wir wissen nicht genau, welche Praktiken am Hof mit Locke und Gewandsaum vollzogen wurden, die als Teil der persönlichen Identität galten, können aber erahnen, dass ihr Besitz dem König Macht über die Person des Propheten verlieh. Die Propheten mussten also persönlich für ihre Gottesbotschaft haften. Zum anderen wurden besonders gewichtige Gottesbotschaften einer kultischen Prüfung unterzogen mit Hilfe priesterlicher Eingeweideschau[87]. In dieser Prüfung kommt deutlich zum Ausdruck, dass der König dem technischen Orakel des Priesters eine höhere Zuverlässigkeit zumaß als dem Gotteswort der Propheten.

Man spürt den Maßnahmen am Hof von Mari, sich der Wahrheit eines Prophetenwortes zu vergewissern, eine gewisse Rat- und Hilflosigkeit ab. Eher noch stärker gilt das für die alttestamentlichen Texte, die die Anfänge der Auseinandersetzungen schildern, in denen Prophet gegen Prophet stand und beide unter Berufung auf die Sendung des gleichen Gottes Unterschiedliches, ja Gegensätzliches aussprachen. Angesichts der Härte der Streite, die uns überliefert sind, lässt sich erahnen, wie lang der Weg war, bis in nachexilischer Zeit die Wahrheit und Zuverlässigkeit als entscheidende Charakteristik des Wortes Gottes gepriesen werden konnte. *Die Qualität der Wahrheit des Wortes Gottes musste in den prophetischen Auseinandersetzungen hart errungen werden.*

Zwei Stadien dieses Kampfes sind zu unterscheiden.

1. Im frühen Stadium der Auseinandersetzungen, im 8. Jh. v. Chr., blieb noch vieles in der Schwebe. In 1 Kön 22 etwa kommt ein abgrundtiefes Misstrauen gegenüber einer Prophetie zum Ausdruck, die in Gruppen auftritt (ähnlich in 1 Kön 18), noch dazu vom König beauftragt ist und in der Gefahr steht, ihm nach dem Mund zu reden. Konfrontiert werden diese Hofpropheten mit dem unbequemen Micha ben Jimla, der den Absichten des Königs kritisch gegenübersteht. Der König ahnt sehr wohl, dass eben deshalb die Wahrheit auf Seiten Michas liegt, aber er will sie nicht hören. In vergleichbarer Weise wird in der Erzählung vom Gottesurteil auf dem Karmel in 1 Kön 18 die Wahrheit des einen Propheten, Elia, dem Irrtum der Menge an Propheten gegenübergestellt, die in diesem Fall Propheten Baals sind.

Anders werden die Gegner des Propheten Micha aus Moreschet charakterisiert. Micha klagt in Mi 3,5–7 seine Berufskollegen an, dass sie das ihnen aufgetragene Gotteswort pervertieren, indem sie es unzulässig mit ihrem Eigeninteresse vermischen, genauer: indem sie das ihnen aufgetragene Gotteswort in ihrer Übermittlung von Sympathie und Antipathie gegenüber den zu ihnen kommenden Bittstellern und von der Qualität der mitgebrachten Gaben abhängig machen. Zum ersten Mal wird hier ein Grundsatzproblem aller

[87] Z.B. ARM X, 81, Z.22ff.; vgl. Ellermeier, ebd. 72f.

Prophetie zum Ausdruck gebracht: Ein Prophet ist mehr als ein göttliches Tonbandprotokoll; er ist am Gestalten und Formulieren eines Gotteswortes mitbeteiligt. Ein Gotteswort „pur", ohne Mitwirkung des vermittelnden Propheten gibt es für das Alte Testament nicht. Gottes Wort ist immer auch Zeugenwort und damit auch menschliches Wort und insofern möglicher Verfälschung preisgegeben. Propheten benötigen daher einen klaren Maßstab ihres Redens in Gottes Namen. Für Micha selber ist dieser Maßstab Gottes Recht, das besonders auf die Fürsorge für die Armen und Hilflosen in einer Gesellschaft abzielt und das Micha bevollmächtigt, im Staat geschehendes Unrecht mit aller Entschiedenheit aufzudecken und anzuklagen. Propheten, die die Fürsorge für die Armen vernachlässigen, laden ebenso schwere Schuld auf sich wie die politisch für das Unrecht Verantwortlichen. Micha bezweifelt noch nicht, dass seine Gegner sich zu Recht auf den Empfang eines Gotteswortes berufen; aber er kündigt ihnen im Namen Gottes an, dass sie als Strafe für ihre Verfälschung künftig kein Gotteswort mehr erhalten werden.

Abseits der prophetischen Streite bildet sich freilich schon im 8. Jh. beim *Propheten Amos* ein Merkmal der Wahrheit des Gotteswortes heraus, das die künftigen Auseinandersetzungen zwischen den Propheten bestimmen sollte: *die unwiderstehliche Macht des Wortes Gottes.* Amos ist nicht von Gott gefragt worden, ob er Prophet sein wolle, sondern Gott hat ihn „gepackt" und ihn zum Reden genötigt (Am 7,14f.). Amos kann den Zwang, der auf ihm liegt und den noch ein Paulus analog empfindet (1 Kor 9,16f.), nur mit dem Löwengebrüll vergleichen (Am 3,8):

Der Löwe brüllt – wer muss sich nicht fürchten?
Der Herr JHWH redet – wer muss nicht als Prophet auftreten?

Amos musste insbesondere erfahren, dass Widerstand gegen das ihm aufgenötigte Unheilswort nur begrenzt möglich ist, wie seine Visionen belegen. Wo Gott die Schuld Israels als übermächtig bemisst, muss die prophetische Fürsprache für sein Volk verstummen.

2. Ein Jahrhundert später, in den letzten Jahren vor der Zerstörung Jerusalems, gewinnt der Kampf zwischen den Propheten seine letzte Härte und Klarheit. Jetzt bestreitet *der Prophet Jeremia* seinen Gegnern, dass sie Gottes Wort empfangen haben (Jer 23,9–32*), und die Gegner bestreiten es ihm (Jer 43,2; vgl. 5,13). In dieser zugespitzten Situation, in der es für die Hörer sachlich um Leben und Tod ging, war das Nebeneinander genau gegensätzlicher Prophetenworte unerträglich; *die Frage nach den Kennzeichen der Wahrheit des Wortes Gottes* musste notwendig ins Zentrum treten[88].

In dieser fortgeschrittenen historischen Stunde hat Jeremia die Erkenntnisse des Amos auf dreierlei Weise vertieft und präzisiert:

a. In seiner Biographie: Jeremia war grundsätzlich gern Prophet; er konnte sich über den Empfang des Wortes Gottes freuen (15,16). Aber gegen Gottes har-

---

[88] Vgl. Näheres o. S. 182ff.

ten Richterspruch über sein schuldiges Volk hat er sich leidenschaftlich gewehrt. In kühnen Vergleichen beschreibt er *Gottes Zwang* zu verkündigen, was er nicht verkündigen will; er zeichnet sich im Bild eines Trunkenen, den die Macht des Weins überkommt (23,9), bzw. eines naiv vertrauensseligen Mädchens, das Gott vergewaltigt (20,7). Der Prophet ist in seiner Gegenwehr so weit gegangen, Gott aufzukündigen, um sich aus seinem Beruf zu lösen, der ihm nur allseitige Feindschaft und Isolation einbrachte. Aber Gott hat ihn nicht freigegeben (20,9):

> Da ward es in meinem Herzen wie brennendes Feuer,
> eingeschlossen in meinen Gebeinen.
> Ich mühte mich, es auszuhalten,
> konnte es aber nicht.

In seinem Nachdenken über das Wort Gottes ist ihm diese Erfahrung unausweichlich zum Ausgangspunkt aller Aussagen über das Wesen des Wortes Gottes geworden (s. u.).

b. In der Abgrenzung von seinen Gegnern: Von seinen leidvollen Erfahrungen des Zwangs zum Reden herkommend, empfindet Jeremia die Rede seiner Gegner von der bleibend-unveränderlichen Güte und Treue Gottes in einer Situation äußerster Schuld Israels als leichtfertig, ja unerträglich. Sein Vorwurf ist ein doppelter:

α. Die Gegner vermögen nicht, *zwischen dem „Gesicht ihres eigenen Herzens“* (חזון לבם; 23,16) *und dem Wort Gottes zu unterscheiden.* Sie sagen dogmatisch Richtiges über Gott in einer Situation, in der grundlegend anders von ihm zu reden wäre, weil er angesichts des Unrechts und der Unbußfertigkeit seiner Menschen nicht der Gott der Güte sein kann und sein will. Wo ein Prophet aber sein aus dem Innersten kommendes Hoffen nicht vom Wort Gottes, das von außen auf ihn zukommt, zu differenzieren vermag, wird das eigene Wunschdenken als Wort Gottes proklamiert.

β. *Die Wirkung* der gegnerischen Botschaft ist für Jeremia verheerend: Weil die Gegner Gottes Freundlichkeit auch in einer Situation schwerer Schuld verkündigen, „stärken sie die Hände der Übeltäter“ (23,14; vgl.17). Sie bestätigen Menschen, die sich an unrechtes Tun gewöhnt haben, und hindern sie an der Erkenntnis ihrer Schuld.

c. In der Reflexion: In einer im Alten Testament analogielosen Weise hat Jeremia *den Traum gegenüber dem Wortempfang abgewertet.* Dabei galten Träume sowohl in der Zeit vor ihm (1 Sam 3 u.o.) als auch in der Zeit nach ihm (Joel 3,1 f. u. ö.) als gleichwertige Weisen, Gottes Reden zu vernehmen. In der zugespitzten Situation des beginnenden 6. Jh.s v. Chr. aber entbehren Träume für Jeremia der Klarheit und Eindeutigkeit. Sie lassen sich nicht genügend von eigenen Sehnsüchten unterscheiden (23,26); man kann sich an ihnen ergötzen, und sie können sich beim Weitersagen verändern (V.30). In der Notwendigkeit, das Wort gegenüber dem abgewerteten Traum nun neu zu qualifizieren, knüpft Jeremia an seine oben genannten biographischen Erfahrungen an und gelangt *erstmals* zu einer *Art Definition des Wortes Gottes* (V.29):

Ist nicht mein Wort wie Feuer – Spruch JHWHs –,
und wie ein Hammer, der Felsen zerschlägt?

Das Feuer ist für Jeremia hier primär Symbol einer alle Widerstände bezwingenden Macht. Nur *die Qualität des Wortes als Feuer* kann verhindern, dass Gottes Wort mit dem Sehnen und Wünschen der Menschen verwechselt wird. Bevor es die Adressaten gewinnen kann, muss es zuerst die Widerstände des Boten selber überwinden. Wo es solche Widerstände nicht gibt, ist äußerste Skepsis geboten, ob die Botschaft ohne Vermischung mit eigenen Wünschen ergeht. Freilich schreibt der Prophet die Qualität des Feuers primär dem Unheilswort zu (5,14; 20,9; vgl. 6,10f.).

d. Jedoch ist Jeremia, wie o. S. 187 gesehen, noch über diese Definition des Wortes Gottes hinausgegangen und hat *das Wesen des Wortes Gottes aus dem Wesen Gottes selber abzuleiten* versucht (Jer 23,23f.). Während die Gegner Gott nur als „den Gott aus der Nähe" kennen, d.h. als einen stets hilfreichen, gütigen und verzeihenden Gott, kennt Jeremia ihn auch, ja primär als „Gott aus der Ferne", als den Befremdlichen, Unzugänglichen, Furchtbaren, wie ihn etwa die älteste Sinaitradition (Ex 19*)[89] zeichnet.

So hängt für Jeremia die Wahrheit des Wortes Gottes unlöslich mit der Wahrheit Gottes selber zusammen. Das prophetische Wort spiegelt das Wesen Gottes wider; es begegnet dem Menschen ebenso „aus der Ferne" wie er selber. Weil dies so ist, wird Gottes Wort von der breiten Menge abgewiesen (Jer 5–6 u.o.). Der Bote des Wortes aber wird verspottet und verfolgt bis zur Absicht, ihn zu töten (Jer 26; Jes 53).

b. Das zuverlässige Wort (DJes, Dtr)

Nach dem Fall Jerusalems ändern sich die überlieferten Aussagen über das Wort Gottes grundlegend. Zwar werden die Charakterisierungen des Wortes Gottes durch Jeremia, die im Streit mit den Berufskollegen entstanden waren, in der Folgezeit noch ergänzt und vor allem präzisiert, wie zahlreiche Zusätze zu Jer 23,9–32 belegen[90], aber grundsätzlich gilt dieser Streit nun als entschieden. Die falschen Propheten, die „Lug und Trug" (wörtlich: „Haltloses und Tünche") geschaut haben (Thr 2,14), sind aus der Überlieferung ausgeschieden worden; die zuvor überwiegend abgewiesenen harten Unheilspropheten galten als von Gott bestätigt. Ihre Deutung – die Katastrophe Jerusalems war Strafe des richtenden Gottes für schwere Schuld des Gottesvolkes –, ist die theologische Grundlage aller Texte des Alten Testaments seit dem Exil geworden.

---

[89] Vgl. dazu o. S. 104ff.

[90] Vgl. A. Lange, Vom prophetischen Wort zur prophetischen Tradition (FAT 34), 2002, 106ff.

Wie so oft ist es auch in diesem Fall *Deuterojesaja (DJes)* gewesen, der den entscheidenden Umschwung im Verständnis des Wortes Gottes gebracht hat. In seiner Botschaft gehören Gott und das Wort Gottes eng zusammen; *Gottes Zuverlässigkeit spiegelt sich in der Zuverlässigkeit des Wortes seines Boten.* Das zeigt sich insbesondere in den sog. Gerichtsreden des Propheten, in denen Gott und die Götter in einem fiktiven Gerichtsverfahren um die Gottheit Gottes streiten; die Götter erheben den Anspruch, Gott zu sein, JHWH aber den weitergehenden Anspruch, alleiniger Gott zu sein (s. o. S. 273f.). Es sind die einzigen Texte im Alten Testament, in denen versucht wird, eine Art Gottesbeweis zu führen. Für DJes ist ein solcher Beweis nur über das prophetische Gotteswort zu führen. Da die Gottheit Gottes nicht ohne die Bestimmung der geschichtlichen Wirklichkeit denkbar ist, ist das prophetische Wort die einzige Weise, den Anspruch, Gott zu sein, zu überprüfen. Das prophetische Wort, das seinem Selbstverständnis gemäß die Zukunft gültig vorwegnimmt, muss aber seine Wirksamkeit schon in der Vergangenheit, die jedermann überschauen kann, erwiesen haben, um als vertrauenswürdig zu gelten. Über ein solches Wort verfügen die Götter für DJes nicht – nur über punktuelle Orakel, die der wahre Gott zunichte machen wird (Jes 44,25). JHWH aber hat das Wort seiner Boten mit der Zerstörung Jerusalems als wahr bestätigt. Wenn er jetzt durch seinen Propheten ankündigen lässt, dass er Kyros erweckt hat, um ihn als Werkzeug zum Heil Israels zu gebrauchen, *kann man diesem Wort rückhaltlos vertrauen, weil es sich schon als ein wahres Wort erwiesen hat.* So gibt das prophetische Wort Israel die Möglichkeit, an Gottes Geschichtslenkung Anteil zu haben.

Zugleich heißt das freilich, dass Gott es wagt, seine Wahrheit in die Hände seiner Boten zu legen. Nicht zufällig wird mit der Verlässlichkeit des Wortes die Verlässlichkeit der Boten Gottes hervorgehoben: Gottes Bote steht „Morgen für Morgen“ bereit, das Wort neu zu vernehmen (Jes 50,4), ja Gott hat ihm sein Wort in den Mund gelegt, bzw. sein Bote hat das Wort Gottes „gegessen“ und es damit total verinnerlicht (Jer 1,9; Ez 2,8–3,3). Gotteswort und Botenwort sind identisch geworden.

Das gleiche prophetische Wort also, das wenige Jahrzehnte zuvor heiß umkämpft war, das man verfälschen konnte (Micha) bzw. mit dem eigenen Hoffen und Sehnen verwechseln konnte (Jeremia), das mithin vielfältig in seiner Wahrheit gefährdet war, ist ab dem Exil zum herausragenden Merkmal der Treue und Zuverlässigkeit Gottes geworden. Diese Zuverlässigkeit hing nicht an seinem Inhalt. War es zu Zeiten des Propheten Jeremia Gottes hartes Gerichtswort gewesen, so wurde es zu Zeiten DJes’ zu einem umfassenden Heilswort. Unverständlich erscheint auf den ersten Blick, dass diesem Heilswort zur Zeit DJes’s die gleiche Skepsis und Ablehnung entgegenschlug wie dem Gerichtswort Jeremias: Der Bote, der die müden, enttäuschten und lethargischen Zeitgenossen im Namen Gottes aufrichten wollte, wurde wie Jeremia verspottet, verschmäht und misshandelt (Jes 50,4–9). *Das Wort Gottes blieb auch als Heilswort das von der Menge der Hörer abgewiesene Wort.* Die ersten Hörer vermochten dem Heilswort Gottes ebenso wenig wie dem Gerichtswort Jeremias zu vertrauen, weil das Wort für sie zu „groß" war, weil sie die Dimensionen des heilvollen Handelns Gottes (Jes 55,8 f.) nicht zu fassen vermochten. Nun aber liegt es schriftlich vor und sucht verständige Leser bzw. Hörer, denen es vorgelesen wird.

Für den Gott, den der Prophet bezeugt, aber gilt, dass sein Wort – unabhängig von der Reaktion seiner Adressaten – *wirksames Wort* ist (Jes 55,10 f.):

> Wie Regen und Schnee vom Himmel kommen und nicht dahin zurückkehren, ohne die Erde getränkt, sie fruchtbar gemacht und sie zum Sprossen gebracht zu haben ..., so verhält es sich auch mit meinem Wort, das aus meinem Munde geht: Es kehrt nicht leer zu mir zurück, sondern tut, was mir gefällt, und vollbringt, wozu ich es gesandt habe.

Hier ist das Wort ein eigenständiger Bote Gottes, sein irdischer Träger wird nicht einmal erwähnt. Weil Gott der Sender ist, vollführt es seinen Auftrag: nicht als bloße Ankündigung von Kommendem, sondern als wirkendes Wort, das heraufführt, wovon es spricht. Dabei verdeutlichen die Bilder, dass nicht abstrakt eine beliebige Wirkung gemeint ist, sondern dass die Wirkung gemeint ist, die Gott gefällt: Das Wort schafft Fruchtbarkeit und neues Leben, weil es selber – wie Regen und Schnee für die Pflanzen – lebensnotwendige und Leben schenkende Gabe Gottes ist.

Damit aber sind die skeptischen Zeitgenossen des Propheten vor die Entscheidung ihres Lebens gestellt. Nach dem bekannten Prolog der Worte DJes' in Jes 40,6–8 *kann der Mensch nur aus zwei Wirklichkeiten leben: aus der vorfindlichen,* die vor Augen steht und die Menschen in die Klage führt, oder *aus der Wirklichkeit des Wortes Gottes,* das die Zukunft Gottes vorwegnimmt:

> Alles Fleisch ist wie Gras und alle seine Schönheit wie die Blume auf dem Feld:
> Das Gras verwelkt, die Blume verdorrt, wenn der Wind JHWHs über sie weht ...
> (Ja,) das Gras verwelkt, die Blume verdorrt – aber das Wort unseres Gottes bleibt für immer bestehen.

Im Kontext des zitierten Textes solidarisiert sich der Prophet mit seinen mutlosen Zeitgenossen im Exil, als er von einer Himmelsstimme dringlich zum „Trösten" seines Volkes aufgefordert wird. Mit ihnen fragt er: Was kann Trost in der hoffnungslosen Lage von Exilierten besagen wollen, angesichts der Macht der Babylonier? So stimmt der Prophet in die Menschheitsklage ein, wie sie mehrere Psalmen (z. B. Ps 90,5 f.; 103,14 ff.) belegen, die Gott die Ohnmacht und Kürze allen Menschenlebens vorhalten. Auch die Himmelsstimme bestätigt: So und nicht anders ist der Mensch. Aber sie hält der Menschheitsklage das Wort Gottes entgegen, das eine andere Wirklichkeit, die kommende, unmittelbar bevorstehende, herbeiführt; aus ihr kann man schon jetzt, bevor das Angesagte Realität geworden ist, leben, weil dieses Wort beständig ergeht und sowohl zuverlässig als auch wirkmächtig ist, die angesagte Zukunft also schon in sich trägt. So *ist das Hören auf das prophetische Wort die Weise, auf die die Menschen an der Wirklichkeit der Zukunft Gottes Anteil gewinnen können.*

Ihnen können durch das Hören auf das Wort auch in scheinbar hoffnungsloser Lage neue Kräfte zuwachsen, die die Kräfte Jugendlicher in der Blüte ihres Lebens weit übersteigen (Jes 40,30f.).

Eine ebenso zentrale Rolle wie bei DJes spielt die Zuverlässigkeit des Wortes Gottes in *der deuteronomistischen (dtr) Theologie.* Geradezu penibel listen die dtr Geschichtsschreiber auf, wie in der zurückliegenden Geschichte, die zur Zerstörung Jerusalems geführt hat, jede einzelne prophetische Ankündigung ihre exakte Entsprechung in der Realität fand. Angefangen bei der Weissagung gegen den Priester Eli und seine gottlosen Söhne in 1 Sam 2 über die berühmte Nathanweissagung und die Ankündigungen namenloser bzw. nur von Dtr erwähnter Propheten bis hin zur Ankündigung der Prophetin Hulda in 2 Kön 22 gilt von allen prophetischen Worten: „JHWH hat sein Wort erfüllt, das er geredet hat“ (1 Kön 8,20)[91]. Generell formuliert lautet die Überzeugung: „Alles ist für euch eingetroffen, nichts davon ist hingefallen“, d.h. unerfüllt geblieben (Jos 23,14; vgl. 21,45), bzw.: „Nicht ein einziges Wort ist hingefallen“ (1 Kön 8,56; vgl. 2 Kön 10,10)[92].

c. *Das Staunen über das Wort Gottes*

Während die dtr Theologen nicht müde werden, die Zuverlässigkeit des prophetischen Wortes zu preisen, wie es die bisherige Schuldgeschichte Israels begleitet und vorherbestimmt hat, stehen sie staunend vor dem Gotteswort des Mose, das die vorangegangenen Generationen so leichtfertig verworfen haben und das die Deuteronomisten ihren Zeitgenossen nach der Katastrophe so dringlich ans Herz legen möchten. Für sie *muss Israel wieder neu Gottes Reden zu seinem Volk als ein Wunder begreifen.* Israel weiß gar nicht mehr, wie sehr es von den Völkern darum beneidet wird, dass es so gerechte Satzungen von Gott mitgeteilt bekommen hat, durch die es klug und weise geworden ist. Durch Gottes Reden am Sinai bzw. Horeb besitzt es in jeder Hinsicht unvergleichliche Ordnungen, die ihm ein sinnvolles und glückliches Leben in einer ebenso unvergleichlichen Nähe Gottes ermöglichen (Dtn 4,6–8). Ja, am Sinai hat Gott mit seinem Volk aus dem Feuer heraus „von Angesicht zu Angesicht“ geredet – und die Menschen durften dennoch am Leben bleiben. Kein anderes Volk hat eine derartigen Nähe Gottes erlebt, keines verfügt über eine Grundordnung wie den Dekalog, den ihm Gott direkt und ohne Mittler zugespro-

---

[91] Vgl. die Auflistung der Belege bei G. von Rad, Die deuteronomistische Geschichtstheologie in den Königsbüchern, Ges. St. (TB 8), 1958, 189–204; 193–195.

[92] Prinzipiell vergleichbar, aber in der Sache charakteristisch unterschieden, beruft sich die chronistische Geschichtsschreibung mit ihrem Verweis „wie geschrieben steht“ bzw. „nach der Weisung JHWHs durch Mose“ auf schriftliche Gottesworte; sie will belegen, dass bestimmte Maßnahmen schriftgemäß vollzogen wurden; vgl. T. Willi, „Wie geschrieben steht“ – Schriftbezug und Schrift (2002), in: ders., Israel und die Völker (SBA 55), 2012, 101–122.

chen hat (Dtn 5,4.23–27). Diese Nähe Gottes ist Israel so bedrängend geworden, dass es Mose um seine künftige Vermittlung gebeten hat.

Allerdings gehören das Gotteswort durch Mose und das Gotteswort durch die Propheten für die dtr Theologen eng zusammen. Auch das prophetische Wort unterscheidet Israel von den Völkern. Während die Völker rings um Israel herum eine Unzahl technischer Spezialisten bemühen, um in die Geheimnisse der Zukunft einzudringen – Wahrsager, Beschwörer, Zauberer etc. –, kann und soll das Volk Gottes auf all diese zwielichtigen Gestalten verzichten, weil es Propheten hat (Dtn 18,9–15). *Die Propheten Israels* aber unterscheiden sich von allen sonstigen Zukunftsspezialisten vor allem dadurch, dass sie *in der Kontinuität mit Mose* stehen. Sie sind von Gott schon am Sinai als Nachfolger Moses eingesetzt worden, um Gottes verbindlichen Willen für die jeweilige Gegenwart anzusagen (Dtn 18,16–18).

Freilich besteht für dtr Theologen *ein* gewichtiger Unterschied zwischen dem Gotteswort des Mose und dem der Propheten. Während die Tora des Mose immer präsent ist und für die Glieder des Gottesvolkes lebensnotwendig ist, da der Mensch sie wie das Brot zum Leben braucht (Dtn 8,3), kann Gott sein prophetisches Wort den Menschen, die es verworfen haben, entziehen, so dass sie es trotz intensiver Suche auf der ganzen Erde nicht finden können (Am 8,11 f.; vgl. 1 Sam 28,6.15 f.). Dann bleiben sie in wesentlichen Fragen ihrer Zeit orientierungslos. Hier werden Konsequenzen aus der Ablehnung kritischer Prophetenworte – und insbesondere der Verstoßung des Amos aus Bet-El (Am 7,10–17) – gezogen mit dem Ziel, zum intensiven Hören auf das Prophetenwort aufzufordern.

Von hier aus ist es nicht verwunderlich, dass die dtr Theologen Qualitäten des Wortes Gottes, wie sie Deuterojesaja dem prophetischen Wort zugeschrieben hatte, auch auf die Mose-Tora bezogen haben. Für sie legt Mose in der Stunde seines Abschieds die Tora als die Zusammenfassung aller Weisungen Gottes den nachfolgenden Generationen folgendermaßen ans Herz (Dtn 32,47):

> Es ist für euch kein leeres Wort, sondern bedeutet Leben für euch: Durch dieses Wort wird sich eure Lebenszeit im Land verlängern …

In der gleichen Weise wie das prophetische Wort nach Jes 55,10 f. *ist* auch *die Tora wirkendes Wort, das Leben* nicht nur verheißt, sondern *schafft*. Und dieses Wort ist nicht etwa schwer zu verstehen, so dass Israel sich um seine Deutung mühen müsste; es ist auch nicht „fern" von ihm, so dass es weiter Wege bedürfte, sondern vielmehr „nah" bei ihm, „in deinem Mund und in deinem Herzen", so dass seine Befolgung jedem Menschen leicht fällt (Dtn 30,11–14). Wer könnte dann so töricht sein, diese Gabe von sich zu weisen und das volle Leben zu verspielen, das sie in sich trägt! Auch diese Qualifikation der Mose-Tora spiegelt möglicherweise Denken Deuterojesajas wider, für den Gottes Reden „nicht im Verborgenen" geschieht, d. h. nicht in der Ferne Gottes, der das Schweigen bzw. die Unbegreiflichkeit eignet, sondern vor aller Öffentlichkeit als „rechtes" bzw. „wahres und klares" Reden des zugewandten, offenbaren Schöpfers der Welt (Jes 45,19).

d. Das schöpferische Wort

Vom wirkmächtigen prophetischen Wort ist es nur ein kleiner Schritt zum schöpferischen Wort Gottes. Er ist schon von DJes selbst vollzogen worden, der das „Ausspannen des Himmels" in Parallele setzt zum gebietenden Befehlswort des Schöpfers gegenüber dem „Himmelsheer" (Jes 45,12) und auf diese Weise das Handeln und das Reden Gottes als schöpferische Akte gleich wertet. Jes 48,13 formuliert analog:

Meine Hand hat doch die Erde gegründet
und meine Rechte den Himmel ausgespannt.
Rufe ich ihnen zu: So stehen sie alle da.

Freilich zeigt die letzte Aussage, dass es DJes primär um die souveräne Verfügungsgewalt des Schöpfers über das Universum, nicht so sehr um den Schöpfungsvorgang geht[93].

Demgegenüber assoziiert jeder Bibelleser den schöpferischen Charakter des Wortes Gottes primär mit dem ersten Kapitel der Bibel; und das mit Recht, sind doch in Gen 1 schöpferisches Wort und schöpferische Tat Gottes durch die mehrfach wiederholte Ausführungsformel „und es geschah (dem Wort Gottes) entsprechend" denkbar eng miteinander verknüpft, gleichzeitig aber als zwei separate Akte voneinander unterschieden. Ist hier noch mit anderen Einflüssen zu rechnen als mit dem prophetischen Wortbegriff?

Ein vergleichbares Verständnis vom schöpferischen Wort kennt im Alten Orient vor allem die ägyptische Tradition; bis heute umstritten ist, ob man sie als Gesprächspartner von P im Hintergrund von Gen 1 mithören muss. Zwar gibt es auch in Mesopotamien zahlreiche Hymnen, die das Wort eines Gottes - vor allem Marduks - als unwiderstehlich („gegen dessen Befehl man sich nicht wenden kann") und unveränderlich („dessen Ausspruch nicht geändert wird") preisen[94], aber analoge Wendungen, die von Königen gebraucht werden[95], zeigen, dass es in solchen Sätzen darum geht, die Macht der Worte in der Gestaltung der Geschichte zu charakterisieren. Dagegen spricht das sog. *„Denkmal memphitischer Theologie"*, das auf einem Basaltstein des Königs Schabaka (Ende des 8. Jh.s v. Chr.) erhalten, aber wahrscheinlich mindestens ein halbes Jahrtausend älter ist, davon, dass der Ur- und Schöpfergott Ptah, der als Allgott die anderen Götter in sich fasst, die Götter und die Welt durch sein Wort geschaffen habe: „Es entstand ja jedes Gotteswort durch das, was vom Herzen erdacht und von der Zunge befohlen wurde" (Z.57)[96]. Das Herz, der Ort des Verstandes und des Planens, und die Zunge

---

[93] Vgl. zur näheren Begründung H.-J. Hermisson, Deuterojesaja (BK XI/2), 2003, 272f.

[94] Belege nennt L. Dürr, Die Wertung des göttlichen Wortes im AT und im Alten Orient (MVAEG 42,1), Leipzig 1938, hier: 14.

[95] Vgl. etwa die Stele von Chaluf, die Darius I. anlässlich des Baus des Suez-Kanals errichten ließ: „Tout ce que prononce Ta Majesté existe aussitôt" (G. Posener, La première domination perse en Égypte [BIFAO 11], 1936, 76).

[96] Vgl. H. Brunner, in: W. Beyerlin (Hg.), Religionsgeschichtliches Textbuch zum AT (ATD.E 1), 1975, 32; den gesamten Text bieten etwa O. Keel - S. Schroer, Schöpfung, Göttingen-Fribourg 2002, 255-257.

als Instrument des Redens sind die Mittel, mit denen Ptah die Schöpfung vorbereitet und die dann sein Wort vollendet. So trägt er den Ehrentitel „Der das All schuf und die Götter hervorbrachte“. Mit der Welt hat er auch alle Lebenskräfte, das Recht, das Handwerk etc. ins Dasein gerufen. Das Wort ist bei diesem Schöpfungsvorgang „ein Teil des Gottes selbst“, eine numinose Kraft in ihm, die stets in ihm bleibt, also keine Hypostase[97]. Die Frage, ob P das „Denkmal memphitischer Theologie“ kannte, ist aber nicht nur durch die Vorstellung vom schöpferischen Wort, sondern auch durch den Satz am Ende der Schöpfungsdarstellung hervorgerufen worden: „So ruhte Ptah, nachdem er alle Dinge und alle Gottesworte gemacht hatte“ (Z.59), ein Satz, der allerdings auch „So war Ptah zufrieden ...“ (A. Erman, H. Junker u. a.) übersetzt werden kann.

Ob nun P das „Denkmal memphitischer Theologie“ kannte[98] oder nicht, in jedem Fall handelt es sich um einen geistesgeschichtlich verwandten Text, der zeigt, wie nahe die Vorstellung der Schöpfung durch das Wort und der eine Schöpfergott sachlich zusammengehören. Sollte P den ägyptischen Text wirklich gekannt haben, hat sie dessen Inhalt entscheidend verändert. Gottes „Ruhe“ ist in Gen 2,2f. nicht primär retrospektiv, sondern auf die Zukunft hin formuliert: Wenn Gott den 7. Tag „heiligt“ und ihn „segnet“, so tut er dies nicht für sich, sondern für die Menschen, denen Gottes Ruhe zugute kommen wird, auch wenn sie erst im Lauf der Geschichte die Segenskräfte des 7. Tages entdecken werden (Ex 16). Seitdem aber darf Israel an der Ruhe Gottes partizipieren.

In gleicher Weise ist aber auch die Schöpfung durch Gottes Wort auf die folgende Geschichte angelegt: Es ist das gleiche Wort Gottes, das die Welt ins Dasein rief und das Abraham (Gen 17) und Mose (Ex 6) die Verheißungen Gottes übermittelte, von denen Israel in seiner Geschichte lebt und auf deren letzte Erfüllung es in seiner Zukunft zugeht. Hier wie dort ist es das Wort Gottes, das sich schon mit dem Aussprechen zu verwirklichen beginnt[99]. *Die Schöpfung durch das Wort ist bei P wesenhaft auf Gottes Geschichte mit seinem Volk angelegt.*

Auch in einigen Psalmen ist die Schöpfung durch das Wort belegt. Sie setzen vermutlich alle P voraus; jedenfalls verbinden sie ähnlich wie P die Vorstellung

---

[97] Vgl. K. Koch, Wort und Einheit des Schöpfergottes in Memphis und Jerusalem, ZThK 62 (1965), 251–293 [Zitat 264] = ders., Studien zur alttestamentlichen und altorientalischen Religionsgeschichte, Neukirchen-Vluyn 1988, 61–103.

[98] So in jüngerer Zeit bes. L. Ruppert, Die Ruhe Gottes im priesterlichen Schöpfungsbericht und die „zufriedene Ruhe“ des Ptah im Denkmal memphitischer Theologie (1983), in: ders., Studien zur Literaturgeschichte des AT (SBAB 18), 1994, 110–123, der die vom „Denkmal“ ausgehende und zu Gen 1 verlaufende Überlieferungsgeschichte nachzuzeichnen versucht. Skeptisch urteilt O. Kaiser, Die Schöpfungsmacht des Wortes Gottes, in: ders., Zwischen Athen und Jerusalem (BZAW 320), 2003, 153–166.

[99] O.H. Steck, Der Schöpfungsbericht der Priesterschrift (FRLANT 115), ^{2}1981, 48ff. u. ö. hat darauf aufmerksam gemacht, dass Wort und Geschehen in Gen 1 nicht als Befehl und Befolgung verstanden werden dürfen, sondern als Vorgang der Verwirklichung des Geplanten.

der Schöpfung durch das Wort (Ps 33,6–9; 147,15; 148,5) mit der Verlässlichkeit seiner Gebote (Ps 147,19 f.) und der Zuverlässigkeit seiner Ankündigungen (Ps 33,4). Der prophetische Wortbegriff und das Lob der Tora Gottes als Lebensorientierung prägen diese Aussagen. In späten Schriften kann die Macht des schöpferischen Wortes am Anfang mit der Unwiderstehlichkeit seines Wortes in der Gegenwart parallelisiert werden (Judith 16,15; Sir 39,17 f.).

C. Orientierungen[1]

Nach dem staatlichen Zusammenbruch zunächst des Nordreichs und dann auch des Südreichs Juda standen die Israeliten nicht nur vor der Notwendigkeit, sich der Grundlagen ihres Glaubens zu vergewissern, sondern auch *die Grundregeln ihres Zusammenlebens* neu zu definieren, hatten doch Propheten wie Amos und Micha den bevorstehenden staatlichen Untergang gerade mit der fehlenden (sozialen) Gerechtigkeit begründet. Wie stark die Notwendigkeit empfunden wurde, *verbindliche Maßstäbe* zu formulieren, lässt sich etwa aus den zahlreichen exilischen Erweiterungen der dtn Gesetze ablesen. Die Dringlichkeit zu derartiger Präzision geht im Dtn vor allem aus den vorgeordneten Paränesen hervor. Die vorgebenen kürzeren Mahnreden in Kap. 6–11 wurden im Exil zu regelrechten Predigten ausgebaut. In ihnen werden die Leser immer neu auf die unverdiente Güte und Liebe Gottes verwiesen, die die Generationen der Väter durch Gottes Erwählung und durch seinen Bund mit Israel erfahren haben. Weil aber Gottes Erwählung und sein Bund bis zur Gegenwart gültig sind, warten sie auf eine Antwort Israels, das sich als erwähltes und „heiliges Volk" neu zu bewähren hat[2]. Immer wieder fallen in diesen Predigten warnende Sätze, die darauf verweisen, dass von einer glückenden oder aber misslingenden Bewährung Gedeih und Verderben des Gottesvolkes abhängen (Dtn 6,15; 8,19f. u. ö.), d. h. die weitere Existenz des Gottesvolkes oder aber sein definitiver Untergang. Die Mahnung „hüte dich!" (6,12; 7,11.14 u. ö.) beherrscht den Gedankengang.

1. Der Dekalog

Weit einschneidender als die predigtartige Ausgestaltung von Dtn 6–11* und die mit ihr verbundene Verschärfung der Gesetzgebung in Dtn 12–25* war für die Zukunft des biblischen Gottesvolks jedoch die Entstehung des wichtigsten ethischen Maßstabs im Alten Testament, des Dekalogs. Seine überragende Bedeutung kommt darin zum Ausdruck, dass er in beiden überlieferten Fassungen, in Ex 20 und in Dtn 5, nicht nur allen folgenden Rechtssätzen des Bundesbuchs bzw. des dtn Gesetzes vorangestellt ist und betont deren hermeneutische Basis bildet, sondern dass auch in beiden Kontexten *einzig der Dekalog dem Volk am Sinai bzw. Horeb unmittelbar von Gott zugesprochen wird.*

---

[1] Sachlich gehört auch das Bemühen der späteren Weisheit um Lebensordnungen unter diese Rubrik. Jedoch wird sie in diesem Entwurf anders verortet (vgl. S. 331 ff. und S. 460 ff.).

[2] Vgl. bes. Dtn 7 und die Kapitel „Dtn" und „Bund" o. S. 195 ff. und S. 304 ff.

Alle folgenden Rechtssätze werden ihm durch die Vermittlung des Mose vorgelegt; sie gelten ab jetzt als Entfaltungen der im Dekalog formulierten Grundsätze. Der Dekalog bildet damit sowohl in Ex 20 als auch in Dtn 5 das Zentrum der Offenbarung Gottes am Sinai bzw. Horeb; er stellt *die Gründungsurkunde der Gottesbeziehung Israels* dar[3]. Die doppelte Überlieferung verdeutlicht, dass man in der Zeit nach dem Exil weder das Bundesbuch noch die dtn Verordnungen sinnvoll ohne diese Gründungsurkunde verstehen konnte[4]. Allerdings besteht zwischen Ex 20 und Dtn 5 insofern ein Unterschied, als die Hervorhebung der Einzigartigkeit des Dekalogs in Ex 20,19 eher beiläufig erfolgt, in Dtn 5,4 und besonders in Dtn 5,22–27 dagegen programmatisch. Mehr noch: Dtn 5,22 lässt den Dekalog von Gott selbst auf Tafeln geschrieben sein, die den einzigen Inhalt der „Bundeslade" bilden. Hinzu kommt, dass der Dekalog in Dtn 5 als Zitat eingeführt und behandelt wird (Dtn 5,5b.22). Mit seiner kollektiven „Ihr"-Anrede hebt sich der Rahmen deutlich von der „Du"-Anrede des Dekalogs selber (Dtn 5,6–21) ab. Das alles sind Indizien, die in der Streitfrage, welcher der beiden – weithin identischen – Fassungen des Dekalogs die Priorität zukomme, für Ex 20 sprechen[5].

Für das Verständnis des Dekalogs in seiner Funktion einer Zusammenfassung des verbindlichen Gotteswillens sind vor allem drei Erkenntnisse wesentlich:

1. Formal ist der Dekalog auffällig unausgeglichen. Sein erster Teil ist als eine längere Gottesrede konzipiert (Ex 20,2–6), während im zweiten Teil (V.7–17) von Gott in 3. Pers. gesprochen wird. In diesem Teil stehen neben den charakteristischen Verboten in Form verneinter Indikative (sog. Prohibitive; vgl. o. S. 58) zwei positiv gestaltete Gebote (Sabbat und Elternehrung).

---

[3] N. Lohfink hat die Differenz zwischen dem Dekalog und den restlichen Gesetzen charakterisiert als „die Unterscheidung zwischen prinzipiellem und unwandelbarem Gotteswillen einerseits und dessen wandelbarer und jeweils zeitbedingter Konkretion andererseits" (Kennt das AT einen Unterschied zwischen „Gebot" und „Gesetz"? Zur bibeltheologischen Einstufung des Dekalogs, JBTh 4 [1989], 63–89; 87). Jedoch gilt gleichzeitig für alle Gebote des Dekalogs, was G. von Rad zum 1. Gebot schrieb: „Die Situation, an der sich Israel an dem ersten Gebot zu bewähren hatte, war eine ständig veränderte" (TheolAT^4 I, 223).

[4] Im Dtn wird diese Zuordnung noch zusätzlich dadurch hervorgehoben, dass die dtn Rechtssätze redaktionell so angeordnet worden sind, dass sie den Geboten des Dekalogs grob entsprechen; vgl. G. Braulik, Die dtn Gesetze und der Dekalog (SBS 145), 1991.

[5] Gewichtige zusätzliche Argumente nennen C. Levin, Der Dekalog am Sinai (1985), in: ders., Fortschreibungen (BZAW 316), 2003, 60–80; 60–62.; A. Graupner, Zum Verhältnis der beiden Dekalogfassungen in Ex 20 und Dtn 5, ZAW 99 (1987), 308–329; W.H. Schmidt (und Mitarbeiter), Die zehn Gebote im Rahmen alttestamentlicher Ethik (EdF 281), 1993, 25–35; R.G. Kratz, Der Dekalog im Exodusbuch, VT 44 (1994), 205–238; M. Köckert, Leben in Gottes Gegenwart (FAT 43), 2000, 259f.; ders., Die zehn Gebote, München 2007, 38f. Die gegenteilige Ansicht wird vor allem von F.-L. Hossfeld, Der Dekalog (OBO 45), 1982 vertreten. Allerdings zeigt ein synoptischer Vergleich, dass beide Fassungen des Dekalogs Zufügungen erhalten haben. Der jüngste und plausibelste Versuch, eine nicht erhaltene Erstgestalt des Dekalogs zu rekonstruieren, stammt von E. Blum in: T.B. Dozeman – K. Schmid – B.J. Schwartz (Hg.), The Pentateuch (FAT 78), 2011, 289–301.

Außerdem begegnen neben ausführlichen Begründungen von Verboten Kurzverbote mit verneintem Verb ohne ein Objekt. Dieser Mangel an formaler Geschlossenheit weist auf eine längere Vorgeschichte hin.

Die nachträgliche Einteilung der Gebote in „zehn Worte" (Dtn 4,13; 10,4; Ex 34,28, daher der griechische Begriff „Dekalog") ist vermutlich als mnemotechnische Hilfe gedacht. Sie bestimmt den Dekalog damit zugleich als eine geschlossene Einheit, die keiner Ergänzung bedarf. Dtn 5,22 („Er [Gott] fügte nichts hinzu") betont diese Abrundung überdeutlich.

In der Tat gilt: Auch wenn der Dekalog frühestens im Exil entstanden ist, wie allein schon die dtr gestaltete Gottesrede zeigt, gehen ihm *vielfältige Vorstufen* voraus. So begegnet etwa die Dreierreihe der Kurzverbote des 5.–7. Gebots (nach reformierter Tradition: des 6.–8. Gebots[6]) in Hos 4,2 und Jer 7,9, allerdings in verschiedener Reihenfolge der Verbote. Wie W.H. Schmidt eindrücklich gezeigt hat, kennt das Alte Testament für so gut wie alle Einzelgebote ältere Vorgänger[7]. Die Eigenart der Dekaloggebote besteht ihnen gegenüber darin, dass die oft erheblich *konkreteren Aussagen der vorgegebenen Tradition ins umfassend Generelle verallgemeinert* werden, wobei die verwendeten Mittel für dieses Ziel verschieden sind (sowohl Kürzungen als auch Erweiterungen).

Ein bekanntes Beispiel für Kürzung ist das Diebstahlverbot, das das Verbot des Menschenraubs (Ex 21,16) auf den Diebstahl von Vieh und Sachwerten ausweitet (s. u.). Ein Beispiel für Erweiterung ist das letzte Gebot (bzw. sind die letzten beiden Gebote), wo möglichst viele Objekte des Begehrens aufgezählt werden. Aus den unterschiedlichen literarischen Mitteln erhellt, dass der Dekalog von vornherein eine formale Vielfalt aufwies und die Suche der älteren Forschung nach einem formal einheitlichen Urdekalog verfehlt war.

2. Die gleiche Tendenz zeigt eine zweite Beobachtung. Beim Dekalog handelt es sich *überwiegend* nicht um positiv formulierte Gebote, sondern um *Verbote*. Wie schon o. S. 58f. betont, sind solche negativen Formulierungen charakteristisch für das ältere alttestamentliche Ethos, das – im Unterschied zu dem überwiegend positiven Ratschlägen der Weisen – aufzeigen möchte, wo Handlungen Einzelner das Zusammenleben einer bestehenden Gemeinschaft zerstören. Diesem älteren Ethos liegt die Tendenz fern, das Alltagsleben ordnen oder gar normieren zu wollen. Es will vielmehr die Gemeinschaft schützen, indem es Grenzpfähle aufrichtet, die nicht überschritten werden dürfen.

Mit seiner Tendenz zur Grundsätzlichkeit verlässt der Dekalog diese Intention nicht prinzipiell, wohl aber graduell. Das zeigt sich insbesondere darin, dass zumindest *das Sabbat- und das Elterngebot positiv formuliert sind* und ers-

---

[6] Die Zählung der zehn Gebote differierte schon zwischen rabbinischem und hellenistischem Judentum, später zwischen östlicher und westlicher Kirche, schließlich zwischen Lutheranern, Anglikanern und Reformierten; vgl. Köckert, Leben, 256, Anm. 38.

[7] W.H. Schmidt, Überlieferungsgeschichtliche Erwägungen zur Komposition des Dekalogs, VT.S 22 (1972), 201–220; ders., Die zehn Gebote, 25ff.

teres eine ausführliche Begründung, letzteres eine Verheißung zugefügt erhalten haben, die ihren Sinn verdeutlichen. Dabei sind für das Elterngebot weit begrenztere Vorstufen belegt (etwa die Todesstrafe für das Schlagen und Verfluchen der Eltern, Ex 21,15.17), so dass in diesem Fall die Intention des Dekalogs, dem Leben des Einzelnen grundlegende Orientierung zu bieten – im genannten Fall u.a. die Fürsorge für die Eltern im Alter –, mit Händen zu greifen ist. Im Fall des Sabbatgebots ergibt sie sich aus der ausführlichen Begründung, die allerdings in Ex 20 und Dtn 5 bekanntermaßen auffällig unterschiedlich ist (s.u.).

3. Der Dekalog ist formal zweigeteilt. Während *die erste Hälfte mit dem Fremdgötter- und Bilderverbot betont als Gottesrede formuliert* ist, in deren Rahmenversen jeweils an hervorgehobener Stelle das göttliche „Ich“ erscheint (Ex 20,2.5; Dtn 5,6.9), verwendet der 2. Teil (Ex 20,7–17; Dtn 5,11–21) die unpersönliche Form der üblichen Prohibitive, wie sie auch im Bundesbuch begegnen. Nur durch den vorangestellten 1. Teil wird auch der 2. Teil des Dekalogs als Gottesrede vernommen. Hinzu kommt, dass das angeredete „Du“ im 1. Teil das kollektive „Du“ der Glaubensgemeinschaft ist („... der ich dich aus dem Land Ägypten ... herausgeführt habe“, Ex 20,2; Dtn 5,6), das angeredete „Du“ im 2. Teil dagegen überwiegend das Individuum innerhalb dieser Gemeinschaft meint. Auch wird einzig der 1. Teil mit einer Drohung und Verheißung Gottes abgeschlossen.

Damit aber gewinnt der 1. Teil des Dekalogs gegenüber dem 2. Teil eine ähnliche hermeneutische Funktion wie der Dekalog als ganzer gegenüber dem älteren Bundesbuch bzw. dem deuteronomischen Gesetz. Wie der Dekalog als eine (nachträgliche) Grundsatzerklärung oder Präambel zu den überlieferten Rechtssätzen zu verstehen ist, so gilt innerhalb des Dekalogs Entsprechendes für seinen 1. Teil. Wenn aber die neu konstituierte nachexilische Gemeinschaft Israel sich mit dem Dekalog eine Präambel aller ihrer Rechtssätze geschaffen hat, die schon dadurch als die wichtigste Wegweisung ihres Glaubens gekennzeichnet ist, dass Gott selber sie als Erstes und Einziges dem ganzen Volk direkt zuspricht, und wenn innerhalb dieser Präambel noch einmal zwischen Zentrum und Peripherie unterschieden wird, dann ist damit *der 1. Teil des Dekalogs als schlechterdings unerlässliche Grundlage allen kollektiven und individuellen Verhaltens in Israel* gekennzeichnet. Mit Recht hat diese Grundlage daher die Diskussion um eine „Mitte“ des Alten Testaments entscheidend mitbestimmt[8].

Es versteht sich daher von selbst, dass ihr das besondere Augenmerk des Theologen gelten muss. Sie besteht aus drei Teilen (Ex 20,2–6): 1. dem 1. Gebot oder Fremdgötterverbot, 2. dem Bilderverbot und 3. einer Wesensbestimmung Gottes als Begründung beider Verbote, die charakteristisch speziell für das Hauptthema des Dekalogs ist.

---

[8] Vgl. W.H. Schmidt, Die Frage nach einer „Mitte“ des AT, EvTh 68 (2008), 168–178; auch in: ders., Gottes Wirken und Handeln des Menschen (BThSt 147), 2014, 87–103.

a. Das 1. Gebot

Das 1. Gebot *ist das Herzstück des Alten Testaments, der Maßstab aller seiner Maßstäbe für das rechte Reden von Gott und das rechte Verhalten ihm gegenüber.* Es ist als solches weit älter als der Dekalog, ohne dass doch über seine Entstehung präzise Aussagen möglich wären[9]. Ob etwa ein Zusammenhang bestand zwischen dem Werden des 1. Gebots und dem wachsenden Bewusstsein Israels, dass sein Gott kein Gott des Landes, unter den Göttern Syrien-Palästinas also ein Fremdling war, wissen wir nicht. Religionsgeschichtliche Analogien kennen wir nicht; sie sind nach unserer Kenntnis der altorientalischen Religionen auch nicht zu erwarten. Einerseits kann man ohne Übertreibung sagen, dass die überwiegende Mehrzahl der älteren Aussagen über Gott im Alten Testament monolatrisch formuliert sind, d.h. die Verehrung nur eines Gottes voraussetzen, ohne dass damit die in manchen Texten (z.B. Ps 29,1f.; Dtn 32,8f. LXX) anklingenden polytheistischen Reste geleugnet werden könnten[10]. Andererseits setzt Monolatrie die Unvereinbarkeit des eigenen Glaubens mit Praktiken anderer Kulte nicht notwendig voraus.

Es sind nach unserer Kenntnis insbesondere die kritischen Propheten gewesen, die kämpferisch für die Ausschließlichkeit der JHWH-Verehrung eingetreten sind; ihre Stimmen werden zu den nachweisbaren Vorformen des 1. Gebots (s.u.) geführt haben, ohne dass deshalb eine prophetische „Jahwe-allein-Bewegung“ konstruiert werden müsste[11]. Die sog. Schriftpropheten haben die Monolatrie erheblich schärfer im Sinn einer Ausschließlichkeit der JHWH-Verehrung ausgelegt als ihre Zeitgenossen; man denke nur an die Auseinandersetzungen der Propheten Elia und – deutlicher – Hosea und – noch einmal deutlicher – Jeremia und Ezechiel mit ihren jeweiligen Gegnern. Jedoch zeigen diese Auseinandersetzungen auch, wie wenig die Konsequenzen, die die genannten Propheten aus ihrer Forderung der alleinigen Verehrung JHWHs gezogen haben, von der Mehrheit der Bevölkerung geteilt wurden. Gute Beispiele für eine solche unterschiedliche Beurteilung bieten etwa die Erzählungen von der Verurteilung des Königs Ahasja durch Elia in 2 Kön 1 (o.S. 133) oder von der Klage über die Uneinsichtigkeit der beiden verfeindeten Bruderreiche im sog. syrisch-efraimitischen Krieg durch Hosea in Hos 5,12–14 (o.S. 141–143).

---

[9] Nach E. Aurelius, Der Ursprung des Ersten Gebots, ZThK 100 (2003), 1–21, wäre das 1. Gebot aus Dtn 6,4 und 26,17f. zu erklären. Aber auch wenn beide Texte dem 1. Gebot vorausgehen, erklären sie dessen Entstehung nicht zureichend.

[10] In frühen außerbiblischen Texten des 9. Jh.s v.Chr. aus dem südlichen Kuntillet ʿAğrud ist zwar wiederholt von einem Segen „JHWHs und seiner Aschera“ die Rede, der Segen selber aber wird im Kontext grammatisch auffällig im Sing., also nur von JHWH, erteilt (KAgr 9,4–9; 10,1f.).

[11] So u.a. B. Lang, in: ders. (Hg.), Der einzige Gott, München 1981, 58ff. – Eher hilfreich erscheint demgegenüber die Unterscheidung zwischen einer älteren „integrierenden“ und einer jüngeren „intoleranten“ Gestalt von Monolatrie im AT (F.-L. Hossfeld, Einheit und Einzigkeit Gottes im frühen Jahwismus, FS Breuning, Freiburg 1985, 57–74).

Im Rückblick auf den staatlichen Zusammenbruch erst des Nord- und dann des Südreichs bildet das 1. Gebot dann in einer verschärften Gestalt die Grundlage der geschichtlichen Urteile des DtrG. Zur Zeit der dtr Theologen war die Forderung einer ausschließlichen Verehrung JHWHs erkennbar ins Zentrum aller Rede von Gott gerückt. Freilich gilt, dass die Maßstäbe, die die dtr Theologen aufgrund ihrer Deutung des Endes des Staates an die Handlungen der frühen Richter und Könige anlegten, andere waren als diejenigen, die diese Verantwortungsträger selber zu ihrer Zeit dem 1. Gebot (genauer: dessen Vorstufen) entnommen haben. Insofern ist es möglich, eine Religionsgeschichte Israels als eine Geschichte je unterschiedlicher Auslegungen des 1. Gebots und seiner Vorstufen zu schreiben[12].

Vorformen des 1. Gebots haben sich im Bundesbuch erhalten: sowohl in Gestalt des Verbots, (anderen) Göttern zu opfern, was zum Ausschluss aus der Volksgemeinschaft führen würde (Ex 22,19), als auch im Verbot der Anrufung von Göttern im Gebet (Ex 23,13) bzw. der Proskynese vor ihnen (Ex 34,14). Im Vergleich mit diesen konkreteren Verboten zielt die Intention des 1. Gebots in der Fassung des Dekalogs darauf hin, eine Formulierung zu wählen, die eine möglichst weit reichende Grenze zwischen Gott und Göttern zieht, um verschiedenste Handlungsfelder der Menschen mit einzuschließen.

Was besagt dann das 1. Gebot in der generellen Formulierung des Dekalogs? Entscheidend für seine Deutung ist, dass der Dekalog als ganzer und speziell das 1. Gebot mit dem Hinweis auf die grundlegende Heilstat Gottes eröffnet wird, die in einer programmatischen Selbstvorstellung Gottes den Rang einer Selbstdefinition Gottes gewinnt: die Befreiung Israels aus der Unterdrückung in Ägypten, die in dtr Terminologie als „Knechtschaft" bezeichnet wird. Für den Dekalog *ist das 1. Gebot die selbstverständliche Konsequenz der anfänglichen Befreiung Israels durch Gott*[13]. Es ist der alleinige Retter Israels, der von den Geretteten ungeteilte Alleinverehrung erwartet („mit ganzem Herzen, ganzer Seele und ganzer Kraft", Dtn 6,5)[14]. Die restlichen Gebote sind letztlich nur Entfaltungen des 1. Gebots. Die anfängliche Gottestat der Befreiung ist für das späte Israel zur unabdingbaren Grundlage seines Bekenntnisses zu seinem Gott geworden. Es konnte und wollte nicht von Gott

---

[12] Vgl. W.H. Schmidt, Das erste Gebot. Seine Bedeutung für das AT (ThEx 165), 1969. In seinem Buch „Atl. Glaube" unterscheidet Schmidt „grob fünf Aspekte – oder gar Stadien?" des atl. Verständnisses der ausschließlichen JHWH-Verehrung (99–108; Zitat 99).

[13] „Jede andere Beziehung wäre eine Entwertung bzw. Verwerfung derjenigen, die zu Jahwe besteht." (F. Crüsemann, Bewahrung der Freiheit. Das Thema des Dekalogs in soialgeschichtlicher Perspektive [KT 78], 1983, 43).

[14] Dabei ist das viel diskutierte עַל־פָּנָי „(keine anderen Götter haben) neben mir" (Luther; Buber: „mir ins Angesicht") wahrscheinlich anfangs räumlich („in meiner Gegenwart", d.h. im Bereich des Tempels), bald aber um der immer generelleren Aussage willen kategorial verstanden worden: „zu meinem Nachteil" (Dtn 21,16) bzw. „mir ins Gesicht", d.h. „gegen mich" (Gen 16,12) oder sogar „statt meiner" (so M. Krebernik in: G. Braulik [Hg.], Bundesdokument und Gesetz [HBS 4], 1995, 31 aufgrund einer wichtigen Parallele in den Vasallenverträgen Asarhaddons [EST 195–197]).

reden, ohne auf diese Grunderfahrung zu verweisen – vergleichbar dem Bekenntnis der neutestamentlichen Gemeinde zu Tod und Auferstehung Jesu –, weil in dieser Grunderfahrung die definitive Bindung an die Gemeinschaft von Menschen zum Ausdruck kam, die die Rettung erfahren hatte und sich Israel nannte.

Allerdings ist die Verbindung zwischen grundlegender Heilstat Gottes und 1. Gebot älter als der Dekalog. Die engste Parallele bietet *Hos 13,4,* wo Gott sich wiederum mit dem Hinweis auf seine Tat in Ägypten einführt. Bemerkenswert ist hier, dass das 1. Gebot nicht in Gestalt einer Forderung, sondern einer Aussage formuliert ist und als selbstverständliche Folge der Heilstat Gottes erscheint:

> Ich bin JHWH, dein Gott, vom Land Ägypten her:
> Einen Gott außer mir kennst du nicht,
> einen Helfer außer mir gibt es nicht.

Wie im Dekalog stellt sich Gott den Hörern bzw. Lesern in einer Art Selbstdefinition vor[15], als wäre nicht längst zuvor von ihm die Rede gewesen, weil die Heilstat Gottes in Ägypten für den Glauben an diesen Gott grundlegend ist und aus ihr fundamentale Folgerungen gezogen werden sollen. Ohne die Nennung der Heilstat der Befreiung könnte der Prophet nicht behaupten, dass Israel außer Gott keine Götter „kenne". Im Hebräischen sind mit diesem Verb andersartige Assoziationen verbunden als im Deutschen, wo das Verb einen intellektuellen Akt bezeichnet. Im Sinne des Deutschen „kennt" Israel eine Fülle von Göttern. Demgegenüber meint „kennen" (ידע) im Hebräischen eine intime Beziehung, die zwischenmenschlich bis ins Geschlechtliche reicht („Adam erkannte seine Frau Eva, und sie wurde schwanger …" Gen 4,1). Die Befreiung aus der ägyptischen Sklaverei war für Hosea wie für den Dekalog nicht eine beliebige Gotteserfahrung unter vielen anderen, sondern eine Gründungserfahrung, durch die sich Gott an die menschliche Gemeinschaft band, der sie galt. Demgegenüber können die Götter, die für Israel eine ständige Versuchung bilden, als „erst kürzlich aufgekommene Neulinge" bezeichnet werden, die sie „vorher nicht gekannt", d.h. mit denen sie in keiner geschichtlichen Beziehung gestanden haben (Dtn 32,17). Entsprechend wird im Schlusssatz von Hos 13,4 auch nicht die Existenz der anderen Götter geleugnet, sondern allein ihre Fähigkeit, Israel in Situationen der Not helfen zu können. Jeremia wird sie später „Nichtsnutze" nennen (Jer 2,8.11 u.ö.).

---

[15] Der Selbstvorstellung Gottes ist bes. W. Zimmerli, Ich bin Jahwe, in: ders., Gottes Offenbarung. Ges. Aufs. (TB 19), 1963, 11–40 nachgegangen. Er hat ihren ‚Sitz im Leben' im priesterlichen Rechtsvortrag gesucht. Anders urteilt A. Jepsen, Beiträge zur Geschichte und Auslegung des Dekalogs, ZAW 79 (1967), 277–304, bes. 285f., der „Ich, Jahwe, bin dein Gott" übersetzt (S. 290) und den Satz als „Huldformel" versteht.

Für die protestantische Rezeption des 1. Gebots hat seine Deutung im Kleinen Katechismus Luthers eine zentrale Rolle gespielt. In ihm bleibt die Erinnerung an die Heilstat Gottes in Ägypten unerwähnt, um der – theologisch korrekten – Implikation willen, dass für Christen die Taufe und mit ihr das Bekenntnis zu Tod und Auferstehung Jesu an deren Stelle getreten ist. Die Folge war freilich, dass im Katechismus das fordernde „Du sollst …" ohne Begründung stehen blieb und auf diese Weise einen von Luther nie intendierten gesetzlichen Klang erhielt; die rudimentäre Einleitung „Ich bin der Herr, dein Gott" konnte den Charakter der Zusage nicht genügend vermitteln.

Auch geht aus der Verbindung von Exodusbekenntnis und 1. Gebot deutlicher als ohne das Bekenntnis hervor, dass *das größte Missverständnis* bei der Deutung des 1. Gebots in seiner *Deutung als Lehre* („Es gibt nur einen Gott") besteht. Das 1. Gebot setzt ja die Existenz anderer Götter gerade voraus, zumindest als eine Versuchung Israels, der es immer wieder zu unterliegen droht. Gäbe es für Israel andere Götter nicht, bedürfte es des 1. Gebotes nicht. Freilich *haben schon die „klassischen" Propheten die „Götter" des 1. Gebots kühn auf geschichtliche Mächte übertragen,* denen Israel sein Vertrauen schenkt. So versucht Jesaja, seinen Zeitgenossen zu verdeutlichen, dass die Ägypter, auf deren militärische Hilfe sie ihre Hoffnung setzen, „Mensch und nicht Gott" sind (Jes 31,3), und Hosea wendet seinen Vorwurf des Ehebruchs Israels mit „den Baalen", denen das Volk als „Hure" nachläuft, auf die Assyrer an, denen es „Hurengeschenke" in Gestalt von Tribut spendet (Hos 8,9f.). Beide Propheten sind der Meinung, dass das Vertrauen, das ihre Zeitgenossen Assyrern oder Ägyptern entgegen bringen, an die Stelle jenes Vertrauens getreten ist, das nur Gott zukommt. Für Jesaja wie Hosea sind die politischen Mächte ihrer Zeit zum Gottesersatz geworden, weil den Politikern beider Bruderreiche das wahre Gottvertrauen abhanden gekommen ist[16]. Beide Propheten sind auf dem Weg zu Luthers großartiger Deutung des 1. Gebots in seinem Großen Katechismus: „Worauf Du … Dein Herz hängst und verlässest, das ist eigentlich Dein Gott."[17] Für Hosea kann sogar der Wohlstand zum Gottesersatz werden, über dem Israel seinen Gott und dessen Heilstaten „vergisst" (Hos 13,6).

Die wohl schönste und zugleich kürzeste Auslegung des 1. Gebots im AT bietet Deuterojesaja. In seiner Erwartung, dass alle Völker JHWH als einzigen Helfer anerkennen werden (Jes 45,6) – eine Konsequenz des 1. Gebots –, werden die Völker, die sich zum Gott Israels wenden, bekennen (Jes 45,24):

> Nur in ihm ist Heil.

Mit dem exklusiven „Nur" wird vermieden, die Götter und Mächte zu benennen, auf die die Völker bisher ihr Vertrauen gesetzt haben, um von ihnen ihr „Heil" zu erlangen, bzw. nach deren Schutz sie sich gesehnt haben. Die Existenz derartiger Mächte wird weder bejaht noch verneint. Wohl aber wird entschieden ihre Möglichkeit bestritten, zum Wohl der Menschen zu wirken und

---

[16] Für beide Propheten können die Weltmächte demgegenüber jederzeit zu Werkzeugen Gottes werden, deren er sich für seine Ziele bedient (vgl. bes. Jes 7,18; 10,5f.).

[17] Die Bekenntnisschriften der evang.-luth. Kirche, ^{5}Berlin 1930, 560. – Die Tendenz zu dieser Ausweitung hat das DtrG vorweggenommen, wenn es die gesamte Geschichte Israels, die zum Zusammenbruch des Nord- und Südreichs führte, als ständigen Bruch des 1. Gebotes bezeichnet.

ihnen helfen zu können (vgl. den oben zitierten Vers Hos 13,4: „Einen Helfer außer mir gibt es nicht"). Auf diese Weise verdeutlicht Deuterojesaja mit dem Bekenntnis der Völker, dass man für das reife Alte Testament nicht an den Gott Israels glauben kann, ohne an das 1. Gebot zu denken. Wie das Heil der Welt nicht ohne den einen wahren Gott vorstellbar ist, so auch ein tragfähiges Vertrauen auf ihn, das dem Leben Halt gibt, nicht ohne das 1. Gebot.

In nachexilischer Zeit ist das 1. Gebot – und mit ihm der Dekalog – in den Gottesdienst hineingewachsen, wie die sog. Festpsalmen 50 und 81 mit ihrem Zitat der Selbstvorstellung Gottes und des 1. Gebots (Ps 50,6; 81,10f.) belegen. Auch hier zeigt das ausführlichere Zitat von Ps 81 wieder sogleich, dass 1. Gebot und Exodusbekenntnis unlöslich zusammengehören, das 1. Gebot also als selbstverständliche Folge der Erfahrung der Befreiung aus Ägypten verstanden werden soll.

b. Das Bilderverbot

Mit dem Fremdgötterverbot in der Gottesrede engstens verbunden ist das Bilderverbot, die neben dem 1. Gebot sachlich gewichtigste und folgenreichste Bestimmung des Dekalogs, zugleich aber die am häufigsten missverstandene. Auch zu ihr ist wie zum 1. Gebot keinerlei Analogie in den Religionen der Umwelt Israels bekannt. In der Zeit des weltweiten Kulturaustauschs im Hellenismus war es speziell dieses Verbot, das Israel isolierte und ihm den Vorwurf der ἀμιξία, des Außenseitertums, eintrug. Der gesamte Vordere Orient war der Überzeugung, dass das Bild die vornehmste Art und Weise einer Gottheit war, ihre Verehrer ihrer Anwesenheit zu vergewissern und eine Begegnung zwischen Gott und Mensch zu ermöglichen. Was konnte dann ein Bilderverbot besagen wollen?

Exegeten zur Zeit der liberalen Theologie haben die übersinnliche Geistigkeit Gottes betont, die mit dem Bilderverbot geschützt werde, Exegeten der dialektischen Theologie haben gern auf die Freiheit Gottes verwiesen, die in der Verbindung von Gott und Bild angetastet werde; im Bild könne der Mensch indirekt Macht über die Gottheit ausüben wollen. Aber beim Bilderverbot geht es nicht um eine generelle religiöse Erkenntnis[18]. Beide Antworten verkennen die Tiefe und Differenziertheit der Religionen des Alten Orients und können die heftigen Auseinandersetzungen um Gott und Bild, wie sie etwa hinter Ex 32 sichtbar werden, nicht erklären[19]. *Die altorientalischen Re-*

---

[18] Das hat mit Recht schon G. von Rad, Aspekte alttestamentlichen Weltverständnisses, Ges. St. (TB 8), ³1965, 311–331; 315, betont.

[19] Neuere, differenzierte Antworten bieten u. a. H.-J. Hermisson, Gottes Freiheit – Spielraum der Menschen, ZThK 82 (1985), 129–152; 130–136; J. van Oorschot, Die Macht der Bilder und die Ohnmacht des Wortes? ZThK 96 (1999), 299–319; F. Hartenstein, Das Angesicht JHWHs

ligionen waren keineswegs der Auffassung, dass die Götter an ihre Bilder gebunden waren. In Ägypten waren kultische Gebete wie: „Komm in deinen Körper!" geläufig, die verdeutlichen, wie wenig die Anwesenheit einer Gottheit im Bild als selbstverständlich erachtet wurde[20]. Mesopotamische Klagen über den Untergang einer Stadt kennen den Vorwurf an die Stadtgottheit, dass sie ihre Stadt verlassen habe, obwohl ihr Bild noch steht[21]. Freilich galt umgekehrt, dass man mit der Deportation oder Zerstörung von Gottesbildern, die als Frevel galten, die betroffenen Gottheiten schädigte, und die enge Verbindung von Gott und Bild kommt auch darin zum Ausdruck, dass gemeinhin nur die (obersten) Priester – in Stellvertretung des Königs bzw. Pharao – das Gottesbild schauen durften. Andererseits zeigt diese Einschränkung, dass sich die Gottheit im Bild ihren Verehrern keineswegs einfach preisgab. Ihre „wahre" Gestalt blieb verborgen, auch wenn das Bild ihr Wesen und ihre Kräfte zu umschreiben und zu charakterisieren vermochte[22]. Das Bild war für die Menschen da und vermittelte ihnen die Nähe der Gottheit. Es war primär „Gabe an die Menschen …, durch die Gottheiten gestiftet, die ansonsten in transzendenter Unzugänglichkeit verbleiben würden"[23].

Zur Deutung des Bilderverbots bedarf es einer geschichtlichen Perspektive[24]. *Das Bilderverbot hat in Israel zu verschiedenen Zeiten Unterschiedliches besagt.*

Seit langem ist erkannt, dass *das 2. Gebot* nicht (wie im späten Judentum) gegen Bilder allgemein bzw. gegen die Darstellung von Mensch und Tier, sondern *gegen die Herstellung von Kultbildern und deren Verehrung gerichtet war.* Im Hebräischen bezeichnet פסל das Kultbild aus jeder Art von Material. Die Archäologie in Palästina hat eine Fülle von Bildern mit religiöser Symbolik aus biblischer Zeit zutage gefördert, unter denen weibliche Pfeilerfigurinen und Pferd- und Reiter-Terrakotten am verbreitetsten waren[25]. Sie waren offensichtlich (noch) von keinem Bilderverbot geächtet. In den biblischen Texten fällt auf, dass die Kritik an den in ihnen genannten, anfangs legitimen kultischen Symbolen – Mazzeben, Ephod, Teraphim, Eherne Schlange etc. – im Lauf der Zeit immer schärfer wurde, so dass sie in der Epoche des 2. Tempels als mit dem JHWH-Glauben

---

(FAT 55), 2008 26–51; ders., Vom Sehen und Schauen Gottes, MJTh 22 (2010), 15–37.; R. Lux, Das Bild Gottes und die Götterbilder im AT, ZThK 110 (2013), 133–157.

[20] Von Horus heisst es in einem Lied aus Edfu: „Er kommt vom Himmel Tag für Tag, um sein Bild zu sehen auf seinem großen Thron. Er steigt herab auf sein Bild und gesellt sich zu seinen Kultbildern." Vgl. J. Assmann, Ägypten (UB 366), 1984, 52; B. Janowski, Die Einwohnung Gottes in Israel, in: ders., Der nahe und der ferne Gott, Neukirchen 2014, 245–285; 251.

[21] Vgl. z.B. Klage und Anklage der Göttin Inanna angesichts der Zerstörung der Stadt Uruk und dazu W.H.Th. Römer, TUAT II/5 (1989), 708–711.

[22] Vgl. etwa E. Hornung, Der Eine und die Vielen. Ägyptische Gottesvorstellungen, Darmstadt 1971, 117ff.

[23] Hartenstein, Vom Sehen und Schauen Gottes, 26; vgl. Hermisson, Gottes Freiheit, 132: „Dafür aber ist das Bild geschaffen: um Gott anwesen zu lassen".

[24] Vgl. C. Dohmen, Das Bilderverbot (BBB 62), ^{2}1987, bes. 236ff.

[25] Vgl. S. Schroer, In Israel gab es Bilder (OBO 74), 1987 und bes. O. Keel – C. Uehlinger, Göttinnen, Götter und Gottessymbole (QD 134), 1992.

unvereinbar galten[26]. Ein Gottesbild wird in der Erzählung Ri 17–18 (mit polemischem Unterton) erwähnt. Das Stierbild an den Reichsheiligtümern von Bet-El und Dan (1 Kön 12,26–30) war wahrscheinlich von Haus aus als Postamenttier für die unsichtbar darüber thronende Gottheit konzipiert; es war vom Volk zu Hoseas Zeiten aber längst als Kultbild verstanden worden (Hos 8,5f.; 10.5f.; s.u.). In jüngerer Zeit ist darüber hinaus die These aufgestellt worden, im Allerheiligsten des salomonischen Tempels hätten nicht nur die Lade und der leere Kerubenthron gestanden, sondern JHWH sei in einem anthropomorphen Kultbild verehrt worden und das Bilderverbot sei erst nach der Zerstörung des ersten Tempels entstanden[27]. Die gegen diese Annahme ins Feld geführten Argumente[28] erscheinen aber als so gewichtig, dass die These in unserem Zusammenhang keiner eigenen Diskussion bedarf. Zudem hat T.N.D. Mettinger in mehreren Arbeiten schlüssig gezeigt, dass in Israels näherer Umgebung nicht die Bildlosigkeit als solche das Ungewöhnliche war – es gab eine Fülle von Symbolen, die das Kultbild ersetzen konnten –, sondern das polemische Bilderverbot, zu dem jede Parallele fehlt[29].

Ältere Stadien des Bilderverbots, für die Hosea und Ex 32* repräsentativ stehen, gehen dem Bilderverbot in der Dekalogfassung voraus, jüngere Deutungen wie vor allem Dtn 4 oder der Götzenspott in Jes 44 und Jer 10 sowie Ps 115 und 135 setzen das Dekalogverbot voraus. Diese komplexe Geschichte kann hier nur angedeutet werden.

1. In den ältesten Schichten des Hoseabuchs kann von einem Bilderverbot im strengen Sinne noch keine Rede sein[30]. Aber *Hoseas Polemik gegen das Stierbild in Bet-El* hat entscheidende Impulse zur Entstehung des Verbots geliefert. Sie richtete sich primär dagegen, dass mit dem Symbol des Stieres, dem Symbol der Siegesmacht und der Zeugungskraft, das auch El und noch stärker Baal charakterisierte, vom Propheten als fremd empfundene Vorstellungen den JHWH-Glauben überlagerten und ihn damit in seiner Eigenart gefährdeten.

---

[26] Vgl. Genaueres bei W.H. Schmidt, Die zehn Gebote, 69; ders., Atl. Glaube[11], 120f.; F.-L. Hossfeld, Das Werden des atl. Bilderverbotes (u. Anm. 28), 19.

[27] Vgl. die Beiträge von H. Niehr, C. Uehlinger und K. van der Toorn, in: K. van der Toorn (Hg.), The Image and the Book, Leuven 1997; M. Köckert, Die Entstehung des Bilderverbots, in: B. Groneberg – H. Spieckermann (Hg.), Die Welt der Götterbilder (BZAW 376), 2007, 272–290.

[28] Vgl. N. Na'aman, No Anthropomorphic Graven Image, UF 31 (1999), 391–415, und bes. O. Keel, Warum im Jerusalemer Tempel kein anthropomorphes Kultbild gestanden haben dürfte, in: G. Boehm (Hg.), Homo Pictor (Coll. Rauricum 7), München-Leipzig 2001, 244–282; C. Frevel, Du sollst dir kein Bildnis machen! – Und wenn doch? In: B. Janowski – N. Zchomelidse (Hg.), Die Sichtbarkeit des Unsichtbaren, Stuttgart 2003 (23–48), 27–33; F.-L. Hossfeld, Das Werden des atl. Bilderverbotes im Kontext von Archäologie, Rechtsentwicklung und Prophetie, ebd. (11–22), 14–16; F. Hartenstein, Das Angesicht JHWHs, 26–33.

[29] Vgl. bes. Mettinger, No Graven Image? Israelite Aniconism in its Ancient Near Eastern Context (CB.OT 42), 1995.

[30] Möglicherweise älter könnte eine Verurteilung von Bildern im Privatkult (Ri 17–18*; Dtn 27,15) bzw. aufgrund ihres Materials (Gold und Silber, Ex 20,23) sein; so Dohmen, Bilderverbot, 237ff.; Keel, Kein anthropomorphes Kultbild, 254f. Aber Sicherheit ist hier nicht zu gewinnen. Von Haus aus war das Bilderverbot vermutlich nur ein spezieller Aspekt des 1. Gebots und richtete sich gegen Bilder fremder Götter.

„Die Jahwebilder sind zu Fremgötterbildern geworden“[31]. „Da Israel keine eigene Bildtradition hatte“, entstanden „beim Versuch, Jahwe darzustellen, ... statt Jahwe- Ba'alsbilder“[32]. „Der Stier kann die Exklusivität im Gottesverhältnis nicht zum Ausdruck bringen“, denn das Symbol des Stiers ist vieldeutig. Hosea dagegen forderte von Israel „die eindeutige Zuordnung zu YHWH“[33]. Seit Hosea ist diese Uneindeutigkeit aller bildlichen Symbole für Gott im Bannkreis des späteren Bilderverbots als Gefahr immer präsent geblieben, im Sinne einer „Baalisierung“ JHWHs, wobei „Baal“ schon bei Hosea, stärker aber noch im Jeremiabuch und im DtrG zur Chiffre für religiöse Fremdeinflüsse der unterschiedlichsten Art geworden war[34]. Zugleich symbolisierte die Pracht des Stierbilds am Reichsheiligtum nach Meinung Hoseas die Macht des Staates (vgl. den polemischen Begriff „das Kalb Samarias“) und schien sie zu garantieren, so dass sich das Volk in falscher Sicherheit wähnte. Demgegenüber stand für den Propheten der Abtransport des Stierbilds als Beute der Assyrer unmittelbar bevor (Hos 8,5f.; 10,5f.; 13,2).

2. Schon weit grundsätzlicher deutet *Ex 32** die Errichtung des Stierbilds, wenn die Erzählung die spezielle Tradition des Nordreichs (1 Kön 12,26–30) auf die Mosezeit überträgt und sie zur Grundschuld des gesamten Gottesvolks erhebt, die zum Bruch seines Gottesverhältnisses geführt hat (vgl. o. S. 215f.). Mit der Verehrung des Stierbildes wird hier nicht mehr nur der Untergang des Nordreichs begründet (wie im DtrG mit seiner ständigen Erwähnung der „Sünde Jerobeams“), sondern das notwendige Ende der Gottesbeziehung Israels markiert. Eine größere Schuld ist nicht denkbar. In der jüngeren Fassung der Erzählung wird dies mit der Zerstörung der Tafeln, auf die Gott den Dekalog geschrieben hat, gekennzeichnet. Dabei spielt das Symbol des Stieres, das im Südreich Juda nie eine große Bedeutung gewann, in Ex 32 nur eine untergeordnete Rolle. Der Hauptton liegt vielmehr auf der Eigenmächtigkeit, mit der das Bild – angesichts der Abwesenheit Moses und des vorübergehenden Schweigens Gottes – errichtet wird. Das Volk sagt betont doppeldeutig zu Aaron: „Auf, mach uns einen Gott!“ bzw.: „Auf, mach uns Götter!“. In der Anwesenheit des Mose wäre ein solcher Vorgang undenkbar gewesen. Das Israel von Ex 32 will einen Gott nach seinen Wünschen (vgl. schon Hos 13,2: „nach eigenem Geschmack“), zugleich einen Gott, der immer vor Augen steht, immer präsent ist. Im Kontext des Alten Orients ist der Vorgang insofern ungeheuerlich, als jede Herstellung eines Götterbildes einer Initiative und komplexen Legitimation durch die betroffene Gottheit bedurfte[35], nie als et-

---

[31] F.L. Hossfeld, Der Dekalog (OBO 45), 1982, 272.

[32] O. Keel, Jahwe-Visionen und Siegelkunst (SBS 84/85), 1977, 43.

[33] Frevel, Kein Bildnis machen, 37.

[34] Vgl. J. Jeremias, Der Begiff „Baal“ im Hoseabuch und seine Wirkungsgeschichte, in: ders., Hosea und Amos, 86–103.

[35] Vgl. A. Berlejung, Die Theologie der Bilder. Herstellung und Einweihung von Kultbildern in Mesopotamien und die atl. Bilderpolemik (OBO 162), 1998; M.B. Dick (Hg.), Born in Heaven, Made on Earth. The Making of the Cult Image in the Ancient Near East, Winona Lake 1999.

was von Menschen Geplantes galt. Aaron aber baut vor dem selbstgemachten Stierbild einen Altar und vollzieht vor ihm die gleichen Riten, die Israel bei seinem ersten Gottesdienst vollzog, der Antwort auf Gottes Offenbarung war (vgl. Ex 32,5f. mit Ex 24,4f.11). Wenn das Israel von Ex 32 seinem Ersatzgott die Befreiung aus Ägypten zuschreibt (V.4), verwirft es den offenbarten, durch Mose vermittelten wahren Gott, der trotz aller erwiesenen Nähe verborgen bleibt und dem man sich nach Ex 19 nicht beliebig nahen kann. *Israels Gottesdienst* ist hier *zum Dienst am stets präsenten Wunschgott* verkommen. Der wahre Gott ist nach dtn Tradition in seinem Namen im Tempel gegenwärtig und damit im Gebet anrufbar und nach priesterlicher und ezechielischer Tradition in seinem כבוד, seiner „Herrlichkeit", anwesend, die das Heiligtum erfüllt und doch zugleich Gottes Beweglichkeit symbolisiert[36].

3. Einen noch einmal anderen und noch generelleren Akzent setzt *das Bilderverbot im Dekalog*. Wenn in ihm das schon vorgegebene Verbot der Herstellung von Kultbildern erläutert wird: „ ... keinerlei Abbild von dem, was oben im Himmel, noch von dem, was unten auf der Erde, noch von dem, was im Wasser unter der Erde ist"[37], dann wird nach damaligem (mesopotamischem) Weltbild mit den genannten drei Räumen das gesamte Universum durchschritten. Das Ergebnis ist: Absolut nichts in der Schöpfung, ob dem Menschen visuell zugänglich oder nicht, ist geeignet, im Bild Gott seine „Gestalt" zu leihen. Damit wird eine sonst vor allem in Gen 1 und bei Deuterojesaja belegte *scharfe Grenze zwischen Schöpfer und Geschöpf* gezogen. Bildlich darstellen kann der Mensch immer nur Geschöpfliches, nie den Schöpfer. Dabei gehört auch die himmlische Welt ganz auf die Seite des Geschöpflichen, wie etwa die Vision Jesajas in Jes 6 belegt, in der die Gott dienenden Seraphen eines Flügelpaares bedürfen, um nicht in der Sicht Gottes zu vergehen, und eines, um ihre Scham zu bedecken. Kein Vorstellungsvermögen von Geschöpfen vermag die Dimension ihres Schöpfers zu erfassen.

Die Konsequenzen des so verstandenen *Bilderverbots* für den Glauben und das Denken Israels *sind kaum zu überschätzen.* Mit der strengen Unterscheidung von Schöpfer und Geschöpf wird die Welt entgöttert und entdämonisiert[38]; sie wird „profan". Spätestens jetzt war eine Übertragung der geschlechtlichen Differenzierung unter den Geschöpfen auf Gott, also eine Rede von Gott und Göttin wie in allen altorientalischen Religionen, nicht mehr möglich. Spätestens jetzt war eine Verwendung von Omina – seien es tierische Eingeweide beim Opfer, Formationen beim Vogelflug oder Gestirnkonstellationen – zur Sicherung der Zukunft nicht mehr möglich, setzten doch eben

---

[36] Vgl. o. S. 200f. und S. 252ff.

[37] Vgl. zu den Schwierigkeiten des Textes und zu den unterschiedlichen Fassungen in Ex 20,4 und Dtn 5,8 W. Zimmerli, Das zweite Gebot, in: ders., Gottes Offenbarung. Ges. Aufs. (TB 19), 1963, 234–248; 235, Anm. 3; Dohmen, Bilderverbot, 216–223.

[38] Kein anderer Ausleger hat diese Konsequenz so scharf beobachtet wie G. von Rad, Aspekte alttestamentlichen Weltverständnisses, in: ders., Ges. St. (TB 8), [3]1965, 311–331; 317–321.

solche Omina voraus, dass die Welt von Göttlichem durchdrungen ist, d.h. göttlicher Wille und göttliche Absicht in den Phänomenen der Alltagserfahrung greifbar sind. Spätestens jetzt waren eine Verehrung der Ahnen oder gar eine Totenbeschwörung nicht mehr möglich. Spätestens jetzt war ein in Babylonien stark verbreiteter Glaube an die Sichtbarkeit der Götter in den Gestirnen nicht mehr möglich.

Freilich war der Preis, den Israel für sein „profanes“ Weltbild zahlen musste, hoch. Gott entfernte sich aus Israels Alltag, wurde in seiner gesteigerten Transzendenz weit häufiger als in den anderen Religionen als verborgen erfahren. Baal etwa, gegen den Elia und Hosea zu Felde gezogen waren, musste nicht geglaubt werden: In jedem Sturm und Regen, in jedem Gewitter, aber auch in deren Ausbleiben wurde er unmittelbar erfahren. Der Gott, der als ihr Schöpfer der Welt gegenübersteht, ist unendlich erhaben, aber auch entrückt und ungreifbar. Er entzieht sich der Nähe, die das vom Menschen verwaltete Bild gerade vermitteln wollte.

4. Die ausführlichste Deutung des Bilderverbots und zugleich seine einzige explizite Begründung bietet die noch einmal jüngere predigtartige Abhandlung des Mose in *Dtn 4*. Sie setzt den Dekalog voraus und soll als hermeneutischer Vorspann zum Dekalog in Dtn 5 dienen; damit wird das Fremdgötterverbot singulär ganz vom Bilderverbot her gedeutet. In Dtn 4 werden die Konsequenzen aus dem zuvor genannten theologischen Dilemma gezogen, dass Gott sich mit dem Bilderverbot in einer wachsenden Transzendenz den Menschen immer mehr entfernt. An die Stelle des Bildes tritt das betont aufgewertete, Richtung weisende und gebietende Wort als die Gott angemessene Weise der Offenbarung. Die *neue Differenz zwischen Bild und Wort* wird mit einer Reminiszenz Moses an die Theophanie am Horeb heilsgeschichtlich, ja offenbarungstheologisch begründet und so eingeprägt:

> Den Schall von Worten – den habt ihr gehört,
> aber eine Gestalt habt ihr nicht gesehen:
> ausschließlich Schall! (V.12)

Hier wird ein Graben zwischen Hören und Sehen Israels bei seiner grundlegenden Gottesbegegnung aufgerissen: Gehört hat Israel viel am Horeb, allem voran den Dekalog, den Gott nicht nur dem ganzen Volk zusprach, sondern den er auch auf Tafeln schrieb. Mose soll künftig zum Lehrer werden, um Israel alle zusätzlichen göttlichen Satzungen einzuprägen, die ihm Orientierung für sein Leben geben sollen (V.13f.); denn in der Gabe der Gebote besteht Israels Besonderheit gegenüber den Völkern (V.5–8). Gesehen hat Israel dagegen nichts; denn was es sah – Feuer, Wolken, Wolkendunkel –, waren Begleiterscheinungen der Theophanie: Zeichen der Anwesenheit Gottes und zugleich Zeichen seiner Transzendenz. Dagegen blieb Gottes „Gestalt“ verborgen[39]. Würde Israel trotzdem Kultbilder errichten, würde es notwendig

[39] Vgl. im Kontrast Num 12,8 und Ps 17,15 und zu dieser Differenz F. Hartenstein, Die unver-

Geschöpfliches abbilden, ob Mensch, Vieh, Vögel oder Fische. Besonders eindringlich wird – in einer Zeit der Blüte babylonischer Gestirnbeobachtung und Gestirnverehrung – vor der Abbildung von Gestirnen gewarnt (V.19). Bei alledem geht es für das in Dtn 4 angesprochene Israel um Landbesitz und Landverlust, um Leben und Tod: Die Herstellung eines Kultbilds wäre Bundesbruch par excellence (V.23ff.). Zudem steht der Verlust der Identität Israels auf dem Spiel, denn die Völker, unter die es zerstreut werden wird, verehren menschliches Machwerk (V.28).

Hand in Hand mit der wachsenden Transzendenz Gottes erfolgt in Dtn 4 eine starke Aufwertung des göttlichen Wortes in Gestalt der Willenskundgebungen Gottes, die in der Endgestalt des Kapitels schon als ein abgeschlossenes Ganzes gelten und durch die Kanonformel gesichert werden (V.2). Sie allein sind es, die eine Nähe Gottes in Israel schaffen, wie sie kein Volk sonst kennt und über die die Völker nur staunen können (V.7f. 32f.). Keine Gefahr erscheint größer, diese Nähe Gottes zu verfehlen, als die Errichtung eines Kultbilds und mit ihr die Verehrung von Geschöpflichem an Stelle des Schöpfers.

5. Die *spätesten Texte* des Alten Testaments zum Bilderverbot *spotten über die Herstellung der Bilder,* nennen sie „das Machwerk von Menschenhänden" und belächeln ihre Leblosigkeit und Unfähigkeit zu sprechen, hören oder riechen (Jes 44,9ff.; Jer 10; Ps 115. 135 u.ö.). Jetzt lautet der Gegensatz (Ps 115,3f.): „Unser Gott ist im Himmel" (und damit allmächtig, aber unsichtbar) ..., „ihre Götzen sind ... von Menschenhänden gemacht" (und damit sichtbar, aber unfähig zum Handeln). Für diese rationalistische Bilderkritik liegt eine doppelte Folgerung auf der Hand: a. Sie ist ein deutliches Anzeichen dafür, dass Bilder zur Zeit dieser Texte keine akute Versuchung für Israel mehr darstellten. b. Mit den Bildern sind jetzt durchweg nur noch fremde Götterbilder gemeint. Letzteres trifft freilich auch schon für zahlreiche Vorgängertexte zu, insbesondere für die Kritik des Propheten Ezechiel, der die Heiligkeit Gottes überall in und um den Tempelbereich in Jerusalem durch Götterbilder verschiedenster Religionen verunreinigt sah. Nicht zuletzt trifft es aber auch für den Dekalog selber zu. Wie schon W. Zimmerli schlüssig nachgewiesen hat[40], sind die Verbote, die das 1. und das 2. Gebot in der Gottesrede abrunden – „Du sollst dich nicht anbetend vor *ihnen* niederwerfen und *ihnen* nicht dienen!" – grammatikalisch und traditionsgeschichtlich auf das 1. Gebot bezogen, so dass im Verständnis des Dekalogs das Bilderverbot nur als eine Spielart des 1. Gebots erscheint und Götterbilder im Blick hat.

---

gleichliche „Gestalt" JHWHs, in: B. Janowski/N. Zchomelidse (Hg.), Die Sichtbarkeit des Unsichtbaren (o. Anm. 28), 49–77; 64–69.

[40] Zimmerli, Das zweite Gebot, 234–242.

c. *Der eifernde Gott*

Bei näherem Zusehen ist die Gottesrede, die den ersten Teil des Dekalogs bildet, als eine kunstvoll gebaute Ringkomposition bzw. konzentrische Figur gestaltet, bei der die äußeren und inneren Rahmenglieder einer Aussage einander entsprechen:

A Ich bin JHWH, dein Gott, der dich aus dem Land Ägypten herausgeführt hat ...
  B Es sollen für dich keine anderen Götter vor mir sein!
    C Du sollst dir kein Kultbild machen!
  B' Du sollst dich nicht vor ihnen niederwerfen und ihnen nicht dienen!
A' Denn ich bin JHWH, dein Gott, ein eifernder Gott, der ...

Diese kunstvolle Figur endet überraschend mit einer erneuten Selbstprädikation Gottes als „eifernder" bzw. „eifersüchtiger Gott", die die vorangehenden Verbote abschließend begründet. Sie ist allein schon deshalb beachtenswert, weil sie zu den wenigen adjektivischen Aussagen über Gott im Alten Testament gehört[41]. Zusammen mit der heilsgeschichtlichen Erinnerung an die Rettung Israels in Ägypten umschließt sie die gewichtigen ersten beiden Gebote des Dekalogs wie eine Klammer, aber mit der Hervorhebung einer sehr andersartigen Handlungsweise Gottes.

Gottes „Eifer" gehört zusammen mit Gottes „Reue" oder seinem „Zorn" zu jenen Anthropopathismen, mit denen Gott eine menschliche Leidenschaft zugeschrieben wird, die in ihrer Übertragung auf ihn andere, neue Konnotationen gewinnt als bei der Beschreibung menschlicher Affekte. Sachlich ist sie so gut wie immer (eine Ausnahme bildet Nah 1,2) wie im Dekalog auf Gottes Ausschließlichkeitsanspruch bezogen. Zwar kann sich Gottes aktueller „Eifer" auch gegen die Unterdrücker seines Volkes richten (Jes 9,6; Joel 2,18), aber wenn Gott adjektivisch als „eifernd" bezeichnet wird, ist seine „Eifersucht" gegenüber Israel gemeint, wenn es sich von anderen Mächten verführen lässt und damit seine Gottesbeziehung aufs Spiel setzt. Gottes „Eifer" ist „die Leidenschaft eines Liebenden" (v. Rad), der nicht erträgt, dass seine Braut – trotz aller Liebeserweise – ihre Liebe zu ihm mit Nebenbuhlern teilt, die ihrerseits, um im Gleichnis zu bleiben, liebesunfähig sind, weil sie Israel nicht helfen und es nicht retten können[42]. Gottes „Eifer" (bzw. „Eifersucht") richtet sich nicht gegen die Götter, die nicht als Mächte anerkannt werden. Der „Eifer" besagt vielmehr, *dass Gott nicht mehr ohne sein Volk sein will*, selbst wenn dieses ihn immer wieder von sich stößt. Er besagt allerdings zugleich, dass Gott „auf Israel ein Eigentumsrecht" hat und dieses einfordert[43];

---

[41] Vgl. dazu o. S. 290ff. „Allerdings meint ‚Eifer' eigentlich kein Attribut, sondern eine Reaktion." So mit Recht W.H. Schmidt, Das erste Gebot (ThEx 165), 1969, 18.

[42] Offensichtlich werden mit der Gottesprädikation „eifernd" Vorstellungen aus dem Ehegleichnis Hoseas (sowie in Anknüpfung an ihn: Jeremias und Ezechiels) und seiner Klage über das ehebrüchige Israel aufgenommen (vgl. E. Reuter, ThWAT VII, 1993, 59).

[43] H.A. Brongers, Der Eifer des Herrn Zebaoth, VT13 (1963), 269–284; 284.

insofern enthält er auch eine massive Drohung gegen Ungehorsame, die andernorts sogar die Existenz ganz Israels betrifft (vgl. Dtn 6,15; Jos 24,19). Im Dekalog steht die Drohung auffällig – im Gegensatz zu dem Bezugstext Ex 34,7 – vor der lockenden Einladung, Gottes Güte wie Tausende zuvor und in Zukunft zu erfahren. „Religionsgeschichtlich ist das (d.h. diese Drohung) ein Unikum“[44].

d. Die übrigen Gebote

Mit Ex 20,7 ist die Gottesrede verlassen, und es folgen Verbote (und zwei positiv formulierte Gebote) in geläufiger Gestalt, in der Gott, wenn er genannt wird, in 3. Pers. erscheint. Auch dieser Hauptteil des Dekalogs ist noch einmal zweigeteilt, insofern mit dem Namensmissbrauch und der Sabbatruhe zuerst Themen angesprochen werden, die Gott unmittelbar betreffen, während die restlichen Gebote dem Umgang mit den Eltern und dem Schutz des Nächsten dienen.

Nur die beiden „theologischen“ Gebote erhalten eine Begründung. Dennoch liegen sie keineswegs auf einer Ebene, weil das erste als Verbot gestaltet ist, das zweite als positives Gebot, das zudem ungleich breiter ausgeführt ist als das erste. Hinzu kommt, dass *das Verbot des Namensmissbrauchs* von Haus aus nicht unmittelbar auf Gott bezogen war, sondern dem Prozessrecht entstammt; es wollte dem Meineid unter Berufung auf Gott wehren, durch den ein unschuldig Angeklagter verurteilt werden konnte (Lev 19,12; Jer 7,9). Das Dekalogverbot will demgegenüber umfassend jeglichen Missbrauch des Gottesnamens untersagen (sei es zu Fluch, Zauber oder außergerichtlichem Schwur etc.). Gott hat sich mit der Preisgabe seines Namens in die Hände der Menschen gegeben, die sich mit Hilfe seines Namens unrechte Vorteile verschaffen, dem Nächsten Schaden zufügen und Gottes Wahrheit verdunkeln können. Wie Propheten ihr empfangenes Gotteswort aus Vorteilssucht zu pervertieren vermögen (Mi 3,5–7), so können Menschen ihre Kenntnis des Namens und Wesens Gottes vielfältig unheilvoll zum Schaden anderer einsetzen. Beim Prozess wird der Nächste im Dekalog durch das umfassendere 9. Gebot, das Verbot, im Zeugenstand vor Gericht die Unwahrheit zu sagen (V.16), geschützt. Das Verbot, Gottes Namen „zu nichtigem Zweck auszusprechen“, schützt jetzt dagegen vornehmlich Gottes Ehre vor jeglicher Art von menschlicher Manipulation mit seinem offenbarten Namen. Das Verbot folgt kaum zufällig dem Bilderverbot, da Gottes Name, wie wir sahen, im dtn-dtr geprägten Schrifttum die Funktion des Kultbildes übernimmt und die Anwesenheit Gottes repräsentiert. Vermutlich erklärt sich von hier aus, dass

[44] G. Braulik, Studien zur Theologie des Dtn (SBAB 2), 1988, 266.

einzig dieses Verbot im zweiten Teil des Dekalogs mit der Androhung harter Strafe eingeprägt wird.

Weit stärker noch zeigt sich die innovative Kraft des Dekalogs beim *Gebot der Sabbatheiligung* (Ex 20,8–11), das nicht nur die ausführlichste Explikation aller Gebote erfährt, sondern in der Fassung von Dtn 5 sowohl formal als auch sachlich das Zentrum des Dekalogs bildet, auf das alle anderen Gebote zulaufen[45]. Es ist zudem das Gebot, das am häufigsten außerhalb des Dekalogs bezeugt ist, überwiegend in jungen Texten. Vorgegeben aus vorexilischer Zeit war das Verbot aller Arbeit am 7. Tag der Woche, das in Ex 34,21 privilegrechtlich, in Ex 23,12 ethisch (Sabbatruhe zu Gunsten der Abhängigen und der Tiere) begründet war, aber noch nicht den Namen Sabbat trug. Im Dekalog wird daraus ein kultischer Feiertag, wie er sich im Exil als Bekenntniszeichen der Israeliten herausgebildet hatte[46]. In der Fremde, in der der traditionelle Opfergottesdienst nicht praktiziert werden konnte, war die Feier des Sabbats offensichtlich zum einigenden kultischen Identifikationszeichen der Verbannten geworden. Weil der Sabbat jetzt ein „Sabbat für JHWH, deinen Gott" geworden war, musste er „geheiligt" und so der Profanität des Alltags entrissen werden, und weil Israel in der Versuchung stand, zu sehr mit den Sorgen des Alltags beschäftigt zu sein und vor den Schwierigkeiten, den Sabbat, besonders in der Fremde, zu begehen, resignieren könnte, musste ihm dringlich eingeschärft werden, der „Heiligung" des Sabbats zu „gedenken" (Ex 20,8) bzw. sie zu „achten" (Dtn 5,12)[47].

Bemerkenswert ist, wie unterschiedlich das Sabbatgebot – und zwar nur das Sabbatgebot – in beiden Dekalogfassungen (in einem späteren Stadium des Textwachstums) begründet wird. Beide Dekalogfassungen greifen zu diesem Zweck Gedankengänge der führenden theologischen Schulrichtungen der spätexilisch-frühnachexilischen Zeit auf. Dtn 5,12–15 bedient sich der dtn-dtr Schulsprache, hebt den sozialen Zweck der Sabbatruhe, der schon in Ex 23,12 vorgezeichnet war, stark hervor und begründet ihn heilsgeschichtlich. Die Ruhe der abhängigen Knechte, Mägde und Fremdlinge und auch der Tiere ist hier der wesentliche Sinn des Sabbats. Deren Notwendigkeit wird dem Got-

---

[45] Vgl. den Nachweis von N. Lohfink, Zur Dekalogfassung von Dtn 5 (1965), in: ders., Studien zum Deuteronomium und zur deuteronomistischen Literatur 1 (SBAB 8), 1990, 193–209, und R. Bartelmus, Sabbat und Arbeitsruhe im AT, in: ders., Auf der Suche nach dem archimedischen Punkt der Textinterpretation, Zürich 2002, 159–200; 175–187. Diese Konzentration ist umso bemerkenswerter, als ein Sabbatgebot im älteren Dtn fehlt.

[46] Wenn der Sabbat in vorexilischer Zeit ein Vollmondtag gewesen sein sollte (so aufgrund von Jes 1,13 und Hos 2,13 etwa M. Köckert, Leben, 117–120; F. Hartenstein, Der Sabbat als Zeichen und heilige Zeit, JBTh 18 [2003], 103–131 und zuletzt A. Grund, Die Entstehung des Sabbats [FAT 75], 2011), müsste der wöchentliche Sabbat des Dekalogs aus einer Verschmelzung von Vollmondtag und wöchentlichem Ruhetag in der Zeit des Exils erklärt werden.

[47] Nach Ez 20 erfolgte das Ende des Staates Juda wegen permanenter Entweihung des Sabbats (V.12 f.16.21.24; vgl. die Exilszeit als sabbatliche Brache in Lev 26,34 f.; 2 Chr 36,21). Wenn Gott im Exil auf der „Heiligung" des Sabbats besteht, dann darum, weil sie „ein Zeichen sein soll zwischen mir und euch, auf dass ihr erkennt, dass ich JHWH, euer Gott, bin" (Ez 20,20; vgl. Ex 31,17).

tesvolk mit Verweis auf seine eigene Knecht- und Fremdlingschaft in Ägypten eingeschärft, aus der Gott Israel befreit hat. Mit diesem Verweis wird ein Bogen zum Prolog des Dekalogs geschlagen.

Weit prägender für die späteren alttestamentlichen Formen des Sabbatgebots wurde die jüngere Begründung der Vorschrift, den Sabbat zu heiligen, im Exodus-Dekalog. Ex 20,11 argumentiert in engem sprachlichem Anschluss an den priesterschriftlichen Schöpfungsbericht in Gen 2,1–3 damit, dass Gott die Ordnung der Sabbatruhe schon in der Schöpfung vorgesehen habe, indem er am 7. Schöpfungstag nicht nur selbst geruht, sondern seinen Ruhetag auch „gesegnet" und „geheiligt" habe. Da Gott und seine himmlische Welt selbst „heilig" sind, zielen beide Verben auf das Tun der Menschen. Heiligung und Segen des Sabbats sind nach Gen 2,1–3 proleptisch in die Schöpfung eingestiftet, werden nach Ex 16 von Israel in der Geschichte entdeckt (durch die Gabe der doppelten Menge an Manna vor dem Sabbat) und in Ex 20 von Gott als gültige Ordnung der Zeit eingerichtet. Durch diese Ordnung gelangt die Schöpfung zu ihrer Vollendung. Von hier aus ist es nur konsequent, wenn in der jüngeren priesterlichen Theologie der Sabbat allen anderen Festen Israels vorgeordnet wird (Lev 23) und in Neh 9,14 als wichtigstes Gebot aus den anderen Geboten herausgehoben wird.

Ähnlich wie beim Sabbatgebot zeigt sich die innovative Kraft des Dekalogs auch beim *Elterngebot.* Offensichtlich sind im Dekalog die beiden einzigen positiv formulierten Gebote bewusst aneinandergereiht worden, so dass mit dem Sabbatgebot das letzte der auf Gott bezogenen Bestimmungen und mit dem Elterngebot das erste der den Mitmenschen geltenden Bestimmungen eine besondere Betonung erhalten. Sie wollen nicht nur wie die Verbote Handlungsmöglichkeiten eingrenzen, sondern menschlichem Handeln Orientierung und Impulse geben[48]. Vor die Sorge um die Gesellschaft im Ganzen ist im Dekalog die Fürsorge für ihr Kernelement, die Familie, gestellt worden. Eine analoge Betonung erfährt das Gebot rechten Verhaltens gegenüber den Eltern durch seine Anfangsstellung in der Reihe fluchwürdiger Vergehen gegenüber Mitmenschen in Dtn 27,15ff. und ebenfalls im Heiligkeitsgesetz Lev 19,3 (s.u. S. 385). Gedeihliches menschliches Miteinander beginnt in der Familie; das Verhalten gegenüber den alternden Eltern gilt als Grundbedingung glückender gesellschaftlicher Gemeinsamkeit. Sie wird daher im Unterschied zu den folgenden Verboten mit einer weit ausgreifenden Verheißung verbunden. In der Rechtstradition vorgegeben war die harte Verurteilung des Schlagens und des Verfluchens der Eltern, das als todeswürdig galt (Ex 21,15.17; vgl. Lev 20,9; Spr 20,20), wobei das Misshandeln der Eltern bzw. ihr gewaltsames Vertreiben vom bäuerlichen Hof (Spr 19,26) im Lauf der Zeit

[48] In der Dekalogfassung von Dtn 5 sind sie auch dadurch miteinander verbunden, dass sich einzig diese beiden Gebote (mitten in der Gottesrede!) auf einen vorausgehenden Befehl Gottes beziehen, wobei unklar bleibt, ob der Dekalog in Ex 20 oder aber Bestimmungen des Bundesbuches im Blick sind.

zum Verbot ihres „verächtlichen Behandelns“ (Dtn 27,16; vgl. ihr „Verachten“ im Alter, Spr 23,22) verallgemeinert und ausgeweitet worden war. Die noch viel weiter gehende positive Bestimmung im Dekalog, die Eltern „zu ehren“, zielt vor allem auf die Pflicht der Kinder, die gealterten Eltern angemessen zu versorgen (vgl. Sir 3,12f.)[49].

Mit den *drei Kurzprohibitiven zum Töten, Ehebrechen und Stehlen* (Ex 20, 13–15) stoßen wir auf das Kernelement des Dekalogs, denn diese Dreierreihe ist schon Hos 4,2 und Jer 7,9 belegt, freilich in wechselnder Reihenfolge der Straftaten. Von Haus aus geht die Reihe – wie schon das vorausgehende Elterngebot – auf das unerbittliche alte Todesrecht zurück[50]; wie dieses nennt sie personenrechtliche Vergehen, die dem älteren Gottesvolk als unerträglich und Gemeinschaft zerstörend erschienen[51]. Nannte das Todesrecht die Todesstrafe als einzig denkbare Sanktion, so dienen die Prohibitive zur pädagogischen Einschärfung der Normen dieses Rechts, um Leben, Familie und Besitz zu schützen.

Dieser ernste Hintergrund war jedem Glied des Gottesvolks zur Zeit des Alten Testaments beim Hören und Lesen des Dekalogs bewusst, auch wenn die drei Verbote in ihrer objektlosen Kurzform eine erheblich allgemeinere und umfassendere Bedeutung gewonnen hatten. Am deutlichsten war die Veränderung beim Diebstahlverbot, das im Todesrecht auf Menschendiebstahl abzielte (Ex 21,16), aber schon im Bundesbuch auch auf Diebstahl von Vieh (Ex 21,37) und Geld (Ex 22,6) angewendet wurde. Beim Tötungsverbot war im alten Todesrecht nur der freie Bürger als Objekt im Blick (Ex 21,12), im Dekalog sind es alle, also auch Frauen, Kinder, Fremde und Abhängige. Mit dem speziellen Verb רצח ist „das Töten und Ermorden eines persönlichen Gegners“ bezeichnet, oft im Sinne einer brutalen Gewalttat, nicht das Töten aus Notwehr, im Kampf oder nach dem Gesetz[52]. Das Verbot des Ehebruchs richtet sich nach Lev 20,10 an den „Mann, der mit der Frau seines Nächsten Ehebruch treibt“ (ähnlich Dtn 22,22; Jer 29,23; Ez 18,6.11 u.ö.); die generelle Formulierung des Dekalogverbots könnte sich auch an die Frau richten[53], die, wenn sie ehebrüchig wird (Jer 3,8f.; Ez 16,32.38 u.ö.), „illegitime Kinder in ihrer eigenen Ehe gebiert“ und so die Existenz der Großfamilie aufs Spiel setzt[54]. Ehebruch ist für das Alte Testament nicht primär moralisch verwerf-

---

[49] So vor allem R. Albertz, Hintergrund und Bedeutung des Elterngebots im Dekalog, ZAW 90 (1978), 348–374.

[50] Zum Todesrecht vgl. o. S. 56.

[51] Allerdings stehen im Todesrecht Ex 21,12–17* selbst nur die Tötung und der Diebstahl von Menschen. Aber der Ehebruch wird sowohl in Dtn 22,22 als auch in Lev 20,10 mit der Todesstrafe bedroht, und in Hos 4,2 fallen alle drei Delikte unter die todeswürdige Kategorie der „Blutschuld“.

[52] J.J. Stamm, Sprachliche Erwägungen zum Gebot „Du sollst nicht töten“, ThZ 1 (1945), 81–90 (Zitat aus: ThR 27, 1961, 297).

[53] So Schmidt, Die zehn Gebote, 117f.

[54] Köckert, Leben, 280.

lich, sondern „ein Vergehen, das die Gemeinschaft gefährdet", weil die Ehe Grundlage „für die Lebensfähigkeit einer geordneten Gemeinschaft ist"[55].

Dagegen entstammt das Verbot lügnerischen Zeugnisses dem Prozessrecht und bezieht sich im Alten Testament stets auf gerichtliche Auseinandersetzungen, deren Urteilsfindung wesentlich auf der Zuverlässigkeit der Zeugenaussagen beruhte. Dieses Verbot ist auch in Jer 7,9 eine enge Verbindung mit der zuvor genannten Dreierreihe eingegangen und hat als umfassendere Aussage das Verbot des Meineids ersetzt, das im Dekalog zum Verbot der missbräuchlichen Verwendung des Gottesnamens verallgemeinert worden ist. Und wieder ist die Übertretung des Verbots in der Tradition mit der Todessanktion belegt (Dtn 19,16–21).

Eine überraschende Wende nimmt der Dekalog an seinem Ende *mit dem Verbot des „Begehrens"* („Du sollst nicht begehren deines Nächsten Haus ...", Ex 20,17). Es entstammt weder dem Todes- noch dem Prozessrecht wie die vorausgegangenen Verbote, sondern der Alltagssprache; es ist abgesehen vom Dekalog nie in einem rechtlichen Kontext belegt, sondern am häufigsten in der Weisheit. Dennoch ist mit diesem Gebot nicht sogleich das Feld der Gesinnungsethik betreten. Vielmehr bindet das hebräische Verb חמד Absicht und Tat zusammen; es bezeichnet ein Begehren, das ohne langes Abwägen sogleich auf akute Inbesitznahme drängt[56]. Der entscheidende Unterschied zum Diebstahl besteht darin, dass dieses Begehren, das dem Nächsten schweren, auch seine Existenz bedrohenden Schaden zufügen kann, unter dem Deckmantel des Rechts realisierbar war, etwa wenn die Täter die Möglichkeit des Schuldrechts zu ihren Gunsten ausreizten. Der bekannteste Fall ist Mi 2,2, wo Mächtige (Großgrundbesitzer?) mit Hilfe des Schuldrechts die Existenzgrundlage (Land und Hof) freier Bauern „begehren", an sich nehmen und die Familien von der angestammten Scholle vertreiben (V.9f.). Sowohl Micha als auch Jesaja („Wehe denen, die Haus an Haus reihen, Feld an Feld rücken, bis kein Platz mehr da ist!" Jes 5,8) haben dieses Gemeinschaft zerstörende Verhalten als todeswürdig bezeichnet, indem sie die Täter mit dem „Wehe" der Totenklage bedachten, und es spricht vieles dafür, dass es diese harte Kritik der Propheten an einem Handeln war, das formal vom Recht gedeckt, aber gegen den Geist des Gesetzes gerichtet war, das zur Formulierung des letzten Gebots im Dekalog geführt hat. In der gegenwärtigen Gestalt des 10. Gebots ist das umfassende Objekt des Begehrens („Haus") nachträglich durch die Aufzählung „Frau, Knecht, Magd, Rind, Esel" expliziert worden[57], also so-

---

[55] H.J. Boecker, Recht und Gesetz im AT und im Alten Orient, Neukirchen 1976, 98.

[56] Gemeint ist „nicht die dem Menschen überhaupt eigene Begehrlichkeit (concupiscentia), sondern vielmehr das aktuelle, von der Emotion getriebene begehrende Verhalten oder Handeln ..., die zwangsweise zum Handeln schreitende Gewinngier" (G. Wallis, ThWAT II, 1022. 1028). J. Herrmann, Das zehnte Gebot, Fs E. Sellin, 69–82, hatte schon 1927 gezeigt, wie eng im Hebräischen die Verben „begehren" und „nehmen" zusammengehören.

[57] In der dtn Fassung des Dekalogs steht dann sogar die Frau vor allen anderen Objekten des Begehrens.

wohl durch Elemente der Familie als auch des Gesindes bzw. Besitzes. Das zeigt, dass der ursprüngliche Anlass zur Formulierung des Gebots auf ganz andere negative Erfahrungen der Besitzschädigung des Nächsten ausgeweitet wurde, so dass sich das „Begehren“ immer stärker der neidvollen Gesinnung des „Gerne Haben Wollens“ angenähert hat.

Weit wichtiger erscheint mir jedoch, dass sich mit dem 10. Gebot *eine zweite Quelle* für die Formulierung der „ethischen“ Gebote im Dekalog neben dem älteren Recht des Bundesbuches zu erkennen gibt: *die kritische Schriftprophetie.* Auf sie hatte ja schon die objektlose Kurzform der drei ethischen Kerngebote als Anknüpfungspunkt verwiesen[58].

Anhang: Das Heiligkeitsgesetz (H)

Die jüngste Sammlung von Rechtssätzen im Alten Testament, das sog. Heiligkeitsgesetz (H) in Lev 17–26 (vgl. o. S. 64), setzt den Dekalog offensichtlich schon voraus und verschärft mehrere seiner Bestimmungen. Es ist im priesterlichen Geist geschrieben und wahrscheinlich von vornherein für seinen gegenwärtigen Kontext, die erweiterte Priesterschrift (P^s), verfasst, aber in mehreren Stufen gewachsen, vor allem durch die Zusammenordnung von Teilsammlungen. Die älteren Anordnungen der dtn Rechtssammlung werden mehrfach variiert, stellenweise auch bewusst korrigiert, wobei der Einfluss der Theologie des Propheten Ezechiel und seiner Schule mit Händen zu greifen ist[59].

Das H trägt seinen (modernen, auf A. Klostermann zurückgehenden) Namen zu Recht. An wichtigen Stellen werden die rechtlichen und kultrechtlichen Verordnungen immer wieder durch Paränesen unterbrochen, unter denen das Thema der Heiligkeit Gottes und der notwendigen Heiligung Israels deutlich hervorsticht. In Lev 19,2 geschieht es so, dass die von Israel erwartete Heiligkeit mit der Heiligkeit Gottes begründet wird („Ihr sollt heilig sein, denn ich, JHWH, euer Gott, bin heilig“). Die Orientierung an Gottes Heiligkeit soll demnach Israels Handeln bestimmen. Weit häufiger aber lautet die Begründung der göttlichen Gebote: „ … denn ich bin JHWH, der euch heiligt“ (Lev 20,8; vgl. 21,8.15; 22,9.32 u. ö.). Hiernach ermöglicht Gott in seiner Heiligkeit erst die ihm entsprechende Heiligkeit Israels; er lässt das Gottesvolk an ihr Anteil haben. Zugleich ist diese von Gott erwartete Heiligung Israels jenes Element, das Israel grundsätzlich von allen Völkern unterscheiden

[58] Vgl. zu diesem Zusammenhang C. Levin, Der Dekalog am Sinai, 60–80; 62f. Auf die Nähe der beiden letzten Gebote zur kritischen Prophetie hatte zuvor K.-D. Schunck, ZAW 96 (1984), 104–109, hingewiesen.

[59] Aber auch die umgekehrte Beeinflussung der späten Ezechielüberlieferung durch das H ist gelegentlich klar erkennbar.

soll (Lev 18,24–30; 20,22–26)[60]. Israel erhält von Gott Modell- und Vorbildfunktion für die Menschheit.

Es kann in unserem Zusammenhang nicht um eine umfassende Würdigung des H gehen, das, aus priesterlichem Geist verfasst, schwerpunktmäßig die Heiligkeit von Opfern und Priestern regelt und der Sexualität in der Familie hohe Aufmerksamkeit schenkt. Vielmehr sollen nur die beiden Kapitel berührt werden, die durch privatrechtliche (Lev 19) und sozialrechtliche (Lev 25) Bestimmungen das Alltagsleben der Menschen zu prägen versuchen.

An *Lev 19* fällt von Anbeginn auf, wie stark das Kapitel *von Gedanken des Dekalogs bestimmt* ist. Die einleitende Aufforderung an Israel zur Heiligkeit wird sogleich durch die Gebote zur Elternehrung sowie zur Einhaltung des Sabbats expliziert und unmittelbar danach durch das 1. und das 2. Gebot (V.3 f.), und das alles noch vor der Opfertora (V.5–8), die in Lev 19 den einzelnen ethischen Leitlinien vorangestellt ist. Zur Zeit der Abfassung von Lev 19 hat der Dekalog längst seine herausgehobene Stellung gewonnen, mit der der Wille Gottes, aufs Wesentliche verkürzt, zusammengefasst wird. Bemerkenswert ist freilich, dass nicht die beiden ersten Gebote, die im Dekalog formal durch die Gottesrede hervorgehoben sind, am Anfang stehen, sondern die beiden einzigen Gebote, die im Dekalog positiv formuliert sind und dadurch ihr besonderes Gewicht erhalten. Allerdings stehen sie in Lev 19 in der umgekehrten Reihenfolge, so dass das Gebot, die Eltern zu „fürchten", den Hauptton trägt. In ihm wiederum ist die Mutter vor den Vater gestellt: beides Zeichen einer sich ändernden Familien- und Sozialordnung im Israel der nachexilischen Zeit. Durch den Fortfall der eigenen staatlichen Ordnung fällt der Großfamilie die entscheidende Verantwortung in der Gesellschaft für die Kontinuität ihrer religiösen Grundüberzeugungen zu und in ihr besonders der Mutter als der für die Erziehung der Kinder Hauptzuständigen.

Auch nach dem folgenden Abschnitt über den Umgang mit dem Opferfleisch und über die Erntenachlese für die Armen knüpft Lev 19 erneut an den Dekalog an, jetzt mit sich steigernden neuen Assoziationen. Wieder handelt es sich in V.11 f. um ein Gebotspaar des Dekalogs, und zwar um die Verbote des Diebstahls und des falschen Schwurs vor Gericht (Ex 20,15 f.). Zwischen beide Verbote sind in Lev 19 mit den Verboten des „Täuschens" und des „Betrügens" zwei Verben eingefügt worden, die beide *die tradierten Verbote auffällig verschärfen* und zugleich zwischen ihren scheinbar sehr verschiedenen Sachverhalten vermitteln wollen. Beide eingefügten Verben („täuschen" und „betrügen") sind *prophetisch vorgeprägt* und rufen den Lesern die harten Anklagen der Propheten in Erinnerung. Sie dehnen die Verbote des Dekalogs in Bereiche aus, in denen sowohl Diebstahl als auch Schwur äußerlich vom Recht gedeckt zu sein scheinen und so für Außenstehende schwer in ihrer Verwerflichkeit zu erkennen sind.

---

[60] Vgl. W. Zimmerli, „Heiligkeit" nach dem sog. Heiligkeitsgesetz, VT 30 (1980), 493–512.

Aber die Ausweitung und Verschärfung der beiden Dekalogverbote unter Aufnahme prophetischer Begriffe und Themen geht noch weiter, zunächst mit dem Verbot, den Nächsten zu „bedrücken" und zu „berauben" in der folgenden, nun singularisch formulierten, an ein „Du" gerichteten Verbotsreihe in V.13f. und in V.15 mit der Sorge um gerechtes Gericht. Die dann folgenden Bestimmungen steigern die Tendenz solcher Ausweitungen derart, dass sie sich immer weiter von den zugrunde liegenden Dekalogverboten entfernen und immer häufiger zu positiv formulierten Anordnungen übergehen. Jetzt wird den Lesern die Fürsorge für Tagelöhner und für Behinderte ans Herz gelegt (V.13f.); sie sollen zudem sich böser Gerüchte enthalten, die das Leben des Nachbarn einschränken könnten (V.16), ja, sie sollen sich bemühen, Gefühle der Abneigung gegen den „Bruder" zu bekämpfen, indem sie ihn im Fall unrechten Verhaltens zurechtweisen (V.17) und alle aufkommenden Rachegelüste und Gefühle eines nachtragenden Herzens unterdrücken (V.18a). Die zusammenfassende, für das Neue Testament so wichtig werdende Forderung, *„den Nächsten wie sich selbst zu lieben"* (V.18b), ist logischer Zielpunkt dieser Gedankenreihe[61].

Hier hat die alttestamentliche Ethik bei ihrer Suche nach Grundsätzen einer „Heiligkeit" Israels im Alltag und beim Weiterdenken der Dekalogbestimmungen einen kaum zu überbietenden Höhepunkt erreicht. Er ist nicht nur durch Anweisungen gekennzeichnet, die die Fürsorge für und die Rücksichtnahme auf die Schwächsten in der Gesellschaft einprägen, sondern vor allem durch solche, die dem Handelnden die Konsequenzen seines Tuns für den Nächsten bewusst machen und es ihm ermöglichen wollen, sich in den Anderen und in seine Gefühle hineinzuversetzen und *vom Anderen her zu denken.* Hier wird nicht mehr nur konkretes Einzelhandeln verboten oder gefordert, sondern es werden Grundeinstellungen geprägt, die alles Handeln bestimmen sollen. Charakteristisch dafür ist, dass auch der Fremde, der in der Gemeinde lebende Ausländer, in das Gebot, „den Nächsten wie sich selbst zu lieben", ausdrücklich einbezogen wird, mit der geläufigen, theologisch für das Alte Testament so wichtigen Begründung, dass Israel aus der Zeit seiner Unterdrückung in Ägypten weiß, wie Fremde sich fühlen (V.34).

Noch unerwarteter als die ethischen Bestimmungen für den Einzelnen in Lev 19 kommt *in Lev 25 die Neuordnung des Bodenrechts* zur Sprache. Das Heiligkeitsgesetz knüpft hier an die alte Regelung einer sakralen Brache im jeweils 7. Jahr aus Ex 23,10f. an, die im Bundesbuch allerdings noch nicht Sabbatjahr hieß. Dtn 15 hatte sie am Ende der staatlichen Zeit Judas überraschend auf die Geldwirtschaft übertragen und alle 7 Jahre einen generellen Schuldenerlass verordnet (o. S. 63). Nicht ganz eindeutig ist, ob mit dieser Übertragung die sakrale Brache abgelöst oder aber ergänzt werden sollte; erheblich wahrschein-

[61] Vgl. H.-P. Mathys, Liebe deinen Nächsten wie dich selbst (OBO 71), 1986, 58ff., und M. Köckert, Gottesfurcht und Nächstenliebe (1991), in: ders., Leben, 155–166, mit einer sorgfältigen Analyse des Aufbaus des schwierigen Kapitels.

licher ist letztere Annahme[62]. Freilich setzt H voraus, dass die Sabbatjahre sehr bald nach Einführung der Erlassjahre nicht mehr eingehalten worden sind, denn es deutet das Exil als Kompensation für die dem Land vorenthaltene „Ruhe“ in unterlassenen Sabbatjahren (Lev 26,34f.; vgl. 2 Chr 36,21). Wie immer es sich damit verhält, Lev 25 kombiniert Sabbatjahr und Schuldenerlass in einer höchst ungewöhnlichen Weise und schafft damit einen viel weiter gehenden Entwurf eines idealen gesellschaftlichen Miteinanders als Dtn 15.

Das Sabbatjahr mit seinem Verbot allen Säens und Erntens auf den Feldern sowie aller Pflege der Weinbergpflanzungen im jeweils 7. Jahr wird allerdings sakral, nicht wie im Bundesbuch sozial (Sättigung der Armen ohne Grundbesitz) begründet: Es ist ein Sabbat des Landes „für JHWH“ (V.2.4), an dem die Unmittelbarkeit der Beziehung des Landes zu seinem eigentlichen Eigentümer, Gott, neu zum Ausdruck gebracht wird und das Land zugleich von seiner 6-jährigen Ausnutzung durch den Menschen „ruhen“ darf.

Dann aber wird diese überkommene Ordnung überraschend radikal überboten, indem mit *dem sog. Jobeljahr* (der Name stammt von dem Widderhorn, das an seinem Beginn geblasen wurde) ein potenziertes Sabbatjahr eingeführt wird, das nicht primär sakral motiviert ist – es ist freilich auch ein Sabbatjahr wie alle anderen –, sondern sozial; es zielt nicht nur wie das dtn Erlassjahr auf den Verzicht auf Darlehensschulden ab, sondern auf nicht weniger als auf die Wiederherstellung aller „ursprünglichen“ Besitzverhältnisse, und zwar an Grund und Boden und im Blick auf Schuldsklaven. Im Jobeljahr sollen sowohl alle Abhängigkeits- und Verschuldungsverhältnisse, wie sie während der jeweils letzten fünf Jahrzehnte eingetreten sind, beendet werden[63], als auch alle Veränderungen an Besitz und Ausnutzung von Grund und Boden, der in der Not veräußert oder verpfändet worden war, rückgängig gemacht werden. Dieses Ziel soll durch eine „Freilassung im Land für alle Bewohner“ (V.10) erreicht werden, d.h. eine Befreiung von Schulden und/oder Entlassung aus der Schuldsklaverei[64], die es jedem Bewohner des Landes ermöglichen soll, 1. wieder zu seinem „ursprünglichen“ Besitz zu gelangen und 2. wieder im Kreis seiner Sippe wohnen zu dürfen. Zweimal im Jahrhundert soll also eine restitutio ad integrum einsetzen, eine Wiederherstellung der vorherigen, d.h. für Lev 25: der von Gott gewollten Besitzverhältnisse in der Gesellschaft[65].

---

[62] Vgl. etwa F. Horst, Gottes Recht (TB 12), 1961, 213ff. 278; E. Otto, Das Deuteronomium (BZAW 284), 1999, 314f.

[63] Vgl. dazu die älteren Verordnungen für Schuldsklaven in Ex 21,1–11 und Dtn 15,12–18 (o. S. 63), die allerdings mit einem nur 7-jährigen Zeitraum rechnen.

[64] Das hebr. Wort דרור ist Lehnwort des akkadischen Begriffs (an)durāru, mit dem königliche Befreiungen von vertraglichen Verpflichtungen, bes. in Zeiten wirtschaftlicher Krisen oder bei der Thronbesteigung eines Königs, bezeichnet wurden (E. Gerstenberger, ATD 6, 1993, 359). Die meisten Belege stammen aus altbabylonischer Zeit; neuassyrische Belege nennt Otto, Deuteronomium, 369ff.

[65] Ein Beispiel einer solchen restitutio ad integrum bietet, unabhängig von den Bestimmungen des Jobeljahres, die Maßnahme Nehemias in Neh 5,10–12.

Es ist ein hohes gesellschaftliches Ideal, das in dieser Verordnung zum Ausdruck kommt und das die Unterschiede zwischen Arm und Reich, wie sie in jeder differenzierten Gesellschaft unvermeidbar sind, nicht einfach hinzunehmen bereit ist. Man hat häufig und zu Recht gefragt, ob sie je praktiziert worden sein kann. Die Frage lässt sich nicht mit Sicherheit beantworten, aber der Text selbst nennt eine Fülle von schweren Problemen, die Sabbat- und Jobeljahr mit sich bringen. So begegnet er gewichtigen wirtschaftlichen Bedenken im Blick auf das Sabbatjahr mit dem Argument, dass Gott vor Beginn eines Sabbatjahres dem Land einen besonderen Segen zukommen lassen werde, der Erträge für drei Jahre spenden werde (V.20f.). Beim Jobeljahr wird u.a. die neu auftretende Schwierigkeit benannt, dass es nun für alle Güter keine festen Preise mehr geben wird, weil die Preise mit jedem Jahr, das der „Freilassung" näher kommt, sinken werden (V.14–17). Immerhin ist aber die Einhaltung zumindest des Sabbatjahres in Neh 10,32 und (selbst in Kriegszeiten!) in 1 Makk 6,49.53 belegt.

Wichtiger als die Frage der Praktikabilität ist aber *das hohe theologische Ziel,* das in der Verordnung des Sabbat- und des Jobeljahres zum Ausdruck kommt. Es ist ja nicht die abstrakte Vorstellung der Gleichheit aller Menschen, die beide Verordnungen hervorgerufen hat, sondern ein spezifisch alttestamentlicher theologischer Grundsatz, der schon hinter den Ordnungen des Sabbat- und Erlassjahres im Bundesbuch bzw. Deuteronomium stand und auch hinter den Berichten von der Landverteilung durch Josua (Jos 13ff.), der nun aber in Lev 25 explizit formuliert wird (V.23):

> (Das Land darf nicht unwiderruflich verkauft werden, denn) Mir gehört das Land: Ihr seid Fremde und Beisassen bei mir.

Weil Israel nicht Eigentümer seines Landes ist, kann es über das Land nicht frei verfügen, sondern muss dem Land in jedem 7. Jahr seine Sabbatruhe gönnen. Damit erkennt es zugleich an, dass es Gott, dem Eigentümer, ständig Rechenschaft schuldig ist. Wenn die Israeliten „Fremde und Beisassen" bei Gott sind, so werden sie damit als Schutzbürger ohne Grundbesitz bezeichnet, die Land nur als Lehen bearbeiten dürfen. Es ist Gott, der den Stämmen (Jos 13–19), Sippen und Familien Land als Lebensgrundlage zuteilt und nicht duldet, dass sich durch Tod, Verarmung etc. diese Besitzverhältnisse so verschieben, dass Menschen auf Dauer von Menschen abhängig werden. Alle in der Not als Schuldsklaven verkauften Armen gehören Gott, der ihre Freiheit wie die aller Anderen will, da er auch sie mit seiner Befreiung Israels aus ägyptischer Unterdrückung gemeint hat (V.42.55).

Weil diese Absicht alle Verordnungen Gottes bestimmt, wird in V.35–38 – sachlich unabhängig vom Jobeljahr – den Begüterten ans Herz gelegt, einem verarmten „Bruder" keinen Zins abzuverlangen, ihn vielmehr nach Kräften zu unterstützen, „auf dass er neben dir leben kann" (V.35). Gottes Fürsorge für das Leben der Seinen ist die treibende Kraft aller sozialen Bestimmungen in Lev 25.

2. Das Gebet im Psalter

Es mag manche Leser überraschen, wenn in diesem Kapitel auch die Gebete des Psalters unter die „Orientierungen“ subsumiert werden. In seiner bedeutenden und bis heute unübertroffenen „Theologie des AT“ hatte G. von Rad die Psalmen insgesamt unter der Rubrik „Die Antwort Israels“ behandelt, und mehrere Exegeten sind ihm darin gefolgt[66]. Diese Einordnung leuchtet für die Hymnen, die Gottes Taten in Schöpfung und Geschichte rühmen, unmittelbar ein. Weniger glücklich erscheint sie für die zahlreichen kollektiven und individuellen Gebete, deren Eigenart ja gerade darin besteht, dass die Betenden klagend und anklagend Gott die Differenz zwischen dem Inhalt der Loblieder und ihrer eigenen Erfahrung entgegenhalten. Die Gebete „antworten“ auf Widerfahrnisse, die dem von Gott Geglaubten und Gewussten, das die Hymnen preisen, geradezu zu widersprechen scheinen. Die Betenden zweifeln zwar keineswegs am Inhalt der Hymnen, auf die sie sich vielmehr beziehen, aber die Mehrzahl unter ihnen vermag nicht, diesen Inhalt mit ihrer eigenen Leid- und Noterfahrung in Einklang zu bringen.

Allerdings ist die Orientierung keineswegs die einzige Funktion der Gebete im Psalter, wohl aber ihre wichtigste. Sie prägte die Gebete vor allem in der Zeit, in der sie in selbständigen Sammlungen als „Davidpsalmen“ (s. u. S. 428f.) überliefert wurden. Je mehr die Davidpsalmen dann in umfassendere Psalmensammlungen integriert wurden und in neuen Kontexten gelesen wurden, desto mehr traten neue Funktionen hinzu, ohne die älteren und primären abzulösen.

Wesentlich für das Verständnis der Gebete im Psalter ist, dass sie in einer Hinsicht von den Prosagebeten in Erzählungen grundsätzlich zu unterscheiden sind. Während die Gebete in den Erzählungen auf die Not ausgerichtet sind, die den Gegenstand des Erzählten bilden, sind *die Gebete in den Psalmen modellhaft* gemeint; sie wollen nachgebetet werden. Man könnte sie nicht gröber missverstehen als durch die Annahme, sie seien eilig niedergeschriebene individuelle Äußerungen in einer unverwechselbaren, speziellen Not. Vielmehr ist für sie charakteristisch, dass *sie sich auf die grundsätzlichen Elemente des Gebets konzentrieren* und die speziellen Momente einer aktuellen Not zurückstellen. Menschen mit verschiedenen individuellen Noterfahrungen sollen sich in sie hineinsprechen und sie nachbeten können. Es sind vorbildhafte Gebete, an denen Menschen, die sie nachsprechen, rechtes Beten lernen können.

[66] G von Rad, TheolAT^4, letztes Kap. des I. Bandes: „Israel vor Jahwe (Die Antwort Israels)“; ähnlich etwa C. Westermann, Theologie des AT, 134ff. 147ff.; B. Janowski, Die „kleine Biblia“. Zur Bedeutung der Psalmen für eine Theologie des AT, in: E. Zenger (Hg.), Der Psalter im Judentum und Christentum, Freiburg 1998, 381–420. 397ff.; auch in: ders., Die rettende Gerechtigkeit, Neukirchen 1999, 125–164. 141ff.

Deutlicher als bei den Klagepsalmen ist die orientierende Funktion der individuellen Psalmen bei den *Dankliedern des Einzelnen* zu erkennen. Die üblichen Danklieder, die für Gottesdienste bestimmt waren, zu denen ein aus Not Geretteter Verwandte, Freunde und Nachbarn einlud, hatten zwei Rederichtungen: Neben den Dank an Gott in der Anrede trat die Erzählung von der Wende der Not vor der Gemeinde der „Brüder" (Ps 22,23)[67]. Diese Erzählung hatte von vornherein einen didaktischen Charakter, der sich mit der Zeit immer mehr verstärkte. Die ad hoc versammelte Gemeinde sollte aus der Erzählung des Geretteten für das eigene Leben und besonders für plötzlich auftretendes Leid lernen, wie verlässlich Gott ist, wenn man ihn anruft. Ein gutes Beispiel für diese didaktische Tendenz ist *Ps 34,* der als ein kunstvolles Alphabetakrostichon gestaltet ist. Er beginnt mit geläufigen Elementen eines Dankliedes, geht dann aber zu Grundaussagen über Gottes zuverlässige Güte über, und ab V.12 ist die Situation des Dankgottesdienstes ganz vergessen; der Psalm ist zum didaktischen Weisheitspsalm geworden, der die Voraussetzungen eines Gott wohlgefälligen Lebens nennt und ein solches Leben empfiehlt.

In der Geschichte der Psalmenexegese war diejenige Forschungsepoche (am Ende des 19. und am Beginn des 20. Jh.s) die unfruchtbarste, die möglichst genau die je spezifische individuelle Not eines Psalmgebets zu erheben versuchte und etwa die in den Gebeten genannten Feinde mit konkreten Gestalten oder Völkern zu identifizieren trachtete. Demgegenüber war es das große Verdienst der folgenden forschungsgeschichtlichen Epoche, das Typische in den Gebeten des Psalters aufzudecken. Allerdings ist dieses Typische in der Zeit nach H. Gunkel, dem Vater der formgeschichtlichen Fragestellung, häufig viel zu schematisch behandelt worden. Es wurde oft vergessen, dass „Gattungen", in die Gunkel die Psalmen nach formgeschichtlichen Gesichtspunkten eingeordnet hatte, nicht feste Formulare darstellten, sondern abstrakte Größen waren, deren Elemente dadurch bestimmt wurden, dass sie in einer bestimmten Gruppe von Psalmen besonders häufig auftraten. Kein einziger überlieferter Psalm entspricht genau dem, was Gunkel als Eigenart einer Gattung herausgearbeitet hatte.

Orientierungsfunktion für die nachexilische Gemeinde sollten natürlich besonders die späten Gebete bieten, die im Psalter keineswegs zufällig die überwiegende Mehrzahl bilden. Ihre Eigenart lässt sich am deutlichsten im Vergleich mit älteren Gebeten im Psalter erkennen. Es versteht sich allerdings unter den zuvor genannten Umständen von selbst, dass sich ältere und jüngere Gebete im Psalter nur schwer voneinander unterscheiden lassen, zumal sie von analogen Gruppen am Tempel gedichtet wurden. In einem groben Sinn ist es dennoch vielfach möglich, ältere und jüngere Gebete einander gegenüberzustellen. Ein solcher Vergleich kann die veränderte Orientierungsfunktion der Psalmengebete in nachexilischer Zeit deutlicher zeigen als eine generelle und dann notwendig unspezifische Beschreibung der Gebete. Er soll im Folgenden exemplarisch erfolgen: zwischen einem älteren Modellpsalm und einem sicher späten Psalm, als der Ps 57 dienen soll.

---

[67] Vgl. den Nachweis bei F. Crüsemann, Hymnus und Danklied, 210ff.

a. Ps 13

Als Modellpsalm für ein individuelles Gebet, das der Gattung weitestgehend entspricht, gilt gemeinhin und mit Recht der kurze Ps 13[68]. Er enthält alle wesentlichen formalen Elemente der Gattung (Klage, Bitte, Vertrauensaussagen), alle wesentlichen inhaltlichen Charakterisierungen der Not (Gottes Schweigen und das Wirken von Feinden als Anlass; der Tod – im Sinn einer Auflösung aller sozialen Bindungen – als bedrohliche Perspektive) und alle wesentlichen Aspekte eines hoffnungsvollen Ausblicks (Vertrauensaussage, „Gewissheit der Erhörung“ [Gunkel] und Lobgelübde). Da Ps 13 keinerlei Sprachelemente bietet, die typisch für Israels Spätzeit sind, und seine argumentative Logik sich charakteristisch von den Psalmen unterscheidet, die sicher in nachexilischer Zeit entstanden sind, kann er mit hoher Wahrscheinlichkeit als Psalm der vorexilischen Zeit gelten[69].

Ps 13 ist denkbar einfach aufgebaut. Er besteht aus den drei Teilen, die als Minimalbestand zu jedem „klassischen“ Gebet im Psalter gehören: einer mehrgliedrigen Klage (hier jeweils mit der Fragepartikel „wie lange?“ eingeleitet) in V.2f., einer doppelten Bitte (mit wiederholter Motivation: „damit nicht …“) in V.4f. und zuletzt aus den schon genannten, sich gegenseitig steigernden Hoffnungselementen des Betenden (Vertrauensbekenntnis, „Gewissheit der Erhörung“ und Lobgelübde) in V.6. Das eigentliche Gebet im Zentrum des Psalms ist auf diese Weise umklammert von verzweifelten Charakterisierungen der belastenden Not und hoffnungsvollen Ausblicken in die Zukunft in der Gewissheit, dass Gott das Gebet erhören und die Not wenden wird.

Auch *die Klage selbst* ist dreigeteilt. Die stereotyp wiederholte anklagende Frage: „Wie lange (denn noch)?“ hat drei Subjekte: Gott – Ich – der Feind. Die Not besitzt entsprechend drei Aspekte: Die Darstellung des Leides des Betenden („Ich“) steht zwischen der Nennung zweier Verursacher: Gott und der Feind. Das Nicht-Handeln Gottes und das Handeln des Feindes sind entscheidend für die Erfahrung der Not. Dabei ist die Reihenfolge der beiden Verursacher unumkehrbar. Der Feind kann ja nur darum „sich erheben“, d.h. so effektvoll schädlich handeln, weil Gott seinen Kontakt zum Leidenden abgebrochen hat[70]. Wird Gott, wie erhofft, das Gebet erhören, wird er also auf die Not des Beters „hinsehen“ und die Not wenden (vgl. Ex 3,7: Wenn Gott Not „sieht“ und Klagen „hört“, greift er helfend ein), ist die Möglichkeit des Feindes, Schaden anzurichten, sogleich beendet. *So hat die Not des Betenden letztlich nur eine Ursache: Gottes Schweigen.*

---

[68] Vgl. zu ihm schon o. Teil I, Kap. 1, S. 38f. (mit Lit.).

[69] So neben der in Teil I genannten Lit. etwa E. Zenger in: F.-L. Hossfeld – E. Zenger, Die Psalmen. Psalm 1–50 (NEB), 1993, 96.

[70] Gott „vergisst“, d.h. er nimmt sich des Menschen nicht mehr an (vgl. zum Kontrast das Staunen über Gottes „Gedenken“ in Ps 8,5); er „verbirgt sein Angesicht“, d.h. er gewährt dem Menschen keinen Zugang zu sich (vgl. zum höfischen Hintergrund der Wendung F. Hartenstein, Das Angesicht JHWHs [FAT 55], 2008), und beides „auf Dauer“, d.h. ohne erkennbare zeitliche Grenze.

Die *Bitte,* der Kernpunkt jeden Gebets, hält in ihrer Motivation Gott drohend die Konsequenz vor Augen, sollte das Gebet unerhört verhallen: Wenn Gott den von Kummer geschwächten Augen des Beters keine neue Lebenskraft einflößen würde, dann würde der Feind sein erstrebtes Ziel erreichen: den „Tod“ des Leidenden. Dabei ist mit dem „Tod“ nicht physisches Ende gemeint, sondern ein Tod mitten im Leben[71]. Der Feind aber, der auf dieses Ziel drängt und „jubeln“ würde, wenn er es erreichen könnte, ist kein konkreter Einzelmensch, sondern die Verkörperung einer Feind-Macht, die in verschiedenen Menschen Gestalt annehmen kann. Ps 13 deutet dieses Changieren dadurch an, dass der Feind sowohl im Singular (V.3.5a) als auch im Plural (V.5b) genannt werden kann. Er hat (bzw. sie haben) das erhoffte Ziel erreicht, wenn der Betende „ins Wanken gerät“, d.h. wenn das Chaos in das Leben des Betenden einbricht, ihn aus der Gemeinschaft seiner vertrauten Menschen löst und damit seinen Halt im Leben zerstört.

Jedoch ist Ps 13 so wenig wie die anderen Gebete des Psalters auf Klage und Bitte beschränkt. Am Schluss des Psalms (V.6) treten dem Wirken des Feindes verstärkt Aussagen entgegen, die auf der *Überzeugung des Betenden* beruhen, *dass Gott sein Gebet erhören und die Not bald wenden wird.* Das zunächst geäußerte Vertrauen (בטח) betrifft eine Grundhaltung und Grundüberzeugung, die auf vielfacher Erfahrung göttlicher „Güte“ (חסד) beruht. Weiter noch geht die folgende „Gewissheit der Erhörung“, insofern der Betende hier sich selbst zum antizipierenden „Jubel“ auffordert, der an die Stelle des befürchteten „Jubels“ des Feindes (V.5) tritt. Die letzte Steigerung bietet das abschließende Lobgelübde, dessen sprachliche Fassung identisch mit dem Beginn eines Dankliedes ist.

So steht das Gebet Ps 13 in einem Raum zwischen „Tod“ und „Leben“, zwischen der Erfahrung des Schweigens Gottes und seiner erhofften Antwort auf das Gebet, zwischen dem befürchteten Jubel des Feindes und dem erhofften Jubel des Leidenden. Aber der Ruf zu Gott erfolgt keineswegs aus einer ungewissen Angst, wohin sich das Geschick des Beters wenden wird. Vielmehr beruht das Gebet auf der *Überzeugung, dass die in den Hymnen des Gottesdienstes gerühmte „Güte“ Gottes realer ist als die Erfahrung seines Schweigens* zur Zeit des Gebets. Für Ps 13 und alle anderen Gebete des Psalters ist die im Gottesdienst vermittelte Tradition von Gottes gütiger Nähe zum Menschen nicht durch die Not des Einzelnen (oder der Gemeinschaft) und die in ihr erfahrene Gottesferne widerlegt. Vielmehr erfolgt der Ruf zu Gott – trotz aller harten Anklage am Anfang – aus der Gewissheit, dass sein Schweigen und Sich Verbergen vorübergehend ist und seine lebenslange Güte nur kurz überdeckt (vgl. Ps 30,6). Gott kann die Not der Seinen nicht sehen und ihre Gebete hören, ohne einzugreifen und dem „Leben“ gegenüber dem „Tod“ zum Sieg zu verhelfen.

---

[71] Vgl. zum zugrunde liegenden Todesverständnis o. S. 38.

b. Ps 57

Wer von einem letztlich zeitlosen Gebet wie Ps 13 zu einem nachweislich späten Gebet wie *Ps 57* voranschreitet, findet sich in einer anderen Welt vor, obwohl viele Elemente aus Ps 13 wieder begegnen. Kontinuität und neuer Aufbruch zeigen sich etwa daran, dass der Psalm zwar mit einer persönlichen Bitte beginnt, aber mit einer Bitte endet, die die ganze Welt betrifft; oder daran, dass das Wirken der Feinde, das für die Gebete des Psalters so charakteristisch ist, wenn eine Not beschrieben werden soll, wohl die erste Hälfte des Gebets bestimmt, in der zweiten Hälfte aber ganz aus dem Gesichtskreis verschwunden ist. Anklagen Gottes mit ihren typischen Fragen: „Warum?" und „Wie lange?", die den Beginn von Ps 13 prägen, fehlen ganz. Stattdessen treten Vertrauensaussagen stark hervor. Offensichtlich *spiegelt der Psalm einen Erkenntnisweg wider*, nicht den Weg einer beliebigen individuellen Erkenntnis, sondern der kollektiven Erkenntnis, wie rechtes Beten lauten soll.

Schon *der Aufbau* von Ps 57 ist ungleich komplizierter als derjenige von Ps 13. Er folgt dem Prinzip einer konzentrischen Figur, in der ein Zentrum von parallelen Rahmengliedern umlagert ist. Am Anfang und am Ende stehen die eigentlichen Bitten (V.2.12) und bilden einen äußeren Rahmen. Einen inneren Rahmen gestalten die Verse 3f. und 10f., in denen das Ich des Beters betont hervortritt. In V.3f. reflektiert es über das eigene Beten („ich rufe zu Gott"), um andere Menschen zum Beten zu ermuntern; in V.10f. stimmt es ein antizipierendes Danklied an („ich werde dir danken"), das vor einer weltweiten Öffentlichkeit erfolgen soll. Die Verse dieses inneren Rahmens sind darüber hinaus verbunden durch die Doppelbegriffe der rettenden göttlichen „Güte" (חסד) und „Zuverlässigkeit" (אמת), die hier wie oft im Psalter sachlich ein Hendiadyoin bilden („verlässliche Güte"). Im Zentrum des Psalms stehen anfangs das Wirken der Feinde (V.5.7) und in starkem Kontrast dazu das doppelt genannte „feste Herz" des Betenden einander gegenüber. Wie bei konzentrischen Figuren üblich, liegt auf diesem formalen Zentrum der Hauptton der Aussage.

Der Psalm zeigt den Weg von einer persönlichen Anfangsbitte zu einer universal ausgerichteten Endbitte, die beide sachlich zusammengehören. Charakteristisch für diesen Weg ist, dass die einleitende Bitte dringlich, aber aufs kürzeste reduziert formuliert ist (V.2a: „Sei mir gnädig, Gott, sei mir gnädig!"), um sogleich für ein weit ausführlicheres Vertrauensbekenntnis Platz zu machen („denn bei dir hat sich meine Lebenskraft geborgen ..."), das mit dem Bild des „Sich Bergens im Schatten der Flügel Gottes" eines der schönsten Symbole des Alten Testaments für den Schutz der Menschen in der Nähe (des im Tempel präsenten) Gottes aufgreift. Von einer Verborgenheit und Ferne Gottes wie in Ps 13 ist keine Rede. Die Not ist von vornherein als eine vorübergehende im Blick (V.2b).

Aber nicht nur der schnelle Übergang von der Anfangsbitte zum Vertrauensbekenntnis muss jeden Leser, der von Ps 13 herkommt, an Ps 57 überraschen, sondern mehr noch der folgende Übergang von der Gebetsanrede in V.2 zur reflektierenden Betrachtung des Gebets in V.3f. („Ich rufe zu Gott, dem Höchsten"), die Außenstehende zum Gebet ermutigen soll. In dieser Reflexion wird die Bitte an Gott in Gestalt einer sicheren Überzeugung geäußert („er wird senden ..."). Das hat guten Sinn, denn gebeten wird um Gottes Sendung eines Boten, der niemand anderes ist als die Verkörperung seiner „zuverlässigen Güte" (vgl. die analogen Boten in Ps 43,3), und diese Güte preisen Israels Hymnen als permanente und nie endende Zuwendung Gottes (vgl. oben zu Ps 13,6).

Die Not, aus der gebetet wird, wird im Folgenden durch eine Beschreibung des Wirkens von Feinden angedeutet (V.5.7). Diese Beschreibung ist weitgehend traditionell; um die Gewalttätigkeit, Grausamkeit und Heimtücke der Feinde auszumalen, werden Bilder aus der Tierwelt, der Kriegsführung und der Jagd verwendet. Höchst ungewöhnlich ist demgegenüber, dass nirgends Gott gegen die Feinde angerufen wird; das Ende des Feindwirkens wird vielmehr in weisheitlicher Tradition mit dem sog. Tun-Ergehen-Zusammenhang erwartet: Die Feinde werden in die Grube fallen, die sie selbst gegraben haben (vgl. Spr 26,27; Ps 7,16; 9,16). Die Feinde werden damit der gerechten Weltordnung überantwortet, die in den Händen Gottes gewusst ist. Eine tödliche Bedrohung wie in Ps 13 geht von ihnen nicht mehr aus.

An die Stelle einer Anrufung Gottes gegen die Feinde tritt in V.8f. das doppelte Bekenntnis eines „festen", genauer: eines „(von Gott) befestigten Herzens" des Betenden, das *das Zentrum des Psalms* bildet.

Fest ist mein Herz, Gott,
fest ist mein Herz;
ich will singen und aufspielen.

„Fest" (נכון) ist in der Sprache der älteren Hymnen die Erde, die „nicht wanken" kann, weil Gott der König der Welt ist (Ps 93,1f.). Gott hat die Welt gegen die Chaosmächte „befestigt" (Ps 24,2) und im Himmel seinen Thron „befestigt" (Ps 103,19). In Ps 57 werden diese kosmischen Vorstellungen auf das Planen und Denken („Herz") des Individuums übertragen. Wie die durch Gottes Königtum „befestigte" Erde Voraussetzung für verlässliches Leben ist, so ist das (durch Gottes Gerechtigkeit) „befestigte Herz" Voraussetzung für alle Leidbewältigung. Wo ein „befestigtes Herz" gegeben ist, kann schon mitten in der Not eine Loblied gesungen, ja können schon im Leid alle Instrumente des Festgottesdienstes zum Klingen aufgerufen werden. Sie wollen ja „die Morgenröte wecken" (V.9). Hinter dieser Wendung, die „ein poetisches Element mythischer Provenienz" (Zenger) enthält, steht die Vorstellung einer „Hilfe Gottes beim Anbrechen des Morgens" (Ps 46,6), d.h. zur Zeit, in der der Mensch noch schläft, so dass er sich beim Erwachen wunderhaft gerettet vorfindet. Das „feste Herz" kann im Vertrauen auf Gottes Gerechtigkeit *schon in der Finsternis der Nacht Loblieder singen!*

Weil aber das „feste Herz" Gott schon im Leid loben kann, wird aus dem traditionellen Lobgelübde am Ende von Klagepsalmen (vgl. oben zu Ps 13,6) die Selbstaufforderung zu einem *Dankgottesdienst in einem weltweiten Hori-*

zont (V.10f.). Werden in üblichen kasuellen Dankgottesdiensten die Verwandten, Freunde und Nachbarn eingeladen, die mit dem Geretteten Gott preisen und zugleich aus seinen Erzählungen für ihren eigenen Umgang mit dem Leid lernen sollen, so gehören in den antizipierten Dankgottesdienst von Ps 57,10f. alle Völker, ja die gesamte Menschheit hinein. Jede einzelne Erfahrung von Gottes Rettung und Heil ist so wichtig, dass sie grundsätzlich alle Menschen angeht; alle können aus ihr lernen, wie Gott handelt (vgl. Ps 22,28f.). Jede Erfahrung der Wende einer Not ist ein neuerlicher Beweis der „zuverlässigen Güte“ Gottes, deren „Sendung“ in V.4 von Gott erbeten und sicher erwartet wurde.

Es liegt in der Logik dieser horizontalen Ausweitung des proleptischen Dankes auf alle Völker, dass abschließend in Ps 57 um die vertikale Ausweitung der „Herrlichkeit“ (כבוד) Gottes gebetet wird, und das heißt nichts anderes als um *die weltweite Evidenz der Taten Gottes.* Die anfängliche Bitte um Gottes persönliche Zuwendung zum Beter (V.2) ist am Ende zum Gebet um das Ende der Verborgenheit Gottes vor der Völkerwelt geworden (V.12)! Das letzte und eigentliche Leiden der Gemeinde, die dieses Gebet entwirft, liegt darin, dass Gottes Offenbarung vor aller Welt noch aussteht. Einstweilen ist das „befestigte Herz“ noch eine Gabe Gottes, die auf die Gemeinde beschränkt ist, die sie aber allen Menschen wünscht.

Es besteht kein Zweifel, dass Ps 57 in der Gebetstradition steht, die beispielhaft in Ps 13 belegt ist. Die anfängliche Bitte um Gottes Gnade, die Darstellung des Wirkens der Feinde, das stark hervortretende Vertrauen als tiefster Grund der Gewissheit des Betenden, dass Gott die Not wenden wird, das seinerseits auf dem Wissen um Gottes lebenslange Güte beruht: all dies sind Aspekte, die Ps 57 mit Ps 13 verbinden. Aber es gibt nicht wenige Elemente, die beide Gebete unterscheiden. Ich nenne nur die wichtigsten:

1. Es hängt offensichtlich mit dem im Zentrum so stark betonten „festen Herzen“ des Betenden zusammen, dass jegliche Anklage Gottes, die sich zumeist der Fragepartikel „Warum?“ und „Wie lange?“ bedient, fehlt;

2. dass dementsprechend nirgends von Gottes Verborgenheit und seinem Schweigen die Rede ist;

3. dass Gott nicht um die Beendigung des Feindwirkens gebeten wird, sondern das Ende der frevlerischen Feinde aufgrund der gerechten Weltlenkung Gottes als sicher erwartet wird;

4. dass der Betende nicht nur wie üblich ein Lobgelübde für den Fall der Erhörung seines Gebetes ablegt, sondern das Lob schon im Leid anstimmt, in der festen Gewissheit, dass Gott wunderbar zu helfen in der Lage ist;

5. dass dieser Betende gar nicht anders kann als sich in den Dankgottesdienst, auf den er zugeht, alle Völker und alle Menschen zu wünschen, um ihnen allen am Beispiel seiner Rettung die Wahrheit der gottesdienstlichen Tradition aufzuweisen: dass Gottes Güte ohne Grenze ist;

6. dass das eigentliche Leiden des Betenden nicht mehr primär in seiner persönlichen Not besteht, von deren vorübergehendem Charakter er über-

zeugt ist, sondern in der Verborgenheit der Taten Gottes vor der Völkerwelt, so dass er sich nichts dringlicher wünschen kann als die uneingeschränkte Evidenz der Herrlichkeit Gottes vor aller Welt.

Auf diese Weise vermittelt Ps 57 Menschen in Not im Vergleich mit Ps 13 eine neue Orientierung. Er bietet kein „besseres" Beten als dieser: Beide Psalmen stehen gleichberechtigt nebeneinander im Psalter. Aber es ist ein Beten, das im Blick auf die eigene Not und im Blick auf die erwartete Zukunft Gottes mehr von ihm zu erwarten wagt als der ältere Psalm.

c. Ps 22. 23 und 130

Nur angedeutet sei zum Schluss, dass es andere, eher noch jüngere nachexilische Psalmen gibt, die die Aussagen von Ps 57 auf verschiedene Weise noch steigern und zu noch kühnerem Beten anleiten. Ich beschränke mich im Folgenden auf drei berühmte Beispiele, die untereinander äußerst unterschiedlich sind:

1. *Ps 23* ist einer der Psalmen, die sich ganz auf das Bekenntnis des Vertrauens konzentrieren und sich jeglicher Klage oder gar Anklage enthalten, obwohl sie deutlich Situationen schwerer Not kennen und gerade in solchen Situationen gesprochen werden sollen. Der Psalm verwendet zwei Sprechweisen. Am Anfang und am Ende ist im Stil des Bekenntnisses und mit Hilfe der Sprache der Tempeltheologie von einer lebenslangen Gemeinschaft des Menschen mit Gott, dem König der Welt, unter seinem Geleit die Rede und von einer ebenso lebenslangen Erfahrung seiner Güte (V.1–3.6). In diesen Rahmen fügen sich die mittleren Verse 4 f. ein, die zur Gebetsanrede übergehen und der Güte Gottes die Erfahrungen schwerer Not gegenüberstellen. Aber keine Bitte um Rettung oder Hilfe Gottes wird laut, sondern die nach dem Betenden greifende Todeswelt („Schlucht des Todesschattens" V.4) wird sogleich mit der bleibenden Gegenwart Gottes als schützender Hirte konfrontiert, so dass die Not keinerlei Angst im Menschen auslöst. Ganz im Gegenteil: V.5 („du bereitest vor mir einen Tisch im Angesicht meiner Feinde") verwendet ein Bild Gottes als großzügiger Gastgeber, das jegliche menschliche Erfahrung übersteigt. Das Bild bestreitet, dass Feinde einem Menschen, der sich Gott anvertraut, irgendein Unheil zufügen können. Ein solcher Mensch steht vor Gott in der Stellung eines hohen Ehrengastes, dem als Zeichen der Wertschätzung beim Gastmahl der Kopf mit wohlriechendem parfümiertem Öl eingerieben wird und dem ein übervoller Becher eingeschenkt wird. Ein derart gewürdigter Gast steht unter dem absoluten Schutz des göttlichen Gastgebers und sehnt sich nach nichts anderem als nach dessen ständiger Gegenwart und Güte.

2. *Ps 22,* Jesu Kreuzespsalm nach dem Matthäus- und Markusevangelium, besitzt eine Fülle von Besonderheiten, von denen hier nur die wichtigsten genannt werden können:

a. Er verbindet Klage- und Danklied, redet von der Not also schon im Rückblick. Vermutlich hängt das damit zusammen, dass er eine *Not* schildert, die *weit umfassender ist als die Not aller anderen Klagelieder*; sie transzendiert alle individuellen Erfahrungen von Leid und Angst[72]. Erschreckende Gottesferne (V.2f.) verbindet sich mit demütigenden Schmähungen von Menschen (V.7–9), und die Fülle von schillernden (Tier-)Bildern in V.13–19 stellt Anspielungen an ungehemmte Grausamkeiten von Feinden aller Art nahtlos nebeneinander. Hinzu kommen Kraft- und Willenlosigkeit des Betroffenen, Not des Verdurstens, Gefangenschaft, öffentliche Misshandlung und Verhalten wie gegenüber einem Todeskandidaten etc. Woran immer der hier Betende leidet, er leidet all die anderen Leiden mit. G. von Rad hat mit Grund vom „Urleiden" eines Menschen gesprochen.

b. Aber nicht erst im folgenden Danklied findet die extreme Notschilderung ein Gegengewicht, sondern schon zuvor in einer *ungewöhnlichen Fülle von Vertrauensaussagen*, die wiederholt die Notschilderung unterbrechen. Teilweise beziehen sie sich auf die Hymnen der Gemeinde (V.4), teilweise auf die Erfahrungen von göttlicher Hilfe in der Generation der Väter (V.5f.), teilweise aber auch auf eigene Erfahrungen göttlichen Schutzes in der frühen Kindheit (V.10f.). Kein anderes Gebet im Psalter beginnt mit einem doppelten Anruf „mein Gott, mein Gott" (V.2). Freilich lindern die vielen Ausdrücke des Vertrauens nicht nur die Not, sondern sie erschweren sie auch: Es ist ja der so vertraute Gott, der sich gegenüber dem Betenden verbirgt.

c. Die Klage in Ps 22 wird nicht wie üblich mit einem Lobgelübde für den Tag der Wende der Not beschlossen, sondern mit *einem ausgeführten Danklied* (V.23–27). Diese Verbindung kann unterschiedlich gedeutet werden. Das Danklied kann als ein erweitertes Lobgelübde verstanden werden, so dass es sich bei Ps 22 um ein Klagelied mit großer „Gewissheit der Erhörung" handeln würde. Anderseits kann die Notschilderung als Zitat gedeutet werden, die im Rückblick des Dankgottesdienstes an die Stelle der Erzählung von der Errettung aus der Not (vgl. V.25) getreten wäre. Vielleicht hat der Psalm auch bewusst die Möglichkeit für einen doppelten Gebrauch anbieten wollen. In jedem Fall ist sein Hauptanliegen, äußerste Verzweiflung über tiefste Gottverlassenheit unlöslich mit überquellendem Jubel über Gottes Rettung zu verbinden.

d. Zudem enthält das Danklied auch *eine didaktische Funktion* (s.o.). Wenn sich der Betende sowohl am Ende seiner Bitte (V.22) als auch in der Erzählung seiner Errettung als „Armer" bezeichnet (zweimal in V.25a), wenn er zusätzlich beim Dankopfer besonders die „Armen" zum Mahl einlädt (V.27), so verwendet er eine Begrifflichkeit, die in der Spätzeit des AT Menschen bezeichnet, die nichts von den eigenen Kräften, aber alles von Gott erwarten, also derart auf ihn vertrauen, wie es die Verse 5f. von den Vätern bekennen. Zu solcher „Armut" in aller Noterfahrung will der Psalm ermutigen.

---

[72] Am ehesten vergleichbar ist das letzte Gottesknechtslied im Jesajabuch (Jes 53).

e. In noch späterer Zeit, vermutlich erst im Hellenismus, ist Ps 22 *um die Verse 28–32 erweitert* worden. Mit dieser Erweiterung fällt der Hauptton des Psalms eindeutig auf das Danklied. V.28–32 verbinden mit der Rettung des Betenden die Erwartung, dass sie die Evidenz des universalen Königtums Gottes widerspiegelt und die Völkerwelt zur Hinwendung zum wahren Gott führen wird (V.28f.), wobei alle Lebenden, ob stark, schwach oder schon sterbend, und alle zukünftigen Generationen an dieser Rettung die Vertrauenswürdigkeit ihres Gottes lernen sollen (V.30–32). Kein Wunder, dass die neutestamentliche Gemeinde besonders diesen Psalm als Schlüssel zur Deutung des Geschickes Jesu genutzt hat!

3. *Ps 130* gehört zu einer Gruppe nachexilischer Psalmen, die die mittelalterliche Tradition als Bußpsalmen zusammengefasst hat. In den meisten von ihnen tritt an die Stelle einer Klage oder einer vorwurfsvollen Anklage Gottes in den üblichen Gebeten *ein Schuldbekenntnis des Betenden.* Die Not wird nicht beklagt und nicht einer unverständlichen Gottesferne zugeschrieben, schon gar nicht dem grundlosen Wirken von Feinden, sondern dem betroffenen Menschen selbst aufgrund seiner Schuld angelastet, und er bekennt seine Angewiesenheit auf Gottes Vergebung. Wenn sich Gott als Vergebender erweist, wird er auch die Not beenden, aus der heraus gebetet wird. In Psalmen dieser Gruppe sind die Bitten um Tilgung der Schuld und um Wendung der Not letztlich identisch.

Ps 130 ist innerhalb dieser Gruppe ein Sonderfall. Zum einen wagt er, obwohl aus Todesnot gesprochen, nur eine einzige zaghafte Bitte: weder um Gottes Vergebung noch um seine Hilfe oder Rettung, sondern einzig um Gottes Hören („Herr, höre meine Stimme!“ V.2). Mit dieser Bitte ist alles Wesentliche erbeten. Die Todesnot, die der Betende erfährt, ist wesenhaft Gottes Schweigen; alle äußere Not ist demgegenüber zweitrangig. Diese Grundnot aber teilt der Betende mit allen Menschen; denn sie beruht auf Schuld, wie sie alle Menschen auf sich laden. Deshalb tritt in V.3f. an die Stelle eines persönlichen Schuldbekenntnisses ein reflektierender Satz, eine generelle Aussage über die Stellung des Menschen vor Gott:

> Wenn du, Herr, Sünden zurechnen würdest,
> Herr, wer könnte bestehen?
> Doch bei dir ist die Vergebung,
> dass man dich fürchte.

Wäre Gott nicht der Vergebende – nicht dann und wann einmal, sondern wesenhaft und gegenüber allen Menschen –, müssten alle Menschen vergehen. Die alte und jedem Glied des Gottesvolks vertraute Frage der Tempelliturgie: „Wer darf stehen an seinem (Gottes) heiligem Ort?“ (Ps 24,3; 15,1) erhält hier die deprimierende Antwort: niemand. Die „Gerechtigkeit vor Gott“, für die älteren Psalmen der Normalzustand des aufrichtigen und frommen Menschen, ist zu etwas dem Menschen schlechterdings Unmöglichem geworden. Jetzt bedeutet Menschsein vor Gott: die intensive sehnsüchtige Ausschau nach

Gottes Wort, das nichts anderes ist als sein Vergebungswort, auf das der Mensch ständig angewiesen ist (V.5f.). Es ermöglicht ihm eine neue Gottesnähe, will ihn aber zugleich zu einem neuen Gottvertrauen („Gottesfurcht“ V.3b) führen.

Aber wie in der Überlieferung von Ps 22 die Hoffnungsaussagen immer stärker anwuchsen, ist auch in Ps 130 die Hoffnung nicht bei Gottes Vergebung von Schuld stehen geblieben. Eine jüngere Zufügung (V.7f.; vgl. Ps 131,3) geht so weit, für das Gottesvolk als ganzes eine eschatologische „Erlösung“ von Schuld zu erbitten, in einer Terminologie (פדה), die üblicherweise für die „Erlösung“ aus der Knechtschaft in Ägypten verwendet wird. Gemeint ist eine ungetrübte und unbegrenzte Gottesnähe ohne menschliche Schuld. Mehr zu erbitten ist schlechterdings unmöglich!

d. Folgerungen

Wenn bei den vorausgegangenen Überlegungen mehrfach von kühnem Beten die Rede war, so ist damit kein Qualitätsurteil gemeint. Die Gebete, deren Vertrauensüberschuss besonders groß ist und die überwiegend jüngeren Datums sind, stehen im Psalter aus guten Gründen neben den „ärmeren“, oftmals – aber keineswegs immer – älteren Gebeten, die nur zaghaftere Hoffnungsaussagen wagen. Wie wenig man bei den Gebeten von einer einlinigen Entwicklung sprechen darf, zeigt etwa ein junger Psalm wie Ps 88, der zu den dunkelsten und verzweifeltsten Gebeten zählt und der Hiobdichtung sachlich an die Seite gestellt werden kann (s.u. Kap. E1). Statt einer Entwicklung der Gebete sollte man besser vom Reichtum der Gebete im Psalter reden, da sie ebenso tiefste Finsternis und Ausweglosigkeit wie hellste Hoffnung und Gewissheit eines Betenden widerspiegeln.

Trotz dieser notwendigen Einschränkung kann man doch beim Psalter auch von einer Schule des Betens sprechen. Dass in vielen jüngeren Gebeten des Psalters die Vorwürfe gegen Gott fehlen, die sich vor allem in den anklagenden Fragen „Warum?“ und „Wie lange?“ ausdrücken, dass die breiten Darstellungen des Wirkens der Feinde vielfach zurücktreten und stattdessen die Gewissheits- und Vertauensaussagen in das Zentrum treten, wird man schwerlich für Zufall halten dürfen, auch wenn es sich hier nicht um ein „besseres“ Beten handelt.

Ein weiteres Indiz, das schon bei der Auslegung von Ps 57 zur Sprache kam, sei zum Schluss genannt und an Hand von Ps 63,4 erläutert. Dort heißt es:

> Deine Güte ist besser als Leben.

In dieser Aussage werden zwei Größen im Komparativ einander gegenübergestellt, die für das ältere Israel unlöslich zusammengehörten: Gottes Güte erwies sich ja primär in einem vollen, uneingeschränkten Leben. Demgegenüber kennt Ps 63 eine Güte und Nähe Gottes, die auch noch im eingeschränkten Leben erfahrbar ist. Diese Güte und Nähe ermöglichen Lobgesänge im Dunkel, entweder noch vor aller Wende der Not (Ps 57) oder aber in Situationen dauerhaften Leidens (vgl. Ps 73: „Wenn auch mein Fleisch und mein Herz hinschwinden …“), also in der Sprache der Psalmen: aus dem Machtbereich des Todes, möglich geworden durch eine intime Gotteserfahrung. Hier entdecken die Psalmdichter einen neuen Begriff vom „Leben“, der nicht mehr an ein äußeres Glück gebunden ist, sondern die Gottesbeziehung selber, unabhängig von allen Lebensumständen, bezeichnet.

D. Hoffnungen

Alle in Teil II dargestellten Neuentwürfe aus der Exilszeit besitzen eine Hoffnungsperspektive, ob diese nun auf eine Erneuerung Israels ausgerichtet ist (DtrG), auf den Gottesdienst eines wieder vereinigten Gottesvolks im Land (P), auf ein neues Gottesverhältnis Israels (Ex 32–34) oder auf ein die ganze Welt veränderndes Handeln Gottes (DtJes). Ohne eine solche Perspektive wären diese Entwürfe auch kaum denkbar[1].

Was die Mehrzahl dieser älteren Hoffnungen von den hier behandelten unterscheidet, ist die fehlende eschatologische Perspektive. Allerdings hat man in den zurückliegenden Jahrzehnten längere Zeit darüber gestritten, ob der *Begriff der „Eschatologie“* überhaupt auf die Texte des Alten Testaments angewendet werden könne, denn „letzte Dinge“, von denen die Dogmatik spricht, ein Weltende und eine jenseitige Welt mit Himmel und Hölle, kennen allenfalls ansatzweise apokalyptische Texte. Sinnvoll kann der Begriff nur verwendet werden, wenn er innergeschichtlich definiert wird. Aus einer teilweise kontrovers geführten Debatte[2] hat sich in neuerer Zeit ein gewisser Konsens herausgebildet. Danach besteht Einigkeit darüber, dass der Begriff das Bewusstsein voraussetzt, dass sich mit der Zerstörung Jerusalems und dem Exil ein radikaler Bruch in der Geschichte Israels ereignet hat, der eine Kontinuität der frühen Heilsvorstellungen unmöglich gemacht hat. Entscheidende Kennzeichen einer Eschatologie sind dann zum einen, dass in ihr der göttliche Heilswille zum Durchbruch gelangt, ohne durch erneute Schuld Israels an der Verwirklichung gehindert zu werden; dass zum zweiten nicht nur ein vorläufiges und teilweises Heil gemeint ist, sondern das volle Heil Gottes in einer nicht mehr überbietbaren Gestalt; und drittens – hierauf liegt der Hauptton – dass *das Heil Gottes ein endgültiges* ist, das nicht mehr gewandelt werden kann. Andere Elemente mögen hinzutreten – die Einbeziehung der Völker in das Heil Israels; das Heil in der Kategorie der Neuschöpfung; die Wiederkehr des Paradieses –, aber sie sind nicht konstitutiv für den Begriff der Eschatologie.

Bei einem solchen Verständnis von Eschatologie bündeln sich die Erwartungen der Texte zu verschiedenen großen Themenkomplexen: die Rettung der Gemeinde bzw. Einzelner am endzeitlichen „Tag JHWHs“, die Wandlung

[1] Vergleichbares gilt für spätere Entwürfe wie etwa das ChrG, auch wenn ihm eine Zukunftserwartung in der Forschung oft abgesprochen wird; vgl. dazu die Aufsätze von T. Willi, Israel und die Völker. Studien zur Literatur und Geschichte der Perserzeit (SBA 55), 2012.

[2] Vgl. dazu R. Smend, TRE 10 (1982), 256–263 und bes. die Aufsätze in: H.D. Preuss (Hg.), Eschatologie im AT (WdF 480), 1978.

der Glieder des Gottesvolks zu Menschen nach Gottes Willen, der Anbruch des Königtums Gottes in seiner ganzen Fülle, das Kommen des königlichen Heilbringers (Messias, David, Gottesknecht), die Einbeziehung der Völker in das Heil Israels und zuletzt der Anbruch eines neuen Äon in der Apokalyptik und die Auferstehung von den Toten. *Alle diese Themen sind von prophetischem Geist und Gedankengut beherrscht*; die ersten beiden sind exklusiv prophetischer Art. Sie alle stellen Aspekte des göttlichen Heils dar, ohne miteinander in Konkurrenz zu treten. Erst in der nachalttestamentlichen Apokalyptik bilden sie einen geschlossenen Vorstellungszusammenhang.

1. Die Rettung am „Tag JHWHs"

Die Erwartung eines Gerichts-„Tages JHWHs" ist so alt wie der Beginn der Schriftprophetie[3]. Sein Hauptkennzeichen liegt darin, dass es an diesem Tag kein Entrinnen geben wird, dass er vielmehr für alle Betroffenen tödlich enden wird. Dabei zeigt der älteste Beleg, Am 5,18–20, dass *der Prophet Amos* mit seiner Ankündigung eine ältere volkstümliche Hoffnung auf einen heilvollen „Tag JHWHs", bei der Gottes Schöpfung zur Vollendung kommen sollte[4], radikal umgekehrt hat, indem er über diejenigen, die darauf hoffen, die Totenklage (הוי) erhoben hat (V.18):

Wehe denen, die sich sehnen nach dem Tag JHWHs!
Was soll euch denn der Tag JHWHs?
Er ist Finsternis und nicht Licht!

Mit dem Ruf der Totenklage werden Lebende als schon Tote behandelt, weil sie in ihrer Sehnsucht nach Heil die Gefahr, die von Gott auf sie zukommt, nicht wahrzunehmen vermögen. Für den Propheten ist am Tag JHWHs nur eines sicher: der Tod der Menschen, wie immer er sich einstellt (V.19). Der Tag JHWHs ist Gottes Gerichtstag, an dem aufgrund der Schuld Israels Leben („Licht"; vgl. Ps 36,10 u.ö.) nicht vollendet, sondern vielmehr ausgelöscht wird.

Amos hatte bei seiner dunklen Ankündigung keine Endzeit im Blick, sondern die unmittelbar bevorstehende Zukunft des Nordreichs Israel. Aber indem er mit „Licht" und „Finsternis" Schöpfungsterminologie für die Erfahrungsdimension dieses Gerichtstags verwendete, deutete er schon an, dass der Tag mehr sein würde als nur etwa eine Naturkatastrophe oder eine kriegerische Niederlage.

---

[3] Aus der Fülle der Literatur seien stellvertretend genannt: H. Spieckermann, Dies irae. Der atl. Befund und seine Vorgeschichte, VT 39 (1989), 194–208; auch in: ders., Gottes Liebe, 34–46; M. Beck, Der „Tag YHWHs" im Dodekapropheton (BZAW 356), 2005 (Lit!).; P.-G. Schwesig, Die Rolle der Tag-JHWHs-Dichtungen im Dodekapropheton (BZAW 366), 2006.

[4] Vgl. zur umrisshaften Rekonstruktion R. Müller, Der finstere Tag Jahwes, ZAW 122 (2010), 576–592; 583ff.

Unter den folgenden vorexilischen Propheten hat am intensivsten *Zefanja* die Botschaft des Amos vom Tag JHWHs aufgegriffen und präzisiert. Er hat sie zudem auf Juda übertragen und damit auf alle Glieder des Gottesvolks bezogen[5]. Der Tag JHWHs heißt bei Zefanja um seiner Grausamkeit willen nun zugespitzt viermal betont „ein Tag des Grimmes“ bzw. „ein Tag des Zornes JHWHs“ (1,15; 2,2f.; vgl. 1,18). Um den vernichtenden Zorn so umfassend wie irgend möglich zu umschreiben, wird dieser Tag in Zef 1,14–16 mit einer scheinbar endlosen Kette von Nominalsätzen in seinem Schrecken dargestellt, teils mit Elementen eines alles zerstörenden Krieges, teils mit Elementen traditioneller Theophanietexte („Gewölk und Wolkendunkel“), teils wie bei Amos mit negativ konnotierter Schöpfungsterminologie („Dunkelheit und Finsternis“), im Zentrum steigernd mit einem lautmalerischen Begriffspaar (שאה und משאה), das die Auslöschung von Leben mit der Verheerung des Landes verbindet[6]. Nicht weniger als dreimal (1,7.14) wird zudem die andringende Nähe dieses furchtbaren Tages eingeschärft.

An diese doppelte Tendenz, einerseits die Grausamkeit und Unentrinnbarkeit des unmittelbar bevorstehenden Tages JHWHs als eines Tages des göttlichen Zorns immer umfassender auszumalen und gleichzeitig seine Nähe zu betonen, haben auch die prophetischen Stimmen nach der Zerstörung Jerusalems angeknüpft, allerdings mit dem bedeutenden Unterschied, dass nun das furchtbare Strafgeschehen des Tages JHWHs auf die Völkerwelt bezogen wurde (Jes 13; Ez 30,3 u. ö.). Dabei stehen die Völker, die für die Zerstörung Jerusalems und die Exilierung der judäischen Bevölkerung haupt- und mitverantwortlich waren, im Mittelpunkt (Ob 15; Joel 4,1–3.9ff.). Eine Sonderrolle spielt Jes 13: Die Darstellung des Tages JHWHs ist hier von den Tradenten den einzelnen überlieferten Völkerorakeln im Jesajabuch als hermeneutischer Verstehenshorizont vorgeordnet worden, der sie nun alle thematisch prägt, und zugleich werden in Jes 13 weit stärker als zuvor die kosmischen Auswirkungen des Tages JHWHs ausgemalt (V.9–13). Dadurch gewinnt das beschriebene Geschehen den Charakter des Endgerichts; der theologisch gewichtigste Text, der auf Jes 13 aufbaut, Joel 1–2, hat diese Aspekte aufgegriffen und ausgeweitet.

Gemeinhin gilt der Tag JHWHs in all diesen Texten für die Betroffenen als unentrinnbar. Die Frage einer möglichen Rettung wird einzig in Zef 2,3[7] in aller Behutsamkeit berührt, insofern hier einzelne Judäer zum Streben nach „Gerechtigkeit“ und nach „Demut“ aufgefordert werden, um dem tödlichen Tag JHWHs zu entgehen. Aber selbst denen, die dem prophetischen Aufruf

---

[5] Seine späteren Tradenten sind ihm in der Tendenz zur Ausweitung gefolgt und haben die gesamte Menschheit samt allen Lebewesen in die Katastrophe einbezogen (Zef 1,2f.17f.).

[6] Im heutigen Israel ist der erste Begriff zur üblichen Bezeichnung für die Vernichtung der Juden während des Dritten Reichs geworden.

[7] Genauer: in V.3b. V.3a ermutigt in nachexilischer Zeit die Frommen zum Festhalten an ihrer Treue zu Gott; vgl. H. Irsigler, Zefanja (HThK. AT), 2002, 198f. 210f.

folgen, wird Bewahrung nur unter dem Vorbehalt des berühmten prophetischen „Vielleicht", das schon Amos verwendet hatte (Am 5,15), zugesagt. Das „Vielleicht" verdeutlicht, dass sowohl Amos als auch Zefanja in diesem Kontext der Freiheit Gottes Raum geben wollen, ohne doch über eine sichere Gottesbotschaft zu verfügen.

Erst in spätnachexilischer Zeit, *im Buch Joel, wird die Frage, ob Rettung am Tag JHWHs möglich ist, zum zentralen Inhalt,* denn hier wird die überlieferte Botschaft vom schrecklichen Tag JHWHs primär wieder auf das Gottesvolk bezogen. Das prophetisch tradierte Wissen vom kommenden Tag JHWHs erscheint Joel und seinen Tradenten als so bedeutsam, dass dieser Tag zum einzigen Thema des Prophetenbuches wird. Jetzt werden die Züge des „nahen", also unmittelbar bevorstehenden Tages JHWHs in Anknüpfung an die vorausgegangenen prophetischen Worte – besonders an Jes 13 – derart gesteigert, dass er als schlechterdings unüberbietbar erscheint: als Tag des Endgerichts, und zwar in kosmischer Dimension. Joel schaut ein riesiges, übernatürliches Heer mit apokalyptischen Zügen, dem nichts bisher Erfahrenes vergleichbar ist und das daher alle vorstellbaren Schrecken transzendiert[8]. Der Prophet vermag es nur in einer Fülle von Vergleichen zu beschreiben: Es ist unwiderstehlich, rücksichtslos und grausam; es kennt keinen Versager in seinen Reihen, hinterlässt nur verbrannte Erde, ersteigt alle Mauern, dringt wie Insekten in alle Häuser ein, und das alles unter Erschütterung der Erde und Verdunkelung der Gestirne. Erst ganz am Ende der erschreckenden Charakterisierung wird das Geheimnis des Heeres gelüftet: Gott selbst ist sein Befehlshaber (Joel 2,1–11).

Angesichts eines solchen Heeres unter Gottes eigenem Befehl kann es eigentlich keine Rettung geben. Joel möchte dennoch beides: die tödliche Gefahr des Tages JHWHs so drastisch wie möglich vor Augen malen und trotzdem einen Rettungsweg für Israel aufweisen. Dabei ist er – und dies ist völlig neu – der Überzeugung, dass *dem Tag JHWHs extreme Alltagsnöte als Zeichen Gottes vorausgehen,* die sich jederzeit zum unentrinnbaren Gerichtstag steigern können. Für die Betroffenen gilt es, diese Potenzialität zur Steigerung rechtzeitig zu entdecken. In Joel 1 beschreibt der Prophet in rückblickender Klage einen furchtbaren Heuschreckenschwarm, wie er Palästina bis zum Beginn des 20. Jh.s immer wieder heimgesucht hat, der alle erhoffte Ernte vernichtet hat und mit einer Dürre Hand in Hand ging, die für Menschen und Tiere in gleicher Weise lebensbedrohend war. Er schildert Heuschrecken und Dürre unter Rückgriff auf überlieferte Prophetenworte so, dass ihr Charakter ständig schillert und über eine natürliche Not hinaus-

[8] Vgl. zur zweimal betont herausgestellten Unvergleichlichkeit bes. A.K. Müller, Gottes Zukunft. Die Möglichkeit der Rettung am Tag JHWHs nach dem Joelbuch (WMANT 119), 2008, 48ff. 87. In die Schilderung des Feindheeres mischen sich Elemente sowohl der Heuschrecken aus Kap. 1 als auch traditioneller Theophanieschilderungen; vgl. Müller, ebd. 62ff., sowie R. Scoralick, Gottes Güte (o. S. 291, Anm. 8), 166–168.

weist[9]. Die Heuschrecken nehmen Züge eines Heeres an, die Dürre verhindert die Feier von Gottesdiensten: Züge, die für den Propheten transparent sind für die unmittelbare Nähe des Tages JHWHs, der in 1,15, zunächst überraschend, ein erstes Mal genannt wird.

In dieser Situation hat der Prophet es gewagt, unter Berufung auf Gottes überlieferte Einladung zur Umkehr, seine Generation „auch jetzt noch“ (2,12) zu einer entschlossenen neuen Hinwendung zu Gott in letzter Ernsthaftigkeit („zerreißt eure Herzen, nicht eure Kleider!“) aufzurufen (2,12–14) und die Menschen zu einem Fastengottesdienst einzuladen, an dem freilich alle, vom Säugling bis zum Greis, teilnehmen müssen, um Gott um sein Mitleid in letzter Stunde anzuflehen. Es ist kein Bußgottesdienst im strengen Sinn, denn von einer Schuld des Gottesvolks ist nirgends explizit die Rede, und – anders als bei Zefanja und in Jes 13 – ist der Tag JHWHs trotz all seiner Schrecken kein Tag des göttlichen Zorns. Wäre er es, wäre alles Mühen um Rettung von vornherein vergeblich. So aber bezeugt Joel 2,18–27, wie der Prophet mit seinem Aufruf zur entschiedenen neuen Hinwendung zu Gott und zur Feier eines konsequenten Fastentags zu seiner Zeit verhindert hat, dass die lebensbedrohende Not der Dürre zum Tag JHWHs anwuchs. Gott hat das Gebet der Gemeinde erhört und die Not beendet. Das Buch Joel in seiner Erstgestalt (Kap. 1–2) ist geschrieben, damit kommende Generationen in Israel sich in akuten Notsituationen entsprechend verhalten (1,2–4). Mit der Wende der Not in Joels Zeit ist die Gefahr des Tages JHWHs ja keineswegs gebannt worden; vielmehr kommt er für Joel mit Gewissheit.

Es ist *ein abgründiges Gottesbild,* das der Prophet vor seinen Lesern ausbreitet. Für Joel steht das Kommen des Tages JHWHs aufgrund der prophetischen Überlieferung fest, und zwar in naher Zukunft und unabhängig von einem bestimmten Maß an Schuld im Gottesvolk. Es ist ein Tag äußerster Grausamkeit, an dem es für die einzelnen Menschen keinerlei Möglichkeit des Entrinnens gibt. Zugleich aber ist dieser selbe Gott, der den furchtbaren Gerichtstag bringen wird, durch seinen Propheten darauf aus, seine Gemeinde vor dem Erleben dieses Tages zu bewahren, indem er sie in einem dringlichen Alarmruf aufrütteln lässt (Joel 2,1) und ihnen einen Weg weist, dass sich die kollektive Not ihrer Zeit nicht zum Tag JHWHs auswächst. Der tödliche Tag JHWHs muss kommen, und doch will derselbe Gott, der ihn bringt und bringen muss, die Seinen vor ihm bewahren[10].

Begründet wird dieser scheinbar „unlogische“ Doppelcharakter des göttlichen Willens in Joel 2,13f. mit dem gewichtigen Bekenntnis zu Gottes we-

---

[9] Vgl. zu den schillernden Elementen der Notschilderung R. Scorallick, „Auch jetzt noch …“ (Joel 2,12a), in: E. Zenger (Hg.), „Wort Gottes, das geschah …“ (HBS 35), 2002, 47–69; J. Jeremias, „Der Weinstock verdorrt …“, in: FS R. Kessler, Gütersloh 2009, 346–361.

[10] Vgl. die o. S. 212 beschriebene Funktion Ezechiels als Wächter: Er muss – hier allerdings jeden einzelnen – vor lebensbedrohender Gefahr warnen, die von demselben Gott droht, der ihn zum Wächter beauftragt hat.

senhafter Barmherzigkeit („gnädig und barmherzig ist er"), das alle Rede von Gott in der Spätzeit des Alten Testaments bestimmt und mit dem wir unsere Betrachtung der Gottesaussagen in Teil III begonnen haben. Dieses Bekenntnis hat das Ziel, die Notwendigkeit des göttlichen Richtens und Strafens mit Gottes Güte auszugleichen, indem es letztere als die überragende Eigenschaft Gottes preist. Joel aber steigert die Tradition, indem er nicht nur die in Ex 34,6 breit ausgeführte Ahndung von Schuld übergeht, sondern dem überlieferten Bekenntnis noch einen Satz hinzufügt, ohne den es für sein Verständnis unvollständig bliebe (2,13):

> Gnädig und barmherzig ist er,
> langsam zum Zorn, aber reich an Güte,
> und er lässt sich das (geplante) Unheil gereuen.

Für Joel ist Gottes Wesen noch nicht hinreichend beschrieben, wenn nur seine Güte gepriesen wird, wie sie seinen – zeitlich stets begrenzten – Zorn weit überragt und ihn zugleich beherrscht, so dass er nicht schnell zum Ausbruch gelangt. Vielmehr ist der Gott Israels erst dann richtig charakterisiert, wenn sein entschiedener Wille genannt wird, sein Volk selbst dann noch zu bewahren, wenn er es eigentlich vernichten müsste[11]. Freilich kann Israel über diesen Gotteswillen, der für das Alte Testament *Gottes tiefstes Geheimnis* enthält, nicht einfach verfügen. Er steht – hier knüpft Joel an die schon genannten Aussagen des Amos und Zefanja an – unter dem Vorzeichen des prophetischen „Vielleicht" (2,14). Aber dieses „Vielleicht" soll keineswegs die Leser verunsichern, sondern es will der Freiheit Gottes in seiner Barmherzigkeit Raum geben. Joel selbst und seine Generation haben die Realität der „Reue" Gottes erfahren, die Gottes Volk vor seinem tödlichen Gericht bewahrte und die Vernichtung der Menschen nicht Wirklichkeit werden ließ. Und weil sie die „Reue" Gottes erfahren haben, wollen sie künftigen Generationen eine Anleitung geben, sich in analogen Notsituationen mit aller Kraft Gott neu zuzuwenden.

In Anlehnung an Joel hat eine jüngere prophetische Stimme in *Joel 3* neben dem kollektiven Weg zur Rettung am Tag JHWHs auch *einen individuellen Weg* gewiesen. Sie geht von der pfingstlichen Erwartung aus, dass Gott alle Glieder des Gottesvolks mit einer üppigen „Ausschüttung" des göttlichen Geistes beschenken werde, so dass sie eines Joel nicht mehr bedürfen, sondern alle, Frauen wie Männer, Kinder wie Greise, mit prophetischer Vollmacht begabt sein werden, um die von Gott gegebenen Vorzeichen des nahenden „Tages JHWHs" zu erkennen. Unter dieser Voraussetzung wird dann der Zion der von Gott gewiesene Ort der Rettung sein für die, die sich zur gebo-

---

[11] Es ist ganz überwiegend dieser Wille, Israel vor der Vernichtung zu bewahren, den die Propheten meinen, wenn sie von Gottes „Reue über ein (geplantes) Unheil" sprechen, nicht ein beliebiger Willenswandel Gottes vom Unheil zum Guten; vgl. J. Jeremias, Die Reue Gottes (BThSt 31) ^{3}2002, 154 ff.

tenen Zeit zum Namen JHWHs bekennen. Hinzu kommen nach Joel 3,5 „Entronnene“ aus den Völkern[12], zu denen sich Gott bekennt.

2. Der Mensch nach Gottes Willen

Die überlieferten Bücher der vorexilischen Propheten sind voller Worte, in denen Gott bzw. der jeweilige Prophet die Unwilligkeit der Zeitgenossen beklagen, auf die Stimme Gottes zu hören, die der Prophet zu übermitteln hatte. Einige Propheten haben diese permanent ablehnenden Reaktionen der Hörer nicht mehr als bedauerliche Zufallserfahrungen zu werten vermocht. Vielmehr haben die Abweisungen Jesaja dazu geführt, in der fehlenden Bereitschaft der Menschen, Gottes Wort ernst zu nehmen, ein verborgenes Gerichtshandeln Gottes zu erkennen (Jes 6,9f.), während die Propheten Jeremia und Ezechiel aus analogen Erfahrungen ihr denkbar negatives Menschenbild abgeleitet haben. Insbesondere aus mehreren Worten Jeremias geht deutlich hervor, dass der Prophet nicht nur eine willentliche Entscheidung der Hörer zum Ungehorsam gegenüber dem Gotteswort beklagt, sondern eine gewachsene Unfähigkeit der Menschen zum Hören auf Gottes Stimme. Besonders deutlich tritt diese Tendenz in Jer 13,23 hervor:

> Kann auch ein Kuschit seine Hautfarbe ändern
> oder ein Leopard seine Flecken?
> Dann könntet auch ihr Gutes tun,
> die ihr gewohnt seid, böse zu handeln.

So wenig ein Äthiopier seine dunkle Hautfarbe in eine helle wandeln kann, so wenig kann eine Generation wie diejenige zur Zeit des Propheten Jeremia, die ganz selbstverständlich tagtäglich gottwidrige und Gemeinschaft zerstörende Taten begeht, urplötzlich für ihre Untaten sensibel werden und sie unterlassen. Wohlgemerkt: Der Prophet meint keine mit der Schöpfung gegebene wesensmäßige Unfähigkeit der Menschen, wohl aber eine durch gewohnheitsmäßige Wiederholung (vgl. 2,33) entstandene, die in ihrer Auswirkung dann allerdings doch wesensmäßige Züge gewinnt. Als von Gott bestellter Prüfer hat Jeremia keinen einzigen Menschen in Jerusalem finden können, der Recht übte (5,1) oder aber für Gottes Wort durch den Propheten ansprechbar gewesen wäre (6,10). Jeremia trägt in solchen Sätzen keine philosophische Definition des Menschen vor, sondern er folgert aus seinen Alltagserfahrungen grundsätzliche Aussagen über den Menschen und kommt auf diese Weise zu der Erkenntnis, dass der Mensch aus sich selber zu grundlegenden Wandlungen unfähig ist. Nach Jer 17,1 „ist die Sünde Judas mit eisernem Griffel ... auf

[12] Vgl. zur Diskussion anderer Deutungsmöglichkeiten J. Jeremias, „Denn auf dem Berg Zion und in Jerusalem wird Rettung sein“ (Joel 3,5). Zur Heilserwartung des Joelbuches, in: F. Hahn u.a. (Hg.), Zion – Ort der Begegnung, Fs L. Klein (BBB 90), 1993, 35–45.

die Tafel ihres Herzens eingraviert" und auf diese Weise nicht mehr auszulöschen, nach Jer 2,22 ist Judas Schuld auch mit Lauge und Seife nicht abwaschbar.

An diese anthropologische Einsicht des Propheten knüpft die Verkündigung der späten Tradenten der Worte Jeremias an[13]. Jeremias illusionsloses Menschenbild wurde für sie noch verstärkt durch die Erfahrung, dass weder die lockende prophetische Einladung zur Rückkehr zu einem Gott, der nach dem Gericht wieder Güte zeigen will (3,12f.), noch die späteren drängenden Bußrufe der dtr Prediger im Jeremiabuch (26,2f.; 36,2f. u.ö.), die die Umkehr nach dem Fall Jerusalems als letzte Chance des Gottesvolks hingestellt hatten, im Volk Erhebliches bewirken konnten. So steht als Anhang des sog. „Trostbüchleins" Jer 30–31, in dem sich die wichtigsten Heilsworte des Propheten und seiner Tradenten gesammelt finden[14], *das berühmte Wort von Gottes „neuem Bund" mit Israel (Jer 31,31–34),* das man auch das Wort von der Verwandlung des Gottesvolks nennen könnte.

Diese Verheißung Gottes, die in ihrer Position als Nachwort das Trostbüchlein insgesamt deuten möchte, ist als *Überbietung aller vorherigen Heilsworte* gemeint. Das zeigt sich vor allem daran, dass die Themen der Sammlung Israels, seiner Rückkehr aus dem Exil, seiner Mehrung und seiner neuen Entgegennahme des Geschenks des Landes, die die vorausgehenden Worte in Jer 30–31 bestimmen, völlig fehlen und die göttliche Verheißung sich stattdessen ganz auf die Beschreibung eines künftigen intakten Gottesverhältnisses Israels beschränkt. Sie tut dies freilich in höchst ungewöhnlicher Weise, indem sie – mit Hilfe des Konzeptes des „Bundes" – einen tiefen Graben aufreißt zwischen dem bisher erfahrenen und dem von Gott geplanten neuen Gottesverhältnis Israels. Für die Zukunft erwartet sie schlechterdings nichts von einem Wandel Israels, aber alles von Gottes Tat. Den bisherigen Bund, den Gott mit den Vätern beim Exodus geschlossen hatte und der in der Gottesrede betont „mein Bund" heißt, also ganz als Gabe Gottes an Israel verstanden sein will, hat Israel gebrochen, so dass sich Gott als strafender Herr über sein Volk zeigen musste (V.32). Der für die Zukunft von Gott gestiftete neue Bund wird dadurch vom alten grundlegend unterschieden sein, dass Gott seinen Willen „in das Innere (der Menschen seines Volks) legt", so dass keiner mehr den anderen belehren muss, wie dieser Wille aussieht (V.33f.).

In jüngerer Zeit hat es, angestoßen durch das christlich-jüdische Gespräch, eine lebhafte Diskussion darüber gegeben, ob der von Gott verheißene Bund als ein erneuerter (etwa N. Lohfink, E. Zenger) oder aber als ein völlig neuer Bund (etwa E. Gräßer, A.H.J. Gunneweg) zu verstehen sei, ob also in Jer 31,31–34 vornehmlich Kontinuität

---

[13] Vgl. W.H. Schmidt, Der „neue Bund" als Antwort auf Jeremias kritische Ansichten, in: Für immer verbündet. Fs F.-L. Hossfeld (SBS 211), 2007, 187–193, 145.

[14] Ein früheres „Trostbüchlein" ist doppelt gerahmt; es besitzt mit 30,4 und 31,26 einen (älteren) inneren sowie mit 30,1–3 und 31,27–30 einen (jüngeren) dtr geprägten äußeren Rahmen; vgl. W.H. Schmidt, Das Buch Jeremia, Kap. 21–52 (ATD 21), 2013, 105.

oder betonte Diskontinuität zwischen beiden Bundesschlüssen bestehe. Für die erstgenannte Ansicht wurde vor allem darauf verwiesen, dass der Inhalt des Bundes – repräsentiert durch die sog. Bundesformel (V.33; vgl. o. S. 204) – im neuen Bund kein anderer sei als im alten. Jedoch hat W. Groß im Gespräch mit den genannten Autoren schlüssig zu zeigen vermocht, dass die Vorstellung eines gebrochenen Bundes zwar in nachexilischer Zeit mit der Idee eines Weiterlebens des Bundes von Gottes Seite vereinbar ist (so in Jer 11 und in Lev 26; vgl. o. S. 317f.), dass aber Jer 31,31–34 im Unterschied zu diesen Texten und radikaler als sie eine totale Diskontinuität zwischen altem und neuem Bund im Blick hat[15]. Groß hat zugleich aufgewiesen, dass die oft beobachteten Züge dtr Sprache[16] in Jer 31,31–34 trügerisch sind. Sie belegen zwar offensichtlich intensive Diskussionen um den Charakter des Bundes in dtr Kreisen; die Intention von Jer 31,31–34 aber ist ganz und gar un-dtr[17], wie sogleich zu zeigen ist.

Dem Text liegt in der Tat Entscheidendes daran, die Diskontinuität zwischen altem und neuem Bund zu betonen („*nicht* wie der Bund, den ich mit ihren Vätern schloss …“ V.32), weil der bisherige Bund, obwohl er auf Gottes Heilstat der Befreiung Israels aus Ägypten basierte, durch den Ungehorsam der Vätergenerationen gebrochen und – so ist im Sinne von Jer 31,31–34 zu ergänzen – damit außer Kraft gesetzt wurde, denn die nachfolgenden Generationen waren in nichts besser als diejenigen der Väter. Das Neue des „neuen Bundes“ liegt nicht in seinem Inhalt; Gottes Zusage in der sog Bundesformel: „Ich will ihnen Gott sein, sie ihrerseits sollen mir Volk sein“ (V.33) ist für das Alte Testament ein inhaltlich nicht zu überbietendes Ziel allen Gotteshandelns, und Israels „Erkenntnis Gottes“ ist wie schon bei Hosea auch in vielen Worten des Propheten Jeremia die höchste Vollendung des Gottesverhältnisses. Das umstürzend Neue ist vielmehr Gottes Weg zu diesem Ziel: Er schafft sich einen neuen Bundespartner. Anders kann nicht gesichert werden, dass Gottes Bund nicht erneut am Ungehorsam Israels scheitern wird. Jer 31,31–34 nimmt auf diese Weise das negative Menschenbild des Propheten auf und zeichnet eine Zukunft des Gottesvolks aus beiden Teilreichen („Haus Israel“ und „Haus Juda“, V.31), in der nichts von einer Wandlung der Menschen erwartet wird, sondern die einzig durch Gottes Tat heilvoll bestimmt sein wird. Die Menschen sind zur fortgeschrittenen Zeit der prophetischen Verheißung genauso in ihrer Schuld verhaftet wie zur Zeit des Propheten Jeremia und in allen Stadien der Geschichte des Gottesvolks. Der Text zeichnet *das Bild eines neuen Gottesvolks,* wie es Ergebnis einer Neuschöpfung Gottes sein wird. Die Fähigkeit der Menschen, auf Gottes Willen zu hören (zur Zeit Jeremias: auf die Stimme des prophetischen Boten; in Jer 31: auf die schriftlich niedergelegte Tora), die Jeremia seinen Zeitgenossen vehement abgesprochen hatte, wird in

---

[15] W. Groß, Neuer Bund oder erneuerter Bund. Jer 31,31–34 in der jüngsten Diskussion, in: B.J. Hilberath – D. Sattler (Hg.), Vorgeschmack, FS T. Schneider, Mainz 1995, 89–114; ders., Zukunft, 134ff. 153ff.

[16] Vgl. bes. W. Thiel, Die dtr Redaktion von Jer 26–45 (WMANT 52), 1981, 24–28.

[17] Noch schärfer als W. Groß hat K. Schmid, Buchgestalten des Jeremiabuches (WMANT 72), 1996, 67–69 die Differenzen herausgestellt.

Jer 31,33f. dadurch erwirkt, dass Gott Menschen schafft, in deren „Herzen", d.h. im Zentrum ihrer Willensbildung, der Gehorsam gegenüber Gottes Willen schon eingestiftet ist[18]. Göttlicher und menschlicher Wille stimmen überein, ja sind identisch geworden[19].

Daraus folgt, dass *künftig* alle religiöse Erziehung und *aller religiöser Unterricht* durch Kundige (Priester und Leviten) *entfallen kann.* Das ist die wohl überraschendste und kühnste Konsequenz der Verheißung eines neu gestalteten Gottesvolks. Mit dem zentralen Anliegen der dtn und dtr Theologie ist sie schlechterdings unvereinbar: der geordneten Weitergabe der (Rechts-)Tradition und ihrer intensiven Aktualisierung für die jeweilige Gegenwart durch Lehre[20]. Ein besonders sprechendes Beispiel dieses Bestrebens bietet Dtn 30, 11–14, wo den Hörern bzw. Lesern in predigtartig lockendem Stil vor Augen gemalt wird, dass Gottes von Mose verkündetes Gebot „nicht schwer und nicht fern" von den Hörern bzw. Lesern ist, vielmehr „ganz nah … in deinem Mund und in deinem Herzen ist, dass du es tust". Jer 31,31–34 impliziert dagegen, dass alle Weisen, im Gottesvolk „Erkenntnis Gottes" und seines Willens für den Alltag durch Lehre und Schulbildung zu erreichen, gescheitert sind. Der Mensch dagegen, dem Gott „seine Tora in sein Inneres legt und auf sein Herz schreibt" (V.33a), ist ein noch nie dagewesener, noch nie erlebter Mensch, der allein dadurch wahrer Partner Gottes sein kann, dass die Bitte aus Ps 51,12: „Schaffe in mir, Gott, ein reines Herz!" nicht nur einmal, sondern dauerhaft für alle Zukunft erfüllt sein wird[21]. Kurzum: Gott kommt mit seinen Menschen erst dann zu seinem Ziel, wenn er in einem Akt der Umwandlung der Menschen selbst für ihre Fähigkeit sorgen wird, auf sein Wort zu hören und seinen Willen zu tun.

Es gibt nach Jer 31,31–34 nur eine Voraussetzung für diese Neuschöpfung Gottes, die erfüllt sein muss, damit sein neuer Bund mit Israel ein beständiger Bund sein wird, aber diese Voraussetzung ist wiederum allein mit Gottes Handeln verbunden, und sie ist schon bei Niederschrift der Verheißung von Jer 31,31–34 sein erklärter Wille: *Gottes Vergebung.* Ohne sie könnte das Israel, das Gott verwandeln will, kein wirklicher Partner Gottes werden, sondern es würde weiterhin in der Kontinuität der Generationen schuldbeladen bleiben. Darin berührt sich Jer 31,31–34 eng mit Ex 34,9f., wo der von

---

[18] Eine Vorstufe dieser Erwartung bietet der (auch schon nach-jeremianische) Vers Jer 24,7: „Und ich werde ihnen ein Herz geben, mich zu erkennen, dass ich JHWH bin."

[19] So C. Maier, Jeremia als Lehrer der Tora (FRLANT 196), 2002, 348. – Wenn Ps 130,7 Gott nicht nur um Vergebung bittet, sondern um die „Erlösung" Israels von aller seiner Schuld, hat er Vergleichbares im Blick.

[20] Vgl. nur die Konkordanz s.v. למד pi. und dazu G. Braulik, Das Dtn und die Gedächtniskultur Israels. Redaktionsgeschichtliche Beobachtungen zur Verwendung von *lmd*, in: ders., Studien zum Deuteronomium (SBAB 24), 1997, 119–146.

[21] Darin unterscheidet sich Jer 31,31–34 grundlegend von Parallelen, die schon für die erfahrbare Gegenwart aussagen, dass Menschen Gottes Tora „in ihrem Herzen tragen" können (Ps 37,31; 40,9; Jes 51,7).

Gott zugunsten Israels geschlossene Bund Antwort auf Moses Bitte um Vergebung ist. Auch in Ex 34,9 wird dabei mit der Bezeichnung „halsstarriges Volk" auf Israels Unfähigkeit geblickt, sich nach der Katastrophe grundlegend zu wandeln.

Das Verheißungswort Jer 31,31–34 ragt in seiner radikalen Theozentrik aus dem Kontext der Heilsworte im Jeremiabuch heraus, aber es ist kein einsames prophetisches Hoffnungswort geblieben. Vielmehr haben *die Tradenten Ezechiels* an es angeknüpft und es noch überboten. Sie teilen mit Ezechiel, dessen Botschaft sie fortführen, das negative Menschenbild des Propheten Jeremia und gründen ihre Hoffnung so wenig wie dieser auf die Fähigkeit des Gottesvolks zur Einsicht in sein Versagen und auf seinen Willen zur Wandlung. Vielmehr erwarten sie wie Jer 31,31–34 alles Heil von Gottes Handeln und von seiner Umgestaltung des Menschen. Um letztere zu beschreiben, verwenden sie ein noch kühneres Bild als Jer 31. Hatte Jer 31,33 von einer Einpflanzung des Gotteswillens in das Innere der Glieder des Gottesvolkes gesprochen bzw. von einer Einschreibung dieses Willens auf ihr Herz, so erwarten die Tradenten Ezechiels in Verschärfung dieser Vorstellung eine Beseitigung des vorhandenen Herzens der Menschen, um durch die Gabe eines neuen Herzens durch Gott diesen Menschen grundlegend zu wandeln (Ez 11,19; 36,26f.)[22]. Gott wird den Menschen ihr unbewegliches „steinernes Herz" nehmen und ihnen stattdessen *ein „fleischernes Herz"* einsetzen, d.h. er wird in einem Akt der Neuschöpfung die Menschen zu ansprechbaren Geschöpfen umgestalten, so dass ihr Hören und Gehorchen allererst ermöglicht wird.

Nicht genug damit: Gott wird zugleich diese neue Ansprechbarkeit seiner Menschen selber leiten und gestalten, indem er ihnen – zusätzlich – *seinen Geist in ihr Inneres* legt, so dass sie nie wieder in die Irre gehen können. Nur durch diese doppelte Umgestaltung der Menschen wird es möglich sein, dass sie als erneuerter Partner zum Gegenüber Gottes werden und Gottes Heil an ihnen Wirklichkeit werden kann. Das realistische Bild des vorfindlichen Menschen dient hier dazu, die Erwartung einer alles verändernden Tat Gottes, in der das zukünftige Heil der Menschen gründet, ins Unermessliche wachsen zu lassen; nur in der Dimension der Neuschöpfung des Menschen kann sie recht ausgesagt werden. Gott muss sich den ihm wohlgefälligen Partner erst selber schaffen und darüber hinaus für seine Zuverlässigkeit sorgen. Erst von hier aus ist die Kühnheit des Paulus zu bewerten, der in einer gewagten Anknüpfung an Jer 31 und Ez 36 diese Erwartung als erfüllt erklärt, wenn ein Mensch „in Christus" ist (2 Kor 5,17)[23].

---

[22] T. Krüger, Das menschliche Herz und die Weisung Gottes. Studien zur atl. Anthropologie und Ethik (AThANT 96), 2009, 107–136; 128 spricht im Fall von Jer 31 von einer „Implantations-Perspektive" und im Fall von Ez 11 und 36 von einer „Transplantations-Perspektive", um die Differenz zu verdeutlichen.

[23] Unmittelbarer noch knüpft das Kelchwort der Abendmahlsworte Jesu nach 1 Kor 11,25 (vgl. Luk 22,20) an Jer 31,31–34 an: „Dieser Kelch ist der neue Bund in meinem Blute".

3. Das Königtum Gottes

Das wohl bedeutendste Thema der alttestamentlichen Eschatologie, das Königtum Gottes, war ursprünglich im Gottesdienst Israels, in den Psalmen, zu Hause und ist erst in exilischer und nachexilischer Zeit breiter von der Prophetie rezipiert worden. In den frühen Hymnen Israels war es freilich kein Thema der Hoffnung, sondern des Lobes der gegenwärtigen Weltlenkung und Welterhaltung Gottes (vgl. o.S. 30ff.). Die Prädikation Gottes als König ist damit im Alten Testament diejenige Aussage über Gott, die sich am kontinuierlichsten von den ältesten bis zu den jüngsten Texten verfolgen lässt. Sie hat zudem eine lange außerbiblische Vorgeschichte, wie mesopotamische und ugaritische Texte belegen[24]. Zum Gegenstand eschatologischer Hoffnung ist das Königtum Gottes erst geworden, als die späteren Psalmen und prophetischen Stimmen die Botschaft Deuterojesajas aufnahmen und aktualisierten[25]. In seinen berühmten Psalmenstudien hat S. Mowinckel diesen Einschnitt als den Beginn der alttestamentlichen Eschatologie beschrieben[26].

Im Konzept des Königtums Gottes, wie es die älteren Hymnen zum Ausdruck bringen, liegt eine eigentümliche Spannung. Primär ist *die universale Perspektive* konstitutiv für das Königtum Gottes. Das hängt mit der Tatsache zusammen, dass die Vorstellung vom Königtum einer Gottheit altorientalisches bzw. kanaanäisches Erbe ist, wo der jeweils oberste Gott als König der Götter und damit als König der Welt gepriesen wurde und der Mythos von seinem Kampf und Sieg gegen die göttlichen Mächte des Chaos seine Stellung über die Götter legitimierte (in Ugarit gilt dies von Baal; El war als Schöpfer der Götter ihr König). Diese universale Perspektive bestimmt entsprechend die älteren Hymnen Israels, nur dass in ihnen die urgeschichtlichen Wasser, die die Welt bedrohen – in Ugarit vom Meeresgott Jammu verkörpert –, ihre göttliche Qualität verloren haben und zum Symbol für alle Gefahren auf der Erde geworden sind, ob in Gestalt von Naturkatastrophen, von feindlichen Völkern von außen oder von Frevlern im Innern. Gott hält die Welt in seinen Händen: das ist die zentrale Aussage der Prädikation Gottes als König in den alten Hymnen Israels; Gottes Königtum gilt als „von uran" (Ps 93,2) und „für alle Zeiten" (Ps 93,5).

Einen anderen Akzent setzen in fortgeschrittener Zeit die *Hymnen, die Gottes Königtum geschichtlich begründen* und Gott nicht nur als König der Welt, sondern vornehmlich als König Israels preisen. Die universale Perspektive bleibt in ihnen erhalten, wird aber nun in geschichtlichen Kategorien ausgesagt: Gott ist Herr auch über die Völker, die primär in ihrem bedrohlichen und feindlichen Charakter im Blick sind. Gottes Siege über die Völker und

---

[24] Vgl. J. Jeremias, Königtum Gottes, NBL II (1995), 520–522 mit Lit.

[25] Vgl. W.H. Schmidt, Königtum Gottes in Ugarit und Israel (BZAW 80), ^{2}1966, 91ff.

[26] Vgl. bes. S. Mowinckel, Psalmenstudien II. Das Thronbesteigungsfest Jahwäs und der Ursprung der Eschatologie, Oslo 1922 (Nachdruck Amsterdam 1961).

seine Gabe des Landes an Israel werden dabei mythisch überhöht und erhalten urzeitliche, aller partikularen Geschichte vorausliegende Qualität[27]. Sie werden zusammen mit der Wahl des Zion als Gottes Wohnort im Festgeschehen Jerusalems gefeiert und (wahrscheinlich) mit einem Ladeumzug und dem Einzug der Lade in den Tempel (Ps 47,6; 24,7–10) kultdramatisch begangen[28]. Wie auch in den Zionspsalmen wird der Zion als Mittelpunkt der Welt besungen.

Mit der Zerstörung Jerusalems und der Verwüstung des Tempels und seines Geländes durch die Babylonier musste dieses Konzept in eine akute Krise geraten. Wie tiefgreifend sie gewesen ist, geht nicht nur aus den Klageliedern der Threni hervor, die die Trümmer des Tempels beweinen und Gott aufgrund seines glühenden Zornes als Feind seines eigenen Volkes und seiner eigenen Wohnung anklagen (Thr 2,4f.21f. u. ö.), sondern vor allem danach aus der Frohbotschaft Deuterojesajas. Im Zentrum seiner Heilsankündigung steht *das neu anbrechende Königtum Gottes*, aber es wird so angekündigt, dass die Wächter auf den Mauern Jerusalems schon die Rückkehr Gottes voll Jubel „Auge in Auge“ (Jes 52,8) wahrnehmen und die Nachricht sogleich weitergeben. Gottes neuer Einzug in seine – noch zerstörte – Stadt vollzieht sich dabei vor aller Weltöffentlichkeit. Die verwendeten Vorstellungen nehmen ihre Anleihen aus mesopotamischen Texten, in denen die Rückkehr einer Gottheit an ihren früheren Wohnort in Gestalt ihres geraubten Kultbildes gefeiert wurde[29]. Vorausgesetzt ist also die zuvor erlittene Abwendung Gottes von seinem Volk mit der Implikation, dass Gott seine Herrschaft über die Völker vom Zion aus zwischenzeitlich ruhen ließ bzw. seine Weltherrschaft in die Verborgenheit versetzte. Umgekehrt liegt auf der Hand, dass mit der Ankündigung der Rückkehr Gottes als König zu seinem Volk auch alle Elemente seiner Herrschaft über die Welt und die Völker wieder in Kraft gesetzt worden sind, von denen die Hymnen sprachen.

Seit der Wiederrichtung des Tempels 515 v. Chr. wird das Königtum Gottes in Israel nun in einem doppelten Sinn verstanden: sowohl in Kontinuität zu den älteren Hymnen als die gegenwärtig erfahrbare Herrschaft Gottes über die Welt als auch – und mit der Zeit immer stärker – als eine zukünftige Wirklichkeit, in der Gott seine Weltlenkung zum Heil der Menschen erst in ihrer vollen Auswirkung erweisen wird. Schon bei Deuterojesaja geht die Erwartung des bevorstehenden Königtums Gottes weit über den Gedanken einer Restitution der vorexilischen Verhältnisse hinaus. Am deutlichsten zeigt sich diese Überhöhung in der vielfachen Einbeziehung der Völker in das erwartete Heilsgeschehen. Von diesem Aspekt der alttestamentlichen Zukunftserwartung soll in einem der folgenden Kapitel gesondert die Rede sein. Die späteren

---

[27] Vgl. den Nachweis bei J. Jeremias, Das Königtum Gottes in den Psalmen (FRLANT 141), 1987, 50ff.

[28] Vgl. o. S. 35, Anm. 25.

[29] Vgl. C. Ehring, Die Rückkehr JHWHs (WMANT 116), 2007, bes. 96–162.

prophetischen Texte, die weit eher als „eschatologisch“ bezeichnet werden können, verbinden mit der Erwartung des uneingeschränkten Königtums Gottes vielfach nicht weniger als *die Vollendung der Welt und der Geschichte*, indem sie etwa von „einem neuen Himmel und einer neuen Erde“ (Jes 65,17; 66,22; vgl. 2 Petr 3,13) reden oder von einer Erde, die in ihrer gegenwärtigen Gestalt „verwelkt“ bzw. „wie ein Gewand zerfällt“ (Jes 24,4; 51,6).

In seinem radikalen Wandel ist das Königtum Gottes vor allem anderen mit der Erwartung verbunden, dass sich in ihm *die Gerechtigkeit Gottes universal durchsetzt*. In manchen Psalmen wird (im Gefolge Deuterojesajas) die gesamte belebte und unbelebte Schöpfung schon jetzt zusammen mit der ganzen Völkerwelt zum Jubel aufgefordert, weil Gottes Erscheinen als endzeitlicher König unmittelbar bevorsteht (Fut. instans, Ps 96,13; 98,9)[30]. Wenn Gott in diesen Psalmen „kommt, um die Erde zu richten“, erscheint er nicht, um sie zu verurteilen, was schwerlich Grund zum Jubel wäre, sondern um dem Recht zum Durchbruch zu verhelfen, also alle Ungerechtigkeit unter den Völkern zu beenden und insbesondere den Schwachen und Unterdrückten wieder zu ihrem Recht zu verhelfen, kurz: um diejenige Ordnung in der Welt herzustellen, die nach Gottes Willen ist.

Gegenwärtig freilich herrschen in dieser Welt andere Mächte, so dass die Erde von einer gerechten Weltordnung weit entfernt ist. Die Durchsetzung der endgültigen Herrschaft Gottes ist deshalb gemeinhin mit der *Entmachtung feindlicher Mächte* verbunden. So sollen etwa nach Jes 24,21–23 beim endzeitlichen Anbruch des Königtums Gottes alle irdischen und himmlischen Kräfte entmachtet werden: Irdische Könige und himmlische Heere werden gefangen genommen, um verurteilt zu werden; Sonne und Mond werden ihre Macht verlieren und vor Scham erröten, weil sie mit ihrem schwachen Licht dem hellen Leuchten der Herrlichkeit Gottes im Wege stehen und so seine unumschränkte Herrschaft behindern.

Auf den ersten Blick überraschend ist in diesem Zusammenhang, dass die spätprophetischen und mehr noch die Psalmentexte *polytheistische Begrifflichkeit* der außerbiblischen Religionen breit aufgreifen, die das ältere Israel bewusst gemieden hatte, um seinen noch jungen Glauben an den einen Gott, den es verehrte, nicht zu gefährden. Jetzt ist dieser Glaube so gefestigt, dass die Götter der Völker keinerlei Versuchung für Israel mehr darzustellen scheinen. Freilich wird im Kontext des Königtums Gottes nicht über die Götter gespottet (wie etwa in Jes 44 oder Ps 115)[31], wohl aber werden die Götter für das Unrecht in der Welt verantwortlich gemacht. So ist in Ps 82 davon die Rede, dass Gott in einer Versammlung aller Götter als Richter auftritt und die Götter zum Tode, genauer: zur menschlichen Sterblichkeit verurteilt, weil sie so viel

---

[30] Oder ist בא sogar perfektisch („er ist gekommen“) zu verstehen? Dann wäre Gottes zukünftiges Königtum in seinem Anbrechen schon gegenwärtig erfahrbar.

[31] Ansätze zu solchem Spott finden sich in Ps 96,5 und 97,7, wo die Götter als „Nichtse“ bezeichnet werden.

Unrecht in der Völkerwelt zugelassen haben und dem Weltenrichter eben damit bewiesen haben, dass sie gar keine Götter sind. Nichts anderes ist gemeint, wenn andere junge Psalmen traditionell-polytheistische Sprache aus dem Vorstellungsbereich des Königtums Gottes aufgreifen und JHWH etwa als „König über alle Götter" (Ps 95,3) preisen, als „furchtbar über alle Götter" (Ps 96,4) oder als „hoch erhaben über alle Götter", so dass „alle Götter ihm huldigen müssen" (Ps 97,7.9). In Ps 96,13, von dem schon zuvor kurz die Rede war und in dem JHWH zum Gericht über die Erde kommt, werden die Völker schon jetzt von der frohen Botschaft des Endes der ungerechten Götterherrschaft informiert (Ps 96,2f.), und in Ps 97,8 jubeln entsprechend Zion und die judäischen Städte, als sie vom Gericht des Königs der Welt über die Götter Kunde erhalten. Von den Göttern ist also auch in Ps 96 und 97 wie in Ps 82 nur die Rede, weil sie als Mächte gelten, die für das Unrecht in der Völkerwelt verantwortlich sind und im Gericht des wahren Gottes dafür zur Rechenschaft gezogen werden sollen. Die Gemeinde, die von diesem bevorstehenden Gericht weiß, kann es schon gegenwärtig in vorgreifendem Jubel besingen; sie malt Gottes Kommen in den Farben der traditionellen Theophanieschilderungen als die Welt erschütternd aus (Ps 97,2–5).

Aber auch wenn das Königtum Gottes in den späten Psalmen primär mit der endzeitlichen Durchsetzung der Gerechtigkeit Gottes verbunden ist, so sind doch alle Psalmen zugleich der Auffassung, dass *Gottes Gerechtigkeit und Heil als Zeichen seiner Königsherrschaft ansatzweise schon gegenwärtig erfahrbar sind.* Deswegen erklingt der Proklamationsruf „JHWH herrscht als König!" (Ps 93,1; 97,1; 99,1) im festlichen Gottesdienst der Gegenwart. Ps 96 beruft sich auf Gottes „Wunder" (V.3), die den Völkern mitgeteilt werden müssen, und denkt dabei vermutlich besonders an das Ende der Unterdrückung durch die Babylonier. Ps 97,10f. nennt sogar individuelle Alltagserfahrungen der Bewahrung in Not und der Rettung aus Gefahr als Indiz für die Gegenwärtigkeit des universalen Königtums Gottes. Am weitesten geht *Ps 22,* Jesu Kreuzespsalm nach Markus und Matthäus. Die leidenschaftliche individuelle Klage dieses Psalms endet in einem Dankpsalm, der mit seiner Einladung zum Dankgottesdienst an die „Brüder", mit seiner Erzählung von der Rettung aus schwerstem Leid vor der Gemeinde, mit seinem Dank an Gott und mit seiner Einladung zum Dankopfermahl als typisch bezeichnet werden kann (V. 23–27). Die „Brüder", d.h. die Verwandten, Freunde und Bekannten, die als ad hoc versammelte Gemeinde am Gottesdienst teilnehmen, repräsentieren „alle Nachkommenschaft Jakobs, alle Nachkommen Israels" (V.24). Ganz und gar untypisch, ja analogielos sind dagegen die Schlussverse des Psalms (V.28–32). Sie drücken die Erwartung aus, dass die gesamte Völkerwelt sich dem wahren Gott zuwenden wird, wenn sie von der Rettungstat hören wird, die im Dankgottesdienst gefeiert wurde bzw. gefeiert werden wird. Es genügt also eine einzige wunderhafte Rettungstat Gottes an einem Menschen in extremem Leid, damit das universale Königtum Gottes aus seiner Verborgenheit heraustreten und sichtbare Wirklichkeit werden kann. Es werden sich alle

Völker zu dem einen wahren Gott „hinwenden" (שׁוב), und alle Menschen, Starke wie Schwache, Lebende sowie noch Ungeborene, werden in Gottes Heil einbezogen werden[32]. Gottes Rettung eines Einzelnen aus extremer Not ist ausreichender Hinweis auf das Wirken des Weltenkönigs, dem alle Völker, ja die gesamte Menschheit huldigend danken werden, wenn sie von dieser Tat hören werden. Kein Wunder, dass die frühe Christenheit diesen ungewöhnlichen Psalm vielfach zur Deutung der Passion Jesu herangezogen hat, wie alle vier Evangelien belegen!

Aber auch diejenigen unter den älteren Hymnen, die Gott als König Israels preisen und sein Königtum nicht in universal-mythischen, sondern in geschichtlichen Kategorien beschreiben, haben in Israels Spätzeit Hoffnungsperspektiven aus sich entlassen, die immer stärker „eschatologischen" Charakter erhielten. Deutlich ist diese Entwicklung an den prophetischen Hoffnungstexten zu verfolgen, in denen *Gottes Königtum mit seiner Funktion als Hirte Israels verbunden* worden ist. Während in einem wahrscheinlich exilischen Text wie Mi 2,12f. Gott an der Spitze der Verbannten die Mauern Babylons durchbricht, um danach als königlicher Hirte das weit verstreute Volk, genauer: dessen „Rest", zu sammeln und im Pferch vor allen Gefahren zu schützen, greift mit Mi 4,6f. ein jüngerer Text diese Verheißung vielfältig auf und interpretiert sie charakteristisch neu. Zwar ist auch hier Gottes Königtum dadurch bestimmt, dass er als Hirte die versprengte Herde, d.h. die Diaspora, sammelt, aber jetzt geht es entscheidend darum, dass „das Hinkende", also die schwachen und angeschlagenen Glieder des Volkes, zum „starken Volk" werden und zum „Rest" – jetzt ein Ehrentitel für die Erwählten –, und zwar auf dem Zion und „von jetzt ab für alle Zeiten". Nicht das Überleben des Gottesvolks in Einheit und Freiheit wie in Mi 2,12f. ist das Ziel dieses Wortes, sondern die bleibend herausgehobene Stellung des erwählten Gottesvolks unter den Völkern, wenn diese zum Zion, der irdischen Wohnstatt des Weltenkönigs wallfahren (Mi 4,1–3). Auf diese Weise ist in Mi 4,6f.die seltenere partikulare Perspektive des Königtums Gottes über Israel mit der geläufigeren universalen verbunden worden.

Das gilt auch für den dritten und jüngsten Text, der Gottes Königtum mit seiner Sammlung des zerstreuten Gottesvolks als Hirte verbindet und der nun schon seinerseits an den jüngeren Text des Michabuchs anknüpft, Zef 3,19. Wesentlich für diesen Vers ist, dass das von seinen Unterdrückern befreite Gottesvolk statt seiner bisherigen Schande künftig „Ruhm und Namen" von Gott erhalten wird, und zwar „auf der ganzen Erde".

Wo allerdings in den Psalmen einmal das Königtum Gottes in seiner selteneren partikularen Perspektive in den Blick kommt wie in *Ps 95*, ist noch ein ganz anderer Ton zu hören. Hier wird die Gemeinde, die dem König der Welt und Israels huldigt, beim Festgottesdienst streng vermahnt (vgl. Ps 50 und 81).

---

[32] Zu den textlich schwierigen Versen 30–32 vgl. die sorgfältige Analyse von O. Keel, Bib. 51 (1970), 405–413.

Eine predigende Stimme ruft die Gemeinde in großem Ernst dazu auf, „heute" auf Gottes Stimme zu hören und nicht wieder wie die Generation der Väter in der Wüste den Gehorsam zu verweigern. Da Ps 95 keine Konsequenzen für den Fall des Ungehorsams nennt, ist es nicht erstaunlich, dass zahlreiche nachbiblische Texte im Blick auf Texte wie Ps 95 die noch ausgebliebene Endzeit und das noch nicht erschienene offenbare Königtum Gottes über die Völker mit dem mangelnden Gehorsam der Menschen ihrer Generation in Verbindung bringen.

Insgesamt gilt: Bei keinem anderen Thema der Hoffnung Israels sind im Alten Testament gegenwärtige Welterfahrung und Beschreibung der zukünftigen Vollendung der Welt[33] und daneben partikulare Erwartung des Heils des Gottesvolks und die universale Erwartung des Heils der Völker so eng miteinander verbunden wie beim Thema des Königtums Gottes. Seine in der Spätzeit des Alten Testaments ständig wachsende Bedeutung lässt sich gut am Wachstum des Psalters ablesen. Stand im älteren Psalter der Bücher I–III der kommende irdische König im Zentrum, wie insbesondere die Rahmenpsalmen 2 und 89 belegen, so in den späteren Büchern IV und V das Königtum Gottes, konzentriert in den Psalmen 93–100, aber auch weit über sie hinaus: eine unübersehbare Akzentverschiebung[34].

4. Der Kommende

a. Der Messias

Wie beim Königtum Gottes gründet auch die Hoffnung auf das Kommen eines menschlichen Heilbringers auf den frühen Hymnen Jerusalems. Diese Hymnen müssen auf zwei Ebenen gelesen werden: Von Haus aus preisen sie den gegenwärtigen König als Repräsentanten Gottes, aber seit dem staatlichen Ende wurden sie zu Hoffnungstexten, die auf den kommenden König verweisen.[35] Im gesamten Alten Orient gilt der König als Mittler zwischen Gottheit und Volk, genauer: als Stellvertreter Gottes auf Erden. Das gilt unabhängig von gravierenden Differenzen im Einzelnen, etwa in der Frage, ob der König physisch von der Gottheit abstamme wie im Alten Reich Ägyptens oder ob er

---

[33] Vgl. im Vaterunser die Doxologie „denn dein ist das Reich ..." neben der Bitte: „Dein Reich komme!"

[34] Vgl. bes. M. Leuenberger, Konzeptionen des Königtums Gottes im Psalter. Untersuchungen zu Komposition und Redaktion der theokratischen Bücher IV–V im Psalter (AThANT 83), 2004 und zu den nachalttestamentlichen Texten O. Camponovo, Königsherrschaft und Reich Gottes in den frühjüdischen Schriften (OBO 58), 1984.

[35] Vgl. zu den Königspsalmen o. S. 35f. Bemerkenswert ist, dass auch der dem griechischen „Messias" zugrunde liegende hebräische Begriff משיח „der Gesalbte" im AT zunächst den gegenwärtigen König bezeichnet (und sei es ein Nicht-Israelit, Jes 45,1). Dieses Verständnis änderte sich, als die Texte als Verheißungen für die Zukunft gelesen wurden.

„Sohn" Gottes im Sinne eines adoptianischen Verständnisses sei wie in der Mehrzahl mesopotamischer Texte und in Ps 2,7 („heute habe ich dich gezeugt")[36]. Die *Königspsalmen des biblischen Psalters preisen deshalb letztlich Gott*, wenn sie die Macht oder auch die Schönheit (Ps 45,3) des Königs besingen, die nur die Macht und den Glanz Gottes widerspiegeln. Es ist folglich nur konsequent, wenn in Ps 2 zwar Gott selber die aufständischen Völker auf die von ihm verliehene Macht des Königs verweist, die Völker aber vom Psalmisten zuletzt nicht vor der Macht des Königs, sondern vor der Macht Gottes und seines potentiellen Zornes gewarnt werden (V.10–12).

Es sind also nicht die individuellen Qualitäten und Vorzüge einzelner Könige, die in den Königspsalmen gerühmt werden, sondern *die Qualitäten des königlichen Amtes,* wie es von Gott institutionalisiert worden ist. Gott hat den König als *seinen* König auf *seinem* heiligen Berg eigenhändig geweiht und ihn zu *seinem* Sohn adoptiert (Ps 2,6f.). Der Thron des Königs steht auf dem Zion in unmittelbarer Nachbarschaft zu Gottes eigenem Thron im Tempel, so dass Gott den König entsprechend unmittelbar zur Übernahme seiner, also Gottes, eigenen Herrschaft auffordern kann (Ps 110,1)[37]. Der König verwaltet Gottes Herrschaft; er ist sein Mandatar, kann folglich in Gottes Vollmacht handeln und tritt prinzipiell in Gottes Herrschaft ein. Deshalb ist er der Idee nach Weltherrscher (Ps 2; 72,8–11; 110); sogar die kosmische Ordnung bis hin zur Fruchtbarkeit der Erde hängt von ihm ab wie sonst nur von Gott (Ps 72,3.6.16). Allerdings stellt *Ps 72,* der diese Konsequenz am deutlichsten ausspricht, seinen Aussagen über die Vollmacht des Königs eine Bitte an Gott voran, die wie eine Art Generalklausel für die folgenden Amtsaussagen des idealen Königs klingt (V.1):

> Gott, gib deinen Rechtsentscheid dem König
> und deine Gerechtigkeit dem Königssohn!

So wenig Ps 72 an der Erfüllung dieser Eingangsbitte zweifelt, so ist ihm doch die Funktion des Königs, als Gottes Mandatar zu handeln und für das Heil der Welt zu wirken, noch weniger selbstverständlich als Ps 2. Vielmehr tritt mit dieser Bitte *die Verantwortung des Königs* für die Rechtsverwirklichung im Gottesvolk in den Vordergrund[38], mit der die Darstellung seiner Amtsfunktionen auch beginnt (V.2–4), und diese Rechtsverwirklichung bemisst sich wie so oft im Alten Testament am Recht der Armen. Ihnen wird ein König, dem die Bitte um Gottes Rechtsvollmacht erfüllt worden ist, dann allerdings nicht nur im Gerichtsverfahren ihr Recht zukommen lassen, sondern er wird weit

---

[36] Vgl. S. Mowinckel, He that Cometh, Oxford 1956, 21–95 und H. Frankfort, Kingship and the Gods, Chicago-London 1965.

[37] Ps 110,1 ist nicht zufällig der am häufigsten zitierte Text des AT im NT.

[38] Eine ähnliche Verlagerung des Gedankens der Vollmacht auf den der Verantwortung des Königs findet sich in der Davidtradition, wo der Begriff des „Sohnes" Gottes (Ps 2,6) mit der (auf den König übertragenen) Bundesformel verquickt wird: „Ich will ihm Vater sein, er soll mir Sohn sein" (2 Sam 7,14).

mehr tun: Er wird sie, wenn sie in Not sind, „retten"; er wird ihr Leben „aus Gewalt erlösen" und „sich ihrer erbarmen" (V.12–14): alles Handlungen, die sonst von Gott erhofft und erbeten werden und für die Gott gepriesen wird.

Wie sehr *„Gerechtigkeit" und „Heil"* im Handeln des Königs (und auch sonst im Alten Testament) unlöslich zusammengehören, zeigen die Eingangsverse 1–7 in Ps 72 eindrücklich mit ihren unterschiedlichen Nuancierungen des Begriffes צדק bzw. צדקה[39]. Er bezeichnet in V.1 (Bitte an Gott) und V.2 (Funktion des Königs) das ideale Handeln des Königs an seinem Volk und steht in beiden Versen in Parallele zur Durchsetzung des Rechts (משפט; vgl. o. S. 35f.). Dagegen ist unter dem gleichen Begriff in V.3 und V.7 von den Folgen solcher Rechtsdurchsetzung die Rede, und jetzt ist jeweils שלום („Heil, Friede") der Parallelbegriff, und damit ist ein glückhafter Zustand gemeint, der nicht nur die Menschen, sondern auch die Natur („Berge" und „Hügel" in V.3; vom Regen benetzte Flur in V.6) einbezieht. „Heil" ist nach Ps 72 nicht ohne die „Gerechtigkeit" des Königs möglich; umgekehrt führt letztere schon mit ihrer Durchführung das „Heil" des Volkes herauf.

Wie sehr in spät-vorexilischer Zeit derartige ideale Ausssagen über den König im Volk präsent gewesen sein müssen, zeigt die exilische Klage Thr 4,20: „Unser Lebensodem (!), der Gesalbte JHWHs, ist in ihren Gruben gefangen, von dem wir dachten: ‚In seinem Schatten (!) können wir unter den Völkern leben'."

Mit solchen „Vollkommenheitsaussagen" (v. Rad) wie in Ps 2, Ps 72 oder 110 im Ohr haben die großen Propheten der spät-vorexilischen Zeit die Könige ihrer Generation beurteilt und sie an diesen hohen Maßstäben hoffnungslos scheitern sehen. Die sog. messianischen Weissagungen kommen alle her von großen Enttäuschungen über das vorfindliche bzw. das gewesene Königtum. Insbesondere das mangelnde Gottvertrauen der realen Könige, die viel lieber selber handeln als sich durch religiöse Autoritäten wie Priester oder Propheten bestimmen lassen wollten, und ihre ungenügende Sorge um das Recht haben die Propheten in ihrer Königskritik hervorgehoben (Jes 7,10–17; Jer 22,1–23,8; Ez 17. 19)[40]. Aber die großen Aussagen der Psalmen sind ihnen und ihren Tradenten deshalb nicht hinfällig erschienen; vielmehr sind sie ihnen zu Hoffnungsaussagen geworden, allerdings für eine Zeit nach dem Gottesgericht über die vorfindlichen Könige und ihr Volk.

Am deutlichsten ist die Verbindung von göttlichem Gericht und messianischer Hoffnung in *Jes 11,1–5* ausgesprochen, insofern hier das Bild vom Baumstumpf Isais, aus dem ein neuer Trieb sprießt, das Fällen eines Baumes voraussetzt. Damit schließt Jes 11,1 konzeptionell an die vorausgehenden Verse

---

[39] Für die Binnendifferenzierung dieses Doppelbegriffs im Maskulinum und Femininum ist wesentlich, dass צדק keinen Plural bildet, also die übergeordnete Struktur bezeichnet, während es sich bei צדקה um Einzelerweise dieser Wirklichkeit handelt bzw. „um צדק in Funktion" (B. Johnson, ThWAT VI, 916).

[40] Nicht zufällig vermeiden daher die älteren „messianischen Weissagungen" den belasteten Königstitel. Im Gefolge solcher prophetischer Kritik haben dtr Theologen im Exil das irdische Königtum und das Königtum Gottes in einem strikten Gegensatz zueinander gesehen (1 Sam 8,7–9.19f.; 10,18f.; vgl. 1 Sam 12).

10,33f. an, in denen das Fällen eines üppigen Waldes mit hochragenden Bäumen (d.h. sachlich: die Demütigung hochmütiger Jerusalemer Führungskreise) durch Gott selber angekündigt wird. In Jes 11,1 impliziert das Bild des Baumstumpfs zusammen mit dem Namen des Vaters Davids, Isai, das Ende der David-Dynastie. *Der kommende Herrscher wird kein Davidide sein*, der nach kurzer Unterbrechung die Geschichte der Nachfolger Davids fortsetzen wird, *sondern er wird ein neuer David sein!* Schärfer könnte das Versagen aller Nachfolger Davids kaum ausgedrückt werden. Nicht an Kontinuität ist dem Text gelegen, sondern an radikaler Diskontinuität. Die analoge Verheißung in Mi 5,1 nennt aus ebendiesem Grund den Geburtsort Davids, Bethlehem, als Geburtsort des neuen David. Nicht einzelne Davididen verfallen somit Gottes Gericht, sondern die gesamte Abfolge der Davididen. Gott tilgt die gesamte Schuldgeschichte der historischen David-Dynastie und beginnt seine Geschichte mit David von Neuem, damit sie bei diesem Neuansatz das von ihm intendierte Ziel erreicht[41].

Das Ziel selber ist nicht neu; es ist wie in Ps 72,1–7 die Realisierung von „Gerechtigkeit“ (צדק, zweimal in V.3.5) als unabdingbare Voraussetzung einer intakten Gemeinschaft: Sie vollzieht sich durch Rechtsprechung ohne Ansehen der Person und durch Rechtsdurchsetzung, die primär am Recht der Armen ihren Maßstab findet, und zwar in Zuverlässigkeit und auf Dauer. Es ist ein innergeschichtliches Ziel ohne jede Andeutung einer universalen Perspektive und noch ohne den Blick auf eine Vollendung der Welt wie im Nachtrag V.6–9.

Aber wird Gottes neue Geschichte mit David nicht ebenso wieder scheitern wie die alte? Um ein erneutes Versagen des kommenden David zu verhindern, wird der neue David von Gott mit einer Gabe ausgerüstet, von der nie bei Königen des Alten Orients und auch nie beim König in den Psalmen die Rede ist: mit *Gottes Geist* (V.2). Unter den Königen des Alten Testaments haben nur die beiden ersten sie besessen: Saul und David[42]. Aber es besteht ein gravierender Unterschied zwischen der Gabe des Geistes an sie und an den neuen David von Jes 11. Der Geist Gottes „sprang“ nach 1 Sam 10,6.10 und 16,13 auf Saul und David, d.h. er ergriff sie plötzlich und unerwartet, wie dieser Geist auch die großen Gestalten der Richterzeit plötzlich in seinen Bann geschlagen hatte, um sie zu außergewöhnlichen Taten zu befähigen[43]. Mit dem Verb „springen“ ist eine temporäre Geistbegabung im Blick, und bei Saul wird entsprechend das Weichen des Geistes berichtet (1 Sam 16,14). Im Unterschied zu

[41] Vgl. zu dieser Sicht eines Neuansatzes im Handeln Gottes Hos 2,16f. und dazu o. S. 146.

[42] Darauf hat mit Recht H.-J. Hermisson, Zukunftserwartung und Gegenwartskritik in der Verkündigung Jesajas (1973), in: ders., Studien zu Prophetie und Weisheit (FAT 23), 81–104; 88–90 hingewiesen.

[43] Diese Kontinuität der Geistvorstellung hat bes. A. Alt, Kl. Schriften zur Geschichte des Volkes Israel II, ³München 1964, 22ff. 118f., betont. Saul ist für Alt von den Charismatikern der Richterzeit nur dadurch unterschieden, dass seine Führerschaft des Heerbanns auf Dauer angelegt war.

diesen Belegen „ruht“ der Geist als dauerhafte Ausstattung auf dem neuen David, wie nach 2 Kön 2,14 der Geist Elias auf Elisa „ruht“, um ihn bleibend mit der Vollmacht Elias zu begaben.

Dieser „ruhende“ Geist wird im Folgenden durch drei Begriffspaare näher expliziert[44], die der weisheitlichen Königstradition entstammen, von denen die ersten beiden eher traditionell, das dritte dagegen eher ungewöhnlich zu nennen ist. Wenn der Geist Gottes dem König „Weisheit und Verstand“ verleiht, so steht ein Salomo, wie er in 1 Kön 3 im Gebet und in der Praxis geschildert wird, paradigmatisch für dieses Königsideal. Wenn der Geist dem König „Rat und Stärke“ vermittelt, so ist wie in Spr 8,14f. die Fähigkeit des Königs im Blick, einen sinnvollen Plan auch in die Tat umzusetzen[45]. Wenn aber die „Erkenntnis und Furcht JHWHs“ dem neuen David vom Geist geschenkt werden, dann wird damit zum Schluss betont auf sein Gottesverhältnis geblickt. Zwar ist auch diese Doppelbegrifflichkeit in der Weisheit belegt (Spr 2,5), aber keineswegs speziell für einen König. Beide Begriffe sind sonst auf alle Glieder des Gottesvolks bezogen, und ihr Bedeutungsumfang ist ungleich umfassender als im Bereich der Weisheit. So weckt der Terminus „Furcht Gottes“ beim Leser vor allem Assoziationen an Texte, die traditionell dem sog. „Elohisten“ zugeschrieben werden – man denke nur an Abrahams „Furcht Gottes“ im Sinne eines grenzenlosen Vertrauens auf Gott trotz dessen scheinbar sinnloser Zumutung (Gen 22,12) –, und der Begriff der „Erkenntnis Gottes“ ist zentral für die Theologie Hoseas (und auch Jeremias).

Durch die umfassende letzte Qualifikation des Geistes wird zum einen darauf hingewiesen, woran die früheren Könige scheiterten, zum anderen aber wird der neue David zum Vorbild und zur Orientierungsinstanz für alle Glieder des Volkes, die ebenso wie er nach der „Furcht Gottes“ und nach der „Erkenntnis Gottes“ streben sollen. Nur mit einem derart intakten und idealen Gottesverhältnis kann der neue David Gottes Werkzeug an seinem Volk sein. Weil aber Gott dieses Gottesverhältnis durch seinen Geist schafft, ist die erwartete Heilsverwirklichung letztlich Gottes eigene Tat, die daher auch keiner Gefahr des Scheiterns mehr unterliegt.

Im Unterschied zu Jes 11 und Mi 5 ergeht die andere – vermutlich jüngere – messianische Weissagung im Jesajabuch, *Jes 9,1–6*[46], ohne eine Anspielung auf die Schuld früherer Könige oder ein ergangenes Gericht Gottes. Mit dieser

---

[44] Die Kirchenväter pflegten die vokabelmäßigen Vorkommen des Begriffes „Geist Gottes“ in Jes 11,2 zu zählen und sprachen vom siebenfachen Geist auf dem Messias.

[45] Vgl. zu beiden Aspekten der weisheitlichen Königstradition L. Kalugila, The Wise King. Studies in Royal Wisdom … (CB.OTS 15), 1980.

[46] Nach der gründlichen Untersuchung durch H. Barth, Die Jesaja-Worte in der Josiazeit (WMANT 48), 1977, 141–176, der zahlreiche Exegeten gefolgt sind, zielt sie von Haus aus auf Josia ab. Aber die Datierungen aller messianischen Weissagungen sind umstritten. Eine große Anzahl gegenwärtiger Exegeten hält sie insgesamt für nachexilisch; vgl. z.B. die Argumente von W. Werner, Eschatologische Texte in Jes 1–39 (fzb 46), 1982. Fest steht aber zumindest, dass Jes 11,1–5 eine größere Nähe zur genuinen Jesaja-Tradition besitzt als Jes 9,1–6; vgl. Hermisson, a.a.O.

gravierenden Akzentverschiebung hängen weitere gewichtige Differenzen zusammen. So wird der kommende Herrscher der Heilszeit in unmittelbarer Kontinuität zu den früheren Königen gesehen, und gleichzeitig wird im Blick auf seine Vollmacht weit problemloser auf Aussagen der altorientalischen Königstradition zurückgegriffen, wie sie auch die zuvor genannten Psalmen verwenden: Der kommende Davidide wird Thronnamen erhalten, die ihm Eigenschaften zuschreiben, wie sie sonst nur von Gott ausgesagt werden (V.5). Das zentrale Anliegen von Jes 11,1–5, die Durchsetzung von Recht und Gerechtigkeit, wird zwar erwähnt (V.6a), spielt aber nur eine Nebenrolle.

Im Zentrum der Verheißung von Jes 9,1–6 steht vielmehr *die Beseitigung einer bedrängenden militärischen Not* und Unterdrückung. Unter Aufnahme der Sprache von Klage- und Dankpsalmen wird in V.1–4 in einem Freudenfest, das die Wende vorwegnimmt, der Übergang aus der Erfahrung einer Todeswelt („Land der Finsternis") in ein vollgültiges Leben („aufglänzendes Licht") gefeiert und Gott in der Anrede als der Befreier wie in einem Danklied gepriesen. Freilich ist diese Feier der neuen Freiheit nur der Beginn einer Hoffnung auf bleibendes Heil, die erst am Schluss des Textes (V.5f.) genannt wird. Die Geburt eines königlichen Kindes[47], das bei seiner Thronbesteigung die großen göttlichen Attribute als Namen erhalten soll, ist der eigentliche Anlass der Freude, denn dieser König wird mit der Praktizierung von Recht und Gerechtigkeit die Herrschaft der Davididen in einem „Frieden ohne Ende" sichern, und zwar „von jetzt ab für alle Zukunft". Die Not der Gegenwart des Textes wird endgültig beseitigt sein und nie wieder auftreten.

Eine präzise Deutung des Textes wird vor allem dadurch erschwert, dass die zeitlichen Relationen in der Schwebe bleiben. Die vom Freudenjubel redenden Verse 1–3 sind im Anschluss an die Sprache des Dankliedes im Perf. gehalten, und nur V.4 gibt dem Geschehen der Befreiung mit der Verwendung eines Perf. consec. einen zukünftigen Aspekt. Dagegen setzen in V.5–6a Narrative ein anfängliches Perf. fort. Nur der abschließende V.6b („der Eifer des JHWH Zebaoth wird dies tun") gibt dem Ganzen ein überraschendes futurisches Vorzeichen, ohne dass doch aus ihm deutlich hervorgeht, ob nur der „Frieden ohne Ende" oder auch die Befreiung des Volks vom Unterdrücker oder auch die Thronbesteigung des königlichen Kindes oder sogar dessen Geburt in der Zukunft liegen. Die späteren Generationen haben den Text im letztgenannten Sinn verstanden. Auch sachlich bleibt der Text insofern in einer gewissen Schwebe, als er mit den Thronnamen des Heilskönigs eine universale Perspektive eröffnet, in der Beschreibung seiner Herrschaft aber wie Jes 11,1–5 auf Israel beschränkt bleibt. Auch mit der „großen" bzw. „weitreichenden Herrschaft" (V.6a) kann keine Blickrichtung auf die Völkerwelt angedeutet sein, denn sogleich danach ist vom „Thron und Königreich Davids" die Rede, so dass nur das Großreich Davids der Horizont sein kann.

---

[47] Einige neuere Autoren haben im Gefolge von A. Alt und G. von Rad schon die Formulierung „ein Kind ist uns geboren" im Anschluss an Ps 2,7 als Hinweis auf die Thronbesteigung verstehen wollen. Jedoch hat bereits H.W. Wolff, Frieden ohne Ende (BSt 35), 1962, 67f. zwingende Gegengründe gegen diese Deutung genannt. Vgl. auch H. Barth, a.a.O. 167f.

Das eigentlich Neue und Überraschende an diesem Text ist *die Aufteilung von Gottes- und Königshandeln*[48]. Es ist nicht der kommende König, der sein Volk befreit, sondern die Befreiung ist allein Gottes Tat; Menschen haben nur Aufräumarbeiten zu verrichten (Verbrennen der Soldatenkleider, eine aktualisierende Neudeutung des Bannens der Beute in den alten Kriegen, V.4). Damit greift Jes 9,1–4 Aussagen der Zionspsalmen auf, in denen beschrieben wird, wie Gott die Waffen der Völker zerstört, die den Zion angreifen, und so „Kriege beendet" (Ps 46,10; 76,4)[49].Der kommende Heilskönig braucht keine Kriege mehr zu führen, sondern nur noch den Frieden zu bewahren, den Gott zuvor geschaffen hat.

Mit Jes 11 und Jes 9 sind die vermutlich ältesten „messianischen" Verheißungen genannt, die beide paradigmatisch für *zwei Typen der Heilshoffnung* stehen, wie sie in der kommenden Zeit mehrere Nachfolger gefunden haben. Sie stimmen in mehrfacher Hinsicht überein: zum einen darin, dass sie als Texte, die den vorexilischen Prophetenworten sachlich nahestehen, das dauerhafte Heil, das der kommende Herrscher bringen wird, in geschichtlichen Kategorien beschreiben; die in den Psalmen belegten Erwartungen eines naturhaften Heils und einer Weltherrschaft des Statthalters Gottes bleiben weitgehend unberücksichtigt. Zum anderen stimmen sie darin überein, dass sie das entscheidende Handeln von Gott erwarten: die Bevollmächtigung des kommenden David (Jes 11,2) bzw. die Befreiung vom Unterdrücker (Jes 9,1–4). Auch vermeiden sie den in ihren Augen belasteten Königstitel, den die späteren messianischen Texte wieder verwenden. Sie sind jedoch vor allem darin unterschieden, dass Jes 11,1–5 das Heil primär in der Fürsorge des kommenden Heilskönigs für Recht und Gerechtigkeit sieht, während für Jes 9,1–6 der Hauptakzent auf einem „Frieden ohne Ende" liegt. Jes 11 ist dementsprechend aus einer Situation großen Unrechts im Innern des Gottesvolks geschrieben, Jes 9 aus der Situation einer militärischen Unterdrückung von außen. Jes 11,1–5 hat seinen wichtigsten Nachfolger in Jer 23,5f. gefunden, einem Text, der wiederum im Bild des „Sprosses" vom Messias redet und sich ganz auf seine von Gott ermächtigte Rechtsdurchsetzung konzentriert.

Mi 5,1.3–4a bildet eine Mischform aus beiden Jesajatexten. Einerseits setzt der Text das Gericht an der Daviddynastie voraus und betont wie Jes 11,1 die Diskontinuität des kommenden David zu den schuldigen Davididen. In Mi 5,1 ist wie in Jes 11,1 mit dem gleichen Verb „hervorgehen" (יצא) der überraschende Neuanfang bezeichnet. Ja, indem mit Bethlehem der Geburtsort Davids, aber keines einzigen seiner Nachfolger, als Geburtsort des künftigen Herrschers genannt ist, ist die Diskontinuität zu den historischen Davididen noch deutlich gesteigert. Die Schuld, die Jerusalem auf sich lud und um de-

[48] Vgl. dazu den wichtigen Beitrag von W.H. Schmidt, Die Ohnmacht des Messias (KuD 15), 1969, 18–34, auch in: ders., Vielfalt und Einheit des atl.Glaubens, Bd. 1, Neukirchen 1995, 154–170.

[49] Vgl. die Überhöhung dieser Vorstellung in Jes 2,4 par. Mi 4,3, wo die zum Zion wallfahrenden Völker ihre Waffen selbst vernichten.

rentwillen die Stadt untergehen musste (Mi 3), wird den neuen David nicht mehr belasten. Vielmehr liegen „seine Ursprünge in der Vorzeit“ (קדם), d.h. in der Anfangszeit Gottes, in der sich sein ursprünglicher Heilswille gegenüber seinem Volk ausbildete, bevor es ihm gegenüber schuldig wurde[50]. Andererseits aber wird der neue David in einer Art abschließendem Höhepunkt als Verkörperung des Friedens bezeichnet („er wird das Heil/der Friede sein“ bzw. „er wird der Heils-/Friedensbringer sein“, V.4a[51]). Seine Herrschaft „in der Kraft JHWHs“ vollzieht sich in der Abwehr aller Gefahren von außen, so dass er Gottes universale Herrschaft ausüben kann (V.3).

Einen noch einmal ganz neuen Akzent setzt die jüngste messianische Weissagung aus frühhellenistischer Zeit in *Sach 9,9f.*, die stärker als alle anderen zur Deutung des Auftrags und Geschicks Jesu aufgegriffen wurde. In ihr wird das Verhältnis zwischen dem Handeln Gottes und dem Handeln des Messias so einseitig auf die Seite Gottes verlagert, dass *der kommende König*, dessen Ankunft Zion bejubelt, *als „arm“ bezeichnet wird*, d.h. in der religiösen Sprache der alttestamentlichen Spätzeit, wie sie insbesondere in den Psalmen belegt ist, als ganz und gar auf Gott angewiesen, auf den er als „Armer“ sein ganzes Vertrauen setzt[52]. Mehr noch: Als „Armer“ (עני) ist er zugleich „hilfsbedürftig“, genauer: ein Mensch, „dem (von Gott) geholfen werden muss“ bzw. „geholfen worden ist“[53]. Die „Armen“ haben für das Alte Testament einen Rechtsanspruch auf Gottes Hilfe und wissen, dass sie sich auf diese Hilfe verlassen können. Entscheidend wichtig für diesen kommenden König ist also sein Vertrauen auf Gott. Auf seiner „Armut“ beruht zugleich seine „Gerechtigkeit“.

Als paradigmatisch „Armer“ benötigt der kommende König keine Machtmittel mehr, schon gar nicht militärische Mittel, um seine Herrschaft aufrechtzuerhalten. Deshalb *vernichtet Gott selbst „Rosse und Streitwagen“ in ganz Israel,* die als damals modernste Waffen die Kriege zu entscheiden pflegten, aber ebendeshalb früheren Königen immer wieder zum Gegenstand des Selbstvertrauens wurden, das sie am Vertrauen auf Gott hinderte.

Rosse und Streitwagen sind im Alten Testament vielfach der Gegensatz zu Gott, weil Menschen entweder auf sie oder auf Gott ihre Sicherheit gründen: Angefangen beim (vermutlich) alten Mirjamlied Ex 15,21, demzufolge Gott die Rosse und Streitwagen des Pharao im Meer versenkte und sich so als stärker als sie erwies, über die Darstellungen der Kriege zur Zeit der Landnahme (Josua lähmt auf Gottes Befehl die Rosse der kanaanäischen Koalition im Norden und verbrennt ihre Wagen, Jos 11,6.9) bis zur

---

[50] Vgl. o. S. 37, Anm. 30.

[51] Vgl. zu den verschiedenen Übersetzungsmöglichkeiten J. Jeremias, Die Propheten Joel, Obadja, Jona, Micha (ATD 24,3), 2007, 179 mit Anm. 188.

[52] Vgl. etwa im Doppelpsalm 9–10 die Verse 9,14f.19; 10,14 (LXX).17f. „Arm“ sind Menschen, die sich nicht selbst zu helfen vermögen, aber aus der Gewissheit leben, dass Gott ihnen beistehen wird. Vgl. zum Begriff auch die 1. Seligpreisung der Bergpredigt sowie Ps 22,23–27.

[53] Erst die griechische und die lateinische Übersetzung versetzen das Passiv in ein Aktiv und lassen den Messias so zum „Helfer“ werden.

prophetischen Kritik am Vertrauen der Judäer auf die ägyptischen Heere, die ihnen in Bedrängnis zur Hilfe kommen sollen („Ägypten aber ist Mensch und nicht Gott, und ihre Rosse sind Fleisch und nicht Geist", Jes 31,3). Ps 33 bringt den Gegensatz auf den Punkt: „Einem König hilft nicht seine große Kriegsmacht, ein Held rettet sich nicht durch seine große Kraft; trügerisch ist die Hilfe der Rosse, und ihre gewaltige Kraft rettet nicht. Siehe, das Auge JHWHs richtet sich auf die, die ihn fürchten, die auf seine Güte hoffen, dass er sie vom Tode errette ..." (V.16–19). – In anderen prophetischen Texten bilden Rosse und Streitwagen das zentrale Glied in einer Aufzählung möglicher Vertrauensobjekte, die an die Stelle Gottes treten (Hos 14,4; Jes 2,6–9). Am längsten ist die Reihe in Mi 5,9–13, wo Gottes künftige „Ausrottung" aus Israel neben Rossen und Wagen auch Städte und Festungen, Zauberkundige und Wahrsager sowie Gottesbilder als „Machwerk der eigenen Hände" betrifft.

Mit dem Verzicht des Heilskönigs auf alle Macht errreicht Sach 9,9f. seinen inhaltlichen Höhepunkt. Damit nie wieder militärische Machtmittel sich zwischen Gott und sein Volk stellen können, wird Gott Rosse und Streitwagen für alle Zeiten „ausrotten", und zwar aus beiden Teilen Israels, dem ehemaligen Nord- und Südreich – also nicht etwa, wie man aufgrund von Ps 46,10 und Parallelen erwarten könnte, aus den gefährlichen Heeren der Völker! Der kommende König wird deshalb wie die frühen Fürsten Israels (Ri 5,10; 10,4; 12,14) auf einem Esel reiten, einem Symbol friedlicher Gesinnung.

Paradoxerweise wird nun aber genau diese Befreiung des Gottesvolks von allen Machtmitteln die Voraussetzung dafür sein, dass der Heilskönig in die großen Verheißungen der traditionellen Königspsalmen eintritt, um eine Herrschaft anzutreten, die weltweit reicht: „von Meer zu Meer und vom Strom bis an die Enden der Erde". Aufgrund der genannten Voraussetzung versteht es sich von selbst, dass eine derartige universale Herrschaft weder militärische Macht noch Jurisdiktionsgewalt implizieren kann; vielmehr wird der neue Weltherrscher zum Propheten werden und „den Völkern Heil/Frieden (שלום) verkünden". Es ist die Macht des Wortes, mit der er herrschen wird, die Macht der frohen Botschaft, die überzeugen will, wobei seine Vollmacht allein auf seinem uneingeschränkten Vertrauen auf Gott basiert, durch das er zum Vorbild für alle Glieder des Gottesvolks wird.

Wer wie der Heilskönig sein Vertrauen ganz auf Gott setzt, benötigt weder Macht noch Waffen, um drohende Gefahren zu bestehen, weil Gott ein Gott des Heils und Friedens ist. Nach der Verheißung von Jes 2,2–4 par. Mi 4,1–3 werden die Völker einst aus dieser Botschaft die Konsequenz ziehen, auf alle Waffen zu verzichten.

So rundet sich in Sach 9,9f. die messianische Traditionsbildung. Während die älteren messianischen Weissagungen im Jesajabuch aufgrund der negativen Erfahrungen mit dem realen Königtum die universalen Perspektiven der frühen Königspsalmen so gut wie unberücksichtigt ließen, kann Sach 9,9f. diese Perspektiven in seinem Zukunftsbild wieder aufgreifen. Freilich verheißt der Text einen machtlosen Heilskönig, dessen Vollmacht allein in seinem Gottvertrauen liegt und der zum Verkündiger des Friedens für die Völker wird. Die

Machtlosigkeit des Heilskönigs war schon in den älteren messianischen Weissagungen angelegt. In keiner von ihnen vollführt der kommende König Kriegshandlungen; die Befreiung in Jes 9 ist ganz Gottes Tat. Hierin liegt der größte Unterschied der prophetischen Verheißungen gegenüber den – teilweise älteren – Psalmen.

b. David

Zwar spielt David schon in den messianischen Weissagungen (als erster König Judas und einziger König nach Gottes Herzen) eine erhebliche Rolle, besonders in Jes 11,1 und Mi 5,1, aber die Zukunftsperspektiven, die sich mit seinem Namen verbinden, haben vor allem zwei Wurzeln: 1. die Nathanweissagung in 2 Sam 7 und 2. die wachsende Tradition von David als Psalmdichter.

α. *Die Dynastieverheißung*

Während die traditionellen Königspsalmen in nachexilischer Zeit mehr oder weniger selbstverständlich als Verheißungen eines kommenden Königs gelesen und durch zugefügte Verse aktualisiert und verdeutlicht wurden, war eine analoge Neuinterpretation von 2 Sam 7 zunächst erheblich schwieriger. Schließlich war David von Gott eine beständige Thronfolge „für alle Zeit" zugesagt worden (2 Sam 7,16). Die Kontinuität der Herrschaft der Davididen aber war seit der Gefangennahme der letzten judäischen Könige evident unterbrochen. Die leidenschaftliche, vermutlich exilische Klage von Ps 89,20–52*, die Gott verzweifelt sein scheinbar bundbrüchiges Verhalten und seine scheinbare Unzuverlässigkeit entgegenhält und dabei immer wieder auf 2 Sam 7 zurückgreift, vermittelt ein Gespür dafür, welche Zweifel an den Zusagen Gottes aufkamen, als die Thronfolge der Davididen durch die Babylonier so jäh unterbrochen wurde.

Und doch konnte auch 2 Sam 7 in nachexilischer Zeit als Verheißung des wahren David verstanden werden. Das war zum einen dadurch möglich, dass die zuletzt regierenden Davididen wegen ihres Ungehorsams gegen Gottes Willen als von Gott verurteilt galten. Schon 2 Sam 7,14 hatte ja die göttliche Sohnschaft des Königs, die in Ps 2,7 höchste Vollmacht ausdrückt, mit Hilfe der umgeprägten Bundesformel so gedeutet, dass der Hauptton auf die Verantwortung des Königs fiel und ein mögliches Versagen der Nachfolger Davids von Anbeginn in Betracht gezogen wurde („ich will ihm Vater sein, und er soll mir Sohn sein: Wenn er sich mit Schuld belädt, will ich ihn mit menschlichen Schlägen strafen …"). Ps 89 hatte diese Möglichkeit einer Verschuldung der Davididen schon steigernd als Ungehorsam gegenüber Gottes Geboten und Ordnungen präzisiert; freilich hatte er im Anschluss an 2 Sam 7,14 f. die davon unberührt bleibende dauerhafte Güte Gottes gegenüber den Königen betont (Ps 89,31–35). Dagegen verschärft der jüngere Ps 132 diesen Gedanken, indem er Gottes Verheißung einer dauernden Thronfolge an David jetzt an die Bedingung bindet, dass die kommenden Könige Gottes Gebote befolgen und seinen „Bund halten“ (Ps 132,12)[54]. An diesem Maßstab sind die Davididen nach Meinung des Psalmdichters mehr und mehr gescheitert.

Die implizite Verurteilung der letzten Davididen war aber nur die eine und weniger wichtige Seite des späteren Umgangs mit 2 Sam 7. Wichtiger war, wie gegenüber den Zeitgenossen, die an der Zuverlässigkeit Gottes zweifelten, Gottes Verheißung an David als unverbrüchlich gültig eingeprägt wurde. Sie wurde jetzt mit der Konzeption des „Bundes“ zu einem „ewigen Bund“ Gottes mit David überhöht (2 Sam 23,5; Ps 89,29; Jer 33,21); um die damit ausgedrückte Selbstbindung Gottes als unlöslich zu erweisen, fügten Ps 89,4f.36.50 und 132,11 noch hinzu, dass Gott dem David diesen Bund „zugeschworen“ habe. Jer 33,20 hebt entsprechend hervor, Gottes Bund mit David sei so sicher wie die Abfolge von Tag und Nacht. Es ist also *das Beharren auf der Zuverlässigkeit Gottes und der Gewissheit seiner Zusagen an David,* die diese Texte in einer königslosen Zeit prägt. Ja, nach Ps 78 zeigt allein die Erwählung Davids, dass die vielstufige Schuldgeschichte des Gottesvolks, das Gottes Güte immer wieder von sich gestoßen hatte, eine Geschichte zum Heil der Menschen ist: Die gesamte Geschichte Israels läuft auf David zu und findet in David ihr Ziel (Ps 78,70–72).

β. *Die „Davidisierung“ in den Psalmen*

Ps 89 und 132 konzentrieren sich auf Gottes Zusagen an David. Charakterisierungen Davids findet man in anderen Psalmen, und sie sind teilweise höchst überraschend. In den älteren Psalmen tritt „David“ (in der Tradition der Königspsalmen) als der gegen die Feinde kämpfende und von Gott geschulte Krieger in den Vordergrund; das beste Beispiel dafür ist Ps 18[55]. Allerdings prägt der deutlich jüngere Ps 144, der Ps 18 aufgreift und in eine Königsbitte umgestaltet, diese Aussage so um, dass alle Siege ganz Gott zugeschrieben werden, ja Gott „seinen Knecht David vor dem bösen Schwert retten“ muss und retten wird (V.10). Hier zeigt sich eine theologische Tendenz in der Sicht des erwarteten David, die derjenigen der messianischen Weissagungen der Propheten parallel läuft: *Alle kriegerischen* und im weiteren Sinne machtpolitischen *Aspekte der Herrschaft werden mehr und mehr Gott zugesprochen*; der kommende König ist darin Heilbringer, dass er Gott um seine Hilfe

---

[54] Die engsten Parallelen findet Ps 132,12 in Sätzen der dtr Theologie (1 Kön 2,4; 8,25; 9,4f. u.ö.).

[55] Vgl. K.-P. Adam, Der königliche Held. Die Entsprechung von kämpfendem Gott und kämpfendem König in Ps 18 (WMANT 91), 2001. Die jüngeren Verse 21ff. lassen allerdings die Siege des Königs von seinem gerechten Handeln abhängig erscheinen.

bittet und Gott ihn in Bedrängnis errettet (Ps 144), bzw. darin, dass er den von Gott geschaffenen Frieden verwaltet (Jes 9,5f.; Sach 9,9f.). Eine andere Traditionslinie, die dem Davidbild der Bücher der Chronik nahesteht, zeigt sich in Ps 132: Hier ist Davids entscheidende Tat die Vorbereitung des Tempelbaus, und gerade diese Tat erweist, dass David der Träger der göttlichen Verheißung ist.

Viel bedeutender als die Zurückdrängung der kriegerischen Aspekte der künftigen Herrschaft Davids ist aber ein immer stärkeres Hervortreten Davids in den Überschriften individueller Klage- und Danklieder des Psalters. Man spricht gemeinhin von einer *„Davidisierung" der Psalmen.* Von Haus aus war die Überschrift vieler Psalmen „David zugehörig" (לדוד) als Klassifikation gedacht, sei es, dass die Zuordnung zu einer bestimmten Sängergilde (wie im Fall der Korachiten- und Asaphitenpsalmen Ps 42ff. bzw. Ps 50. 73ff.) oder zu einer bestimmten Gruppe an Vortragenden im Blick war, sei es, dass in einer Art Registraturvermerk eine dem Königshaus zugeordnete Psalmengruppe so bezeichnet wurde[56]. Jedoch wuchs in der Sammlung der Psalmenbücher I–III (Ps 2–89) in nachexilischer Zeit die Zahl der Psalmen mit der Überschrift „David zugehörig" so an (56 Beispiele im MT, mehr noch in der LXX), dass damit deutlich ein Bedeutungswandel angezeigt war. Er ist besonders daran zu erkennen, dass in der zweiten Sammlung an Davidpsalmen, im sog 2. Davidpsalter (Ps 51–72), nicht weniger als achtmal der traditionellen Überschrift „dem David zugehörig" eine Situationsangabe aus Davids Leben folgt (bei den restlichen Davidpsalmen noch weitere fünfmal); in der Regel sind es, dem Duktus der Gebete folgend, Notsituationen. Hier ist David also als erster und paradigmatischer Beter der Psalmen gedacht, der den Gebeten damit eine besondere Würde und Bedeutung verleiht. David wurde zum Vorbild und Lehrer aller Beter. Der spätere individuelle Betende durfte nun in einer Notlage ein Gebet nachsprechen, das schon der fromme und demütige David vor ihm gebetet hatte[57]. Zugleich durfte er Gebete an Gott richten, die dieser im Leben Davids schon erhört hatte. Von hier aus war es nur ein kleiner Schritt zum Verständnis Davids als Verfasser der Davidpsalmen, wie es etwa die Übernahme von Ps 18 in 2 Sam 22 voraussetzt, und zuletzt zum Verständnis Davids als Verfasser aller oder fast aller Psalmen in der Zeit zwischen den beiden Testamenten[58]. Hand in Hand mit der fortschreitenden Davidisierung wuchs die kanonische Bedeutung der Psalmen[59].

---

[56] Vgl. zur Erläuterung bes. C. Rösel, Die messianische Redaktion des Psalters. Studien zur Entstehung und Theologie der Sammlung Psalm 2–89* (CTM. A 19), 1999, 161–163; zuvor etwa K. Seybold, Die Psalmen. Eine Einführung (Urban-Tb 382), 1986, 36–39.

[57] Vgl. N. Füglister, Die Verwendung und das Verständnis der Psalmen und des Psalters zur Zeitenwende, in: J. Schreiner (Hg.), Beiträge zur Psalmenforschung. Ps 2 und 22 (fzb 60), 1988, 319–384; 369–371. – Vergleichbar hat Luther in seinen Vorlesungen viele Psalmengebete (im Gefolge von Ps 22) als Gebete des angefochtenen Christus ausgelegt.

[58] Vgl. z.B. David als Dichter des Asaphpsalms 82 in 11Q 13 oder des JHWH-König-Psalms 95 in Hebr 4,7. 2 Makk 2,13 kennt „Bücher Davids"; die Mischna nennt den Psalter „Davids Buch"

Ein vergleichbares und doch charakteristisch andersartiges Bild zeichnen *die Bücher der Chronik* von David. Hier ist er der ideale und vorbildhafte König schlechthin; als solcher sorgt er sich vor allem um den rechten Ort, an dem der Tempel errichtet werden soll, und um den Bau des Tempels selber, den zwar erst Salomo errichten wird, dessen Stifter aber David ist, der seine Funktion in allen Einzelheiten im Voraus bestimmt. Vor allem aber ist David der Begründer von Musik und Gesang, die neben dem Opferkult das Fundament des nachexilischen Gottesdienstes bildeten (2 Chr 23,18; Esr 3,10). Allerdings ist David für die Chronik nicht selbst Musiker oder Verfasser von Psalmen und Liedern gewesen (die entsprechenden Belege der Samuelbücher werden getilgt)[60], aber David war es, der die Herstellung der Musikinstrumente (1 Chr 23,5 u. ö.) und die Ordnung der Musiker in Gilden sowie ihren Ort im Gottesdienst bestimmt hat (1 Chr 15,16–24 u. ö.). Mehrfach wird betont, dass Davids Anordnungen von den folgenden Königen beibehalten wurden und dass beim Kult des 2. Tempels wieder an sie angeknüpft wurde (Esr 3,10; Neh 12,24). Ausgeblendet bleiben die Aspekte der Not, des Leidens und der Hilfsbedürftigkeit Davids. Klagelieder werden ebenso wenig aus den Psalmen übernommen wie die zugehörigen biographischen Angaben in den Psalmenüberschriften, sondern einzig Hymnen und Geschichtspsalmen.

Aus der sich wandelnden Bedeutung des Davidnamens in den Überschriften der Individualpsalmen ergibt sich zunächst noch keine Perspektive für die Zukunft Israels. David ist anfangs der vorbildliche Beter, der sich in einer persönlichen Not an Gott wendet und erhört wird, ja auch vor Gott seine Schuld bekennt (Ps 51). Andere Beter sind eingeladen, Davids Gebete für ihre Notlage nachzusprechen. Freilich ist David daneben auch der exemplarisch königliche Beter, der für sein Volk vor Gott tritt und die Nöte seines Volks vor Gott trägt. Dies zeigt nicht nur die Zuweisung eines kollektiven Gebetes wie Ps 60 an David, sondern auch die Einbettung des zweiten Davidpsalters in die Sammlung der kollektiven Asaphpsalmen 50. 73–83[61].

Jedoch ändert sich das Bild, wenn man berücksichtigt, dass der 2. Davidpsalter in Ps 72 endet, der mit der Unterschrift versehen ist: „Zu Ende sind die Gebete Davids, des Sohnes Isais". Ps 72 ist ein Königspsalm, der dem König im Fall seines gerechten Handelns eine Fülle an Segen, üppige Fruchtbarkeit des Landes und die Herrschaft über die Völkerwelt zuspricht. Auch wenn dieser Psalm mit einer Bitte an Gott um dessen Vollmacht zur Verwirklichung von Gerechtigkeit einsetzt, ist er doch um seiner universalen Perspektive willen früh „messianisch" verstanden worden, wie die nachexilische Erweiterung in V.17b beweist, mit der die Verheißung Gottes an Abraham, dass alle Völker

---

(mAv 6,9), und nach einem nicht-kanonischen Zusatz zur Psalmenrolle 11QPs[a] („David's Compositions") hat David 3600 Psalmen und insgesamt 4050 Lieder gedichtet.

[59] „Davidisierung heißt Kanonisierung". So K. Seybold, Dimensionen und Intentionen der Davidisierung der Psalmen, in: E. Zenger (Hg.), The Composition of the Book of Psalms (BEThL 382), 2010, 125–140; 140.

[60] 2 Chr 29,30 kennt neben Asaph- auch Davidpsalmen, die David aber für die Chronik nicht selbst verfasst, sondern deren Abfassung er veranlasst hat.

[61] Vgl. Rösel, a.a.O. 172–178.

durch ihn Segen gewinnen können (Gen12,3), auf den König übertragen wird[62].

Noch viel stärker hat die „messianische“ Perspektive alle Davidpsalmen geprägt, als der Psalter die Bücher I–III umfasste und alle Davidpsalmen von den Königpsalmen 2 und 89 gerahmt wurden. Diese beiden Rahmenpsalmen gaben jetzt das Thema der gesamten Sammlung an und boten für sie die entscheidende Lesehilfe. In Ps 2 und 89 (sowie in Ps 18) aber ist weit stärker noch als in Ps 72 von der Vollmacht des Königs die Rede, der im Auftrag und in der Stellvertretung Gottes gegen feindliche Mächte kämpft und siegt. In beiden Rahmenpsalmen wird der König unter dem Würdenamen „der Gesalbte“ (משיח), der beiden Psalmen als Deutekategorie zugewachsen ist, so nah wie irgend möglich an Gott herangerückt. Gott und der König sind gemeinsam und gleichermaßen von den Taten und Plänen feindlicher Völker betroffen, und für die Sammlung der Psalmen 2–89 ist es keineswegs bedeutungslos, dass diese Gemeinsamkeit Gottes mit seinem „Messias“ sowohl am Anfang von Ps 2 explizit genannt ist („gegen JHWH und seinen Gesalbten“, Ps 2,2), als auch an deren Ende („geschmäht haben deine [!] Feinde, JHWH, geschmäht haben sie die Fußspuren deines Gesalbten“, Ps 89,52).

c. *Der Gottesknecht*

Neben die Rahmenpsalmen 2 und 89, die den kommenden König mit der Vollmacht Gottes beschenkt sehen, und die zuvor genannten Klagepsalmen, die David als demütigen Beter vor Augen stellen, tritt nun aber eine Reihe anderer Psalmen, die (im Gefolge von 2 Sam 7,5.8 oder von Ez 34,23f. und 37,24?) *David als „Knecht Gottes“* bezeichnen[63]. Das aber ist ein schillernder Begriff, wie wir bei der Behandlung der sog. Gottesknechtslieder Deuterojesajas (o. Kap. II E) gesehen haben, insofern er *höchste Ehrenstellung* und Stellvertretung Gottes bezeichnen kann, aber *auch tiefste Niedrigkeit* und totale Abhängigkeit von der Hilfe Gottes.

Die Gottesknechtslieder Deuterojesajas sind innerhalb des Alten Testaments nie erkennbar auf eine zukünftige Gestalt bezogen worden – sie hatten ohnehin nur eine relativ geringe Wirkungsgeschichte, beschränkt auf die jesajanische Tradition. Erst in nachalttestamentlicher Zeit wurden sie von der Septuaginta und vom palästinischen Ju-

[62] Weil die Bitte den „Königssohn“ betrifft (V.1), ist der Psalm später durch die Überschrift „dem Salomo zugehörig“ zum „Testament Davids für seinen Sohn Salomo“ (E. Zenger, in: ders. – F.L. Hossfeld, Psalm 51–100, [HThK.AT], 2000, 328) geworden. Diese Angabe steht seinem „messianischen“ Verständnis aber nicht entgegen, wie LXX, Tg und das NT belegen (ebd. 329f.).

[63] Ps 18,1; 78,70; 89,4.21; 132,10; 144,10, vgl. Ps 36,1. (Eine Ausnahme bildet die redaktionelle Notiz in Ps 122,5). Vgl. zu diesem Zusammenhang bes. E. Ballhorn, „Um deines Knechtes David willen“ (Ps 132,10). Die Gestalt Davids in den Psalmen, BN 76 (1995), 16–31; 28.

dentum messianisch verstanden[64]. Demgegeüber gewann der Titel Gottesknecht in der Davidtradition der Psalmen in der Spätzeit des Alten Testaments eine wichtige Brückenfunktion zwischen Hoheits- und Niedrigkeitsaussagen von David.

Wie in den Gottesknechtsliedern Deuterojesajas werden auch in den Psalmen beide so gegensätzlichen Aspekte auf David angewandt. Primär sind freilich die Hoheitsaussagen im Blick. Von Gott geschult und unter Gottes Schutz kämpft der gerechte David als Gottes „Gesalbter" gegen Gottes und Israels Feinde (Ps 18,1.51); Gottes missglückte Geschichte mit seinem undankbaren Volk findet in der Erwählung des Zion als seines Wohnorts und Davids als seines treuen Stellvertreters ihr von Gott intendiertes Ziel (Ps 78,70); Gottes Erwählung Davids und seiner Nachkommen bleibt unverbrüchliche Zusage, die Gott seinem „Knecht" zugeschworen hat (Ps 89,4.21; 132,10). Aber zumindest ein individuelles Gebet, das mit der Reflexion über schuldhaftes Verhalten einsetzt und vor Bewahrung vor solcher Schuld bittet (Ps 36), wird ebenfalls David als „Knecht Gottes" zugeschrieben, und auch der schon erwähnte Ps 144, der Ps 18 so entscheidend umprägt, verwendet den Knechtstitel für David in einem Vertrauensbekenntnis zur göttlichen Rettung vor dem feindlichen Schwert, betont also die Angewiesenheit Davids auf Gottes Hilfe.

Es war also vornehmlich das Konzept des „Gottesknechts", das in seiner Ambivalenz von Hoheits- und Niedrigkeitsaussage scheinbar Gegensätzliches – Gottes uneingeschränkte Bevollmächtigung des Knechts zum Handeln in seinem Namen und dessen totale Angewiesenheit auf ihn in Notlagen aller Art – aufeinander zu beziehen vermochte und das die so unterschiedlichen Aspekte der späten Davidtradition in den Psalmen miteinander verband, wie sie in den „messianischen" und in den „davidisierten" Psalmen nebeneinander stehen. Der demütige und „arme" David sollte primär als Vorbild für die Gegenwart dienen, der vollmächtige David, dem Gott seine Verheißung „zugeschworen" hatte, als Unterpfand der sicheren Hoffnung auf Gottes zugesagtes Heil. Beide von Haus aus völlig unabhängigen Aspekte Davids ließen sich jetzt nicht mehr in ihrer Funktion voneinander abgrenzen; sie waren eine unlösliche Einheit eingegangen. Zudem fanden sie ihre Entsprechung in der jüngsten „messianischen" Weissagung der Propheten (Sach 9,9f.), die dem kommenden König universale Friedensherrschaft zuspricht, ihn aber zugleich als „arm" und „hilfsbedürftig" schildert.

Blickt man auf die weitere Traditionsentwicklung des Davidbildes im Psalter, so trifft man auf eine Tendenz, die wiederum derjenigen in den „messianischen Weissagungen" der Propheten analog ist. Zunächst wurde durch die Anfügung des Psalmenbuches IV mit seiner im Zentrum stehenden Sammlung der JHWH-König-Psalmen (Ps 93–100) der theologische Akzent ganz neu auf die alleinige Weltherrschaft Gottes gesetzt; auf diese Weise wurden indirekt

---

[64] Vgl. im Artikel παῖς θεοῦ des ThWNT V (1954), 653–713 die Seiten 675f. (W. Zimmerli) und 683ff. (Joach. Jeremias).

die Vollmachtsaussagen der Königspsalmen zurückgedrängt. Sodann wurde im Zuge des Abschlusses des Psalters das Bild des „armen“, auf Gottes Hilfe vertrauenden David noch einmal verstärkt, indem neue individuelle Psalmen mit David-Überschriften hinzugefügt wurden. Zugleich lässt sich vielfach zeigen, wie in älteren Königspsalmen durch Zusätze die Vollmachtsaussagen über den König zugunsten betont theozentrischer Akzente zurückgenommen wurden.

Greifbar wird diese Tendenz auch in der Endgestalt des Königspsalms 110, in der Gott selber als alleiniger Kämpfer gegen die Feinde erscheint, während der kommende König vor allem priesterliche Funktionen übernimmt, obwohl Gott den König am Anfang des Psalms zum Mitregieren über die Welt auffordert. Analog verschiebt die jüngste Strophe in Ps 2 - V.10–12 - zum Abschluss des Psalms das kriegerische Handeln ganz auf Gottes Seite. Am deutlichsten aber zeigt sich an den Zusätzen zu Ps 18 (dessen Rezeption in Ps 144 wir schon gestreift hatten), wie stark die anfangs beherrschenden Züge des kämpfenden Königs zurückgedrängt werden: zugunsten der vorbidhaften Gottesnähe des Königs, seiner Gerechtigkeit und seiner „Armut“ vor Gott (V.21–32) und zugunsten typischer Davidzüge (V.1.51).

So sind es letztlich also die Niedrigkeitsaussagen, die sich in der Davidtradition des Psalters wie in den „messianisachen Weissagungen“ der Propheten durchgesetzt haben. Sie betonen die Angewiesenheit des „Gottesknechts“ David auf Gott und sein Vertrauen auf ihn.

5. Das Heil der Völker

In den *vorexilischen Texten* des Alten Testaments treten *fremde Völker im Wesentlichen als Feinde Israels* (bzw. der beiden Teilstaaten) auf. Die wichtigsten Belege dafür bieten die Zionspsalmen und die Völkerorakel der Propheten. Im Unterschied zu den Völkerorakeln sprechen die Zionspsalmen (Ps 46. 48. 76 etc.) generalisierend von „den Völkern“ bzw. „allen Völkern“. Sie wollen die überlegene Macht Gottes als König der Welt rühmen, dessen Präsenz auf dem Zion eine Garantie dafür ist, dass keine Macht der Welt den Zion bedrohen kann. Die gegen den Zion anstürmenden Völker nehmen dabei die Rolle ein, die in Ps 93 (und seinen Parallelen) die gegen den Zion anwogenden chaotischen Wasser und in Ps 74,13–15 (und seinen Parallelen) die Chaosungeheuer spielen, die jeweils die Ordnung der Welt zu zerstören versuchen.

Demgegenüber greifen die prophetischen Völkerorakel die Untaten konkreter Einzelvölker auf, wobei die Nachbarn der beiden Teilreiche Israel und Juda und die jeweiligen Weltreiche die wichtigsten Angeklagten sind. Die prophetischen Worte sind von der Überzeugung geprägt, dass der von Israel verehrte Gott auch die Geschicke der anderen Völker lenkt (vgl. etwa Am 9,7). Er kann sie als Gerichtswerkzeuge gegen sein eigenes Volk einsetzen (Jes 7,18ff.; 10,5f. u. ö.), kann aber ebenso ihre eigenen Vergehen strafen. Während in frühen Texten (z. B. Am 1,3–2,3*) konkrete Untaten der Völker an Israel oder auch an anderen Völkern (etwa Am 2,1) genannt werden, treten in späteren Texten allgemeinere Vorwürfe in den Vordergrund, insbesondere der Hochmut gegenüber Gott und das Vertrauen auf eigene Stärken und eigene Klugheit[65].

Beide Traditionsströme finden in zahlreichen *eschatologischen Gerichtsworten gegen die Völker* ihre Fortsetzung[66]. Evidenter lässt sich dies für die Zionstradition zeigen, insofern viele spätprophetische Worte gegen die Völkerwelt explizit auf sie zurückgreifen; sie rechnen mit einem endzeitlichen Ansturm der Völker gegen den Zion, der nun freilich nicht mehr nur in der Abwehr der Völker endet, sondern in ihrer Vernichtung und in ihrem Untergang, weil sie in ihrer Aggressivität den Weltfrieden verhindern (Jes 17,12–14; 29,1–8; Mi 4,11–13; Sach 12 u. ö.). Dagegen wird die Anknüpfung an die Tradition der Völkerorakel vor allem in den spätprophetischen Texten deutlich, die ein Gerichtswort gegen ein Einzelvolk - Edom (Ob; Jes 34,5 ff.) oder Babylon (Jes 13,17 ff.; Joel 4,1–3) - zur Perspektive eines umfassenden Völkergerichts ausweiten (Ob 15 f.; Jes 13,1–16; 34,2–4; Joel 4,9–17). Dabei wird häufig die Tradition vom „Tag JHWHs" gegen die Völker gewendet (Jes 13; Ob 15; Joel 4,9 ff.).

Eigene Erwähnung verdienen die Kapitel Ez 38–39, die im Ezechielbuch auf die Gerichtsworte gegen einzelne Völker (Ez 25–32. 35–36,15) folgen. Mit ihnen wird mit Gog aus Magog „am Ende der Jahre" (38,8) so etwas wie ein „letzter Feind" Gottes und Israels vernichtet, der mit einer riesigen Heeresmacht, einer Koalition aus den verschiedensten fernen Nationen (die Völkertafel von Gen 10 steht im Hintergrund) gegen Jerusalem anstürmt. Bemerkenswert ist, dass nicht alle Völker zu dieser feindlichen Koalition gerechnet werden; es gibt Völker, die das Gericht an Gog bezeugen und zur Erkenntnis des wahren Gottes gelangen (39,21–24)[67].

Aber das Gericht Gottes über die Völker bildet nur die eine Seite der spätprophetischen und anderen eschatologischen Texte, die die Völker betreffen. Immer stärker wendet sich das Interesse dem *Heil der Völker* zu, unter Rückgriff auf verschiedenste Traditionen. Im Zentrum der Heilsvorstellungen steht die Umkehrung der Tradition vom feindlichen Völkeransturm gegen den Zion: die friedliche Wallfahrt der Völker zum Zion (a.). Andere Texte weiten den Gottesdienst Israels auf die Völker aus und greifen dabei Aussagen vom Königtum Gottes über die Welt auf (b.), wieder andere knüpfen an Abrahams

---

[65] Vgl. bes. P. Höffken, Untersuchungen zu den Begründungselementen der Völkerorakel des AT, Diss. Bonn 1977.

[66] Vgl. zu ihnen H.-M. Lutz, Jahwe, Jerusalem und die Völker (WMANT 27), 1968; M. Roth, Israel und die Völker im Zwölfprophetenbuch (FRLANT 210), 2005; J. Gärtner, Jesaja 66 und Sacharja 14 als Summe der Prophetie (WMANT 114), 2006; A.C. Hagedorn, Die Anderen im Spiegel. Israels Auseinandersetzung mit den Völkern in den Büchern Nahum, Zefanja, Obadja und Joel (BZAW 414), 2012.

[67] Vgl. C. Rösel, JHWHs Sieg über Gog aus Magog (WMANT 132), 2012, 293–300.

Segen für die Völker an (c.). Eine noch weiter gehende, ganz eigene Botschaft bietet das kleine Buch Jona (d.). Nur die jüngsten prophetischen Texte wagen es, Gottes Pläne zum Gericht und zum Heil der Völker einander zuzuordnen (e.).

Wesentliche Anstöße für die Einbeziehung der Völker in das Heil des Gottesvolkes hat *Deuterojesaja* (DJes) gegeben. Freilich ist die zuvor so gut wie unbekannte Ausweitung des Heils Israels nicht in allen Worten des Propheten in gleicher Weise präsent, so dass man den Eindruck gewinnt, dass seine prophetische Erkenntnis im Lauf der Biographie gewachsen ist. Drei Reihen von Verheißungen Gottes sind zu unterscheiden. 1. In mehreren Worten DJes's ist zunächst die Überzeugung präsent, die am deutlichsten im Prolog und im älteren Epilog zum Ausdruck kommt: dass sich das bevorstehende Heil Israels vor aller Völkerwelt vollziehen werde, so dass „alles Fleisch" die sich in diesem Heil zeigende „Herrlichkeit Gottes sehen" werde (Jes 40,5) bzw. die machtvolle Rückkehr Gottes zum Zion sich „vor den Augen aller Völker" abspielen werde: „Alle Enden der Erde werden das Heil unseres Gottes sehen" (52,10). 2. Über diese Erwartung geht vor allem das bekannte Kap. 45 hinaus, das von Kyros als Gottes „Gesalbtem" handelt. Nach ihm wird die Befreiung Israels aus seiner Gefangenschaft, die Kyros als Werkzeug Gottes bewirken wird, dazu führen, dass „sie erkennen werden vom Aufgang der Sonne bis zu ihrem Untergang, dass außer mir keiner ist: Ich, JHWH, keiner sonst" (45,6). Als Konsequenz dieser Erkenntnis werden sich die Völker (repräsentiert von drei afrikanischen Ländern) zu dem Gott aufmachen, der in Jerusalem präsent ist, und sich zu ihm als dem einzigen bekennen (45,14). Von Gott werden sie durch den Propheten eingeladen, sich durch ihn „retten" zu lassen, indem sie sich von ihren hilflosen Göttern ab- und ihm zuwenden (45,22). 3. Eindeutig „eschatologisch" zu qualifizieren (im eingangs des Kapitels beschriebenen Sinn) ist schließlich der feierliche Schwur Gottes, der dieser Einladung folgt, dass sich einmal „jedes Knie" seiner Herrschaft beugen werde (45,23; vgl. Phil 2,10). Es sind solche Erwartungen, die den Horizont für die Gottesknechtslieder abgeben, denen zufolge der „Knecht Gottes" zum „Licht der Völker" wird (49,6) und sein Leben einsetzt, um „den Vielen Gerechtigkeit zu verschaffen" (53,11).

a. Die Völkerwallfahrt zum Zion

Gewirkt hat DJes nach unserer Kenntnis am stärksten mit seiner Vorstellung einer Völkerwallfahrt zum Zion[68]. Schon kurze Zeit nach ihm hat einer seiner Schüler in *Jes 60* (unter Aufnahme von Jes 45,14 und 49,17ff.) das ausladende Bild einer Völkerschaft gemalt, die sich mit edelsten Geschenken nach Jerusalem aufmacht, weil Jerusalems Pracht die „Herrlichkeit" (כבוד) Gottes widerspiegeln wird. Dieses Gemälde ist freilich ebenso stark wie durch DJes durch die altorientalische Königstradition geprägt, nach der die Völker dem Weltherrscher als Zeichen ihrer Huldigung Gaben bringen (Ps 72,8–11). Sie wurde

[68] Zur Vorgeschichte dieser Vorstellung in der Jerusalemer Königsideologie vgl. H.-J. Hermisson, Deuterojesaja (BK XI/2), 2003, 41f. (mit Lit.).

in der zeitgenössischen persischen Herrschaftsideologie noch gesteigert. Das jährliche Erscheinen Abgesandter der unterworfenen Völker mit ihren Gaben vor dem persischen Großkönig hat nicht nur in Texten seinen Widerhall gefunden, sondern auch in Bildern, besonders in den Reliefs an der berühmten Völkertreppe in Persepolis, die darstellen, wie jeder Völkerrepräsentant, mit Geschenken des Landes beladen, von einem persischen Hofbeamten vor den Großkönig geleitett wird. Die Völker kommen, um dem Großkönig für die heilvolle Ordnung der von ihm regierten Welt zu danken. Wenn nun in Jes 60 und in seinen Parallelen die Wallfahrt der Völker nach Jerusalem und nicht nach Persepolis führt, ist damit auch eine implizite Kritik an der persischen Herrschaftsideologie ausgesprochen. Der Mittelpunkt der Welt ist nach Jes 60 nicht dort, wo ihre größte politische Macht residiert, sondern dort, wo der Weltenkönig Wohnung genommen hat und von wo aus er für das Heil der Welt wirkt.

Jes 45,14; 49,17–26 und 60 haben mit ihrer Vorstellung einer Völkerwallfahrt zum Zion eine Diskussion in prophetischen Kreisen angestoßen, die immer stärker auf die Integration der Völker in das Heil Israels abzielte. In Hag 2,6–9 freilich dienen die Kostbarkeiten, die die Völker bringen, noch ganz der Pracht des neuen Tempels, aber schon in Sach 8,20–22 kommen die Völkerscharen nach Jerusalem, um den wahren Gott anzubeten, und der abschließende V.23 verdeutlicht mit seiner Schilderung erster Proselyten, welche realen Erfahrungen hinter diesen Hoffnungsworten standen[69].

Bei weitem am stärksten aber hat die doppelt überlieferte Vision der nach Jerusalem eilenden Völker in *Jes 2,2–4 par. Mi 4,1–3* auf spätere Texte gewirkt. Sie spielt in beiden Prophetenbüchern eine herausragende Rolle: im Großjesajabuch, weil sie mit Jes 60 eine unübersehbare Klammer um das ganze Jesajabuch bildet und zugleich Jes 60 im Voraus deutet; im Michabuch, weil sie mit der endzeitlichen Vollendung Jerusalems den denkbar stärksten Kontrast zur angekündigten Zerstörung Jerusalems in Mi 3,12 bildet[70]. Mi 4,1–3 leitet eine Sammlung von Verheißungen für den Zion ein (Mi 4–5) und nennt am Anfang überraschend nicht das früheste, sondern das zeitlich letzte Ziel einer Kette göttlichen Heilshandelns, den finalen Höhepunkt des Planes Gottes mit seinem irdischen Wohnort. Die Wallfahrt der Völker wird sich „auf der Rückseite der Tage“, d.h. am Ende der Zeit ereignen, genauer: in jenem Teil der Zeit, die dem Menschen, der auf vergangenes, gegenwärtiges und unmittelbar bevorstehendes Geschehen als die ihm vertraute „Vorderseite“ der Zeit blickt, unzugänglich ist. Gemeint ist die ferne und fernste Zukunft und damit im Kontext von Mi 4–5 die Vollendung der Wege Gottes mit dem Zion.

---

[69] Vgl. zu ihnen V. Haarmann, JHWH-Verehrer der Völker. Die Hinwendung von Nicht-Israeliten zum Gott Israels in alttestamentlichen Überlieferungen (AThANT 91), 2008.

[70] Hier ist sie sehr wahrscheinlich auch zuerst entstanden; vgl. L. Schwienhorst-Schönberger, Zion – Ort der Tora. Überlegungen zu Micha 4,1–5, in: F. Hahn u. a. (Hg.), Zion – Ort der Begegnung, FS L. Klein (BBB 90), 1993, 107–126.

Die Ereignisse der Vision vollziehen sich in vier Akten, die im Text durch Subjektwechsel gekennzeichnet sind. Zweimal handelt Gott, zweimal reagieren die Völker. Zunächst wächst der Zion äußerlich zum Weltberg heran, als den ihn die Tradition der Psalmen seit langem preist (Ps 48,3 u. ö.). Damit wird der Anspruch des Gottes Israels, Herr der Welt zu sein, seine bisherige Verborgenheit verlassen und in die sichtbare Evidenz hinüberwechseln. Als Folge werden sich alle Völker zur Wallfahrt zum Zion entschließen, nun aber nicht wie früher, um Jerusalem zu bedrohen[71], auch nicht, um Gott wie in Jes 60 mit Geschenken zu huldigen, sondern um am Zion Orientierung für ihr Leben zu gewinnen und den Willen des Herrn der Welt kennen zu lernen: seine Weisungen, wie sie die Priester lehren, und seine Worte für die Zukunft, wie sie die Propheten vermitteln. Zuletzt aber – erst hier erreicht die Vision ihr eigentliches Ziel – wird Gott selber unter den Völkern Recht sprechen, also das tun, was die Völker nach den jüngeren JHWH-König-Hymnen Ps 96 und 98 so sehnlich erwarten; und als Folge einer weltweiten, von Gott gewirkten Gerechtigkeit werden die Völker ihre Kriege beenden und das Material ihrer Waffen für bäuerliche Gerätschaften nutzen. Der Sprengstoff dieser Vision ist in der Jugendbewegung der letzten Jahre der DDR sichtbar geworden.

Es ist das Bild einer von Gott befriedeten Welt, das die Vision entwirft. Voraussetzung ist, dass die Herrschaft Gottes über die Welt aus ihrer Verborgenheit heraustritt und vor den Augen der Völker offenbar wird, so dass die Völker beginnen, nach dem Willen des wahren Gottes zu fragen. Die „Weisung Gottes" (die Tora) und das Wort Gottes, die diesen Willen bezeugen, waren in älterer Zeit in Gestalt von Priester- und Prophetenwort mündlich in Jerusalem zu finden; für die Späteren stehen sie schriftlich als „Mose und die Propheten" (Luk 16,29.31 u. ö.) im Kanon. Wenn die Völker diesen Willen Gottes befolgen und in ihren Streitigkeiten, mit denen der Text nüchtern weiterhin rechnet, Gott die Entscheidung überlassen, dann brauchen sie keine Kriege mehr zu führen und können sie als Mittel von Konfliktlösungen ein für alle Mal verabschieden. Sie erfüllen damit die Verheißung von Ps 46,9 f.: dass Gott die Kriege in aller Welt beenden wird[72].

Wie revolutionär die Vision einer befriedeten Völkerwelt zu ihrer Zeit gewirkt hat, lässt sich in Mi 4 an Zuwächsen erkennen. V.4 ruft seine Leser auf, den Frieden Gottes nicht nur in der Weltperspektive, sondern auch in der individuellen Zukunft zu erwarten. Der jüngere V.5 fordert die Glieder des Gottesvolkes schon jetzt zum Handeln auf,

---

[71] Das künstliche Verb „(die Völker) strömen", das sich von der Bezeichnung der chaotischen Wasser als „Meer" und „Strom" bzw. „Ströme" ableitet (Ps 93,3 u. ö.; im ugaritischen Mythos heißt der Gegner Baals im Chaoskampf „Fürst Meer-Herrscher Strom"), spielt auf die ältere Tradition vom feindlichen Völkeransturm gegen Jerusalem an und prägt sie bewusst um.

[72] Allerdings mit dem gewichtigen Unterschied, dass nach Ps 46 Gott mit seiner Abwehr feindlicher Völker (V.7) die Kriege gewaltsam beendet, während die Völker in Jes 2 par. Mi 4 aus eigenem Antrieb, von Gott belehrt, die Kriege abschaffen; vgl. O.H. Steck, Friedensvorstellungen im alten Jerusalem (ThSt 111), 1972, 70 f.

auch wenn in der Völkerwelt noch keine Zeichen der Veränderung in Richtung der Verheißung von V.1–3 zu erkennen sind (vgl. den Zuwachs in Jes 2,5). Vor allem aber beharren die noch einmal jüngeren Verse 11–13 darauf, dass vor der Realisierung der endzeitlichen Völkerwallfahrt („jetzt aber ...") die feindlichen Völker einen Angriff gegen Jerusalem unternehmen werden, der nicht nur (wie in den Zionpsalmen) von Gott abgewehrt wird, sondern bei dem die aggressiven Völker vernichtet werden (vgl. u. Abschn. e)[73].

Die Vorstellung einer Völkerwallfahrt zum Zion hat wie kaum eine andere die endzeitlichen Erwartungen sowohl der Prophetenbücher als auch der Psalmen geprägt. Ältere Königspsalmen, die von Haus aus von der Weltherrschaft des Königs als Mandatar Gottes sprachen, wurden jetzt so verstanden, dass die Völker zum Ort pilgern, an dem Gott Gerechtigkeit verwirklicht (Ps 72,8–11); eine analoge Entwicklung lässt sich bei den Zionspsalmen beobachten (vgl. Ps 76,12f.). Individuelle Klagegebete vertrauen jetzt auf Gottes Macht, indem sie auf die erwartete Völkerwallfahrt verweisen (Ps 86,9; Ps 102,16.23). Prophetische Stimmen erwarten, dass ferne Völker, die die Herrlichkeit Gottes am Zion schauen wollen, als Gabe die verstreuten Glieder der Diaspora mitbringen (Jes 49,22; 60,4.9) und dass sie nach ihrer Schau Gottes Herrlichkeit unter den Völkern verkünden und zum Teil sogar zu Priestern und Leviten in Jerusalem geweiht werden (Jes 66,18–24).

Einer der jüngsten Texte aus dieser Vielfalt verdient besondere Beachtung, nicht zuletzt deshalb, weil die Evangelien des Neuen Testaments mehrfach auf ihn anspielen[74]. Nach *Jes 25,6f.* wird Gott die zum Zion wallfahrenden Völker am Ende der Zeiten auf seinem Berg zu einem üppigen und luxuriösen Festmahl einladen, wird ihre vormalige Unterdrückung durch politische Mächte ein für allemal beenden, wird jedem Einzelnen – ein kostbar zärtliches und intimes Bild – „die Tränen aus (seinem) Gesicht abwischen" und mit dem Leid auch den Tod beenden[75]. Deutlicher als mit dieser Teilnahme am Festmahl Gottes könnte nicht ausgedrückt werden, dass für diesen Text die Völker gleichberechtigt mit Israel in die Gottesgemeinschaft aufgenommen werden sollen.

b. Der universale Gottesdienst

Eine andere Brücke, vom künftigen Heil der Völker zu reden, stellt der Gottesdienst der nachexilischen Gemeinde dar. Reale Erfahrungen der Einbeziehung Einzelner in die Gemeinde werden im Hintergrund vieler Texte stehen, wie sie schon etwa im sog. „Gemeindegesetz" (Dtn 23,8f.) oder in Jes 56,6f. festgehalten sind oder in Jes 47,10, wo „die Edlen der Völker" beim Festgot-

---

[73] Vgl. zur literarischen Schichtung J.Jeremias, ATD 24,3 z.St.
[74] Vgl. bes. Mt 8,11; 22,2ff.; Lk 13,29; 14,15.
[75] Vgl. Näheres u. Kap. 7.

tesdienst Israels versammelt sind und im Hintergrund der Aussage vermutlich die Erfahrung steht, dass Abgesandte der Nachbarvölker beim Herbst- oder Laubhüttenfest teilgenommen haben; später ist in Jes 19,16–22 vorausgesetzt, dass sich immer mehr Ägypter den jüdischen Gemeinden in der Diaspora angeschlossen haben. Reale Erfahrungen mögen auch hinter Ps 96 stehen, wo die frühnachexilische Gemeinde aufgefordert wird, ihr Lob Gottes in ein „Erzählen" seiner Herrlichkeit und Wunder übergehen zu lassen (V.2b–3.10); damit wird ein Verb aufgegriffen, das von Haus aus in individuellen Dankgottesdiensten verwendet wurde, wenn Einzelne von Gottes erfahrener Hilfe „erzählten". Gleichzeitig werden die Völker in Ps 96 – in kühner Variation der Darstellung des himmlischen Gottesdienstes von Ps 29,1 f. – dazu aufgerufen, die Exilswende als Zeichen der Entmachtung ihrer Götter zu begreifen und in Ehrfurcht und mit Gaben am Festgottesdienst Israels teilzunehmen (V.7–9).

In der Mehrzahl der genannten Texte sind solche realen Erfahrungen nur der Anlass für ausladende göttliche Verheißungen. Nach Jes 19,19–22 wird sich ganz Ägypten zum wahren Gott bekehren, wenn die Ägypter in Notsituationen die Hilfe Gottes erfahren werden. Nach Ps 47,10 werden „die Edlen der Völker", die am Festgottesdienst teilnehmen, zum „Volk des Gottes Abrahams", was ihre *volle Integration in das feiernde Gottesvolk* impliziert; erst mit ihr kommt für Ps 47 das schon jetzt gepriesene Weltkönigtum Gottes zu seinem letzten und eigentlichen Ziel (V.10b). Noch weiter geht *Ps 100*, der die JHWH-König-Psalmen 93–99 abschließt und zusammenfassend deutet[76]. Er überbietet die Einladung an die Völker zum Gottesdienst in Ps 96, indem er in höchst ungewöhnlicher Weise die sog. Bundesformel aus Ps 95,7 überraschend auf die Völkerwelt überträgt (Ps 100.3):

> Erkennt, dass JHWH – er (allein) – Gott ist:
> Er hat uns geschaffen, und ihm[77] gehören wir,
> sind sein Volk und Schafe seiner Weide.

Wird die Bundesformel in Ps 95 dazu verwendet, Israel auf seine Erwählung anzusprechen und ihm warnend die Pflicht zum Gehorsam einzuprägen, so wird sie in Ps 100 schöpfungstheologisch begründet, um auf alle Völker ausgeweitet zu werden[78]. Erwartet wird von dem universalen Gottesvolk nur eines: dass es in der Erkenntnis der Macht und Einzigkeit des wahren Gottes und der eigenen Geschöpflichkeit ständig Fortschritte macht. Aber diese wachsende Erkenntnis ist nicht Vorbedingung der Teilnahme am Gottesdienst Israels, sondern deren Folge (V.2).

---

[76] Vgl. E. Zenger, Das Weltenkönigtum des Gottes Israels (Ps 90–106), in: ders. und N. Lohfink (Hg.), Der Gott Israels und die Völker (SBS 154), 1994, 151–178; 165–170; J. Jeremias, Ps 100 als Auslegung von Ps 93–99 (1998), in: ders., Studien 256–265.

[77] So zahlreiche Handschriften, Aquila u. a. MT liest לא („ ... und nicht wir selbst").

[78] Vgl. N. Lohfink, Die Universalisierung der ‚Bundesformel' in Ps 100:3, ThPh 65 (1990), 172–183.

War in der Erwartung der Eingliederung der Völker die Tür einmal so weit geöffnet worden, so konnten auch die letzten Schranken fallen. Nach Sach 2,15 werden viele Völker sich Gott zuwenden und zusammen mit der bestehenden Gemeinde ein Volk Gottes bilden; nach Jes 66,21 wird Gott auch aus den Völkern Priester und Leviten nehmen; und nach Zef 2,11 und 3,9 werden die Völker, wenn sie von Gott (endgültig) von ihren Göttern befreit und statt dessen mit „reinen Lippen" beschenkt sein werden, je von dem Land aus, in dem sie wohnen, Gottes Namen anrufen. Eine derart *ortsungebundene universale Verehrung des Gottes der Bibel* setzen auch Mal 1,11 und Jona 1,15 voraus sowie die Fortschreibung des zuvor genannten Textes Jes 19,18–22 in V.23–25 mit ihrer kühnen Verheißung, dass „Ägypten" und „Assur" – vermutlich die Diadochenreiche – in gleicher Weise wie Israel „Gottes Volk" und in gleicher Weise wie Israel von Gott gesegnet sein werden[79].

In diesem Zusammenhang muss noch ein Text genannt werden, der schon mehrfach[80] herangezogen wurde. Nach der Schlussstrophe von Ps 22 – *Ps 22,28f.* – werden sich alle Völker dem wahren Gott zuwenden, wenn sie vernehmen werden, was im Dankgottesdienst der Gemeinde von der Rettung eines Einzelnen aus denkbar schwerer Not erzählt wurde (V.23–27). Demnach genügt schon die Mitteilung einer ungewöhnlichen individuellen Rettungserfahrung dafür, dass sich alle Welt zu Gott bekehrt und seinem universalen Königtum äußere Evidenz verleiht. Kein Wunder, dass die junge Christenheit Ps 22 so intensiv zur Deutung der Passion Jesu herangezogen hat!

c. *Der Segen Abrahams*

Eine weitere Quelle, die das Nachdenken über das Heil der Völker stark gefördert hat, war die berühmte Zusage Gottes an Abraham am Beginn der Vätergeschichte in *Gen 12,2–3*. In einem programmatischen Eröffnungssatz werden hier die Völker in Gottes Heilswillen einbezogen, noch bevor Gott mit seinem Handeln an Abraham überhaupt begonnen hat:

> „Ich will segnen, die dich segnen ... So können in dir Segen gewinnen alle Sippen der Erde" (V.3).

Gott handelt an Abraham bzw. an dem in Abraham verkörperten Israel, *aber er meint die Welt,* eine Welt freilich, die an ihrem Verhältnis zu Abraham/Israel gemessen werden wird.

Allerdings ist das präzise Verständnis des letzten Gliedes einer langen Kette von Verheißungen an Abraham in Gen 12,2f. umstritten. Das nif. von der Wurzel ברך „segnen" kann (wie das hitp.) reflexive („sich Segen wünschen"), aber auch mediale („sich Segen

[79] Wie S. Lauber, ZAW 123 (2011), 368–390 gezeigt hat, zielt diese Verheißung wohl auf eine theologische Legitimation jüdischer Diasporaexistenz ab.

[80] Vgl. o. S. 40 und S. 396ff.

verschaffen“) bzw. rezeptive („Segen empfangen“) oder aber (wie das pu.) passive Bedeutung („gesegnet werden“; so LXX und Gal 3,8f.) annehmen. Im Fall einer (am häufigsten belegten) reflexiven Deutung wäre Abraham als Inbegriff eines Gesegneten Vorbild und Ideal für die Völker, im Fall einer rezeptiven oder passiven Interpretation würden die Völker an Abrahams Segen partizipieren[81]. M.E. ist das logische Gefälle der Verheißungssätze für die Interpretation entscheidend; es spricht dafür, dass in Gen 12,3 ein objektiver Segensgewinn und nicht nur ein subjektiver Segenswunsch der Völker im Blick ist.

Gen 12,1–3 ist der wohl bedeutendste Brückentext im Alten Testament. Er leitet über von der Darstellung einer urzeitlichen Menschheitsgeschichte, die von mehrfachen Flüchen Gottes als Reaktion auf schwere Schuld der Menschen geprägt war (Gen 3,14.17; 4,11; 9,25), zu einer von Gott initiierten Geschichte mit den Erzvätern, die nach Gen 12,1–3 ganz von Gottes Segen bestimmt sein soll. *Abraham ist sozusagen Gottes Gegenentwurf zum urzeitlichen Menschen.* Nicht weniger als fünfmal begegnet das Leitwort „segnen“ in insgesamt 6 Verheißungen Gottes. Während aber die ersten drei Verheißungen in V.2a noch Abraham selbst gelten – seinem Anwachsen zum „großen Volk“ und seinem Gewinn eines „großen Namens“ –, weisen die folgenden drei über Abraham hinaus. V.2b eröffnet diese zweite Hälfte mit der generellen Folge: „ ... auf dass du ein Segen bist“. Mit ihr wird sogleich die Wirkung des gesegneten Abraham/Israel auf Andere betrachtet und von vornherein verdeutlicht, dass der Abraham zugesagte Segen Gottes mehr meint als nur das Glück und Wohlergehen des Gesegneten[82]. Wie diese Wirkung Abrahams auf Andere vorzustellen ist und unter welchen Bedingungen sie eintreffen wird, führt V.3a aus; er handelt von Gottes (bedingtem) Segen für die Völker, die Abraham „segnen“, ihn also als von Gott Gesegneten anerkennen und ihm entsprechend freundlich begegnen:

> Ich will segnen, die dich segnen,
> wer dich aber schmäht, den will ich verfluchen.

Mit diesem Satz wird eine doppelt belegte ältere formelhafte Wendung („die dich verfluchen, seien verflucht; die dich aber segnen, seien gesegnet“, Gen 27,29b; vgl.

---

[81] Alle drei Deutungsmöglichkeiten finden ihre Vertreter; vgl. J. Scharbert, ThWAT I (1973), 808–841; 829. In jüngerer Zeit wird eine reflexive Bedeutung bes. von E. Blum, Die Komposition der Vätergeschichte (WMANT 57), 1984, 350–356, eine passive Bedeutung bes. von K.N. Grüneberg, Abraham, Blessing, and the Nations (BZAW 332), 2003 und M. Leuenberger, Segen und Segenstheologien im alten Israel (AThANT 90), 2008, 196–205, vertreten. Jedoch hat schon F. Delitzsch, Genesis, Leipzig 1887, 251, der selber als behutsamer Philologe die reflexive Deutung bevorzugt, zu Recht gesehen, dass beide Auffassungen sachlich nicht allzu weit auseinander liegen: „Es soll dahin kommen, daß zuletzt alle Geschlechter der Erde des Segens, dessen Träger er (sc. Abraham) ist, teilhaftig zu werden wünschen und suchen, womit zugleich gesagt ist, daß sie wirklich in ihm gesegnet werden.“ Ähnlich zahlreiche Ausleger, etwa M. Köckert, Vätergott und Väterverheißungen (FRLANT 142), 1988, 277.

[82] Weit wesentlicher für den hiesigen Kontext ist, dass der Segen als etwas Bleibendes gilt, das nicht zurückgenommen oder beseitigt werden kann, wie die Erzählungen vom Segen über Jakob in Gen 27 und vom Segen Bileams hervorheben.

Num 24,9b) aufgegriffen, aber erheblich abgewandelt[83]. Hier wie dort entscheiden sich Segen und Fluch der Nachbarn Israels an ihrem Verhalten zu Israel. Aber in Gen 12,3 sind 4 Modifikationen zu beachten: 1. Hier steht nicht mehr der Fluch voran, sondern der Segen (so freilich auch in Num 24,9). 2. Die Parallelisierung von Fluch und Segen ist aufgehoben; das Segnen Abraham/Israels gilt als das normale Verhalten, das Fluchen wird (in singularischer Formulierung) als Ausnahme bezeichnet. 3. Gleichzeitig ist der Inhalt der Ausnahme verschärft worden: Nicht erst der Fluch, sondern schon die verächtliche Herabsetzung, die schmähliche Missachtung (קלל pi.)[84] gegenüber Israel führen zum göttlichen Fluch, weil ein solches Verhalten nicht nur die von Gott Gesegneten, sondern letztlich auch Gott als den Segnenden trifft. 4. Vor allem aber wird die alte magisch-selbstwirkende Segen- und Fluchformel in ein Handeln Gottes umformuliert. Sie wird auf diese Weise zu einer Heilsverheißung (als Regelfall) und zu einer Unheilsandrohung (als Ausnahme) umgestaltet, über deren Form und Maß Gott selber entscheidet[85].

In Gen 12,3a wird also nicht mehr nur (wie in Gen 27 und Num 24) gesagt, dass das Geschick anderer Gruppen und Völker von ihrem Verhalten gegenüber Abraham/Israel abhängt, sondern den Völkern wird ein Segen eröffnet, den Gott selber spenden will. Mit der Formulierung der Ausnahme wird andererseits Abraham/Israel von Gott geschützt, falls ihm – trotz dieses großen Angebots – schädigende Feinde entstehen sollten.

Der abschließende Folgesatz, den wir eingangs zitierten („ ... so können in dir Segen gewinnen alle Sippen der Erde", V.3b) führt allein den ersten Aspekt von V.3a näher aus. Er bringt keine neuen inhaltlichen Gesichtspunkte mit sich, sondern greift das Leitwort „Segen" (mit Gott als Subjekt) wieder auf, stellt nun aber den verheißenen Segen in eine universale Perspektive: „Sippen" sind soziologisch gesprochen die Grundeinheiten allen menschlichen Zusammenlebens, im Kleinen wie im Großen. Alle Gruppen und Völker auf der Erde sind in V.3b aufgerufen, an Abrahams Segen zu partizipieren. Faktisch werden damit Erfahrungen ausgeweitet, wie sie schon in den älteren Erzählungen der Genesis belegt sind; man denke etwa an Labans Erkenntnis in Gen 30,27: „Ich habe in Erfahrung gebracht, dass JHWH mich deinetwegen gesegnet hat", oder an Gen 39,5: „JHWH segnete das Haus des Ägypters um Josephs willen".

Die ungewöhnliche Aussage der programmatischen Einführung der Vätergeschichte in Gen 12,1–3 kommt in den Blick, wenn beachtet wird, wie in dem kurzen Verheißungstext geläufige altorientalische Königstradition abgewan-

---

[83] Vgl. H.W. Wolff, Das Kerygma des Jahwisten, Ges. St. (TB 22), 1964, 345–373; 358f.

[84] Vgl. HAL s.v. und bes. W. Schottroff, Der altisraelitische Fluchspruch (WMANT 30), 1969, 29f. („קלל ... meint im pi. die geringschätzige Behandlung und die schmähende Herabsetzung, durch die ein anderer in seinem Ansehen und in seiner Geltung geschmäht und in seinem Gedeihen und in seiner Kraft gelähmt wird").

[85] Diese Veränderung hat vor allem C. Westermann vielfach hervorgehoben, der sich so intensiv wie kein anderer Exeget mit dem Segen als Vermittlung einer stetigen, alle Stadien des Daseins betreffenden Lebenskraft beschäftigt hat; vgl. neben seiner „Theologie des AT" (ATD. E 6), 1978, 88ff. seine „Genesis" (BK I/2), 1981, 172–176.

delt wird. In ihr gehören Segensthematik, „großer Name" und die Herrschaft über die Völker (aufgrund kriegerischer Erfolge) sachlich zusammen, und zwar so, dass in der Herrschaft über fremde Völker der „große Name" und der Segen des Königs zum Ausdruck kommen[86]. Das verheißene „Königtum" Abrahams sieht wahrlich anders aus, insbesondere in seinem Bezug zu den Völkern! Aber man wird es schwerlich zufällig nennen wollen, dass in der ungewöhnlichen *Wirkungsgeschichte des Textes innerhalb des Alten Testaments* – nicht weniger als sechsmal wird allein V.3b (mit kleinen Abweichungen[87]) wörtlich zitiert – mit Ps 72,17 auch ein Königspsalm begegnet, in dem die Segensvermittlung Abrahams auf den (kommenden) König übertragen wird, allerdings auf einen König, der Recht und Gerechtigkeit in Israel verwirklichen wird. Mit dieser Übertragung wird die göttliche Gabe der Rechtsverwirklichung, um die in Ps 72,1 gebetet wird, auch auf die Völker ausstrahlen; sie werden einen König glücklich preisen und sich an seinem Handeln orientieren, der „Arme, die keinen Helfer haben, rettet" (V.12). So wird der Segen über Abraham den Völkern die Realisierung von Recht und Gerechtigkeit ermöglichen.

Vier der anderen Zitate aus Gen 12,3 entstammen der Genesis, und zwar ausnahmslos jüngsten Deutungen der Vätergeschichte (Gen 18,18; 22,18; 26,4; 28,14). Unter ihnen ist theologisch Gen 22,18 (vgl. 26,4) hervorzuheben, insofern der Segen, den Abraham/Israel den Völkern vermittelt, hier nicht nur in Wachstum und Vermehrung gesehen wird, sondern auch mit Abrahams vorbildlichem Vertrauen auf Gott verbunden wird, das selbst dann nicht endete, als Gott ihm den scheinbar sinnlosen Befehl zumutete, den eigenen Sohn als Opfer darzubringen. In Gen 22,18 deutet sich eine bemerkenswerte Verschiebung im inhaltlichen Verständnis des göttlichen Segens an, der durch Abraham auf die Völkerwelt kommen soll: Nicht Reichtum (große Herde, viel Weideland, Gen 13,2) oder Ruhm und Reputation („großer Name", Gen 12,2) sind hier hervorstechende Merkmale des Segens, sondern ein Gottesverhältnis, in dem Menschen sich auch dann noch in Gott bergen können, wenn er ihnen unverständlich handelt (Gen 22), weil sie mit Gottes „Wundern" rechnen (Gen 18,14). Entfernt vergleichbar werden die Völker nach Jer 4,2b ein Israel glücklich preisen, das im Elend zur Umkehr und zur Konzentration auf den einzig wahren Gott fähig ist. Indem der Text für diese Haltung der Völker Gen 12,3 zitiert, qualifiziert er ein solches Verhalten Israels als dasjenige, das den Völkern zum Vorbild wird.

---

[86] Vgl. E. Ruprecht, Der traditionsgeschichtliche Hintergrund der einzelnen Elemente von Gen XII 2–3, VT 29 (1979), 444–464; M. Köckert, a.a.O. 276–294.

[87] U.a. wird viermal (Gen 22,18; 26,4; Ps 72,17; Jer 4,2) das geläufigere hitp. von ברך mit seiner reflexiven Bedeutung verwendet.

d. Jona

Eine ganz eigene, liebenswerte Sicht des Heils der Völker vertritt das kleine Buch Jona[88]. Sein Erzähler ist in selbstkritischer Analyse der festen Überzeugung, dass *die Heiden die besseren Partner Gottes* wären, hätten sie Ähnliches von Gott erfahren wie Gottes Volk. Die aus aller Herren Länder stammenden Matrosen in Jona 1, die die Völkerwelt repräsentieren, tun in lebensbedrohender Not spontan das Nächstliegende: Sie schreien zu je ihrem Gott, während Jona auf der sinnlosen Flucht vor seinem Gott ermattet im Schiff fest schläft. Und als sie durch Jonas Bekenntnis erfahren, dass der wahre Gott der Schöpfer der Welt ist, der souverän über Stürme verfügt und dem kein Mensch entrinnen kann, „befällt sie eine große Furcht" (V.9), die in der Stunde der Rettung zu einer „großen Furcht gegenüber JHWH" gesteigert wird, so dass sie diesen Gott nun mit Gelübden und Opfern verehren (V.16). Das durch Jona vermittelte Wissen von Gott als Schöpfer genügt, damit sich die Matrosen aufgrund ihrer Rettung zum wahren Gott bekehren. Viel schneller als Jona begreifen sie, dass ein Bekenntnis zum Schöpfer der Welt und eine Flucht vor ihm einander ausschließen.

Ähnliches gilt für das notorisch „böse" Ninive, das Symbol der die Völker tyrannisierenden gewalttätigen Weltmacht[89]. Ninive tut sogleich und umfassend Buße, als Jona endlich – nach seiner vergeblichen Flucht – ihm seinen bevorstehenden Untergang im Auftrag Gottes ansagt. Dabei ist der König von Ninive, wie oft beobachtet, als positiver Gegentypos zum hörunwilligen judäischen König Jojakim gezeichnet, der nach Jer 36 die ihm unangenehmen Gottesworte des Propheten Jeremia im Feuer vernichten wollte. Der König von Ninive verhält sich vorbildlich; er demütigt sich aufs Äußerste und befiehlt, ein Fasten der Bewohner der Stadt auszurufen, in das alle Altersgruppen und selbst die Tiere einbegriffen sind, dazu ein Beten zu Gott in aller Ernsthaftigkeit und eine Umkehr „jedes Einzelnen von seinem bösen Weg und von der Gewalttat an ihren Händen" (3,6–8). Der Erzähler der Jonageschichte traut dem König eine geheime Ahnung dessen zu, was das tiefste Geheimnis des Glaubens Israels ist: dass Gott so viel an der Rettung seiner Menschen liegt, dass er liebend gern „Reue übt" und ein berechtigtes Vernichtungsvorhaben zurücknimmt, wann immer es ihm möglich ist[90]. Ja, mehr noch: Im Anschluss an die dtr Theologie im Jeremiabuch (Jer 18,7–10; 26,3; vgl. 36,3) spürt er, dass Gottes Gerichtsankündigung letztlich auf das Heil Ninives ab-

---

[88] Vgl. neben den Kommentaren zuletzt H.W. Wolff, Studien zum Jonabuch (1965), [3]Neukirchen 2003 (Lit.); H.J. Opgen-Rhein, Jonapsalm und Jonabuch (SBB 38), 1997; M. Gerhards, Studien zum Jonabuch (BThSt 78), 2006; P. Weimar, Eine Geschichte voller Überraschungen (SBS 217), 2009.

[89] Vgl. M. Gerhards, ebd. 91–101; J. Jeremias, Die Sicht der Völker im Jonabuch (Jona 1 und Jona 3), in: M. Witte (Hg.), FS O. Kaiser (BZAW 345/I), 2004, 355–367.

[90] Vgl. o. S. 144f.; 216f.

zielt. In diesen Erwägungen ist der König von Ninive ein guter Theologe: Er weiß, dass die entschlossene Abkehr eines schuldigen Volkes die Bedingung für Gottes „Reue“ und seinen Willenswandel ist, und er weiß, dass Ninive mit all seinem entschlossenen Umkehrwillen diese Reaktion Gottes nicht herbeizwingen, sondern nur auf sie hoffen kann; er gebraucht das berühmte prophetische „Vielleicht“, das er aus Joel 2,14 übernommen hat[91]. Dieses „Vielleicht“ – allerdings in der traditionellen Form von Am 5,15 und Zef 2,3 – verwendet auch der Kapitän in Jona 1,6, als er Jona zum Gebet auffordert in der Hoffnung auf Gottes Rettung. Die Heiden auf dem Schiff und in Ninive lassen Gottes Freiheit Raum und hoffen auf Gottes Güte – der fliehende Jona dagegen meint, alles von Gott zu wissen und rebelliert gegen diesen Gott (4,2). Und obwohl Jona wegen der „Bosheit“ Ninives, unter der Israel über Generationen hinweg gelitten hatte, gegen die Berechtigung der Ahnung des Königs von Ninive vor Gott leidenschaftlich protestiert, hat der König von Ninive Recht behalten, weil der Schöpfer der Welt mit allen Geschöpfen „Mitleid empfindet“, insbesondere mit denen, die nichts (von ihm) wissen und daher das Maß ihrer Schuld nicht einzuschätzen vermögen (4,11).

Jona als Repräsentant Israels[92] wird in der Jonaerzählung viel von Gott zugemutet: Er soll sein Vorrecht auf Gottes Mitgefühl, mehr noch: auf Gottes „Reue“ – von der Jona/Israel von Anfang an lebt (Ex 32,7–14) und aufgrund deren es am tödlichen „Tag JHWHs“ gerettet zu werden hofft (Joel 2,12–14) – nicht nur mit seinen Nachbarn, sondern auch mit der gewalttätigen Macht teilen, die ihm das Leben bisher so sehr erschwert hat. Israels Gott zielt selbst dann, wenn er den Völkern Gericht verkünden lässt, auf die Rettung seiner Menschen ab, und seien sie „Ninive“. Auf diese Weise wird Jona/Israel *genötigt, mit seinem Gott in den Horizont der Feindesliebe einzutreten.* Ob Jona/Israel bereit ist, seinem Gott in diesem Schritt zu folgen, gegen den er sich zunächst so leidenschaftlich wehrt, bleibt in der Erzählung offen. Das Jonabuch ist das einzige Buch der Bibel, das mit einer Frage endet, deren Antwort es von seinen Lesern erwartet.

e. *Gericht und Heil*

Für das kleine Buch Jona sind die Völker insofern Israel gleichgestellt, als auch für sie gilt, dass Gott schon dann, wenn er ihnen Gericht ankündigen lässt, auf ihren Umkehrwillen hofft, von Anbeginn also auf das Heil der Völker aus ist. Für die anderen prophetischen Texte, die Gottes Gerichts- und Heilsverkün-

---

[91] Vgl. o. S. 406.

[92] Weil Jona für den Erzähler Prophet und Repräsentant Israels zugleich ist, wird er nie mit der Amtsbezeichnung „Prophet“ benannt; vgl. Wolff, a.a.O. 53.72. Die frühe jüdische Auslegung hebt sachgemäß Jonas Solidarität mit seinem Volk hervor; vgl. E. Bickermann, Les deux erreurs du prophète Jonas, RHPhR 445 (1965), 232–264; 239.

digung an die Völker in eine Beziehung zueinander setzen, sieht die Lösung erheblich komplexer aus. Diese Texte stimmen darin überein, dass sie ausnahmslos (wie auch das Buch Jona) in die Spätzeit des Alten Testaments gehören und dass sie alle *Gottes Gericht an den Völkern erwarten, bevor ihnen ihr Heil zuteil wird*[93].

Das gilt für die Endgestalt von *Mi 4–5*, einem Traditionskomplex, der dem älteren Michabuch (Mi 1–3*) zugewachsen ist und der das Verhältnis von Zion und den Völkern behandelt. In der Langzeitperspektive („auf der Rückseite", d.h. am Ende „der Tage") erwartet Mi 4–5 das Heil der Völker in Gestalt der Völkerwallfahrt zum Zion (Mi 4,1–3; s.o.). Für die Zeit zuvor jedoch („jetzt aber ...") zeichnet ein jüngerer Text das Bild eines aggressiven Ansturms der Völker gegen Jerusalem, der von Gott veranlasst ist und zur Vernichtung der Völker führt; Israel fungiert hier als Gottes Strafwerkzeug (4,11–13). Für die unmittelbare Gegenwart aber entscheidet sich das Geschick der Völker an ihrem Verhalten zu dem unter sie zerstreuten Gottesvolk, dessen Gegenwart sich für sie heilvoll („wie Tau") oder aber tödlich („wie ein Löwe") auswirken kann (5,6f.).

Vergleichbar erscheint das Geschick der Völker für die Endgestalt von *Zef 3*. Auch hier steht vor der Schilderung des Heils der Völker ein universales Gottesgericht über sie (3,8)[94]. Dann aber wird Gott die Völker – auch die fernsten – umstürzend verwandeln (הפך), indem er ihnen „reine Lippen" schenkt, mit denen sie seinen Namen anrufen, so dass sie ein vereintes riesiges Gottesvolk werden – sie werden Gott „mit vereinten Schultern dienen", V.9 –, ohne jedoch in Israel aufzugehen.

Am stärksten müht sich der jüngste unter den einschlägigen Texten, *Sach 14*, wahrscheinlich einmal als Abschluss des Zwölfprophetenbuches konzipiert, um eine Systematik der prophetischen Gerichts- und Heilsansagen für die Völker und gleichzeitig für Israel. Ausgehend von den Leitgedanken einerseits des „Gerichtstages JHWHs", andererseits seines universalen Königtums vom Zion aus sammelt Gott die Völker, um zunächst das nötige Gericht an Juda und Jerusalem zu vollstrecken. Die Hälfte des Gottesvolks muss in die Verbannung, die andere erlebt die Verherrlichung Jerusalems durch die uneingeschränkte Offenbarung Gottes als König der Welt. Erst dann wird an den vor Jerusalem versammelten Völkern ein universales Gericht erfolgen. Aber wiederum werden die Völker nicht insgesamt vernichtet werden, sondern ein Rest der Völker wird bleiben und jährlich zum Hauptfest des Gottesvolks,

---

[93] Eine umfassende und sehr behutsame Analyse dieser schwierigen Texte bietet J. Gärtner, Jes 66 und Sach 14 als Summe der Prophetie (WMANT 114), 2006. Vgl. zusätzlich J. Jeremias, Mi 4–5 und die nachexilische Prophetie, in: M. Köckert – M. Nissinen (Hg.), Prophetie in Mari, Assyrien und Israel (FRLANT 201), 2003, 90–115; H. Irsigler, Zefanja (HThKAT), 2002 und immer noch H.-M. Lutz, Jahwe, Jerusalem und die Völker. Zur Vorgeschichte von Sach12,1–8 und 14,1–5 (WMANT 27), 1968.

[94] Nach dem älteren Verständnis des Verses galt der geschilderte Gotteszorn freilich dem Gottesvolk, weil es nichts aus Gottes Geschichtshandeln an ihm gelernt hatte.

dem Laubhüttenfest, nach Jerusalem ziehen und so Anteil am Glanz des Weltenkönigs gewinnen.

Mit Sach 14 vergleichbar ist das Schlusskapitel des Jesajabuches, *Jes 66*, nur dass dieses eine weit geschlossenere Konzeption bietet, weil es die Vorstellungen Jesajas und Deuterojesajas zusammenfassen will. Auch hier findet zunächst eine Scheidung innerhalb des Gottesvolks statt, dann innerhalb der Völker. Völkergericht und Völkerwallfahrt sind hier über die Vorstellung der „Herrlichkeit" (כבוד) Gottes miteinander verbunden, die als zerstörender „Schreckensglanz" (wie er vielfach bei den kämpfenden Göttern Mesopotamiens belegt ist) die Völker und die Frevler in Israel vernichtet, aber als aufstrahlender Heilsglanz (im Anschluss an Jes 60,1–3) die dem Gericht Entronnenen zur Wallfahrt nach Jerusalem ermuntert. Dort werden sie – diese Perspektive ist neu – in das Gottesvolk aufgenommen.

Deutlich zeigt sich in allen zitierten spätprophetischen Texten die Absicht, die vorliegende spannungsreiche Vielfalt prophetischer Texte, die den Völkern Gericht, aber auch Heil ansagen, miteinander in Einklang zu bringen und Gottes vielfältigen Willen, wie er in den prophetischen Ankündigungen an Israel und die Völker zum Ausdruck kommt, umfassend aufzunehmen. Sie suchen nach dem *einen* Willen Gottes hinter den zahlreichen überkommenen Prophetenworten. Mit dieser Absicht sind die Texte auf dem Weg zur Geschichtsauffassung der Apokalyptik, von der im Folgenden die Rede sein soll.

6. Die Apokalyptik

Die Apokalyptik ist das jüngste theologische Phänomen im Alten Testament, und zwar sowohl als literarische Gattung (Apokalypse) als auch als komplexe Konzeption. Im Vollsinn ist sie nur noch mit einem Beleg, dem Buch Daniel, vertreten, aber sie reicht bis in das Neue Testament hinein (Mk 13; Offb) und über es hinaus. In ihrer Blütezeit (Mitte des 2. Jh.s v. Chr. bis Mitte des 2. Jh.s n. Chr.) ist sie durch Eigenarten gekennzeichnet, die sie von der spätprophetischen Literatur (Tritojesaja, Joel, Deuterosacharja etc.) deutlich unterscheiden; es genügt, einleitend schlagwortartig einige Charakteristika zu nennen: Pseudonymität – Dualismus – Determination der Geschichte – Äonenwende.

a. Vorstufen

Es versteht sich von selbst, dass ein Phänomen mit derart ausgeprägten Eigenarten nicht ohne Anlass und erst recht nicht von heute auf morgen entstand, sondern – besonders traditionsgeschichtlich – auf Vorstadien basierte. Solche Vorstadien hat man schon in der ausladenden Schilderung der Berufungsvision Ezechiels finden wollen, insofern deren „detaillierte Überwelt" (H. Gese) ein erstes Mal in der Geschichte der alttestamentlichen Prophetie *eines deutenden*

Engels, eines angelus interpres, bedurfte, wie er im Danielbuch und danach eine so wichtige Rolle spielt. Eine weit bedeutendere Funktion fällt dem Deuteengel im Buch Sacharja zu, in dessen Zentrum die prophetischen Nachtgesichte (Sach 1,8–6,8) stehen. Sie stellen mehr als eine bloße Aneinanderreihung von Visionen dar, bilden vielmehr, aufeinander bezogen, ein sachliches Ganzes, eine Gesamtsicht der von Gott geplanten, unmittelbar bevorstehenden heilvollen Zukunft Jerusalems. Da die Deutungen des Engels hier nur nach Rückfragen des Propheten gegeben werden, kann man wie in der späteren Apokalyptik von einem *„Geheimwissen" des Propheten* sprechen[95]. Auch die Überzeugung einer bevorstehenden Vernichtung des babylonischen Reiches sowie eines Endes der noch immer wirkenden Schuldgeschichte des Gottesvolkes als Voraussetzung des Anbruches einer umfassenden Geschichte des Heils verbinden die Nachtgesichte mit der Apokalyptik. Allerdings genügen diese Kennzeichnungen nicht, um die weitreichende These H. Geses zu stützen: „Die Nachtgesichte des Sacharja sind die älteste uns bekannte Apokalypse"[96], so gewiss gerade an den Nachtgesichten des Sacharja die tiefe Verwurzelung der Apokalyptik in prophetischer Tradition aufgewiesen werden kann.

Häufiger noch hat man für die Vorgeschichte der Apokalyptik zu Recht auf Deuterojesaja verwiesen, weil bei ihm das Königtum Gottes in seiner durch Gottes Rückkehr zum Zion „sichtbaren" Gestalt wie in der Apokalyptik das Ziel der Geschichte bildet und der Prophet zudem mit der Einteilung der Geschichte in „das Frühere" und „das Kommende" die Lehre von den zwei Äonen in der Apokalyptik vorbereitet hat. Motivlich kommt die weit jüngere Komposition Jes 24–27, in der eschatologische Ansagen und psalmartige Gedichte einander abwechseln, der Apokalyptik nahe, ohne dass damit die geläufige Bezeichnung „kleine Jesaja-Apokalypse" gerechtfertigt wäre. Gottes Sieg über mythische Mächte (Jes 27,1), die als Symbol für gewalttätige Weltreiche stehen, in kosmischen Dimensionen (24,21), die Auferstehung von den Toten (26,19) und ein Heil, das alle Völker unter Gottes Herrschaft einschließt und sie nicht mehr vom Tod bedroht sein lässt (25,6–8), stehen hier im Zentrum der göttlichen Verheißungen.

Die wichtigste Aussage der spätprophetischen Literatur, die das Entstehen der apokalyptischen Literatur verständlich machen kann, ist mit dem allen noch nicht genannt. Es ist die Vorstellung, *dass dem von Gott zugesagten endzeitlichen Heil eine zuvor unbekannte Not* bzw. Gottes Kampf gegen einen Feind mit einer noch nie zuvor erlebten Macht *vorausgehen* werde[97]. Sie ist ebenfalls in Jes 24–27 belegt, deutlicher und ausdrücklicher aber in Gottes Kampf gegen Gog aus Magog in Ez 38–39.

---

[95] So H. Gese, Anfang und Ende der Apokalyptik, dargestellt am Sacharjabuch, in: ders., Vom Sinai zum Zion, München 1974, 202–230; Zitat 217.

[96] Ebd. 221; vgl. zuvor 205f.

[97] Darauf hat vor allem J. Lebram, Apokalyptik/Apokalypsen II, TRE 3 (1978), 192–202; 196f. hingewiesen.

b. Das Buch Daniel

So ist es keineswegs zufällig, dass die älteste überlieferte Apokalypse und zugleich das jüngste Buch des hebräischen Alten Testaments *in einer Situation der Bedrängnis entstanden ist, wie sie die bisherige Geschichte Israels noch nicht gekannt hatte.* Bei den Maßnahmen des Seleukiden Antiochos IV. Epiphanes zur Zwangshellenisierung der judäischen Bevölkerung ging es um nicht weniger als um die Frage, ob der überlieferte Glaube, wie er in den alttestamentlichen Schriften niedergelegt war, Bestand behalten könnte. Antiochos hatte Hohepriester nach Belieben ein- und abgesetzt und 169 v. Chr. den Tempel durch Betreten geschändet, in dessen Allerheiligstes nur einmal im Jahr, am Versöhnungstag, ein einziger Mensch, der Hohepriester, nach langwierigen, präzise geregelten Reinigungsriten eintreten durfte. Als sich gegen Antiochos ein Aufstand erhob, hatte er Jerusalem plündern und anzünden, Frauen und Kinder in die Sklaverei verkaufen lassen und – nicht genug damit – 167 alle kultischen Handlungen (Opfer, Sabbatheiligung, Beschneidung) verboten sowie – schlimmer noch – alle heilige Schriften bei Androhung der Todesstrafe im Falle der Zuwiderhandlung zu vernichten befohlen. Auf dem Brandopferaltar vor dem Tempel stand ab jetzt die Statue des Zeus Olympos, der „Gräuel der Verwüstung" (1 Makk 1,54), und die Beteiligung an seinem Kult wurde zur Pflicht erhoben: Anlass für den Beginn der Makkabäerkämpfe, die für das Buch Daniel jedoch nur „eine kleine Hilfe" (11,34) darstellen.

Die wirkliche Hilfe erwartet das Buch Daniel stattdessen in Gestalt *einer Äonenwende*: Weil die Frevel des Antiochos Endzeitcharakter besitzen, wird die Geschichte in ihrer bisherigen Gestalt an ihr Ende gelangen; das Königtum Gottes und sein ewiges Reich werden an ihre Stelle treten. Die Weltgeschichte als solche birgt keinerlei Heil in sich; im Gegenteil tendiert sie massiv zur Unheilsgeschichte. Aber sie muss von ihrem Ende her verstanden werden, und das steht unmittelbar bevor. Der *wesenhaft seelsorgerliche Charakter* des Danielbuches kommt darin zum Ausdruck, dass die angesprochene leidende Gemeinde vergewissert wird, dass dieser Umbruch der Geschichte in Kürze erfolgen wird. Dem dienen vor allem die beiden berühmten Visionen in Kap. 2 und 7, die jeweils *eine Abfolge von vier Weltreichen:* Babylonier, Meder, Perser und Griechen (Alexander d. Gr. und die Diadochen) beschreiben.

Die Vorstellung einer Abfolge von vier Weltreichen hat eine doppelte Vorgeschichte. Zum einen steht die Vision von vier Hörnern aus Sach 2,1–4 im Hintergrund, die von vier Schmieden zerstört werden; sie symbolisieren alle Völker, die das Gottesvolk zerstreut haben, wobei die Vierzahl die Totalität anzeigt, orientiert an den vier Himmelsrichtungen. Zum anderen war Hesiods Mythos von der Entstehung der Welt in fünf Zeitaltern, die von Metallen mit abnehmender Qualität symbolisiert sind, vorgegeben und ebenso – wenngleich erst spät bezeugt – die zarathustrische Vision vom Vier-Metall- (bzw. Sieben-Metall-) Baum, in der die Metalle, und zwar wiederum in absteigender Abfolge, für verschiedene Arten von Königsherrschaft stehen[98]. Im Buch Daniel schließt der Traum Nebukadnezars von der Statue aus Metallen mit abnehmender Qualität (Dan 2: Gold - Silber - Bronze - Eisen, teilweise mit Ton vermischt) unmittelbar an die (persische) Tradition an[99], während die Vision Daniels von den vier Tieren aus dem chaotischen Abgrund (Dan 7: Löwe - Bär - Panther - schreckliches Tier mit 10 Hörnern und einem kleinen zusätzlichen Horn), die auf den zunehmend dämonischen Charakter der Weltreiche abzielt, frei gestaltet ist. Im Blick auf Dan 2 muss hervorgehoben werden, dass in Nebukadnezars Traum nicht (wie in späteren Apokalypsen) die Weltgeschichte als ganze erklärt werden soll, sondern die Geschichte Israels ab dem Exil bis zu ihrem Ende, d. h. die Geschichte seit dem Verlust der Eigenständigkeit und der Eingliederung in die Völkerwelt.

Im Vergleich mit der vorgegebenen Tradition zeigen die beiden Visionen im Danielbuch vor allem zwei Eigenarten. Zum einen fällt in Dan 2 alles Interesse auf das letzte Metall, dessen Qualität stärker abnimmt als in den Fällen zuvor und vor allem in Dan 7 auf das letzte Tier mit seinem weit grausameren Charakter und differenzierten Erscheinen (10 Hörner und ein zusätzliches Horn). Die drei älteren Metalle und die drei ersten Tiere werden nur relativ schematisch behandelt; sie dienen im Wesentlichen dazu, das vierte (schon vermischte) Metall und das abartige vierte Tier (ohne klaren Namen) von den früheren abzuheben und damit die Leiden der Menschen der Gegenwart von den Zuständen früherer Zeiten zu unterscheiden. Zum anderen aber und wichtiger werden in beiden Visionen die unterdrückten Menschen der Gegenwart vergewissert, dass das Ende des vierten Weltreichs unmittelbar bevorsteht. Die Statue mit ihren verschiedenen Materialien wird von einem Stein „ohne Zutun von Menschenhand" zerstört werden, und dieser Stein, der das Reich Gottes symbolisiert, wird danach die ganze Welt erfüllen (2,34f.). Der letzte und schreckliche König, das kleine Zusatzhorn - Antiochos IV. -, wird von einem himmlischen „Hochbetagten" im Gericht verurteilt, entmachtet und vernichtet werden, während die endzeitliche und bleibende Herrschaft „einem wie ein Menschensohn", der „mit den Wolken des Himmels kommt", vom „Hochbetagten" übergeben werden wird (7,9–14). Sein menschliches Wesen stellt ihn in Opposition zu den immer schrecklicheren Tieren und rückt ihn auf die Seite des himmlischen „Hochbetagten"; Gleiches gilt wahrscheinlich für die „Heiligen des Höchsten", die in der Deutung der Vision (7,16ff.) an seine Stelle treten und ebenfalls die künftige Macht über die Reiche der Welt zuerteilt erhalten[100]. Die zu Ende gehende, immer schrecklichere Züge anneh-

---

[98] Vgl. zur Erklärung der Vorstellung solcher Abfolgen M. Noth, Das Geschichtsverständnis der atl. Apokalyptik, Ges. St. (TB 6), ²1960, 248–275 und ausführlich K. Koch, Daniel (BK XXII/1), 2005, 126–138.

[99] Allerdings deuten zahlreiche Belege aus römischer Überlieferung darauf hin, dass die ursprüngliche Tradition die Abfolge der 4 Weltreiche mit den Assyrern einsetzen sah; vgl. Noth, ebd. 256–260.

[100] Diese Deutung der „Heiligen des Höchsten" wird nicht von allen Auslegern geteilt. Die Interpretation ist dadurch erschwert, dass 7,16–27 literarisch nicht einheitlich ist und in V.21f. 25 auch

mende irdische Herrschaft wird somit nicht nur in Kürze ein Ende finden, sondern von einer Gottesherrschaft abgelöst werden, deren Dauer ewig sein wird. In dieser Gewissheit soll jeder Fromme und Getreue Trost finden und die Leiden der Gegenwart im Wissen um ihr baldiges Ende ertragen.

Damit ist die Grundbotschaft des Danielbuches (und aller folgenden apokalyptischen Literatur) genannt: *Die Weltzeit geht zu Ende. Dieses Ende ist an den gesteigerten Leiden der Gegenwart* ablesbar, die aber gleichzeitig das wichtigste Indiz dafür sind, dass die *neue, unbegrenzte Zeit der Herrschaft Gottes in Kürze anbrechen wird.*

Die folgenden, geringfügig jüngeren *Visionen in Dan 8–12* werden immer präziser in ihren Anspielungen auf konkrete Geschichtsereignisse der unmittelbaren Vergangenheit, besonders auf die Gegenwart des Verfassers zur Zeit Antiochos IV. Sie zeigen damit an, dass die Mehrzahl der Gesichte des Daniel, die am Ende der neubabylonischen Epoche verortet sind, vaticinia ex eventu darstellen. Auch hier lässt sich das empathische Anliegen des Buches unschwer erkennen: Die Menschen in Leid und Gefahr sollen vergewissert werden, dass Gott die Geschichte seiner Menschen fest in seiner Hand hat und die Entwicklungen genau kennt, die zur gegenwärtigen Unterdrückung geführt haben; seine Verheißungen für eine heilvolle Zukunft sind ebenso verlässlich wie seine Voraussagen der geschichtlichen Begebenheiten der Vergangenheit und Gegenwart. Um dieses Anliegens willen ist die präzise Vorhersage der Ereignisse in der Struktur des Buches dem Visionär Daniel selber nicht möglich; er erhält die Geheimnisse der Zukunft in seinen Gesichten nur verschlüsselt. Es bedarf des himmlischen Deuteengels, der dadurch erhöhte Bedeutung erfährt, dass er erstmals einen Namen, Gabriel, erhält; auch erlauben die Gesichte immer wieder Einblicke in die himmlische Gegenwelt. Im Unterschied zu den zuvor genannten älteren Gesichten von der Abfolge der vier Weltreiche wissen die Visionen in Dan 8–12 von einem Eingreifen der himmlischen Welt in die leidvolle Gegenwart, insofern in ihr die Engel der Völker miteinander kämpfen und in diesem Kampf der Schutzengel Michael mit aller Macht für die leidende Gemeinde eintritt.

Auch andere Eigenarten des Danielbuches dienen seiner seelsorgerlichen Intention. Dazu gehören die Spekulationen über den genauen Zeitpunkt des Endes der (Leidens-) Geschichte (Dan 7,25; 8,14; 9,24–27; 12,7; vgl. 11,27). Dazu gehört aber auch die Pseudonymität, die im Danielbuch freilich erst in Ansätzen zu erkennen ist, insofern der Visionär, der aufgrund der sogleich zu nennenden älteren Erzählungen im babylonischen Exil verortet ist, den Namen eines mythischen Weisen aus vorbiblischer Tradition trägt (vgl. Ez 14,14.20; 28,3 und das mit seinem Namen verbundene ugaritische Epos); spätere Apokalypsen greifen gern auf herausragende Gestalten der Anfänge der Menschheitsgeschichte zurück. Mit solchen Namen soll die Autorität der

---

die glaubenstreue, bedrängte Gemeinde gemeint sein könnte und in V.27 der Begriff „Volk der Heiligen des Höchsten“ verwendet wird.

geoffenbarten Geheimnisse gestärkt werden, die letztlich trösten wollen. Wie die älteren Gesichte in Dan 2 und 7 gehen sie davon aus, dass Gott die Geschichte der Menschen bis in Einzelheiten hinein im Voraus geplant und verschiedenen irdischen Mächten begrenzte Perioden ihrer Machtausübung zugeteilt hat. Seinen Auserwählten hat er Einblick in diese Perioden gegeben, die Menschen nicht beeinflussen können. Aber nicht die Kenntnis der Perioden als solche will Gott den Menschen durch Daniel vermitteln, sondern ein möglichst präzises Wissen über das Ende der Leidenszeit, das ihnen die Not lindern soll.

Freilich lässt sich gerade bei den zuletzt genannten Eigenarten beobachten, wie in den späteren apokalyptischen Schriften mit der akuten Bedrohung des Lebens der Getreuen auch die empathische Intention der zeitgenössischen Schriften stärker in den Hintergrund tritt. Sie übertreffen einander bei der Suche nach pseudepigraphen Eponymen, die möglichst die gesamte Menschheitsgeschichte von der Urzeit an überblicken – der von Gott entrückte Henoch erfreut sich besonderer Beliebtheit, aber man geht auch bis zu Adam zurück –, und bei den Erwägungen über das Ende der Geschichte werden immer kühnere, komplexe Berechnungen angestellt, bei denen etwa auch Zahlensymbolik eine gewichtige Rolle spielen kann. Im Zuge dieser Entwicklung entstehen manche Apokalypsen in esoterischen Kreisen, die sich gegenseitig mit ihrem Geheimwissen zu übertrumpfen versuchen. Wenn G. von Rad in seiner Theologie harsche Kritik an der Geschichtsauffassung der Apokalyptik übt und ihre starke Verwurzelung in weisheitlicher Tradition hervorhebt, hat er diese späteren Schriften weit stärker vor Augen als das Buch Daniel[101].

Demgegenüber dienen Daniel und seine drei Freunde in den *älteren Erzählungen von Kap. 1–6* als tröstliche Vorbilder für die angefochtene Gemeinde. Diese Erzählungen, die den Grundstock des Danielbuches bilden und am Hof der babylonischen Könige Nebukadnezar und Belsazar sowie des medischen Königs Darius spielen[102], wissen noch nichts von den gesteigerten Leiden der Gemeinde unter Antiochos IV., haben selbst auch keinen eschatologischen oder gar apokalyptischen Horizont, wurden aber in der Verfolgungszeit der späteren Visionen nur umso intensiver und nun mit einer apokalyptischen Perspektive im Kopf gelesen[103]. Sie wollen beispielhaftes Verhalten von Gliedern des Gottesvolks in der Diaspora aufweisen und bezeugen einen Gott, der ebenso Weltherrscher absetzen wie die Seinen aus Feueröfen und Löwengru-

---

[101] So mit Recht P. von der Osten-Sacken, Die Apokalyptik in ihrem Verhältnis zu Prophetie und Weisheit (ThEx 157), 1969, 11.

[102] Historisch war Belsazar nie babylonischer König, sondern vertrat nur als Statthalter seinen Vater und letzten babylonischen König, Nabonid, während dessen Abwesenheit. Darius war nicht medischer, sondern persischer König und nicht Vorgänger, sondern Nachfolger des Kyros. Die Ungenauigkeiten deuten auf den weiten Abstand des Erzählers von der Zeit an, von der er erzählen möchte.

[103] Vgl. zur Unterscheidung beider Weisen, die Erzählungen zu verstehen, O.H. Steck, Weltgeschehen und Gottesvolk im Buch Daniel, in: ders., Wahrnehmungen Gottes im AT. Ges. St. (TB 70), 1982, 262–290.

ben erretten kann, wenn sie nicht vor Bildern, die Menschen gemacht haben, niederfallen, sondern den wahren Gott vor den Heiden bekennen. Auch kann er ihnen eine Klugheit verleihen, wie sie die Weisesten unter den Weisen der Heiden nicht besitzen, so dass er ihnen „tief verborgene ... Geheimnisse enthüllt“ (2,22.28; vgl. 2,47; 4,6; 5,11 ff.), durch die sie Träume deuten und den Lauf der bevorstehenden Geschichte im Voraus zu verstehen vermögen. Wo immer die Herrscher der Welt durch Daniel und seine Freunde mit diesem Gott konfrontiert werden, können sie gar nicht anders als den Irrtum ihres Bilderdienstes (Dan 3) und ihrer eigenen Hybris (4,27; 5,20–22; 6,8 ff.) einzusehen, so dass auch sie den einzig wahren Gott anzubeten beginnen (3,28 f.; 4,31–34; 6,26–28). Durch Erfahrungen eigener Demütigung und die Erkenntnis eigener Schuld (4,24; 5,22 f.) werden ihnen die Relationen zwischen abgeleiteter irdischer und unableitbarer himmlischer Herrschaft für alle Zeiten eingeprägt. Irdische Herrschaft kann nur bestehen, wo Gottes Macht, der sich alle irdische Macht verdankt, angemessen anerkannt wird.

c. *Unterschiede zur späten Prophetie*

G. von Rad hat der Apokalyptik im Vergleich zur vorangegangenen Prophetie vor allem einen großen Geschichtsverlust[104] vorgeworfen. „Der heilsgeschichtliche Ansatz der älteren Geschichtsbetrachtung [ist] in der Apokalyptik preisgegeben.“[105] „Hier ist also das gesamte Heilsgeschehen eschatologisch-zukünftig.“[106] So gewiss aber gerade der zuletzt zitierte Satz zutreffend ist, so gewiss verbindet sein Sachgehalt die Apokalyptik doch mit der eingangs behandelten späten Prophetie, die ihren Blick ebenfalls ganz auf die Vollendung der Geschichte in Gottes Zukunft richtet und die Maßstäbe für ihre Sicht keineswegs aus der klassischen Heilsgeschichte der Mosezeit bezieht; man denke nur etwa an Mi 4–5 oder Sach 9–14 oder an die Randkapitel von „Tritojesaja“. Andererseits wird man zumindest dem Buch Daniel ein intensives Bemühen um das Verständnis der Geschichte schwerlich absprechen können, was etwa daran sichtbar wird, wie in Dan 2 und 7 das vierte Weltreich der Gegenwart des Autors von den vorangehenden abgehoben wird (2,40 f.; 7,7). Freilich bleibt mit von Rad festzuhalten, dass in der Apokalyptik die Geschichte grundsätzlich „nicht vom Ursprung oder dem Erwählungsgeschehen, sondern von ihrem Ziel her verstanden wird“[107], was unlöslich mit der Unterscheidung zweier Äonen und der damit verbundenen Naherwartung zusammenhängt, die die Prophetie zuvor nicht kennt.

---

104 TheolAT⁴ II, 320 f.
105 Ebd. 321.
106 Ebd.
107 So formuliert F. Hahn, Frühjüdische und urchristliche Apokalyptik (BThSt 36), 1998, 34.

Ein eher grundlegenderer Unterschied zur späten Prophetie wird aber gerade dort erkennbar, wo eine apokalyptische Schrift wie das Buch Daniel sich einmal explizit auf prophetische Tradition beruft. Nach Dan 9,2 hat Daniel während des babylonischen Exils im Jeremiabuch von den 70 Jahren gelesen, die Jerusalem zerstört bleiben solle (Jer 25,11 f.; 29,10). Zuvor aber (Dan 8,26) hatte er durch eine Offenbarung des Engels Gabriel vernommen, dass die Heilswende erst „in ferner Zeit", d.h. in der Zeit des Buches Daniel, eintreten werde. Die scheinbare Diskrepanz wird Daniel durch eine erneute Offenbarung Gabriels erklärbar: Die 70 Jahre im Text des Jeremiabuchs meinen 70 Jahrwochen, also 490 Jahre (Dan 9,24), deuten also genau auf jene „ferne Zeit", die die Zeit des Danielbuches ist. Damit wird nun aber eine völlig neue Auffassung der überkommenen Prophetie eingeführt. Das präzise Verständnis eines Textes aus einem Prophetenbuch ist einem gewöhnlichen Sterblichen nicht mehr zugänglich; vielmehr bedarf es dazu einer Sonderoffenbarung, wie sie nur wenigen Auserwählten von Gott zuteil wird. An der Wahrheit der Schrift wird nicht gerüttelt; sie stammt vom gleichen Gott, der den Engel Gabriel sendet. Wohl aber wird der Schrift ein tieferer Sinn, eine Tiefendimension zugeschrieben, die über ihre einfache wörtliche Lektüre hinausgeht; dieser Sinn zielt genau auf die Gegenwart der Lesenden, öffnet sich aber nur Eingeweihten.

Hier deutet sich ein problematischer Umgang mit den überlieferten Schriften der Propheten an. Sie können dem einzelnen Gläubigen nicht länger unmittelbarer Trost- und Hoffnungsgrund sein, weil er sie nicht richtig zu verstehen vermag, sondern sie sind ihm wie eine verschlossene Schatztruhe, zu der nur Andere, Eingeweihte, den Schlüssel besitzen. Der Einzelne ist auf Experten angewiesen, denen eine „Entschlüsselungserfahrung" (K.Koch) zuteil geworden ist, deren es zur Erkenntnis der Wahrheit der Schrift bedarf. Von hier aus werden die hohe Autorität des „Lehrers der Gerechtigkeit" und die große Wertschätzung der Deutekommentare zu biblischen Büchern (wie etwa des bekannten Habakuk-Kommentars) in der Gemeinde von Qumran verständlich. Gewicht und Bedeutung einer Zusatzoffenbarung, wie sie zum Verständnis der Texte nötig ist, werden hier insofern noch einmal erheblich erhöht, als von der Voraussetzung ausgegangen wird, dass den Propheten der alten Zeit selber die volle Einsicht in den Sinn ihrer Texte noch gar nicht gegeben war[108]. Erst die von Gott mit besonderen Enthüllungen beschenkten Autoritäten der Gemeinde sind fähig, die in den Texten der Propheten verborgenen Geheimnisse in ihrer ganzen Fülle aufzudecken.

Auch wenn das Danielbuch diese letzte Konsequenz der Gemeinde von Qumran, dass selbst den Propheten als Verfassern ihrer Texte deren tieferer

[108] 1QpHab VII,1 f. 7 f.; vgl. O.H. Steck, Die Prophetenbücher und ihr theologisches Zeugnis, Tübingen 1996, 134 sowie zuvor K. Koch, Die Bedeutung der Apokalyptik für die Interpretation der Schrift (1987), in: ders., Die Reiche der Welt und der kommende Menschensohn. Studien zu Daniel, Ges. Aufs. 2, Neukirchen 1995, 16–45; 22–31.

Sinn noch verborgen war, noch nicht kennt, so ist doch auch für es der Literalsinn der überkommenen Prophetenbücher ohne wirkliche Bedeutung, da erst die Zusatzoffenbarung den wirklichen Sinn der Texte zu erschließen vermag. So sind die späte Prophetie des Alten Testaments und die mit dem Danielbuch beginnende Apokalyptik auf keinem anderen Gebiet durch einen so tiefen Graben voneinander getrennt wie in ihrem Schriftverständnis. Indirekt ist das Buch Daniel ein Zeugnis des definitiven Endes der prophetischen Traditionsbildung und des Abschlusses des 2. Teils des alttestamentlichen Kanons[109].

7. Die Auferstehung von den Toten

Das Buch Daniel wäre nicht zureichend beschrieben, wenn nicht das Thema berührt worden wäre, das in den folgenden Jahrhunderten heiß umstritten bleiben sollte[110]: Das Buch endet mit einem Kapitel, das jubelnd einer Auferstehungshoffnung Ausdruck verleiht, die allen im Leid Bewährten gilt.

> Viele derer, die im Land des Staubes schlafen, werden erwachen:
> die einen zum ewigen Leben, die anderen zur Schande, zur ewigen Abscheu (12,2).

Der Text hat noch etwas Tastendes an sich, insofern er den Leser im Unklaren lässt, ob mit den „Vielen", die vom Tod erwachen werden, alle Glieder des Gottesvolkes gemeint sind oder nur ein Teil von ihnen. V.1 hatte zuvor von der Rettung aller, deren Name „im Buch geschrieben steht", gesprochen und damit gezeigt, dass Dan 12 vor allem die Verfolgten und die unter der Unterdrückung des Antiochos Leidenden trösten möchte. Wie immer aber die Frage der „Vielen" zu lösen ist, fest steht, dass Dan 12,2 erstmalig (und im Alten Testament einmalig) den Gedanken einer doppelten individuellen Auferstehung – zum ewigen Leben oder zur ewigen Schmach – ausspricht. Deutlich wird (wie in Jes 65–66) vorausgesetzt, dass ein Riss durch das Gottesvolk hindurchgeht, der das Volk in Treue und Gleichgültige bzw. Mitläufer teilt. Die Intention des Textes ist nicht, Unsicherheit oder eine intensive Selbstprüfung bei den Lesern hervorzurufen, sondern die im Bekenntnis Treuen und Leidenden zu vergewissern, dass Gott ihren Bekennermut so wenig vergessen wird, wie er die Treue Daniels vergessen wird, der „am Ende der Tage" zu „seinem Erbteil" auferstehen wird (12,13). Wenn in Kürze die Herrschaft Gottes die Herrschaft der weltlichen Reiche ablösen wird, wird auch der Tod die Treuen und Bewährten nicht mehr von ihrem Schöpfer trennen können.

Angesichts von Dan 12 muss es im Rückblick fast erstaunen, dass das biblische Israel über den längsten Teil seiner Geschichte ohne eine Hoffnung auf

---

[109] Vgl. J. Gärtner, a.a.O. (o. Anm. 93), 334–336.

[110] Zur Diskussion in der Zeit zwischen den Testamenten vgl. O. Kaiser, Der biblische Weg zum Glauben an das ewige Leben (2007), in: ders., Vom offenbaren und verborgenen Gott (BZAW 392), 2008, 271–298; 283–290.

Auferstehung ausgekommen ist und den Tod nüchtern als eine mit dem Leben gesetzte Grenze hingenommen hat. Gefürchtet hat man sich gemeinhin nicht vor dem Tod, sondern vor dem schnellen, frühzeitigen Tod. „Alt und lebenssatt“ wie Abraham zu sterben (Gen 25,8), erhoffte man sich für das eigene Leben. So stehen Texte, die auf ein erfülltes, langes Leben hoffen (Sach 8,4; Jes 65,19f.), neben anderen, die die Flüchtigkeit der Zeit und die Kürze des Lebens beklagen (Ps 90; Hi 14 u. ö.). In alter Zeit hat besonders die Vorstellung erschreckt, in fremdem Land, d. h. in der Gottesferne sterben zu müssen (Am 7,17; Hos 9,4f. u. ö.) oder aber ohne angemessenes Begräbnis (Jes 14,18–20; Jer 22,18f. u. ö.). Mythen, die vom Gewinn der Unsterblichkeit von Menschen handeln, wie in Mesopotamien das Gilgameschepos, sucht man im Alten Testament vergebens. Ganz im Gegenteil haben sich die biblischen Erzähler, die auf solche Mythen stießen, von ihnen deutlich distanziert; Gen 2–3 und Ez 28 sind eindrucksvolle Belege dafür. Die Vorstellung, dass der von Gott gelöste Mensch, wie die alttestamentlichen Texte ihn sahen, Ewigkeit erlangen könnte, hat sie nur in Schrecken versetzt (Gen 3,22). Andererseits hat das biblische Israel dem Schattenreich der Unterwelt mit seinen dahindämmernden Toten die Qualität des Lebens stets abgesprochen; verwiesen sei nur auf den mehrfach in den Psalmen belegten Satz: „Die Toten loben Gott nicht.“ (Ps 6,6; 30,10; 88,11 u. ö.)[111]. Das Wichtigste an diesem Dasein war den Texten der Gedanke, dass im Totenreich alle sozialen Unterschiede hinfällig sind und Könige neben Bettlern ruhen (Jes 14; Hi 3 u. ö.).

Die beschriebene Nüchternheit gegenüber dem Tod hat sich das biblische Israel allerdings erst erkämpfen müssen. Da in seiner unmittelbaren Umwelt Ahnenverehrung und Totenkult weit verbreitet waren und man – anfangs auch in Israel – in Notlagen Tote befragte (1 Sam 28; Jes 8,19), ist der Tod den biblischen Texten eine Zeit lang eine eher unheimliche Größe gewesen, die von Gott trennte und die Lobpreisungen Gottes verstummen ließ[112]. Erst durch seine Propheten hat Israel mühsam lernen müssen, dass der Tod keine Macht war, die neben und außerhalb von Gott stand und dessen Macht begrenzte, sondern vielmehr ein Handeln Gottes war, das die Menschen freilich häufig nicht zu verstehen vermochten.

a. Individuelle Hoffnungen

Und doch hat es – lange Zeit vor dem Buch Daniel – immer wieder schon Texte gegeben, die eine Hoffnung über den Tod hinaus andeuten, und zwar primär im Bereich individueller Frömmigkeit und Glaubensüberzeugung,

---

[111] Vgl. zu ihm o. S. 26.

[112] Vgl. noch die Verbote in Lev 19,31 und 20,6.27 und zur Problematik B. Janowski, Die Toten loben JHWH nicht, in: ders., Der Gott des Lebens, Neukirchen 2003, 201–243 mit der 226, Anm.93 genannten Literatur.

überwiegend in den Psalmen. Das beginnt bereits im 8. Jh. v. Chr. Aus diesem Jahrhundert ist südlich von Jerusalem, in Ḫirbet el-Qom, ein Grab mit einer Inschrift entdeckt worden, in der der Grabherr, ein gewisser Onijahu, von Segnungen und Rettungserfahrungen JHWHs in seinem Leben berichtet. Neben diesem Text ist eine große Hand gezeichnet – genauer: eine rechte Hand –, die offensichtlich die Hand dessen bezeichnen soll, von dessen Taten der Text redet. Die Hand symbolisiert den Schutz des Gottes, den der Verstorbene im Leben erfahren hat und dessen Obhut er sich auch jetzt im Tod empfiehlt[113].

In ihrer Mehrzahl reden die einschlägigen Texte der Psalmen sehr behutsam und verhalten von einer Hoffnung über den Tod hinaus. Sie setzen überwiegend an der Stelle an, an der sich das biblische Todesverständnis am deutlichsten von dem unsrigen unterscheidet. Die Psalmen kennen *einen Tod, der die Menschen mitten im Leben trifft,* der sie aus ihren Bezügen zu Gott und den Menschen herausreißt und sie einsam, rechtlos, verspottet, krank etc. zurücklässt (vgl. o. S. 38). Dementsprechend kennen die Psalmen auch die Erfahrung einer Rettung aus solcher Todesnot, die Betroffene der Gemeinde in ihren Dankgottesdiensten erzählen und für die sie Gott danken. Da aber zwischen dem physischen Lebensende und dem Tod im Leben nicht grundsätzlich unterschieden wird, weil beide Gestalten des Todes Gott und den Menschen trennen, werden solche Rettungserfahrungen zum Grund, Gott auch die Rettung aus dem physischen Tod zuzutrauen. Weil beide Gestalten des Todes aber für die Menschen des Alten Testaments unlöslich miteinander zusammenhängen, erhalten manche Psalmen in ihrer Rede vom Tod etwas Schillerndes, das dem Ausleger im Einzelfall nicht immer eine sichere Entscheidung darüber erlaubt, ob ein Text nur von Gottes Rettung aus dem Tod im Leben oder darüber hinaus auch von Gottes Rettung aus dem physischen Tod spricht[114]. In jedem Fall aber besitzen die Aussagen über den Tod in vielen Psalmen ein Element des vertraulich Intimen im Verhältnis des Betenden zu Gott, da ihnen individuelle Glaubenserfahrungen zugrunde liegen.

Es sind die Weisheitslehrer in Israel gewesen, die gewagt haben, der Hoffnung auf ein individuelles Weiterleben nach dem Tod expliziten Ausdruck zu verleihen. *In späten, weisheitlich geprägten Psalmen,* vornehmlich in Ps 49 und 73, findet sich eine tiefe Reflexion über die Frage, was Leben im Kern ausmacht. In diesen Psalmen bildet das Glück der Gottlosen, der Reichtum und das Wohlergehen von Menschen, die sich rücksichtslos gegen andere durchsetzen und nach Gott nicht fragen, die zentrale Anfechtung, weil dieses Glück scheinbar alles menschliche Mühen um Gerechtigkeit und Frömmigkeit ad ab-

---

[113] Vgl. Näheres bei J. Jeremias – F. Hartenstein, „JHWH und seine Aschera". „Offizielle Religion" und „Volksreligion" zur Zeit der klassischen Propheten, in: B. Janowski – M. Köckert (Hg.), Religionsgeschichte Israels. Formale und materiale Aspekte (VWGTh 15), 1999, 79–138; 115–117 (mit Lit.); B. Janowski, a.a.O. 212f.

[114] In einigen Fällen, wie etwa in Ps 16,10 oder Hi 19,25f., hat erst die griechische Übersetzung der Septuaginta dem schillernden Text eine eindeutige Auferstehungshoffnung entnommen.

surdum führt. Die Antwort der Weisen auf die Frage nach dem Sinn von Frömmigkeit unter solchen Umständen fällt so aus, dass sie das Glück der Gottlosen als flüchtig bezeichnen, ihm den Gewinn von Leben im Vollsinn rundweg absprechen und dieses Glück als „Täuschung" qualifizieren (Ps 73,18.20)[115]. Dagegen definieren sie vollgültiges Leben neu im Sinne einer glückenden Gottesbeziehung, die unabhängig von äußeren Lebensumständen besteht: „Außer dir begehre ich nichts auf Erden. Mögen mir auch Fleisch und Herz verschmachten, so bleibt Gott doch der Fels meines Herzens und mein Erbteil für alle Zeiten" (Ps 73,25f.). Ist aber einmal die Gottesgemeinschaft so absolut zum alleinigen Sinn des Lebens erhoben worden, ist es nur konsequent, wenn sie – im Gegensatz zum flüchtigen Glück der Gottlosen – den Tod überdauert (Ps 73,23f.):

> Ich aber bleibe ständig bei dir,
> (denn) du hast mich bei meiner rechten Hand ergriffen.
> Du leitest mich nach deinem Rat
> und nimmst mich hernach in die Herrlichkeit.

Hier werden große Traditionen der Vergangenheit generalisiert: Die Vorstellung, dass die Gottheit die Rechte eines Menschen ergreift, entstammt dem altorientalischen Krönungsritual und ist im Alten Testament zuvor etwa auf den Gottesknecht übertragen worden (Jes 42,1); sie dient im Psalm dazu, die primäre Initiative Gottes bei der beschriebenen intimen Gottesgemeinschaft herauszustellen. Das „Nehmen" Gottes in seine Herrlichkeit spielt auf das „Nehmen", d.h. die Entrückung Henochs und Elias an (Gen 5,24; 2 Kön 2,11). Aussagen vom Handeln Gottes, die ursprünglich herausgehobenen und außergewöhnlichen Einzelnen galten, werden auf jeden Menschen bezogen, der die von Gott angebotene Gemeinschaft mit ihm sucht. Für Ps 73 ist diese Gemeinschaft der einzige und durch nichts zu überbietende Sinn des Lebens, dem kein Glück auf der Erde an die Seite zu stellen ist. Hier wird von frommen Weisen der israelitischen Spätzeit *ein neuer Lebensbegriff* geschaffen, dessen entscheidendes Merkmal ist, dass die von Gott gestiftete Gemeinschaft zwischen ihm und den Menschen unzerstörbar und unauflöslich ist. Es ist nur konsequent, wenn die Weisen auch dem Tod die Macht abgesprochen haben, dieser Gemeinschaft ein Ende zu bereiten.

b. Kollektive Erwartungen

Erst deutlich später hat das biblische Israel explizit von einer Auferstehung der Toten im kollektiven Sinn gesprochen. Zwar haben seine Propheten schon früh zum Ausdruck gebracht, dass Gottes Macht am Totenreich keine Grenze

---

[115] Die in meinen Augen eindrucksvollste Analyse dieser Täuschung verdanken wir M. Buber, Recht und Unrecht. Deutung einiger Psalmen, Basel 1952, 39–61.

findet und seine Hand auch dorthin reicht, wenn jemand ihm entfliehen will (Am 9,2; vgl. Ps 139,8). Noch viel eindeutiger hat die Vision des Propheten Ezechiel vom Feld voller Totengebeine, die, von Gottes Geist bewegt, erneut Fleisch ansetzen und wieder lebendig werden (Ez 37), darauf verwiesen, dass Gottes Macht am Tod keine Grenze findet. Auch wenn es sich hier explizit um ein Gleichnis für das Wiederaufleben des Volkes Israel handelt, so wird doch deutlich von einer Macht Gottes gesprochen, den Tod als eine scheinbar endgültige Grenze des Gottesverhältnisses Israels zu überwinden.

Von großem Gewicht sind aber vor allem die Texte der sog. *„kleinen Jesaja-Apokalypse" (Jes 24–27),* die dem Danielbuch zeitlich nicht allzu fern stehen. Allerdings ist in ihnen die Grenze zwischen übertragen-symbolischer und realistischer Sprache bei der Rede von der Auferstehung von den Toten nur schwer exakt zu ziehen. Der ältere der beiden einschlägigen Belege spricht am ehesten – zumindest von Haus aus – im übertragenen Sinn von der Auferstehung der Toten. *Jes 26,19* antwortet auf eine vorausgehende verzweifelte Volksklage, in der es um eine Verminderung von Menschen geht, deren Ausmaß die Existenz des Volkes bedroht und die als Züchtigung Gottes verstanden ist. Wenn es daraufhin in einer Verheißung, deren Sprecher nicht genannt ist, heißt:

> Deine Toten sollen leben,
> meine Leichname sollen aufstehen.
> Erwacht und jubelt, ihr Bewohner des Staubes!

so wird am ehesten in gleichnishafter Sprache auf die Fähigkeit Gottes angespielt, Wunder zu wirken und selbst aus Toten wieder lebende Einwohner zu schaffen. Für diese Deutung spricht vor allem, dass der kurz zuvor stehende V.14, der das Ende einer grausamen Besatzungsmacht feiert, im genau gegenteiligen Sinn urteilt: „Tote werden nicht wieder lebendig …", womit – hier nun in evident übertragener Sprache – eine erneute Wiederkehr der Bedrückung ausgeschlossen werden soll.

Der noch einmal jüngere zweite Beleg für die Auferstehung von den Toten, *Jes 25,8a,* fußt nach allgemeiner Ansicht auf 26,19, deutet den Vers aber nun, und zwar im Voraus, im Sinne einer realistischen Hoffnung. Bei Jes 25,8a handelt es sich um einen jüngeren Kommentar zu dem schon o. S. 437 erwähnten großartigen Bild einer Einladung Gottes an alle zum Zion wallfahrenden Völker zu einem üppigen Festmahl, das ihnen die volle Gottesgemeinschaft eröffnet. Bei diesem Festmahl wird Gott zugleich die Decke „vernichten" (בלע pi.), mit der die Völker verhüllt sind (25,6f.). Mit der Verhüllung ist wahrscheinlich wie in 2 Sam 15,30 und Jer 14,3f. auf die Verhüllung bei der Trauer angespielt[116] und sachlich auf das große Leid, das die Völker durch die Unter-

[116] So fast alle Ausleger. Im Blick könnte auch die Verhüllung bei der Gottesbegegnung (Ex 3,5f.; 1 Kön 19,13) sein, so dass der Text auf einen künftig uneingeschränkten Gotteskontakt zielen

drückung der Weltmacht erlitten haben, über deren Ende zahlreiche Texte in Jes 24–27 jubeln. Zu dieser Verheißung passt die ältere Fortsetzung in 25,8b mit ihrem zärtlich-intimen Bild: „JHWH, der Herr, wird abwischen die Tränen aus allen Gesichtern", mit dem das endgültige Ende aller politischen Willkürherrschaft und das Ende allen Leides der Völker angekündigt wird (vgl. Offb 21,3f.). Die vorangestellte jüngere Deutung von V.8a überbietet sie noch:

> Vernichten/verschlingen wird er den Tod für alle Zeiten.

Hatte sich die Hoffnung Israels im Licht der Verheißungen Gottes erst einmal so weit vorgetastet, dass man sich eine Welt ohne Leid vorzustellen wagte, dann konnte auch der Tod vor Gottes Macht keine Dauerexistenz beanspruchen. V.8a greift das Verb בלע pi. aus V.7 auf, das von Haus aus „verschlingen" bedeutet und möglicherweise auch mythische Konnotationen in sich trägt[117]; es spielt für die Deutung des Paulus in 1 Kor 15,54 eine wesentliche Rolle. Mit dem Tod wird von Gott die äußerste und letzte Ursache beseitigt, die die Völkerwelt zur „Verhüllung" aus Trauer geführt hat. Von Auferstehung ist in 25,8 explizit nicht die Rede, wohl aber in dem zuvor genannten Vers 26,19, wenn er von 25,8 her gelesen wird. Und von Jes 25,8 und 26,19 her ist der Weg zu Dan 12,2 nicht mehr weit.

---

würde (P. Höffken, Das Buch Jesaja, Kap. 1–39 [NSK.AT 18/1], 1993, 183). Aber die Fortsetzung des Textes spricht gegen diese Deutung.

[117] So H. Wildberger, Jesaja (BK X/2), 1978, 966f.

E. Bohrende Fragen

Die großen Hoffnungsaussagen des Alten Testaments, die wir im vorausgegangenen Kapitel behandelt haben, setzen häufig einen Zweifel seitens der zunächst angeredeten Menschen an Gottes Heilswillen voraus. Aber diese Form des Zweifels, die für uns nur unscharf hinter den Gottesworten spürbar wird, ist nicht vergleichbar mit den offen ausgesprochenen Glaubenszweifeln, wie sie die *späte Weisheit im Alten Testament* bestimmen. Dass derartige Fragen, die das menschliche Leben im Angesicht Gottes von Grund auf betreffen, gerade in weisheitlichen Texten laut werden, ist keineswegs zufällig. Im Mesopotamien der Mitte des 2. Jtsd.s v. Chr. wurden beispielsweise in der Weisheitsschule als dem Ort der Bildung schon Fragen nach dem Zusammenhang von Schuld und Ergehen erörtert, als die offizielle Religion Unheil noch primär von dämonischen Mächten herleitete, die sie mit technischen Mitteln oder mit Gebeten an höhere Götter, sog. „Beschwörungen“, einzudämmen versuchte[1]. In den Weisheitsschulen des Alten Orients und Israels wurden ja nicht Gottes Taten verkündet, sondern Fragen nach Gott und gelingendem Leben argumentativ diskutiert und abgewogen. Die Antworten waren, weil aus der Reflexion über Erfahrung gewonnen, prinzipiell korrigierbar. Fragen nach der Erkennbarkeit von Gottes Wirken und Willen wurden in der Spätzeit des Alten Testaments hier weit schärfer gestellt als andernorts.

1. Das Leiden des Gerechten (Hiob)

Es ist auch nicht zufällig, dass die härtesten Fragen nach Gott im Alten Orient wie im Alten Testament bei dem uralten Problem ansetzen, wie es um *die Gerechtigkeit Gottes angesichts des Leidens von „Gerechten“* steht. Dabei bezeichnet der hier vorausgesetzte Begriff des Gerechten keine absolute, sondern eine relative Gerechtigkeit, bei der der leidende Mensch sich in seinem Leben um Gott gemüht und keine schwere Schuld auf sich geladen hat. Uralt ist diese Frage insofern, als sie in Mesopotamien schon im ältesten sumerischen Schrifttum belegt ist, ca. 1½ Jahrtausende vor der biblischen Hiobdichtung, und weil man hier die Antworten auf sie in immer neuen und ausführlicher werdenden Dichtungen über ein Jahrtausend verfolgen kann[2]. Wie kann Gott schweres, ja

---

[1] Vgl. dazu etwa H. Gese, Lehre und Wirklichkeit in der alten Weisheit, Tübingen 1958, 63–69.

[2] Fünf der wichtigsten mesopotamischen „Hiob“- Dichtungen sind gesammelt in TUAT III (1990), 102–157 (Übers. W. von Soden), drei in Ausschnitten in W. Beyerlin (Hg.), Religionsge-

unerträgliches Leid Menschen senden, die doch nach seinem Willen gefragt und ihm in ihrem Leben gerecht zu werden versucht haben? Wesentlich ist, dass die Antworten, die in den mesopotamischen Dichtungen gegeben werden, nicht den sog. Tun-Ergehen-Zusammenhang, wie er Grundlage allen weisheitlichen Denkens ist, in Frage stellen, sondern ihn ganz im Gegenteil bestätigen wollen. Es sind letztendlich (mit einer Ausnahme) *empathisch-pädagogische Dichtungen*, die Menschen im unverständlichen Leid Hilfestellungen und Trost anbieten wollen, wie sie die Wende ihres Leids durch Gebet und Selbstdemütigung vor der Gottheit herbeiführen können. Zum Teil sind die Dichtungen wie die biblische Hiobdichtung dialogisch gestaltet. In der – nur fragmentarisch erhaltenen – altbabylonischen „Hiob"-Dichtung (AO 4462; von Soden Nr. 2) hilft der Freund durch seine Fürbitte zur Wende der Not, in der sog. „Babylonischen Theodizee" (s. u.) hilft der weise Freund durch seine Argumente dem gerechten Dulder zur Überwindung seiner Zweifelsfragen. Alle Verfasser waren sich dabei bewusst, dass sie schwierigste Menschheitsfragen berühren; äußeres Kennzeichen dafür ist, dass sämtliche Dichtungen – in Mesopotamien wie im Alten Testament – in einer künstlerisch hochpoetischen Sprache gehalten sind mit einer Fülle ungewöhnlicher Begriffe. Alltagssprache galt als der Problematik unangemessen.

Bei näherem Zusehen stimmen drei der vier bekanntesten *mesopotamischen Dichtungen* in ihrem *didaktisch-seelsorgerlichen Anliegen* überein, obwohl sie sowohl formgeschichtlich als auch inhaltlich eine beachtliche Variationsbreite aufweisen. Ihnen allen ist gemeinsam, dass sie 1. (ob in 1. oder 3. Person) schildern, wie ein zuvor glücklich und in harmonischen Beziehungen lebender Mensch urplötzlich in ein großes Unglück und in die Isolation gerät, wobei ihm Schmähung und Erniedrigung von Mitmenschen zuteilwerden[3]; dass sie 2. im Zentrum das Gebet des Leidenden in Gestalt einer verzweifelten, zugleich aber vertrauensvollen Klage an die Gottheit übermitteln, verbunden mit der Versicherung, dass er von keiner schweren Schuld weiß, sich vielmehr stets um die Götter gemüht habe; und dass sie 3. am Ende darstellen, wie der Leidende wieder das frühere glückliche Leben erlangt. Es handelt sich in allen drei Fällen um Dichtungen, die mit ihrem vorbildlichen Gebet Menschen im Leid, die sich keiner schweren Schuld bewusst sind, einen Weg weisen möchten, das Leid zu beenden[4]. Unterschiedlich sind die Textgattungen: Die älteste sumerische Dichtung beginnt mit der weisheitlichen Quintessenz, in allen Lebenslagen den persönlichen Gott zu preisen, die sie durch die folgende Erzählung vermitteln möchte. Die ausführlichste Dichtung mit quasi-kanonischer Geltung *ludlul bēl nēmeqi* („Ich will preisen den Herrn der Weisheit")[5]

---

schichtliches Textbuch zum AT (ATD. E1), 1975, 157–165 (Übers. H. Schmökel). Weitere Ausgaben nennt H.-P. Müller, Das Hiobproblem (EdF 84), 1978, 49–72.

[3] Im Lauf der Zeit werden immer zahlreichere und verschiedenartige Leiden dem Dulder der Dichtungen zugeschrieben.

[4] Gese, a.a.O. 63 ff. hat für diese Abfolge von erzählenden und klagenden Teile den nicht eben schönen, aber treffenden Begriff „Klageerhörungsparadigma" geprägt.

[5] Sie wird nach ihren drei Anfangsworten zitiert und ist in nicht weniger als acht antiken Bibliotheken in Abschriften (einmal mit ausführlichem Kommentar) gefunden worden; vgl. von Soden, a.a.O. 110–135; Schmökel, a.a.O. 160–163. Die neueste und vollständigste Textausgabe bieten A.

setzt mit einem tief-theologischen Loblied auf Marduk ein, der die Not gewendet hat; sie schildert die Not also aus der Retrospektive. Argumentativ verweisen die Dichtungen ihre Leser auf die Begrenztheit menschlichen Erkennens dessen, was der Wille der Götter ist, so dass bei allem Bemühen um Gerechtigkeit ein sündloses Leben unmöglich ist; eben darum gilt es, sich im Leid an die Götter zu wenden und von ihnen Hilfe zu erwarten. Die gewichtige Dichtung *ludlul* prägt vordringlich die Erkenntnis ein, dass der Gott, der so unbegreifliches Leid sendet, auch Macht hat, es wieder zu wenden.

Eine Sonderrolle spielt der jüngste der mesopotamischen Texte (8. Jh. v. Chr.), die sog. *„Babylonische Theodizee"*[6]. Im Unterschied zu den zuvor erwähnten Texten treibt ihn nicht primär ein pädagogisches Anliegen; vielmehr stellt in ihr ein Mensch in schwerem Leid im Disput mit seinem weisen Freund intensiv die Gerechtigkeit Gottes in Frage, um am Schluss mit Hilfe des Freundes den Weg zur traditionellen Weisheitstheologie zurückzufinden. Hier werden Fragen laut, wie sie auch der biblische Hiob stellt: Trifft das Leid die Menschen nicht wahllos, ganz unabhängig von ihrem Verhalten zu Gott? Erlangen nicht gerade die Menschen ein glückliches Leben, die nichts von Gott wissen wollen? Auch die Antworten des weisen Freundes berühren sich eng mit denjenigen der Freunde in der biblischen Dichtung. Er warnt den Leidenden vor Urteilen aus dem Moment heraus: Das Glück der Gottlosen ist kurz und flüchtig. Und er verweist – wie schon die sumerische „Hiob"-Dichtung – auf die Grenzen menschlicher Erkenntnis: Der Plan der Götter ist ihr allenfalls partiell zugänglich. Darum gilt es, an der Frömmigkeit festzuhalten, die den Leidenden in glücklichen Tagen leitete.

Verglichen mit diesen vorgegebenen und den Gebildeten bekannten Dichtungen[7] ist die biblische *Hiobdichtung ungleich radikaler* in ihrer Frage nach Gottes Gerechtigkeit, ja sie wagt sich bis zu gotteslästerlichen Aussagen vor. Zwar endet auch sie in einer Demütigung des leidenden Hiob und in einer folgenden Beendigung des Leides, aber erst nach einem langen, kühnen Aufbegehren des Leidenden, d.h. nach jener Haltung, die die ungleich „frömmeren" mesopotamischen Dichtungen gerade verhindern wollen. Hinzu kommt, dass dem biblischen Hiob nicht nur ein weiser Freund, sondern gleich drei Freunde gegenüberstehen, die eine Mehrzahl möglicher Antworten der Weisheit auf das Leiden Hiobs repräsentieren, und anders als alle mesopotamischen „Hiob"-Dichtungen endet das Hiobbuch mit einer Antwort Gottes, die dem aufbegehrenden Hiob mehr Recht gibt als seinen weisen Freunden (42,7–10)[8]. Damit wird die Logik der vorgegebenen Dichtungen betont durchbrochen. Schließlich bedient sich der Dichter für die Unterscheidung Hiobs von seinen

---

Annus und A. Lenzi, Ludlul bēl nēmeqi (State Archives of Assyria Cuneiform Texts vol. VII), Winona Lake/Ind. 2010.

[6] Von Soden, a.a.O. 143–157; Schmökel, a.a.O. 157–160; W.G. Lambert, Babylonian Wisdom Literature, Oxford 1960, 63–91 (Text); 302–310 (philolog. Kommentar).

[7] Ein Exemplar einer Dichtung, das der verbreitetsten Dichtung *ludlul* ähnelt, hat der Spaten der Archäologen in Israels unmittelbarer Nachbarschaft, in Ugarit, zutage gefördert; vgl. von Soden, a.a.O. 140–143.

[8] Freilich bekommt Hiob damit keineswegs einfach Recht in seinen Aussagen, wie die Hinzufügung eines vierten Freundes, Elihu, zeigt (Hi 32–37), der eine bessere Antwort als sowohl Hiob als auch die drei Freunde zu geben beabsichtigt.

drei Freunden eines Kunstgriffs. Er lässt Hiob in seinem bisherigen Leben ebenfalls als einen „weisen Freund" erscheinen, der nur jetzt, da ihn selber schwerstes Leid trifft, mit den von ihm wie von den Freunden zuvor gegebenen Antworten nicht mehr zurechtkommt (4,3–5). Aus der einseitigen Gesprächsrichtung zwischen Lehrer und Schüler in der „Babylonischen Theodizee" ist eine gleichberechtigte Diskussion zwischen Weisen geworden, die freilich an Härte zunimmt.

Das Besondere der biblischen Hiobdichtung ist, dass sie auf das schwere Problem des Leidens von Schuldlosen *nicht eine, sondern mehrere Antworten* zu geben versucht. Der Leser der Dichtung kann sich nicht in Ruhe zurücklehnen, um sich belehren zu lassen, sondern er ist genötigt, ständig selbst Stellung zu nehmen, zumal sich der Dichter mit seinen eigenen Sympathien stark zurückhält[9]. Dem Leser werden nicht platonische Gedankengänge vorgelegt, bei denen jeder neue Diskussionsbeitrag das Problem auf eine neue, höhere Ebene emporträgt, sondern vielmehr kreisende Gedankengänge, die nach scheinbaren Fortschritten oft zu früher schon Dargebotenem zurückkehren. Auch die abschließenden Gottesreden wollen nicht als „Lösung" des Problems verstanden werden – sonst wäre der Anlauf zu ihnen über mehr als 30 Kapitel nicht verständlich. Vielmehr setzen sie mit der von Gott sinnvoll geordneten und erhaltenen Schöpfung einen gedanklichen Rahmen, innerhalb dessen die Frage nach dem Leiden des Unschuldigen sinnvoll gestellt werden kann.

Noch ein weiterer Kunstgriff des Dichters tritt hinzu, durch den sich die Hiobdichtung von den vergleichbaren vorgegebenen Dichtungen Mesopotamiens abhebt. Der Dialog zwischen Hiob und seinen Freunden ist eingebettet in *eine alte volkstümliche Erzählung* von einem vorbildlichen Hiob, die in vielen verschiedenen Fassungen umlief[10]. Ihr Alter zeigt sich in den Vorstellungen von Glück und Reichtum, die Hiob auf einen Schlag verliert: Mit dem Besitz von sieben Söhnen und drei Töchtern und Unmengen an Schafen, Kamelen, Rindern und Eselinnen deckt dieser Hiob ein Leben in Wohlhabenheit in allen möglichen Existenzformen der Frühzeit ab, nomadischer, halbnomadischer und bäuerlicher Lebensform[11], während der Hiob der Dichtung als ein vornehmer Städter gezeichnet ist (Hi 30–31). Diese volkstümliche Erzählung stellt dem Leser einen vorbildlichen, frommen Hiob vor Augen, der noch im äußersten Leid Gott für das Gute, das er in seinem Leben erfahren hat, danken und ihn dafür loben kann. Es ist ein Mensch, der loslassen kann, weil er, was er hat, von Gott empfangen hat, ein Mensch ohne Anspruch auf Glück. Dieser vorbildlich-ideale Hiob, den auch Ez 14,12 ff. als exemplarischen Gerechten kennt, ist kein Israelit und repräsentiert damit eine universale Form

---

[9] Einzig darin wird seine eigene Ansicht greifbar, dass er die Freunde im Verlauf des Dialogs immer starrer und dogmatischer argumentieren lässt.

[10] Vgl. H.-P. Müller, Hiob und seine Freunde (ThSt 103), 1970.

[11] Das Alter der Erzählung gilt freilich nicht für die Himmelsszenen mit ihrer vom Satan eingeführten Frage, ob nicht alle Frömmigkeit auf reinem Zweckdenken beruhe.

der Frömmigkeit. Vor allem aber ist er identisch mit dem Hiob der Dichtung, dem er in seinen aufbegehrenden und teilweise lästerlichen Reden gegen Gott sozusagen seine Frömmigkeit leiht und ihn im Glauben hält. Er schenkt ihm die Freiheit zur Lästerrede und bewahrt ihn zugleich vor aller Verfluchung Gottes, zu der ihm seine Frau rät (Hi 2,9).

a. Die Theologie der Freunde

Die Freunde Hiobs, die gemäß der Rahmenerzählung gekommen sind, um ihn zu trösten, stehen gedanklich, wie wir gesehen haben, in einer Tradition, die sich für uns durch archäologische Zufallsfunde 1½ Jahrtausende zurückverfolgen lässt. Es war eine bewährte Tradition, die in Mesopotamien über die Jahrhunderte hinweg immer wieder erneuert und erweitert wurde, also lebendig blieb. Gerade weil dies so ist und weil die Ratschläge der Freunde sich weitgehend mit den Intentionen der pädagogisch ausgerichteten mesopotamischen Dichtungen decken, ist die Kühnheit der biblischen Dichtung, die Hiob aus diesem Vorstellungszusammenhang ausbrechen lässt, kaum zu überschätzen. Andererseits wären die radikalen Fragen Hiobs nicht denkbar, wenn sie nicht im argumentativen Gespräch mit den Freunden geäußert würden. Wer die Freunde von vornherein zu erstarrten Traditionalisten degradiert, wie mehrfach in der Auslegungsgeschichte geschehen, um sich ganz auf die Seite Hiobs zu stellen, verliert den Zugang zur Hiobdichtung[12], die ihren Reiz gerade darin besitzt, dass sie den Leser nicht mit simplen Kategorien wie richtig und falsch abspeist.

Insbesondere *der älteste und erfahrenste Freund, Eliphas,* dessen Gedanken im Folgenden primär zur Geltung kommen sollen, wird als ein kundiger und geübter Ratgeber und Seelsorger geschildert. Das zeigt sich schon an der besonnenen Art, mit der er auf den leidenschaftlichen Todeswunsch reagiert, mit dem Hiobs Reden einsetzen. Genauer handelt es sich um eine fast frevelhafte Verfluchung des Tages seiner Geburt (Hi 3). So hatte in Israel zuvor nur der Prophet Jeremia geredet, aber im Blick auf das ihm zur schweren Last gewordene Prophetenamt (Jer 20,14 ff.), also in einer Ausnahmesituation; Hiob dagegen verflucht seinen Geburtstag, weil ihm wie vielen anderen das Leben unerträglich geworden ist, das doch für das Alte Testament als die größte Gabe Gottes an den Menschen gilt. Gewiss verflucht Hiob nicht Gott, wie seine Frau ihm riet, aber sein Fluch kommt diesem Ratschlag zumindest nahe und will auf ihn bezogen gelesen werden.

In seiner Erwiderung verweist der weise Freund Hiob auf die Tradition, in der Hiob groß geworden ist und mit der er bislang andere getröstet hat (4,3–5). Sie besagt, dass schweres Leid einen Urteilsspruch Gottes meint, der

---

[12] Es ist das besondere Verdienst G. von Rads, Weisheit in Israel, Neukirchen 1970, 267–292; 281 ff. gewesen, auf diese Konsequenz aufmerksam zu machen.

jedoch für den Frevler etwas gänzlich anderes beinhaltet als für den Gerechten[13]. Die These des Eliphas lautet (4,6):

Ist nicht deine Gottesfurcht deine Zuversicht,
deine Hoffnung die Lauterkeit deiner Wege?

Hier wird die Basis allen weisheitlichen Denkens, der Tun-Ergehen-Zusammenhang, nicht vordergründig schematisch entwickelt, als besage er, dass es dem Frevler stets schlecht, dem Gerechten nur gut ergehe, sondern der Unterschied zwischen beiden wird darin gesucht, dass *der Gerechte im Leid Hoffnung hat,* der Frevler dagegen nicht. Mit der „Gottesfurcht“ Hiobs ist jenes zentrale Stichwort der späten Weisheit genannt, das nach Spr 1,7 das „Kopfstück der Erkenntnis“ bildet, d. h. die wichtigste Voraussetzung wahrer Weisheit; sie umgreift sowohl das Wissen des Menschen um den Abstand zu Gott als auch ein Vertrauen in Gottes Handlungsmöglichkeiten, die menschliche Möglichkeiten weit übersteigen[14]. So möchte der weise Freund Hiob Mut machen, jene Ideale seines bisherigen Lebens im Leid nicht aufzugeben, auf denen seine Hoffnung auf die Wende seiner Not beruht.

Wenn die Freunde im Folgenden Hiob immer wieder vor seinem Aufbegehren gegen Gott warnen, mit der er seine Hoffnung verspielen könnte, und sie ihm das unterschiedliche Geschick der Menschen vor Augen malen, die entweder ihr Vertrauen auf Gott setzen oder nicht nach ihm fragen, so berufen sie sich dabei auf Erfahrung. Sie können diese Erfahrung geradezu *wie ein Naturgesetz* schildern, wie es ähnlich auch schon die frühe Weisheit tat (8,11 f.):

Wächst eine Papyrusstaude, wo kein Sumpf ist,
wird Riedgras ohne Wasser groß?
In Blüte noch, nicht reif zum Schnitt,
verdorrt es früher noch als alles Gras.
So sind die Wege aller, die Gott vergessen,
und die Hoffnung der Gottlosen geht zugrunde.

Die Freunde meinen mit solchen Analogien aus der Natur aber mehr als eine Gesetzmäßigkeit, die sich in jedem Einzelleben genau gleich vollzieht. Sie berufen sich bei Sätzen wie dem zitierten auf *die Erfahrungen einer Kette von Generationen,* die bis zu den frühesten Vorfahren reicht (8,8–10; 15,17–19). Die Beobachtungen einer Generation, geschweige denn eines Einzellebens, reichen für sie nicht aus; es bedarf einer langen Überlieferung. Dabei geht es ihnen nicht um die Identität der Erfahrungen als solche, sondern erneut um die Hoffnung, die sie dem Menschen im Leid vermitteln wollen.

Ohnehin steht den Freunden nicht eine starre Gesetzmäßigkeit der Erfahrungen vor Augen. Das verdeutlichen sie Hiob, indem sie mehrfach – wie

[13] Vgl. dazu den o. S. 49 zitierten Spruch (Spr 24,16): „Fürwahr, siebenmal fällt der Gerechte und steht wieder auf, aber die Frevler sinken im Unglück dahin.“

[14] Zugleich werden mit der „Gottesfurcht“ und der „Lauterkeit“ (תם) die wesentlichen Stichworte der Charakterisierung Hiobs aus der Rahmenerzählung (Hi 1,1) aufgegriffen.

schon die älteste sumerische Dichtung – betonen, *dass es eine absolute Schuldlosigkeit und Gerechtigkeit vor Gott nicht gibt* (4,17–21; 15,14–16; 25,4–6). Diese Erkenntnis, mit der sie Hiobs Eifern für seine Schuldlosigkeit eindämmen wollen, ist Eliphas so wichtig, dass er sich – ganz untypisch für weisheitliche Argumentation – auf Offenbarung beruft, weil die unmittelbare Erfahrung keinen Zugang zu dieser Erkenntnis hat (4,12–16). Und an dieser Stelle – aber nur hier – kann Hiob den Freunden zustimmen (14,4ff.; vgl. 9,2). Auch durchbrechen die Freunde die Grenzen legitimen weisheitlichen Argumentierens[15] zumindest in ihren ersten Reden nicht, insofern sie hier nicht wie später von Hiobs Leid auf seine Schuld zurückschließen.

Vor allem aber erweist sich der erfahrene Eliphas in seinem konkreten Ratschlag als guter Freund: „Ich aber würde mich an Gott wenden, würde meine Angelegenheit Gott vorlegen!" (5,8). Wenn er im Folgenden (V.9–16), scheinbar überraschend, Hiob hymnische Verse vorspricht, so handelt es sich hierbei um eine sog. *Gerichtsdoxologie,* mit der sich ein vom Leid betroffener Einzelner bzw. ein Kollektiv vor Gott beugt und im Unglück seinen Richterspruch als gerecht anerkennt[16]. Diese Gestalt des „Sich Wendens an Gott" entstammt nicht mehr weisheitlicher, sondern gottesdienstlich-liturgischer Tradition. Noch weniger ist der Inhalt der Doxologie weisheitlich geprägt; vielmehr greift er zahlreiche prophetische Aussagen auf[17]. Wenn Gott gelobt wird, weil er Selbstgewisse und in ihren eigenen Augen Weise ins Unglück stürzt, aber „Arme", die – wie in der ersten Seligpreisung der Bergpredigt – ihr Vertrauen ganz auf Gott setzen, rettet, dann wird Hiob hier eine Hoffnung vermittelt, wie sie im Zentrum sowohl des Alten wie des Neuen Testaments steht. So erweist sich Eliphas als ein Weiser, der auch mit prophetischen und gottesdienstlichen Traditionen bestens vertraut ist.

Ja, der weise Freund geht im Anschluss an die Doxologie noch einen Schritt weiter. In einem unerwarteten *Makarismus* preist er Menschen glücklich, die eine Not oder ein Leid insofern als ein Heilshandeln erfahren haben, als die Wende des Leids sie in noch größere Nähe Gottes geführt hat. Wer wollte bestreiten, dass es auch solche Leiderfahrungen gibt, so gewiss mit dieser Erkenntnis kein Schlüssel zur Deutung allen Leides gefunden ist[18]! In zahlreichen Einzelaussagen berührt sich der Makarismus mit den oben genannten eindrucksvollen hymnischen Rahmenaussagen der Dichtung *ludlul bēl nēmeqi,* mit denen der geheilte Dulder seinem Gott Marduk dankt und immer wieder Marduks Erbarmen seinem Zorn gegenüberstellt[19]. Sie gehören für

---

15 Vgl. dazu o. S. 48f.

16 Vgl. o. S. 238. Dieser Ratschlag kommt dem vorbildlichen Verhalten Hiobs in der Rahmenerzählung nahe, wo Hiob im Leid Gott für seine früheren Wohltaten preist (1,21; 2,10).

17 Vgl. auch später das Magnifikat der Maria (Lk 1).

18 Parallelen zur pädagogischen Funktion des Leides in den Psalmen und Sprüchen nennt A. Scherer, Lästiger Trost. Ein Gang durch die Eliphas-Reden im Hiobbuch (BThSt 98), 2008, 59–63.

19 Vgl. von Soden, a.a.O. 114–116, und den vollen Text bei Annus-Lenzi, a.a O. I, 1–40; IV, 75ff. Vgl. inhaltlich R. Albertz, *Ludlul bēl nēmeqi,* eine Lehrdichtung zur Ausbreitung und Vertie-

mich zu den tiefsten Gedanken, die die babylonische Religion hervorgebracht hat, soweit sie uns bekannt ist, und Analoges gilt für die Theologie des Eliphas im Rahmen der alttestamentlichen Weisheit.

b. Hiobs Klagen

Obwohl Hiobs Freunde als gute Theologen gezeichnet sind – zumindest anfangs und besonders der bedächtige Eliphas –, ist Hiob unfähig ihrem Rat zu folgen. Er kann sich nicht im Gebet an Gott wenden, um sich vor ihm zu demütigen, und zwar primär aus zwei Gründen. Der erste und grundsätzliche liegt in dem schon erwähnten Kunstgriff des Dichters verborgen, mit dem er Hiob als einfühlsamen Berater in fremdem Leid schildert, bevor ihn das eigene schwere Leid trifft (4,3–5). Als Ratgeber und Lehrer urteilte Hiob wie seine Freunde aus einer Lebenserfahrung heraus, die in allem Wesentlichen mit der Lebensordnung des Tun-Ergehen-Zusammenhangs übereinstimmte, wie sie allem weisheitlichen Denken zugrunde liegt. G. von Rad hat sie eine „geglaubte Ordnung“ genannt[20], weil kein Einzelleben mit ihr voll zur Deckung gebracht werden kann, sie aber für die Weisen dennoch als eine tragende Ordnung galt, die ihnen dazu diente, die unterschiedlichen Erfahrungen von Menschen einzuordnen. Dem Hiob der Dichtung dagegen, der den Tag seiner Geburt verflucht, ist durch sein unerträgliches Leid mit einem Schlag das Vertrauen auf diese Lebensordnung der Weisen aus den Händen gerissen worden. Glaube und Erfahrung sind auseinander getreten. In Hiobs Klagen tritt den Freunden eine Form extremen Leids entgegen. Hiob ist ein tief verwundeter Mensch, der sich in seiner Qual nur noch nach dem Tod sehnt. Sein Leid reißt ihn aus der Geborgenheit seines Lebens heraus, die er bisher mit seinen Freunden geteilt hat.

Dabei ist Hiob keineswegs der Meinung, dass sein ihm unerträglich erscheinendes Leid beispiellos ist. Vielmehr sieht er zahllose Menschen wie sich selbst nach dem Sinn eines Lebens fragen, das ganz vom Leid bestimmt ist (3,20). Immer wieder ordnet er sein Leiden dem *allgemeinen Menschengeschick* zu. Das Leben ist für Hiob generell ein ständiger Kriegsdienst bzw. ein Sklavendasein, wobei sich die Hoffnung sowohl der Soldaten als auch der Sklaven auf den Abend richtet, die symbolische Zeit des Todes (7,1 ff.). Jedes Leben ist für Hiob „kurz und voller Angstzustände“ (14,1). Die Menschen sehnen sich nach Ruhe, erfahren sie aber gemeinhin nur in Gestalt des Todes, der für die Leidenden Erlösung bedeutet.

---

fung der persönlichen Mardukfrömmigkeit, FS K. Deller (AOAT 220), 1988, 25–53; M. Gerhards, Lob des unverständlichen Gottes. Annäherung an die babylonische Dichtung *Ludlul bēl nēmeqi*, in: ders., Der undefinierbare Gott, Münster 2012, 93–152, und den Exkurs „Marduks Zorn und Güte in den mesopotamischen ‚Hiob‘-Dichtungen“ in J. Jeremias, Zorn Gottes, 159–162.

[20] Vgl. o. S. 50.

Wichtiger ist eine zweite Differenz zwischen Hiob und seinen Freunden, die Hiob daran hindert, ihrem Rat zu folgen. Sie liegt in ihrem *unterschiedlichen Gottesbild.* Die Freunde sind aufgrund der Tradition, in der sie großgeworden sind, und aufgrund der eigenen Lebenserfahrung überzeugt von der Güte des Schöpfers der Welt gegenüber seinen Menschen, die auch im Leid nicht endet, vielmehr die Frommen, die sich im Leid an Gott wenden, aus ihrer Not herausführen wird. Hiob dagegen erfährt eine Gestalt des Leids, die er nicht auszuhalten vermag und die er doch nicht als Wirkung dunkler Mächte an Gott vorbei, sondern nur als Tat Gottes verstehen kann. Es ist ein Leid, für das der Tod, d.h. die Ruhe, wie sie die Toten finden, die einzige Hoffnung darstellt (3,21). Es ist Gott selbst, der Hiob quält und ihm zugleich „seinen Weg versperrt“ (3,23), so dass er keinen Ausweg aus dem Leid finden kann, ja der ihm tags und nachts keinen Moment der Ruhe schenkt, keinen Augenblick, in dem er „seinen Speichel hinunterschlucken könnte“ (7,19). Zu diesem quälenden Gott kann er nicht beten, von ihm geht kein Strahl der Hoffnung aus. Wenn er ihm trotzdem nicht absagt, wenn er trotzdem „die Worte des Heiligen nicht verborgen gehalten“ hat (6,10), dann zwar ohne Hoffnung, aber im Wissen, dass Gottes Handeln und Wesen in der Qual, die er Hiob zufügt, nicht aufgehen.

Mit diesem Wissen, das Hiob später offen ausspricht (10,8–12), hängt zusammen, dass in seinen Anreden an Gott im ersten Redegang neben seinem Todeswunsch kurz auch *der Wunsch nach erfülltem Leben* aufscheint. Im einen Fall bittet er Gott, endlich das Quälen zu beenden und ihn zu „zermalmen“ (6,8f.), im anderen weist er Gott wie viele Psalmen auf die Kürze des menschlichen Lebens hin und bittet ihn um sein „Gedenken“, d.h. um seine Barmherzigkeit (7,7). Beide Wünsche stehen logisch unverbunden nebeneinander und lassen Hiobs Todeswusch indirekt als einen Schrei nach dem Leben erscheinen.

Mit *der Parodie auf Ps 8* (7,17–21) nähern sich die Anklagen Hiobs gegen Gott ihrem Tiefpunkt. Hiob zitiert den Hymnus, wandelt aber das Staunen der Menschen, das ihn durchzieht, in grauenhaftes Entsetzen. Ps 8 hatte das Wunder gepriesen, dass der große Gott, der nur die Finger bewegen musste, um die Welt zu erschaffen, sich um den winzigen Menschen kümmert und sich ihm zuneigt, um ihn als Verwalter der Schöpfung in eine königliche, nahezu Gott gleichende Stellung einzusetzen. Hiob klagt Gott mit den teilweise gleichen Worten an, dem winzigen Menschen eine Überwachung aufzuerlegen, wie sie wohl dem Chaosdrachen, der die Schöpfung gefährdet, nicht aber dem Menschen angemessen ist. Nicht die Ferne Gottes ist Hiobs Problem wie so vielen Betern der Psalmen, sondern seine unerträgliche Nähe. Wo Beter der Psalmen um Gottes „Hinblicken“ bitten, mit dem die Not beendet würde (Ps 13,4 u.ö.), bittet Hiob um Gottes „Wegblicken“ (7,19). Wenn Gott Hiob „großachtet“ (7,17), dann ist das kein Grund zum staunenden Jubel wie in Ps 8, sondern Bezeichnung furchtbarer Erfahrungen der permanenten Überprüfung und immer neuen Kontrolle durch Gott, wie sie in grauenvollen

Nächten von Hiob erlebt werden und wie sie für ihn durch kein mögliches Vergehen gerechtfertigt sind. Irgendwelche verborgene Schuld wird Gott immer finden; aber die Qual der lückenlosen Überwachung jedes seiner Schritte ist für den Leidenden nicht auszuhalten. Auf diesen Gott kann kein Mensch im Leid seine Hoffnung setzen!

c. *Hiobs Forderung nach seinem Recht*

In Hi 9 schließlich ist *der Tiefpunkt der Hiobdichtung* erreicht; Hiobs Klagen und Anklagen gehen schrittweise in *ungezügeltes und blasphemisches Lästern* über. Wenn der Anfang seiner Rede noch in hymnischen Tönen – scheinbar orthodox – Gottes unbegreifliche Macht besingt, so dient er, wie die Fortsetzung zeigt, faktisch nur dazu, die Unzugänglichkeit Gottes zu schildern, der keinem Menschen Rechenschaft schuldet und vor dem kein Mensch sein Recht einzuklagen vermag. Nicht genug damit: Die Macht Gottes wird in Hiobs Worten immer stärker als pure Willkür dargestellt („Es ist eins, darum sage ich: Schuldlose wie Schuldige vernichtet er", V.22), um abschließend in einer letzten und nicht mehr zu überbietenden Steigerung als Lust am Bösen entlarvt zu werden („Er spottet über die Verzweiflung der Schuldlosen! Ist die Erde in die Hände von Frevlern gegeben, deckt er das Antlitz ihrer Richter zu", d.h. er verhindert gerechte Rechtsprechung! V.23f.). Unter der Hand ist Gott zum Satan geworden!

Wenn Hiob in seiner Pein vom Dichter dazu gebracht wird, die Frage nach Gott bis in das tiefste Dunkel zu treiben[21], so geschieht das natürlich nicht absichtslos. *Kap. 9 ist im Buch Hiob* nicht nur der Tiefpunkt, sondern auch *der Wendepunkt,* und zwar in dreifacher Hinsicht:

1. Zum einen nötigt die Lästerrede Hiob zur Frage, ob er nichts anderes von Gott weiß als dieses; denn dem Gott von Hi 9 kann man nur den Abschied geben. Und in der Tat beginnt Hiob im Fortgang der Rede, sich an die Erfahrungen seiner Kindheit zu erinnern, an die Mühsal, mit der Gott ihn im Mutterleib geformt hat, an die Güte, mit der er ihn als Kind vor Unglück bewahrt hat, an Gottes vielfachen Schutz (10,8–12). Allerdings stehen diese Erfahrungen völlig unverbunden neben seinem gegenwärtigen Erlebnis der Qual Gottes.

2. Zum zweiten gehen Hiobs Reden ab Kap. 9 schrittweise von der Klage zur Forderung nach seinem Recht über. Hatte Hiob sich bei seinen ersten Antworten auf die Ratschläge seiner Freunde weithin der Sprache der Psalmengebete bedient, so jetzt zu großen Teilen der Sprache aus dem Bereich der Rechtsverfahren. Damit aber verlagert sich die Frage nach Gott insofern, als das Alte Testament Gott nur als den Gott des Rechts kennt. Wenn anfangs Todeswunsch und Lebenssehnsucht Hiobs noch unverbunden nebeneinander

[21] Es wird mit solchen Aussagen zusammenhängen, dass der Dichter des Dialogs – im Unterschied zur Rahmenerzählung – den Eigennamen des biblischen Gottes, JHWH, vermeidet.

stehen, kann im Folgenden Gott nicht gleichzeitig ein Gott des Rechts und des Unrechts sein[22].

3. Zum dritten – und bisher kaum wahrgenommen – führt Hi 9 das theologische Stichwort ein, mit dem *Hiobs Gotteserfahrungen auf den Begriff gebracht* werden: *Gottes Zorn* (אַף, Hi 9,5.13). Dieser Begriff ist deshalb zum Verständnis Hiobs so wichtig, weil er ihn in einer für das Alte Testament nicht nur ungewöhnlichen, sondern geradezu widersinnigen Weise verwendet: In der Hiob vorliegenden, überwiegend prophetisch geprägten Tradition steht Gottes Zorn für die denkbar heftigste Reaktion Gottes auf extreme Schuld[23]; Hiob dagegen erfährt Gottes Zorn, ohne schwere Schuld auf sich geladen zu haben. Zu dieser Erfahrung haben die Freunde keinen Zugang, und mit ihr wird die Frage nach Gottes Gerechtigkeit auf die Spitze getrieben. Wenn Gott, wie von Hiob behauptet, bei beliebigen Anlässen die Menschen seinen tödlichen Zorn treffen lässt, ist er nur noch die Verkörperung eines blindwütigen Schicksals, ist er ein Gott der reinen Willkür.

Diesen Gott erlebt Hiob. In kaum erträglicher Weise schildert Hi 16,9ff. *Gott im Zorn als den Feind Hiobs.* Mit ständig wechselnden abscheulichen Bildern wird der ungleiche Kampf zwischen Gott und Hiob geschildert: Wie ein hungriges Raubtier fällt Gott seine Beute hinterrücks an und knirscht über ihr mit seinen Zähnen; Gott nützt Hiob beim Übungsschießen als Zielscheibe und lässt die Fülle seiner Pfeile auf seine Eingeweide schwirren; er reißt mit seinem überlegenen Heer Bresche auf Bresche in Hiobs Mauer – und das alles, obwohl Hiob von keiner schweren Schuld weiß (V.17). Muss man diesem Gott nicht absagen?

Aber Hiob weiß, wie wir sahen, auch von Gottes Güte, er hat auch Gottes Schutz und Zuwendung erfahren. Wie aber kann und soll er seine so unterschiedlichen Erfahrungen miteinander in Verbindung bringen? Zunächst ist Hiob eine solche Verbindung nur im Irrealis möglich. Wenn es einen Ort in dieser Welt gäbe, an dem Gott Hiob vor seinem eigenen Zorn (!) verbergen könnte – und sei es im Totenreich, das der Glaube Israels anfangs dem Machtbereich Gottes entzogen gesehen hatte und in dem nach den Psalmen kein Lob Gottes erklingt –, dann könnte es wieder zu einem positiven Gotteskontakt Hiobs kommen. Dann könnte er wieder zu Gott beten und könnte sich über Gottes Antwort und ebenso über seine Vergebung freuen (14,13–17): Erinnerungen, die ungleich weiter reichen als Hiobs zuvor erwähnter Rückblick auf seine Kindheit. Aber diesen Ort, an dem Hiob für Gottes Zorn unerreichbar wäre, gibt es nicht[24]; und auch wenn Hiob mit allen Texten des Alten Testa-

---

[22] Während insbesondere C. Westermann, Der Aufbau des Buches Hiob (BHTh 23), 1956, sein Augenmerk speziell auf die Psalmensprache des Hiobbuches gerichtet hat, hat etwa gleichzeitig und unabhängig von ihm H. Richter, Studien zu Hiob (ThA 11), 1959, sich auf die Analyse der Sprache des Prozesswesens konzentriert.

[23] Vgl. J. Jeremias, Der Zorn Gottes im AT (BThSt 104), ^{2}2011.

[24] Die Unmöglichkeit, einen Ort zu finden, an dem sich der Mensch vor Gott verbergen könnte, kennt das AT auch sonst; vgl. Am 9,2–4; Ps 139,7–12.

ments übereinstimmend weiß, dass Gottes Zorn zeitlich begrenzt ist, birgt dieses Wissen keinen Trost in sich, weil Hiob ebenfalls weiß, dass er den Zorn nicht überleben kann.

Aber mit dieser negativen Erkenntnis gibt sich Hiob nicht zufrieden. Er *muss* den Gott der Güte und Vergebung, von dem er auch weiß, hinter dem Gott im Zorn finden. In den beiden berühmten Texten, die sich an die *Form der sog. „Gewissheit der Erhörung"* (Gunkel) in den Psalmen[25] anschließen (16,18–22; 19,23–27), wagt Hiob, seine konträren Erfahrungen in seinem Gottesbild miteinander zu verbinden. Beide Texte setzen mit den zuletzt erwähnten Gedanken Hiobs ein, er werde durch Gottes Zorn sein Leben verlieren. Dann, sagt Hi 16,18, die unmittelbare Fortsetzung der Schilderung Gottes als Feind, wird Gott als Bluträcher gegen den Mörder Hiobs aufstehen müssen, wenn anders er der Geber des Lebens ist und als solcher den Notschrei von unschuldig vergossenem Blut nicht überhören kann. Die folgenden Verse steigern diesen Gedanken: Nicht erst im Tod, nein „jetzt schon" ist Gott zum Handeln genötigt: als Zeuge des Hiob angetanen Unrechts, durch dessen Zeugnis Recht gesprochen werden kann, ja mehr noch: als Richter, der im Rechtsstreit zwischen Hiob und seinem Feind Recht sprechen wird (V.19.21).

In diesen ungewöhnlichen Versen *appelliert Hiob dreimal an Gott gegen Gott:* an Gott, den Bluträcher gegen Gott, den Bluttäter, an Gott, den Zeugen, und zuletzt an Gott, den Richter, gegen seinen quälenden Prozessgegner, kurz: an den Gott der Tradition und seiner früheren persönlichen Erfahrung gegen den Gott des Zornes in seiner gegenwärtigen Qual. Gott *muss* gegen seinen eigenen Zorn eingreifen, er *muss* ihn verurteilen, denn dieser Zorn, der Hiob grundlos trifft, tritt das Recht mit Füßen. Damit ist das zeitliche Nacheinander der Gotteserfahrungen im Irrealis von Hi 14 – Hiob könnte Gottes Reden und seine Vergebung erfahren, wenn Gottes Zorn beendet wäre – zu einem Ineinander geworden: Gott gegen Gott. Hiob wagt, Gott von seinem Zorn zu trennen. Vorbereitet war diese Trennung schon in Hi 14,13 im Gedanken, Gott könne Hiob vor seinem eigenen Zorn verbergen, der wie eine eigene Wesenheit erscheint. Auch die Schilderung Gottes als grausamer Feind war eingeleitet worden, indem sein Zorn als selbständiges Subjekt genannt wurde (16,9).

All dies zeigt, dass Hiobs Appell an Gott gegen Gott mehr ist als ein kühnes Gedankenspiel; es ist ein Glaubenswagnis. In seiner Verzweiflung *sucht Hiob nach Aussagen der Tradition, in denen Gott sich festgelegt hat* und hinter die er nicht zurück kann. Er findet sie zunächst in Gottes Bindung an das Leben seiner Menschen. Die uralte, letztlich auf nomadischer Überlieferung beruhende Überzeugung, dass Gott unschuldig vergossenes Blut, das an ihn den Notschrei richtet[26], nicht überhören kann, bestimmt nicht nur die Erzählung von

---

[25] Vgl. o. S. 39.

[26] Im menschlichen Bereich war jeder Vollbürger Israels, der den Notschrei (זעק bzw. צעק) einer Person minderen Rechts hörte, nicht nur zur Hilfe verpflichtet, sondern auch zur Einberufung der Rechtsversammlung.

Kain und Abel (Gen 4,10), sondern auch noch späte apokalyptische Texte im Alten Testament[27]. Aber sie ist für Hiob kein wirklicher Trost, weil sie nur Gottes Handeln nach seinem Tod verbürgt. Anders ist es mit Hiobs Appell an Gott als Zeugen und Richter. Er zeigt, dass Hiob Gott nur als Gott anerkennen kann und will, wenn er ein Gott des Rechts ist, wenn seine Fürsorge für Arme, Unterdrückte und Gequälte, von der die Rechtstexte ebenso wie die Prophetenbücher nachdrücklich reden, nicht je und dann, sondern wesensmäßig sein Handeln bestimmen. In der Tat kennt das Alte Testament Gott nur als Gott des Rechts. Deshalb ist der Hiob der beiden Texte, die seine „Gewissheit der Erhörung" bezeugen, von Gottes Eingreifen zu seinen Gunsten überzeugt - geschehe sie auch, wie 19,25–27 es erhofft, im allerletzten Stadium seiner Krankheit und seines Lebens[28]. Der Hiob im unverständlichen Leid sucht die vertrauten Züge des zugewandten und vertrauten Gottes hinter der Maske des Gottes im Zorn, der ihm „der Fremde" ist (19,27) und der ihm auf sein Klagen nicht antwortet. Hier hat er sie gefunden.

Dennoch will Hiobs Glaubenswagnis nicht einfach als die „Lösung" seiner tiefgründigen Fragen verstanden werden. Hiobs Klagen gehen weiter, auch die Antworten seiner Freunde, zu denen sich mit Elihu noch ein vierter Freund gesellt, der beansprucht, bessere Antworten zu wissen als die drei anderen (Hi 32–37). Vor allem aber werden die Reden der Freunde durch die schon früher behandelten Reden Gottes[29] abgelöst, die sowohl Hiob als auch die Freunde in die Schranken weisen und die ständig von ihm versorgte und geschützte Schöpfung für ihn Zeugnis ablegen lassen. Dass aber die beiden „Gewissheiten der Erhörung" in Hiobs Reden den theologischen Höhepunkt der Dichtung bilden, bleibt nach meinem Urteil davon ebenso unbenommen wie die Tatsache, dass die Dichtung keine letztgültige Antwort auf Hiobs Fragen zu geben beansprucht, sondern bewusst mehrere Teil-Antworten nebeneinander stehen lässt.

2. Die Frage nach dem Sinn des Lebens (Kohelet)

Im Buch Hiob ist mit der Frage nach Gottes Gerechtigkeit angesichts des Leidens des Gerechten nur ein Teilaspekt der traditionellen Weisheit zum Pro-

[27] Nach Jes 26,21 wird die Erde bei Gottes endzeitlichem Kommen das Blut aller auf ihr Ermordeten aufdecken, damit es an Gott den Notschrei richten kann.

[28] Wenn Hiob hier das Eingreifen Gottes als Anwalt mit dem Verb גאל „erlösen" erwartet, das bei Deuterojesaja eine zentrale Rolle spielt, dann wiederum, weil גאל die rechtliche Verpflichtung des nächsten Verwandten zur Voraussetzung hat, in der Not veräußertes Eigentum (bzw. in der Not in die Schuldsklaverei gegebene Glieder) einer Familie „auszulösen", d. h. zurückzukaufen. Als „Löser" ist Gott dieser nächste Verwandte, der Hiob „auslösen" *muss*; vgl. R. Kessler, „Ich weiß, dass mein Erlöser lebt", ZThK 89 (1992), 139–158. Denkbar ist in Hi 19,25 aber auch eine rein rechtliche Bedeutung Gottes als „Erlöser" im Sinne eines (zweiten) Zeugen; vgl. F.R. Magdalene, ZABR 10 (2004), 292–316.

[29] Vgl. o. S. 334f.

blem geworden, wenn auch ein zentraler. Aber es ist ein Aspekt, der in der Weisheit seit alters diskutiert worden ist, und wenn auch der Verfasser der biblischen Dichtung ganz neue Antworten zur Diskussion stellen will, so kommt doch mit den Freunden auch die traditionelle Weisheit ausgiebig zu Wort, wenngleich im zweiten Teil der Dichtung mit deutlichen Zügen der Erstarrung. Die wenig jüngere Weisheitsschrift des Kohelet – was etwa „Leiter einer Versammlung" bedeuten mag, also ursprünglich eine Funktionsbezeichnung war – geht demgegenüber zum *Frontalangriff gegen die Antworten der älteren Weisheit* über, indem sie den Tun-Ergehen Zusammenhang grundsätzlich relativiert:

> Es gibt Gerechte, denen es ergeht, als hätten sie wie Frevler gehandelt,
> und es gibt Frevler, denen es ergeht, als hätten sie wie Gerechte gehandelt (8,14; vgl. 7,15).

Zwar ist Kohelet weit davon entfernt, mit dieser Beobachtung sein weisheitliches Bemühen in Bausch und Bogen zu verwerfen, das wie alle Weisheit des Alten Testaments auf der Erkenntnis des Zusammenhangs von menschlicher Tat und ihrer Wirkung auf den Täter und seine Umgebung beruht, ohne den es keine Erfahrung des göttlichen Wirkens im Alltag gäbe[30]; auch eine Weisheit ohne ethische Pflichten ist für ihn undenkbar. Aber der Tun-Ergehen-Zusammenhang hat für ihn seine durchschaubare Regelhaftigkeit verloren, weil Gottes Weltregiment unerkennbar geworden ist. Unter diesen Umständen ist die Aufgabe des Weisen erheblich erschwert worden, und Kohelet selbst stellt immer wieder die Frage, ob sie überhaupt noch sinnvolle Erträge bringt. Die oben zitierte Beobachtung hat er – bzw. eher sein erster Herausgeber[31] – mit dem Leitwort seiner Lehre kommentiert: „Ich sagte: Auch dies ist הבל (Windhauch/nichtig/nutzlos)". Er hatte diese Charakterisierung dem zitierten Satz auch schon vorangestellt, so dass die Vergeblichkeit des Sich Mühens um den Zusammenhang von Tun und Ergehen in diesem Spruch gleich doppelt ausgedrückt ist. Aber wenn das so ist: Welchen Sinn kann eine Weisheitsschrift dann noch haben?

Bei der Beantwortung dieser Frage muss sich jeder Ausleger vor Simplifizierungen hüten. Kohelets Schrift ist keine Streitschrift, und Kohelet selber ist keineswegs ein Nihilist. Vielmehr arbeitet er mit verschiedenen Kunstgriffen. Einer besteht darin, dass er mehrfach früher geäußerte Aussagen später noch einmal aufgreift, aber keineswegs mit identischer, sondern mit erkennbar modifizierter Stoßrichtung. Ein anderer liegt in der *Verwendung von Begriffen, die mehrdeutig sind* und die der Weise mit verschiedenen Nuancierungen ge-

---

[30] Vgl. o. S. 47ff.

[31] Die beiden Epiloge, die das Buch beschließen (12,9–11 und 12,12–14), weisen auf eine doppelte Herausgeberschaft des Buches und der Anordnungen der Sprüche und Reflexionen Kohelets hin. Nach üblicher Ansicht hat Kohelet nur die ersten Einheiten (1,3–3,15) selber zusammengestellt.

braucht; nicht zuletzt gilt das für sein schon erwähntes Leitwort הבל[32]. Ja, es gibt sogar scheinbare Widersprüche in seinen Aussagen: Kohelet kann die Weisheit loben oder tadeln, kann Reichtum und Lebensgenuss als gut oder böse bezeichnen. Aus all dem wird deutlich, dass er den Lesern keineswegs fertige Problemlösungen liefern will, die sie ohne eigene Reflexion übernehmen sollten. Er ist vielmehr darauf aus, sie ständig in der Lektüre stocken zu lassen und zum Grübeln zu bringen, um sie aus aller Passivität eines bloßen Rezipienten zum selbständigen Denken zu ermuntern[33]. Mehrfach spricht er Sätze aus, deren Verständnis zunächst eindeutig zu sein scheint, um seine Leser mit einem Folgesatz zu nötigen, den vorherigen Satz noch ein zweites Mal mit größerer Aufmerksamkeit für mehrfachen Sinn zur Kenntnis zu nehmen. Häufig scheint er einen zu seiner Zeit offensichtlich geläufigen Spruch zu zitieren, um aus ihm konträre Folgerungen zu ziehen und seine Leser auf diese Weise daran zu hindern, sich in einfachen Lösungen vorschnell einzurichten.

Kohelet lehrt zu einer Zeit – dem Hellenismus des 3. Jh.s v. Chr. –, in der einerseits die traditionellen Antworten der Weisheit auf die Hauptprobleme individuellen Lebens fraglich geworden sind, aber andererseits unterschiedliche neue Ansichten innerhalb der zeitgenössischen Diskussion über den Sinn des Daseins geäußert und erstmals auch die Stimmen griechischer Denker zumindest indirekt hörbar werden. Die Uneindeutigkeiten mancher Aussagen Kohelets wollen seine Schüler und die späteren Leser in diesem Stimmengewirr urteils- und kritikfähig werden lassen. Diese Intention teilt Kohelet mit dem Dichter des Buches Hiob; freilich bleibt die Differenz bestehen, dass die verschiedenen Ansichten im Buch Hiob benannt werden, während sie im Buch Kohelet rekonstruiert werden müssen. Schon die beiden unterschiedlichen Epiloge (12,9–11 und 12,12–14) geben zwei verschiedene Lesarten des Buches zu erkennen, die beide in ihm selber angelegt sind: unter dem Gesichtspunkt der Vergeblichkeit allen menschlichen Mühens bzw. unter dem Gesichtspunkt eines Aufrufs zur Gottesfurcht[34]. Es bietet sich an, diese beiden hermeneutischen Vorgaben als Leitlinien der Darstellung zu verwenden, so gewiss beide Aspekte bei Kohelet selbst zusammengehören.

a. Die Vergeblichkeit menschlicher Mühe

Der erste Herausgeber der Sprüche Kohelets hat die Worte seines Lehrers mit einem im Deutschen kaum zu imitierenden superlativischen Ausdruck (הבל

[32] Es bedeutet an manchen Stellen „nichtig/flüchtig/vergänglich“, an anderen „wertlos/nutzlos/sinnlos“.

[33] Vgl. T. Krüger, Kohelet (Prediger) (BK XIX/S), 2000, 32–39; L. Schwienhorst-Schönberger, Kohelet (HThK.AT), 2003, 64–69.

[34] Vgl. O. Kaiser, Kohelet. Das Buch des Predigers Salomo, Stuttgart 2007, 34.

הבלים) eingeleitet (1,2), der als eine Art Motto über seinem Buch steht und in einem fast wörtlich gleichen Nachwort (12,8) das Buch beschließt:

> Alles ist total nichtig, sagt Kohelet,
> total nichtig, alles ist nichtig.

Aber nicht nur dieses überschriftartige Motto, sondern der gesamte Anfang des Buches Kohelet verweist seine Leser auf die Fragwürdigkeit des menschlichen Daseins im Allgemeinen und die Begrenztheit der Suche des Menschen nach Weisheit und Sinn im Leben im Besonderen. Auf das Motto folgt mit 1,3 die „Leitfrage" (O. Kaiser) des Buches – haben Mühe und Arbeit des Menschen in seinem Leben irgendeinen Sinn oder Ertrag? – und mit 1,4–11 als erste Antwort ein sog. Prolog, der die Wiederkehr des immer Gleichen ohne ein erkennbares Ziel in der menschlichen Erfahrung thematisiert und das schnelle Versinken aller menschlichen Leistungen in der Vergessenheit. Die Königsfiktion bzw. Königstravestie verstärkt den resignativen Grundton. Für kurze Zeit (1,12–2,11) schlüpft Kohelet in die Rolle des reichsten und weisesten Königs Israels, Salomo, um in dieser Rolle die scheinbar unbegrenzten Möglichkeiten eines glücklichen Menschen auszuloten, dem die Erfüllung aller seiner Wünsche erreichbar ist. Jedoch zeigt sich, dass äußerster Genuss, imponierende Bauleistungen, exzessiver Reichtum und extremer Luxus etc. nur sehr flüchtige Freuden gewähren. Nirgends entdeckt Kohelet Beständiges, Bleibendes, nirgends „Gewinn".

Allerdings führen ihn seine Beobachtungen weder in die Verzweiflung noch in die Resignation. Dass alles Mühen um Einsicht trotz aller Erkenntnis der Flüchtigkeit jeder menschlichen Tätigkeit unaufgebbar bleibt, ist ihm eine sicherer Ausgangspunkt seines Denkens. Weisheit und Torheit verhalten sich zueinander wie Licht und Dunkelheit (2,13f.). Wer wollte auf Dauer freiwillig im Dunkeln tappen? Nur sichert die Weisheit nicht vor der Pötzlichkeit des Todes. Die Weisen kann ein ebenso grausames Schicksal treffen wie die Toren.

Mit dem *Tod des Menschen*, besonders dem schnellen und unerwarteten, berührt Kohelet eines der Themen, die ihn am meisten beschäftigen, ja regelrecht quälen. Wenn er in 2,17, wo er es zum ersten Mal intensiv berührt, formuliert: „Ich begann, das Leben zu hassen!", dann spürt man ihm die Leidenschaft ab, mit der er sich gegen die zwingende Einsicht gewehrt hat, dass alle Weisheit des Menschen die Zeit und Gestalt des Todes, der ihn trifft, nicht beeinflussen kann. Der Tod ist es, der alles vorherige Tun des Menschen als fragwürdig erscheinen lässt. Im Reich der Toten gibt es kein Wissen mehr, und die Toten werden von den Lebenden schnell vergessen (9,5). Der Tod beendet abrupt ein Leben, das doch „Hoffnung" im Sinn von Zukunftsperspektiven besitzt, d.h. von der Erwartung guter Tage, wie Kohelet sie so oft als das besondere „Teil" des Menschen preist; deshalb ist für ihn ein lebender Hund, ein zu seiner Zeit besonders verachtetes Tier, besser dran als der König der Tiere, ein Löwe, wenn er tot ist (9,4). Der Tod verbindet den Menschen mit dem Vieh: Beide sind aus Staub und werden wieder zu Staub, und niemand kann sagen, ob sie nach dem Tod ein unterschiedliches Geschick haben, indem der Odem des Menschen „nach oben steigt“, der Odem des Viehs aber „nach unten zur Erde herabfährt“ (3,18–21)[35].

Allerdings kann der Tod für Kohelet auch Erlösung sein. Wie Hiob den Tag seiner Geburt verflucht und die Nicht-Geborenen glücklich preist (Hi 3), so kann auch Kohelet im Blick auf die vergossenen Tränen von Unterdrückten und von Gewalt Leidenden die Toten glücklicher preisen als die Lebenden und mehr als beide die nie Geborenen (4,1–3) und andernorts eine Fehlgeburt glücklicher als einen Menschen, der zwar Güter besitzt, sie aber nie genießen kann (6,1–6).

Reichtum ist es andererseits freilich nicht, der den Menschen glücklich macht. Während ihn ein Mensch unter Mühen und Plackerei für sich geschaffen hat, kann er nichts von ihm mit in den Tod nehmen; vielmehr erbt ihn ein anderer, der keinen Finger für ihn gekrümmt hat und von dem niemand im Voraus weiß, ob er klug oder töricht mit ihm umgehen wird (2,18–21). Hinzu kommt, dass Reichtum süchtig macht, so dass der Reiche nachts nicht schlafen kann, und zu dem Reichen gesellen sich Menschen, die von seinem Reichtum profitieren wollen (5,9–11). Auch kann Reichtum dazu verführen, dass sein Besitzer – wie der reiche Kornbauer im Gleichnis Jesu (Lk 12,16–21) – sich in falscher Sicherheit wiegt; er kann über Nacht vernichtet sein (5,12f.; vgl. 6,1f.).

Zudem verleiden *die vielen Ungerechtigkeiten auf Erden* dem Weisen sein Leben. Er muss die schon erwähnten Tränen ansehen, die die zahlreichen Unterdrückten vergießen (4,1). Er muss erleben, wie Armen das ihnen zustehende Recht durch korrupte Beamte vorenthalten wird (5,7). Überhaupt sieht er mit Verdruss, wie überall Menschen Macht über Menschen gewinnen und ihnen schaden (8,9). Zudem zieht sich die göttliche Bestrafung Schuldiger oft in die Länge, was andere Böse zu neuer Bosheit ermuntert (8,11).

Fällt also auch das Mühen um Weisheit unter das Verdikt der Vergeblichkeit? Ja und nein. Einerseits kann Kohelet formulieren: „Ich sprach: Ich will Weisheit erlangen; aber sie entzog sich mir“ (7,23). Immer wieder betont er die Grenzen der menschlichen Weisheit. Sie vermag vor allem zweierlei nicht: Sie kann Gottes Planen und sein Tun nicht ergründen (3,12; 11,5), und sie kann nicht in die Zukunft blicken, um das kommende Geschick der Menschen zu erkennen (6,12; 7,7). Ja, der Mensch ahnt nicht einmal, ob er aufgrund seiner Taten von Gott geliebt oder gehasst wird (9,1). In all diesen Belangen ist das Mühen um Weisheit nichtig.

Andererseits „ist Weisheit besser als Stärke“ (9,16), und „die Weisheit macht den Weisen mächtiger als zehn Machthaber, die es in einer Stadt gibt“ (7,19). Torheit ist in jeder Hinsicht schlimm und bringt Schaden jeglicher Art (10,1–7). Allein die vielen „x ist besser als y“-Sentenzen (etwa 7,1ff.) zeigen, wie sehr Kohelet an der klugen Gestaltung des Lebens im Alltag gelegen ist. Der Weise vermag zumindest, die Zeichen der unmittelbar vor ihm liegenden

---

[35] Möglicherweise werden mit diesem Satz frühe Vorstellungen einer Gottesgemeinschaft der Menschen nach dem Tod in Frage gestellt, wie sie etwa in Ps 49 und 73 belegt sind; vgl. o. S. 456f.

Zeit zu deuten und hier das rechte Tun zu wählen (3,1–8). Er kann so etwa böse Folgen einer Regierung für sein Leben vermeiden (8,5). Aus solchen Erwägungen heraus kann Kohelet sogar sagen: „Die Weisheit des Menschen bringt sein Gesicht zum Leuchten" (8,1) – falls es sich hierbei nicht aufgrund der Isolation im Kontext um einen aus der Tradition entnommenen und von Kohelet hinterfragten oder um einen redaktionellen Spruch handelt[36].

b. Die Gottesfurcht

Was weiß ein Weiser, für den die Grundlage aller Welterkenntnis der älteren Weisheit, der Tun-Ergehen-Zusammenhang, seine generelle Gültigkeit eingebüßt hat, noch von Gott? Diese Frage beantwortet Kohelet primär in drei Gedankengängen, die alle in der indirekten – so der erste – oder direkten Aufforderung zur Gottesfurcht gipfeln. Nach dem ersten und grundlegenden in *Koh 3,10–15* kennt der Mensch Gott zuerst als Schöpfer. Allerdings formuliert Kohelet charakteristisch: „Alles hat er (Gott) schön gemacht zu seiner Zeit." Der Weise vermeidet das Urteil „gut" (טוב), d. h. sinnvoll, zweckmäßig, wie es die Priesterschrift in Gen 1 verwendet; denn um die Erkenntnis dessen, was „gut" bzw. „besser als anderes" ist, müht sich die Weisheit. Für Kohelet aber gilt: „Nur dass der Mensch das Werk, das Gott getan hat, vom Anfang bis zum Ende nicht begreifen kann" (3,11). Was die Menschen erkennen können, ist das jeweils Sinnvolle „zu seiner Zeit" (vgl. 3,1–8)[37], und sie wissen von der Endgültigkeit und Unabänderlichkeit der göttlichen Planungen und Werke, die allen menschlichen Entscheidungen ihre Grenze setzen (V.14).

Aus diesen Einsichten folgert Kohelet ein Doppeltes: Zum einen soll der Mensch seine Einschätzung der unmittelbaren Gegenwart nutzen und sich der guten Tage von Herzen freuen, an ihnen sein Leben genießen und sein Glück dankbar aus Gottes Hand nehmen, der es ihm zugeteilt hat (V.12f.). Keinen Ratschlag gibt Kohelet häufiger und lieber als diesen, kaum ein längerer Gedankengang schließt ohne ihn. Insbesondere fordert er die Jugendlichen auf, ihre guten Tage auszukosten, freilich über dem Genuss den Schöpfer nicht zu vergessen und zu bedenken, dass im Alter auch schwere Tage folgen werden (11,9–12,7). Auch für die Erwachsenen gilt dieser Rat; sie müssen wissen, dass nicht nur der gute, sondern auch der böse Tag aus Gottes Hand kommt (7,14).

Zum anderen aber soll die Erkenntnis des Menschen, dass er den Weltenplan Gottes nicht einsehen und an seinem eigenen Geschick nichts ändern kann, ihn in die Gottesfurcht führen. Dieses zentrale Ideal der Weisheit, das Kohelet so-

---

[36] Ersteres vermutet Schwienhorst-Schönberger, a.a.O. 413f., letzteres M. Köhlmoos, Kohelet. Der Prediger Salomo (ATD 16,5), 2015, 188–190.

[37] Vgl. bes. D. Michel, Untersuchungen zur Eigenart des Buches Qohelet (BZAW 183), 1989, 60f.; A.A. Fischer, Skepsis oder Furcht Gottes? Studien zur Komposition und Theologie des Buches Kohelet (BZAW 247), 1997, 230–232.

wohl mit den Proverbien (vgl. überschriftartig Spr 1,7) als auch mit dem Buch Hiob (Hi 1,1; 4,6) verbindet, bezeichnet bei Kohelet primär das Wissen um den Abstand zwischen Schöpfer und Geschöpf (5,1: „Gott ist im Himmel, und du bist auf der Erde"). Gott hat die Erkenntnis des Menschen begrenzt, um ihm seine Angewiesenheit auf die Zuweisungen und Gaben des Schöpfers bewusst zu machen und ihn damit vor der Gefahr zu bewahren, sein Leben ohne Gott bestimmen zu wollen. Ein Vertrauen freilich, wie es im Extremfall Gen 22,12 unter dem Begriff der Gottesfurcht zum Ausdruck gebracht ist, erwächst aus diesem Wissen nicht, wohl aber Ehrfurcht und eine Pflicht zur Dankbarkeit für gute Tage (s. o.) und zur Mühe um das rechte Gottesverhältnis.

Davon ist insbesondere im zweiten Text, *Koh 4,17–5,6*, die Rede, in dem mehr als sonst im Buch Kohelet religiöse Themen in klassisch weisheitlicher Art angesprochen werden. Die rechte Feier des Gottesdienstes steht voran und mit ihr verbunden der Rat, dem Hören den Vorrang vor dem Opfer zu geben (vgl. Spr 21,3; 1 Sam 15,22), wie er auch breit von den Propheten aufgenommen und verschärft worden ist (Hos 6,6; Am 5,21–24 u. ö.). Es folgen das Gebet mit dem Rat, nicht viele Worte zu machen, wie er auch Eingang in die Bergpredigt Jesu gefunden hat (Mt 6,7), und zuletzt die Gelübde mit dem Rat, sie ohne Verzug zu erfüllen (vgl. Spr 20,25). Wenn am Schluss alle diese Themen unter den Aufruf zur Gottesfurcht subsumiert werden, wird deutlich, dass mit dem Begriff für Kohelet hier ein Verhalten angesprochen ist, das in unmittelbarem Bezug zu Gott steht.

Im dritten und letzten Text schließlich, *Koh 8,12–17*, wird der Aufruf zur Gottesfurcht auf den beunruhigenden Sachverhalt bezogen, mit dem wir eingesetzt haben: dass es Gerechte gibt, die ein Geschick trifft, wie es Frevler verdient hätten, und umgekehrt. Wenn auch Gottes Handeln für den Menschen unergründlich ist (V.16f.), so hat Gott ihm doch mit der Gottesfurcht eine Handlungsrichtlinie gegeben, sein Leben sinnvoll zu gestalten, die die Toren nur zu ihrem eigenen Schaden leichtfertig verwerfen. Wie insbesondere H. Gese beobachtet hat, tritt das Streben nach Gottesfurcht bei Kohelet an die Stelle des Strebens nach Gerechtigkeit in der älteren Weisheit[38]. Die Gottesfurcht öffnet dem Weisen nicht nur die Augen für die guten Tage, die er Gott verdankt, sondern schenkt ihm auch eine gewisse Geborgenheit, die Grenzen des eigenen Tuns anzuerkennen und das Alltagswerk Gott anzuvertrauen (11,6). Vermutlich der Verfasser des zweiten Epilogs fügt hinzu: Die Gottesfurcht hält die Erinnerung an Gottes Gericht wach (3,17; 11,9b).

---

[38] H. Gese, Die Krisis der Weisheit bei Kohelet, in: ders., Vom Sinai zum Zion (BEvTh 64), 1974, 168–179; 178. Der nur relative Wert aller Gerechtigkeit für Kohelet kommt sowohl im Wissen, dass kein Mensch auf Erden nur Gutes tut (7,20), zum Ausdruck als auch im Rat, „nicht allzu gerecht zu sein" (7,16), also in allem Handeln Maß zu halten.

Ausblick

In neueren Entwürfen einer Theologie des Alten Testaments ist es üblich, mit einem Blick in das Neue Testament zu enden, um wesentliche Gemeinsamkeiten und Unterschiede zwischen den beiden Testamenten zu beleuchten. Das ist ein guter und sinnvoller Brauch für eine Theologie des Alten Testaments aus der Feder eines Christen, dem hier dennoch aus mehreren Gründen nicht gefolgt wird. Zum einen wäre es beim Stand der gegenwärtigen Forschung unumgänglich, die komplexe zwischentestamentarische Literatur und insbesondere die Texte aus Qumran einzubeziehen, wollte man eine Beziehung der beiden Testamente auf traditionsgeschichtlichem Weg betrachten, was den Umfang des Buches ganz erheblich ausgeweitet hätte. Zusätzlich müssten bei einem solchen Vorhaben die Ergebnisse der zahlreichen neueren Septuaginta-Forschungen Berücksichtigung finden und mit ihnen die Diskussion um den erweiterten Kanon im hellenistischen Judentum, was wiederum nicht auf wenigen Seiten realisierbar wäre. Wollte man dagegen die geschichtliche Perspektive beiseitelassen, um sich einem grundsätzlichen Strukturvergleich zwischen Aussagen der beiden Testamente zu widmen, müsste man viele Beobachtungen des meisterlichen Schlussteils der Theologie G. von Rads wiederholen.

Aus diesen Gründen habe ich mich beim Abschluss dieses Buches für ein anderes Vorgehen entschieden, um Zusammenhänge zwischen Altem und Neuem Testament aufzudecken. Ich bin Tendenzen im Alten Testament nachgegangen, die einen Weg zur Rede von Gott im Neuen Testament gebahnt haben. In einem ersten Schritt habe ich versucht, an Hand einiger gewichtiger Beispiele darzulegen, wie nicht erst moderne Interpreten, sondern schon die jüngeren Autoren im Alten Testament selbst die Vielfalt der Gottesaussagen nicht nur als seinen Reichtum, sondern auch als auch als seine Gefahr betrachtet haben. Sie haben sich daher darum bemüht, diese Gefahr einzudämmen, indem sie schon vorgegebenen Textkomplexen hermeneutische Lesehilfen vorangestellt haben, die eine Vielzahl an Verständnismöglichkeiten einschränken und eine eindeutige theologische Intention fördern wollen. Es ist meine feste Überzeugung, dass dieser Versuch einer Reduktion von Vielfalt den Weg hin zur Konzentration der neutestamentlichen Gottesaussagen auf das Wesentliche geebnet hat.

In einem zweiten Schritt habe ich die Spur einer anderen Weise der Vorbereitung neutestamentlicher Gottesaussagen im Alten Testament verfolgt. Wenn im Zentrum des Neuen Testaments die Aussage steht, dass Gott gegenüber den Menschen nicht mehr anders sein und handeln will als er in Jesus Christus gehandelt hat, so wird diese Festlegung im Alten Testament durch mehrere Selbsteinschränkungen Gottes vorbereitet, mit denen er seinen eigenen Handlungsmöglichkeiten unüberwindbare Grenzen setzt und sich selber gebunden hat – zur Bewahrung und zur Vergewisserung seines erwählten Volkes.

1. Die Vereinheitlichung der Vielfalt

Im Folgenden seien drei wichtige Beispiele genannt, bei denen alttestamentliche Autoren zur Verringerung einer Vielzahl von Verständnismöglichkeiten eines größeren Traditionskomplexes diesem *programmatische Texte vorangestellt* haben, die bestimmten vorgegebenen Intentionen erhöhtes Gewicht verleihen wollen.

a. Der Wille Gottes: Die Voranstellung des Dekalogs

Am deutlichsten lässt sich der Prozess der Vereinheitlichung und Verdeutlichung am *biblischen Recht* beobachten. Die älteste Rechtssammlung, das Bundesbuch, war ein Konglomerat unterschiedlichster Arten von Recht: Sog. kasuistisches war mit apodiktischem Recht verbunden, diese Rechtssätze ihrerseits mit apodiktischen Verboten und – seltener – apodiktischen Geboten, Formen, die wir eher der Ethik zurechnen würden, diese wiederum mit religiösen und kultischen Anweisungen, die großenteils dem sog. Privilegrecht Gottes zugehören. Es versteht sich angesichts dieser Aufzählung von selbst, dass hier gerade die Vielfalt das Ziel der Sammlung war und diese nicht für einen spezifischen Zweck angelegt war. Nur wenige Jahrhunderte später erwies sich die Sammlung als revisionsbedürftig, und zwar in einem Maße, dass zumindest für die deuteronomischen Theologen kleinere Zusätze und Korrekturen nicht mehr ausreichten, so dass mit Dtn 12–26* eine neue Sammlung an Rechtssätzen, Verboten und Ratschlägen an ihre Seite trat. Typisch für die alttestamentliche Überlieferungsbildung ist, dass die neue Sammlung die ältere Sammlung nicht ersetzen, sondern ergänzen sollte, so dass mit ihrer Entstehung die Vielfalt der rechtlichen und ethischen Bestimmungen noch erheblich anwuchs.

Jedoch änderte sich die Tendenz der Überlieferungsbildung mit der *Entstehung des Dekalogs* schlagartig. Der Dekalog wurde nicht nur einer der beiden Rechtssammlungen vorangestellt, sondern beiden, so dass beide nun mit der gleichen hermeneutischen Leseanweisung versehen waren. Nicht genug damit, der Dekalog wurde mit einer Fülle von Besonderheiten in seiner Wertigkeit gegenüber den anderen Sätzen des Rechts und der Ethik immer stärker hervorgehoben: Nur er wurde dem Volk direkt von Gott zugesprochen ohne Vermittlung des Mose, und zwar in der Stunde der grundlegenden Offenbarung am Sinai bzw. Horeb; nur er wurde von Gott nicht nur gesprochen, sondern auch geschrieben: auf Tafeln, die in der Lade lagen, unzugänglich für das Volk, aber in unmittelbarer Nähe zur Gegenwart Gottes.

Mit dieser Hervorhebung ist der Dekalog für Israel zu einer Art Gründungsurkunde geworden, die die Basis seines Gottesverhältnisses bildete. Alle folgenden Sätze, die ungleich differenziertere Gottesworte durch den Mund des Mose darbieten, sind sozusagen Ausführungsbestimmungen und als solche unlöslich auf die Gründungsurkunde bezogen. Wer künftig nach dem Willen Gottes in Israel fragt, wird vom Alten Testament zuerst an letztere verwiesen. Was unterscheidet beide voneinander?

Der Dekalog kennt weder profane noch kultische Rechtssätze, sondern nur Verbote und Gebote. Zudem ist er ungleich *systematischer aufgebaut als die beiden Rechtssammlungen.* Er zeigt eine deutliche Wertung innerhalb seiner Verbote und Gebote, und zwar auf doppelte Weise:

1. Die ersten beiden Verbote, das Verbot der Verehrung anderer Götter und das Bilderverbot, sind ebenso als Gottesrede formuliert wie der anfängliche Hinweis auf die zentrale Heilstat Gottes, die Befreiung aus der Knechtschaft Ägyptens, und gelten dadurch als deren unmittelbare Konsequenz. Sie sind zudem noch dadurch hervorgehoben, dass mit dem Hinweis auf Gottes Eifer sein leidenschaftlicher Einsatz betont wird, mit dem er über der Einhaltung speziell dieser grundlegenden Verbote wacht.

2. Die übrigen Verbote und Gebote sind wie die älteren Verbote generell neutral formuliert und nennen Gott in 3. Person. Aber es ist natürlich Absicht, dass mit dem Verbot des Namensmissbrauchs und dem Gebot der Sabbatheiligung die beiden Vorschriften voranstehen, die auf Gott bezogen sind. Die Voranstellung wird noch dadurch unterstrichen, dass das Verbot des Namensmissbrauchs als einziges mit einer Drohung eingeschärft wird und das Gebot der Sabbatheiligung die ausführlichste Begründung erfährt.

3. Dass auch innerhalb der abschließenden Verbote und Gebote, die zwischenmenschliche Beziehungen betreffen, bewusst gewichtet wird, braucht hier nicht noch einmal ausgeführt zu werden[1].

So ist den Gliedern des alttestamentlichen Gottesvolks, die nach Gottes Willen fragen, mit dem Dekalog eine doppelte Orientierungshilfe an die Hand gegeben: Zum einen dient ihnen der Dekalog insgesamt als Geltungs- und Deutungsrahmen, innerhalb dessen die rechtlichen und ethischen Verordnungen der überlieferten Rechtssammlungen recht zu verstehen und einzustufen sind; zum anderen dient ihnen die abgestufte Wertung der Verbote und Gebote im Dekalog dazu, beim Abwägen das Wichtigste vom weniger Wichtigen unterscheiden zu lernen. Die Antwort Jesu auf die Frage der Pharisäer nach dem höchsten Gebot (Mt 22,34–40) besitzt im Dekalog ihre wichtigste Vorgabe[2], wie Jesus andernorts auf die Frage was zu tun sei, um das ewige Leben zu erben, auf den Dekalog verwies (Lk 18,18–23).

[1] Vgl. o. S. 379ff.

[2] Martin Luther hat das Doppelgebot der Liebe mehrfach als Zusammenfassung des Dekalogs interpretiert; vgl. K.-D. Schunck, Luther und der Dekalog, KuD 32 (1986), 52–68; 57f.

b. Gottes Absicht mit der Welt: Die Voranstellung der Urgeschichte

Ein vergleichbarer Einschnitt bei der Begrenzung der Vielfalt an Stimmen und Texten, nun aber auf dem Gebiet der Geschichte, bedeutete die Voranstellung einer Ur- und Menschheitsgeschichte vor die Erzählungen von den Erzvätern und von Mose. Die Anfangskapitel der Bibel bieten ungleich mehr als nur eine erzählerische Entfaltung des vorgegebenen Lobes Gottes als Schöpfer. Sie geben Auskunft über Gottes Absicht mit der Welt und dem Menschen; sie geben Auskunft über das Auseinanderfallen dieser Absicht und der Alltagserfahrung des Menschen, also zwischen der Welt nach dem Willen Gottes und der Welt in der Sicht des Menschen; sie geben weiter Auskunft über den Zusammenhang von der Schöpfung und der Geschichte Gottes, also von Gottes universaler Intention mit der Welt und seinem partikularen Handeln an Israel und dessen Vätern. *Mit der Voranstellung einer Urgeschichte* vor die Vätererzählungen *hat alles Geschichtshandeln Gottes* eine universale Perspektive und damit *eine Gesamtdeutung erhalten.* Nicht zufällig endet die Urgeschichte mit der Ausbreitung der Menschheit zu einer Völkerwelt und der Erzählung von ihrer Zerstreuung über die ganze Erde.

Im Fall der Urgeschichte hat man vermutlich sogar von einem doppelten Vorgang der Voranstellung zu sprechen, insofern nach üblicher Sicht der Entwurf der Priesterschrift (P) einem älteren Entwurf der Urgeschichte vorangestellt worden ist[3]. Jedenfalls aber handelt es sich um zwei verschiedene Gesamtsichten von Welt und Mensch, wobei P einen erheblich systematischeren und konsistenteren Aufriss bietet. Gemeinsam ist beiden Sichten vor allem anderen, dass man von Gottes Schöpfung nicht reden sollte, ohne von der Sintflut zu reden, dass sich also zwischen Gottes Absicht mit der Welt und der gegenwärtigen Welterfahrung des Menschen ein Graben auftut, der auf schuldhaftes Handeln der Menschen zurückzuführen ist. *Gottes gute Schöpfung ist für den Menschen* aufgrund seiner Schuld *nur noch partiell erfahrbar.*

Allerdings werden die Absicht Gottes und *die Schuld des Menschen* in beiden Entwürfen unterschiedlich gedeutet. In der älteren Darstellung wird ein Mensch gezeichnet, der anfangs von Gott bestens versorgt ist, insofern Gott ihm mit der Pflege eines Gartens die ideale Arbeit zukommen lässt und mit den Tieren und der Frau als idealer Partnerin das denkbar beste Lebensumfeld schafft. Der Mensch aber möchte selber für sich planen und selber für sich entscheiden und insofern „sein wie Gott“. Damit verliert er sein anfänglich selbstverständliches Gottesverhältnis der Geborgenheit; er muss sich vor Gott verstecken und fürchtet sich vor ihm. *Mit seinem Gottesverhältnis verliert der Mensch aber auch sein Weltverhältnis:* sein Verhältnis zur Arbeit – auf dem Acker wachsen ihm Disteln und Dornen; er arbeitet mit viel vergeblicher Mühe –, er verliert sein Verhältnis zu den Tieren – prototypisch ist die Feind-

[3] Freilich ist diese Sicht heute umstritten; vgl. o. S. 338f. mit Anm. 61.

schaft der Schlange –, und er verliert sein Verhältnis zur Partnerin: Sie schämen sich voreinander und schieben sich gegenseitig die Schuld zu. Ja, der aus Gottes Fürsorge gelöste Mensch, der selber für sich entscheiden will, vermag Benachteiligung nicht zu ertragen und wird im Neid zum potentiellen Brudermörder.

Demgegenüber ist die menschliche Schuld in der Urgeschichte der P ganz auf *die Gewalt des Menschen* bezogen. In seiner Schöpfung hat Gott den Menschen als sein Ebenbild eingeplant, als seinen königlichen Repräsentanten zur Verwaltung seiner Schöpfung, und dieses Ebenbild bleibt der Mensch auch nach der Sintflut, wie Gen 9,6 betont. Aber gerade weil Gott den Menschen in eine so hohe Stellung eingesetzt hat, wirkt sich dessen Neigung zur Machtausübung nur umso verheerender aus. Als Verwalter der Schöpfung zieht der Mensch dadurch die Schöpfung mit sich in den Abgrund. Nur weil Gott dem nachsintflutlichen Menschen die Erlaubnis erteilt hat, zum Zweck der Nahrung Tiere zu töten als eine Art Ventil für sein Gewaltbedürfnis, kann die Welt, von Gott garantiert, weiterexistieren. Die Schöpfungsherrlichkeit aber, die noch frei war von menschlicher Machtausübung, ist für den Menschen nicht mehr erfahrbar.

Wenn im Endtext *beide Fassungen der Urgeschichte miteinander verbunden* sind, *wird die Schuld des Menschen noch einmal deutlich gesteigert.* Jetzt ist es der Mensch als Ebenbild und Repräsentant Gottes, der sich aus der göttlichen Fürsorge löst, um unabhängig von Gott zu planen und zu entscheiden, und es ist derselbe Mensch, der auch vor dem Mord an seinem Bruder nicht zurückschreckt, dessen Gewaltpotential Gott eindämmen muss, damit die Erde bestehen bleiben kann.

Wie aber kann Gott mit *diesem* Menschen in ein geschichtliches Verhältnis treten? Die Priesterschrift hatte auf diese Frage damit geantwortet, dass sie dem universalen Noah-Bund Gottes den partikularen Abraham-Bund folgen ließ und beide Vereinbarungen einander als Selbstverpflichtungen Gottes zuordnete, die auf Dauer gültig sein sollten. Der Bestand der Menschheit wie die Geschichte Gottes mit Israel waren einzig in Gottes Willen begründet, besaßen ihre Verlässlichkeit nur in seinen verbindlichen Zusagen. Im Endtext der Urgeschichte wird eine zusätzliche Brücke dadurch geschlagen, dass den Menschen der Urgeschichte, deren Schuld vielfache göttliche Lebenseinschränkungen in Gestalt göttlicher Flüche nach sich gezogen hatte, in Abraham der neue Mensch Gottes gegenübergestellt wird, der Gottes Wort bedingungslos Folge leistet und über den Gott der Völkerwelt die Möglichkeit des Segens eröffnet (Gen 12,1–3). Nun ist eine heilvolle Geschichte der Menschheit und des Gottesvolks nicht nur durch Gottes Verheißungen für die Menschheit und für sein Volk ermöglicht, die auf Dauer gültig sein werden, sondern auch durch ein Modell des neuen Menschen, das das in Abraham verkörperte Gottesvolk aller Welt vorleben und mit dem es Segen in diese Welt bringen kann.

c. *„Gesetz" und „Evangelium": Die Voranstellung des Bundes mit den Vätern*

Nach der Zerstörung Jerusalems und seines Tempels war in Israel immer wieder die Frage erörtert worden, ob Gott sein Volk verwerfen könne. Auch wenn die uns vorliegenden Antworten diese Frage durchweg verneinen, sind sie doch höchst unterschiedlicher Ansicht, wie *die Bedingungen eines dauerhaften Gottesverhältnisses* richtig zu beschreiben seien. Als thematisches Stichwort zur Beschreibung einer beständigen Gottesbeziehung Israels bildete sich der Begriff ברית „Bund" heraus, der dem Völkerrecht, genauer: dem Vertragsrecht zwischen Völkern entnommen war. Unstrittig war, dass Gott als der Urheber des Bundes zu gelten hatte, dass die Initiative zum Bundesschluss also von Gott ausgegangen sei, dass Gott somit auch der letzte Garant des Bundes sei. Strittig war demgegenüber, wie die Relation zwischen dem Handeln Gottes und dem Handeln Israels zu bestimmen sei, wenn der Bestand dieses Bundes nicht gefährdet sein sollte.

Wie wir im Kapitel „Vergewisserungen" des III. Teiles gesehen haben, hatten die ersten Definitionen des Bundes zwischen Gott und Israel etwas Tastendes. Sie stimmten darin überein, dass sie die entscheidende Initiative sowohl zum Bundesschluss als auch zum Erhalt des Bundes Gott zuschrieben, aber ein Minimum an Grundvoraussetzungen auch im menschlichen Handeln suchten. Bald aber bildete sich mit der dtr und der priesterschriftlichen Bundestheologie *zwei grundsätzlich unterschiedene Bundeskonzepte* aus: P dachte in ihrer Darstellung des Noah- und Abraham-Bundes ganz und gar theozentrisch und verankerte die Entstehung und den Bestand des Bundes einzig in Gott und in seiner nur in ihm begründeten Selbstbindung an seine Verheißungen; es ging P entscheidend um die Gewissheit der Glaubenden. Demgegenüber war die Intention der dtr Theologen darauf gerichtet, Israel seine Mitverantwortung am Bestand des Bundes einzuprägen. Auch sie dachten keineswegs an ein streng zweiseitiges Vertragsverhältnis, sondern beschrieben an einem zentralen literarischen Ort, der Schilderung der Offenbarung Gottes am Sinai bzw. Horeb, die Erwählung Israels zu Gottes Eigentumsvolk als die entscheidende und wiederum nur in Gott begründete Basis des Bundes, die nun allerdings eine Antwort Israels in Gestalt seines Gehorsams erforderte. Nur war es bei diesem theologischen Ansatz nicht zufällig, dass eine Reihe von Darstellungen des Bundes entstand, die in Nuancen unterschiedlich waren, je nachdem, wieviel Mitverantwortung am Bestand des Bundes dem Gehorsam Israels zugeschrieben wurde. So einheitlich die Bundeskonzeption von P erscheint, so im Einzelnen variantenreich die Bundeskonzeption der dtr Theologen.

Es blieb jedoch nicht bei einem Nebeneinander der beiden Bundeskonzeptionen. Als P mit den älteren Darstellungen der Erzväter- und der Mosezeit literarisch vereinigt wurde, entstand ein übergreifender heilsgeschichtlicher Aufriss, in dem die P-Texte, die von Gottes Bund mit Abraham und seinen Nachkommen sprachen, notwendigerweise *vor* die dtr Texte mit entsprechendem Inhalt zu stehen kamen. Jetzt wirkte sich aus, dass P ihre Konzeption des

Bundes am Verhältnis Gottes mit (Noah und) Abraham expliziert hatte, die dtr Theologen ihre Konzeption dagegen an der Offenbarung Gottes am Sinai, mit dem für sie die geregelte Gottesbeziehung Israels einsetzte. Ein Leser dieses heilsgeschichtlichen Aufrisses erfährt also zunächst von einem „ewigen" Bund Gottes mit Abraham und seinen Nachkommen, der auf Gottes Verheißung beruht, mit der Gott sich für alle Zeiten band, bevor er vom Bundesschluss Gottes mit Israel am Sinai hört, der Gott und sein Volk gemeinsam in die Pflicht nahm.

Nach alledem versteht sich von selbst, dass *die Vorordnung der Bundeskonzeption der P* vor diejenige der dtr Theologen nicht nur einen zeitlichen, sondern auch *einen sachlichen Vorrang bedeutet.* Gerade weil die dtr Theologen ihren Zeitgenossen mit allem Ernst ihre hohe Eigenverantwortung für eine künftig gelingende Gottesbeziehung vor Augen stellen wollten – und sie vor einem neuerlichen Bundesbruch warnen wollten, als dessen Folge sie die Zerstörung Jerusalems verstanden –, konnten sie nicht von einem „ewigen" Bund sprechen. Von der Verheißung eines solchen ewigen Bundes aber kommen die Leser des Alten Testaments schon her, bevor sie zur Offenbarung Gottes am Sinai gelangen und müssen ihn zwangsweise als höher wertig verstehen.

Texte wie Lev 26 mit seinem Angebot von Segen und seiner Androhung von Fluch belegen die höhere Wertung des Väterbundes im Sinne von P gegenüber dem dtr geprägten Sinai-Bund für die nachexilische Zeit. Lev 26 legt dar, dass Gott, wenn er konsequent gewesen wäre, angesichts der Schuld Israels alle im Bundesschluss angedrohten Flüche hätte realisieren und es vernichten müssen; stattdessen schenkt er den Überlebenden der Katastrophe, die ihre Schuld bekennen, eine neue Zukunft, weil er des Bundes mit den Vätern „gedenkt", der ihn verpflichtet (V.40ff.). Der Väterbund im Sinne von P erweist sich auch hier als stärker als der Sinai-Bund der dtr Theologen.

2. Gottes Selbst-Einschränkungen

Die Suche nach Eindeutigkeit in der Rede von Gottes Willen und der Stellung des Menschen vor Gott führte die Theologen der nachexilischen Zeit notwendig weiter zur Frage, ob es auch eindeutige Aussagen über Gott selber gibt, Festlegungen Gottes und Selbstbindungen, hinter die er nicht mehr zurück kann.

a. Gottes Schwur

Ein erster Bereich betrifft die Verheißungen Gottes, die eine Fülle von jüngeren Texten belegen. In älterer Zeit waren sie als einfache Zusagen Gottes in den Väter- und Daviderzählungen überliefert worden, und ihre dankbare Annahme seitens der Empfänger galt als eine Selbstverständlichkeit. Durch die

Erfahrung des Exils aber war die Selbstverständlichkeit verloren gegangen; verunsicherte und zweifelnde Glieder des Gottesvolks mussten neu von der Gültigkeit der göttlichen Verheißungen überzeugt werden, wie sie in der Tradition besonders den Vätern zuteil geworden waren. Zudem entstand ihre Mehrzahl literarisch erst in der Zeit des Exils, und nicht zufällig sticht die Landverheißung hervor. Das Anliegen der Vergewisserung teilen priesterschriftliche und dtr Texte miteinander, nur sind ihre sprachlichen Mittel verschiedene. Die P-Texte sprachen, wie schon erwähnt, von einem „ewigen Bund", in dessen Kontext die Verheißungen an die Väter ergangen waren, d. h. von einer unlöslichen, auf Dauer abzielenden Selbstbindung Gottes. Demgegenüber drückten die dtr Theologen die von Gott eingegangene, unhintergehbare Selbstverpflichtung dadurch aus, dass sie Gottes Verheißung an die Erzväter zum Schwur steigerten. Für sie war es letztlich dieser Schwur Gottes an die Väter, der Israel vor der Vernichtung bewahrte, als es das Goldene Kalb errichtete (Ex 32,13). *Die unter allen Umständen verlässliche und unwiderrufliche Bindung Gottes an seine Zusage* war hier wie dort das Ziel der Formulierungen.

Die göttlichen Verheißungen an David, die mit dem Ende der historischen Daviddynastie besonders fraglich geworden waren, erfahren dadurch eine kaum noch überbietbare Steigerung, dass priesterschriftlicher und dtr Sprachgebrauch in Ps 89,4f.35f. miteinander verbunden werden, indem sowohl von Gottes unauflösbarem Bund mit David als auch von Gottes Schwur ihm gegenüber die Rede ist (vgl. Ps 110,4; 132,11).

Der Vorzug der dtr Sprachregelung gegenüber der priesterschriftlichen bestand darin, dass sie sich nicht nur auf die klassischen Väterverheißungen, sondern auch auf neue Themen übertragen ließ. Ein gutes Beispiel für eine solche Übertragung stellt der Abschluss des Michabuches dar (Mi 7,18–20). Dieses Prophetenbuch, das in seinem letzten Prophetenwort ein äußerst dunkles Menschenbild mit allerorts zerbrechenden Familienbanden zeichnet (7,1–6), endet in einem Hymnus, der Gottes unverdiente Vergebung als sein größtes und unvergleichliches Wunder preist, von dem sein schuldiges „Eigentum" lebt. Diese Vergebung wird aber nun nicht im Belieben Gottes gesehen, sondern als intendierter Inhalt des göttlichen Schwurs der Treue gegenüber den Erzvätern. *Gott hat also schon den Erzvätern seine Vergebungsbereitschaft zugeschworen!*

b. Nie wieder: Die Sintflut

Selbstverpflichtungen Gottes bedeuten jedoch auch immer ein Stück freiwilliger Preisgabe der Allmacht zugunsten der Menschen. Das zeigt kein anderer Text deutlicher als die Sintfluterzählung. Von der Sintflut hat man im Alten Orient wie im Alten Testament von Anbeginn nur erzählt, um sie als ein einmaliges und unwiederholbares Ereignis darzustellen; die gegenwärtige Menschheit sollte vergewissert werden, dass sie vor dem Geschick der Auslöschung, wie sie die erste Menschheit traf, bewahrt bleiben würde. Freilich haben die biblischen Autoren nur diese Grundintention der vorgegebenen mesopotamischen Tradition übernehmen können, nicht aber ihre polytheistische Darstellung des Geschehens. Sie sind damit vor Probleme für ihre Rede von Gott gestellt worden, die der altorientalischen Tradition ganz fremd waren.

Für den mesopotamischen Mythos ergaben sich aus der Sintflut keine weiteren Fragen, und zwar aus einem doppelten Grund: Zum einen suchte er die Ursache für die Sintflut nicht wie Gen 6–9 in der Schuld der Menschen, sondern im Lärm einer sich vermehrenden Menschheit, der künftig vermieden werden konnte; zum anderen führte er sowohl das Kommen der Flut als auch ihr künftiges Ausbleiben auf den Beschluss des Götterrats zurück, in dem sich mit dem Sturmgott Enlil und dem Weisheitsgott Ea die großen Antipoden der Weltlenkung gegenüberstanden. Wie der Entschluss zur Sintflut wesentlich das Werk des unberechenbaren Sturmgottes Enlil war, so die Rettung des Sintflut-„Helden" und die Entscheidung, nie wieder eine Sintflut zu bringen, wesenhaft das Werk des Weisheitsgottes Ea[4]. Von Enlil und Ea aber leiteten die Menschen auch im Alltag ihre erschreckenden bzw. beglückenden Erfahrungen her.

In der Urgeschichte des Alten Testaments dagegen ist die Sintflut die konsequente und unumgängliche Reaktion des einen Gottes auf menschliche Schuld, die sich ständig gesteigert hatte: von der Sehnsucht des Menschen nach Autonomie und Loslösung aus Gottes Fürsorge zum Brudermord Kains und zur maßlosen Hybris Lamechs (Gen 4,23f.). Wenn Gottes Entschluss zur Sintflut in der Folge damit eingeleitet wird, dass „jedes Gedankengebilde im Herzen des Menschen böse", und zwar „ausschließlich böse" sei, und dies „die ganze Zeit" (6,5), dann wird hier dass illusionslose Menschenbild der klassischen Propheten, das offensichtlich vorausgesetzt ist, in einer Weise gesteigert, wie sie ohne Parallele im Alten Testament ist. Dieses Bild spricht dem Menschen zu keiner Zeit auch nur den Ansatz einer guten Absicht zu. Nur mit dieser Radikalität der Bosheit des Menschen kann Gottes Entschluss zum Widerruf seiner Schöpfung für den biblischen Autor genügend begründet sein, und er betont den großen Schmerz, unter dem Gott sich zu seinem Vernichtungsentschluss durchringen muss.

Umso mehr muss ein Leser der Urgeschichte erschrecken, wenn er am Ende der Sintflutgeschichte erfährt, dass die Sintflut den Menschen in keiner Weise geändert hat, dessen Planungen im Herzen vielmehr weiterhin „böse von Jugend an" sind (8,21); die Glieder der zweiten Menschheit bleiben wie die der ersten sintflutreif. Wenn die zweite Menschheit nicht sogleich wieder ausgelöscht wird, so liegt dies nicht am Menschen, sondern allein an Gott. *Die Sintflut hat nicht den Menschen gewandelt, wohl aber Gott.* Statt sich ein neues Gegenüber zu schaffen, erträgt er künftig den schuldigen Menschen und verzichtet auf eine weitere Sintflut als Reaktion auf dessen Bosheit.

---

[4] Vgl. zum älteren Atraḫasis-Epos und zur Tafel XI des jüngeren Gilgamesch-Epos TUAT III/4 (1994), 612ff. und 728ff.

Der Leser der Bibel erfährt in Gen 6–9 ein erstes Mal, dass *das Heil des Menschen nicht in der Unwandelbarkeit Gottes, sondern gerade in seiner Wandelbarkeit liegt.* Es ist freilich keine beliebige Wandelbarkeit, die die Menschen nur in Ungewissheit und Zweifel führen würde, sondern eine Wandelbarkeit zugunsten der Menschen, ohne die sie längst vernichtet wären. Man kann sie auch *die Inkonsequenz Gottes* nennen. Ein konsequenter Gott, der gerecht im Sinne irdischer Gerechtigkeit wäre, müsste die schuldige Menschheit längst in einer zweiten Sintflut ausgelöscht haben.

Die Wandlung Gottes bringt dem Menschen aber nur Leben und Heil, weil sie nicht nur für den Augenblick, sondern *auf Dauer gültig* ist. So schließt Gott nach P mit dem Repräsentanten der zweiten Menschheit und seinen Nachkommen einen „ewigen Bund". Dieser Bund schenkt dem Menschen die Gewissheit, dass die Erde ihm eine auf Dauer verlässliche Lebensgrundlage bieten wird, so gewiss sie nicht ewig im absoluten Sinne Bestand haben wird (8,22: „Solange die Erde bestehen wird, sollen nicht aufhören …"). Für den Gott der Bibel aber bedeutet seine Wandlung zugunsten des Menschen die Preisgabe seiner Allmacht im philosophischen Sinn. Gott schränkt seine Handlungsmöglichkeiten freiwillig ein, und zwar verbindlich und für alle Zeiten, weil er die Menschen und insbesondere sein erwähltes Volk als Partner behalten möchte, die es nur als schuldige Menschen gibt.

Seit das alttestamentliche Gottesvolk von dieser Selbsteinschränkung Gottes weiß, hat es nicht aufgehört, danach zu suchen, ob es nicht analoge Selbstfestlegungen Gottes gibt, die seinem Volk ein uneingeschränktes Vertrauen auf ihn ermöglichen.

c. *Nie wieder: Gottes Feindschaft*

Es gibt zumindest einen prophetischen Beleg, der explizit die Erzählung von der Sintflut zum Vorbild genommen hat, um von weiteren Selbsteinschränkungen Gottes zu sprechen, nun aber auf dem Feld der Geschichte. In den Versen *Jes 54,7–10,* die als Gottesrede formuliert sind und von denen schon zuvor die Rede war[5], werden in einem ersten, traditionelleren Gedankengang die Erfahrungen des Exils mit denjenigen der neu anbrechenden Heilszeit verglichen, indem letztere komparativisch von ersteren weit abgehoben werden. Dem „kleinen Augenblick" der Gottesferne im Exil wird Gottes „großes Erbarmen" in der nahen Zukunft gegenübergestellt, dem kurzen Zornesaufwallen Gottes die Erfahrung seiner nicht mehr unterbrochenen „ewigen Güte" (V.7f.). Dann aber wird die Analogie der Sintflut gesucht, und damit verändert sich der Duktus der Zusage entscheidend. Die Verbindlichkeit der für alle Zeiten gültigen Entscheidung Gottes wird in beiden Fällen als Schwur formu-

[5] Vgl. o. S. 299f.

liert: Wie Gott damals geschworen hat, nie wieder eine Sintflut zu bringen, so jetzt, „dir (Zion) nie mehr zu zürnen und dich nie mehr anzufeinden“ (V.9). Ja, diese Verbindlichkeit wird noch dadurch gesteigert, dass sie auch für den Fall als gültig erklärt wird, dass die Berge als sichere Träger der Erde ins Wanken geraten sollten, die Weltordnung also ins Chaos zu stürzen drohe (V.10).

Ein weiteres Mal also schränkt Gott seine Handlungsmöglichkeiten freiwillig ein, indem er mit dem Schwur als unumstößlicher Festlegung ausschließt, dass die Erfahrungen, die sein Volk soeben gemacht hat, sich künftig wiederholen werden. Israel wird kein zweites Mal die Gottesferne des Exils erleben. Fragt man, welches Handeln genau Gott für die Zukunft ausgeschlossen hat, so kann man sich nur tastend vorwärts bewegen, solange man sich auf Jes 54 als Grundlage beschränkt. Natürlich ist nicht der Ausschluss jeglichen strafenden Handelns Gottes gemeint, aber auch kaum der Ausschluss jeglicher Erfahrung eines unberechenbaren göttlichen Zorns; zumindest sprechen zahlreiche Texte, die jünger sind als Jes 54, weiterhin von der Möglichkeit, den Zorn Gottes zu erfahren. Weit eher ist eine spezifische Dimension des Zorns im Blick, die im Text mit Gottes Feindschaft umschrieben wird und die insbesondere Thr 2 in der Anklage Gott so vehement vorhält[6]. In Jes 54,9 ist sie mit dem Verb גער ausgedrückt, das von Haus aus den Kriegsruf des überlegenen Einzelkämpfers bezeichnet. Gemeint ist eine aggressive Feindschaft, die auf die Vernichtung oder Vertreibung des Gegners aus ist und die von Gott häufig im Kontext des Chaoskampfes ausgesagt wird[7]. Gott ist nicht länger Feind seines schuldigen Volkes, und er wird es nie wieder sein, sondern seine Güte und sein „Friedensbund“ werden künftig sein Handeln prägen, und zwar selbst dann noch, wenn die kosmische Ordnung keinen Bestand mehr haben sollte (V.10). *Ab jetzt ist Gottes Güte das tragende Fundament der Weltordnung*[8].

d. Gottes Kampf mit seinem Zorn

Die Selbsteinschränkung Gottes in Jes 54,9f. lässt sich präziser erfassen, wenn der Text als Glied einer Kette prophetischer Aussagen gelesen wird, in denen Gott gegen seinen eigenen Zorn angeht. Der bei weitem wichtigste Beleg aus vorexilischer Zeit ist *Hos 11,8f.*[9] Der Text zeichnet eine Situation verzweifelter Ausweglosigkeit, in der Gott auf alle seine Versuche, Israel im Lauf der Geschichte seine Liebe und Zuneigung zu zeigen, nur Undank geerntet hat; auch

---

[6] Vgl. o. S. 287f.

[7] Das Verb wird gemeinhin – in unserem Kontext sachfremd – mit „schelten“ übersetzt, aber auch meine eigene Wiedergabe mit „anfeinden“ ist nur ein Notbehelf.

[8] Eine vergleichbare Aussage macht Ex 34 von Gottes Vergebung (vgl. o. S. 309f.). Obwohl Israels Schuld durch den Bau des Goldenen Kalbes eigentlich nicht vergeben werden kann (Ex 32,30–34), gründet Gott den künftigen Bund mit seinem Volk auf seine – ständige – Vergebungsbereitschaft (Ex 34,6–10).

[9] Vgl. o. S. 144f. und S. 296f.

Gottes letztes Mittel des harten Strafens hat sein Volk nicht zur Einsicht führen können. In dieser Situation, in der Gott sein Volk scheinbar nur noch von sich stoßen oder vernichten kann, erklärt er feierlich seine Unfähigkeit zu einer solchen Tat. Um diese Unfähigkeit Gottes dem Leser verständlich werden zu lassen, *wagt Hosea*, ihm *einen Blick in Gottes „Herz"* zu geben, d.h. in das Zentrum seiner Willensbildung und seines Planens. Das Herz Gottes aber erscheint als der Ort eines erbitterten Kampfes. Der Prophet schaut zwei leidenschaftlich brennende Kräfte, die in Gott miteinander ringen: einerseits Gottes Zorn, der sogleich aufflammt, wann immer schweres Unrecht geschieht, und der das undankbare Gottesvolk vernichten will, andererseits Gottes „Reue", die eine reine Gegenkraft gegen Gottes Zorn ist und nur entbrennt, wenn sein Zorn zu glühen beginnt. Gott selber steht zunächst auf der Seite seines mit Recht aufflammenden Zorns, der hier ein erstes Mal im Alten Testament wie später oft als eine eigene Wesenheit erscheint, die selbständig handelt. Zu unbegreiflich, zu kränkend war die permanente Zurückweisung seiner Liebe und Fürsorge durch sein Volk.

Aber dann „stürzt sein Herz um". Die Radikalität der Wandlung in Gott wird daran sichtbar, dass Hosea ein Verb wählt, das üblicherweise den „Umsturz", d.h. die Totalzerstörung von Sodom und Gomorra bezeichnet. Die Kraft, die diesen Willensumsturz in Gott herbeiführt, heißt *Gottes „Reue"*[10]. Sie ist gespeist aus Gottes bleibender Zuneigung zu seinem Volk, das er liebt, obwohl es ihn verschmäht, und nimmt aus ihr die Energie, Gott daran zu hindern, seinen glühenden Zorn zu vollstrecken.

Entscheidend für das Verständnis dieses Kampfes in Gott ist für Hosea, dass Gottes Reue nicht nur punktuell in einer bestimmten historischen Stunde den Sieg über seinen Zorn davonträgt, sondern generell und grundsätzlich; denn *der Prophet begründet den Willenswandel in Gott mit Gottes Heiligkeit.* Als Heiliger aber „ist Gott kein Mensch", reagiert er nicht, wie ein Mensch reagieren würde, der seinem – überaus berechtigten! – Zorn keinen Einhalt gebieten könnte. In der Sache entspricht Hoseas Blick in Gottes Herz also ganz der Endgültigkeit, mit der Gott in Jes 54 sein Handeln für alle Zeit eingrenzt. Allerdings besteht ein gewichtiger Unterschied darin, dass Hosea nicht wie die Erzählung von der Sintflut und Jes 54 „nie wieder" sagen kann, wo es um Existenz oder Vernichtung des Gottesvolks geht, sondern eine andere Sprachform wählen muss. Er findet sie im Begriff der Reue Gottes, die Ausdruck sowohl der inkonsequenten Liebe Gottes zu seinem Volk trotz seiner ständigen Zurückweisung ist als auch Ausdruck seiner Heiligkeit, die menschlichem Fühlen und Handeln unzugänglich ist.

---

[10] Die Übersetzung des Abstraktplurals נחומים, ist wiederum nur ein Notbehelf, weil im Deutschen bei diesem Begriff, der einen Willenswandel bezeichnet, die Konnotation der Einsicht in eine schuldhafte bzw. falsche Entscheidung mitschwingt, die im Blick auf Gottes Willenswandel ganz unangebracht ist; vgl. o. S. 145.

Hoseas Rede von Gottes Reue, die seinen Zorn besiegt, hat eine umfassende Wirkungsgeschichte innerhalb des Alten Testaments hervorgerufen. Die wichtigsten und theologisch bedeutsamsten drei Belege seien im Folgenden genannt. Sie alle ziehen höchst überraschende Folgerungen aus Hoseas Botschaft einer Selbstbindung Gottes.

α. *Ein „christologischer" Mose*

Sachlich am dichtesten bei Hos 11 steht die Fürbitte des Mose für sein Volk in *Ex 32,7–14*[11]. Im Kontext wird berichtet, wie Israel sich nach Gottes Offenbarung am Sinai sogleich, kaum von Mose einige Tage allein gelassen, einen sichtbaren Gott nach eigenem Geschmack errichtet hat. Gottes Zorn flammt daraufhin spontan auf und ist in dieser extremen Situation der sofortigen Verwerfung schon so weit fortgeschritten, dass Gott sich von seinem Volk lossagt und Mose bittet: „Lass mich, dass mein Zorn gegen sie entbrenne und sie vertilge!" (V.10). Wenn am Schluss auch hier die Reue Gottes über seinen Zorn siegt, dann vor allem aus zwei Gründen:

1. Mehr als alle anderen Texte im Alten Testament zeichnet Ex 32,7ff. einen *Mose mit geradezu christologischer Vollmacht.* Gott hat sich mit diesem Vertrauten, der als Einziger schuldlos ist, so eng verbunden, dass er nicht mehr ohne seine Zustimmung handeln will und kann. Mose aber ist hier wie andernorts (vgl. V.30–32) keineswegs bereit, sich von seinem schuldigen Volk zu trennen, selbst wenn Gott verspricht, aus ihm als neuem Ahnvater ein anderes Volk erschaffen zu wollen.
2. Mose bietet Gott *eine Fülle an Argumenten* dafür an, *dass Gott sein Volk gar nicht vertilgen kann,* unter denen Gottes Schwur gegenüber den Erzvätern der gewichtigste ist. Bei näherem Zusehen sind diese Argumente nicht für Gott, sondern für die Leser des Textes bestimmt. Den empathischen Untertönen bei der Beschreibung eines Kampfes in Gott in Hos 11 wird mit Ex 32 eine rationale Grundlage vorangestellt, die bei den Lesern die Gewissheit des Sieges Gottes über seinen Zorn verstärken will. Die Argumente des Mose aber gelten keineswegs nur für die eigene, sondern auch für alle künftige Zeit.

β. *Rettung im Endgericht*

In zwei Texten, Joel 2,13 und Jona 4,2, *ist die Reue Gottes,* der Sieg Gottes über seinen Zorn, *in Israels wichtigstes Bekenntnis hineingewachsen,* in den Lobpreis des gnädigen und barmherzigen Gottes. Sie ist damit zu einem *Wesensmerkmal Gottes* erhoben worden.

---

[11] Vgl. o. S. 216f. und 297f.

In *Joel 2* ist diese Tatsache insofern besonders bemerkenswert, als der Text vom tödlichen und unentrinnbaren „Tag JHWHs" handelt. Vor Joel hatte nur Zef 2,3 von einer Rettung an diesem finalen Tag des Gerichtes Gottes zu reden gewagt, der für Zefanja ein „Tag des Zornes JHWHs" ist. Aber Zefanja hatte nur die Bewahrung einzelner, die sich der Gerechtigkeit zuwenden, zu erhoffen gewagt, und auch in ihrem Fall nur unter dem Vorbehalt des prophetischen „Vielleicht". Wenn Joel von der Rettung einer ganzen Generation am Tag JHWHs sprechen kann – genauer: von ihrer Bewahrung vor dem vollem Anbrechen dieses Tages, der sich vielfältig angekündigt hatte –, dann vornehmlich aus einem Grund: weil er weiß, dass Gott wesenhaft nicht nur gnädig und barmherzig ist, wie es das traditionelle Bekenntnis Ex 34,6f. par. eingeprägt hat, sondern dass auch Gottes Reue Teil seines Wesens ist, sein definitiver Wille, sein Volk auch dann noch zu bewahren, wenn er es eigentlich vernichten müsste. Es ist daher nur konsequent, dass *der Tag JHWHs* trotz all der analogielosen Grausamkeit, die ihn kennzeichnet und die der Prophet erschreckend detailliert ausmalt, *für Joel nicht* wie für Zefanja *ein Tag des göttlichen Zorns* ist. Der Zorn Gottes hätte grundsätzlich für alle Betroffenen Vernichtung bedeutet; Joels Botschaft aber ist, dass Gott seinem Zorn Einhalt geboten hat, als der Prophet ihn darum für seine Generation gebeten hat.

Voraussetzung für die Rettung am Tag JHWHs ist allerdings, dass sich das gesamte Volk neu Gott zuwendet und diese neue Hinwendung in einem feierlichen liturgischen Akt besiegelt. Hinzu kommt, dass Joel das prophetische „Vielleicht" aus Zef 2,3 (und Am 5,15) übernimmt: nicht um die Gewissheit seiner Worte für die Leser zu schmälern, wohl aber um in dieser für Joel theologisch so schwierigen Frage dem Willen Gottes einen letzten Freiraum zu belassen: Gott *muss* den seit Am 5,18–20 angekündigten Tag JHWHs bringen, der für alle Betroffenen unentrinnbar sein wird, aber er *will* sein Volk vor diesem Tag bewahren in der Hoffnung, dass es sich in der Not entschlossen ihm zuwendet.

γ. *Die Rettung der Bösen*

Sehr nahe bei der Theologie Joels in Joel 1–2 steht die Botschaft des Buches Jona. Auch der Prophet Jona kennt das berühmte Bekenntnis von Ex 34,6f. par. zum barmherzigen und gnädigen Gott und bezieht aus ihm seine wichtigsten Gottesvorstellungen; vor allem aber kennt er es wie Joel in der um Gottes Reue erweiterten Form. Ja, es ist diese erweiterte Form des Bekenntnisses, die Jona zur vergeblichen Flucht vor Gott führt. Jona ahnt, dass der Gott, der „sich das Unheil gereuen lässt", mit seinem Rettungswillen auch vor den bösesten Menschen nicht Halt macht. Wenn Jona am Schluss der Erzählung mit Gott hadert, dann nicht, weil er nicht auch Nicht-Israeliten die Erfahrung der göttlichen Güte gönnen würde – die Rettung der Matrosen aus aller Herren Ländern in Kap. 1 versucht er intensiv zu fördern –, sondern weil

Gott auf „Ninive“ abzielt, die „große“ und „böse“ Stadt, die Stadt der Weltmacht, die die Völker und auch Israel grausam unterdrückt. Ihre Rettung würde nur die Fortsetzung brutaler Gewalt in der Welt bedeuten.

Aber *Gottes Reue,* sein Wille zur Unterdrückung seines Zorns, um Menschen zu retten, *gilt selbst dem „bösen“ Ninive.* Er traut den Niniviten eine umfassende Buße zu, denn er traut ihnen zu, dass sie etwas von seiner Güte ahnen, die sie zur Buße treiben will. In diesem Sinne verwendet der König von Ninive in Jona 3,9 das gewichtige prophetische „Vielleicht“, mit dem Joel 2,14 (im Gefolge von Am 5,15 und Zef 2,3) und auch Jona 1,6 einer Hoffnung auf Gottes Rettung Ausdruck geben, die alles Erwartbare übersteigt. Dieses Vielleicht lässt den König auch dann noch auf Gottes Reue hoffen, als ihm der Untergang Ninives von Jona im Namen Gottes angekündigt wird. Und sein Vertrauen hat nach Jona 3 nicht getrogen: „So wird auch Freude im Himmel sein über einen Sünder, der Buße tut, mehr als über 99 Gerechte, die der Buße nicht bedürfen“ (Lk 15,7).

e. Gott gegen Gott

Alle bisher genannten Selbstbindungen Gottes betrafen Kollektive, mit Ausnahme des Jonabuches das Gottesvolk, dem sie Gewissheit und Vertrauen vermitteln wollten. Aber auch die einzelnen Glieder des Volkes haben nach solchen verbindlichen Selbstfestlegungen Gottes gefragt, keiner stärker als *Hiob* und Hiob nirgends intensiver als in seinen „hellen“ Worten, in denen er im Modus der „Gewissheit der Erhörung“ (Gunkel) fest mit Gottes Eingreifen zu seinen Gunsten rechnet, Hi 16,18–22 und 19,23–27. Nun sind diese beiden Texte, die Formensprache der Psalmen aufgreifen, nicht einfach als abschließende Antwort auf Hiobs furchtbare Klagen zu verstehen – die Klagen gehen ja auch nach den beiden Texten weiter –, aber sie sind die theologischen Höhepunkte der Dichtung und treiben die Frage nach Gott und nach der Unterscheidung Gottes von einem undurchschaubaren Schicksal weiter als alle anderen Texte.

Hiob spitzt die Frage nach Gott dabei fast unerträglich zu, da er sich in seinem Leid von Gottes willkürlichem und ungerechtfertigtem Zorn angefeindet sieht. Kein Mensch vor Hiob hat je im Alten Testament so von Gottes Zorn geredet, der doch üblicherweise als Gottes extremste Reaktion auf schwerste Schuld des Menschen gilt, und es verwundert nicht, dass die Freunde als Vertreter der traditionellen Weisheit Hiob in diesem Verständnis des Leids nicht zu folgen vermögen. Hiob betont immer neu seine Unschuld und meint damit keineswegs Schuldlosigkeit, die es unter Menschen nicht gibt, wie er mehrfach betont, wohl aber eine Schuld, die mit seinem schweren Leid auch nur annähernd kompatibel wäre. Auch Hiob weiß aus seinem früheren Leben von Güte, Fürsorge, auch von Vergebung Gottes; aber er vermag diese Gotteserfahrungen schlechterdings nicht mit seiner gegenwärtigen Qual zu vereinbaren. Seine Qual kann er andererseits aber nur als Tat Gottes, und zwar Gottes im Zorn, verstehen. Eine Flucht in einen wie auch immer gearteten Dualismus wäre ihm als Selbstbetrug erschienen.

In dieser scheinbar aussichtslosen Situation wagt Hiob in *Hi 16,18–22*, an Gott gegen Gott zu appellieren, an den Gott der Tradition gegen den unverständlichen Gott seiner gegenwärtigen Erfahrung. Hiob kann und *will an seinen Gott nur glauben, wenn er ein Gott des Lebens ist,* der Leben nicht beliebig gibt und nimmt und der nicht teilnahmslos zusieht, wenn Leben gewalttätig vernichtet wird (V.18); und vor allem will er an Gott nur glauben, *wenn er ein Gott des Rechts ist,* der nicht – wie der Gott im Zorn (Hi 9,22) – unterschiedslos Schuldige und Unschuldige vernichtet, sondern der ein Rechtshelfer der Rechtslosen und Unterdrückten ist, die ihm besonders am Herzen liegen, wie es so viele Texte der Psalmen und der Prophetenbücher bezeugen. Recht und Gerechtigkeit sind für das Alte Testament nicht Ideale, die der Mensch verwirklichen soll, sondern Gaben Gottes, die Menschen pflegen oder aber verwerfen können[12]. Als Gott des Rechts *muss* Gott gegen seinen eigenen Zorn, der Hiob grundlos quält, einschreiten. Hiob weiß, dass es kein Anrecht des Gerechten auf ein glückliches Leben gibt, aber Gott muss und wird ihm noch einmal sein vertrautes Antlitz zeigen und aufhören, ihm „ein Fremder" zu sein, und sei es in der allerletzten Stunde seines Lebens (Hi 19,25f.).

Für Hiob ist sein Appell an Gott zu allererst ein kühnes Glaubenswagnis, das nur möglich ist, weil ihm die Aussagen der Tradition über Gott als wichtiger und wahrer erscheinen als seine ihm unbegreifliche Erfahrung. Im Erschrecken über die unerträgliche Qual, die ihm der Gott im Zorn zufügt, klammert sich Hiob an den Gott des Bekenntnisses, den er als den stärkeren weiß; er hat ihn ja früher auch erfahren, kann ihn jedoch in seiner gegenwärtigen Situation nicht entdecken. Dieses Sich Klammern an den Gott der Tradition setzt voraus, dass Hiob weiß, dass Zorn und Sorge um das Leben bzw. Zorn und Rechtsverwirklichung nicht zwei gleichwertige Weisen des Handels Gottes sind, sondern dass der Geber des Lebens gewalttätige Einschränkung des Lebens nicht erträgt und der Gott des Rechts sich zum Schutz der Unterdrückten verpflichtet hat. Wo immer Leben gewalttätig bedroht oder vernichtet wird, wo immer das Recht der Hilflosen mit Füßen getreten wird, ist für das Alte Testament Gott selber angegriffen. Um dieser Bindung Gottes an Leben und Recht willen kann Hiob Gottes Zorn vor Gott verklagen.

Was Hi 16 denkerisch als Appell an Gott gegen Gott vollzieht, hat Luther in „De servo arbitrio", den Hiobtexten kongenial, als Flucht vor Gott zu Gott bezeichnet: als Flucht vor dem oft unverständlichen verborgenen Gott, dem Deus ipse oder Deus absconditus, zum offenbaren Gott des Evangeliums, dem Deus revelatus oder Deus incarnatus[13]. Theologen müssen für Luther

---

[12] Vgl. o. S. 152ff.

[13] WA 18, 683,11–691,39. Er kann auch sagen: „Duae res sunt Deus et Scriptura Dei" (WA 18, 685,26).

von beiden Gestalten Gottes wissen, aber auf die Kanzel gehört nur die Rede vom offenbaren Gott. Der Deus absconditus als solcher und für sich genommen ist unergründlich und führt die Menschen in Verzweiflung. Glauben kann man nur an den Deus incarnatus, weil er sich an sein Wort gebunden, ja sich „durch sein Wort in Grenzen eingeschlossen“ hat[14]. Durch Gottes Bindung an sein Wort ist den Glaubenden der Schrecken vor dem Deus absconditus genommen; freilich ist er auch für sie deshalb nicht durchschaubarer geworden – wie analog Hiobs Klagen weitergehen. Aber wie Hiob in seinem Leid in freudigem Erschrecken und zitternder Sehnsucht der Gottesbegegnung entgegenblickt („Es verschmachten meine Nieren in meinem Leib“, Hi 19,27), so soll sich nach Luthers Rat der Christ an die Schrift halten, in der er „nicht subjektive Ansichten“ findet, sondern „verbindliche Aussagen, die gewisser und unerschütterlicher sind als das Leben selbst und alle Erfahrung“[15].

[14] WA 18, 685, 16ff.

[15] WA 18, 605, 33f., zitiert nach der Übersetzung von B. Jordahn in der Münchner Ausgabe, hg. von G. Merz, Erg.-Bd. 1, ^{3}1962, 14.

Sachregister

Stellenregister